U0850707

ZAI GONGSI GAOGUAN DE GANGWEI SHANG · SHOUJI

在公司高管的岗位上·手记

真实的记录

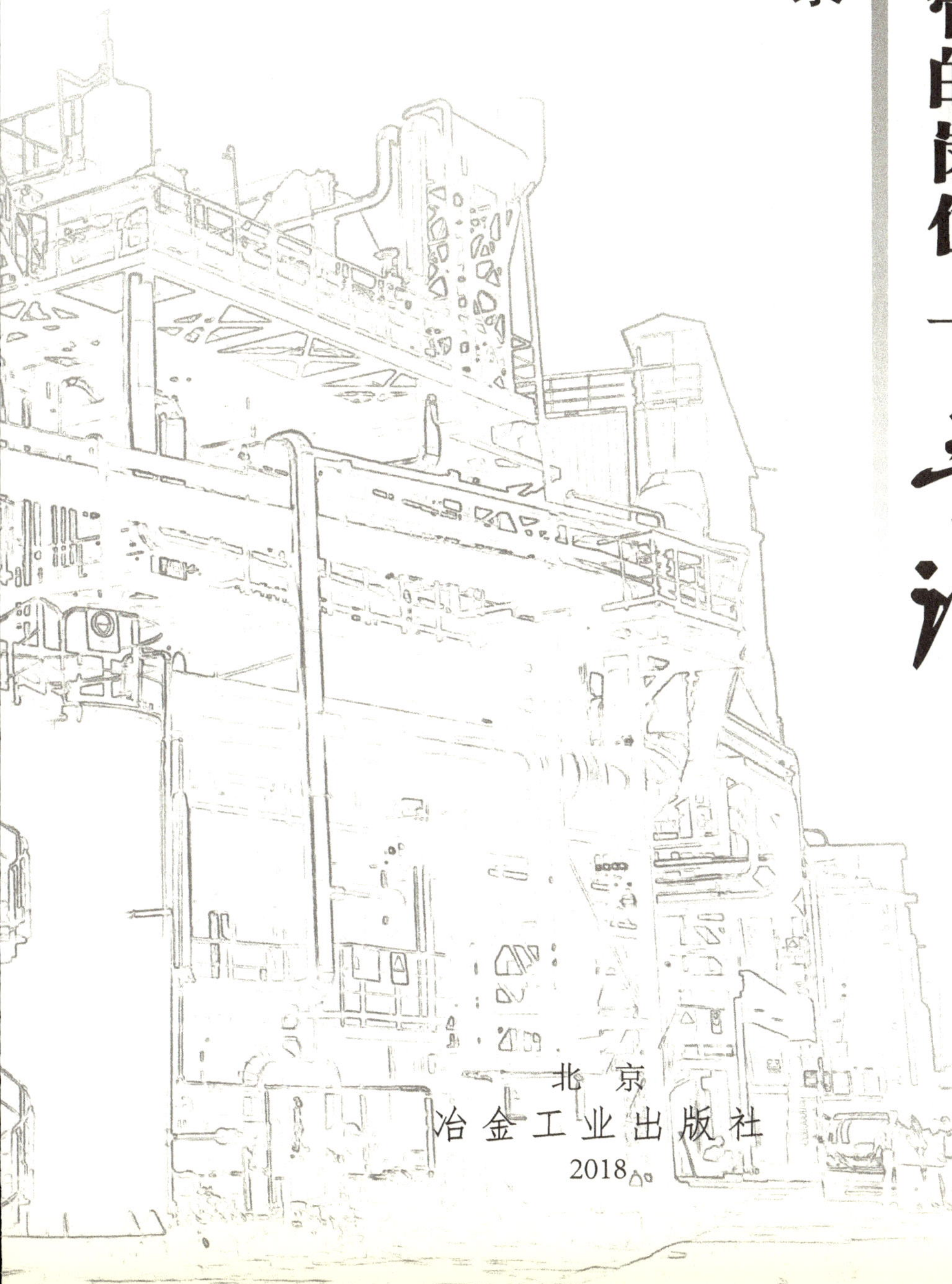

◎高海潮 著

北 京
冶金工业出版社
2018

序 PREFACE

江南好，风景旧曾谙。今日的江南蓝天白云，生机盎然，马鞍山这座如诗般的江南小城因为马钢的建设和发展而散发出更加灿烂的光芒。今天在这里我翻读着这本新书，感受着书中每一个故事，回味着我们刚刚走过的历程，深感作为马钢人我们肩负的使命和责任，几十年来我们得以发展壮大，正是有像作者一样有着马钢精神的人拼搏奉献的结果！他们敬业、精业、勤业！他们视马钢为家园，心里时刻记挂着马钢生产线上风吹草动；他们视马钢为家园，团结协作，打赢多少场没有硝烟的战斗；他们视马钢为家园，行随心动，把青春和热血都挥洒在马钢各个领域中。

千锤百炼方能见英雄本色，狂沙吹尽才能现真金闪烁。一个人如此，一个企业也如此，本书作者几十年来伴随马钢一起成长壮大，见证了马钢从年产300万吨到年产2000万吨的跨越，历经风霜雪雨，在经济市场波涛汹涌的大海上接受一次又一次严峻的考验。但无疑从2012年到2016年初，整个钢铁市场严重萎缩，钢铁企业全行业亏损，依靠产量的获利期终结，马钢出现了前所未有的内忧外患，遇到了最为汹涌的海浪冰山，长长黑暗曾漫过了我们的胸膛，生死存亡的关头，怎么办？本书给你了最真切的诠释。

作者高海潮是公司的高层管理者之一，在公司最困难时期承担起生产、安全、工艺技术、质量管理重任，他凭借着卓越的工作能力，忘我的工作精神，强烈的责任担当意识，成为生产经营最黑暗时期的一颗明星，照亮并带动职工打出了保卫家园的一个又一个漂亮的攻坚拳，奏响了公司生产经营中的最强音。这本书正是他在这个时期，站在公司高管的高度上，用他最睿智的思想告诉你，他经历了什么！马钢经历了什么！马钢是如何在亏损线上生存了下来并再次扬帆启航！

我们都曾读过很多管理类的名作，但这本书却带你翻开了别样企业经营管理的篇章，它没有深奥的理论，它是由作者经历每一件事组成，这些事有技术，有管理，有时间、人物、地点，它是一本立体的、多维的，更是现实的、细致的管理方法和思路的展现，在人物这条线上有企业一线职工，技术人员，基层管理者到公司最高管理者，他们在工作中的所思所想所为；事件这条线上从最前沿的新技术开发到企业最高层的经营决策，关注角度小到一个产品的包装，一个检验、实验指标，一个订单，大到企业变革、技术创新和中外专家的深层次交流。因此无论你是普通员工还是一名高级管理者，在这里都能找到你的影像并给你以启发。对职工的培育，对企业的管理，对技术的研究，本书都给出了很好的案例和深度思考。

这是一本记录逆境中求生存的书。我们不会忘记我们是如何打造高速车轮并抢占市场，我们不会忘记我们全牌号电工钢的开发带来效益，我们不会忘记企业降本既要西瓜也要芝麻，我们更应牢记高炉失常给我们的雪上加霜，车轮质量问题带来的出口瓶颈，连续亏损曾经压的我们喘不过气来。路漫漫其修远兮，吾将上下而求索。连续亏损36个月，三年这么长的时间，我们坚守住了，带着信心和希望坚守住了。

这里是一场激情的碰撞和心灵的对话。作者视角宽广，思维敏捷，怀揣永不变色对工作、对企业的热情，无论云卷云舒永远扎根在生产经营的一线上。他是马钢家园文化的引领者和践行者，他始终热情洋溢，求新追变，干劲不减；用精益求精的“工匠精神”带动着一批劳动者成长、成人、成才，很多人说出了他们心中感激，“他是领导，更亦师亦友”；他认真、吃苦、坚持的精神在不断地冲击着浮夸风气，满满的正能量带给人昂扬斗志和坚定的信心。团队中每个人经常被其执着行动感动着，让“惰”无处生根，用“勤”担当起责任！真切地诠释“累并快乐着”！

今天我们走出困境，更重要的是我们是带着收获走出来。我们形成了全公司降本增效的意识；在创新和创效上培养了一批优秀的干部和员工；创新了高炉体检与高炉预警机制，铁前的文化有了新的色彩；钢轧流程管控得到深入推进，为产品质量指标改善注入了动力，全员质量意识的明显增强。我们调整了长材产品战略，研发了高速车轮、取向硅钢等高端产品进入市场，汽车板向合资品牌迈进。马钢的中高层管理团队在“白加黑”“五加二”的努力着；我们形成了独具特色“感恩在心、胸有朝阳、风清气正、公平正义”家园文化！马钢人经过这一次市场洗礼，心更实了，劲更足了，无论是基础管理还是开拓创新都有了一次质的提高！马钢人正在为实现“钢铁梦”“马钢梦”勇往直前！

高海建

2018年3月28日

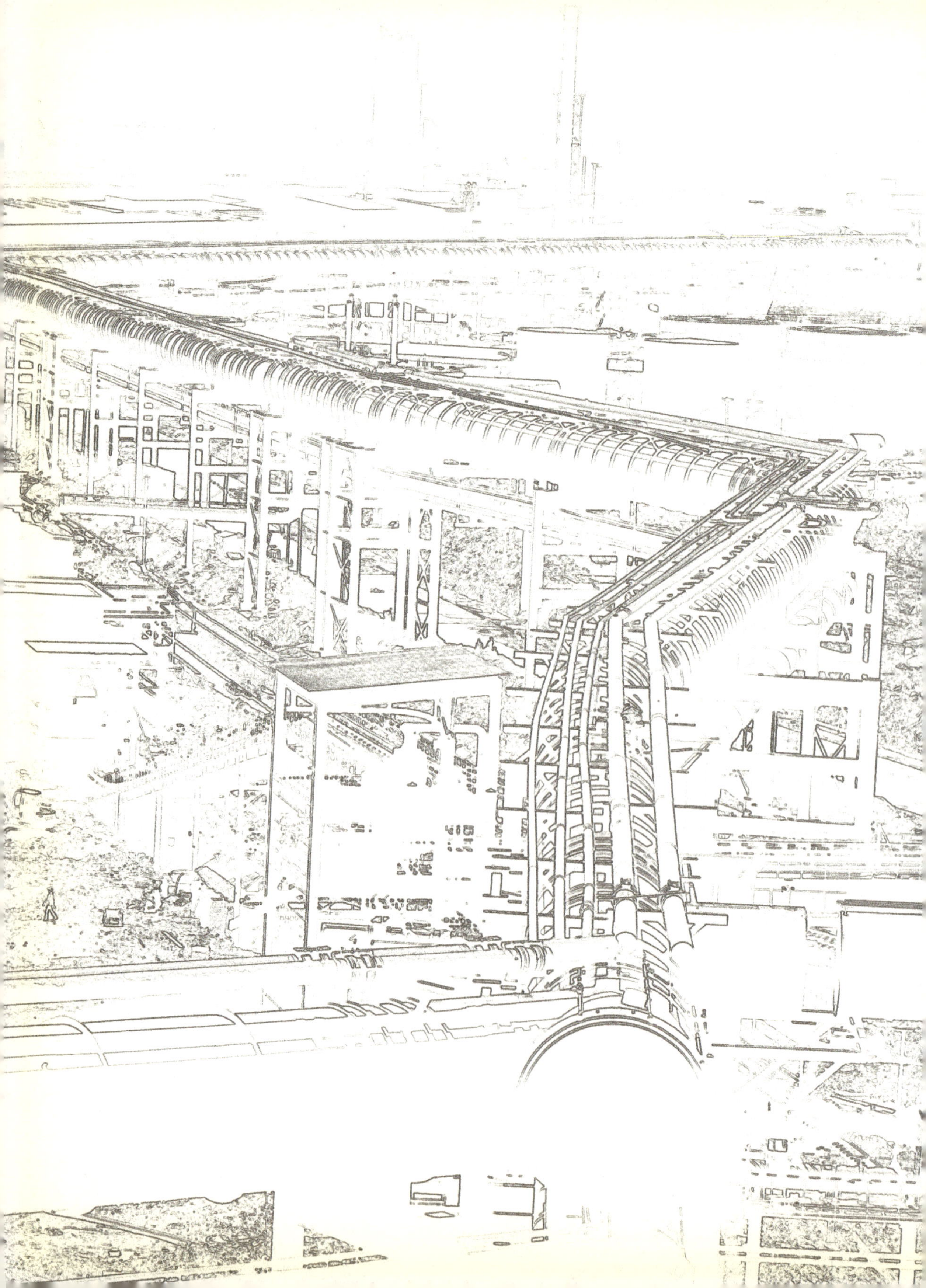

CONTENTS【目录】

一个企业如果想要保证有效的质量管理体系，必须要营造深入人心的质量管理文化。这一年，我始终把流程管控作为质量管理的重点，改进质量管理考核机制，提升质量指标在经济责任制中考核权重，加大质量奖惩力度，严格将每起质量问题追究到岗位和个人。

质量，是一个企业之本。一切不为它图，只为在暴风骤雨中，我们的企业仍能稳住脚步、砥砺前行。

2016

291-379 群雁高飞头雁领。

2016 年，终于迎来钢材第一轮价格普涨。为打赢生存保卫攻坚战，我们调整了各类机构、优化了人力资源；进军取向硅钢、电工钢、汽车板和新工艺车轮钢；数年来坚持的高炉刚性制度也终于转化为现场生产自觉。

我深深地知道，马钢要持续发展，必须要有高质量高档次的产品冲向市场、占领市场。这一年马钢虽然拿下了全国质量奖的审核，我却丝毫不敢懈怠，依旧马不停蹄。只为追求卓越。也只能追求卓越。这一年，全公司开展了各类形式多样的党性宣传教育，我参与其中并感受颇深。

马钢，是所有职工的家园。作为群雁的我们，只有用真实的工作态度、务实的工作思路、踏实的工作作风，才能让这个大家庭繁荣昌盛、生生不息。

2017

380-500 时间都去哪儿了？我在风风火火的工作中，即将迎来人生一甲子。回首往事，不应碌碌无为而羞愧；更不应虚度年华而悔恨。我可以说，自己始终认真对待了自己的人生。

一个人一辈子能做几件大事？也许把一件件小事做好，就是大事。继续全面开展品牌建设，迎接 CRCC 的审核，接受中质协对我们品牌建设的诊断；继续心系人才培养，给市场部、作业长和首席技师的培养建言献策；继续与各位处干不定期谈工作，分享自己的心得体会；继续心牵高炉，为高炉稳定顺行被打破而心焦而东奔西走。不是在现场，就是在奔赴现场的路上。为安全奔走，为技术研发奔走，为科学管理奔走……是啊，回首这一年，我似乎是希望自己能将所有的智慧与能量都完完全全交付于深爱的马钢。

好在钢铁行业发展已渐趋良性，公司内部生产更趋稳定。作为一名数十年来与企业风雨同舟、荣辱与共的老兵，衷心祝福马钢的 2018 荣光依旧，衷心祝福马钢的未来荣光永远！

2013

在/公/司/高/管/的/岗/位/上·手记

ZAI GONGSI GAOGUAN DE GANGWEI SHANG · SHOUJI

2013年，整个钢铁行业面临着前所未有的考验。从这一年起，我的职场生涯也踏上了一个新的起点。

如何在钢铁经济发展举步维艰的现实困境里，挑起公司培养高管、技术创新、质量提升、生产稳定顺行的重担？从临危受命的第一天起，我的答案就是：世上从无捷径。只能在每一个日日夜夜里踏实工作，认真思索，潜心反思与总结。

虽然心怀梦想，但不能不如履薄冰。

2013.2.17　从集团回股份公司工作

今天是年初八，春节长假结束，恢复正常的工作日了。

我来到了特别熟悉的生产部调度室，参加公司早调会。从1997年我担任一钢厂、后任三钢厂副厂长时起，就与生产部建立了紧密工作联系；到2000年我出任生产部经理，2003年因薄板坯连铸连轧生产需要又兼任新成立的板带部经理，我带领生产部团队经历了马钢从300万吨钢跃升至1500万吨钢的组产规模，完成薄板坯连铸连轧接冷轧生产线的管控模式；2008年我离开了生产部到一钢轧总厂担任总厂厂长，2010年回到股份公司担任副总工程师，2011年去集团公司担任总经理助理，在这期间，虽然我不分管生产，但仍然每天挂念着公司的生产上的点点滴滴。今天上午我本想坐到边角处，可顾董事长却给我指定了总经理座位的左边，股份公司参加早调会的人，尚不知我为什么来了，因为我是集团公司总经理助理。调度会结束后苏总宣布，因工作需要，为加强领导力，海潮回股份公司任副总经理、总工程师，现在经理层有海帆、海潮、任强、严华、克从、天宝了。

下午我跟苏总经理、海建副总经理，按党委工作部的安排，送技术中心张建平去特钢任党委书记。鉴钢说现在特钢处在亏损的困境中，今年要求月亏损小于1800万元，特钢事业部，扭亏是第一位的，采购销售两头可以市场化，铁水按行业平均价计算，车轮钢圆坯比照市场销售价格计算，给事业部特殊政策。海建说海潮回股份公司会给特钢更大的支持和帮助。我把苏总的话记了下来，我要带杜松林去找计财部及相关单位落实。从不忙的岗位到了忙的岗位，下班了我还满脑里在想我明天工作上的事。

2013.2.18　股份公司巨亏

2012年马钢股份公司营业收入577亿元，利润总额是亏损41.86亿元。

三月份生产经营评审会两头市场预测：原料市场，3月进口矿价在145美元/吨，进口煤又涨5美元/吨，国内煤炭价没动；钢材市场，3月份国内钢材生产成本继续上升，但钢材价已经冲高后开始回落。产品边际利润测算，钢材产品平均售价3820.1元/吨，自产铁水成本约2651元/吨，3月公司产品平均边际利润537.3元/吨。边际利润排序，四钢轧冷卷922元/吨，一钢轧中板876元/吨，四钢轧镀锌板846元/吨，一钢轧镀锌777元/吨，一钢轧退火平整卷773元/吨，一钢轧精整退火卷768元/吨，一钢轧硅钢

598元/吨。资源平衡，铁113.9万吨，钢119.2万吨，销售材110.5万吨，3月板带价格效益好于长材。

效益估算：材价上升180元/吨，增利1.96亿；采购成本，国内原料加进口矿涨1.79亿；发出成本涨1.97亿；二级单位总体比元月降本多2000万元。以上因素合计股份公司本部亏损1.83亿。

2013.2.19 今天上班走路特别艰难

推开窗帘，白雪皑皑的一片，树枝上有了树挂冰冻，家门口冬青树的大树枝被雪压垮，2012年马钢出现了历史上从未有过的亏损，马钢会不会垮？不管春夏秋冬，不论严寒酷暑，我还是走去上班，但今天走得特别艰难。

马钢公司车轮领导小组会议，2012年车轮系统质量目标及完成情况。

圆坯冶废，目标是因钢质原因整炉报废在2011年26炉基础上下降50%，轧后冶废在650吨以下，但实际报废53炉，其中在炼钢连铸工序中被直接判废5760吨，未达目标值。车轮轮箍综合合格率目标98.5%，实际2012年达98.79%。车轮一标返工率3%以下，实际4.18%；二检不合格率0.3%，实际0.44%，未达标目标值。车轮轮箍吨材总损失149.25元/万元以下，实际142.64元/万元。质量事故：镇江客车轮掉块；辽宁梅河口崩箍；西安客车轮剥离；北京局天津段KKD车轮裂纹；美国两起H36腹板碎裂；美国两起GE车轮径向裂纹；泰国轮箍碎裂；成都KKD车轮裂纹。效益：2012年车轮公司产品产量20.6万吨，销售收入17.84亿元，销售利润2.7亿元。车轮是公司战略产品，2013年的目标是质量、是市场、是效益，三者都要。2012年的质量目标未完成，技术质量部分析报告已出，同意成立公司级车轮钢攻关组。车轮产品全面竞争日益激烈，后进入者是有优势的，他们以低价先进入市场。保持我们技术领先，做好技术与服务工作，车轮技改项目现在是资金问题，其次是花钱技改以后的效果问题。车轮产品是高风险的，国内国外都是要担当的。

我牵头和技术质量部谈2013年降本增效措施分解：

1、开发新品140万吨，这些新产品能带来实实在在的高价订单；

2、调整产品结构，实现产品产能规模效益；

3、全年质量总损失在2012年基础上再降10%；

4、优化原燃辅料使用标准，强化入厂检验，今年新增一项使用效果的数字评价；

5、优化工艺设计，从炼铁、炼钢、轧钢、冷轧实现降本增效。

2013.2.20 讨论降本增效措施

上午在19层1#会议室开会，讨论2013年股份公司降本增效措施。

顾董事长希望，理清思路。我们的亏损是可怕的。争取在三月、四月抓住一次机会实现“止亏”以振奋人心。生产经营必须作出大的努力，财务上做出小的调整。每个领导正常工作除外，面对困难的市场，真抓实干2~3个任务。

今年40亿降本增效的任务，集团运作减去12个亿，28个亿的任务要分解好。要有责任人担当，对责任人的考核奖惩并重，分到人头的指标，主要负责人要领衔组织实施。例：实现结构调整6个亿，天宝要负责市场订单，海潮要负责技术及产品质量，严华要负责设备运行保障……会议持续了一个上午。

下午我去检测中心现场调研工作，杨本华、李继宁、原料科长、监督科长等人陪同。我深知原燃材料检验对公司效益的影响，一个普通员工手中的权力没有监督也十分可怕，2011年、2012年，我牵头查处马钢废钢供应商的造假，涉及资金上亿元。我们跑江边港口集团取样点，一台800万元自动取样机，理化检测中心，合金库取样点。强化原材料的取样、检验的管理，一直是上面紧一紧、下面紧一紧，个别员工的行为已经被不法供应商控制了。

2013.2.21 去钢轧厂调研降本工作

我去二钢轧总厂调研，王光亚、王文忠及班子成员都在。今年降本工作你们是怎样分解下去的？技术质量上还有什么问题？希望公司给予什么样的支持和帮助？我想了解到一些真实情况。

我去四钢轧总厂了解降本的管理方法。把元月降本总额已经分类，和原有的水平比，和原定的计划比，分类出的成绩从哪来，问题在哪里？计财部邢群力谈到我08年在一钢轧总厂分解各类消耗指标的做法，下达命令，为了生存“三不政策”（不留余地，不讲客观，不谈条件），谈总厂每月的经营会上应把上月降本实际和本月降本计划说清楚，我们原料的价位在什么水平？我们卖钢材的价位在什么水平，我们的加工过程怎样在公司核定的消耗指标中降本。

2013.2.22 特钢事业部是个大出血点

钢材市场好时，产品质量问题少，钢材市场不好时，产品质量问题多。

上午约销售公司张永翔等人谈，如何及时将用户的质量异议信息快速传递到位，商定了从明天开始在早调会上向全公司通报质量信息。要求质量议异讲至制造单元、主要缺陷、赔偿金额等，抓质量工作难，不怕造成产品质量不好的影响。

约马钢记者洪红商谈专题报道优秀高级技术主管、首席技师之事，分几次采访他们的代表，上、下、左、右全方位的深层次、面对面精彩的对话，我们过去对他们的宣传太少了，他们是公司抓好技术质量工作的重要力量。

下午陪顾董事长去电炉厂了解情况。顾董事长对杜松林为首的班子成员开门见山地说，特钢事业部是个大出血点。现在公司给的月亏1500万，是根据去年的实际测算的，海潮和电炉厂要组织力量减亏、少亏、盈亏持平去干，特钢产品质量是个大问题，特钢公司3月份干出来3.5万吨，真正特钢产品占多少？我们要干什么样产品，心中要清楚了，信心会更足。特钢公司在内部机制上要动，让优秀员工多得一点，引进民营企业的机制，长江钢厂有利润、合肥公司有利润。分配好办，他们有内部机制在起作用。特钢事业部要把市场摆在首位，说千道万，特钢现在第一件事就是拿到订单。

2013.2.25 将处罚奖励导向质量工作

抓产品质量管理就是要坚持“严格”“认真”，我调查了一下，现在各单位领回去的奖金，几乎与产品质量不挂钩分配，质量除了扣奖、没有嘉奖，这种导向是不行的，建议在钢轧总厂至少20%的奖金与各类质量指标捆绑在一起。

和周晓岚沟通去大连参加JIS学习班的人员。我现在肯定去不成了，我是愿意学习的。要通过日本JIS审核，尽管培训收费很贵，学习班必须派2~3人参加。我们3月开始流程管控，建立工序控制点，对操作者评价；建立流程控制点，对作业长评价。

启动一项管理工作不难，难在持续坚持下去，质量工作中的培训、检查是重要部分。我向总经理要质量工作处罚奖励权，我处罚我奖励是等额的。

2013.2.26 关注特钢公司

去特钢公司参加三月份生产经营专题会。三月计划产量3.65万吨，是投产以来的新高点。即日起每天供300吨废钢给电炉厂，以后每月专题申报废钢计划、数量及品种，我参与废钢价格的确定，杜松林和杨震双方先谈好，最终报财务执行。有增量了，特钢公司2月28日之前，要专题召开一次投产以来质量问题分析会，拎出突出问题，请孙维主讲，管理层有关联的人都应该参加。特别要求四月车轮钢180炉，质量目标无一炉整炉报废，技术中心负责工艺纪律的检查，要对每一炉开展工序过程评分。3月3日或4日，要求特钢公司召开生产动员大会，我也来讲一讲如何在制造过程中抓好产品质量。

2013.2.27 启动外部质量索赔的管理工作

明天下午召开马钢股份首席技师、高级技术主管工作会，计划30分钟，开一个短会，我尝试着做一做，三项主要内容：通报2012年的考核结果；公布2013年各位的主要工作任务；我来主持并加一些点评，最后请钱总经理作指示。

2012年公司外部质量索赔共计3725起，对外赔偿金额3610万元，这两个数字给了我巨大的压力。产品质量不稳定是用户对马钢产品最大的抱怨，在一、四钢轧总厂各条品种线上，看是一个复杂的制造过程，但对每道工序又是简单的制造过程。产品质量是制造出来的，我们的设备是能保障的，我们的工艺方法是正确的。在整个生产制造的各工序中，有一个工序的操作者不按标准，流转下去都会造成质量问题，最终把不住产品的出厂关，必然引发客户的索赔。竞争在市场，竞争力在现场，产品质量的控制是在每一道工序的操作者手中。公司要求2013年产品质量总损失比2012年降10%，这需要通过强化管理来保证。我想把2013年元月对外质量索赔梳理一下，用《马钢日报》通报出来，直接将信息传递到产品制造者。这项工作2013年先启动，将各条产线操作者、作业长、分厂厂长的名字公示出来，质量指标完成情况公示出来，大家都来看。

2013.2.28 亏损让人忧心忡忡

苏董事长忧心忡忡地说：外界怎么看马钢，2013年马钢或将成为亏损王，鞍钢今年一月已扭亏了。我们今年的预算，元月、二月均未完成，降本增效未完成，结构调整未完成，前欠后背，背不动，我们的转折点在哪？三月能否成为转折点，降本增效的计划要达到50%，我们还亏损1个亿。销售公司3月结构调整的订单要拿到，干什么才能提价？原材料采购必须把价位压下去，销售、采购两头市场按预算要求做到。特钢事业部，圆坯/钢锭的销售价格4103.6元/吨，单位变动成本4031.3元/吨，有单位边际利润68.3万元，一步一步往前走，否则继续亏损只能减产或停产。

下午马钢股份公司高级技术主管，首席技师工作会在413会议室举行，这是第一次面对面。我宣布年度高管考评得分、2012年度首席技师考评得分，有意念得慢一些，我看各位都在忙着记录。2013年高管43人，考评90分以上获优秀16人;首席技师17人，考评90分以上获优秀5人。严华宣布2013年高管申报的科研攻关项目（公司级），2013年首席技师科研攻关项目（公司级、厂级）。各位高管、首席技师比照处干有年薪，工资关系全在人力资源部。今年各项业绩的考核由技术质量部牵头组织，设备部、生产部、企管部、驻点单位负责人组成考评委员会，请各位按项目的要求，努力工作，年末的考核时更多的是比贡献，以量化的指标进行测量评价。各类课题申报不关门，随时组织评审，评审定项目，分公司、总厂、分厂三个层级。年终考评也将改变过去的方式，不是仅上报一份报告，要含个人述职，专家质询、成果审核等。

2013.3.1 商定如何做好技术质量工作

在车轮四楼会议室，与中国科学院专家谈车轮表面质量检验用光源、光谱、识别、分类、信息集成的科研项目，专家们演示了他们的初试效果、信心十足。因为人工肉眼看总是不放心，同意车轮厂报项目，公司科技质量部给予立项。

以产学研方式外付50万元。要求在5月31日前完成在线半工业试验，车轮公司负责部分配套硬件设施，将人工表面检测和机器检测做充分对比，积累数据，修订图谱反应及判别。

技术中心2013年的任务：1、140万吨新产品；2、支撑6个亿结构调整；3、支撑钢铁各降150元/吨；4、支撑质量稳定；5、兼顾中长期技术攻关和科研项目。

这几年公司科研费用发生困难，技术中心工程技术人员总体水平不高，研发能力不行，实验能力不行，内部更多的说法是收入总体偏低，已有17人辞职离开了马钢。

今年二月公司把股份技术质量部和集团科技创新部合并设立了科技质量部，乌力平任经理，张建调任技术中心常务副主任，我要和两位商定怎样干好技术质量工作。

2013.3.2 培养优秀特钢技术人员

今天参加特钢公司投产以来新产品开发、试制、生产过程的工作总结。我点的课题，张建平主持，技术中心高管孙维作了报告。报告完我是这样点评的：

今天孙高管给我们做了一场完整的特钢公司成立以来新产品开发、试制、存在问题及解决办法的报告，可以看到孙高管全身心地扑在了工作上，我对今天这个报告的评价是100分+20分，超过了我的预期。这个报告给在座的做了个系统性的总结，每一位在座的应该有自己的收获。什么是优秀的工程技术人员？孙维是代表，值得我们向他学习！他敬业、勤奋、钻研、思考，想成为一名有能力有作为的工程技术人员，必须像老孙那样去工作。为特钢新产品的研发，我授权他代表技术中心和科技质量部，实现“三位一体”。

我特别关注：一是带出特钢的职工队伍；二是特钢公司的减亏；三是培育马钢的品牌。

特钢公司未来是出产品、出效益、出人才的大舞台，能在这个舞台上扮演工程技术人员的角色，肯定是了不起的。今年事业部制更加明确，收入靠自己拼搏，只要月亏损额1500万，降得多提奖提得多，这种逆激励的政策，降本是一块，产品质量稳定、价格可以卖高一点也是一块。我充满信心，和大家共同奋斗，我尽全力支持以杜松林为首的班子工作。

2013.3.4 让特钢公司在市场中杀出一条血路

心里总是想着特钢的事，我隔一天又来参加“确保车轮钢质量，实现生产效益双突破”动员大会。三月是电炉厂正式命名特钢公司运作的第一个月，厂和公司不是名称不一样。事业部制应该是公司将人、财、物的权力全部下放了，让特钢公司在市场中杀出一条血路来，取得自己的生存权。公司下了最大的决心，将内部月1.8万吨车轮用钢全部转到特钢公司来生产，加上1.86万吨的外接订单及其他，总量达到了3.8万吨，是我们投产以来的最大量。我们能不能保质保量地拿下来，是一场挑战。本月实现车轮钢无一炉轧后废，证明特钢公司不仅设备好，人也行。

三月，生产经营的运行如果没有大的闪失，特钢公司边际贡献可由负数到正数，实现第一个月不亏损的目标。有这个台阶站住，2013年的目标就有望了。今天检测中心、废钢公司、生产部、技术中心、修建公司、设备检修公司的领导责任人都来了，我要求大家团结一心，保驾护航、共同努力。各级管理者，一级带着一级干，一级做给一级看。公司领导一天12小时在厂内，科级干部一天10小时在厂内，5小时在现场。作业长一天8小时，应时时盯住现场。只要上下同心同德，绩效考核到位，我们一定能打胜三月这一仗。

下午钢轧总厂座谈会在公司举行。顾建国开场白：一、二、三、四钢轧总厂压力不轻，现在三钢轧总厂降本力度最小。没有全公司内部降本支撑，马钢经营不下去。股份公司经理层每个人身上都有直接的责任，我们的新闻部门要给出正能量，宣传报道各类典型做法提振信心。学习别人的长处，指标分解下去，一级一级分解到人头上，形成一个内部市场氛围。三钢轧赶，其他厂往上攻。集团公司把考核权交给了股份经营层，海帆把考核搞好，任强把生产搞好，海潮把质量搞好，严华把设备搞好，天宝和克从要紧紧抓住两头市场的机会。

公司决定解决钢轧总厂液态吊行车工的问题，上半年出政策，下半年招工。钢轧总厂吨钢降本指标必须从各项消耗指标下手，千斤重担大家挑。铁钢比全年依铁定下来，技术质量部本周把钢轧总厂铁钢比分了。一、四钢轧交叉物流，厂里要有积极性，一钢轧力争CSP干厚度1.6mm酸洗板基料，四钢轧干M50W470硅钢基料。2012年的质量水平是倒退的，抓质量、扩品种，降本都有减亏的空间。可以用320吨鱼雷罐将一铁铁水冲兑，解决成分不均的问题。加快电炉修磨线，干高附加值品种，一钢圆坯→电炉开坯→三钢成材，尝试打通这条线。

2013.3.5 *经济活动分析会首次视频会*

接待北京科技大学高效轧制国家工程研究中心的专家陈雨来、何瑞安、王纯。不知什么原因，他们找到了我，让我静心地听取他们关于CSP轧机自动化升级改造的方案，已听说现在Siemens和Tmeic两家公司要价很高，现在北科大也能干了。我安排我信任的电气工程师周杰组团与他们单独深层次的交流，以确认该公司技术可行性，满足轧钢CSP生产控制系统升级改造及今后品种开发的需要。我们采用双保险，先单块上北科大系统调试，最后集成联调，满足功能考核后，淘汰过去的西门子系统。胆子大一点，北科大风险大一点，但价位低也不赚钱，主要建立一个样板工厂，把国家扶持的费用也贴进来，通过做成这样一个样板工程打开国内市场。马钢从过去的“引进”到现在“国产”，关键在性价比，在自己的实力，我虽然不分管设备改造，但我知道这样做没错。

下午马钢股份公司经济活动分析会。首次采用公司视频会议的方式，要求各单位科干全部参加，目的是向下宣传形势。计财部通报2月份生产经营结果，亏损在减小。股份经理层简单报告自己所做的工作，苏董事长强调三月份扭亏的重点工作。

2013.3.6 老同志真心盼望马钢好

我在四钢轧总厂410会议室与朱涛副厂长等科干谈四钢轧减少质量索赔起数，降低赔偿金额，落实公司质量索赔事件通报，追究责任的PDCA工作方法。四钢轧总厂出台了《质量专项考核及嘉奖方案》，共计11条。我要求四钢轧统计2010、2011、2012年这三年的基数，分至各生产线，查一查已发生质量问题并处理了的闭环情况。年终依据进步效果，实施嘉奖。

我在一钢轧总厂，与吴耀光、司小明等人。检查一钢轧出台了《总厂质量专业考核办法的修订原则》。要求的做法同四钢轧一样。

晚上7:40，家中的座机电话响了起来，老婆不在家，我去接了。是蒋定中老总给我来电话，祝贺我当股份公司总工程师，在《马钢日报》上看到了我署名的文章，抓产品质量责任制的追究，说是真抓实干且方法好。老同志真心盼望马钢好。

2013.3.7 市场在变，原燃料在劣质化

顾总又来到了总调度室，指着马钢股份公司质量日报表说，含铁原料：自产铁矿、国内采购铁矿、加工通粉、进口铁矿；炼铁辅料：熔剂（灰片）辅料；煤炭：炼焦化、无烟煤、喷吹烟煤、动力煤、贫瘦煤、焦炭；炼钢用原辅材料：合金、白云石、轻烧白云石；冶金石灰：石灰石。这份报表很多年没有变过了。海潮现在是总工，应该实事求是，梳理修订标准了。

我是上任后就想动了，但这里面牵涉到复杂的关系。标准高，采购价格高，资源难保证。标准低，供应商多，质量难保证。事实是判定不合格的原料都折价使用了。我准备进口矿重新制定评分标准，进口煤标准一、标准二，冶金焦按指标分评分标准，石灰石标准不变，去除一个粒级，膨润土分三类标准，冶金石灰分三类。过去定的检验办法可以修改，供应商诚信的底线要上抬。我会立即动手召开专题会议敲定。

2013.3.8 今天是我和爱人结婚28周年

今天是我和爱人结婚28周年，我刚闲了一会，又忙得不可开交，妻子也跟着又辛苦起来。

和新闻中心谈产品质量宣传工作，要求每周新闻中有一条关于产品质量的报道。下周采访一钢轧CSP热轧生产线和镀锌生产线。和技术中心张建沟通，转变作风，沉到基层。加快项目委托制的落实，两个公司级委托的项目“烧结工序能耗”、“一钢轧、车轮公司、三钢轧”新产品开发应提速。电炉昨天冶炼5CrMo，重机负责浇锭，氮含量不达要求。合金钢中合金量大，LF时间越长，氮含量越高，合金加入的批次也有影响。VD脱氮能力低，化验室的N分析是高的，氧氮仪的分析氮是低的，今后特钢产品控氮技术要有。特钢公司说废钢公司采购价高了，和市场价每吨差了150元，是的，最近废钢价位下跌，让电炉厂自已去买行不通，我们怎么适应市场变动。

2013.3.11 原辅料检验标准的修订

现在每周铁厂、钢厂实现的降本进度与目标的差距已经很清楚。能不能每周把原燃料发出成本、产品综合销售公告出来？内外要一起使劲。

我本周工作：召开原燃辅材料质量评价专题会；召开电炉、车轮、二钢轧、彩涂质量索赔专题会；技术质量例会在技术中心开。

下午在311会议室，我组织召开原料采购标准修订及判定标准专题会，陆克从、乌力平、杨本华、张吾胜、董蕾、王开定、陈东等19人参加。

1、开短会，开解决问题的会，这是改变，要敢于担当；2、依据股份公司质量月报表（外购原辅材料）日报，每日质量简报；3、今天是对到货质量分析后提出改进措施；4、此次会议我们对157项原燃辅料产品的质量判定规则进行了可操作化。

主要指标，次要指标，每产品合格分数。我们此前已做了基础调研和评价工作，各单位都参加了讨论，不在议定分值多少。下周一报表上线运行，三个月后，以问题为导向再议。

克从要求，技术质量部依据今天的会议：下发少量产品的补充标准，石灰石新增筛分粒级；下发质量评定的指标分值，按体系管理文件要求。系统维护组，快速将修订的条件全部修订进去。这一块目前仅涉及检测中心，所有使用人员一道参与新修订的判定条件的学习使用。

2013.3.13 如何解决市场买与卖的问题

股份公司四月份生产经营方案评审。

钱总要求，销售、采购、废钢，每周经营例会一张纸报告清楚。招标中心、市场部的报告尽可能用数据分析，一定要有以周为单位的趋势分析和本周的行动表，这项工作再做不起来就考核。采购中心以进口矿、国产矿、煤炭、焦炭、合金采购价，销售公司以螺纹钢、线材、汽车、家电、硅钢、普碳销售价，废钢公司以重废、轻废，加工原生态废钢的采购及加工价为重，招标中心要以近期招标价格的公布。

常言说得好“不怕不识货，就怕货比货”，采购与销售对我们太重要了。

市场分析会解决什么问题，买的问题，卖的问题。怎样把国际、国内市场信息和公司生产经营的决策融合在一起，以时间为横坐标，价格为纵坐标，把我们买的和卖的曲线画出来，可以不看一个时点，看一个波段。我们买的原料、卖出的产品可以和钢铁行业平均水平对比，更应该和我们周边企业水平对比。

2013.3.14 股份确立降本增效36亿目标

股份公司2013年预算盈亏持平，确立了完成降本增效36亿元的目标！

两头市场创效12亿元，产品结构调整创效5亿元，制造成本降本19亿元。

四月份生产经营中降本的任务是：两头市场1个亿，结构调整0.42亿，制造降本1.58亿，共计3个亿。这就是全年36个亿降本增效分至每个月的要求了。难，实在是难，账可以算出来，但是怎样干得出来？总的感觉是办法不多，行动难以落实。

我抓质量口，今年降废10%是目标，我心中的要求是30%，既对着质量异议起数，更重是对外赔付金额。机关部门现在状况是“松、散、懒”。

三个事业部：车轮、彩涂、特钢是苦于没有订单，其他单位必须把技术经济指标干到一流水平。

2013.3.16 马钢四点优势与四点劣势

安徽省质量奖现场评审。卓越绩效管理，要求把管理过程当作产品过程去做，不能只有春播就等待秋收。我们2012年出现了巨亏，现在还在亏，硬着头皮上，今年不可能会通过省质量奖评审，我们工作的差距太大了。

8:30，首次会议。马钢使命：做强钢铁主业，发展非钢产业，完善现代企业制度；企业愿景：人文马钢，科技马钢，绿色马钢。企业愿景要求马钢必须勇于担当，敢于担当，主动承担社会责任。人文马钢：坚持以人为本，创造“沟通、诚信、尊重、合作”；科技马钢：崇尚科学精神，通过技术创新打造马钢品牌；绿色马钢：实现绿色制造，促进企业自然的和谐发展。

评审组反馈意见：马钢四点优势：技术资源，设备装备，信息工程，员工培训；马钢四点劣势：1、进一步理解所谓的管理过程，坚持闭路循环，各项管理要像生产管理一样，中间过程很重要，希望企业从困境中走出，这样可以成为百年老店。2、加强对标准的学习、理解，卓越绩效的评定识别，是提炼企业文化，要更加系统，确保组织可持续发展。3、围绕员工、顾客满意度的提高，建立可测量的数据，为企业的发展，提升产品质量，确保工作是有效的。4、增强人力资源规划的有效性，公司的中层、基层工作人员都感到冲劲不足，行动跟不上。

2013.3.19 *传递压力，宣讲质量*

早7:10，一条坏消息发到我的手机，今天凌晨3点电炉35kV变压器有载开关炸裂，尚不知如何处理。此轮生产到今天共生产209炉，共24000吨。

盼望三月特钢干出个新的成绩，一切计划之中的事全打断了，我心里真不是个滋味，立即赶往现场，直至商定检修方案。

我一直参加日本三菱机工与车轮公司的谈判，参加日本三菱制钢与特钢事业部的合作。请日方提供马钢弹簧钢样品的分析报告，就内部碳偏析和表面脱碳层给予技术指导；高端弹簧钢的技术要求及质量控制要素；提交用于汽车弹簧钢的技术规格要求；向马钢提供轴承钢样品；讨论今后合作开拓高端特钢材料市场。

我是初次与日本炼钢专家打交道，他们很精明，此次是把卖环件轧机和向特钢输出技术捆绑在一起的，必须同时进行。

走访一钢轧冷轧区，管长林、胡士幸、刘茂林、沈新玉，谈产品质量提升问题。走访三钢轧线材，葛太安，在高线生产线现场调度室谈产品质量改进问题。走访三钢轧H型钢生产线，和朱旭光、袁成钢、叶光平高管谈确保国家电网此批订单质量、交货期，让顾客100%满意。

传递压力到责任者，宣讲我们的质量管理到一线，我个人认为这样的工作方法好，2013年质量水平，必然会提升到我们确定的目标。

马钢优秀敬业的管理技术人才：管长林、叶光平，在他们身上我学到了不少东西。我现在是总工程师，但担心他们退了下去，后面的年轻人，能不能在他们水平上，不退步，守住再提高。

2013.3.20 降本、质量、技术相互推进

去四钢轧总厂钢区调研洁净钢生产中存在的技术问题。听刘国平副厂长关于转炉整体耐火材料承包（招标）的意见。3座300吨转炉，因铁水供应不足正常2座生产。顶底复吹在4000炉以后效果差了，现在生产汽车板质量水平要求高，不考虑长炉龄靠溅渣护炉，现在的钢铁消耗指标高了，四钢轧总厂降本必须挖出一块来。从公司去四钢轧路上需半小时，从钢区出来到了2250热轧、2130冷轧、镀锌、连退生产线，和周振农、闫敏、章国庆、陈斌谈质量管理的办法及考核的落实。

下午，和日本三菱制钢技术交流。马钢弹簧钢特性分析报告：马钢生产60Si2MnA，相当于日本的SUP6A。C，Si，Mn成分控制要求在标准的中线，这三个成分在中上线好。60Si2MnA，ϕ16直径偏差大，铁素体脱炭层应控制在0.014，马钢铁素体脱炭层在0.1mm，超标。D类夹杂细1.0级，粗0.5级，超标准，检查到30×40μm的夹杂物，这是绝对不容许的。结论是：此次试制的弹簧钢，不符合日本标准的要求，不能送宁波日本合资工厂使用。这其中脱碳层的控制技术和D类夹杂物控制技术是我们想要的。

2013.3.21 公司费用应发挥到极致

处理公文系统中科技文件，思考一些问题。研产销费用和外单位协作费用的支付，现在的管理存在的问题，项目审核通过后，给了工号批了钱，然后就是外委。项目完成的真实情况如何？应该不应该全额支付？一级一级都同意签字报上来。可以充分利用公司的内部资源，节省费用。ATM断裂韧性试验机我请范铁山带人来实验室修复了，外委试验费很高。还有车轴、车轮的疲劳试验等。《中国质量》邀请马钢作为会员理事单位，会员年费4.0万元，我否决了！在谈判中讨价还价，中科院车轮表面缺陷光源识别开发技术，中科院开口120万降至100万元，摆了半年时间，我当总工后来谈，一次压至50万元，能做的工装我们自己做。

2013.3.22　马钢经营能力是弱的

股份公司经营例会。钢材价格随行就市，别人是买方，别人说了算！原料采购价格，我们是买方，我们能不能压价往下谈呢？马钢重内部生产、轻外部经营，销售与采购能力是弱的。

今天的分析会市场部预测，从3月22日起至5月中旬，钢材价格小幅振荡上升，原燃料在下行通道，认定会持续这段时间。如果是销售与采购对冲好，如果我们的分析是正确的，四月份马钢可以扭亏。原料价往下行波段，我们在什么时间，采购进口矿、煤、废钢，采购大量、中间量、小量，完成一个采购时间是多少，我们能不能抓住此次机会，搏一把呢？

苏鉴钢问为什么不同大钢之间有的提价？有的降价？最近钢价与五月原料采购价相关性变弱什么原因？我们判断4~5月钢价小幅上涨，原燃料价小跌有什么依据？

钱海帆要求绘出价位曲线，有过去的，现在的，趋势的。是的，现在做出的判定，过了以后可以回溯，正确、错误也就清楚了。

2013.3.23　马钢与三菱合作决策之事

关于马钢与三菱合作之事。车轮环件改造项目在先，一直在谈，一直未定，日方此次把技术谈完了，商务上日方提出了总包和融资方案。我们怎么回答，国内环件市场竞争激烈，我们环件亏损已经两年了，定位难。

特钢新品开发，国内合作的难度很大。国内找了钢铁研究总院、北京科技大学，有理论无实践，日本大冶社长参观了特钢，硬件设备已具备了，软件技术不具备。日本在中国的合资工厂，宁波工厂现在用钢还是从日本进口。

决策之事：A方案，环件改造不干，电炉合作为零；B方案，电炉合作（拟出要求一、二、三），日方不干，环件改造也不干；C方案，中日双方达成共识，电炉合作先开始，环件改造报董事会立项；D方案，继续拖着不表态，现在公司议而不决的事不算少，一个字“难”。

2013.3.26 连铸车轴坯开发一次成功

2013年连铸轴坯生产技术应用研讨会上，北京国金恒信管理体系认证有限公司宣布，关于马钢通过铁路货车用连铸工艺车轴（LZ50）钢坯认证结果的通知。

今天的气温降至9℃，但本月15日的气温高达28℃。虽然倒春寒，春天是挡不住的。马钢连铸车轴坯开发速度很快，一次成功，说明了我们设备的硬能力和我们技术的软能力。翁宇庆院士、铁总陈博施都考察了马钢特钢，给我们增加了信心和力量，马钢和中国铁路有着历史的姻缘。特钢公司立项时是为国家高铁车轮提供优质用钢而批复的。马钢动车轮、高铁车轮在铁道部的大力支持下，已进入试装车、标准制定阶段。马钢按印度标准为晋西车轴厂生产第一批3500根连铸坯车轴，现在又打破了只许用模铸方式生产车轴坯的标准。我们为中国轨道交通用材做出贡献。

没有金刚钻，不揽瓷器活。有了金刚钻，招揽瓷器活。车轴坯是一个新开发的市场，连铸替代模铸也是必然，发达国家已采用连铸坯制作车轴。

确保产品质量的提升和稳定，让我们的客户在车轴用料上增加新的选择和新的供应商，实现“双赢”。马钢连铸车轴坯将尽快系列化，通过多方的论证，更具国内外市场的竞争力！

2013.3.27 亏损仍在紧逼

我一定要把《马钢日报》三月刊登的质量信息传递到每一条生产线。

上午在车轮公司，面对李翔总工，张磊、丁春华、沙杰三位分管热轧、轮箍、环件分厂的分厂厂长。我问：3月18日，马钢报刊登的2012年度外部质量异议各产线赔付情况，看到了吗？车轮公司93起，98吨，236.9万元，赔款，怎么看？怎么办？如何确保车轮产品的质量不出事，坚持PPCA循环，强化员工的质量意识。公司要求：车轮公司起数下降10%是必保的，金额上力争降30%，减损提质量是车轮公司的大事。

下午股份公司238次总经理办公会。汇报2013年4月份经营目标草案，讨论并确定四月份经营计划；汇报股份公司部分更新改造项目（三项消危，四项改造）需资金4425万元，这些项目不提过不去了。

钱海帆：坚定信心，亏损在减少，内部在加力，但三月两头市场不仅无正贡献，反而还有负贡献。四月公司亏损控制在1.5亿以内，销售跌价要控在1.6亿内，采购市场降本要在1.4亿内。现在抢抓五、六两月订单，同时设备与生产商定检修项目。在订单不足，市场价格跳水时我们检修。两头市场，销售与采购，要从随市场、跟着走、找感觉，向找市场、抓机遇方向转，向我们决策流程上靠。

2013.3.28 到生产厂调研质量降本工作

上午去彩涂板厂。张鸣出差去北京住建部谈彩涂板建筑用标准，我、马如祥、郑小民、卫东谈生产与质量。他们没有看到《马钢日报》对各条产线公布的质量信息。他们关注的是住建部要的“耐候王，30年使用”标准，和三洋、格力、奥的斯高端用户对彩涂钢板的要求，想建立供料关系。公司规定今年彩涂板厂每月亏损额控在500万元之内，全年6000万元。今年质量索赔降30%，起数降10%。他们信心不足，现在市场要求太高了，价廉物美，三月干高端用品，价格拉上去了，但量仅5600吨，两条产线有年30万吨的生产能力，但去年10万吨，亏损1.8个亿。减量、减亏、找市场、出精品是马钢彩涂厂在市场竞争中的新定位。没有量的支持，我看这个目标难实现。

去第二钢轧总厂，碰上王文忠书记，请他找个会议室，召集型一段瑞健、型二钱跃进、线棒李元水，我们谈质量索赔管控要求及落实情况。王光亚厂长也赶了过来，二钢轧二月人均奖金1660元/人，全公司第一，是因为他们降本领先，指标领先，管理细化到位。二钢轧的做法是：发生了质量索赔，总厂考核分厂，要求分厂考核到责任工段，追溯到人。现在线、棒、型材性能问题界定难，表面质量界定不难。光亚、文忠对完成今年质量指标挺放心的，两位抓工作的力度都很大，一个厂长、一个书记，办法也挺多。

在一钢轧中板分厂召开见面会，与中板分厂胡晓春厂长和各位作业长，CSP分厂王宗明厂长及各位作业长谈今年质量起数降10%，金额力争降30%。两位都有些畏难情绪，但表态一定努力干好。

2013.4.1 心中有数，脚下有路

经营层碰头会。三月份生产稳定，钢铁材全面超计划完成，尤其是铁钢比的控制，带来了超产和能耗的贡献。定在4月3日召开视频经济活动分析会，以鼓干劲，力争四月实现扭亏目标，点名二钢轧作降本发言。采购和销售两头加大工作力度，对冲有正贡献十分重要。全公司降本额度要达70%，总降本要争2.52亿。二月份的考核下

去以后，收入差距不小，会调动各单位工作的积极性，亏损是公司的，降本是各厂的，这样的激励政策厂长压力大了。2012年与2011年相比，因为亏损，股份职工收入降了不少，科干、处干降幅更大。采购上要从过去的精料入炉向经济用料转，销售上关键是把产品结构向高附加值转。公司处在亏损期，更要提振信心，“亏损了要心中有数，脚下要有路”。

2013.4.2 学习、调研、倾听、分析、解决

妻子说我现在上班越走越早，积极得不得了。其实是生活习惯。早上6:00就出门，一边走路一边思考工作，有不少工作上的灵感真的是在走路的过程中想出来的。股份公司总工程师这个职务是干什么的？没人告诉我干什么？也没人要求我干什么？这不是个技术职称，而是一个行政职务。苏世怀、施雄梁、朱云龙、陈明仁都当过马钢股份的总工。我有九年生产部长的履历，从我变一变干法，铁前钢后我都敢伸手。什么难题都有办法，不怕跨专业工作，学习、调研、倾听、分析，会有正确的答案！

上午一个人又去三钢轧棒材分厂和潘时升分厂厂长见面，报纸上的质量信息看了吗？开门见山。棒材大规格ϕ16~32，质量风险是为了降本采取的极限负公差轧制，理重交货。但重点工程不敢这么干，产品性能一直稳定。

中午我和销售公司范国利科长商定，在4月10日开个马钢质量异议处理人员专题会。

下午去了废钢公司加工二站。因为场地满，混堆了废钢，质量正常，但我坚持减少进货不混堆。

下午喊龙吉宁带我去外委精矿加工点。为什么最近连续五批S超标，进口矿有没有问题，还是掺杂了硫酸渣造成的？突发性的抽查是个好办法，厂主尽管不承认，但是有问题。

2013.4.3 月度亏损额在减少

今天大夜班铸铁了。原因是四钢轧2#转炉水冷托圈有故障了。任强请我支持。在四钢轧炉台上，见到了詹旭，耿彪，他们认定：3#转炉倾动托圈支撑出了问题，已有了解决方案。严华正组织抢修。

我又顺道去了废钢公司诚信基地，现场很忙，汽车拉货、卸货在排队。轻薄料废

钢从外部采购，像棉花包一样一块有1.3立方米，收回后解开，挑出杂物再加工成小的打包块，贴上标签，保证质量。废钢收购价验收评价公开上墙。

我和现场工作人员说：废钢质量我会随时过来抽查，绝不许掺假；合资经营中出现的问题，应该及时报告杨震经理；废钢采购商机和经营建议可以报告陆克从决策。

公司四月份生产经营视频会，披露了我们同行的信息。2012年吨钢盈利数据是宝钢75、新兴17、山东钢铁-286、杭钢-179、马钢-275、鞍钢-276.6、武钢-268、包钢-297、重钢-511、安阳-644，钢铁是行业性亏损。

特钢公司三月亏损1300万元，达到控亏要求，海帆、苏总都对两头市场给公司的负贡献提出了意见。产品结构调整三月2187万元，未达公司要求。新品开发月14万吨，达公司要求。

股份公司元月亏损2.3亿，二月亏1.7亿，三月亏0.842亿，亏损额度减少，四月一定要实现不亏损。

2013.4.4~2013.4.6　要向采购、销售部门加压

又是清明节小假日。2010年清明节我从一钢轧总厂厂长提拔为公司副总工程师，时光真快，我到公司工作又整整三年了。这三年的马钢面对残酷的市场，是一年不如一年，企业的盈利越来越少，直至2012年的巨亏38.75亿元。顾董事长已年满60周岁了，苏鉴钢没有接任集团董事长，个别公司领导和少数处干违纪违法，被逮捕。马钢在省、市、职工中的形象遭遇了巨大的危机。2013年春节初二，中午女儿订婚时在塞纳河畔酒店门口碰上了苏总，第三次和我谈回股份公司工作，我服从了。二月过了，三月结束了，四月开始了，这50天时间我干了什么？

强化对公司高级技术主管和首席技师的管理，实现了带题上岗。高声呼唤，不能只盯内部生产，要向采购、销售部门加压。现在两头市场12个亿的降本增效任务，采购中心王开定、销售公司戴华强压力陡然增大了。铁钢比2013年不要变了，稳定生产与操作，我们不得不承认2012年马钢铁钢比是一个不小的失误，给钢轧总厂铁水比的降本增效政策，各总厂自己会算账的。强力推动技术中心实行项目委托制，要求“解放思想，转换观念，转变作风，扎实工作”，不要事事“等、靠、要”，用真正的业绩来赢得各单位的尊重。2013年外发产品的质量索赔起数降10%，赔偿金额降30%，已将责任分层次划到责任者身上，跟踪每月的运行态势，已经有明显的结果。深入基层到现场去，到职工队伍中去，动员大家为降本增效出力献计。在股份公司班子里全力支持总经理的工作，说真话、干实事、讲述自己的工作方法。

2013.4.7 我也去市场找订单

股份公司班子碰头会。我四月的重点工作：

1、和采购中心王开定沟通，技术口适应市场的变化，可以适时评审用料的需求标准。技术口梳理2013年上半年非招标项目目录，尤其是钢铁辅料方面的，为招标打开通道。

2、车轮钢头尾坯、烧氧坯的处理，列为技术中心立A类项目，追溯各道工序控制过程，找到降级使用的办法。

3、确定四钢轧生产高牌号电工钢工艺路线，供一钢轧基料，请销售公司接单。

4、培训对外质量异议处理专门人员，必须持证上岗，不是谁都可以外出的，规范各项工作要求。

5、现在三家事业部都难在市场订单上，我也去市场找订单。

6、科技质量部的关键工序控制点，公司级的管理启动了，每月组织至少三次的检查，强化制造过程的管控。以四钢轧连退生产线和酸洗生产线为样板单位，摸索出一套切实有效的好办法。

2013.4.8 硅钢二期工程产品开发会

召开一钢轧硅钢产品生产及硅钢二期工程产品开发会。沈新玉、陈友根、王立涛、胡珂等人参加。

硅钢二期工程：高温退火炉已经调试完毕，常化炉已试生产了，日本三菱单机架轧机5月中旬也可以试轧了。2013年公司计划，硅钢老线、新线量产50万吨，其中W600以上占50%。硅钢W1300 5450元/吨，W1300D 5500元/吨，W800 5600元/吨，W600 5750元/吨，W470 5950元/吨，平均边际贡献在600元/吨。销售分管张永翔、冷轧部长刘辉、硅钢副经理周伦竹要去开发直供户，不能全靠贸易商。马钢硅钢已进入压缩机工厂，冰箱、空调都在用了，研发变频空调压缩机用硅钢，首先敲开格力空调的大门。四钢轧2008年生产1万吨电工钢，M50W800、1500吨，M50W1300、8500吨，到热轧卷，每吨比一钢轧成本低200元，长流程成本比短流程低，要细化到每一道工序成本去比较。四钢轧今年春节前试W470二炉，第一炉开浇半小时后，两流先后鼓肚滞坯，本周四再试干两炉W400，关键在铸机工艺参数的设定及铸坯保温怎样做。

硅钢的几个难题：硅钢含Si，W800含Si0.8%，W600含Si1.3%，W470含Si2.0%，W400含Si2.5%，硅钢硅含量越高产品档次越高，其中的相关技术够我们摸索。现在订单难拿，首钢、鞍钢都出了中低牌号硅钢，除了价格战以外，性能上已有以高代低去抢占硅钢市场的行为。M50W470、M50W400，在四钢轧坚决试，工程技术人员全身心地扑上去。压缩机、空调、冰箱，中小电机，我们均在供货，只是高档产品未出来，更谈不上试用。产线分工，CSP→老区硅钢，四钢轧→新区硅钢15万吨/年。二硅钢设计M35W270，M50W290，我们干不出来，现在需要外部技术支持了。

2013.4.9 铁前降本增效座谈会

铁前降本增效座谈会。

苏鉴钢说：优化炉料结构，打造经济型高炉，采购中心去拿非主流矿，抓紧时间去找，采购中心、三个铁厂协作。配煤的问题：谁降价买谁的，高硫煤价低力争6万吨/月，采购中心立即去买。外购焦炭，滕州、兖州的都可以试用，一铁直供上料台。焦炭质量保证值，铁厂和焦化商量，不降本生存不下去了。马钢炼铁原料价比全国平均水平高，主要高在炼焦煤和外购焦炭上。

顾建国说：一季度铁前降本和预算比有差距，但一个月比一个月好。马钢上下都在问，哪个月可以扭亏？铁前降本现在达70%，怎样再提升？通过对标可以看到潜力是大的，我们要拼。一定要解放思想，往上走，铁前、钢后“八大金刚”，公司的主线单位，降本起跑线都是2012年6月的水平。

今天四类问题：铁前原料与生产的问题，陆克从牵头联动起来；高炉及干熄焦检修的问题，任强牵头定了；已看到的设备问题，严华负责解决；分兵突围，分灶吃饭，再出台鼓励政策。各单位元月奖金都不高，二月发奖金会有不同的感觉，三月发奖金时就会受到刺激了，各单位降本行动越早、步伐越大，收入越高。是的，公司出台新的政策了，2008年我在一钢轧当厂长时就是降本争奖金。

2013.4.10 钢后降本增效座谈会

钢后降本增效座谈会。

钱海帆说：海潮老总制定电工钢三年生产经营计划，和汽车板一样，硅钢也是马钢的战略性的新产品。是的，硅钢从亏损到赚大钱，再到今天的亏损，销售策略出了问题。

施雄梁说：市场拿订单六个字“质量、服务、价格”。

苏鉴钢说：公司层面上，四月份市场订单必须严格兑现，不能让客户有意见。公司的生产计划是一个刚性的，四个钢轧总厂必须当成天大的事，海潮对生产熟悉，也要支撑好这一块。钢轧总厂市场观念必须强化，我的梦想就是马钢有响当当的产品。现在马钢家电板占格力的1/3，其他产品也要进入格力，格力是我们的上帝。硅钢当成战略性产品，比照汽车板特殊政策，封闭运行。调整结构，销售一定要拿出好的订单，产品质量上去了，售价一定要有体现。四个钢轧总厂降本增效有办法，现在要大踏步地往前走。

顾建国说：三月份四个钢轧总厂铁钢比，订单兑现率、酸洗板、交叉物流，特色不少。但今年一季度，生产不稳定，设备事故不少，高附加值品种少。生存好的企业都降低了采购成本，降低了生产成本，提升了高附加值品种，一钢轧许健、四钢轧王炜现在体会最深的是生产稳定性。跑市场，领导带头去跑。五月以后市场订单竞争更加激烈，在家坐等一定不行，拿回订单来，家中一定要争气，质量上：干好奖、干不好罚。公司动真格了，三月奖金发下去，压力会更大。

我说钢后各单位，主攻方向不一样，出手举措也不同。一钢轧1.6mm酸洗板从0.3万吨上升至0.6万吨是品种调整；二钢轧细化成本到人，炉台机台上都登了出来；三钢轧打响了大H型钢品牌，贴紧国家电网要求；四钢轧在高牌号硅钢生产上已达月产1万吨；特钢车轴钢的订单也在增加了。产品质量是第一位的，2013年产品质量异议起数降10%，索赔额降30%的各项举措已经落实了，顾建国、苏鉴钢、惠志刚、施雄梁，集团领导昨天开了铁前降本会，今天开了钢后降本会，我们一定要以行动来落实。

2013.4.11　事业部与公辅单位降本座谈会

事业部与公辅单位降本座谈会。

三个事业部都面临一个共同问题，订单量太少，降本没有完成计划。车轮有利润，要的是市场份额；彩涂想另辟蹊径向高档产品发展；电炉产品起步定位干什么。

钱海帆说：三个事业部营销策略可以是对标定价，成本定价，行业领先定价。市场部与销售公司支撑事业部给力不够。企管部从职能上梳理一下，该给的权力都给。内部结算价以市场为原则，具体执行事项时，市场部全力支持。包括三个事业部在内，在开拓市场时，需要公司领导出面去走访，我们都去。

苏鉴钢说：三个事业部要打开工作局面，拿订单总是头等大事。车轮公司是守住市场份额，全面竞争，宁可舍弃部分利润。特钢公司的工作力度要大，只能以优质低价开拓市场。彩涂从平民向贵族转产品方向，不是穿个西装就可以参加宴会了。

顾建国说：三个事业部一定把体制、机制的创新带进去，不能走走停停又倒了回来，按市场化运作。三个事业部必须把量搞上去，收回投资效益，没有量必定是十分困难的。公辅单位关键是做好服务，不出事故，否则会影响一片。

我三天时间，跟主要领导参加内部降本专题会，马钢真难，不仅外部难、内部也难，现在上面说教到位、政策出台；下面必须打破常规，干出样子。

2013.4.15 特别关注电炉特钢的生产

去检测中心理化二站，看了工程改造建设情况，从一楼至五楼，详细了解其检验功能的分配。我要求力争六月中旬完工，7月1日起人员到位，实现对各类原料取样、制样、检验用扫描条形码传递，解决四台风机对大楼分析室产生噪音的隔离问题。检测中心理化二站职工，向我反映他们现在每天自己从家中带水来喝，要求解决饮用自来水的问题，300米外特钢公司有自来水源，说了多次都未办成。我答应他们一周内负责完成。

我特别关注电炉特钢的生产，现在太忙了，抽不出时间去现场。给胡新华发了一条短信:像过去一样，每天早上给我一条短信，告诉我昨天一天生产情况。今天来特钢公司的主要问题是：两个新牌号钢种1018，C45B浇钢困难，连浇第三炉就开始蓄流。杜松林、张建平也感到难了。杜松林告我：塞棒吹氩还未上，1000吨合同已接了，目前只能减少连浇硬着头皮干。张建平说：制定了新的浇铸方案，再试试看。孙维告我：周六讨论含硫钢方案时，已明确提出意见，现在张建平主持技术工作，要强行干预有点为难。三位都是马钢炼钢博士级的人物，意见不一致，我又拿不出能保证成功的方案，那就花学费去试吧！

2013.4.18 特钢公司三月份达到控亏目标

三月特钢公司总亏损额1646万元，特钢专题报告因为试制新产品损失146.04万元，扣除这块，他们三月达到控亏目标，可以提奖金了，技术中心和科技管理部的全权代表孙维签了字，我批准减免这一块的考核。

顾建国在特钢公司一季度生产经营情况汇报上作了批示：一是公司领导帮助跑市场，拿订单。二是同意两头都比照市场价，能支持的支持到位。三是抓紧落实特钢公司专业销售人员的招聘问题。

2013.4.19 省委组织部来马钢开展年度考评

省委组织部对马钢集团公司领导人员2012年度考核及民主评议。省委组织部副部长金春忠：对马钢集团领导班子的考核，省委省政府高度重视。特别是现在困难期，省委书记张宝顺关注马钢，多次听取意见。马钢在顾建国同志的带领下，经历了2012年巨亏的过程，2013年一季度开展的一系列工作初见成效。今年前三个月亏损额呈缩减趋势，四月马钢一定要扭亏增盈。各位是马钢中层干部，充分认识开展年度考核的重要意义。顾建国、施雄梁年龄已到，不列入此次考核。要求按政治素质、经营业绩、团结协作、作风形象十一项指标考核。此次考核我们通过述职，民主评议，个别谈话等交叉方式进行。各位要以高度的负责人的精神，公正、公心、客观、正确评议马钢集团的领导。

顾建国代表集团班子述职报告：2012年矿403万吨，生铁1737万吨，粗钢1734万吨，材1659万吨，集团收入818.47亿。集团合并报表实现利润-34.65亿，归属母公司净利润-17.48亿。亏损的原因：一是马钢钢材综合售价低于行业平均水平，制造成本则高于行业平均水平。二是2011年起近900多万吨高价位进口矿带到2012年来消化，影响成本10亿元。内部廉洁上有赵建民案件的影响，还有经营上裕远物流公司诈骗案。2013年：全力推进钢铁主业减亏、降本、保现金流，调产品结构。坚持以形成效益支撑为出发点，做好钢铁主业，加快发展矿产与非钢产业。坚持以促进工作效果提升为衡量，深化改革管理。2013年的目标：营业收入925亿，利润总额7.98亿。主要措施：自产矿增100万吨，钢铁主业降本增效36亿，成立三个事业部分兵突围，资本运营增效3个亿。2013年一季度：钢铁主业环比减亏3.35亿，月均亏损额降到去年月均亏损额的一半以下，情况逐月好转。

2013.4.21 钢铁研究总院来特钢报告

钢铁研究总院来特钢报告，马钢第一轮试制GCr15SiMn（轴承钢），22CrMoH（齿轮钢）总结。聘请的三位外部专家是：顾文俊来自宝钢特种材料有限公司，王忠英来自江苏沙钢集团淮钢特钢公司，张志成来自湖北新冶钢有限公司。

点评我们轴承钢、齿轮钢的试制过程：两个钢种全氧控制水平高了，稳定控制钢中全氧技术不足，两个钢种Ti的控制水平不够，高档轴承钢Ti要控制在15ppm以下。轴承钢的评价指标是全氧、夹杂物级别、表面脱碳。齿轮钢的评价指标：全氧、夹杂物、带状组织、渗透性。轴承钢，低温开轧，快轧。齿轮钢，高温轧制，轧后缓冷。轴承钢适宜方坯，齿轮钢适宜圆坯。高质量的特钢，国内与国外水平差在国内一炉一个样，一批一个样；国外炉批全都一个样，稳定的产品实物质量。

此轮给出试制评价65分，下一轮试制力争达到85~90分，我知道工业性试验的代价是大的。钢铁研究总院来的是研究员、博士，又请了国内知名特钢企业的专家，今天所谈还是理论上的东西，要注意的事项。怎样干？关键控制点用什么方法均未谈到。

2013.4.25 大宗原燃料的采购应建立决策机制

股份公司经营例会。从马钢股份发生亏损以来持续时间很长了，今年四月现在算账采购成本月降低额1.2亿元，超过钢材价格月跌价额0.7亿元，两头市场对冲，有5000万元的正贡献。现在内部生产与降本有了进步，销售市场钢价在缓慢下行，唯有采购有主动权或可变数。全年36个亿降本，两头对冲拿回12个亿是马钢实现扭亏的关键砝码了，压不住就落空了。现在库存到了低位，原料价格缓缓下跌，有一个不同的跌幅，机会终于来了，关键是能否抓住。一是继续坚持用多少买多少；二是再努力降低库存；三是能够抓住下行波段，在矿价最低时，买入一个经济的量。我想马钢大宗原燃料的采购能够建立一个决策机制，不断完善，吸取教训，不像现在这样。应该是决策机制在起决定作用，而不是某个领导承担责任。

2013.4.26 汽车板推进处要工作在现场

四钢轧404会议室，汽车板质量专题会。

产量上，三月汽车板9.8万吨，合格率94.05%，截至4月23日，9.07万吨，合格率95.85%。

质量上，2月、3月、4月处理异议59起，总量1209吨，赔62.37万元。典型案例：Als和Ti衰减导致冲压开裂；压氧导致酸洗斑迹；酸洗过度至表面发黑。主要质量问题：酸洗板（划伤）；连退内板（表面夹杂）；冷轧双相钢压痕，H420LA高强钢性能波动，连退外板（汽车板）兑现率47.14%，61.84%低，镀锌内板锌层不良，镀锌外板局部辊印。

我们汽车板现在所发生的质量问题，多数是管理问题，不是技术问题了。汽车板推进处担负起职责，要工作在现场，不能成为一个数据统计部门，而是发现问题解决问题。质量管理的方法在于坚持，持之以恒改善，从头工序实现控制标准化，要坚持PDCA循环。现阶段把TS16949标准要求落实质量责任考核中，抓操作者的工作质量。加大产品质量把关的宣传氛围，厂报、厂网、现场班组、作业区、分厂会议室，产品质量辨识图谱，逐级质量嘉扣奖的考核通报，管理公开、公平、公正。有质量异议不可怕，但重复的事故不能多次发生。

2013.4.28 汽车板技术支持和管理咨询二期项目

四钢轧404会议室，钱海帆主持马钢汽车板技术支持和管理咨询二期项目方案讨论会。马钢汽车板技术支持和管理咨询二期项目由外国专家团队组成。技术目标：在合同签订后的24个月内，马钢汽车板产品研发、制造水平、设备管理、订单管理、客户论证、客户管理等综合水平达中国一流水平。2013年，汽车板销量120万吨；品种钢比例不低60%；镀锌汽车板20万吨；汽车外板8万吨；汽车板内外部质量损失比2012年下降20%。2014年，汽车板销量130万吨；品种钢比例不低63%；镀锌汽车板30万吨；汽车外板10万吨；汽车板内外部质量损失比2012年下降25%。

在总结汽车板技术支持一期项目基础上，确定目标。汽车板为马钢的战略产品，成立了“推进处”，制造单元“操检合一”。长期困扰的汽车板W型压氧问题，DC04、DC06加工稳定性的问题，镀锌板表面缺陷均有大幅减少。二期项目所含的、尚需深入解决的问题是产品开发，制造技术，设备管理，订单管理，认证和客户管理，管理咨询和马钢汽车板团队的成长。

2013.5.3 今天在现场的步伐特别轻松

上午去硅钢二期工程。因为我又分管硅钢，好消息出来，所以跟着高兴起来，在现场的步伐特别轻松。二硅钢生产W400，用CSP为原料，铁损3.143，磁感1.700，用四钢轧原料，铁损2.904，磁感1.695。两条线的试验都成功了，二硅钢原料问题可以解决了。四钢轧炼钢、连铸、热轧，硅钢分厂的冷轧、热处理的电工钢，供给格力空调压缩机，格力总部发出测试报告，铁损3.86~3.90，磁感1.70~1.71，板形楔度、同板差指标完全符合要求。管长林、吴芳敏今天晚上带电工钢工作组的成员去喝酒，我们庆祝一下。

下午3:00，股份公司五月生产经营视频会。从2012年元月份起一直亏损，四月首次盈亏持平。四月股份公司本部亏损7747万元，子公司利润3967万元，回冲4200万元计提准备金后才实现的。苏鉴钢说：四月账面不亏，但今年累计仍然亏损。钢铁工业形势严峻，稍有不慎，重回亏损的概率很高。顾建国说：今年一季度亏损账还在头上，二季度力争全季度不亏损，三季度实现累计不亏损，四季度力争盈利。这就是股份公司经理层的最重的考核任务。

2013.5.6 到技术中心谈工作

去技术中心和胡夏雨、张建谈工作。两位各有特长，一个分管炼铁、一个分管钢轧，相互团结、彼此尊重、放开沟通，把技术中心工程技术人员的积极性调动起来，把能力和水平提升起来。铁前炼铁成本达到平均水平，我们应该做什么？钢后项目委托制，A、B类我们该怎么干？每月专题汇报一次。技术中心的收入一定是靠成果得来。基本奖是一块，新品奖是一块，科研A、B项目奖又是一块，每一块都应通过努力工作多得一点。

2013.5.7 难事我担当了

为处理中国五矿供马钢高碳铬铁质量仲裁问题，采购中心朱付林、鲍蕾来到了我的办公室。事情已经拖了三个月了，第一批铬合金37.84吨，五矿对我们的检验有意见，但让步同意了；第二批铬铁合金269.5吨，五矿提供质保书Cr：63.22%，马钢检验Cr：61.80%，相差1.42%。五矿不同意马钢检验结果，对这批货相差十多万元人民币。申诉到我这里，我同意重新取样送国家检验中心，国检的结果是Cr：62.98%。这种贵重金属采购价格很高，取样具有代表性很难，公司文件规定以我们检验为准，不许重新取样，只需复留存试样。五矿表示不同意并不再向马钢供货。怎么办？我和五矿采购副总经理通了电话，经商定，以马钢检验和国家检验结果的平均数62.39%为结算依据。五矿方面同意，不申诉仲裁了。但是改系统已输入的结果，必须由我签字才能执行，采购经理找我的麻烦事，我担当了。

特钢公司生产连铸车轴坯，必须按国标LZ50送太重车轮厂、晋西车轮厂做全套检验，两家明明已试用过了，还是开口就要免费送料，33根轴坯，每根4720元，总计15.57万元。孙维代表项目组申报，张明如代表技术中心同意，乌力平代表科技管理部同意，最终我批准免费送料。车轴模铸坯有国家标准，车轴连铸坯还没有国家标准，做了大量工作铁科院才同意申请。铜陵车轴厂认证通过了，还要再经两家车轴厂试用，产品想进铁路总公司真的很难，更何况要从建立新标准起步，难，实在是难。

2013.5.8　检测能力跟不上了

特钢公司向技术中心、检测中心，科技质量部报告，随特钢产品的开发，我们的检测能力跟不上了。要求加强攻关，保证检测数据的准确性。过去TO、N、Ti及其他微量元素只是试验时检验，现在要变为生产检验了。把我们几次检验结果送上去对比，全氧别人的检测比我们低，N的检测结果我们又比别人高，检验设备是一样的，是系统标定的问题，还是人的技能水平问题，或许两方面都有问题。有问题不怕，发现问题就要解决问题，这一关我们是一定要过的，我要和杨本华主任沟通。

2013.5.9　高铁车轮试验十分严谨

铁道科学院金属及化学研究所。铁路动车轮、高铁车轮试验是十分严谨的事，国产化替代进口程序很多，不是谁敢拍板的事，难度很大。马钢大功率机车轮内部开发试验主动权在我们手里，一次次试。能否装车试铁科院只是协调，是运输局来决定，最终还要上路运行考核60万公里数后才能评价。张斌告诉我们铁路总公司建立了两条专门的试验线路，2013年底，完成车轴上线测试的技术准备，2014年春不知能否通过技术审查。

实验用的动车车轴坯料，课题组也选择了马钢，太重、晋西车辆厂检测完，再做装车试验，完成课题组的科研评审。现在成立一个课题组，由铁科院牵头太钢、马钢、太重、晋西参加，以铁科院轮轴试验机为主，一根轴做百万次疲劳试验，6天时间为时间节点，排定实验时间。太钢轴坯→太重轴→太重轮组合试验，马钢轴坯→晋西轴→马钢轮组合，各家12根试验。2014年3月前全部准备工作完成，接受科技司技术审查。先试模铸坯车轴，再试连铸坯车轴。试验费用由参加单位分摊。去铁道科学院的目的是让未来动车、高铁用的车轴除了用模铸生产外，连铸也可以生产。

2013.5.10 “不是穿燕尾服就能出席晚宴了”

最近，苏鉴钢董事长心情好像放松了不少。他告诉我：“海潮你没事干挺难过的，因为你是干事的人，现在证明你回股份公司是对的。”“去了三铁总厂和黄发元谈工作，一个多小时，无人进办公室，也没有电话响。”苏总笑着说：“我混得不如你！”“海潮你知道发元说什么？”“我们炉长的总收入比你给我的多。”苏总说：“我们可不可复制黄发元厂长的模式？”在谈到抓住机遇采购进口矿的决策时，苏总说：“我一直在想怎么干？”我说票决制加事后追溯制。苏总笑着告诉我：“沙钢沈文荣买矿也请诸位投票，他把票收了一个人回家看，都同意买，他不买，反之则买。”在推动特钢事业部制时，苏总说：“只要你杜松林能完成经营考核目标，你所提其他条件，我不答应你，我就是庸人！”在谈到电炉引进高端技术时，苏总说，“现在不是穿燕尾服就能去出席晚宴了！”

2013.5.12 抓准问题，解决问题

上午经理层碰头会。面对降本出现的新问题，关于公司主线单位年度BOM指标设定问题；关于降本奖会超预算，超出部分怎么办；铁前的超产激励问题，各位分别发表了意见。基层不动起来挺可怕，动了起来就好办了，我的意见是顺势而为。

最后顾总说：各单位降本都达到70%不容易，现在的氛围要保护，调整后经济责任制考核是正确的！月人均超出1400元奖金后的费用五五分开，以正激励为主，说话算数。主线单位BOM指标调整后要说清楚过去什么依据、现在什么依据，不是鞭打快牛，也不是一见好就加码，不能造成误解，各单位降本的方法都不错。明天召开降本增效再动员会，宣布公司激励政策保持不变，聚集“正能量”。

下午我去一钢轧管控会议室开酸洗板专题会。酸洗板是裸体出厂，没有后加工了，酸洗以后缺陷露了出来怎么办？一个是强化出厂产品检验，有问题的不放过；一个是过去没有认识到，现在必须在制造过程中解决。裂纹的问题在铸机上了，划伤应首先排除加热炉、轧机辊道不会带来划伤，然后再查。全力以赴盯住设备的工作状态，每次干酸洗基料前对设备状态确认，有一个确认书，谁确认谁签字。大生产中的主要问题，只要抓准了就应该解决问题。此次酸洗板是表面质量问题，我们采用排除法，但必须到位。

2013.5.13 不打无准备之仗

经理层碰头会定了，在宾馆中三楼会议室，由我主持降本增效工作经验交流会。五月的天，下午温度突发升至34℃。我知道顾建国、苏鉴钢很重视这次降本增效工作会。我一直思考这个会怎么开？不向领导请示。会前准备了今年1~4月三铁总厂、一钢轧总厂、高炉推进办、三钢轧总厂、特钢公司的降本任务完成情况，向五个单位提了发言材料的要求，关键是后8个月怎么干。向企管部要今年这五个单位每月人均奖金水平传递压力。今年我们元月亏1.896，二月亏1.495，三月亏0.464，四月账做平了。一季度马钢股份公司累计亏损3.855亿。

有准备和无准备、认真和不认真是不一样的，5个单位今天的发言都有套路。天宝、克从、任强或多或少有些激动的点评，海帆作了总结。苏总说：海潮今天主持会，别出心裁，公布的信息是过去开会没有的，元月大家奖金一样900元，二月相差不过200元，三月差了400元，预测四月会差至500元以上。降本好的单位人均奖金超出1400元/月以后，所发奖金的成本由公司和各单位分担！顾总说：该说的都说过了，政策不变！会议的主持人一般在会议结束时都要讲几句，我只说："开了一下午会，各位辛苦了，散会！"

2013.5.14 降本增效西瓜、芝麻都要抓

我一直思考近期降本增效给了我们什么启示？我下放过农村，知道那时种田是队长赶着大家去干活，现在政策好，不用队长管了，人人抢着去干活。

苏鉴钢说：原先担心二铁、三铁、三钢轧、电炉完不成任务，现在走出了三个，路是走出来的，效益是干出来的。降本增效重点工作取得了突破，生产稳定高产，铁钢比定了，铁前统焦，焦炭直供，钢铁料消耗降低，品种结构调整联动。系统优化主辅联动，采购中心在大势面前未出差，顺势而为有了作为，公司多种方法应对市场，采用了大的动作。公司层面的降本增效能否向深度和广度进，现在西瓜、芝麻都要抓。如果一季度各单位降本都完成任务，我们肯定不亏而且盈利。公司层面鼓励降本，保持政策的连续性，变，现在一定不行。5月订单不满，我们电工钢以产促进销，汽车板要去抢订单。

顾建国说：公司内部降本增效相互启发，各单位现在相互较上劲了。今年股份公司要盈亏持平难度很大，但这是一道红线，做不好进入ST。现在内部降本增效是最

可靠的，单位降本与单位职工收入直接挂钩。降本增效的关键是信心，消除短板、对标挖潜、生产稳定、质量搞好都来信心。集团公司要求股份公司一季度亏，二季度不亏，三季度能盈，今年对各单位要求不一样，收入全靠自己的劳动和贡献。

2013.5.15　马钢WLD电工钢在格力试用

昨天下午5:00，我再一次询问我们开发的WLD硅钢，在格力工厂检测的结果，回答是还未出最终结果。我心里有数，有信心，决定带王立涛、陈友根两位博士今天一早奔合肥格力工厂去看检测结果。今天预报是有中雨的，可一路过来一个小雨点都没有。接待我们的是采购部副部长庞为，广东人，现在是又管采购、又管生产，又管质量，一眼看上去就显得很精干。他告诉我：马钢现在最大的变化是观念变化，你们一直在电话联系，这么近为什么不来。格力林达2010年12月投产，年设计600万台空调压缩机，格力在武汉、郑州、珠海、合肥、重庆设工厂，现在林达公司的压缩机仍满足不了格力集团的需求。合肥格力年需硅钢3.5万吨，60%的W800，40%的M35W300，由太钢专供，我们采购的特点是，我们试用选定后的供应商就始终如一的选择。

“合肥格力林达工厂，用马钢WLD电工钢制作150台空调压缩机，经每台检测，所有性能OK！”今天报告发至珠海总部，继续试用1000吨，再OK以后，确定马钢为格力空调压缩机电工钢指定供货商。

2013.5.16　限定开会时间

每月一次技术质量例会。我要求使用计时器限定发言时间，技术中心12分钟，技术质量部10分钟，汽推处10分钟，销售公司8分钟，其他与会单位5分钟。在各单位发言完以后，我点评说：今天的发言人都有些紧张了，觉得时间不够了。每开一次会，各单位一定要思考，公司层面的技术质量例会我要报告什么，需要协调什么，提请大家关注我什么？现在公司特别关注一钢轧酸洗板攻关成功，特钢公司连铸车轴，技中A、B类项目完成情况及进度，韩国团队在汽车板生产上给出技术问题的解决方案，车轮产品表面光源检测，水浸式探伤机器的使用情况……4月公司不亏了，二季度力争不亏，技术质量口能为公司做出什么贡献。生产线带出的非计划品，在某条产线上质量总损失的不降反升的原因，我们的对策是什么！这样规模的每次例会少谈成绩多谈问题，谈解决方案，谈责任人，谈管理支撑方式！

2013.5.18 制定工作计划

自己给自己制定工作计划，今天思考明天的工作，特别关注一些事，能够盯住，直到解决！

采购中心王开定来我办公室，和我谈谈关于公司降本，我说我不分管采购、销售，是不是最近对两头市场正贡献、负贡献说多了，我们曾是公司办公室的同事。给采购单位放权，生产关系不能束缚生产力，经营口应像主线单位一样，以激励为主；采购工作不看一事一单，可以累计看其贡献，后评价应由市场部追溯去做；公司关注采购的同时关注销售，同样放权、激励，市场部也应事后验证。采购销售面对市场，每天是动态的，市场部是“静态的”。这几年公司分管采购的领导，有不管、放权、放手、支持的，也有刨根问底、给建议、不决策的，其实我的压力山大，采购中心全方位做了点事：海关保证金减少，港口压船滞留费下降，商检水分的判定都有效了。销售的库存产品，库存中间品，跌价时同样损失不小。

高海建叫我去他办公室沟通关于动车组车轮用钢生产线项目决算报告。2010年董事会批准特钢公司总投资21.54亿，2012年6月建成。现在总投资额24.4亿，超原计划2.86亿。超支两个部分：一是优化公辅系统，实施了拟建工程，增加了道路桥涵改造，计1.06亿，这部分他本人清楚；二是工程中试生产费用，开发新品，多项产品论证，共计1.8亿，这部分海潮你应该清楚。当初你在集团当总经理助理，我拉你去电炉干一把，现在证明没错。特钢的事你还是要全力以赴支持，刚上马的一个新工厂，又是开发全新的产品，谁干都难，有人戏称看“两高”干出“双高”产品。

2013.5.21 预计六月份亏损

上午去四钢轧汽车板推进处，与朱伦才、刘永刚谈工作。江淮汽车大梁冲压开裂之事，今天技术中心再做三块裂纹材检验，昨天的消息是江淮冲武钢的550L后又用我们的料冲了36片梁，也没裂。我们的制造过程不稳定，质量问题总是会被人揪出的。现在我等待着技术中心和江淮汽车的检测结果是否一致。

韩国专家团队指出我们管理的问题多，各项指令发出后执行不到位，为此意见较大。核心技术在汽车板成分的设计上，除了理论上的东西外，实际在Ti，Nb的微量添加量上是上限控制；在热轧W压氧上提出系统控制，不是单一因素；在镀锌沉浸辊的光洁度上提供了韩国人的专利，解决了镀锌辊；在连退线上指出干汽车面板炉内氧含量超标问题。

下午股份公司六月份生产经营评审会。六月份出口矿价弱势运行，六月煤炭将止跌趋稳，主要钢材品种市场价格纷纷跌至去年低点时的价格水平。华东地区热卷、中板3600~3680元/吨；HPB300线材和HRB400螺纹钢跌至3620~3720元/吨；冷轧卷跌至4580~4650元/吨，与春节前最高价格相比下跌400~600元/吨。预计马钢股份钢材市场平均价格较四月份下跌100~150元/吨。效益评估：预计六月份股份公司本部亏损5931万元。账是人算的、活是人干的，预测条件是现在的价位，但市场这些天的变化总是出乎意外。六月亏了，上半年全亏了，用下半年来背回上半年，背得动吗？

2013.5.24 挂帅电工钢开拓重任

硅钢作为公司的战略产品，集中人财物资源支撑。马钢硅钢低、中、高产品都要，无取向电工钢马钢应该形成系列产品，现在不要谈定位，摸着石头过河。电工钢现在效益好，客户经理带生产、技术服务人员上市场找订单。用2013年、2014年、2015年三年时间把“质量、成本、体系”三位一体搭起来，开发出中、高牌号电工钢并进入市场。成立硅钢市场开拓组，实际是一个完整的研产销。以订单组产，转换为以钢种组组产。引进外援之事，韩国正在支撑汽车板，德国专家、英国专家团队已谈过，要价太高了，国内有没有再多些渠道去找？

钱总定了由高海潮挂帅，研究关于中高牌号电工钢生产、经营、技术问题，理清思路、细化到位、基本要求、市场调查、解决办法，后报公司决策。

2013.5.28 马钢2012年科技成果奖为零

我去技术中心和张建等谈工作，张建是金属材料学博士。我担心的是他如何带领好这么一大批工程技术人员，改变现在的状况。2012年钢铁工业协会科技成果奖公布了，马钢光头，一、二、三等奖一个没有。是没有完成项目申报还是项目本身的水平低，我们该怎么干，怎样动员工程技术人员，结合马钢生产实践中的难题去找项目，公司评审立项后“产学研”工作怎么做，和外部单位的合作怎样干，理清程序后真抓实干。我讲述了在科技创新部经理岗位上，面对马钢当前成果太少，我们科技创新部采用了什么样的工作方法，一家一家去走访，下任务，做培训，季季检查，使这两年专利成果获得了大丰收。六月中旬公司开车轮领导小组会，技术中心应准备一个系统性的报告，特别是一钢轧停止车轮钢生产，转至特钢公司生产后质量控制水平的对比，要整理大量的基础数据。六月下旬公司开技术推进委员会，技术中心不仅是提出问题，还要有解决方案，可供公司选择和决策。面对当前生产经营的困难，技术人员应该蹲在现场。我们商定本周利用两个晚上时间PM 7:30~10:30，在技中二楼会议室，对A、B类项目完成情况检查。

我和刘玉兰谈科技人员单项激励工作。以激励为主，凡在CN刊物上发表文章的，获公司级技术秘密的，完成标准制定、修订的，在市、省、国家获科技成果奖的，都应奖励。过去什么样？现在什么样？建议什么样？有这方面贡献的人，在评职称、评津贴、评高级技术主管和首席技术时，应是加分项。我们把过去多项管理规定整合在一起，一清二楚，报公司技术推进委员会审定通过后，以马钢集团公司的名义下文。今后我们这个部门强力推动去执行这个文件，至少半年一次做出评价，很快会有好的结果。

2013.5.29 炼钢工艺优化方案讨论会

上午我在四钢轧炉台上，观察新工艺炼钢的全过程，跟踪了三炉钢的冶炼。下午在四钢轧三楼管控会议室，炼钢工艺优化方案讨论会。我点了刘国平、焦兴利、徐小保、乌力平、郇琼等十四人参加此会，300吨转炉炼钢工艺对四钢轧降本增效影响很大。少渣工艺试行了40炉以后，石灰消耗大幅下降，吹炼时间缩短，煤气回收量减少，钢铁料消耗下降8~10kg/t。现在是转炉溅渣工艺的优化问题，底吹工艺的优化问题，低硅铁水转炉冶炼问题，副枪由贺利仕公司总包的服务问题，转炉氧枪尝试6孔改5孔枪的问题。

我讲了几条：如果一项工艺改进，理论上是正确的，初试效果是好的，实际操作还有问题，我们此时不谈工艺优化，而应该在管理上做工作，把没做好的事做好。少渣工艺降本显著就下力气稳定推进，首席技师拿出操作经验总结，指导新工艺的实施。渣车称重的准确对此工艺至为重要。低吹氩前期把氩气总管入口处压力降下来，中后期逐步提上去，保前期、中期、后期底吹效果，要靠设备控制系统保障，影响的要考核，保的好的也要奖励。我们坚持再试100炉，新工艺与原工艺做充分的对比，我们各位再来组织评审。

2013.5.30 工作上不能抱任何侥幸

北方来了一阵冷风。马鞍山的气温从30℃降至20℃。天下起了不大不小的雨，6:00走出，看着阴沉沉的天，雨暂停了，喜欢空手迈步走，突然雨又下起来了。我跑了起来，侥幸不带伞，又不愿意躲雨，活该被雨淋。我想在总工程师的岗位上，千万不能这么干。

上午讨论六月份生产经营计划。预计六月份钢材价格比四月份下降190元/吨，钢材跌价2.048亿；原燃料及进口矿采购可降本1.37亿，二级单位总体降本进步多增1000万元以上，以上因素合计股份公司六月份本部亏损1.347亿。每位经理找出下半年降本增效的举措，自己检查上半年承担指标的完成情况，从系统的角度看，怎样实现相互配合和支撑。

下午股份公司生产经营例会。现在是挣钱太难了，采购中心每月花钱也难了，看着进口矿价的变化，我们没有变化。原燃料采购中心拿了个意见：当进口矿价格在115~110美元/吨时，建议按低库存上限采购；当进口矿价格在110~100美元/吨时，可以考虑做经营库存；当进口矿价格在100~90美元/吨时，建议适量加大经营库存；当进口矿价格低于90美元/吨时，公司筹集资金，我们赌一把。

股份公司经营班子，现在加我6个人。过去的工作经历是在公司内部，现在每天面临的问题不少，我们都要学习工作方法。不是管一个厂，是管一个公司了，有人说这个层次上的管理者要实现四个转变。在管理上，学会由管事到管人的转变；从管人到管规则的转变，定好激励机制；在经营上，要做到从销售到营销的转变；从营销到公司战略的转变。我们公司怎样才能真正走出困境？我们的管理一定是有问题的。

有人说治大国如烹小鲜，秦长荣把合钢理得挺好，一把手不能管事不管人。干部能上能下，只是说没有做，考评是尾数下，人也不下；公司年薪制，现在是凭官位领薪，个人履职及完成任务好坏差不多；公司机关作风，从门岗躺倒到干部上班洗私家车，眼皮底下的事都没人管；现在取消了单项奖、小金库，关了窗户关了门，总厂急、难、险、重、有效益的工作，厂长也在叫难；公司内部的监察审计不知在干什么？真就这样下去，那就是市场好的时候别人赚大钱，我们赚小钱，市场不好时，马钢就亏损。

2013.5.31 干部大会

公司最大的人事变动干部大会。顾董事长退休年龄已过，任何一个大型企业，人事交替是正常的组织活动。可马钢一把手退休，在接班人的提拔上传了很长时间，一会是省里外派人来，一会是马钢内部产生。

下午干部大会，走程序进行民主推荐。省委组织部副部长金春忠主持，省国资委高伟副书记参加，推荐马钢集团董事长、党委书记和集团公司总经理。上次来马钢调查93位处干，其中80位认为内部产生更合适。省委尊重马钢的意见，先投票推荐，后谈话推荐，人选出来后考察，考察通过后报省委常委会。

需具备条件：政治可靠，听党的话，解放思想，有强烈的事业心，有能力，清正廉洁，作风民主，团结同志，看一贯表现。四个条件：大学以上文化，担任集团领导两年以上，身体健康即满足条件，总经理应相对年轻。德才兼备，以德为先，不投感情票、关系票、人情票。投票人要对自己负责，对公司负责。谁能干就推荐谁，马钢处在困难时期，要选出能胜任的人，希望各位配合工作，以大局事业为重，完成任务。

2013.6.2 用什么样行动完成下半年任务

2013年下半年，我担当的降本增效任务很重。用什么样的行动来干，我一直在心里琢磨。

担任公司硅钢开拓组负责人，代表公司把这个战略性产品干好。日本三菱单机架调试过钢了，条件具备了，四钢轧炼钢、连铸、热轧也通过了，用什么方式去市场争中高牌号硅钢订单。提升一钢轧酸洗板质量，合格率已经上升至97%，技术攻关解决了划痕、裂纹、夹杂质量问题。一钢轧以窄薄为重，四钢轧以宽强为重，争汽车板年产量达90万吨以上，还是质量第一。检测中心对煤、焦、辅料等派工取样，集中制样，条形码转换，理化检验，强化原燃材料质量检验，堵住漏洞，这其实在为公司打降本仗。技术中心的A、B类科研项目，委托制实施以来，第一步走出来了，关键是我们有能力来完成这些项目吗？

怎样快速提升工程技术人员的能力，支撑公司生产经营。产品质量的稳定是企业综合管理水平的反映，今年加大了外发产品质量异议的控制，把住出厂关；但内部质量、非计划品上升，我们应该对各条产线负责人、科干、作业长、主操更大的激励。

2013年钢协科技奖申报必须有初审、重点培养、上报评审、修改完善后才能上报。筹备召开公司技术推进委员会的会议内容，少些空洞的东西，多些实在的事情，新的马钢集团科技工作奖励标准一定要通过。

2013.6.4 稳定是发展的基石

今天仔细审查了各类新产品开拓组的名单后报钱总签发，以办公室的名义下文。我担任硅钢产品组组长，公司给予一个特别的激励政策，达到设定的最高档目标，开拓组成员的月奖金可以达5000元。53名成员中去7名处干和高管，有46人可以享受这个政策。完成计划目标，每月有23万元单项奖励，够激励的了。各产品组政策出台了，怎么干？我们要去市场拿到订单；要保证产品质量稳定；要在制造过程中降本，有比较利润。其他各组基本也是一样的任务。

下午我去特钢公司参加下轮生产前专题讲座。孙维高管解剖了新品开发中出现的问题；检测中心汇报了电炉LF、RH、CC过程取样的问题及要求；龚志翔报告了特钢公司生产技术质量指标；杜松林强调管理责任，敢于较真，要从职工队伍基本能力和应有素质抓起。

我讲道：海建老总特别关注特钢生产经营，虽然新厂无贡献还在亏损中，但公司给了一个好的激励政策。生产中已经发现的几个问题，在本轮生产中一定要有新的改进。连铸过热度达标要提高；连铸机保护浇注长水口使用前检查；新开用户锻件压缩比要评审；高Al、高S量钢浇铸时严格遵守所需的要求；外发圆坯表面质量及外形公差尺寸问题。特钢产品质量既会赢得市场也会砸了饭碗，重复事故不许发生。

2013.6.5 市场在进一步恶化

股份公司经济活动视频分析会。五月公司本部生铁119.05万吨，钢124.3万吨，材116.05万吨，历史最高水平，八个主线单位降本实际达标率为68.3%。五月股份公司本部生产经营亏损9971万元，子公司本月生产经营利润266万元，合并报表归属母公司，净亏损9705万元，本月回冲集团公司矿石折上10000万元后，归属母公司净利润295万元。钢材产品价格下路，综合价为3410元/吨，比上月下跌158元/吨，减利1.7261亿。外购原燃料发出成本下降，使公司增利1.1763亿元。

五月份铁钢材产量创出历史新高，但一些消耗指标没有同步下降。现在市场在进一步恶化，6月、7月、8月仍看不到向好的趋势。我们实施了不减产、满负荷生产，但降本未达设定的目标，扭亏只能靠内功。六月继续保持生产是基于吨材边际贡献仍有435元做出决策的。全国的钢企谁都不减产，看来是要拼到死。

2013.6.9 担任国家技术发明奖的评委

根本就没有想到过，我会被作为专家抽中，来北京参加2013年度国家技术发明奖的评审。来到解放军总装备部的远望楼酒店报到，什么费用全不收，评委吃、住、行全免费。

现在这个社会的关系网不知怎么可以编织到如此程度，谁能打听到我是此次国家技术发明奖材料与冶金组的评委？从外部找到马钢，再从马钢找到熟悉我的人，报出了西安高性能钢合金材料制备关键技术及其应用；重庆现代混凝土流动性调控与超早强关键技术及应用；武汉的冶金高频液压控制伺服元件关键技术及应用；湖南基于温度精确控制的铝合金挤压技术和应用；华南的磷酸钙类生物活性陶瓷和骨修复作模板法仿生制备新技术及临库应用等评审项目。我自己都不知道我会参加什么项目评审。

回忆一下国家科技奖励办与我的联系，开始我以为是骗局。一封手机短信：高海潮专家，诚邀你6月9日在北京参加国家技术发明奖，材料与冶金组初评，会期一天。能否参加请短信回复，24小时不回复视为不参加。国家科技奖励办。又一封手机短信：专家您好！会议通知已发到您的邮箱，请注意查收！谢谢！国家科技奖励办。最后正式文件通知：高海潮专家，兹邀请您为2013年度国家技术发明奖材料与冶金专业（学科）评审组初评会议评审委员。6月9日上午8:30开始，会期一天。北京远望楼宾馆（北京北三环中路57号），会议统一安排食宿，交通费用报销，根据科技部的规定，支付评审费！请您按时出席会议，并衷心感谢您对国家科学技术奖励工作的支持！国家科学技术奖励工作办公室 2013.5.17。

一整天的评审，23位评委，其中工程院院士三名，我感到自己挺光荣和自豪的。评委工作：每人一台手提电脑，输入你的用户名，用户密码，真的是自己的姓名，密码是自己的身份证号。各课题组长用视频远程课题报告（15分钟），提问答辩15分钟，答辩人看不见评委，评委在视频上看见答辩人，答辩人在各省市科技厅视频会场。国家级发明奖，此次采用12进7，7中可推选一等奖一个，其余二等奖。我全神贯注、高度紧张，尽管有些项目已经超出了我的知识能力范畴，我就紧盯项目的设定目标，再紧盯最终的实现结果，这也是跨专业评委的通用评法，作为国家级评委，认真负责的工作了一天，真的好累。

2013.6.14 公司主要领导人事变动

第一次作为股份公司的高管，参加马鞍山钢铁股份有限公司2012年度周年大会。审议及批准董事会2012年度的工作报告；审议及批准监事会2012年度工作报告；审议及批准2012年度经营审计财务报告；审议及批准2012年度利润分配方案（经安永华明会计师事务所审计：2012年度，按照中国企业会计准则计算，本公司净亏损人民币38.75亿。由于亏损，依中国法律、法规及本公司章程，2012年度不进行利润分配，也不进行资本公积金转增股本）；审议及批准聘任安永华明会计师事务所为公司2013年度审计师并决定2012年酬金。会议时间真短，不到一小时就结束了，按法定程序走了一圈。面对亏损，各位基本无语，五项议事均同意通过！

公示栏信息：高海建，1957年11月出生，工商管理硕士，正高，任集团董事长、党委书记；丁毅，1964年12月出生，工学博士，正高，任集团总经理、党委副书记，董事。海建要我到他办公室，告诉我，省委书记、组织部长和他谈了话，三件事：2013年马钢股份不能亏，不能进ST；接手以后怎么开展马钢的工作，走出困境；省里全力支持马钢新班子改革，省委书记有指示。股份公司班子中你是老资格的，你有能力又有激情，整个集团还是靠股份公司盈利。放手干，有难事告诉我。

马钢汽车板技术及管理咨询二期项目签字仪式在南湖宾馆举行。顾建国、蒋育翔、苏世怀、高海潮、任天宝、王炜、朱伦才、刘永刚等人参加。仪式上总结了一期项目完成情况，合同上约定了二期项目的技术要求。晚上请韩光熙董事长、吴祯泉总经理等外方专家。顾建国从未有过这样轻松，端起酒杯告诉各位，他即将退休，摄影是他的爱好，这或许是他最后一次参加公司的正式活动了，他现在脑子里时常会想退休以后干点啥。

2013.6.17 出口美国的车轮出现质量问题

2007年生产的车轮，GE公司购买后在美国使用中三件开裂或掉块。是氢致裂还是夹杂引发的质量问题，让人担心的是这批车轮后面继续使用下去，还可控吗？全数召回美方代表说查不清了，要求马钢内部查制造过程中出了什么问题并告知真正的原因。

顾建国批示：请股份公司认真对待，努力将负面影响降到最小。

钱海帆批示：请海潮总工尽快回应美方，马钢表明负责任的态度；尽快组团赴美处理。

我承受着质量工作的压力了，难还是不难？质量工作就是管好人的操作，干好了奖，干不好要罚。

产品质量是制造出来的，不是检查出来的，每次车轮产品出事，我首先对号入座，是不是我当生产副厂长和当厂长任期内干的活，因为我对车轮钢的质量要求，至今还未有我的领导责任。抓质量舆论上必须占先导，我现在还是利用这有力工具，教育职工、告诫中层。我通知销售公司售后服务部，公布2013年上半年马钢对外赔偿5万元以上的事件，有责任的人名字全都写上。

2013.6.18 从国外钢铁工业发展看马钢

钢铁工业的艰难日子。从国外发展历程看，钢铁行业呈现明显的周期性，且每一个周期性都与全球性重大经济背景有关。欧、美、日都经历了快速发展到本国市场供大于求、产能过剩，出现市场恶性竞争，直到产业整体低利润或亏损，企业加速分化后开始兼并重组。1970年，富士制铁合并东海制铁，八幡制铁合并八幡钢管。随后富士制铁与八幡制铁合并成新的日本制铁，新日本制铁又合并了三菱制钢成立了新日铁。新日铁以年产粗钢3295万吨占据世界第一，长达二十六年。中国钢铁工业的集中度，大大低于上游原料产业和下游主要用钢产业，国外的过去就是我们的现在。山东动了、河北动了，安徽钢企只有马钢一家独大。面对国内现实，加快钢铁产业结构调整和重组不可避免，马钢兼并了合钢又兼并重组了长钢。合钢、长钢在同样的市场下，比我们本部经营好，这就是体制机制的作用了。我们不改革是不行了，这样亏损下去怎么可能活下去。

公司内部的事可以搞定，只要有边际贡献，就不能停止生产；只要生产模式不变，铁钢比不动。现在铁产量规模已走到头。从现在开始用低库存保供，采购成本就和发出成本逼透了。对外接订单普通材就是亏，高附加值订单、新开发品种订单还是在嘴上空喊，对外采购在买方条件下，就是要买的比别人便宜一点。

一、四钢轧总厂是内部生产组织难，小订单多，产线分工，交叉物流，质量稳定，准时交货，一环扣着一环。三个事业部面临的一个共同难题是在市场拿订单难，上半年过去了，车轮订单大幅减少，彩涂订单继续萎缩，特钢还在找寻市场。难过不可怕，要找到办法能熬得过去；难过可怕，是我们对外尚无好的办法。

2013.6.20　经济下行，钢铁产量继续上行

股份公司七月生产经营预评会。预测七月公司材均价3279.2元/吨（不含税），平均边际利润414.2元/吨，七月公司本部亏损9844万元，我们计财部现在预测亏损数很准，但提不出可行的减亏办法。开经营会时部门宏观上讲得不错。

李克强总理看中国经济的“克强指数”，即工业用电量，铁路货运量，银行中长期货款。2013年上半年这三大指标都会降至年内新低。但上半年1~5月，我国粗钢、生铁和钢材累计产量分别为3.252亿吨、2.992亿吨、4.262亿吨，同比分别还是增长8.0%、6.1%和10.8%，经济已经下行到这个状况，钢铁还上行到这个状况，干钢铁的人真的是不会别的，大家都一根筋僵住了。

对6月中下旬及7月份钢材价格的预判，市场部和销售公司有了不同的意见。进口矿的采购，可否采纳采购中心的意见，在下行波动中采购，都怕今天买了明天还跌。客观评价我们的销售、我们的采购也挺准的。过去是听领导的，有困难找领导，现在是提建议，无基础支撑数据，卖与买多年的经验都是在个人的头脑中，现在是引用钢材价格指数、采购价格指数说事而已。

2013.6.21　成都局08年KKD车轮辋裂

今天早上，天还是挺爽的，温度不高，湿度不大，走进办公室前心情都不错。7:10车轮公司李翔副经理一个电话，让我又难过起来：“成都局08年KKD车轮辋裂之事，现已报至铁路总公司客车处，路局的意见要整炉召回，此炉共162件，全数召回300万元人民币且影响大。”一钢轧已查出该炉钢2008年1月13日冶炼，连浇6炉的最后一炉。车轮厂调查已出，该炉钢投料166件，取样1件，轧制废品3件，合格162件，探伤报警率有问题。

车轮钢的质量终身服役负责制。出了事，领导要承担领导责任，当时一钢厂厂长是汤曙光、车轮厂厂长是李晓宇，直接责任者要承担产品质量制造的责任人。铁路总公司2009年处罚过我们一次，停止车轮厂半年生产进行整顿。可怕！工艺、技术、设备都没有问题，就是人的操作出了问题，我想再往下查一查，看出事的产品是白班生产的，还是夜班生产的，我这个总工现在开始擦屁股了。

2013.6.22　高海建出任董事长

公司召开干部大会。

参加领导，台上就座顺序：顾建国、高伟、刘建、詹夏来、王炯、郑为文、张晓麟、高海建、金春忠、许崇信。台下第一排就座的：丁毅、杭永益、王树珊、顾章根、朱昌逑、苏鉴钢……

首先是省委组织部副部长金春忠宣布任命决定，高海建任马钢集团公司党委书记，董事长；丁毅同志任党委副书记，集团公司总经理，股份公司董事长。

其次是省委组织部长王炯讲话。他代表省委省政府，对以顾建国为班长的马钢过去的工作给予肯定。对顾建国同志1977年大学毕业以后，进马钢直至成为企业主要领导所付出的努力，作出的成绩给予高度赞扬。对新任领导高海建的评价是：熟悉企业情况，有吃苦精神，大局意识强，经常深入一线，敢想敢干，作风雷厉，不怕得罪人。然后对苏鉴钢和丁毅两位领导给予积极的评价。

接着詹夏来常务副省长对新任领导和马钢提出要求：走好三步，先降本增效，扭亏为盈；然后是稳中求进，健康发展；最终转型升级，成为一流。

随后顾建国作了离职讲话，在马钢工作36个年头，有深厚的感情，工作中的不足在审计报告中已经写出，我将一如既往的关心马钢、支持马钢、热爱马钢。

最后高海建作了讲话，确保股份公司今年不亏损，不贴上ST的标签。个人优点不多，能力有限，年龄偏大，沉稳不够。但我会带领领导班子成员一道创造公平、民主向上的环境，下大力气抓好各级领导转变作风，突出为基层服务，马钢一定能战胜现在的困难。

整个会议下午三点开始，五十分钟就结束了。顾建国1997年担任一把手，历时16个年头，现在是高海建担任一把手了。

2013.6.23　冰冻三尺非一日之功可解

高海建亲自主持召开股份公司经理班子会。俗话说得好“不当家，不知柴米油盐贵”，尤其是处在亏损中，天天算着过的日子是难的。海建说马钢可以预测到在未来的三年内不会有好日子过。有人说留给新任领导的最大红利是马钢用人用工制度的改革。敢干就会变，守是守不住的。

降本增效对铁前而言，今年上半年产量拉上来了，指标也达到了历史上的好水平，吨铁成本与全国平均相近了。现在最大的制约是原燃料之间的性价比：无烟煤与焦炭的差价，低品位矿与中高品位矿价之差也缩小，同行们都在比降本求生存。降本增效对钢后来说，铁水资源已定，如果继续现有的规格、品种、产品的售价是上不去的。怎样开发高附加值产品市场，马钢这一块留有空间，要动手术创新体制机制才能活起来。亏损时期公司保护职工的利益，只是奖金减了。今年降本增效任务完成好的单位，职工人均奖金水平上了1500元。现在厂长在盘算，今年过去了，明年怎么办？所以现在降本的总体进度差不多，各家都在看。今年36亿降本增效目标中内部降本增效总额是24个亿，其中有5个亿是靠钢后产品结构调整增效，主线单位在19个亿降本中压力极大，其他单位相比压力不大。采购销售对冲后12个亿可能为“0”，马钢对外经营是我们的弱项，总经理今后要主抓。降本要求生产稳定、设备稳定、产品质量稳定。这些都离不开对“人”的管理。马钢少部分职工成了贵族工人，少部分干部更是无所作为。人的行为被考核就是激励与处罚。推动马钢发生根本性变化，不能总是在生存线上下摇摆，根本办法打破现有的体制机制，首先是干部能上能下，收入能高能低，职工能进能出，我是想好了突破口选在各级干部头上。

面对如此难题，冰冻三尺非一日之功可解。面对如此多年马钢的顽症，有的领导说了不做，有的不说不做，新班子必须是说到做到。

2013.6.24 *担当车轮召回事故处理*

为080200363炉162片车轮召回，李翔、吴耀光、江波同我在南京南站乘最早的高铁去铁路总公司。中午12:30，在铁路总公司对面的小饭店每人一碗面条，都在想下午见到客车处吴处长说什么？因为客车处王高工说了，太重已经为客车辋裂召回了两次，此次来京和我们定080200363炉162片客车轮全部召回。全部召回，不仅影响不好，直接损失也不小。我们来前请示了主要领导，车轮人命关天、质量第一，该召回就召回，该赔偿就赔偿。

下午1:30，我们四人来到铁总客车处办公室，一间60平米的办公室，6人在办公，相当拥挤。一个接待办公长桌。我们在门外等待，吴处长接待了第一位长客总工程师，半个小时过去了。又接待了第二位浦镇车辆厂厂长，又半个小时过去了。下午2:30，召唤我们马钢的四位进来谈，我们汇报了家中对此炉钢冶炼及162片车轮碾轧过程的调查报告。吴处长看了我的名片，才知道我是马钢股份总工程师，与我们谈了裂纹产生的原因，谈了B类夹杂的来源、控制、检测等。吴处长让我们说怎么办？我看态度有些变化，立马介绍李翔是车轮总工又是全国劳模，耀光是副厂长、博士，江波是车轮高管又是全国人大代表。吴处长问江波是哪一届的？江波说现在这一届的。吴处长说，马钢很重视此次事故的处理，这样定，客车处发个电报，各车辆段协助马钢对此炉车轮探伤检查，暂不召回了，此炉今后发生质量问题由马钢承担责任并赔偿。此炉号车轮使用5年多了，每片车轮运行了150万公里，我们承诺做车轮夹杂物的控制研究，保证去车辆段一片不漏地探伤。谢天谢地！我当总工第一次去担当这样的事故处理，但我也深知车轮质量的厉害。

2013.6.25　苏总交班叮嘱“看好钱袋子”

下午苏鉴钢召开最后一次股份公司总经理办公会，他笑着说：今天向海帆、丁毅交班了，要看好股份公司的钱袋子，现在是资金流入难，资金流出难。

马钢公司五月奖金已下发，一铁1696元，二铁1464元，三铁2068元，煤焦1820元，一钢轧1840元，二钢轧1990元，三钢轧1810元，四钢轧1810元。在公司亏损的前提下，在职工并未多增多少劳动量的情况下，这个奖金水平可以了。我们马钢现在缺少一种精神，负面的事情说得多，正面的事情说的少，难怪有些人端起饭碗吃肉，放下筷子骂娘。现在在经营层的人每天都在想着怎么过，职工压力不大，不少人还是挺舒服的！

我在会上报告去北京处理363炉车轮的结果，该批车轮现已运行百万公里以上，轮辋磨裂后极易在硬力诱发下造成裂纹，外出探伤人员的素质要高的。车轮是终身服役，我怕自己担负不起这个责任，担心的永远是质量。我们虽然按铁标、外标生产了多年，但今年还要认真准备通过CRCC认证审核。

2013.6.27　马钢汽车板必须向高端进军

我干事总是有激情的，这种激情来自我的内心，没有激情的人是干不好事的。今天我们评审9个汽车板类技术攻关项目：1、合金化热镀锌汽车板产品质量控制优化；2、冷轧宽规格深冲用汽车面板生产控制技术；3、热镀锌低合金高强钢力学性能控制优化；4、提高汽车板订单兑现率攻关；5、马钢镀锌汽车板CR4通用汽车全球论证；6、一、四钢轧交叉物流生产工艺技术攻关；7、一钢轧总厂汽车板一次投料合格率攻关；8、四钢轧总厂汽车板一次投料合格率攻关；9、连退线汽车外板稳定生产技术攻关。

我的评审意见是汽车板推进处牵头好9个技术攻关项目。技术攻关与科研开发之间有联系更有区分。技术攻关应该是现场型的，攻关的目标一定要清楚，现在的、以后的，攻关可以分档，一个一个台阶上；技术攻关是在科研开发之后，完成了批量生产，关键工艺技术的优化与固化，使其稳定并达标，控制参数在允许偏差范围内；技术攻关，不为其难，是以技术难点为导向。一、四钢轧总厂交叉物流生产，汽车板中酸洗板，今后1580产品定位好。一个大课题中应分几个子课题，大课题目标要靠子课题小目标来保，解决什么问题，谁负责，必须明确到主管工程师头上。汽车板推进处设立奖励目标，海建明确指示，实行正激励，关键是确定达到目标，原报告中要的钱不多，可以加码，四钢轧厂长王炜、一钢轧厂长乌力平都可以发标书，谁接标后，汽车板推进处、公司调配资源支持，干到什么目标拿什么钱！

马钢干汽车板必须向高端进军了，向合资品牌供料，今年一定要拿下总量100万吨的汽车板。

2013.6.29 *打造降本增效的“升级版”*

股份公司每周六召开视频会，翻了一下工作日记，是从2012年12月份开始的。首先是计财部通报一周降本情况，其次是设备部通报一周设备运行状况，接着是生产部通报一周生产情况，之后是根据实际需要安排。

今天是海建、丁毅以一、二把手的职位参加公司周六点评会。海帆去英国参加孩子毕业典礼了，通常是海帆作点评，海建会上点名让我做点评，我快速在脑海中过了一下本周生产经营的情况，说了一段。

6月份即将过去，2013年下半年正式开始，股份公司二季度如果持平的话或略有盈利，那么一季度仍然亏损3.85亿，看不见什么利好，经营依然严峻。虽然入夏，因为梅雨天，没有真的热起来。一旦出梅天气会暴热起来。股份公司保持生产稳定顺行不是容易的事，需要各级管理人员作出表率，把职工的防暑降温工作做好，方方面面要额外努力。现在市场处在双降的通道中，钢材价格很低，原燃材料也很低了，所以公司产品有400元/吨的边际贡献，对我们内部来说，满负荷生产就是最经济的。抓质量，保订单兑现，这是老生常谈的事，也是我们总有缺陷的工作。保持一、四钢轧总厂板带优先的模式，维持铁钢比不动，7月上旬公司计划二铁2#炉检修，要尽快采购生铁块、废钢。公司降本水平定格在70%，原计划三季度降本要冲100%的目标，用三季度和四季度降本填补一季度、二季度的欠账。现在往上干的单位难度很大，但绝不是没有降本潜力了。海建董事长要求打造降本增效的“升级版”，各单位应谋划三季度新的突破点。我们要厂与厂联动，主辅联动，工序联动，上下联动，去干、去想过去没有干过、想过的事情，这才是公司级降本增效的升级版！

2013.7.1 背水一战，确保股份不亏

丁毅今天以董事长身份参加碰头会，他开场白说股份公司班子是辛苦的，一年365天，天天都要来上班。股份公司是马钢集团的基石，今年要确保股份公司不亏损已经很难了，现在全国钢铁主业都亏，个别不亏的企业是其他的收益反补的，集团层面上要抓紧股份部分资产出售工作的落实。股份公司生产、设备、质量上的事故都要刚性考核，制度定得太宽太松，考核不痛等于无用。请赵志群协助股份公司抓现场管理，各单位的党委书记应是第一责任人，现场不好，产品也难干好。降本提奖不错但考核的公平性要把握好。

高海建说本人56岁，站在现在这个岗位上，只有背水一战，我思考了几天，但当前第一位的工作是确保股份不亏，所以暂不大动干戈。先在原班子定的事上延续一段，但领导的履职能力要考核，股份公司经营层及总厂厂长可以分类，只要公平正义，不怕矛盾，不开新炉灶，坚持往下搞，不搞鞭打快牛，干得好的，一定奖励！降本增效下半年升级版怎么形成？我负责在管理上先抓凝心聚力工程，请苏总协助钱总设立新的指标升级版！铁前生产稳定，钢轧品种、质量、带出品的稳定，采购原料库存、钢轧成品库存要全线下降，资金如此苦难，还这样占用不行。关于富士康（武汉园区）品质投诉的报告，钱总签了、丁总签了、我也签了，要从严要求、举一反三，质量不行怎么拿订单，我们必须服务好这样的品牌大客户，请海潮全权处理好此事，理出管理方法，对质量重奖重罚。

2013.7.2 处理富士康品质投诉

今天我向销售公司售后服务部范国利科长调研2011年、2012年、2013年上半年马钢产品质量异议和用户反馈的意见；向科技管理部崔银会副经理下令整理出2011年、2012年、2013年上半年马钢对外赔偿的起数和赔偿金额，把各条产线的质量总损失统计出来，设计好，要求是一目了然，职责清楚并表格化。我审定后登在《马钢日报》上，抓质量就要提高意识，教育职工，向全公司曝光。

下午在科技质量部1127会议室，我召开关于富士康（武汉园区）品质投诉的报告

专题会，乌力平、奚铁、朱涛、吴耀光、刘茂林等人参加。由于富士康对马钢产品的投诉是打包的，此次投诉考核奖金10万元，按今年销售量所占的比例，分别考核一钢轧总厂和四钢轧总厂。要求一、四钢轧总厂60%考核至个人头上，主要是考核承担责任的大小管理者、作业长、主操等人，最少者不低于500元。

此次扣款作为保证富士康产品质量稳定的保证金，明年此时如达标加倍返还。一、四钢轧总厂成立三种缺陷的QC攻关小组，每组10个人，三种缺陷各设三档奖励指标，降1/3人均1000元，降1/2人均2000元，降2/3人均3000元。富士康是家电行业的品牌，马钢家电产品质量时好时不好，97%是好的，3%不好，这就是管理问题，写所需已经没有问题了，现在就是做所写的问题，公司逐级追究管理者的责任。吴耀光、朱涛两位厂里的总工程师要将富士康的投诉报告挂在本厂网站上，建立关键工序质量控制点，每次生产富士康产品都要生产完成后进行评价，工序评价合格后才能放行。

2013.7.4　管理问题是最大问题

我们公司最大的问题是对各级的管理问题，领导敢于动真格的管理，逐级负责制落实好，教育好、引导好我们的职工，在管理上不要错位。

今天和杜松林、孙维去江苏永钢考察一下他们的特钢。普钢不行了，特钢还可以。马钢25个亿上了特钢公司，现在永钢特钢大棒线已投产，山东莱钢特钢大棒也投产了，特钢大棒市场的价格立马下跌。

半天的考察结论是设备不如我们、技术不如我们，但民企学国企很快，人才引进很快，国企学民企，“人的问题”就根本绕不过去。

天气热得很快，室外40~45℃的高温，工人干在一线，领导干部此时的作风特别重要，只有一身汗地贴在一线。现在总厂的领导、科级干部是领军的关键人物，此时好的作风比其他更重要。

我现在是在总工的岗位上，但还是要保持工作在现场的作风。

开了富士康质量问题一大刀，今后抓住一起处理一起，坚持下去就会见效。

质量问题重在于教育职工，产品质量是制造出来的。早上打开四钢轧网站，看到富士康的通告函和销售公司的意见已上厂网站，让秘书科催一钢轧也同样上网站，舆论监督和引导是有效的抓质量的手段！

2013.7.6 股份公司处在最黑暗的时期

6月份股份公司经营业绩持平，本部亏损12395万元，子公司利润2450万元冲了，集团矿石折让5000万元，回冲矿石减值5000万元，最终利润为55万元。因为股份公司新董事长上任要走一个程序，苏总还是以董事长讲话：

6月份生产经营的特点是：生产不够稳定，因为欠产，损失3100万元；两头市场跌价和降本基本持平，外部视作无影响；中间品、产成品从高位库存开始下降；三个事业部订单大跌；质量上江淮汽车大梁、GE在美国车轮辋裂、富士康的质量投诉，想把产品卖给富士康可能要努力一年，想退出市场不要一天，我们要珍惜每一份订单给我们的生产的机会，只有生产了才能有钱赚回来。我们的职工要珍惜工作岗位，现在出现了“钱荒”，银行间隔夜拆借利息高达9.24%，我们的资产若可以变现，放在银行拿利息都不亏损，这不是说的笑话。股份公司唯有内部降本达到100%才能保住今年不亏损。我们的优势产品在失去优势，而管理短板问题越来越重。

2013.7.8 生产关系适应生产力的发展

股份公司经理层开会。中心议题：打造降本增效升级版，三季度怎么干？全年目标怎么定？

今年一季度累计亏损3.85亿，二季度已调整到盈亏持平，上半年全公司累计完成降本任务的55.38%，现在是三季度的第一个月。下半年打造降本增效升级版是重点工作。

经营上12个亿的预算无法实现；产供上依然保持低库存不择时机；产品结构调整上，销售和钢轧总厂一起走向市场；生产运行上，铁、烧、焦的联动；主辅联动新的联动点；三个事业部的市场订单问题；产品质量总损失的降低；钢轧中间品及销售的成品库存品。

困难企业的问题基本是一样的。海建说：马钢必须让生产关系适应生产力的发展，根本变革公司多年的考核办法。铁前应该是完全成本考核，钢轧总厂可以考核利润，其他单位制定指标考核。考核在兼顾公平的条件下，应多激励创效单位，全公司现行的奖金水平是可以的。

2013.7.10 马钢到了必须改革的时候

上午马钢公司承担省、市科研项目的检查。评委：苏世怀、高海潮、乌力平、朱涛、奚铁、刘玉兰、殷朝海。评价结果：

1、高档汽车用薄板关键技术研究及产业化，省科技项目，总投9000万，政府拨款300万，刘永刚负责，93分；2、中高牌号无取向电工钢50W350材料特性研究，省科技项目，总投2500万，政府拨款200万，王立涛负责，65分；3、高端车轮产品的研发及产业化，省自主创新专项资金总投6000万，政府拨款300万，张明如负责，96分；4、动车组轮对，转向架总成国产化关键技术研究，省科技项目总投2900万，政府拨款200万，孙建军负责，55分；5、液化天然气储罐建设工程专用低温钢筋的研制，省科技项目总投950万，政府拨款180万，孙维负责，90分；6、7mm级风力发电系统关键零部件产品开发，省自主创新专项资金总投3200万，政府拨款200万，孙维负责，92分；7、750MPa级热轧高强度钢开发，市科技计划项目总投780万，政府拨款20万，胡学文负责，85分。

下午马钢集团公司2013年第6次党政联席会。1、听取“党的群众路线教育实践活动”准备情况的汇报；2、研究资产重组工作。

高海建书记最后说，省委常委、常务副省长詹夏来前天来马钢，指示我们：“马钢必须去行政化，用人机制的改革，薪酬制度的改革，直至最终企业改制，员工置换身份，坚持这样走下去。”高海建：“我必须实实在在地干，希望各位同仁同志，我有4年时间，现在走到这个辛苦的岗位，想想我当年在H型钢怎么干的！任何人有懈怠的作风，不负责的态度，我会找他麻烦的。”省委书记张宝顺问组织部长：“马钢新班子有什么动作？”“我现在压力巨大，感到难度很大！”党委书记必须全力支持厂长，不仅是嘴上的要有行动上的，也要有具体的活，不团结的班子随时调整，副职不听正职指令的，正职可以让副职不干了！

2013.7.13 生产不稳，领导下厂约谈

公司一周生产点评会。特别引人关注的事是7月1~12日，各单位降本增效在原有的72%基础上下滑了。公司总的降本比例只有63.66%，与年度预算目标相比，8个主线厂缺口36.34%点，金额差1.287亿，与上月实际相比，少了6.56%，少降2324万元。

钱海帆点了一钢轧CSP生产稳定性太差，非计划停浇率30%，任强点了二铁总厂

2#高炉大修后复风恢复生产不顺。高海建脸色难看，提了要求："散了会，丁总、海潮去一钢轧总厂找他们领导班子去，海帆和天宝去四钢轧查本月订单的兑现，他本人带任强去二铁总厂，生产都稳定不下来，原因要查清，要敢于批评！"

一钢轧许健、曙光、方敏、耀光、庆生都在会议室，也知道生产不稳定，公司会批评！我说："一钢轧是个压力大的单位，谁干都一样，要任劳任怨。只有CSP生产稳定才能打造降本增效升级版，非计划停浇率是一个带动全厂的指标，重奖一批关键人物，有了这个指标，品种兑现率、交叉物流、降本增效都有了。必须提高认识，达到公司要求。"

丁毅说："新班子动体制机制难度大，干部能上能下也不容易，但年终评价干好干不好时收入差距可以拉大。让艰苦、奉献、贡献大的处级干部收入高，我们可以做到。一钢轧要在管理基础上下功夫，各类事故必须考核到个人头上，任劳容易些，任怨有难度，公司会注意到公平。"

2013.7.15 高海建为首的新班子施政要求

马钢公司干部大会。

计财部张乾春报告：上半年总体完成降本增效任务的55.38%，二季度盈亏持平。元月降本达标率25.62%，二月42.4%，三月56.04%，四月67.66%，五月68.28%，六月70.22%。上半年降本达标率，一铁47.24%，二铁44.99%，三铁54.03%，焦化65.15%，一钢轧57.32%，二钢轧71.59%，三钢轧54.04%，四钢轧60.65%。2013年三季度降本达标率定在80%。

原燃料采购中心王开定报告：上半年完成采购总量2106万吨，采购资金208亿，与去年同比采购降本29.8亿，同计划比降22亿，低库存保生产100万吨，上半年进口矿累计总库存同比降430万吨，月均库存同比降72万吨。我们不得不承认：抢抓商机的最大差距就是"没有敢于参与市场更高级别的博弈"，力争下半年采购成本和发出成本，能够双双抵消钢材的涨跌盈亏！

四钢轧总厂王炜报告：2013年上半年累计降本增效2.41亿元，下半年月供硅钢5000吨，1580投产后，保供硅钢二期工程用料。首先打造观念创新的升级版，生产稳定的升级版，质量改善的升级版，品种扩充的升级版，订单兑现的升级版，结构调整的升级版。

矿业公司王文潇报告：全年完成500万吨成品矿，上半年完成221.36万吨，销售收入12.74亿，内部利润4.97亿，上交集团矿后差价2.42亿，可比产品成本较上年降

5.7%。

高海建：我上任以来开第一次干部大会，在座的中层我都能叫出名字来，现在省委省府高度关注马钢，常务副省长专门分管马钢改革事务，要求从用人、分配上下手，今年是背水一战。当前的重点工作一项：扭亏为盈，股份不进ST。一钢轧、四钢轧、二铁总厂、三铁总厂大单位要冲上去。下半年就是赛马，各位跑起来，你赛马跑在前面了，一切就会有了，我们不搞相马，拿真本事出来干一把！外部市场的变化，逼迫马钢内部变化，去行政化、打破现有的分配机制。新的党委班子不允许二级班子党政不团结，零容忍。打造降本增效的升级版，是从马钢方方面面展开的。让马钢的人才地位高、收入高，获得尊敬，有新的上升通道。我们聚焦工作实效，破除传统用人的习惯，重品行、重实绩，不能简单以得票多少评价人。一个领导干两件事：20%的精力把任务分下去，80%的精力去检查任务完成的情况。

今天下午的干部大会，是以高海建为首的新班子的一个施政演讲或报告。传递出准确的信息，强调我怎么想，我怎么要求，我怎么干？保股份公司不进ST，三季度降本80%，各单位的任务必须落实，完成的单位中层年薪加奖一块；省府要求改革，去行政化，放开经营增效，干好干坏与自己的收入挂钩。强调执行力，强调勤政廉政，强调用人的赛马规则。我的感觉是马钢的现状真是急死人了。

2013.7.16 *技术质量工作一抓到底*

技术质量七月份例会。每月一次技术质量例会，传递信息很重要。各单位要抓住关键问题谈工作，不仅讲给别人听，也是检查自己的工作。高海建首次干部大会阐述了降本增效升级版，围绕转型发展，抓住改革机遇；破除瓶颈制约，面对市场，打造观念转变，打造凝心聚力，打造指标进步，打造管理创新，打造工作实力。我们技术质量口怎样打造降本增效升级版，各项技术质量指标下半年提升至上半年的平均先进水平，打造工程技术人员贴近现场干实事的升级版。各位分管技术质量的部长、副厂长，把软性指标变成硬性指标，把自己分管的指标全部梳理一遍，像体检表一样，左边是标准水平，右边是实际水平，一一对照，找出不足，制定措施。本月我特别关注：技术中心A、B类科研项目完成情况，把存在的问题报给我，我牵头调配资源解决困难；组织高级技术主管和首席技师上半年工作评价，结合生产经营中的难题分派任务。

2013.7.19 汽车板战略产品的定位

汽车板推进处工作汇报会。

围绕公司汽车板市场营销，产品研发，订单管理，生产组织，技术质量管理等方面，我的思考：公司汽车板到底是什么问题，订单兑现交货期第一，还是产品质量稳定第一，还是两者并列第一？公司汽车板是战略性产品，我们怎么定位，供一流汽车厂，体制机制不行，技术服务不行；定三流汽车厂，我们没钱赚；定在中间水平是可行的，思想上行动上要统一到这个位置上，必须有这么个过程。解决订单兑现率的问题，以产品交货期为管理目标，在公司层面上，以计划为抓手，抓好计划执行率来保证计划兑现率。解决产品质量问题，在工厂自己内部，在基层操作者的手里，难题用“招标”方式，定出奖励标准。现有的管理工具动态使用起来，做到持续改进，不许退步。汽车板推进处摆正位置，以生产线品种质量、订单兑现率为全部工作，发挥四钢轧工程技术人员的作用。每月两次推进协调会，必须检查上次定的事项完成情况。每个单位的发言必须限时，不是研讨会，汽车板质量问题同样分为写所需和做所写两块。

2013.7.22 酷暑中辛苦的一线职工

天气真热，政府机关作息时间调整到避暑时间，企业仍旧，即使我在现在这个位置也不能坐在办公室里。我去特钢公司现场，目的让职工看到我，推动特钢科干值守在现场。特钢公司开始把7月、8月的订单一次性合并生产。

我从成品跨查起，看了库存的圆坯和方坯，标签清楚；看了东北角库存的废坯已经不少了，今天在生产车轴钢，但现场仍有车轴方坯未发货，问了蒋志明知道切割废钢要搬至西南角H型钢加工处。看了坯子清理的表面，才知道在换了一批劳务人员。在连铸出坯辊道北侧，看到在组织行车工中级工考试。上了铸机大包台，看到了卜兵兵一人在操作，和他聊聊工作情况，给这个退伍兵鼓了鼓劲。碰见了汗湿工作服的杜松林，我深知厂长的辛苦。在连铸和王明章谈电磁搅拌使用参数，提出了中包密封的改进。上了电炉操作室，一个名叫陈超的大个子退伍兵，把我喊到旁边说，高总你在厂里讲过，谁保证钢包连续自引100炉，奖励1000元，上一炉钢水包自引了，我干到了，我告诉他保证兑现。去了LF炉，去了RH，一站一站，一个个生产单元的检查，最后看了废钢库，我浑身上下也被汗水湿透了。下午5:10分，我离开了。

2013.7.23　接待巴登公司咨询团队

接待德国巴登钢铁工程公司的总经理、副总经理。

（BSE）巴登钢铁工程公司以巴登钢厂为依托，对外开展技术和管理咨询，现在成为世界品牌咨询公司。为中国客户服务的项目有：江阴兴澄特钢公司的炼钢除尘；广钢的碳氧枪、切分轧制、生产管理；酒泉钢铁的轧钢、切分轧制、员工培训；唐钢的轧钢、切分；南钢的电炉品种开发；抚顺特钢、常州中天、淮阴钢铁、宝钢不锈钢、天津钢管、山东石横、大冶特钢的高效生产。此次来马钢推介他们在钢铁中的先进技术和科学管理。

巴登坚持成功的80%在于人的管理理念，企业每个人都在思考我今天是否有新的进步。“胜者为王”，巴登的低成本是干出来的。巴登员工的培训是立足于干什么，学什么，巴登钢铁不仅做产品，更重做标准。

巴登钢铁工程公司认为：中国企业不是干不出高端产品，而是干出来后质量不稳定，干出来后在市场上又不赚钱了。咨询的理念是不代替你什么，只是发现你的问题在哪里，这样干是不对的，怎样干才是对的。品牌咨询公司的要求是你付我费用，我不承诺什么，信不信由你，只凭我们公司的业绩和信誉。咨询有三个步骤，现场分析、立项订合同、解决问题。马钢可以根据自己的要求，选择出合作项目，提出达到的目标，你们先寻个价，我们报个价，双方认可后合作即开始。

我参加过国外合作项目，最早应该是CSP生产，其后是电工钢技术，还有现在进行之中的汽车用长材产品的开发，都有项目保证完成的任务，唯一巴登咨询不是这样的。

2013.7.25　首次对高管半年度考评

我安排了2013年上半年对高管考评工作，这也是马钢设立高管以来的第一次。半年的工作，自己做个汇报，让别人知道你在干什么？我请严华负责设备组，赵志群负责铁前组，王卫东负责能环组，我自己负责钢轧组。公司生产经营状况仍然处在非常困难之中，尽管亏损额度缩小，但仍在亏损。在残酷的竞争中，我们要生存下去，更需上下努力。这次公司决定对高级技术主管上半年度工作评价，是在年初对高管2012年业绩考评公布结果以后的继续，也是一次促进。从两个晚上、四个专业组考评结果统计看，多数高管业绩出色，少数高管业绩欠佳，要在下半年有明确的工作任务。

过去的考评结果仅告知本人，这次我公布了高管2012年度的考评结果，优秀的名利双收，尾数的有了压力。总要有这么一种激励机制，企业的一切是围绕“人”来工作，不管人只管事，不敢于同人面对面谈，不是有效的工作方法。昨天晚上我专门观察了铁前组赵志群，设备组严华主持的考评工作，都有好的方法，被考评的高管受益匪浅。我请电视台采访了评审组员和被评审人。

今晚我们钢轧组评审员由乌力平、张建平、王炜、安涛、华刚、张建、刘仍彬组成。评审的高管是刘永刚、王立涛、江波、孙维、周晓岚、宋超、焦兴利、刘茂林、陈友根、肖峰。

不是评上了高管就放任不管了，也不是每年一次年终的考核就完了。公司应该改进对高管的管理办法，为他们学习创造条件，给他们指明工作要求，让他们带题完成任务。

2013.7.26 职能部门不能只是二传手

今天股份公司总经理办公会，主要议题是八月份生产经营预算。

6月份股份公司本部生产经营亏损1.25亿，在此基础上，8月份公司生产经营测算是：预计8月份钢材价格比6月份上升90元/吨，增利1.032亿；预计8月份国内原燃料采购成本比6月份下降1990万元，进口矿采购成本比6月份上升7786万元，合计采购成本比6月份上升5796万元。8月份国内原燃料发出成本预计比6月份下降1980万元，进口矿发出成本预计比6月份实际水平下降750万元，合计增利2730万元。车轮公司订单锐减，销售数量减少影响利润1500万元。以上因素合计影响股份公司8月份利润比6月份增利11553万元，预计8月份本部公司亏损947万元。

我认为公司现在确定的生产经营方针，被实践证明是正确的。

还是两头努力加内部努力，职能部门要担负起自己的职责，领导布置的工作你应该有能力去完成，不能下去第一句话是“领导让我来的”。我们的职能部门不能是权力很大、能力不大，要求很多、办法不多，只作二传手而不去做服务，总是把任务分配完了就认为自己的工作完了。最终职能部门的工作脱离了现场实际，变成了无能力履行自己的职能，越是下不去就越不敢沉下去了，这是马钢职能部门的毛病。部门经理不能缺失现场分厂、总厂的工作经历，我在生产部工作了8年，这方面的体会是至深的。

2013.7.29 参加质量协会冶金分会理事长联席会议

2013年中国质量协会冶金工业分会理事长联席会议，选在酷暑高温的7月底召开，地点在山西长治。过去是任天宝参加此会，现在我是总工程师，第一次必须去参加。我看会议通知中各大钢铁公司的总工都在其中，我手中的工作不少。站在全国地图前我看了路径，1170公里，交通不便，我决定带车赴会。周日早上从公司总部大楼出发，走上了宁洛高速，我们奔长治来了。一路上高温，进了长治气温降至23.5℃，好爽！

长治钢铁的前身是故县铁厂，周恩来总理说，故县铁厂是我党在根据地第一个正式建设的厂，是自力更生、勤俭办企业建成的。它的诞生日是1946年。2009年8月8日与首钢总公司联合重组，现在形成集采煤、冶炼、水泥制造、工程建设、锈压机械于一体的企业，年产圆钢、钢筋、H型钢、冷镦钢360万吨。看到今天的长治钢铁，我仿佛回到了五十时代，和马钢一铁厂的金家庄、幸福路差不多，高大的梧桐树下乘凉，这里还是这样，工人俱乐部、工人文化宫。长治钢铁公司离长治市仍有20余公里，真是一方水土养一方人。

此次来长治钢厂，我真的想听听看看各大钢的总工程师们在说什么？在干什么？在想什么？我要学会与各大钢总工们沟通交流，或许真的能给我更多启发的东西！

2013.8.1 企业的“活力曲线”

不管你工作在哪个行业，但管理是相通的。马钢作为有历史的企业，我们没有形成自己的特色管理模式。我从事管理工作也有年头了，但读到通用总裁杰克·韦尔奇在全球500强经理人员大会上一次精彩的对话，还是充分认可的。有人说：请你用一句话说出通用电气成功的最主要原因？杰克回答：是用人。有人说：请你用一句话来概括高层管理者最重要的职责？杰克回答：是把世界各地最优秀的人才找揽到自己的身边。有人说：你自己最主要的工作是干什么？杰克回答：把50%的时间花在选人用人上。有人说：你最大的兴趣是什么？杰克回答：发现、使用、爱护和培养人才。有人说：请问你重要的用人规律？杰克说：一个组织中，20%的人是最好的，70%的人是中间状态的，10%的人是最差的，对那一头、一尾的人名和职位把握住，准确奖与罚，带动中间的70%，我称之为“活力曲线”。我的领导艺术是“让合适的人做合适的工作”！

技术中心张建的短信报告：按你的要求，7月27日（周六），我们用一天的时间将所有未检查的32项A，B类项目全部检查完毕，进展情况总体良好，详细结果随后发出。我的回复是：很好！把技术中心的基础工作，用2-3年时间抓起来！张建的回复是：在你的要求与指示下，我们有信心把技术中心搞上去！

今天去上海路局，大功率机车轮在上海局运行的信息是：2B491截至今天走行2203公里，2B497截至今天走行2623公里！我们到达上海铁路局机车处交流，得到的信息是大同调往上海铁路局的9600KW的机车制造质量差，尤其是控制系统的仪表故障不少，所以耽搁了马钢大功率机车轮的试用。路局已经接到铁总科技司的电报，加速一万公里的实验，不需要调往客运路线，就在货运路线上，八月底即可以完成，机车处会关注的！中午在路局食堂吃的员工餐，冒着高温38℃又步行到上海机务段，一身汗水，见到了王高波副段长，他说机车处来过电话了，天这么热，你们还来了。我们详细介绍了J1J2马钢大功率机车轮和铁道部合作课题的研发情况，向他提供了J1J2马钢大功率机车轮的技术条件，他答应在8月25日完成一万公里的运行并出具检测报告。求人的事用电话的联系方式根本不靠谱，不如面对面的沟通。

2013.8.2 *质量事故必须追究到人*

我小结了一下，今年1~7月份，股份公司总的质量损失7877万元，平均每月1125万元，比去年1~7月份总计减少131万元。1~7月，外部质量总损失1205万元，平均每月172万元，比去年1~7月份总计减少132万元；1~7月份，共发生外赔起诉1778起，平均每月254起，比去年1~7月份总计减少142起。在质量总损失中，外部仅占15%，而内部占85%，外部扼制了，有下降，内部有上升，严格把住出厂关。

按照公司质量事故划分等级，今年1~7月已经定案的外部大的质量事故6起。一钢轧富士康打包赔13.56万元；二钢轧线材外型尺寸赔24.6万元；三钢轧海洋石油平台H型钢赔10.39万元；三钢轧大H电杆钢赔31.2万元；四钢轧富士康打包赔13.56万元；轧（是否为四？）钢轧镀锌卷脱锌赔21.11万元。

上述事情发生以后，经调查分析，一是制造者违反生产工艺规定；二是质检人员不负责任，生产单位在问题发生以后，去客户工厂，仍然找出各种理由推卸责任。科技质量部、汽车板推进处对事故责任界定含糊其辞，在分摊责任，我不会同意的。必须对四钢轧前期供江淮汽车大梁钢分层、LF钢冲压开裂及富士康产品质量问责，一级一级追究责任，怕得罪人，我这个总工程师是干不下去的！

2013.8.5　质量赔付信息进行公开化

今天《马钢日报》详细地公布了各条生产线七月外部质量赔付的起数和金额，并列出了上半年较大质量事故的责任单位和责任人。将质量赔付信息进行公开化，是为了让每一位管理者和每一位员工都直观地看到我们质量工作中的问题，引起重视。各级管理者要从这些赔付信息感到压力，提高对质量问题的敏感性，还要善用奖惩机制调动员工，共同稳步提高技术质量工作。针对上半年质量状况，我要求制订新的产品质量考核办法，不能仅停留在对质量的教育上，必须修订事故考核标准。对大的质量事故像安全考核的力度一样，全厂人均考核50元或100元；对大客户的质量投诉并导致订单量减少的事件，一起考核5万或10万元以上，并给予责任单位管理者和直接责任者以处罚。只有在产品质量上动真格的，考核的力度上产生了疼并留下记忆的痕迹，我们的产品质量才能稳定下来，并持续得到改进！

要求各单位主管质量的负责人，把这些通报出来的质量问题信息利用起来。负责质量的分管领导要勤于深入生产现场，检查关键工艺参数的变化和关键工序环节的控制。对照质保体系的要求，自己做内审，看看我们现有条件是否能够保证产品质量的要求。坚持PDCA循环，持之以恒的像抓完成生产计划一样，去抓产品质量。

2013.8.6　大转炉少渣（或双渣）炼钢法

下午去四钢轧总厂，与焦兴利副总工程师商谈技术工作。出铁水→KR脱硫→铁水入炉→不加渣料、加石灰→主吹结束→补吹→出钢→再次铁水入炉、开吹。

北京科技大学王新华教授推行的大转炉少渣（或双渣）炼钢法，我们吸纳了哪些工艺过程？

北京钢铁研究总院刘浏教授是你的博士生导师，他此次单独来马钢的主要目的是什么？

四钢轧在300吨转炉上试干了少渣法，共进行237炉，统计结果是：石灰从过去吨钢单耗34kg降到16~18kg；钢铁料消耗吨钢降9.5~10.0kg，这个指标是怎么核算出来的？

现在少渣炼钢难点是每炉留渣留准10吨；开吹4分30秒后倾炉倒渣泡沫大；多倒炉倒渣一次，影响吨钢煤气回收15~25立方米。

王新华、刘浏和你本人对少渣炼钢的理解，实践检验后的差别在哪里？

2013.8.7　解决车轮与汽车板质量问题

技术中心二楼大会议室，落实高海建董事长访问铁路总公司带回的任务。苏世怀、高海潮、乌力平、杜松林、安涛、孙维、张建平，张建、李翔、江波、陈刚、沈昶等人参会。

1、大机车轮9月份在马钢验收，工程院组成专家组；2、高速动车轮、高速车轴技术评审会，11月下旬举行；3、高速车轴抗疲劳试验工作全面展开；4、抗疲劳车轮的技术条件，扩大装车试验；5、整体机车轮通过CRCC的论证，马钢参加1000台机车用轮国产化并与国外进口机车轮竞标；6、和谐机车III用马钢机车轮顶替进口车轮；7、25吨轴重与30吨轴重车轮制造工艺技术及性能指标的比较分析报告上报铁道科学院；8、铁道科学院对马钢250km/h车轮的内部夹杂物控制检测后评价，达不到日本的水平。

今天到会的各位都算是马钢车轮制造技术的专家了，我要求分工明确、责任落实、相互协作。前7项工作都是对外的，要加强沟通的力度，信息把握要准确及时。第8项工作是内部的，理论和实践上我们都还有未准确掌握的秘密。

第四钢轧总厂专题技术例会。以问题为导向，对问题的调查要细，对问题的原因要清，对问题的解决要对。

问题一：马钢生产的S550、S650L汽车系列大梁钢，生产制造过程中的问题及解决办法，汽车大梁钢2010年生产、统计合格率99.87%，不合格率仅0.13%，过去月量少，现在产量增高，出错频次增加，汽车大梁钢的主要质量问题，产生在铸机铸坯，贯穿宽度的全部疏松及花样的裂纹、夹心、分层。现在江淮对马钢汽车大梁钢仍有需求的订单，我们现在不敢组织生产，怕出质量事故，关键问题是铸机在线取样及检测。

我要求8月15日开始再干一次，从成分调整、铸坯检验、缓冷办法上，按照今天定的要求，由专人落到实处。

问题二：马钢汽车板IF钢的质量不稳定，Ti损，Als损，夹杂物的问题。鞍钢汽车板IF钢T0.07%，宝钢T0.05%，在降本的过程中因氧化的作用，精炼合格，连铸损失，板材上不达标，使用过程中出质量问题。

汽车板推进处和技术中心商定的工艺参数控制及工艺指导书，交焦兴利确认，立即下发执行。强化工艺的检查，本月20日前将验证结果提报出来，此次改进工艺在炼钢区，其他工序不变。

2013.8.8 特钢公司员工陈超的故事

高级技术主管上半年工作汇报，因陈友根、张松林、刘永刚出差，我安排今天晚上给他们补评。干事一定要有个认真劲，一个领导自身的行为会产生不小的影响。

我和特钢公司普通员工陈超有个小故事。

陈超，像马钢诸多岗位员工一样，我原来不认识他。只是因为2012年3月份特钢公司投产不久，钢包的自引率太低了，钢包不实现100%的自引，又是经过RH真空处理过的钢水，浇铸质量怎么保证？我心里急的很，除了要培训员工外，更要找出解决办法来。让岗位职工学会操作、心中有数，我请了一钢轧操作工现场示范，引进他们使用的灌砂工具，摸索出经验，定出了钢包自引率的三个目标：90%、96%、100%，分别设奖激励。我连续两天在现场，盯住钢包周转全工序岗位的职工，看他们怎么干！在炉台“灌砂”岗位上，认识了年轻的退伍兵陈超，一个帅帅的小伙子。我树标杆，谁干得好奖励谁，谁能实现连续100炉全自引奖励1000元。从那以后陈超就像士兵练习打靶一样，一次一次瞄准目标，精心琢磨，但连续100炉这个目标还是未达到。

之前我来到了炉台，陈超喊了我一声“高总”，你说话还算不算数？虽然我还未达到100炉，但已经有了92炉的记录，我有信心非实现100炉连续自引。

我说算数，只要你持续努力下去。功夫不负有心人，果然今天《马钢日报》登了，陈超“灌砂”不一般。连续灌砂百炉实现钢包自引。这条破纪录的消息好似长了腿，一下子就在特钢公司炼钢分厂传开了。而职工们关心的不仅仅是这项指标，更关注的是灌砂操作是炉台哪位高手？初生的牛犊，年轻的退伍年兵——陈超。特钢公司投产之初，钢包自引率不到30%，两年后的今天，已稳步提升到98.0%左右，这其中个人努力与炼钢专业技术人员的工艺优化、引流砂的选择密不可分。

真是态度决定一切。同样的生产设备，不同操作的人，作为一位炼钢炉台普通摇炉工，陈超勤于动脑，心细认真，从生产操作每一步查找不足，对待问题想对策，以爱岗敬业的工作态度换来不一样的工作业绩。

古人云：不积跬步，无以至千里，不善小事，何以成大器。态度决定一切，做任何事情，成败的关键在于我们做事的态度。立足岗位，以积极的工作态度，勇于超越自我、完善自我，我们树立这样的工作榜样，或许这件事会影响陈超一辈子的工作态度。

2013.8.9 引进技术支撑新上项目

马钢汽车板技术韩国支撑项目专题会。马钢借助于外国专家的技术力量，支持新上项目，我所经历过的是CSP工程，CSP洁净钢的开发，为了保证漏斗型结晶的钢水的可浇性，德国专家指导我们在LF炉用快速预溶渣，用Al粒精炼造白渣，告诫我们钢中的夹杂铝必须小于20ppm，浇铸才能不结瘤，以后又和德国专家在CSP直线段试用液芯压下技术，将90厚的板坯压薄至60厚板坯。现在我担任总工程师，公司要求我负责两项引进工作：寻求高档次电工钢与韩国浦项或奥钢联的合作；棒材高档品与巴登咨询技术咨询团队的合作。

此次与韩国一期汽车板咨询项目是封闭式合作，从技术上管理上我们受益匪浅。我向刘永刚、朱伦才问过：咨询评价分A、B、C、D、E五个档次，他们给出的评价是介于A、B之间。在汽车板生产上，我们整体技术力量欠缺，首先管理上不行：基础管理就不能支撑板材的品种质量；其次技术上不行：我们是后入伍的，产品干的过程中有解决不了的问题。

此次在外援的支持下，技术攻关或科技进步都有成果，汽车板推进处和科技管理部，要将研发投入的项目，争取省市政府科技补贴，享受科技项目累计退税等。我们学到了什么？应该在我们的工艺技术中，设备管理中，原辅材料使用中固化些什么，怎样才能巩固已取得的成效。本项目的二期合同对过去的描述是定性定量，对现在的状况是定性定量的。对设定的项目目标，如目标太大，可以拆分成若干个子目标。二期合同约定的目标一定是可细化测量的。

2013.8.10 与一钢轧厂长的沟通交流

下午与一钢轧许健厂长沟通工作。管长林今年底到58岁，是马钢自己培养产生的冷轧产品第一代专家，工作勤奋业绩好，你们有需求，请示钱总同意后，聘任继续工作，协助硅钢二期产品开发，并担任1#镀锌线改造项目负责人。关于一钢轧生产的0.6mm镀锌家电板，在富士康冲裂之事，建议免于问责和责任考核。理由：对用户使用产品深加工认知不足，辨识有差距，过去干0.8mm的变形量小，此次0.6mm变形量大；CSP生产0.6mm厚度的镀锌板，性能时效性强，两周后屈服强度比原检验值升高30MPa，延伸率下降3%~5%，CSP钢水中N含量高；一钢轧无中间库，热轧卷打水冷却，现有的取样规定，只取中间样为准，头尾性能散差大。写所需的问题，经公司同意免于考核。

CSP生产稳定性，8月1日出台新的考核办法，非计划停浇一次一个人的责任扣1000元，多个人的责任每个人扣1000元，统计今年1~6月非计划停浇次数及原因，平均数做基数考核点，连续7天、14天无非计划停浇重奖。CSP干了不少年了，出台这样重奖重罚的办法，相信非计划停浇率一定会降下来。

2013.8.11 无欲则刚，快乐工作

周日早上依旧走路去公司，不知脑海中怎么会冒出几个熟悉人的名字。管长林是我去一钢轧工作结识的一位优秀的副厂长，重大毕业，他的敬业、技术、管理、性格特点均是我崇尚的。昨晚碰上他和爱人用小车推着外孙女，幸福的很。管厂长按照自己的行为方式工作、处事，能喝几杯白酒，干工作的认真劲，对技术问题讲明白，我和他第一次是为技术中心对W1300D磁感检测讨论问题，对关键问题不查明真实原因绝不含糊其辞，结果是技术中心标样错了。

我和王晓光、潘宁、陈虹、郑宝柱五人，作为1977年届第一批大学生，毕业分至机修厂，一晃三十一年过去了，我们五人分别出生在1955年、1956年、1957年、1958年，都是面临改非和退休的人了。王晓光、潘宁、陈虹三位搞冷加工，郑宝柱搞热处理，我是炼钢的，四位是正处级干部，一位是正科，全是高级工程师，现在各自在自己的专业上都有较好的业绩，我们的青春过去了。

周日调度会后，海建董事长约我聊聊。因为名字相差末尾一个字，有人以为我们是兄弟，其实海建仅大我三个月，因为他带着我去特钢厂干活，工作上有更多的交往了。他要求我继续努力工作，在股份公司班子中起团结、工作、沟通的一个桥梁作用，年龄卡住了，无欲则刚，快乐的工作吧。他要求我支持检测中心杨本华工作，现在还有人民来信举报原辅材料的取样检验。全力支持海帆的工作，把股份公司的质量工作抓好，产品质量上不能出大纰漏。我表态甘当配角、当好配角。

2013.8.12 制造企业设立首席质量官

上午股份公司经营层碰头会。海建早上请苏鉴钢参加，苏总婉言不参加了，他已经辞去了股份公司董事长的职务。

碰头会上我汇报了工作：强力提升全公司的质量观念，产品是企业的生命。现在

王炜、许健也压力巨大。国家要求制造企业设立首席质量官，要求改名马钢各单位主任工程师为总工程师。

大的质量事故考核、大客户的投诉考核办法均已策划完成。为了CSP生产质量的稳定，和许厂长交流，现一钢轧出台了《提高CSP生产稳定性攻关办法》。CSP生产稳定了，一钢轧降本目标可以迅速提高90%，甚至100%。组织召开了四钢轧S650大梁钢生产工艺技术专题会，制定了各关键工序点工艺参数的控制。和孙维策划特钢、一钢轧圆坯开坯后至三钢轧线棒产品方案。落实高总去铁总公司走访后任务，大功率机车轮、动车轮、车轴用钢在特钢制造过程中建立公司级质量控制点。

2013.8.13 钢铁行业在“煎熬”

马钢的日子真的很难过，别人怎么样？

新任中钢协会长，宝钢集团董事长徐东江说：在较长的一段时间内，钢铁行业都将处于微利经营状态，甚至会出现年度亏损。由于产能继续增长，原料价格、融资成本等多因素交织，下半年行业经营难言乐观。

目前钢铁行业仍然处于工业行业最低水平，上半年纳入统计的86家会员企业，累计实现利润约15亿，钢企亏损面临进一步扩大，上半年累计亏损面高达40.7%，盈利前10家共计98.65亿，亏损前10家共计91.25亿。销售利润率仅为0.13%，这低于全国规模以上工业企业平均销售利润率5.4%这一水平。

马钢现在卖一吨材的利润买不到一瓶矿泉水，现在对于钢铁行业而言就是“煎熬”，如果说前几年钢铁行业形势好的时候赚了些钱，现在各家在降低资产折旧率，慢慢被挤压。

上半年为了保市场，防止银行停贷，企业还在产量高位释放，导致钢铁行业运行呈现增产价低、无利亏损的困境。

今年上半年进口铁矿平均价133.24美金，同比每吨仅下跌62元人民币，而钢材每吨下跌超过400元人民币。下半年钢铁难以再有高增长，有可能低于上半年，但新增产能、融资成本、铁矿价、原料价的影响，中国钢企会出现行业性亏损。谁也管不了谁，谁也不顾谁，现在谁的资金一出问题，谁就会死去。

2013.8.14 处理一船石灰石质量问题

海帆让我处理最近一船石灰石质量问题，我多少有些意外。昨天，任强问我，石灰石验收标准修订了，粒级合格率提高了，但成分指标，石灰石的CaO和SiO_2标准没有变？我的回答“是！”同是昨天，杨本华告诉我一船石灰石检测中心检验不合格，为什么科技质量部还要再去取样。此次石灰石一事，采购中心没找我，检测中心没告诉我，科技质量部也没报我。我调查的结果是：马鞍山一家贸易商知道马钢石灰石供应紧张，外出购买，此次从湖北买回石灰石，估计不知道检测中心已将取样、制样、分析隔离开了，检测中心报出CaO46%，$SiO_2$14%不合格。客户上诉采购中心，采购中心报科技质量部，科技质量部带领纪委、企管部、采购中心、推进办、生产部、科创部等人，在8#码头，用抓斗在船上再取样，分析结果CaO50.50%（标准53%，让步52%），$SiO_2$6.08%（标准2.5%，让步3.5%）。我定了：一次取样不合格，二次督察取样仍不合格，马钢不要这船货，采购中心立马通知供应商。无标准不好判定，有了标准判定不合格又不好办。有人暗示我该老板和公司有关系，可能是我曾严厉查处过废钢造假，也可能是我只会依标准办事，这船货最终还是离开了马鞍山港。

接到党委工作部的通知，高温季节去二钢轧看望优秀党员杨志宏，也不知自己是怎么想的，查了2011年他收入8.76万，2012年他收入9.14万。和王光亚、王文忠、刘仍彬谈了一下二钢轧当前的工作，四季度工作，明年预估到的形势和任务后，我们去型一分厂，在休息室和杨志宏聊了起来。杨志宏身高1.85米，44岁，体重均在180斤，壮壮的，刚从现场回来，一脸汗水，衣服全部汗透了。他有一个女儿刚上高中，妻子在四钢轧财务科工作。“今年你感觉怎样？”“今年我们厂职工收入增加不少”。“你攻克了老一分厂二辊轧机换辊问题，从头至尾讲讲。”“我过去曾在甲班干作业长，丙班换辊不行，我把小窍门告诉他们，换辊先定中间位，在找水平，然后从中间辊装起，标准化，又快以省力。”“你每天上班最烦心的是什么？最开心的是什么？”“最烦心是小批量多品种，人很累，不出活，没办法，市场订单吗！最开心的嘛，一天下来，保质保量完成今天的作业计划！”“你工作最累最苦是什么？我不觉得累与苦，只要有事，不怕天热，到最苦最累的岗位去把兄弟们干活。”“质检工，你会干吗？”“我是干这个出生的！”“你把型一分厂按苦与累的最高标准，从重到轻分一分，你怎么分”，“垛台打捆工，那不是我们的正式职工”。这你也知道！“预计你今年工资收入是多少？”“应该有11万吧”。我说代表公司党委来看看看你这位优秀共产党员，你们是马钢的脊梁，我伸出手和他握在了一起。

2013.8.15　合肥板材纳入股份公司生产经营体系

海帆主持马钢合肥（板材）公司生产经营运营方案讨论会。

马钢合肥板材公司生产线作为公司1580热轧生产线配套项目，纳入股份公司生产经营体系，由公司统一规划三条冷轧板带产线的生产能力，销售、生产统一运作，发挥产能，提升效益。

合肥板材在股份公司总体市场战略下实施销售一体化，产品研发体系、产品标准、质量管理一体化，生产运作，即上下游工序生产计划按订单链方式整体排产。

市场部：负责合肥板材年、月经营计划，资源平衡，产品销售价格管理。销售公司：负责合肥板材的销售业务和管理，负责存货管理。生产部：负责协调一、四钢轧及合肥板材生产计划的实施。技术质量部：负责合肥板材质量体系的运行管理，产品质量管理。技术中心：负责合肥板材产品的研发工作。

从一件事起头，从一个工程完工到运作，我们有两种思想：一种是想得非常细致，充分估计出运作起来的困难，设计完美些；另一种是简单化，车到山前自有路，船到桥头自会直。有了问题想办法。关于合肥板带纳入股份公司生产经营体系谈了几次，今天的各单位职能出来了，不妨在现在的设计上模拟运行，从合肥公司接到订单或销售公司接到订单，安排合肥板带生产，在我们设计的运营方案中跑一圈，会出什么样的问题？应对措施是什么，虽然也是空谈，但已经接近实际了。

下午技术质量例会。

技术中心汇报新产品开发；汽车板推进处汇报7月份新品开发、质量问题；科技质量部汇报公司总体质量情况；销售公司汇报产品质量异议；一钢轧、三钢轧、四钢轧汇报镀锌色差缺陷，电杆钢质量异议，LF钢冲压开裂……

我们的产品开发套路一直在延续过去的做法。取别人一个样子分析成分组织，比猫画虎，订个炼钢成分标准、连铸及其后的各道工序参数的设定都是大约的，直接进入工业性生产试验。初期开发产品质量是好的，领导和工程技术人员都在现场盯着，小批量试用可以，批量生产后质量波动，谈抓管理事少，谈优化工艺的多，稳定了过一阵又是客户抱怨，失去对马钢质量的信心。销售抓质量异议的索赔，仅仅停留在接受用户的投诉上，去几个人到用户那里看一看、谈一谈，回来查查生产过程，并未发现大的问题，不能准确辨别客户的需求，一套工艺打天下。希望开出有水平的技术质量例会，每次参加会议能得有用信息，解决问题、改进现状、指导工作，在座的各位能在技术质量工作上有所担当。

2013.8.16 多与产品的使用者打交道

9月份生产经营草案评审。

苏总主管生产经营，设计了一个模式。即对次月生产经营方案进行预评，每月在中旬时职能部门和生产厂参加，提出修订意见，每月下旬的经理办公会上讨论通过，下发运行。

在这个会上，市场部：一、两头市场均预测（原料市场、钢材市场）；二、产品边际利润测算，作为调配资源依据；三、检修计划预排；四、资源平衡及销售目标安排；五、效益估算；六、技质指标；七、能耗指标；八、需求及采购、供应计划；九、小批量新产品试制计划等。

我们的生产经营计划，虽然经过两次评审发布，但计划有、执行差，每月对上月计划兑现的检查考核好像已经过去了，不重要了，各种理由都可以解释计划兑现差而免于考核，就不再追究执行力差的根本原因了。

突然收到上海铁路局机务段王高波段长报告：2B491大功率机车轮昨夜已经运行10049公里；2B497机车运行了10379公里，今天早上例检一切正常。我们做工作，不能只是简单地和上面打交道，如果对方允许，直接和产品的使用者打交道会有更多的好消息，如果我们去了上海铁路局机务处，而不再去南翔机务段，我想今天是不会有这么快的结果的。我在工作中遇到的事多了，有时真是阎王好见、小鬼难缠。

省科技厅批给马鞍山市12个科研项目指标，市科技局只分给马钢一个项目指标。已经定了戴帽子下达给汽车板推进处的冷轧双相钢开发。板材领先但长材中列的轨道交通紧固件用钢开发也是个好项目，孙维说现在只能由你高总想办法了。我最终找了安徽工业大学李家兴校长达成一致，马钢、安工大以产学研合作项目列上，争取省科技厅资助300万元科研费，过了这个“难关”。

2013.8.19 缺失执行者实实在在地干事

接省质量监督局的通知，三天时间，我带队去参加企业首席质量官CQO任职培训班。

什么是首席质量官？企业落实质量安全的第一人，负责企业以产品质量为核心的经营管理。首席质量官的职责：企业标准制订，管理体系建立，确保体系运行，质量统计分析，质量教育，质量文化的形成。质量安全事故，首席质量官不是替罪羊，企业设立首席质量官是用于强化企业内部质量管理的落实。

产品质量主要法律制度有：重要工业产品生产许可证制度；产品质量监督检查制度；企业质量体系认证和产品质量认证制度；奖惩制度；产品召回制度；损失赔偿制度。

首席质量官在企业质量战略中的权责，参与经营战略制定，主持质量战略制定，审批质量计划方案，传达顾客要求，培养顾客满意的质量意识。我们的质量包括：产品质量、过程质量、工作质量、体系质量等。质量第一是符合标准，第二是满足用户的需求，第三是否让用户感到满意。

质量管理体系构建中说到的要写到，写到的要做到，做到的要见到。

我们缺失的是执行者实实在在地干事。只要把企业的各项规章制度拿出来，认真对照检查，做不到的处罚，情况马上发生变化。

企业质量文化是指在长期生产经营活动中所形成的，涉及质量范畴的经营行为，管理理念。

企业首席质量官任职培训定了，给我们发了任职资格证书，最终还让我们企业来的人员集体宣誓。“遵守质量法律法规，恪守诚信道德准则，严把质量安全底线，对本企业质量工作认真履职，严格把关，为保障质量安全，提升企业质量水平努力工作，为实现质量强企，建设质量强国贡献力量。”

2013.8.21 *难言的苦涩，再次接手电工钢*

和企管办讨论对电工钢开拓组的激励政策。公司将电工钢摆在了战略产品的地位，新项目硅钢二期工程也已建成，设备调试及试产已完成。马钢的电工钢2010年创造出骄人的业绩，仅电工钢产品年销售收入超30亿，毛利润大于6个亿。为此省委书记王金山来马钢，专门调研电工钢的情况，我曾为他特别介绍马钢电工钢，因为我有心中有底！2011年下半年价位下跌，竞争激烈，我们减产，2012年减产至极致，只保留个别直供客户。结果我们的市场丢了，我们的客户走了，留给我们难言的苦涩。

2013年6月份起，公司让我再次接手电工钢产品，并组建电工钢开拓组，各项工作均已展开。我们的电工钢生产能力是一期工程40万吨、二期工程15万吨，总计55万吨，月达产水平是4.58万吨。公司决定由四钢轧为硅钢二期年供15万吨基料，四钢轧试制新品种炼钢、精炼、连铸、热轧均已通过了，经二期工程常化退火、单机轧制，退火处理、性能达到宝钢同牌号电工钢的要求。

按钱总的指示，今年原有的经济责任制考核不动，仅给电工钢开拓组45成员单独奖励，设计的顶级目标是月销售4.2万吨硅钢，人均奖励5000元/月。以月产3.8万吨奖励5万元起步。每增加一吨奖励43.75元，全部奖励交电工钢组长许建分配，发一钢轧、四钢轧、销售公司、技术中心的电工钢小组成员，我告诉许健其他奖项不设了，好的激励政策要用好。从7月追溯执行，把电工钢开拓组的积极性充分调动起来。

在党委书记工作会议：高海建强调马钢的干部必须紧张起来，否则行动跟不上，那就淘汰出局，今后我也简单一点，功过全部落实到个人头上。焦化厂长书记、二钢轧厂长书记，降本增效一马当先冲在前面，精神表扬还要加年薪奖励；车轮用钢混进了环件用钢，查清问题责任查处到个人头上，该撤职的撤职；把质量文化培育起来，奖与罚的力度再增大，没有质量企业就没有生命；马钢到了如此困难时期，个别正处干部还请年休假，我批这样的请假报告让我难过，你能做点开心事给我看吗？省委、省政府主要领导指示，明确支持去行政化，改革干部薪酬体制机制是马钢要走的第一步，按习近平总书记对干部的要求，引入赛马机制。

2013.8.22　科技质量部发起质量问责

钱总和我商定质量月活动中推出新的举措：公司在各单位设立总工程师，总工程师负责产品质量管理工作。鉴于一、四钢轧总厂板带产品生产的特殊性，在一、四钢轧总厂分炼钢、热轧、冷轧，分设区域主管工程师，负责产品质量管理工作，公司给予主管待遇。按照贯标工作的要求，写所需，由总工程师、首席工程师负责；做所写，记所做，由各单位生产厂长负责。由科技质量部在9月质量月工作会上通报上半年质量大事故的处理意见，已定性或结案的，对单位、对直接责任人行政的、经济的处理意见。科技质量部发起的对一钢轧供富士康产品质量的问责，对四钢轧汽车板质量的问责。公司出台新的质量管理考核办法：① 发生一起大的质量事故，扣责任单位人均100元；② 发生重要产品、重要客户的质量索赔或质量抱怨，一起扣责任单位5~10万元；③ 全部质量索赔金额考核责任单位奖金工资。是的，马钢已经过了追求产量的时期，现在就是要抓产品质量的稳定。这些举措出台后，质量工作界面清楚了，人的岗位明确了，质量奖惩力度前所未有。

我去四钢轧调查供格力镀锌板“白锈”质量问题。去技术中心板二所，盐雾试验室现场看实物，一钢轧与他们签了服务协议，四钢轧没有。从格力取回的试样薄的0.70~0.95，盐雾试验通过了，厚的1.35~1.45，已有“白锈”产生了。从生产工艺过程看不出什么问题。四钢轧分析问题重点在清洗液，烘烤温度，钝化液质量上。为什么厚的有问题，薄的没有。为什么是单个卷子，不是一批？天气很热，现场检查四钢轧辊涂机卫生差，出口活套处风机不运行。我要求四钢轧立即整改，先把镀锌卷下线温度降下来。我也不知道“白锈”产生的原因，但我会用排除法，人机料法环什么变了？像剥洋葱一样，找到真正的原因。

2013.8.23　希望技术中心形象树立起来

企业的技术中心是个位置很高的单位，如果有一批文武全能的人才，则必然是举足轻重的。这些年来，技术中心的工作能力，责任心，技术水平全面倒退，在现场搞技术的人心目中失去了地位。现场的问题，你们有什么样的本事，各拿出来；技术中心订课题，自己是教练员、运动员、裁判员，怎么说都可以，真正的人才进不了技术中心，而技术中心真能干的人又很少。

今年实行项目委托制，出台了好的政策，在每个月技术质量的例会上，我都要声东击西，列举事例来说明工程技术人员在现场遇到问题时的三种表现：有作用、无作用、反作用。我要求技术中心领导和工程技术人员多交流，让中心高管孙维、江波、杨兴亮经常讲讲课，让年轻的博士半年报告一次工作，我乐意来听并和他们互动。我希望张建能干出新业绩来，要求张建和胡夏雨用2~3年时间，通过抓中心的基础管理，把技术中心的形象树立起来，人才培养出来，成果干出来。

在生产部工作时最大的收获是打造了一支学习型团队，兵教兵、官教兵、兵教官，在工作中学习，在学习中工作，生产部员工的素质得到了公认。

2013.8.23　我只有认真干到底

《马钢日报》编辑告诉我说，有领导指示，每月一个专版刊登质量信息不好，以后可在二版开辟专栏点评质量问题。报社听书记的，我找了高海建，他明确就要这么干，今后还要把生产、设备的问题也登出来。我不知是什么原因，科技管理部送报社材料时怎么给出了这样的信息，我给新闻中心于进发了短信，科技质量部已将7月外赔质量通报给你们一周了，请向今年开始通报一样，在《马钢日报》上本周发出来！我已报告了高海建董事长，他支持这样做！我们是企业自己的报纸，又不是对外公开发行的报纸，登自己产品质量的信息，让岗位职工都看到我们的成绩与不足，有什么不好。

公司领导赴铁总公司，听候铁总机务处对马钢LG61混入16Mn坯料轧制成轮毂出厂的处理意见。马钢车轮厂到底怎么回事，一道一道工序全部漏检，这么大的材质差异，直至轮毂装车用了才一年就磨损了，你们质保体系的问题不得不令人怀疑。

铁总处理意见：直接责任者开除出厂，间接责任者及相关的管理者都要给予行政处分，责成马钢公司写出书面检查报铁总。车轮公司建立信息化管理系统，从原料入厂、坯锭编号，入炉编号、轧制加工，每片车轮、每件轮毂都要有独立的号，才能发给客户，全流程质量跟踪信息化系统必须立马启动，干起来！铁总机务局等马钢报告后再做处理决定。

现在我是马钢股份总工程师，马上要任命为首席质量官，看到的这一切，我只有认真干到底。

2013.8.24 领导自身行为会产生直接影响

周六视频会一点名，高海建立马发现矿业公司总经理王文潇又没来参加会，即刻指示办公室主任许洲通知他来而且今后必须参加周六点评会。

计财部通报一周降本情况，生产部通报一周生产情况，设备部通报一周设备情况，科技质量部通报经济技术指标及质量状况，一家一家二级单位汇报情况……钱总出差，我做点评：

本月生产经营运行至现在，铁超计划2.36万吨，钢超计划1.85万吨，但钢材欠1.85万吨，炼铁炼钢有了好的基础平台，铁钢比控制在0.96，符合公司要求，但材的欠产对本月盈亏持平影响极大，几条产材线都有生产、设备、操作事故。

本月一钢轧CSP非计划停浇率最低，本月CSP有望达18.6万吨创历史高水平，不仅平衡了一钢轧内部，也为交叉物流做出保障；四钢轧热轧冷轧均有设备故障，不仅影响订单兑现，也影响了交叉物流，40万吨热轧计划，已欠3.0万吨。

降本增效排名顺序，焦化91.08%；二钢轧90.22%；三钢轧81.19%；四钢轧81.16%；一钢轧75.98%；三铁70. 26%；二铁60.09%；一铁58.00%。一钢轧、一铁、三铁均有进步，公司降本增效现在是73.62%，差计划值，降本增效不仅与本单位职工收入挂钩，也是公司考核高管、处干年薪的有效指标中的主要指标。

虽已立秋，但依然高温，一线职工的辛苦可想而知，各级领导要转变作风，深入一线工作，夜间值班的领导不要待在办公室，要到现场！高董事长接着说，处干下现场少，科干也会少，有些作业长在现场的时间也不长，厂长、书记要带头去现场！

2013.8.25 带团去美国处理车轮质量问题

在浦东机场等候去美国，我带出国团组成员李翔、江波、吴耀光、叶金楼讨论我们的工作细节：

今天起程飞往美国，国际航班上海——底特律，飞行时间13小时40分，不出机场乘坐美国国内航班再飞往伊利，1小时。美国第一天：上午8:30—下午5:00，在GE机车制造（伊利）工厂。主要工作：介绍马钢及车轮公司；讨论失效方式一，氢纹裂，三件车轮，非失效车轮5件的检验报告，马钢原因分析，马钢的制造过程，回答美方专家提出的问题。美国第二天：上午8:30—下午5:00，在GE机车制造（伊利）工厂。主要工作：讨论失效方式二，锈蚀坑引发的辐板裂纹，三件车轮；提供原因分析，讨论车轮形变与磨耗的关系。美方认为美国车轮喷丸不达标准。过去与现在对比，残余应力测量，喷丸前后对比。

2013.8.26 这里有的只是认真、严谨

在睡梦中醒了过来！习惯性的生物钟，现在有美国与北京的时间15个小时，需要几天的调整期。中美的交往及经济发展的需要，现在仅上海浦东机场每天有2~3个飞往美国的航班，波音777-200，很长很大的飞机，满载287名客人，一层面铺开，机舱里占75%的是中国人，这其中80%的是年轻人，多是去美国留学的。现在留学有去上小学的、上初中的、上大学的、读研究生的、攻博士的！

从国际航班下来，机场的海关仅留了四个闸口，等待着我们最晚晚点的一个航班。287名旅客，90%的是中国人，排队过海关，从零点半开始，我们过到了凌晨一点半，这里有的只是认真、严谨！

2013.8.27 与美方专家基本达成共识

在底特律机场转了大半圈，我们搭乘了最早的一架小飞机，准点起飞往伊利。今天一早去GE公司谈产品质量问题，心里还是忐忑不安，尽管GE公司已经向我们发出了询问函，明确了所谈的问题，但我们不懂美国文化，我们的产品在制造过程中还存在问题，还有什么好说的。在国内已经历了铁总的处罚，一是直接赔偿，二是直接加

间接赔偿，三是赔偿后减订单。在一张小圆桌面前，我们5位和美方8位，其中采购总监，零件经理，资深专家，设计工程师，实验工程师，开始交流。谈判围绕着车轮氢裂纹和轮板锈蚀裂纹展开了。好在出国前事先将问题译成英文，否则专业技术词语中英文、英中文翻译时间更长。

两天的工作由于我们准备充分，资料齐会，分析报告，借鉴资料，工厂制造，评价建议，美方专家给予了认可，基本达成共识。此时我真感到疲劳，为处理质量问题出国我是第一次，也希望没有下一次！

2013.8.30 拜访北美铁路联盟（AAR）交通技术中心

拜访北美铁路联盟（AAR）交通技术中心（TTCI）。我们此行不是其他公务，是出来处理质量问题的，因质量引发的问题有时会涉及标准的规定，例如车轮防锈中国规定涂油，而北美不同意刷漆、涂油，我们能否说明我们的意见，他们能否采纳？

北美铁路联盟交通技术中心坐落在科罗拉多州、普洛市的一个大沙漠之中。车行在沙漠中的一条公路上，100km内看不见人烟，因为这里有时会做机车冲撞等破坏性试验。出示护照，办了通行证，三位先生接待了我们，技术委员会主任凯思，高级咨询专家费通和中国在AAR的首席代表孙健。我们介绍马钢车轮公司后，凯思问了①你们现在整体机车车轮的水平？② 你们出口车轮北美最大的客户是谁？③ 机车轮刷漆还是涂油后金属表面的缺陷怎么发现？④出口北美车轮你们制造中控制S的含量达标还是添加S达标，中国车轮出现氢纹裂辋裂吗？⑤TTCI有委员认为喷丸不达标是辐板裂纹的原因，你们有喷丸与残余应力的关系吗？又是一天艰难的交流结束了。

此行从上海浦东飞至美国底特律，从底特律飞往伊利，从伊利飞往科罗拉多，再从科罗拉多飞往西雅图，从西雅图飞回上海，6天时间除了坐飞机就是工作。

2013.9.3 会开完了，我会盯住各条产线

公司召开质量工作暨“九月质量月”活动动员大会。高海潮报告2013年公司质量状况，存在的主要问题及“质量月”活动安排；任强通报近期严重质量事故发生后，公司的处理决定；丁毅作打造质量文化、呵护企业品牌的讲话；董事长高海建作质量工作的讲话。

产品质量对外是市场形象的代表，对内是企业的核心竞争力。重建马钢质量文

化，建立常态化的产品设计工作程序，新产品开发由技术中心负责“写所需”，写至每一细节，总厂负责培训岗位操作者“做所写”，岗位质量责任制落实到人头上，生产副厂长及生产团队真正承担起记所做，经历一个“先照办、再完善、后优化、全固化”的过程，由区域工程师负责，质量绩效考核中对其每一步都有奖与罚的要求。会开完了，我会盯住全公司各条产线九月的质量活动。现在长材质量总体稳定，板材质量总体可控程度还要给力。

2013.9.4 日本三菱制钢指导冶炼弹簧钢

去特钢公司了解日本三菱制钢专家指导马钢冶炼“三炉弹簧钢”的情况。

杜松林告我：“三菱制钢关根厂长一行昨天下午四点到，一直交流到晚上7点半，今天上午再交流后确定方案，之后按确认方案开始炼三炉弹簧钢，晚上吃饭请你参加，日方关根厂长挺要面子。”“今天冶炼的三炉钢，日本人认为基本满足他们提出的技术要求，他们的理念和我们不一样，但最终质量全面检验后才出结论！”

关根厂长说弹簧钢冶炼诀窍毫无保留地传授给马钢了，我们对外技术输出都是先签订技术转让合同，同时是有偿的，对马钢真的是特殊照顾了。事实情况是：日本人此次并没有开技术方案，我们提出自己的弹簧钢工艺，他们一步步确认，OK，往下走，No，怎么办，日本人严谨得很。此次交流了解到日本三菱制钢买别人的粗炼钢水，精炼成高档弹簧钢的工艺过程，精准的工艺参数他们并未提供。

2013.9.5 到生产厂和厂长们讨论工作

我去车轮公司与班子谈工作。

公司召开了质量大会，通报了对车轮轮箍钢种混号事故的处理，这是对车轮公司领导班子的。厂里要正确理解变压力为动力，不能认为此事可以过去了，车轮公司内部处理也要重、快，对责任人不低于2008年8.14事故的处理力度。因处理质量事故，我去过国内车辆段，去了美国GE工厂，为了产品质量去用户处，都是非常难过的事情。把紧出厂关，不合格品一定不能出厂，最终把关也难，只有在各道工序中控制住，今后“做所写”和“记所做”，由生产厂长谷源负起责任来，常态化抓下去。车轮事业部对制造质量要有一套让人放心的管控办法，要把对圆坯入厂验收关延伸到特钢圆坯的制造过程中，像上海铁路局铜陵验收室驻厂那样做。马钢客、货、机车轮

CRCC产品认证计划已经下达，我们做到一次通过，认真对照标准先自查，审核发现中一定不能有严重的不合格项，我下周再来检查一次工作。

我和一钢轧总厂许健厂长及班子谈工作。

一钢轧总厂降本增效9月份要站在85%的台阶上。CSP非计划停浇率8月成效明显。奖罚兑现要循环下去，将结果点名点姓公布在现场告示栏。今年一钢轧降本重点在钢区降低钢铁料消耗、热轧区CSP非计划停浇率降低和冷轧区硅钢二期工程多出好产品。

海帆定了，明天上午举办硅钢二期工程技术改造项目座谈会，代替投产仪式了。晚上宴请工程和试生产中有贡献的内宾外宾。

2013.9.6 *硅钢二期项目投产*

上午硅钢二期正式投产。丁毅、钱海帆、任强、陆克从参加硅钢二期技术改造项目投产仪式座谈会。二期工程2011年6月21日破土动工，2012年12月31日连退机组试生产，2013年元月12日常化酸洗机组试生产。直至今日全部正式投产。连退机组已生产47900吨，轧机组生产9100吨，酸洗机组生产14700吨，其中中高牌号新产品8800吨。一套年产15万吨高牌号无取向电工钢的生产线，主要有一条年产25万吨常化酸洗机组（CP）、一台年产15万吨单机架日本三菱可逆轧机（Rcm）、一条年产12万吨准备机组（Cw）、一条年产15万吨高牌号无取向电工钢退火机组（CA）、一条年产15万吨重卷机组（CS）组成。

厂长许健作项目介绍；工程管理部崔代宝发言；销售公司张永翔发言；和菱实业邱小根发言；四钢轧刘国平发言；硅钢分厂沈新玉发言；钱海帆宣布2013年9月6日正式投产。

下午我们去宣布对车轮公司轮箍混料事故给领导班子的处理意见，全公司通报考核车轮公司领导班子，给安涛、谷元行政警告处分，给李翔行政记过处分。

车轮公司内部针对此次事故给员工的处理：箍环项目部部长沙杰、书记蒋宗好免职处分，料场班长黄勇免职、行政记过，检测中心检测工齐峰、吴斌给予行政警告、扣奖2000元。其余相关人员全部经济处罚1000~2000元。

下班的路上碰见了我过去的搭档，原车轮公司经理、党委书记，现安徽工业大学教授范鼎东，他已经知道下午的处理决定了，他说：“老兄，干质量工作你是有套路的。”

2013.9.9 公司应该成立一个冷轧总厂

周六上午，在公司19楼2号会议室，高海建、丁毅、钱海帆带股份公司班子和四钢轧总厂赵少华、王炜、陈晋、朱伦才、毛学庆、朱涛、刘国平谈工作。

针对四钢轧现在的被动情况，海帆说：厂领导要充分调动全体职工的积极性，班子要合理分工，充分发挥团队的作用。关于工程技术人员缺空的问题，厂里一定立足自身的培训，一方面人头多，一方面管用的不够；关于2250的设备问题，赵少华、毛学庆一道上，抓设备现在的消缺和准备性的消缺，拉网式的搜索一遍；公司协调生产部对四钢轧生产计划产量和实际考核产量，考核一个设备作业率，重点产品结构调整的订单坚决不丢；质量工作一定从体系中去抓，厂长、书记必须亲自抓，现在产品性能散差大了，抓质量稳定必须实实在在。

丁毅说：请四钢轧班子来面谈是严肃的，因为四轧钢产量大，影响大，现在是四钢轧生产稳定性不够，库存中间品多，订单兑现率不高，质量异议很多。2250的设备问题集中停30个小时干一次，集中设备公司、自动化公司、修建公司的优秀人员参战。四钢轧班子要振奋精神，带头干起来，减少会议，全体领导都深入现场，紧盯关键点和关键工序。四钢轧班子分工不均，有人很累，有人还是轻松的，必须重新分工，领导各包一块。

高海建说：全面提高四钢轧在公司的地位，公司领导全去参加四钢轧生产动员会，赵少华主持、王炜讲话，提振信心，在一定的范围鼓足劲。梳理一下矛盾，“人”的问题，解决优秀技术人员爱人两地分居问题。打破常规，一个个顶到位，现在设备问题严华是第一责任人。

公司主要领导带我们与第四钢轧总厂领导班子谈工作。我看主要原因是近期热轧生产不稳定，内外质量损失居高不下，汽车板质量不稳定，设备状况不可控。王炜厂长真的是心力交瘁，管理技术人员能力不够，产量压力大，热轧设备检修难，还有后面的几条冷轧生产线。我们马钢推出了钢轧一体化，我在一钢轧当过厂长，出台了炼钢区、热轧区、冷轧区分别管理的副厂长责任制，也还是觉得管不下来、能力不够、精力不够。冷轧是最终出产品的，公司应该成立一个冷轧总厂，这对保证产品质量很好，我是这样认为的。

周六下午，在雨山湖饭店5#会议室，由省经信委召集，马鞍山市经信委参加，聘请了合肥工业大学材料教授陈翌庆、钢研总院自动化教授周石光、安徽工业大学材料学教授闫军、奇瑞汽车材料高工陈之霞、机车车辆高工刘会英、新业铸管材料高工吴应国、安徽大学材料教授王世俊，来马钢评定5个新产品通过省级鉴定。

1、出口大轴重重载矿运列车用系列高硬度车轮；2、汽车结构用SAPH系列热轧酸洗板；3、经济型X70和X80管线钢；4、含硼冷镦钢热轧盘条产品；5、集装箱耐候钢SPA-H和345MPa级铁路车辆用耐候钢。

今天通过省级评审的五个产品，都是马钢板带类的产品，技术含量高，代表马钢现在新品的水平。马钢今年要确保不亏损，一靠强化企业内部管理降本增效，另外一靠是紧盯市场开发新品，结构调整增效。

2013.9.10 责任到位

周六的早调会后，丁毅董事长去销售公司调研。销售公司反应，从市场上接回了大量的订单，但生产制造系统总是因为各种理由，致使订单兑现率不高，订单的结转量月月跨过，客户意见很大。丁毅要求生产部部长伏明回答这个问题，现在公司是任强副总经理分管生产，他们两人都是干炼铁的，伏明请示我如何回答。我说销售公司如果客观上说出自己的意见，生产部门就应实事求是，把一个月一个月的结转订单查清楚，结转量多大？什么原因结转？订单本身影响多大，制造本身影响多大，质量本身影响多大，设备本身影响多大，操作本身影响多大？把7~9月梳理出来与今年上半年对比，是进步了还是退步了，是内部原因还是外部原因？

晚上伏明给我短信：8月份总的结转订单65946吨，超计划订单28443吨，其中酸洗7200吨，镀锌7000吨，热轧14000吨。我给伏明复短信：真实的结转订单只有37503吨，明天一定要分析出什么原因造成的，责任归户到位。

2013.9.12 看来我们俩要亲自盯着

今天我正式看到《关于马钢股份公司管理层成员分工工作的通知》（马钢股[2013]74号），2013年9月6日下发。高海潮同志：协助总经理工作。主管产品设计、开发与创新，质量、检验、试验、技术合同评审工作。主管科技质量部，分管技术中心。

早调会上，销售公司发言人向公司报告，合肥格力工厂用马钢1.15mm厚度的六价格钝化的镀锌板，因盐雾试验报告发不出来，影响供料使用。海帆要求我快速解决这个问题。散会后，我喊上杨新亮副主任直奔技术中心盐雾试验室，商定了：盐雾试验不合格的产品绝不允许发给格力使用；即日起技术中心盐雾实验挑起担子，把四钢轧供格力盐雾试验放在优先的位置，试样检验和发货力争同步；外委盐雾试验经技术中心盐雾室同意后方可外委；产品质量是制造出来的，不是检验出来的，镀锌板白锈的质量问题，真正的原因还未找到。

我和杨兴亮又去四钢轧镀锌线，依据8月22日在四钢轧定的几条去检查落实情况，出口活套放了10台轴流风机，电缆线还没有接，挤干机挤干辊变形了，布置的任务没有落实。

杨兴亮告诉我：原因基本查清，把钝化膜调至25~30，不能放至30~50，厚了烘烤要裂，把干燥固化温度从85℃降至70℃，镀锌卷下线温度小于40~45℃，镀锌卷冷却至室温以后才能包装。是的，盐雾试验只能用于试验，当成产品出厂一个检验项目怎么行？我说看来我们俩人要亲自盯着了，前两条你盯着，去找朱涛，降温至要求后包装的事我去找邱小根。

2013.9.15　　怕的是改变不了这个现状

我请《马钢日报》记者孔祥义就富士康公司对马钢镀锌板质量反馈的意见及后续写个调查报告，他很用心地干了几天，今天出手了，《马钢质量“伤”不起》大文章。我请科技管理部经理乌力评审了，我又用心地审改了不少。要求《马钢日报》放至头版，占版面要大些发出。

培育企业文化，让马钢职工关注产品质量，这本是一件很正常的事，但登报还得请示。我不怕工作压力大，怕的是改变不了这个现状。8月份经济责任制考核发奖金，就要把新修订的质量考核办法加大力度的纳进去，我还要真的和各钢轧总厂厂长说清楚。效果不出来希望他们继续再加码，产品质量必须挺在前面。

省审计厅来马钢对顾建国离任审计已经一个多月了，今天下午通知我去他们办公室了解情况。第一个问题是：关于大电炉工程25个亿的决策是否科学、民主、正确可行？我的回答是：每个项目都会有风险，我认为没错，项目干完了，现在进入生产期，主要任务是开拓市场，要有好的体制机制去驾驭。第二个问题是：看起来马钢干部以往精神状况不佳，省审计厅提出周六周日加班，我们的部门面露难色，表示正常工作日工作好。我的回答是：马钢生产经营部门的干部不是这样的，有的干部精神状况和部门工作状态是平时工作的反应。第三个问题是：马钢内部管理乱，企业经营的指标不好，根本原因是什么？我的回答是：必须建立干部能下的机制并采取行动。听说过省国资委来面试股份公司高管时，出了三个题目，也是以这样的方式进行的。

2013.9.18　十年磨一剑

大功率车轮技术评审会准备会。大功率机车轮从研发、试制到试验、试用已经有8年时间了，但每次经过特批，少量使用马钢的，其余还是用进口的。现在我国从美国进口的大功率机车，在青藏线上都使用了马钢机车轮，才能推动此事。产品研发难但开拓市场更难。主办：铁路总公司科技管理部、中国铁道科学研究院、马钢集团公司。参会单位：铁总科技管理部、运输局机务部、钢铁研究总院、清华大学、西南交通大学、南车集团、四方机车车辆。评审专家组：翁宇庆，中国金属学会，院士；孙守光，北京交通大学副校长；王悦明，铁科院研究员；任瑞铭，大连交通大学副校长；鲍磊，国家质检中心副主任；张宁，铁总铜陵验收室主任；张建拍，兰州局；崔兵，太原局；佟少鹏，北京局；黄玉丹，南昌局；刘同峰，郑州局……

今天马钢成立了工作组：高海建、丁毅、苏世怀、钱海帆、高海潮、许洲、乌力平、张明如、李翔、奚铁、崔银会。这是一次翁宇庆院士主持的高级别的技术评审会，十年磨一剑，我们的各项准备工作都慎之又慎，我们的汇报材料公司内部再讨论一次。

2013.9.21　“质量之伤，马钢之伤”

《马钢日报》孔祥义记者最终完成了给我策划的《质量之伤，马钢之伤——富士康武汉工厂对马钢产品质量投诉的调查与思考》的报告，他请我亲自把个关，他说还有些吃不准。

在钢材市场“寒冬”依旧、竞争惨烈的严峻形势下，产品质量更是企业生存谋发展的生命线。然而，就在公司上下为应对挑战，奋力走出生存困境的关键时刻，今年6月、7月发生在富士康武汉工厂镀锌产品质量事件，却又让背负巨大压力的马钢雪上加霜，市场再一次给我们敲响了警钟，谁若忽视产品质量，谁就必须为其付出的代价埋单。

我又用了近半天时间，把细节盘个清清楚楚，周一《马钢日报》头版会登出来。打造企业质量文化，是一项持续、耐久、系统、费劲的工作，但我有信心，多多争取各方的支持，用三年时间，马钢的产品质量及文化一定会变出个新样子来。

2013.9.25 《大功率机车车轮自主创新》获得成功

大功率机车车轮技术评审会，在马钢宾馆中三楼会议室举行，由铁总公司科技管理部，运输局机务部主办，评审会正式开始。评审组组长由中国工程院院士翁宇庆担任，评审组副组长由北京交通大学副校长孙守光担任。集团公司总经理丁毅致欢迎词；铁科院金化所张斌代表课题组汇报。

翁守庆：今天提的问题很多，但核心是能不能保证使用的安全，也即产品质量的保证。今天是课题验收，按合同约定本评审，诸位多数问题是今后科研努力的方向和要做的工作。从使用的效果上看：北方用J1，客车用J1，货车用J2，推荐使用。马钢应将车轮用钢提升至高品质的特殊钢，特殊钢就应该是硬度高、韧性好，即耐磨又安全，建立可靠的质量保证体系，在产品制造的每一个工序保证质量。夹杂物是车轮的缺陷起始点，绝对纯净的钢是没有的，因此什么性质的夹杂物，什么形态的夹杂物，均匀、圆球形的是工艺技术中的关键水平。

评审组专家一致同意《大功率机车车轮自主创新》通过技术评审及课题验收！

最后，铁总运输局张大勇局长说：马钢车轮的质量令人担心，试制时严肃认真、人人关注，真正批量生产质量控制就难以做好。希望马钢科学严谨，一切以数据说话，学习国外的管理，解剖国外车轮内在质量，长期跟踪。国产化的推进中，应该是同质同价，不是不同质的比价，售后服务态度再好，质量不行也不行。马钢车轮检测手段和方法存在问题，信息化、数据化的工作应该全部跟上。

作为股份公司总工程师，我清楚听到张局长说的如此之重的话，机车车轮的安全是容不得出质量问题的。今天通过了技术评审及课题验收，要实现正式供货还有不少程序要通过。

2013.9.26 向翁宇庆院士咨询

丁毅主持马钢股份公司向翁宇庆院士咨询会。钱海帆、高海潮、张建平、乌力平、张建、孙维、江波参加。张明如汇报贝氏体车轮钢的研判；孙维汇报马钢高品质钢的研制现状，动车组车轴用钢、高品质轴承钢GG15SiMn、高强弹簧钢的质量控制水平；吴宝桥汇报马钢海洋工程用钢质量控制水平；小胡汇报大输送量高压管线钢的研发。我们关注的是现在质量控制水平差在哪里，我们应采用什么样的改进方法。

翁院士说：我国经济发展对部分高端钢铁品种有特别的需求，我主持钢铁材料这一块，钢铁由数量增长为主向品种质量提升为主的需求阶段已经来临。走减量化道路，把钢材过度消费降下来，高品质钢三特点：高性能、低成本、高安全性。现在高端产品在基础建设领域，在新能源、交通、海洋、先进装备业上有迫切的需求。发展高品质钢，淘汰一亿吨低品种，是解决能、资、环瓶颈的有效措施。新能源领域：特钢应考虑高温材料，高压输气管的材料。交通领域：汽车用钢减重。轨道交通领域：轨道用钢，珠光体轨—热处理珠光体轨—贝氏体钢轨。海洋用钢：海洋油气开发，舰船用钢，岛礁基础建设，海洋特殊设备。特殊用钢：轴承钢，齿轮钢。

我深感自己的水平跟不上了，好在我有毅力，从未放弃过学习，曾国藩说“一勤天下无难事”，在总工程师这个岗位上一定不能“混”。

2013.9.27 低温钢筋研制成果鉴定

“液化天然气储罐建设工程专用低温钢筋研制”科技成果鉴定会。由中国钢铁协会主持，项目完成单位是：马钢、钢铁总院、安工大、中国寰球工程公司。鉴定委员会组成：翁宇庆，中国工程院院士；朱建国，国家建筑钢材质量检测中心副主任；蔡国勇，国家能源局天然气技术研发中心副总工程师；陈瑞金，中国石化工程建设有限公司总工程师；高瑞金，中海油股份公司总工程师；徐寅，中钢结构协会教授级高工；惠卫军，北京交通大学教授。

翁宇庆院士说：低温钢筋的研制，由马钢牵头，钢铁总院、安工大、中国寰球工程公司共同参加。课题达到了预期目标，干出的产品也全部达到了要求。我也参加了南钢低温钢筋鉴定会，马钢在组织的控制上比南钢强，但同样与进口的阿塞罗米塔尔的产品比综合性能还差一点点。马钢采用特殊钢的工艺方法来开发低温钢筋，O、H、P、S控制得很严，工艺路线很过硬。进口低温钢筋含铜，铜的含量怎么考虑？成分设计中用还是不用？我个人意见要用。国外产品中常用少量铜，铜的固溶性好，可提升延伸率。产品成分可以化验，组织可以看见，但生产过程中的“Know how”很重要；产品合乎标准不行，产品部分指标超过别人不够，最重要的是产品实物质量和国外进口产品相比美，这样就成为品牌。

翁宇庆院士关注马钢也支持马钢，他是中国金属协会主席，又是冶金首席科学家，越是大专家，越是说让人明白的话，在特钢项目中他主张上RH真空脱气。

2013.10.6 节假日里生产正常

今年国庆长假七天，每天参加公司早调会，生产正常！节假日里生产正常是多年的规律。今天早调会，苏鉴钢来了，他说二铁3#高炉这两个月的生产水平挺高，日产达2600~2800吨，为什么又要安排大修。修一个热风炉带出一串的修理，就好像一个人从不系领带，为了系一根领带，引发了买西服，配皮鞋，吹头发的事。我很尊敬苏总，不是因为他是领导和老兄，是因为他有时把一个复杂的问题用幽默的话语来解读。

我和苏总对话：马钢的问题，管理是第一位的，不敢触动人，回避这个问题，谈其他工作是不行的，问题出在前三排，关键还在主席台。他笑着说“海潮你也是前三排的”！他邀我到他办公室听听我的真知灼见。我去说了四件立马可干的事：市场订单这么难拿，给销售配5~6名副总经理，人手分工一块，责权利明确到位；118美元吨矿不买，现在又涨到135美元，从过去不算账的保供到今天临时买米下锅，采购要有自己的决策办法，不能总是请示领导，责任是谁的谁担；抓质量难，九月公司人均奖金1200元，我调查了质量奖只占人均30~50元，质量奖应占1/4或1/3，拉大奖罚的力度；不能只是喊去行政化不动干部，把过去三年中层干部的业绩考评结果，拿出来看看，什么人落在后面，干事不干事，开党委委员会、常委会，免去个8~10个，立竿见影。苏总没有回答我的问题，只是笑着说“总会有办法的”。

2013.10.8 高强耐疲劳紧固件用钢项目

国庆假后第一天上班，省科技厅要求申报省财政支持的重大科研项目的团队，上午到东方大厦参加各项目的预答辩。上午听了10个单位的汇报和专家的点评，我思考了几个问题，并与团队四位作了交流：汇报时间只有10分钟，原则上应把握在9分30秒，我告诉我的同事，在我汇报至9分时你们一人站起来，提示我注意；汇报中应抓住重点，这个重点的展开必须是外行能听得懂，内行能听出门道，因为评委来自不同的岗位和专业；在科研项目风险评估中，不能为了争取到省府财政支持，而说没有风险，高强耐疲劳紧固件用钢项目，是以国产代替进口的，理论上看没问题，但实物测试稳定达到500万次以上的疲劳寿命还没有做过实验，不排除也可能会失败；真的掌握了全部制造技术，生产出产品顶替进口还要打开市场，客户是有忠诚度的，在没有过硬的国产货时，国外垄断价格，国产货出来国外会马上降价、采用价格竞争，所以效益的测算也不能只有一种价格，因此话不能说满，我们的项目会有技术风险和市场风险。下午我们的答辩赢得了评委的信任与好感。

2013.10.10 不打招呼，直接插到现场

去二钢生产现场看看、听听，他们的降本增效工作是怎么做的，有什么特点？去我的“转变作风、紧密联系群众”挂钩单位，我不想招呼厂领导，因为熟悉现场，所以直接插到生产线上，我想和分厂厂长、作业长交流。

二钢轧总厂王光亚厂长大学毕业后一直在二钢轧工作；现任书记王文忠，大学毕业在高炉上干过，由经办调研室主任提拔而去；两位都有鲜明的个性，只是表达方式不同。今年降本他们率先发力，现在是一马当先，已经完成目标率在90%以上。职工的收入中奖金高了，九月人均在2000元以上，现在干得热火朝天。一个马钢的老厂，现场治理得干干净净。从出坯跨→铸机→钢水接收跨→炉台→炉前→炉后→渣跨→铁水线→钢包区→调度室。职工的精神状态非常好，和几位作业长一聊，都知道自己的考核指标，也有办法去完成。不知谁告诉王光亚我在现场，他说马上过来，我说不用我马上离开。我相信二钢轧降本已经达到100%，只是不想报出来。

2013.10.13 唯有坚持PDCA循环

今天我想了想近期我组织的重点技术质量工作。西门子奥钢参与马钢中高牌号电工钢技术支撑，要价太高谈判未果；特钢公司在日本专家的观察下，调整工艺，控制DS夹杂检测结果未达标；四钢轧供格力镀锌卷产生“白锈”的根本原因查清，技术中心与四钢轧签了服务合同；公司恢复了各单位总工程师制（原来是主任工程师），板带厂新聘了一批总工、副总工，让他们担当质量责任；争取了一个省重大攻关项目，轨道交通移动设备紧固件用钢的开发；CRCC客车、货车车轮的复评换证，大功率机车轮也获得了身份证；技术中心的A、B类项目，科技质量部的体系运行，关键工序公司级控制点的检查；一、二、三、四钢轧总厂指标提升的降本，质量奖的比例，三个事业部面对市场的质量问题，唯有坚持PDCA循环下去。

一件件实实在在的工作，有不成功的、未干成的，有成功的、干成的。技术中心动了起来，科技管理部管了起来。过去不知怎么干，现在知道了怎么干；过去闲着无事干，现在忙着去干事。

2013.10.14 处在关键岗位上

马钢集团领导班子专题民主生活会，在宾馆东二楼举行。省国资委、省委督查组派人参加。高海建、苏鉴钢、丁毅，集团公司领导一个不少，个人对照要求作检查。

惠志刚在个人对照检查材料中写了，官僚主义作风问题发生在裕远物流公司的组建和运营上，公司成立以后，其运营尤其是钢贸的运营上存在严重问题，受到欺骗，造成了巨大损失影响。在这个过程，形式主义和官僚主义表现十分突出，为了完成和超额完成下达的营收指标，对裕远物流开展的钢贸业务，没有阻止和反对，置风险而不顾，追求业绩。虽然也意识到可能存在的风险，提出到银行去学习风险管理，两人以上从事贸易的程序管理，描述贸易流程，找出风险点及风控办法等要求，但是没进一步检查和落实到位。这个事件教训十分深刻，如果有了正确的政绩观、权力观，如果少一些功利主义，主动去梳理，认真去管理，这个损失有可能避免或减少的。

高海建书记对各位作了点评：在这次民主生活会上都强调了自己学习不够，不能把此作为借口，而应该从人生观、价值观、事业观上反省自己差在哪里，我们应该学习什么，向谁学习的问题。在座的各位都是马钢职工眼睛中的“当官人”，集团公司所谓官高一级，但大事不多，股份公司官低一级，但权力很大，因此我们都要提高自己的认识，摆正位职，勇于担当，看重看高自己，才能更好地承担自己的责任。

对我的点评是：公司上下换过多个工作岗位，经历丰富，作风扎实且非常敢于碰硬和担当，从集团总经理助理到股份公司，在企业最艰难的时候，抓新品开发，抓产品质量，抓经济技术指标降本，处在关键岗位上。要注意自己的修养，不能好事、坏事全写在脸上，对上还要尊重领导，对下要有宽容心。

2013.10.15 知道别人超过了我们

我和李翔、肖峰、赵峰、许安平、江波一同奔往太原。原以为太原重工轨道交通设备有限公司不怎么样，下午去参观生产线，一走进工厂大门就令我感到有些异样，走进了车轮生产线一看令我吃惊不小。这是一条全部从德国引进设计及关键设备的高水平生产线，设计能力30万吨/年，切料→环形加热炉→四机架压机→盖罩的辊道→台车式换位加热炉→淬火台及机械手→加工→探伤，设备布局完美，工艺过程流畅。太重人干车轮从下料开始就是一个轮子一个身份证号。接着我又参观了车轮和车轴加工组合的轮对分厂，太重现在是车轮、车轴、轮对还有转向架。我一直以马钢车轮厂为骄傲和自豪的，现在知道别人超过了我们。而我们此行的任务就是马钢也要实现一个轮子一个身份证号，回去后要立马加快马钢单片车轮质量跟踪信息化系统建设，不要想得那么完美，全自动化采集、处理、标识自动贴在每片车轮上，有条件要干，没有条件创造条件也要干，该由人工输入的人工输入，该由人工粘贴标签的人工干，一定要先干起来，不能再等待了，在干中等待。

2013.10.17 代表马钢做个专题发言

第一次参加冶金质量年会，或许是我的发言给管炳春秘书长留下了印象，他专门邀请我参加11月25日在江西宜春的会议，并要求代表马钢做个专题发言，重点是马钢在应对众多的高端用户二方审核方面所做的工作，在通用的ISO9001标准体系上，不同客户的要求如何满足，在MES系统如何实现等。OK，我答应了。马钢这几年外发的论文、学术报告，获奖水平都不高，出门开会发言也不多。我认真构思此次专题报告，实事求是，结合马钢的实际，谈赞成的事，谈反对的事，谈持有意见的看法。我谋划了：马鞍山钢铁公司简介，其中2013年生产经营计划的运行情况；马钢产品特色及结构，线、型、板、轮、特，各占其中的比例；诸多产品中，哪些是需要用户二方审核的；列举二方审核单位的审核特点（不同点），一般性审核，专项性审核，高端用户审核；在ISO9001通用质量体系这个平台上，与二方审核的关系，与MES系统的关系；应对众多的审核，公司层面怎么想？生产制造单位怎么想？为什么两张皮？有什么好办法；写所需（总工负责），做所写（生产厂长），记所做（操作者），写入公司质量责任制；二方审核中查出问题最多的是什么？统计分类，A类（重要）、B类（一般）、C类（过去未有过）；怎样以不变应万变，防止牵一发而动全身；有好的产品还要有完善的质量体系来保证质量稳定；体系审核涉及公司层面多，产品认证重心在制造流程上。

为了这个报告，为给马钢争光，我组织讨论了两次后最终才定稿。

2013.10.18 江苏与安徽经济发展差别太大

我去镇江参加中国船级社苏皖地区委员会2013年年会，这也是我第一次。江苏人开会：务实多，信息多，敢讲真话、相互合作的商业气氛特浓，理念新，交流深，会讲话又有幽默感！江苏与安徽经济发展差别太大了。

中国船级社成立于1956年，是中国唯一从事船舶入级检验业务的专业机构，通过提供合理安全的入级标准，独立、公正和诚实的入级与法定服务，为航运、造船、海上开发及相关制造业和保险业服务，保障人身和财产安全，防止环境污染。CCS是国际船级社协会正式会员，是国际主要船级社之一，具有国际社会公认的资质和能力。

马钢的中板、热轧卷用于中国船舶使用，都必须经过他们检验才能供货。南京钢厂已经提供整条船用板全服务业务，中国江苏的造船能力已经排在了首位。

2013.10.22　年产品结构调整是重头戏

日子难过也得过。

时间进入10月下旬了，马钢股份公司开始谋划2014年生产经营预算方案了，2014年产品结构调整是重头戏。

2014年市场走势的基本研判：相对于2013年，2014年钢材市场特征将是“高成本、高供给，相对较高的价位波动”，以上海热卷价为例，2013年全年均价3700元/吨，2014年预计为3800~3850元/吨。2014年钢材市场价格总体将震荡上行的走势，全年的低点高于2013年，但受产能过剩，全年的价格高点会略有下移。

2014年公司的经营环境略好于2013年，但钢价和原燃料价会保持同向涨跌。若铁路项目集中开工或房地产市场重大变化，会对钢材价格造成大的波动。随公司1580合钢酸洗冷轧连退线投产，马钢产品结构调整将迎来新的机遇。

公司2014年产品结构调整的方向：汽车板放量（目标150万吨），特别是汽车板品种钢比例力争65%。发挥1580热轧/合肥1550冷轧产能，冷轧家电板力争15万吨/年，酸洗家电板18.0万吨/年（品种钢比例70%以上）。电工钢年产突破50万吨，中高牌号（高效，含专用牌号）电工钢比例达40%以上。镀锌产品着力改善质量，巩固现有地位，向高端家电用材延伸。型钢以专用材（海洋石油平台，铁路用材，大梁钢等）为基础，同时向国网角钢叉轴钢进军。车轮、彩涂、特钢要立足做“精品”，抓市场、找订单。

一个部门的工作水平，也代表着公司一个方向的水平。

我们对市场走势有年度、季度、月度研判，千万不能犯方向路线的错误。

我们对内部产品结构调整也有年度、季度、月度计划，可执行率偏差大。

2013.10.23 百闻不如一见

从四钢轧出来，顺道我去马钢废钢公司诚兴基地现场查看，有半年多的时间没听谁问废钢的事了，在钢轧总厂废钢库看也可以。现在被认命为首席质量官，原以为管管产品质量就够了，但工作职责上写了要对各种原燃料质量把关。废钢管理过去是马钢的一大漏洞，与马钢做废钢生意，肥了不少公司内外的人。现在废钢公司是一个独立运作的公司，找资源、定合同、运输、验货、堆储、分类、供货、采购定价、发货出了问题全自己负责。今天看下来总体印象：库存量不少，尤其是轻薄料经过打包压块，各单位愿意用。废钢公司已建立了采购渠道，重废、中废、轻废、电工钢剪切料单堆单供，收购价格公开、公正、上板，供应商都可以看，当场验货，当场公布。

今天为什么从四钢轧出来，顺道去诚信加工基地？原因是昨天《马钢日报》报道了废钢公司成立一年来的经营变化，废钢公司实现了“标准化、专业化、规模化”，废钢公司“一体化”经营管理体系初步形成，即“采购、回收、加工、配送、检验”一体化。今年1~9月，销售废钢和生铁100万吨，价值22个亿的资金在使用，我相信今天漏洞堵住了。常言说百闻不如一见，我看了后没有异议，杨震、韩枫、张建国这个班子挺能干的。

2013.10.25 四钢轧现场整治不合格

去四钢轧总厂，我今天打算把四钢轧钢区好好看一看，从渣跨到废钢跨、修砌区、炉台下、炉台上、铸台上、铸台下、备件区。1#转炉停了3小时，主要任务是清除氧气管道内的杂物，怎么进去的？施工时进去的，这次检修前已清理两次，每次都在3小时，清出了砂石、焊条皮、铁锈等，这是很大的安全隐患。上2#、3#、1#铸机，厚厚的灰一层，什么原因？三钢轧总厂的厂房是南北走向的，灰吹散出去了，四钢轧总厂钢区的厂房东西走向，灰尘积降在此了。

此次通报四钢轧现场整治不合格。

一能源总厂田俊是厂长兼书记，管好一能源总厂是很难的事，点多、面广、服务范围在马钢厂区内。田俊是下了功夫的，《马钢日报》“花蕊今朝更娇艳”的报道中，有这样一句话：该总厂领导带队走遍所有的房所、站点，收集现场存在的问题，对整个总厂的现场专项治理做出部署、固化下来，每月随机抽查一遍。

2009年，我在一钢轧提出一个月内设备见本色，最终验收用了三天时间，查了每一台天上的行车、地上的设备，环境和设备的变化让一钢轧生产经营也面貌一新。现场环境不好，生产秩序和产品质量也难以保障，反之现场环境好的单位，生产秩序和产品质量也是有保障的，这也体现管理与质量的对称的反应。

2013.10.28 拼死也要保住今年不亏损

今天股份公司召开第245次总经理办公会。从股份公司成立至现在，经历了李宗泌、顾建国、朱昌逑、苏鉴钢、钱海帆五位总经理，李总今年80多岁了。马钢的日子市场好时好过、市场难时难过，我们的竞争力在哪？何时能真正摆脱生存的困难。马钢的改制黄了，在体制机制上现在又没办法，所以内部生产稳定有时都难。说难真难，说不难也不难，就看我们敢不敢干。11月份生产经营计划预测本部亏损1600万元，在消化铁水前提下，材要减产，干得越多亏损越多，硅钢、酸洗板适当减量。必须稳定四钢轧生产秩序，确保所欠订单交货。预计11月份钢材价格比10月份又下跌60元/吨，减少利润6400万元。11月国内原燃料采购成本上升比10月份增加1208万元，钢价在跌，原料在涨，内部降本又难以继续，真的是黔驴技穷了。

高海建讲：今年我接手马钢工作，拼死也要保住股份公司不亏损。我强调股份公司的班子精神状况很重要，马钢现在的亏损不可怕，这样的市场钢铁企业哪家都亏，只要我们头脑清楚，思路一致，每位敢于担当，再加上忙得不歇，不停产就是优秀了。马钢集团中股份公司盘子太大，但我放手让你们去干，你们从上往下干，我从下往上看。我们难别人也难，我们亏别人也亏，但是我们的资金状况控制得好，留得青山在、不怕没柴烧。

2013.10.29 花落知多少，秋后算总账

今天是10月29日了，三季度各条产线质量指标及售后异议仍未见报。我找了于进，请他看看昨天的《中国环境报》，全国各省市环境指标都敢登出来，让全世界看，我们还担心什么？明天一定要登出来！于进要求写一段文字，说让记者去找科技质量部。我等不及了，自己动手写了："钢铁企业仍处在困难时期，微利的状况将会持续较长的时间，降本增效对马钢而言，现阶段抓产品质量的稳定与提高是条有效的举措。产品质量是企业的生命线，好的产品有忠实的客户群，相反产品质量的波动会使客户在下订单时犹豫或提出砍价。今年公司科技质量部每月公布、每季累计公布各

条产线质量情况，就是要让全公司职工看到我们的质量状况，让各条产线职工看到我们的问题，让各级管理者担负我们的责任。今年设定的质量指标一定能完成。”

花落知多少，秋后算总账。质量意识的提高和产品质量稳定有个长时间的过程，每条产线每月提升一项质量指标、减少一起用户索赔都是在进步，莫以善小而不为，莫以恶小而为之，马钢产品质量一定是积小胜才能有大胜。让我们振奋精神，迎难而上，全力打好质量攻坚仗！

2013.10.30 只有内部降本一条路

想想公司执行力的问题，该怎样解决？正好《报刊文摘》登了《1993年朱镕基下属为何说：朱老板非把我的头砍了》。

1993年中国到处都沾染浮躁，地方管员从当地银行弄钱，因为每个城市的银行里的官员是他们任命的。数据证明，银行里的钱正在滚滚而出，通货膨胀卷土重来。大城市的生活物价指数上涨17%，国务院发了7次指标予以约束，原材料价格仍上升40%，人们慌了，时任国务院副总理的朱镕基立马行动，原中行行长在位时，谁说都不管用，朱镕基无奈之中，免了原行长，自任中行行长，查处了中国农业银行衡水某支行行长，杀了非法集资的沈太福，判了国家科委副主任，把属下银行行长全部召来北京，朱镕基点着那些银行官员的鼻子训话：“自己不勤政，又不廉政，吃吃喝喝，乱批条子，任人唯亲，乱搞关系，把国家财产不当一回事，令他们在10天之内收回全部贷款，否则严惩不贷。”此次会议后，收回贷款32亿，增加储蓄405亿，银行有钱去收购夏粮了，国库券有人买了，股市止跌企稳了。

国家总理都敢用重典，我们怕什么。大小当官的只要你真动他的帽子，他也会拼命去干的。现在只有内部降本一条路，奖了不行，那就罚，罚中层干部的位置，干不了就下去，让能干的人来干。

2013.10.31 先抓好基本的管理

和乌力平一道去四钢轧钢区对夹杂等质量问题调研。从元月到9月，镀锌工序夹杂是：0.63%、0.39%、1.02%、1.08%、1.08%、0.51%、0.68%、0.87%、0.59%，呈下降趋势；连退工序夹杂是：1.08%、1.66%、3.75%、2.68%、2.11%、1.86%、2.15%、1.53%、1.62%，波动异常。

四钢轧内部要做的工作是：提高转炉终点三命中；防止转炉下渣；进LF精炼白渣状态和直上连铸钢种的钢包顶渣改质；减低RH出站全氧含量；完善中包封；改造中包盖；提高中包容量；连铸操作规范；优化中包流场；对汽车板中包Als和Ti衰减攻关；对冷轧基料部分钢种进行优化；恢复留钢操作；设立关键质量控制点；召开月夹杂物专题会；按工序控制质量划分铸坯等级。

需要公司解决的问题是：增加KR二级系统；改下渣检测系统（转炉）；增加渣车称重；接受跨行车加称重；RH增加热弯管摄像头；增加渣样快速分析仪；连铸辊缝仪的使用；铸机动态轻压下；铸坯质量制定系统；板坯在线低倍室；钢包下渣检测；上自动加渣机在连铸；连铸中包增加氩封取样设备；理化一站购买全氧试样加工设备。

我们要求四钢轧做好的工作没错，四钢轧要求公司解决的问题也没错，但同样的设备、工艺、技术、操作者，今年2月镀锌夹杂仅0.39%，而4月高达到1.08%；今年元月连退夹杂最低仅1.08%，而3月高达3.75%。技术问题与管理问题交织在一起时，我个人意见是先抓好基本的管理。

2013.11.1 *参加女儿的婚礼！*

又是一个周末到了，这个周末我将去重庆，参加女儿的婚礼！我也想请个年休假，休上一周的时间，从重庆归来时乘游船顺江而下，看看三峡大坝筑起来后新的长江三峡，感觉一下水闸电梯。我向高总请假，他说快去快回吧。年休假这么多年了，我没有休过一次，妻子嘲笑我说"地球离了谁都照转，你也太把自己当回事了"。

已经过去的十月份，由于原料价格上涨，钢材价格下跌，降本工作困难，股份公司又亏损在1.5亿元左右。我们的亏损是在计提了资产折旧后的亏损，因此还是要拼命生产。但现实状况是资金回笼现金比例越来越少，银行承兑汇票比例越来越多，这说明了什么？说明整个钢铁行业的资金状况不好，流动性在变差，一方面账面上有钱，一方面又要从银行借钱发工资，财务费用越滚越高，最终企业是难以承受的。高海建当了一把手，马钢集团的命运他有很大的决定性！我曾和他去过山西太钢、太重，看到他们在生产经营上大刀阔斧的改革，现在不知为什么还不出手，我知道他一直在谋划着行动方案。苏鉴钢从股份公司一把手的位置退了下来，苏总对公司很清楚，过去干不了，现在不能干了。

2013.11.4 形成共识提升竞争力

股份公司经理层碰头会。高海建说：我们三位现在是公司的核心人物了，责任重大。丁毅的工作重心在股份公司，苏总的工作重心是公司的财务资金，我的主要工作是要往人头上干，抓人头，不往具体事情干。我们的工作方法是要事先办，我们要形成共识提升竞争力。钱海帆要直接分管销售工作，日清月结的财务成本必须抓到位。

2013.11.6 明确副总工程师职责

四钢轧副总工程师朱瑞昆找我，我们事前有约。朱瑞昆告诉我，是王炜厂长让他来请示我该怎么干的？我实际上一直在琢磨副总工程师的工作。

我想认真理会公司下达副总工程师编制时的要求：副总工程师以技术质量工作为重点工作，技术上主抓“写所需”，监督做所写及记所做；在本专业本人的职责范围内要哪些责、权、利，可以列出来和厂长沟通；副总工程师是行政岗位，不同于高级技术主管，大家应勤奋敬业，清正廉洁，赋予行政管理责权利都要用好；在自己管辖区理清2013年乃至过去最好的经济技术指标、质量指标，现在拟定2014年的各项经济技术、质量指标向上攀登的目标；建立关键质量控制点和看板管理，应用质量管理工具，坚持天天这么去干。肯德基厕所的卫生为什么总是干净的，规定半小时一次打扫，为什么能做到，因为有明察暗访加监督。检查质量管理体系的运行情况；召集本人管辖区的技术质量例会，参加本区域的生产调度会，准确掌握信息。明年公司奖金中质量奖占1/4，厂里也可以，封闭运行，收支两条线，干得好奖，干不好罚。

2013.11.7 科研攻关项目分组论证

2014年科研攻关项目分组论证计划。截至昨天，股份公司各单位申报的2014年科研攻关项目150个，拟分钢轧组80个项目，综合组40个项目，公辅组31个项目，计划在本周结束，下周具备报总经理办公会审核的条件，此次开会我请公司各位高级技术主管参加。此次论证我牵头，科技质量部列出公司立项，总厂立项，不同意立项，弃权等统计结果，把评审过程认真总结一下，最终将结果在《马钢日报》上整版刊登出来。

我们评审重点：现状能用数字描述清楚，取出的数字应具公平、准确的代表性，先进水平、平均先进水平、平均水平。攻关结果，必须用数字表达出来，且可以测量，达到的成果可以分阶段，也不一定追求全实现，需要公司的投资，科研项目看准了可以投，攻关项目的成果惠及本单位，可以在成本中例支。公司给粮票自己花钱！

我的工作安排：评审组：科技质量部乌经理等人，另加四个钢轧总厂的总工程师。此次技术中心20项，一钢轧总厂22项，二钢轧总厂1项，三钢轧总厂6项，四钢轧总厂9项，特钢公司2项，车轮公司6项，汽车板推进处8项。今天下午去技术中心评，晚上去一钢轧总厂评，明天上午在技术质量部评二钢轧、三钢轧项目，周六下午在四钢轧评审四钢轧项目和汽车板推进处项目。

2013.11.11 *市场一好、高炉就倒*

股份公司经理碰头会。二铁总厂1#高炉不顺已经一周时间了，汪保平认为是烧结配料中匀矿出了问题。三铁总厂A、B两座高炉因焦化干熄焦炉检修，在干湿转换中负荷不敢往上提升。公司日产铁从3.8万吨水平降至3.2万吨水平，因铁水短缺，降铁钢比的力度不够，本月销售已接的订单将受影响。

高海建说：这一周我的心情一直不好，内忧外患，总在找寻改变马钢突破口。但我一直把股份公司的生产经营放在整个集团的重中之重，二铁1#高炉滑下来了，现在原因分析还不明。11月份钢材市场价格比9月、10月都好。我们又是老毛病，市场一好、高炉就倒，生产不顺我还有什么精力去干别的事情。销售的状况也一直没有改进，还是老一套，不去找寻我们的终端客户，全靠马钢经销商订完订单，销售价格就是听经销商的，销售的产品出了问题自己不去，一个电话通知厂里人去处理，这样下去马钢真的不行了。股份公司的经理层要有强烈的责任感和进取精神。销售必须去我们的用户工厂，了解客户的特殊需求。生产中的问题，必须立马扑上去解决，问题不解决就不要离开现场。韩国汽车版支撑团队说：马钢人都不错，态度好，就是说了不改，没有执行力。怎么解决？我忙事是没有用的。只有忙“人”、忙“体制”。过去的业绩是过去的，我上来干了，你干的好不好现在与我直接相关。你们各位经理分管的工作干不好，我怎么办？那就请你选择自己合适的岗位吧！态度决定一切，股份公司经理层，各总厂的厂长、书记，只要贡献大，年薪水平可以高上去，超过我也可以。开短会，人的身子要沉下去。

散会后，海帆、我、任强去二铁1#高炉，丁毅喊陆克从去港务原料厂。

2013.11.12　与德国巴登钢铁工程公司交流

按丁毅董事长的指示，我今天开始与德国巴登钢铁工程公司交流。我们介绍了马钢现状及长流程线棒产品特别团队，德方代表介绍了全球钢铁企业现状及他们钢铁工程公司咨询服务内容及合作的边界条件。此次巴登公司提出对马钢质量管理、人员培训、生产管理、制造程序四个项目的咨询，重点提升马钢效率，为“马钢特钢转炉坯（含原一钢圆坯生产线）→特钢公司开坯→三钢轧轧制工业线材，长流程线棒产品定位及技术装备改造方面的咨询；最终产品可以通过一些顶级用户，如德国大众汽车，瑞典SKF公司的认可。

世界钢铁工业中国总量第一，但依然不是钢铁强国，扩大产业规模时我们从国外大量买入先进设备，出国培训操作，但在引进管理和技术上留下了遗憾，工程设计的产量达到甚至超了，但在品种、规格上只顾眼前效益。现在产能过剩，我们又从头开发高端产品，有设备硬件，无技术软件，管理水平各企业相差也很大。老外我们请来了，又想不谈管理，请直接告诉我怎么干，老外在，干出这个产品，老外走了，产品质量也下滑了，转了一圈又回来了！

2013.11.13　预算2014年股份亏损8亿

二铁1#高炉正式垮了下来。从10月下旬炉况不稳，日产量从6100吨一天一天在下降，调整炉况10天了，反而是往相反的路上走了，今天早上报产933吨，我经历过不少次处理高炉炉况，高炉歪倒多少天要扶起来就要多少天。我了解到昨晚分厂厂长、处干、公司经理没有人在炉台上守护，高炉失常困难时期，我们该干什么？过去老领导的做法，有些我们要学习和继承。

当今最大的困难是股份公司，原计划出售资产后，四季度提出3个亿，每月补贴一个亿，补贴股份公司不亏损。现在二铁1#高炉栽了，没有铁水订单也兑现不了，客户向我们抗议，我高海建怎么办？请惠总上炉台去帮一把，任强同志必须跟上去。马钢没有体制机制的变革是走不下去的，2014年集团公司的考核，我自己操刀，尤其是对公司层领导要与直接任务挂钩。

马钢集团、马钢股份2014年的预算很难，先后调整了三次。集团还是亏2个亿，股份还是亏8个亿。明年的资金状况也会不如今年，预期到时的还贷款还有70个亿，还旧债借新债，日子真是越难过就越难过。

2013.11.16 领导天天在问事，不敢动人不是事

晚上我也去了二铁1#高炉中控室，各位脸上都显得忧愁。特钢公司因缺铁水停产，合同还有没完成的。销售原有的11月份订单，本月大数会影响10万吨。降铁钢比的工作我明天去钢厂，钢轧总厂的库存应该清理一下，铁水这么紧是否在干难度大的产品，安排一些检修项目。

二铁1#高炉上，我把三个出铁口转了一圈，又看了看亮的风口，现在又开始恢复炉洗工作。这次事故处理完，必须找到真正的原因，谁的责任处理谁甚至免去谁。

股份公司每天开早调会，365天一天不停。这么多年过来了，我想了想编了个顺口溜：炼铁天天无啥事，炉况不顺出大事；炼钢天天有小事，好在没有多大事；轧钢天天弄点事，客户抱怨总是事；领导天天在问事，不敢动人不是事。

2013.11.18 与晶龙公司谈中高牌号电工钢开发

海帆喊我一道和上海晶龙实业发展有限公司薄丹青董事长面谈中高牌号电工钢开发之事。薄丹青是蒋育翔介绍过来的，过去做钢材贸易，后来集中只做硅钢商贸。他曾在马钢四钢轧试制两炉取向硅钢热轧卷，产品设计是他们自己的，有些武钢退休的专家。此次来马钢本意是向马钢输出取向硅钢生产制造技术，他们也有W270、W350，生产制造技术。海帆说："我全权委托我们的总工和你接上。"

我领着薄丹青参观了马钢硅钢一期、硅钢二期及硅钢精整线，在一钢轧办公室，通知了许健、陈友根、沈新玉、王立涛、焦兴利与薄总座谈，先交流技术和设备功能，确定可行性，因前面已和两家外国公司交流过，我们开出技术支撑要求，仅以试制出达标产品为目标。

2013.11.22 难以言表的感觉

计财部11月效益预测：因为10月亏1.65亿，在此基础上，11月价涨27元/吨，增利2700万元。11月国内原燃料采购成本比10月上升1865万元，进口矿采购成本上升4790万元。合计采购成本上升6655万元。二级单位降本比10月份退步1911万元。因二铁1#高炉失常，11月公司成品材比10月减少10万吨，影响效益3800万元。以上因素综合，

本部亏损2.3358亿元。

会议所提的问题，提出的意见给我留下了难以言表的感觉，都是不是问题的问题了。马钢集团如此困难，基层没有传感到压力；中层没有人谈马钢从严管理，敢于改革体制机制。所提的问题依然和过去一样，收入太低，环境不好，劳动强度大，还在想少干活多拿钱的好事。昨天高海建给我们发了书——《打破一切常规》，我们现在处理一切总是先用常规的方法，过去怎么办现在怎么办，不敢越雷池一步，补丁上要打补丁。这些年不怪下面怪上面，马钢的管理现状与下面的实情是相吻合的！

2013.11.25~26　专题演讲引起共鸣

在江西宜春参加中国质量协会冶金工业分会五届三次理事长及质量工作年会。我在会上作了《巩固质量体系基础，积极应对高端用户的二方审核》专题演讲；太钢《加强技术中心建设，增强自已开发能力，创新新品营销机制》；邯钢《卓越引领，精益开拓，建设国际先进水平现代化邯钢》。

马钢近些年来，在外部有影响力的宣传没有，高层论坛发言的很少，科研学术活动文章不多，在省部获奖档次较低，没有领军人物，没有权威大拿。今后质量工作的需要，我们必然和冶金质协及国金经信有交流，管炳春给了我此次机会，选择的项目也很好。我下了功夫，结果演讲在代表中引起了共鸣，符合中国钢企实际，有启发和借鉴作用。

2013.12.1　要全力以赴稳住生产

今年鞍钢亏损额也很大，内部消息11月份因高炉不顺，亏损额也不小。面对困难鞍钢提出六种发展理念：只有依靠自已的力量，才能战胜困难；市场标准就是工作尺度；品种质量是企业生命；效率就是效益；执行力就是生产力；创新才有竞争力。

周六的早调会，有些单位阵容整齐，除了处干，科级干部也参加；有些单位参会人员稀稀拉拉。高海建说一眼看上去就知道这个单位党政班子的领导力。我当厂长时明确要求处干、正科周六参加公司调度会，直接听清楚公司的要求。

2013年11月30日的生产日报表出来了，本月铁欠了8.3万吨，其中二铁总厂欠计划8.7万吨。我真的很担心，二铁职工的士气受到严重影响。公司10月人均奖金1725元，二铁人均1483元，煤焦化人均2000元，一钢轧人均2124元，二钢轧人均2279元，三钢轧人均2080元。1#炉尚未恢复，2#炉又在晃了，原以为仅影响11月，现在至少会波及到12月上旬。公司11月亏损2.4亿元，12月照此状况该怎么办？我告诫生产部伏明和龙吉宁，你们两位生产部长是干炼铁的，要全力以赴，白天、晚上、周六、周日都应该在二铁的炉台上，生产部生产稳不住，产量干不出来，我们还干什么？任强听了我的话，没有反应，我不知道他在想什么。

一些企业已经从没有边际效益的品种不安排生产，上升到没有毛利润的品种不安排生产，还有一些企业正在着手考虑没有净利润的品种不安排生产。从竞争到实力，从做量到克制，从生产到经营，现在一些企业越趋理性。

2013.12.3 硫化锰包裹硬相夹杂物的工艺研究

提出硫化锰包裹硬相夹杂物的工艺研究有几次了，这是一个有相当技术难度的难题。解剖日本高铁车轮，发现也有Al_2O_3的夹杂，但总量少、特别小，且全部被硫化锰包裹在心部了。我们尝试在特钢50Mn做了一炉实验，硫化锰包裹硬相夹杂达30%。公司设为技术中心A类基础性攻关课题，探索日本高铁车轮的这种夹杂物形态是怎么做到的。我们定了三个目标：TO≤15ppm，包裹量达65%；TO≤12ppm，包裹量达85%；TO≤10ppm，硫化锰包裹三氧化二铝夹杂量≥95%。按设定的工艺，在50Mn圆坯上试，一是可以降本，二是工业性试验条件更好。课题组应列出“软包硬”的限制性条件，在限制性条件下，列出工艺控制要求，把工艺控制要求拿到特钢去讨论。我们现在初炼钢水不扒渣，钢中酸溶铝分两次才能调整到位，RH出站后是否钙处理或软吹，要理论上讲得清楚、操作上可以做到。每试一次或一组，对每一项工艺参数控制设立分值综合评分，达90分，可以嘉奖，一次比一次试验有进步，已取得的成果可以重复再现，可以稳定控制了，就离成功不远了。我们的初炼钢水可以用留钢方式实现精准挡渣，LF炉可以把成分调准控制好但炉渣碱度控制不准。RH真空处理后钢中夹杂只有外来的侵入和内生的残留两种形式，我们的细节差在哪里。

2013.12.4 一天时间，马鞍山往返北京

因为有了高铁，一天时间，起个早、带个晚，从马鞍山到北京，完成工作，再从北京返回马鞍山。乘G202次车，南京南开往北京南，中午11：36到达。中午1:00，在北科大门口的快餐店吃午餐，我和肖峰、江波、叶金楼与北科大任博士边吃边交流。

下午1:50走进国家材料腐蚀实验室，先看了车轮钢的盐雾试验，然后去看车轮钢的周期性腐蚀试验。

我和任博士谈了此次实验的目的，美方GE公司要我们提供车轮表面不涂油的耐蚀性报告。作为马钢股份公司总工程师，我与北科大科研究与发展部进行了交流。从2003年至2013年，北科大与马钢签约科研项目77个，项目资金2700万元。涉及管线钢、CSP薄板、高炉喷煤、车轮夹杂物、车轴钢的开发等。我告诉他们马钢成立了新的领导班子，原施雄梁、苏世怀在股份公司分管的科研工作现在交给了我。

今年我们对技术中心科研体制进行了改革，实施项目委托制，分A类公司级、B类总厂级。我们与北科大及其他单位的产学研合作继续下去，但更侧重科研成果转化为新产品开发，按取得的效益提奖。马钢高铁车轮、车轴的研制开发，已在关键技术突破了。希望双方认真回顾10年的科研成果，双方可以专题交流，做出实事求是的评价，以利于今后的改进和更好的合作。我的工作方式和要求可能与过去不同，我相信北科大的水平及能力。没想到主管科研的徐副校长一定要和我单独交流一下，半个小时，不耽搁我们返程。

2013.12.6 不改革马钢是生存不下去了

马钢2014年应该干什么？大高炉建不建？批复有了，但钱从哪来？现在亏损不建，但四钢轧1580已投产，炼钢、轧钢产能空闲在那里。成立不成立制造部？谁来干制造部的一把手？可否是股份总经理助理来兼。板带生产一贯制？一、四钢轧总厂实施专业化管理，一个总厂跨两边？特钢、彩板、车轮事业部运行了一年，给了什么机制体制，什么没给？三中全会开了，改革现在进入倒逼阶段，马钢管理人员“能上能下”？收入“能高能低”？员工“能进能出”？改革绩效评价和考核体系：集团下属的股份公司、矿业公司等实行经营目标责任制；实现领导人、责任、薪酬和个人成长的有机统一。选人用人：引入赛马机制，拓宽管理人员竞争选拔渠道和范围；中层管理人员末位淘汰制，修订中高层管理人员问责；辞职、降职、免职。新的技术创新机制：对关键和核心人才实行高薪，按科研绩效进行薪酬晋级，高级技术主管年薪与科技成果挂钩，实施重大科技重奖政策，宽容失败。试点开展员工岗位层级管理：设计管理、技术业务、操作维护三个序列梯阶晋升，平行发展岗位层级，推行岗位宽带薪酬制度，员工通过个人努力，实现岗位晋升，收入增长。

上述每一项工作都有了多次谋划，的确也有不同的意见，但是不改革马钢是生存不下去的，2014年下手越早、动作越快，我们的经营状态越好。

2013.12.10 不改没变化、一改大变化

去第三钢轧总厂棒材分厂，因为今天再次轧制超设计规格的大直径ϕ40 HRB400螺纹钢筋。上一次试轧的ϕ40 HRB400大螺纹钢筋送至用户工地后发现表面有裂纹，退货了。今天改变了轧制工艺，采用了热送直装方式。我和唐建军在厂房内从坯料入炉直至成品库间巡视了两次，一垛一垛认真查看，盯住几根用手电先照着看筋，筋线、界间没有表面裂纹了。

去第三钢轧总厂炼钢炉台，见到胡惠华首席技师、王刚等，我们谈起了铁钢比和降本任务，滑板挡渣对干品种钢的益处：不下渣、无回磷、利于精炼，建议上4#炉滑板挡渣。此次王步更厂长下了决心，炉前操作室重新装修，动了设计，把原来的隔离改成从1#炉直通4#炉，不改没变化、一改大变化，炉前工们很高兴。

去一钢轧总厂炉台。首席技师王爱民，分厂厂长王勇、张良明，高管徐兆春等谈新下的铁钢比，2014年有限的铁水，谁的产品利润高、谁多干，一钢轧的铁钢比必须从0.94下降至0.91。看好生铁块与废钢的价差，炼钢节奏减慢，可以多加废钢，CSP钢水全经LF处理。一钢炼钢炉台环境好，炉长们对各类消耗一清二楚。每月从渣道可以回收3000吨左右的金属料，过去不干、现在干了，降本有了，奖金也有了。

2013.12.11 今年我们真干了不少事

2014年生产经营绩效考核方案出台了。

铁前系统： 突出均衡稳定生产，以成本、产量、高炉稳定均衡、铁水质量为关键指标。

钢轧系统：突出成本、质量、品种与合同兑现。一、四钢轧，以订单兑现占40%、成本占35%、质量占25%为关键绩效指标；二、三钢轧，以成本占50%、产量品种占35%、质量占15%为关键指标。

我关注的质量绩效指标考核。铁前：废品率，以2013年1~12月指标实际情况的平均值为考核基数。钢轧：质量指标根据不同生产线的特点，重点考核内部质量损失、外部质量索赔、重大质量事故等。2014年的经营绩效考核中，质量所占比重是公司历史上没有过的。

一个人工作态度对他的工作方式影响很大。第一种是自我加压；第二种是你给我压力；第三种是你给我压100斤，我只承压70斤。这是A、B、C三种承受压力的态度

和方式。

马钢这么多重要生产厂的厂长，关注马钢如何生产经营下去的建议不多。

2013年公司出台的经济责任制考核，公司亏损与各单位降本不挂，所以职工收入不低。一铁总厂进步大，袁方想了不少点子；二铁总厂吃了亏，汪保平内外不讨好；三铁总厂稳住了，黄发元按自己的套路出牌。四钢轧总厂重要不得好，今年奖金不多；二钢轧总厂王光亚降本得奖第一名；一钢轧总厂许建会盘算，稳居中间挺安宁；三钢轧总厂王步更跑市场，今年狠狠抓住了铁路用材。

公司想出台的考核激发了总厂积极性，创造出效益。总厂厂长想怎样保住奖金多得一点。结果是各单位降本增效的任务完成得不错，但公司的降本增效还是缺了不小的一块。

2013.12.13 钢铁企业是真的大亏损

今年快过去了，公司决定困难归困难，销售与采购两个大会还是像过去一样召开。今天马钢采购中心举办2013年度合金、耐材、辅料重点供方座谈会。

作为公司的首席质量官，不仅对我们出厂的产品质量负责，也要对入厂原材料检验质量负责。我传递出：马钢2014年的生产经营计划已经排出，集团产钢2000万吨，股份本部铁1380万吨，钢1452万吨；铁前没有新增设备能力，提升材料档次对铁前承包方有利；钢后1580生产线投产，新品开发如电工钢会用新的合金和辅料，2014年马钢新品排定105万吨。希望我们的供应商向我们推荐有竞争力，可降本、性价比好的产品。中国有句老话，只有错买没有错卖。市场信息越来越透明，产品价格也越来越公平。和马钢做生意是放心的。一是马钢支付及时不拖欠货款；二是马钢对入厂原燃料的检验公开公平公正，不刁难客户；三是马钢在现实的竞争中不会倒下去。

我的总体的感觉是，全国合金企业困难一些，耐材和辅料企业利润变薄了一点，但我们钢铁企业是真的大亏损。

2013.12.16 落实质量绩效考核

2014年我着急的两件事有了落实。质量绩效考核，铁前占10分，二、三钢轧总厂占15分，一、四钢轧总厂占25分，评分细则是可测量的。高牌号硅钢西门子奥钢联谈不成，韩国团队准备时间不够，唯有国内上海晶龙公司团队谈下来可以，但又让我们有些担心。

今天我在一钢轧主持讨论上海晶龙实业发展有限公司为马钢高牌号硅钢技术支持的报告，汤曙光、许建、管长林、沈新玉、王立涛、陈友根、裴英豪等参加。

我们确定2014年在现有的平台上，开发生产四个新品M50W350、M50W310、M35W300、M50W290，产品标准达到客户要求并通过市场上认可；每个品种原则上试验三轮，第一轮初试1炉，第二轮在调整方案后再试1炉或2炉，第三轮必须成功固化工艺，试制产品考虑好退档产品的计划或市场销售，力争2014年一季度末全部完成；核实晶龙公司生产的W400产品及使用厂家情况后，晶龙公司提出技术要求，从炼钢→连铸→热轧→冷轧的关键难点及参数控制范围；签署与上海晶龙公司硅钢热轧卷深加工合作协议，合作知识产权和专利按公司规定办，首付款按10%或不付首付款，晶龙公司电工钢新产品代销可享受公司优惠政策。

2013.12.19　今早总调度室气氛不对

早上走进总调室，我感到气氛不对，几个夜班调度都好像在躲避我。

昨天公司生产铁36763吨，钢日计划38515吨，实际34225吨。关键是四钢轧计划12645吨，仅生产了7591吨。两台铸机因通讯交换中电源模块坏了，从凌晨2点停了下来，设备调不报告，总调不着急！造成一铁、二铁来不及铸铁水。

四钢轧总厂谁在分管连铸设备，为什么没到现场，自动化公司梁越永早上才接到电话，公司分管副总经理严华早上才知道。

我忍不住说：“两台铸机坏了，会影响到大高炉的生产，这样的大事，为什么不立即报告各级领导？这要是我分管生产部，我要跳起来骂娘的！”看着自己工作过的单位，一步一步地下滑了下来，我心里挺难过的。

紧上去不容易，我用了八年时间，滑下来很快，这就是例证。搞生产的人怎么能不关心设备，设备出了故障生产停了，搞生产的人就不管了怎么能行，这么重要的信息中断了。我虽然不分管生产了，但是调度会一散，我立马直奔四钢轧，爬上了连铸机台，关键人物都到了，梁越永在、严华来了。

中午12:00铸机恢复了生产。想想这件事不对劲，我还是和主要领导说了我的意见。

2013.12.20 预测元月份亏损

市场部出了2014年元月份生产经营草案。两头市场预测：矿石普氏指数均价130~137美元，部分煤炭价格小幅上涨；2014年元月份国内钢材市场小幅震荡，长材上涨，板材上涨；产品边际利润测算：2014年元月钢材产品平均售价3410元/吨（不含税），平均边际利润422.4元/吨，镀锌、冷轧、大H、棒材、硅钢……效益估算：在11月亏损2.1亿的基础上，新年元月价格涨15元/吨，增利1688万元，原燃料涨价减利8479万，加之其他因素合计股份公司本部还是亏损1.8646亿。

2013.12.23 要勇于承担自己的责任

一年时间很快过去了，马上圣诞节要来了。想了想自己今年在技术质量工作上重点干了几件事。

车轮产品质量是至关公司国内外名声的产品。我统计了前三年整炉探伤后报废的数据，2010年总计31炉，2011年29炉，2012年54炉。2013年到今天报出10炉，今年我是在车轮制造质量上下了功夫，尤其是抓炼钢、精炼、真空、连铸的标准化操作上，我害怕车轮出事。美国诺福克南方铁路公司，2006年采购并使用的H36货车轮失效，厂家正委托律师着手调查。美国GE公司的机车车轮，近日有一片2007年生产的车轮失效。过去是一钢轧生产圆坯，现在已全部转至特钢公司生产。

2013年各条产线产品质量数据月月分析，对外异议起数和赔偿金额，内部改判损失，已有了准确的数据。科技质量部每月列出四个钢轧总厂和三个事业部排名前三位的质量缺陷。2013年新产品的开发任务可以完成，但不是计划的那样。现在计划2014年新产品开发105万吨，又明确各类新品多少吨，我检查了一下，市场无订单是主要原因。围绕今年的难点，各厂申报23项质量专项攻关计划，和公司签订责任状，分A、B、C三档达标指标，对应有奖励金额，总体感觉此方法有效。2014年的技术经济指标，以2013年的实际为基础，突出钢铁料消耗、产品成材率、一次投料合格率，也分A、B、C三档达标指标。外出处理质量异议人员已经过了培训，现在持证上岗，无证人员今后不能派出去，对售后服务工作有了明文规定。今年对质量体系运行之中，我们日常检查、内部审核、外部审核发现的问题，均考核到责任单位及责任人。

产品质量是制造出来的，产品质量是对制造者管出来的。我代表公司查处了每一起外发产品的质量问题。我们内部的质量问题，各位总工、副总工也应查处每一起。

股份公司经理层碰头会，从原来的16层西会议室，调整到19楼2#会议室。说是以后都放在19楼开了，这也是提高了股份公司地位，因为海建、丁毅都在19楼办公。高海建几次提到朱昌逑当总经理时的股份公司，朱总深入现场、大刀阔斧，大小事情都敢担当，当场拍板。当时股份公司的副经理，虽然风格不同，也有意见不同，都担当责任。他要求现在股份公司班子成员，要勇于承担自己的责任。股份公司的地位一定要提升，收入也要提高，今年年薪也不是凭官大官小，而是要凭贡献大小。高海建带杜松林、孙维刚从德国考察回来，很是感叹德国人的敬业和干事。巴登钢厂管理到了登峰造极，岗位上没有一个闲人。宏达钢厂也是一个短流程的棒材厂，但产品延伸加工至汽车的零部件。世界经济不行，钢铁行业不行，巴登钢厂以管理高效、宏达钢厂以产品深耕，日子过得不错，钱赚的不少。

2013.12.24　管理的提高有时比技术更难

汽车板技术支持和管理咨询11月例会。

海帆说：汽车板推进处在韩国专家的支持下，要在汽车板系统识别和订单识别上学习更多的经验。2014年汽车板要力争在今年110万吨基础上再增30万吨，要在培育新的客户，质量改进和提升上下功夫。汽车板推进处有下达任务权和检查考核权；汽车板的表面质量控制与设备状况紧密相关。尽快将2014年公司生产经营计划中汽车板块的内容和韩国专家团队交流。

丁毅说：马钢和韩国专家合作了一期，现在二期在进行中，今天的汇报不再是韩国专家一方，而是先让我们（B角）来说，韩方（A角）后说，A、B角已经沟通和交流了，这有利于专家完成工作以后，我们培养的人能够独立工作。我们取得了什么成绩，存在什么问题，我们要听专家点评。

韩会长说：马钢上下现在对汽车板生产认识提高了，意见趋于一致了。汽车板生产不只是比单项技术，而是比整个制造过程的管理。管理的改进和提高，现在看来是慢了点，相关单位的支持力度，改进速度不达要求。我们是慢步走，还是大步前进，今天所报告的问题中含有这些内容，马钢的设备条件是好的，但设备精度必须达到技术条件的要求，要保持不能退步；现场人员很多，但可用的人很少，要培训要引进人才；管理的提高有时比技术更难，要成为世界一流的汽车板生产企业，我们还要更加努力。

2013.12.25 生产一代、储备一代、研发一代

我在一钢轧总厂接待韩国专家，韩会长、金重凤、金辛瑞等一行，马钢参加人：许建、管长林、吴芳敏、叶明成、张四方、朱伦才等人，商讨1#镀锌线改造，用于生产AlSi镀锌产品之事。

改造的目的：通过镀AlSi（Al含量≥90%以上），产品开发成为中国钢厂中的领先者，开发出新的耐蚀产品。通过热冲压，用在汽车排气管、家电用材等，镀AlSi比现在镀Zn，每吨提高售价500~800元。如果在经热冲压成型，每吨售价增高400~2000元。AlSi产品市场，随着汽车轻量化，部件化扩大及高强化，现代起重100%使用AlSi材，GM70%使用AlSi材。韩国方在中国想合作生产20万吨AlSi线。一钢轧1#镀锌线1#CGL实现产品多样化及设备能力扩大化。入口卷清洗处理，提升退火炉温度，锌鼻改造，主体锅、预熔锅、预冷器、喷射式冷却等。

我们商讨的意见：改造后的1#镀锌线能镀AlSi就能镀AlZn和纯锌，在这条线上研发技术扩展产品。未来马钢可以建设一条独立的镀AlSi生产线。我们向韩方提供一号镀锌线工艺布置图及设备参数，请韩方在今天参观和交流后，研究1#镀锌线改造的可行性方案。

日本产品在市场竞争中方法是生产一代、储备一代、再研发一代，韩国浦项现在也是这么干的，我们现在是在想这样干。

2013.12.27 钢铁企业出现了大幅亏损

海建为首的党委班子第一次调整干部令下达了，张乾春去集团财务部任经理，张文洋到生产部任经理，伏明去二铁总厂任厂长，汪保平去能环部任副经理（中层正职），方金荣去监察审计部任副经理（中层正职），任天宝兼任销售公司总经理，戴华强去市场部任副经理。这样的干部调整下面议论不少。

2014年元月份生产经营计划出台。生铁112.2万吨（日产：36194吨），钢120.2万吨（日产：38774吨），材113.7万吨（日产：36677吨）。计财部预测：元月份股份公司本部亏损1.6271亿。我们过去是12月份拉练明年的产量计划，新年元月份要夺得开门红，我们现在是不知道怎么样生产经营下去。

2013.12.30　今年职代会代表心情都比较沉重

年终了，马钢集团公司十七届一次股份公司七届一次职代会今日召开，今年职代会报告的主题是：深入学习贯彻党的十八届三中全会精神，奋力开创马钢转型发展新局面。丁毅总经理在职代会报告结束语中喊出“同志们，不管多么艰难，马钢是我们全体职工共同的家园，建设、发展、做强是我们共同愿望”。打造马钢企业文化，高层有朝气，中层有上进心，基层有执行力，这是报告结尾的一段话语。

参加今年职代会的代表心情都比较沉重，归纳起2013年工作与以往不同的是：吨钢质量总损失同比下降23.5%，企业设立了首席质量官，加大奖励，严格责任追究到岗位和个人；公司组织了不同以往的对高级技术主管和首席技师的考评；车轮、特钢、彩涂三个事业部的运作，已经初见成效，特钢减亏至1.8亿之内，彩涂减亏至0.6亿；马钢用工机制中吸纳外部高端技术人才、优秀在岗劳务人员和职业院校毕业生；用赛马机制，公平竞争、任人唯贤、职适其能，公开竞聘中层管理人员；已取得具有相对优势和高端市场占有率的产品，车轮、H型钢产品依然赚钱，汽车板产量快速提升；加大了考核和问责力度，给企业造成重大损失的个人受到处罚，闫华免职，戴华强行政降职，汪保平行政记大过。

因为今年的月度累计亏损代表们都心中有数，只是不知今年股份公司用什么方式报出不亏的数字，股份公司真的不能进入上市公司ST的行列。

2013.12.31　关键在2014年的行动

今天下午，通过马钢集团公司十七届一次职工代表大会关于丁毅同志工作报告的决议后。高海建作讲话：马钢的改革既要做好顶层设计，又要摸着石头过河，双重并进，改革是个大问题，必须积极推进。以“去行政化，建新机制”为推动，汇聚改革创新、转型升级的强大合力。我们有四个方面的任务：一是钢铁徘徊亏损边缘的经营状态，倒副马钢必须加快转型升级；二是钢铁产品同质化竞争加剧，倒逼马钢必须加快产品结构调整；三是资源环境约束压力增大，倒逼马钢必须加快淘汰落后；四是体制机制不活，执行力不强，人员作用没有发挥，倒逼马钢加快改革。

全新设计高效的激励机制和强有力的问责机制，个人职位和收入水平，取决于个人努力与个人的绩效匹配。去行政化，推行公平公正的选人用人机制，赛马可以赛上来也可以赛下去。以推行岗位层级体系拓展各类员工发展成长空间，从上至下各级管理人员，按照其责任、岗位、履职、维度、绩效重新评级。坚定不移地做强做精钢铁主业，明确非钢产业发展路线图。各级领导人员带头抓学风、转作风，马钢兴，大家荣，马钢衰，大家耻！

每年年终，公司都要召开职工代表大会，这是公司法立定的程序。开会喊口号是没有用的，关键在2014年的行动。

2014

在/公/司/高/管/的/岗/位/上·手记

ZAI GONGSI GAOGUAN DE GANGWEI SHANG · SHOUJI

高炉顺行，几乎是我这一整年的关键词。它无时无刻不牵动着我的心。

铁，是马钢的瓶颈；铁，是马钢的效益。我立下誓言：必须建立优良的炼铁保障体系——从建立炼铁专家队伍到创建高炉体检表，从科学的现场管理到严谨的劳动纪律，我铆足了劲儿扎根现场，紧扣生产，全环节把控。与此同时，我也对公司技术质量从例会的召开到现场的管理，再到技术人员队伍的精神面貌，都做了新梳理、新调整和新要求——车轮质量，让我尝尽从“波澜起伏”到“风和日丽”的百般滋味。

这一年的金秋，我还带队来到了德国巴登。在感受先进务实的企业文化理念的同时，我们这支队伍也因踏实认真的学习态度，骄傲地收获了巴登人对中国精神、马钢精神的认可。

2014.1.1 敬业爱岗是我的习惯

2014年元月1日，公历新年的第一天。很多人休假了，我依然还是照样，早睡早起，心里坦荡荡的。今天是二九的第二天，气温在1～14℃之间，前三天，温度早上低至-5℃，水面上都结了冰。这两天温度渐渐有些回暖，让人感到手和耳朵不那么有冻感了。我希望今年的马钢也能回暖，这个回暖还是要靠自己。有消息传国家要延长退休时间，我一点反应也没有。倒是在小报上看到了“延长退休时间，干部笑了、工人哭了”。我是笑不起来也哭不起来，敬业爱岗是我的习惯，每年职工代表都要投票评价，只要大家认可我就行了。

2014.1.2 应该在新路上闯闯

今天马鞍山长江大桥通车了，我开着自己的车从办公室出发，把里程表清了个零，过长江大桥、过和县、过含山、后面又是老路了，我掉头返了回来。我们不能总是走老路，应该在新路上闯闯。

2014.1.4 同现场试验技师交流后，我放心了

今年职代会考评，海帆在马钢集团公司领导人中接受考评，在股份公司经营层的名单中，把我列到了第一个，职工代表大会规定是集团领导接受全体职工代表投票考评，股份公司领导只接受股份公司职工代表投票考评。

元月4日早调会，一周生产点评会。计财部、生产部、科技质量部、设备部都作了发言，没有什么新的东西，老一套的版本及方法，讲的是公司都知道的信息，《马钢日报》上都发过的。早调会各单位发言结束时我做了个点评。进入冬季公司的高炉显得炉况不顺，负荷也退了下来，日产铁在3.1~3.2万吨之间，铁水资源平衡不了，现在的生产格局，因为四钢轧1580热轧调顺了，公司板带效益好，长材厂铁水资源受限。开源没有新高炉，节流只有努力降低铁钢比，生产部必须点评铁钢比，四个转炉厂应分品种的做铁钢比，政策已出台了，为什么不动或动作这么小？2014年质量要增效，质量奖在各单位绩效考核中占的权重已下文，元月份公司将对去年各条产线对外索赔起数和外赔金额，考核到各条产线的人头上，完成好的奖，未达标的罚。今年板

带为先，每月必须对厂内前三位质量缺陷损失组织攻关，在所占的奖金比重中，完成的奖，完不成的扣。新年伊始，请各单位总工、副总工、高级技术主管、首席技师在去年质量工作的基础上，继续跟公司相向而行，加大力度。

后天中石化的审核专家组来马钢，首次生产超低温钢筋的检验结果：试验完成了18根，成功10根，失败8根。这样的结果是怎么回事？我去技术中心物理检验室，找到主任王岳一同去实验室现场，超低温钢筋，超低温（-165℃）只作拉伸检验，获取两个指标。一是屈服强度≥575MPa，二是A_{gt}均匀延伸指标，试验有缺口A_{gt}>1%，无缺口>4%，通过有缺口和无缺口延伸率指标计算出NSR缺口敏感性。试验采用液氮降温，将ϕ16的钢筋，两头焊上ϕ22的钢筋，中间段ϕ16放在-165℃的冷箱中。国内尚无此超低温试验装置，马钢依据国外考察的印象，自主设计超低温冷箱，外用电阻丝加热液氮挥发进冷箱，申报了国家专利。所谓的失败，是在实验过程中，ϕ22与ϕ16两种规格螺纹钢在焊接处断裂了，不是超低温钢筋本身，焊接工艺还要完善，焊好后可以重做试验，同现场试验技师交流后，我放心了。

2014.1.6　习主席对钢铁产业发表了讲话

钢铁产能严重过剩，产业集中度低，产品价格不公平竞争，全行业处在亏损之中，引起了党中央的高度注意。

习近平主席说：深刻认识本轮产能过剩形成的背景和主要原因，从国际上看，主要是国际金融危机使供求格局发生重大变化。从国内看，我们在处理政府和市场关系上存在明显缺陷。坚持用改革创新的思路化解产能过剩矛盾，通过创造有效需求，消化一批产能，增强企业跨国经营能力，向境外有序转移一批产能，通过优化组合结构，整合一批产能，严格环保、安全、能耗等市场准入标准，淘汰一批落后产能。化解产能过剩的相关配套工作，做好稳定宏观经济工作，做好社会政策托底工作，做好应对银行不良资产上升工作，做好舆论引导工作。

习主席说：钢铁就是重中之重，“钢铁元帅”要抓在手里。一是抓重点，二是给出路，三是分责任，四是抓几个反复典型。化解产能工作方案是中央定的，下发后若还不当回事，还有顶风干的，那就一定要严肃处理，以儆效尤。

2014.1.7　工人笑着对我说，你真的来查我们

去北京中国石油化工总公司请了两次，今天华夏监理公司工程师艾文、中石化LNG广西分公司工程师李振、中石化洛阳工程有限公司采购部经理谢伟国，三位昨晚从南钢来到马钢，今天要亲眼目睹马钢的超低温钢筋试验。上周我去了实验室后，技术中心的技师们对焊接技术，超低温检测又做了几轮试验，已经有了把握。第一根试验，从开机降温至-165℃用了1个小时，接着半个小时进行一根了，共计4根。今天的检测结果果然很顺，中石化第二方和第三方监造验证专家当场在质保书上签字，确认此批货可以发出了。离开了现场时我告诉张建和孙维，快速安排另外两个合金成分控制在上、下线炉号检验，根据今天的结果，看成分设计的窗口有多大。

现场检测通过后，原定10号发货可以提前至明天。想想不放心，最后一个出厂打捆的质量如何，我来到三钢轧棒材分厂，找到吴坚、潘时生等人，直奔成品存放区，超低温钢筋表面落了一层灰。打包和过去一样，要求做的没做，用ϕ6.5盘条和普通钢筋打捆一样，既打不紧也拧不紧，这样的打包方式配得上1吨卖1万元以上吗，我们还能干什么？我发了火，当即要求重新打捆，明确到了几条钢带、每捆根数、标牌位置及吊挂。我让吴坚负责，什么时候打好我来验收，工作差一步都不行。

下午我来到三铁总厂A#大高炉中控室，黄发元、丁辉、李帮平、黄龙等均在，这几天A高炉有些稳不住，他们在商讨处理高炉的技术方案。最后我以外行的身份但管理是相通的方式，提了问题及要求。A、B大高炉开炉至今7年了，每次炉况失常的分析报告及恢复过程记录，事后都应建立案例，以史为鉴，高炉无法验证，已有的时间数据很重要；高炉长周期的稳定对外应是各种入炉原燃料的达标与稳定，厂内也要界定烧结、球团对高炉的影响，质量也不能让步；炉况不顺消耗高，成本上升压力大，我们能不能不走错路，处理炉况不反复，要稳中求快。

晚上9：00，天空下着小雨夹雪花，我不知白天布置的低温钢手工打捆工作是否落实，心里不踏实。马钢的现状，管理留下了诸多问题，但HRB550DW是新产品，内在质量检查很好，外包装跟不上去，让人家说三道四，为什么不干好呢？卢森堡进口的产品是怎样包装的，我不知道，但南钢如果包装的比我们好，又该说什么？孙淮说HRB550DW成本在7000元，明年能拿2000吨，就是1400万元的效益，能拿5000吨，就是3500万效益。凭什么让客户来订你的货？我驾车去了棒材现场，吴坚、范时生都在，常白班的留下了7~8位在干。两端头部对齐，钢带在收捆钢筋，我很满意。他们笑着对我说，你真的来查我们。

2014.1.9 该用什么管理来保高炉的稳定

海帆元月2日和我说他感冒了，还有点低烧，想吃点药撑过去，最终住院了。元月9日报表，铁的产量仍是30063吨，其中三铁A高炉铁产量4127吨。我内心挺着急的！对着生产部的诸位科长，也提了怎么以自己的实际行动关注高炉的要求。今天我又上了A#高炉，转了一圈，又去了一铁总厂9#高炉和正在检修的10#高炉，看了一铁料台直供在卸的焦炭质量。铁是马钢的瓶颈，铁是马钢的效益，铁的基础工作没有不行，不扎实也不行，我们到底该用什么管理来保高炉的稳定。

2014.1.10 凌晨与美方网络电话会议

凌晨一点，在车轮公司会议室，我们与美方网络电话会议。四件马钢H36车轮已经在美国油罐车使用中失效，美方发布了预警函，要求检查734辆油罐车并卸除EW5280标准的相关车轮，总计有2048个车轮存在风险，失效是由于辐板内侧面发生严重锈蚀引起。在这个问题没有解决之前，暂停马钢车轮出口到美的许可事项。

EW5280标准车轮与其他马钢出口车轮相比较，什么原因会导致车轮存在风险，为什么其他厂家没有类似的情况，马钢制造工艺，内辐板的腐蚀是否比外更加严重？马钢对车轮表面喷丸符合要求吗？今天马钢报出的检验结果，美方与诺天克南方铁路公司实验检查结果作对比，针对已发生的车轮失效问题，马钢未来将采取什么措施来控制这个问题。

会议进行了两个小时，我们认为不重要的原因，美方认为重要，是文化差异和我们的习惯？美国人的要求就是必须严格执行既定标准。

2014.1.13 与设备口有三个小故事

我参加2014年设备工作会议。2013年设备工作总结是：强化基础，重点突破，力保设备持续稳定运行；有效消缺，恢复精度，提升设备检修管控力；安全保供，系统优化，动力系统运行挖潜增效；精细管理，严控资金，实现备件材料经济保供；精细设计，评价有效，提升设备管理综合效能。

2014年设备工作计划主要指标：主要生产设备可开动率≥95%；主要生产设备

事故故障停机率≤2.5‰；修理费≤14.3亿，大中修费用≤5.5亿，结合大中修资产改造和更新费用≤3亿元；全年备件计划采购资金总量≤15.62亿，机电周转天数≤220天，备件修复率≥15%，油品国产化≥70%；全年自发电量≥53.7亿度，年上网电量≤1.142亿度，氧气放散率≤2.2%，焦炉煤气放散率O，高炉煤气放散率≤0.45%，转炉煤气=105m³/吨。

我评价了2013年设备工作总结。从一组与过去的对比数据中看到，去年所列的主要指标均已完成。2014年设备工作计划，从列出的主要指标中看到今年工作的压力！设备管理工作的落脚点应该是在现场的设备上，在设备的维护者和使用者身上。2009年我在一钢轧当厂长，与设备口有三个小故事：① RH设备点检员4人，从上往下来点检表栏目中全填了正常，我一拦一问你们今天点检顺序及项目内容，回答不正确或漏项出了洋相；② CSP主电室、屋顶盖、地沟、门窗及大门全在漏冷气，夏日环境温度保不住，申请再加空调，我查了以后下令全封闭漏点，冷气保住了，灰层少进了，故障减少了；③ 向各分厂材料员下达材料消耗指标，以旧换新，节约领料，检查到位，干不到就动你的岗位，结果全干到了！2013年产品质量与设备相关的三件事：一钢轧综水串入脱盐水，电导率超标；格力家电板盐雾试验不合格，出口活套内降温电扇四台不转；三钢轧H电杆钢轧机轧完尺寸超差，设备精度不达标。

设备管理的主抓工作点在现场，点检要到位，检修完了还要追加一次点检，不是查出毛病都交给了检修，站着不弯腰不行。

2014.1.15 提出技术质量例会新要求

新年的第一次技术质量例会我提什么要求？去年一年的技术质量例会哪些好的做法可以固化下来，那些还要改进。技术中心的汇报方式要发生变化，以一个一个专项产品的过去、现状、要达到的目标来整理汇报；汽车板推进处汇报汽车板质量指标，以数据说话，说清楚是质量提升了、还是保持原有水平、还是倒退了；销售公司每个月在250余起对外索赔案例中选取8~10起，点名道姓到个人头上，点到产线上及客户索赔原因；科技质量部每月重点汇报质量加扣奖针对的事项，尚未解决的问题；车轮公司建立机车车轮，大功率机车轮每片制造出厂的质量档案，对特钢公司开展供方质量审核；彩涂事业部和四钢轧总厂已经开始向涂料供应进行了质量索赔，各厂可以取样送检直至外委检查；新闻中心可以去检测中心作一个专访，2012年大综原燃料及辅料合格率仅65.4%，2013年为什么会提升至84.95%……

2014.1.16　学到了与过去不同的思维方式

不知什么原因，今年二级单位召开职代会，公司安排我去参加二铁总厂、三铁总厂的职代会。惠总现在在集团，但是他是公司公认的炼铁专家，任强又干了一铁总厂和煤焦化公司经理，我和钢轧总厂比较熟悉，让我去铁厂干什么。谁定的不要紧，关键是难为我了，我不愿说空话、套话、哈哈哈，希望能鼓干劲、接地气。今天我在思考去铁厂参加职代会讲什么。

二铁、三铁是公司重中之重的生产单位，厂长、科干、职工都应该有责任感，什么样的责任感；我对马钢二铁总厂及三铁总厂大高炉投产以来的评价或个人感受；二铁总厂去年的确干得不好，但2013年是三铁总厂干得最好的一年，产铁638万吨，降本5.7亿，TRT发电2.24亿度，现场文明生产管理一次通过；2014年工作突出重点“高炉稳定顺行，提升运行指标”，除了考核铁产量、铁成本，我要提喷煤比和富氧率；马钢炼铁人应面对困难、提振信心，开放自己、善于学习，反思失误、找出方法、指导未来，现在各级领导都必须转变工作作风，亲力亲为，不能放低对自己的要求。

今天凌晨两点与美方继续处理车轮质量问题的网络电话会议。我不敢肯定2006~2007年马钢一钢轧总厂、车轮公司的质量管理水平和产品实物质量，我们的质量责任是不能追溯下去的。Web Conference，不是QQ网聊，也不是SKP，只听声音，看手提电脑展示的文件，不见人和场景。会议由ARR技术委员会Ken主持，美方专家托尼也参加了。美方呼叫了美方的各位专家，呼叫了我们，会议正式开始了。我方代表：江波、李翔、吴耀光、乌力平、张明如、肖峰、吕部长、叶圣楼、卜虹……

问题：马钢出口北美车轮，为什么2048件有风险，是存放时间长了；为什么内侧锈蚀十分严重，因为受雨面朝上；马氏体是机加工产生的，还是抛丸产生的，我方认为没有，美方认为机加工引发的；喷丸是可以抑制腐蚀的，我方认为无直接关系；如何评价抛丸效果，测试应力，硬度值的间接反应，看变形组织层；车轮失效发生后，马钢做了哪些生产制造过程改进？我们希望涂油防腐；马钢对车轮失效分析的根本原因是什么？未达成共识，腐蚀、锈蚀坑，夹杂物疲劳源头；马钢对商务上关注什么？

美方问题：今天的技术交流后，马钢会继续将腐蚀试验做下去吗？腐蚀不是最关注的，特别关注腐蚀坑的产生。

我的体会是：美方是认真的，查不出证据是不会定论的；为此次技术交流，我们讨论了两次，达成一致意见，并书面报美方是对的；请北科大作腐蚀及组织、应力试验是正确的，美方在等待结果；双方在某些问题上意见不一致；下次美方还会干什么？我们估不出来，但和美方专家的技术商谈中，我学到了与过去不同的思维方式。

2014.1.17 工程技术人员应快速成长

2013年度股份公司A类科研项目年度检查评价。晚上6:00~10:30，评审组：高海潮、刘玉兰、段朝海、朱涛、吴耀光、沈新玉、司小明、王驾文、崔银会。

硅钢类：工业电机用M50WGD产品研发，M50W400高牌号电工钢产品研发，M50W600G产品开发，压缩机专用电工钢研发，取向硅钢市场及生产技术调研。管线钢：抗硫化氢开裂X46和X60的研制，含铬X61~X65研制，0.8设计系数X80管线钢。21.4～22mmX80管线钢的开发，X90管线钢，X100管线钢。热轧结构钢QStE500TM产品，工程机械用钢8600mco和S700MCD开发。汽车板外板抗凹陷性能研究，800MPa经济型高扩孔钢，汽车用自润滑锌铁合金，600MPa级冷轧TRP钢的研发。

今天汇报的水平参差不齐，科研方法相差较大，工业试验做得多，马钢的工程技术人员要伴随着科研技术攻关项目能快速成长起来，我们过去在长材的办法解决不了现在板带的问题了。开发新品是市场需要的，开发出的新品是要有竞争力的，开发出的新品能形成批量销售。我们的工程技术人员应在理论水平上通过学习提高，应在实践上通过生产现场锻炼使能力提高，为马钢工程技术人员赢得荣誉、尊重、信任！

2014.1.20 向董事长请示的重要事项

海帆住院期间，我手头的几件事春节前必须完成，我找丁毅董事长报告了。

2013年各条生产线对外索赔起数和金额已经曝光12个月了，花落知多少，年终算总账，2013年比2012年对外索赔金额减少2418万元，对达到目标要求的生产线，申报嘉奖55.95万元，不达标的罚扣16.45万元，加扣相抵公司实际加奖39.5万元，仅占减少外赔金额的1.63%。加快质量异议的处理，提升了顾客满意度，2013年无大的质量事故。格力、富士康品牌单位订货量增加，培训了第一批对外质量异议处理人员，销售公司建议给对外人员加奖15.5万元，人均1000元。2014年科技质量攻关已经订立了21项，为2014年质量工作打下一个基础，如实现一档目标，奖励320万元，可增效5000万元以上；如达二档目标，奖励730万元，则可增效8000万元以上。上海晶龙实业公司报出了硅钢高牌号技术支撑的二次报价，从3725万元降至2566万元，干出W290、W320、W350、W370、W390，与奥、韩两方比报价减了一半，现在怎么定。韩国汽车板团队，建议马钢一钢轧1#镀锌线改成镀AlSi，现在最终拿出一个可行性方案及改造的投资费用。公司已决定请香港美迈斯律师事务所作法律顾问，商对和美国诺天克南方铁路公司的官司，商务赔偿的问题。在本周的技术推进委员会上，通过公司对科技成果奖、专利、技术秘密、论文的奖励标准，并在《马钢日报》上公布出来，调动工程技术人员积极性。

2014.1.21 签订经营目标责任书

2014年经营目标责任书签字仪式。我的2014年经营目标责任书：

责任目标：1、提升产品质量：降低产品质量损失3000万元；组织对钢轧总厂主要生产线2013年列前3位的质量缺陷进行技术攻关，确保缺陷量降低50%。2、新产品开发：105万吨。3、质量事故：特大质量事故为零。

考核与奖惩办法：1、基本年薪20万人民币；2、绩效年薪全面完成各项责任目标，按40万人民币核定；3、奖励年薪：由总经理根据副总经理业绩及管理取得成绩给予。

变更及调整：签署后不得擅自更改，若遇对生产经营影响重大或遭遇不可抗力的因素时，公司决定变更、调整。

这份经营目标责任书，我个人是没有能力完成的，也没有想过我年终可能拿多少年薪，但我一定是尽力的，各项目标一定是会有新的业绩的。

今年元月预测亏损2.8亿。高海建在经营目标责任书签字仪式上说：2014年钢铁工业挑战大于机遇，马钢生产经营状况在钢铁企业中处在第三梯队，今年会有一些企业经营不下去。马钢当前的主要问题是干部作风问题，懒散，不承担自己的责任。公司担心巨大压力传递不下去，干部干不好，职工不满意。转变工作作风，穿上工作服，到一线去，到现场去，科干工作日应该有一半的时间在现场，“工人三班倒，班班见领导”。股份公司是马钢集团的基石，公司高度关注，全力支持，要保证生产经营正常进行。今年的考核和去年不一样，必须与公司经营结果相挂钩，公司亏损就只能少发奖金。去行政化已经开始，职务薪酬一定与个人的贡献挂钩。暂缓公司大高炉的投资建设，有限资金先保命。各类高级技术主管今年到年底应全部解聘，重新竞争上岗。干部问责制要认真进行，书记要全力配合厂长的生产经营。马钢合肥钢铁公司炼铁、炼钢、轧钢停业，准备工作从现在启动。

2014.1.23 QC成果发布会及工作总结

专程去特钢公司炼钢炉台，找石玮、丁长江、高正波、王尚谈2014年质量工作。特钢公司电炉分厂是龙头，降本是龙头，质量也是龙头。2014年必须建立起全新的质量指标，统计2012、2013年的关键质量数据，取平均水平，平均先进水平。特钢公司2014年，车轮无整炉探伤废，公司设100万奖金，车轮公司自加10万，我们应有信心、有办法。炼钢分厂可以成立渣样抽查合格率100%攻关QC小组，一组连浇钢水成分偏差控制QC小组，初炼钢水留碳分品种达标QC小组，精炼酸溶A1命中达标率QC小组等。工作是困难时，一是对工作没有激情，信心提振不起来，二是工作方法不对，该抓的工作没抓起来，陷于平淡之中。炼钢分厂要细化分工，三个分厂领导、一个研究生要提升管理水平，创造新的业绩！

马钢公司2013年度QC成果发布会及工作总结会。我作了总结讲话：马钢QC小组活动开展30年来，有辉煌、有平淡，但算是坚持下来了，不容易！怎样更好坚持下去？马钢现在面临的生存压力，要层层传递下去，QC小组活动是一个很好的载体。QC小组活动不拘于形式，要认真准确的选题，把握过去的真实情况，树立攻关目标。2014年马钢给技术质量的重大目标是：减损3000万，前三位质量缺陷降50%，无重特大质量事故，质量保证体系的正常运行，新品开发105万吨。围绕目标去分解任务，去订课题。马钢元月生产经营预测亏损2.5个亿，受高炉生产不顺影响，内部是主要的，马钢QC从铁前起家，现在应重拾起来。希望2014年公司级QC小组取得更多更好的成绩，要扎实按PDCA循环方法去做事。

2014.1.24 我不喜欢在厂长办公室听汇报

今天下午公司召开技术创新委员会会议。我又想到了机车车轮，大功率机车轮的质量保证。我三次明确要求安涛、李翔，在今年春节过后，小年十五之前，车轮公司必须将已经售出的机车车轮、大功率机车轮实现一轮一档案的质量信息追溯。我现在等不了信息化建设，先行一步、人工收集、人工录入、系统补全，干得怎么样了。安涛前天发短信给我，铁总要求，一定要在进行250公里动车组轮轴评审前，建立起有别于普通轮轴的生产、检测等环节的独立的、完善的质量管理体系！

今天上午，安涛、李翔在开厂内生产经营评审会。我拉出了肖峰、谢峰直接去了生产线，我不喜欢在厂长办公室听汇报，喜欢到现场去观察。从ϕ450圆坯切锭、转移至炉口、机械手送进加热炉，到出炉、热轧、写号、进等温炉、粗加工、热处理、精加工。我们具体商谈了质量信息采集，身份证号追踪，人工怎么样不出错，他们明白了我的要求，也承认不是多大的困难，可以先干起来。我告诉他们两位，尽心尽力推动起来，我会随时过来检查的。

2014.1.26　为了质量，善良的我们

《马钢日报》刊登了在中国2013“质量之光”颁奖典礼上，四钢轧总厂捧回“质量管理创新奖杯”。这么大的事，我这个首席质量官竟然不知道，我内心很不安！“质量之光”设“年度质量人物”“年度最美质监人”“年度地方质监亮点”和“年度企业管理创新”。它是一个什么奖项，代表哪一级的，我要问问清楚。报道说四钢轧热轧物流车间主任吕杰曾在一钢轧冷轧工作过，面对行车工干活积极性不高，白班发货多、行车工人少，夜晚不发货行车工歇着，区域作业量不一样，对车间168名职工分行车工、收发工、点检员等类，多干活多得奖金，写了一篇报道稿投出去，也不知怎么上了质监报，也不知评了什么奖。厂里也不知怎么回事，就这么获奖了。吕杰本人未去领奖，总厂以为质量奖，派了客服部副部长去了北京，原来是一个所谓的民间设立的质量奖工作委员会。天呐，我们善良到这种程度，为了质量今后谁相信谁！

公司2014年首次技术推进委员会上决定，二月召开公司科技质量大会。高海建点了我的名，要求我作“我是首席质量官的演讲”，演讲要有深度、影响力，要为公司技术质量造势。我接了这个任务，感到了压力，给我演讲实质上是给我宣讲质量工作的一次机会。我是会讲的，但在科技质量大会上讲什么，讲到什么程度，产生什么影响，我开始在脑海中又当事干了起来。

2014.1.28　马钢必须雄起

今年二月份生产经营评审。根据二月份两头市场价格预算及生产计划安排，预本部亏损1.9975亿元。

丁毅：形势十分严峻，元月亏损2.7亿，超过了固定资产折旧额，元月铁欠15万吨，元月边际贡献378.1元/吨。资金已经告急，原有20个亿在生产经营中流动，现在仅存8个亿。三铁A炉失常会延伸至二月份，二月份大数再亏2个亿。今年刚开年1~2月累计亏损4.5个亿以上，不得了！

高海建：资金已经卡在我们脖子上，钱荒了！利息很高，年前忍住不贷！元月份的亏损，二月又不看好。钱紧了采购压力会增大，希望陆克从克服困难，想方设法去搏一把。公司外部钢价还在跌，内部生产高炉出了大事，所以亏损。我们必须把有限的资源投向高效益的产品，收缩产线，圆坯停，型一停，高线轧机停下改造。明天职工发奖金、处干领年薪，上下都会有真难过的感觉，公司亏损了，只有靠减少收入来传递压力，真传递压力！不能保了工资还保奖金，马钢必须雄起，没有切身之痛是难以绝地反击的。事实上奖金是马钢绝大多数职工收入的重要组成部分，但马钢是依靠自我滚动积累、贷款发展至今天的，我们的资产负债率去年一年上升了3个百分点。

2014.1.29　如何落实经营目标责任书

怎样去落实我和总经理签订的2014年经营目标责任书。

提升产品质量，降低产品质量损失3000万元。2013年公司质量损失含外部、内部、新产品、过渡品的已经出来了，2012年、2011年的旧账也可以翻出来，每条线均要下达一个新要求，然后抓住质量损失的大头？大头在哪里，抓哪里？我要找准。

对2013年列前三位的质量缺陷进行技术攻关，确保缺陷量降50%，降一半。这个指标部门提出来的，依据我不知道。是否是因为去年大幅下降所致，我说不清，但这的确是个有油水的地方，我用什么方式捞出来。前三位的质量缺陷同样会按了葫芦起了瓢，必须理出2013年的实际情况，缺陷量下降分为管理的，技术的，生产的，设备的，怎么辨识与挂钩考核。我想缺陷总量比2013年的第一要求是不能上升，否则没做工作还在倒退，要稳得住；第二要求是下降，抓好管理，受制于哪里要确认；第三要求是实现目标，一定要抓住问题关键点不松手，力争各条线都是进步的。

质量事故，特大质量事故为零。2010年有，2011年有，2012年有，2013年没有，靠运气、靠天收，其实是靠工作努力！

确保质量管理体系正常运行。开展群众性的QC小组活动是个法宝，还是用好奖与罚的手段，目标定到人头上。常态化的检查公司级的质量控制点，是否按PDCA循环，是否写所需、做所写、记所做，借助于公司内部，外部对体系的审核，产品认证等其他形式。查出的不合格项、整改项、建议项，去落实主管此项工作责任人的责任。

今年新产品开发105万吨，我不是很担心产量的完成，而担心的是新产品是否带来新效益。

2014.2.1 时间都去哪儿了

元月一闪过去了，春晚推出的新歌《时间都去哪儿了》流行了起来。

炼铁生产是瓶颈和决定性环节，元月份铁欠14.9万吨，主要是受三铁总厂A#高炉的影响，带给公司的是大额亏损。现在全公司炼铁生产稳定是第一位的，尽快恢复三铁A#炉是生产经营中的重中之重。炼铁年计划1380万吨是目标，前欠后补不是办法，只要求三个炼铁总厂即日起组织好日生产、周生产、月生产。板带产品是今年公司降本增效、提升产品订单和售价的关键所在。要求一、四钢轧总厂提升产品订单兑现率，同样靠炼钢、连铸、热轧、冷轧生产稳定。元月份，一钢轧总厂总的不良品3269吨，其中辊印355吨、擦伤298吨、中浪140吨。四钢轧总厂总的不良品6834吨，其中夹杂1208吨、边损807吨、边浪592吨。擦伤是设备问题、边浪中浪是热轧的板形问题、夹杂是炼钢连铸的问题，我下手还是先抓基础管理工作。

是的，时间都去哪儿了？除了参加公司的各类会议外，我必须深入现场，和去年一样，和各位工程技术人员、各级管理人员面对面。

2014.2.5 特钢公司新年生产动员会

去特钢电炉分厂参加新年生产动员会。今天年初六，春节长假还未结束。我为什么参加一个分厂新年后的生产动员会呢？

我和特钢公司有缘，像是一个孩子，从出生带至现在能走路、会讲话了一样，他们的事总让我真情的牵挂，我沾了的事就想把它干好，所以石玮一喊我就到。特钢元月份的产量接近5万吨了，一钢轧车轮钢停止生产了，随国家产业结构调整市场有了新的需求量，2013年特钢完成了公司控制亏损的目标，我和他们一样高兴。

电炉分厂研究生小葛作了2013年工作小结，经过点拨有了提高。三位班组长的发言进入工作角色，高正波好像在说给员工听，又好像专门说给我们听。石玮的讲话准备了，真是新年新进步啊！张建平书记做了讲话，他现场经历少，这不是在技术中心。分厂一级开会很简单，传递压力、分解任务、明确要求、讲明干法、落实考核，要有激情把大伙的激情带起来才行。

我说：社会招工进马钢的，炼钢分厂进了16人，这些人也是百里挑一，已经尝到了找工作的味道。把他们全部编入最重要的岗位培训，边干边学，特别辅导。今天在座的32位兵头将尾，2014年末通过考评淘汰2～3人，让能干的同志挤进来补充新鲜血液，让业绩差的有危机感。车轮钢人命关天，机车轮从车轮公司开始一片轮一个身份证号，因质量造成事故，查明责任的，可以辞退或除名。公司设立100万+10万车轮钢无整炉夹杂探废奖，如果实现目标，电炉分厂奖金60万元。一定要分解指标到个别人头上，在2013年的基础上再分解细一些。已经实现的最好指标，突破就嘉奖。将去年发生的54起各类事故，产生原因、防范措施、责任名单，上墙张榜公布。事故少了、生产好了，成本、质量、产量都有了。感动马钢人物陈超，自引率首创100炉连续，公司给了很高荣誉。我在一钢结识了全国劳模查全良，他一生砌底板不跑钢，敬业精神终生难忘，望陈超努力学习，争取更大进步。特钢是个新厂，学习、培训要有新的方法，针对已发生的事故，用单点课教育的方式是好的。

2014.2.7　　用尽各种办法保住了2013年不亏损

2013年马钢股份公司最终财务报告出来了，营业收入是564亿元，利润总额是2.24亿元。历经千难万险，用尽各种办法保住了不亏损，不进ST。公司召开党政联席会，股份公司班子也全部参加。

在完成了会议议程后，高海建开门见山说：高炉生产不好，铁水计划欠账，做好订单评审确定干什么；调动职工积极性，现在奖金少了，根据贡献取收入，必须拉开岗位绩效；合钢关停并转过程中，一定要争取获得省市领导的支持。

海帆说：股份公司本部元月亏损2.8亿元，报出亏损1.58亿。从去年四季度二铁1#高炉生产不顺，到今年元月三铁总厂A#高炉不顺，内部影响因素大于外部的影响。今天定三件事：停止一钢圆坯、二钢型一生产的方案；硅钢引进技术支持中三家选出一家；三钢高线改造方案确定。

丁毅说：今年元月亏损报1.5亿元，超出月折旧额，流动资金破了历史极低点。元月人均奖金在设定额上减去600元，宣传形势任务到位。现场管理持续推动，日清月结的成本核定推动下去。二月公司在特钢开现场会，请他们讲述去年如何实现经营目标的。马钢必须培养自己的炼铁专家，请安徽工业大学杨博士做一次讲座，马钢怎样实现高炉稳定。

这么多年的管理方式及习惯传承，马钢各级领导开会都是在说事，大会说事、小会还是说事。

2014.2.10 A炉还未恢复，B炉又在下行

股份公司经理班子碰头会。钢材价格一路下行，春节过后仍无抬头，国家经济现在也是宏观问题大于微观问题。钢材贸易商因赚不到钱，又受制于资金，在大批的退出。矿价跌至116美金，山西主焦煤和淮南煤现在的售价高于进口煤。元月公司调整账目后报出1.58亿亏损，受制于三铁总厂A、B两座大高炉的影响，A炉还未恢复，B炉又在下行，预测二月份的亏损额也将在2亿元以上。马钢依然是内部问题，别人有外患无内忧，我们是连基本的生产都稳定不下来。生产操作事故接二连三，一铁总厂高炉出铁罐底通了，铁水漏满铁道；三铁总厂发电的TRT叶片断裂后扫膛；煤焦化公司干熄焦车撞罐，这些事故处理和过去一样，责任者只是扣点当月奖金，现在奖金这么低，扣一半也就是300元或400元的事。机关干部到一线、分厂厂长在现场，要求提出来了，下面没有做起来，马钢的管理怎么了？

海建近期把他学习的国内外管理的材料发给我们学习，每一篇我读后都有体会。我读了巨人集团史玉柱的管理心得：抓细节，让细节为王落实到行动中来，大政定下后，战术说的就是细节。责、权、利要配套，不能有权利的没责任，有责任的没权力，管理一定要解决主要矛盾。坚持货物不赊销，货物量再小也坚持，你不做就不做。赏罚分明，评“十佳”也评“十差”，什么东西都放在桌面上，评先进就一定评落后。量化干部激励，凭贡献获取收入，固定工资设置应低，奖金浮动要高。充分授权，选中了人，对其授权，找出监督的方法，让干部、员工在公司里觉得有自己的舞台，让成功者有成就感。艰苦奋斗，人一旦大手大脚，心就浮了，不能艰苦的人是不会努力奋斗的。不要仅看自己的优点，多看别人的不足，每个领导人应对自己严一点，对别人宽一点。敢担责任，企业要认可担当责任的人，不能承担责任的人少用，出了问题一个比一个会说，把自己推得干干净净的人不用。说到做到，只认功劳，企业应该只认功劳，苦劳对一个企业没有贡献，不会带来利润。不管什么企业，管理是相通的。成功的企业有各种理由，失败的企业无外乎一个根本原因。

2014.2.11 身先士卒，只有带头冲锋

我约了杨本华、陈玉宝和我共去四钢轧现场，了解岗位真实的质量管控状态。去了1#镀锌线、2#镀锌线，连退、重卷主操控制检验室，和当班作业长及检验人员谈话。了解了情况后，把四钢轧总厂朱涛、朱瑞昆、焦兴利、闫敏，连退分厂，镀锌分

厂，检验站长负责人召集到四钢轧410会议室。

我讲我们去一钢轧现场检查的结果及要求，四钢轧可以参照一钢轧，也要层层分解到位，逐级签责任状，有奖有罚；今年我主要盯住四钢轧、一钢轧、车轮公司、特钢公司产品质量，要有强有力的举措，开展基层的QC小组活动；现场更换彩色缺陷图谱，看板质量管理必须每期签字证明看过了，图谱辨识要考试过关；前三位的质量缺陷要降下来，夹杂缺陷的辨识要准，不要张冠李戴，才能解决问题。3000万元降废损失，两个板带总厂是大头；四钢轧好好策划一下，下周也举行质量指标签字仪式，我来参加。

说了不动只有自己去推动，说了不下去查一样没作用。一是要把只关注生产成本任务指标完成，也引导到关注质量指标的完成，身先士卒，只有带头冲锋了。

2014.2.12 马钢总工亲自推销新产品

去中石化参加国产化低温钢筋咨询会，孙维、孙龙、王开忠、刘卫兵四人去。我意识到很重要，央企讲究官位，我必须去北京，这个项目从头到尾我参加了全过程，就像我们一次干成lD35e印度车轴一样。第一张广西北海的LNG储罐订单，是马钢低温钢筋研发结束后，第一次投放市场，能不能就此打开国产化的市场，这是一次机会。中石化总部大楼，我觉得是一座五星级酒店。据孙龙介绍原大堂吊顶灯坠下了金色的环链，在习总书记要求转变作风，规范办公条件的要求下，现在变了。脑海中突然冒出来一个想法，把我们一行6人的名单、身份、手机号打印在一张纸上，做一个团队大名片，呈给中石化，让各位一目了然。我们找到了三楼商务中心，快速办成了，“马钢低温钢筋SUB工作组”，后来证明效果就是不一样。

主持今天会议的是中石化采购部副部长，今天的会议只有一件事，我们能不能在天津大港LNG罐主要结构中用国产化低温钢筋。天津LNG罐体制作单位写了报告，要尽快定购7100吨进口低温钢筋，原以为全部进口材料订购完毕了，事实上外方生产时间安排不过来，鉴于国产化超低温钢筋已有了业绩，主张国产化和进口，中石化内部有两种意见。今天组成专家团队，对南钢、马钢质询，我们对提出的五点进行了一条一条的答复。

我参与的项目，我用心干过的事情，经过我的消化理解，由我讲述出来，一定是人人听得明白的。采购部长表态了，下周去马钢、南钢全过程检查确认，以陈瑞金为专家组长坚持加快国产化报上级领导。

会议结束了，我提出马钢代表团想立即去天津大港施工工地去看LNG罐的建设情况，南钢代表也要去。陈瑞金也有些激动了，亲自带我们去工地，三个半小时车程，我和陈总进行了良好的沟通，他表态支持用国产化的超低温螺纹钢筋，真的是一分耕耘一分收获。南钢代表说：想不到马钢总工也来亲自推销新产品。

2014.2.14 电工钢引进技术支持项目开标

电工钢引进技术支持项目开标会。2014年元月，向上海晶龙公司、西门子公司、香港恒捷顾问公司发技术支持项目询价书。2014年4月，收到上海晶龙公司报价、西门子联合塔塔钢铁报价，香港恒捷顾问公司表示集中精力完成汽车板项目，还是以过去的报价。

钱海帆主持开标会：低价中标，最终签合同前，请海潮牵头和一钢轧汤曙光再压一次价格，力争在“1”字开头的数字内；国内国外技术支撑项目报价相差是很大的，我们选择了上海晶龙，合同约定必须细化到位，有优势也有劣势；硬件上一钢轧硅钢二期保温坑交给中冶南方，在项目中增加一个新的联系单。技术中心、一钢轧、四钢轧在李炳南专家提供的资料上，试干一次W300，动作要快。

我和汤曙光是大学同学，1999年他去一钢轧总厂当厂长，我去了三钢轧总厂；2008年我从生产部调一钢轧总厂，他调至公司生产部；现在我在公司当总工，他又去一钢轧当书记。我和他现在又被高牌号电工钢拴在了一起。

2014.2.18 心动不如行动！

今天我请新闻中心参与技术质量报道的记者们。2013年他们给了我很大的支持，宣传技术质量工作的力度是过去没有的。对每月技术质量例会所谈的重点进行了深度采访，每月一次质量专报，公布了我们产品质量状况。在一钢轧签字仪式上，我听到作业长们谈到现在全公司各条产线质量数据，去年最终一版，按要求各条产线都组织了学习，认为这样见报的效果好。

过去的一年，对中国钢铁产业而言，是非常艰难的一年。全年生产粗钢7.25亿吨，生产钢材（含重复材）9.8亿吨，钢材价格同比降幅超过5%，价格指数跌破100点，最低位96.5。会员企业的销售收入利润率仅为0.48%，亏损面达27.9%。预测今年中国经济增速在7.5%，钢铁工业产能极大过剩，环保出现问题，可能面临停产，甚至关闭的风险。钢协主席报告：在创新产品上，宝钢第三代汽车高强度钢全球“首发”，武钢生产了全部高牌号取向硅钢，鞍钢直径5mm高碳钢拉丝线材质量稳定，首钢产出X80级超厚度管线钢卷板，马钢生产的350km/h高铁车轮将进入试用阶段，太钢不锈钢高效节能，长寿命产品比达75%，南钢LNG船用钢板投放市场。

海建对马钢的管理是不满意的。天道酬勤、自助者天助。一个企业的精气神来自一个企业的文化，马钢一定要营造一种积极向上、公平正义的氛围，我们重振精神。基础不牢，地动山摇，企业的基础工作必须是认认真真、实实在在，心动不如行动！转变观念，我带头建立党组织为企业生产经营服务，各级管理者去现场抓难点、干难事！

2014.2.21 用数据评价工作

2月份技术质量例会。上次会议要求各单位改变参加技术质量例会的汇报方式，今天的例会报告人有了改变，但不达要求。汇报工作说说结果，不要总是从头说起，此项工作干得多辛苦、多不容易，结果怎样绕不过去，不如先说结果；不要习惯出问答题，仅此一种选择方法吗；总结时顺着流程说，要在流程中找出关键点、失误点、反思点；对照标准说差距，要让下属知道如何去做，做到什么程度。

下次例会起，请7~9位例会同志组成评委，评价各单位的汇报水平。我们坚持这样做下去，要学习要善于抓主要问题，理清思路；总工、副总工特别关注公司及本单位的质量信息，掌握数据，用数据评价工作；马钢高铁车轮技术相关文章在网上外传泄密人已找到，高牌号硅钢技术保密协议立即与相关人员签署；技术中心全力支持好四钢轧3#铸机调试中低倍组织检验工作，尽管努力还是慢了；各单位学习一钢轧总厂、四钢轧总厂质量责任指标层层分解，层层签字，明确奖励目标的做法；公司2014年质量目标，不许出大的质量事故；当各条产线出现质量问题时，不能继续生产必须叫停；出口产品质量今年由各单位总工程师直接负责，用一项明确的任务来履行首席质量官的职责。

2014.2.24 高炉失常带来的困境

销售公司报告，中石化天津LNG项目低温钢筋国产化项目组共7人，来马钢进行技术交流并考察。谢天谢地，我带队去中石化推销低温钢筋后，他们终于从南钢到马钢来了。我召开迎接准备会，要求特钢公司把本月炼的5炉低温钢筋已经开了坯的，两头修磨好，坯料两头标识清楚；要求技术中心试验室可随时进行-165℃低温钢筋研究性试验。

江苏如东在海边，中石化寰球公司如东LNG项目部在那里。南钢人已经去推销他们的低温钢筋了，所以我们也必须去，市场是跑出来的，订单是向客户求来的。500km的行程，两天来回，希望运气好，能办成事。我的要求不高，力争在2014年低温钢筋国产化上，每份订单马钢和南钢各分一半，或者我们2/5也可以。

丁毅召开了三铁高炉处置会，马钢现在炼铁的高人都来了，胡夏雨、袁方、伏明、丁晖、黄发元、任强、汪宝平、孙社生、黄龙，我也去参加了此会。丁总定了，黄发元去保A#炉的恢复，汪保平、丁晖去保B#高炉的恢复。公司要成立炼铁核心技术团队，三个铁厂必须有一人专管高炉正常生产，脱离行政职务，给技术权威同样的待遇。

各位说了不少，处理失常高炉，先是确定属炉缸、炉墙即下部还是腰部的问题，降负荷、加焦炭、减风量、加风量、调控高炉软溶带。重要的是先把炉温提起来，在一个平台站稳后，等其顺时增加风量和负荷，一个一个台阶走好。丁毅强调：任强管生产，去年底二铁2500立方高炉失常，今年初三铁4050立方高炉失常，应该担负起责任。马钢股份公司的班子水平、能力、敬业、思路、态度、作风让全公司职工怀疑我们能驾驭这个股份公司吗？

马钢高炉在冬季失常的次数不少，大、中、小高炉都有过，向外找原因现在就是焦炭了，不找烧结原因找到了匀矿；向内找不出原因或不承认问题。高炉是个黑盒子，判定案情真实难，至少外部条件不好时我们可以减产来稳住高炉吧。

2014.2.28 争夺低温钢筋国产化市场

全天接待中石化天津LNG项目专家组来马钢考察工作。

早上8:00去了检测中心检验二站，参观引进的自动化钢渣样检测线，杨本华陪同。9:00在特钢公司参观电炉，LF精炼炉、五流连铸机、开坯连轧机，最后在成品库看到了HRB500DW超低温钢的坯料，杜松林陪同。10:00驱车到了三钢轧棒材，从加热炉出口、粗轧、终轧机直到成品库，吴坚陪同。最后，10:40来到技术中心低温检测实验室，此时冷箱温度-165℃，陈瑞金博士要求在低温下做了两根拉伸试验，一根是无缺口，一根是有缺口的，他抽取了试样，全部数据OK！11:30来到公司总部办公大楼，我和天宝请他们吃了个简餐。9位专家中7位认为马钢的产品、现场、检测技术通过了。

下午2:00，在宾馆东二楼举行了专家技术交流会。专家组咨询马钢，如果在天津大港LNG工程中采购马钢低温钢筋，马钢必须回答四个问题：怎样证明国家许可马钢生产低温钢筋？没有中国的低温钢筋标准，我们设计单位采用什么标准？-165℃低温钢筋力学性能检测的科学性、准确性、公认性？未来马钢不仅要生产低温钢筋，还应生产低温钢筋的连接器，满足LNG用低温钢筋施工的要求？

用了一整天的时间，接待了中石化天津LNG项目专家组。专家组认可了马钢生产低温钢筋的工艺、技术、设备、管理。关于标准和检测方法同意马钢提报意见到总部审核，达到一致意见后签了字。要求马钢天津大港700吨订货及交货在三月中旬完成，超低温钢筋在工程项目上顶替进口从此开始！

2014.3.2 半年内三次赴美参加WABL会议

半年时间内第三次赴美国参加WABL（车轮、车轴、轴承、润滑）会议，本次代表团成员：高海潮、李翔、吴耀光、江波、肖峰、叶景楼。此次的目的是让美方专家了解中国马钢车轮公司具有年产100万片车轮生产的能力；马钢是集车轮设计、研发、制造于一体的生产单位，车轮产品出口美国、欧洲及其他国家已有较长时间；产品质量有制造的问题，也有储存及使用的问题，马钢产品在性价比上有竞争力。

一周时间往返美国路途上需三天时间，其余就是一站接一站的工作。此行全团同志除了工作外，没有去任何地方，说是到了美国其实到了沙漠之国，没有绿色，河流也未曾见到，北美还是干冷的，这种出差国外其实很难过。如果此次AAR技术委员会不批复马钢2014年的出口份额，我们怎么办？已发生失效的2005年、2006年生产的车轮质量责任怎么追溯？此次美方专家下了结论，机车车轮是抛丸不足引发的。因裂纹源从表面开始，不是钢的内在质量引发，江波、李翔都接受了这个意见，我要求车轮公司李翔负责对抛丸工序彻底整改，在得到AAR书面通知后，作专题报告给公司。

2014.3.10 元月、二月亏损4个亿左右

一周经理层碰头会。三铁总厂A、B两座大高炉反反复复在5000m³/min风量上站不住，两座高炉日产铁的水平，仅相当于峰值时的一座，加上3#高炉检修，平均日产铁26998吨，钢28222吨，热轧材27980吨，每日铁、钢、材比计划各欠1万吨。原燃料市场随着钢价缓跌，钢贸商不来订货了，资金困难已经出现。进口矿从每吨136美元

降至106美元，谁也不敢说现在买是对的，各有说法看法。苏鉴钢说建立决策办法来拍板，今年的首要任务是内部不乱。高海建说：矿价下跌我们不赌买卖，买自己要用的量，在连续下跌时抓住机遇。丁毅说：此次请了宝钢李维国、京唐张卫东，安工大杨博士来帮助我们恢复大高炉，他们都是有理论、有实践、有经验的专家，受人尊重，马钢一定要有新的体制、机制，培养出我们的炼铁专家。

省市领导高度关注马钢，元月、二月亏损4个亿左右。海建说：内外部原因各占一半，内部是两座大高炉生产不顺，是要了命的事，钱海帆是总经理，任强是直管责任人；矿石的适时采购，我们没本事去赌，应该有本事跟着市场去走，陆克从是责任人；全国钢铁最大困难是资金，公司资产重组，合肥土地交出都有资金问题，请苏鉴钢总管资金，管好、用好。股份公司机构变动和干部调整，会听取分管领导的意见。

2014.3.14 美国AAR WAB委员会来函

上午去马钢医院参加公司组织的体检，在B超室，医生说我是他今天看到的最好的一个。我很开心，坚持走路是我的法宝，一年365天，不管风雨冰雪！

美国AAR WAB委员会来函二封，一封关于货车轮，一封关于机车轮。批准马钢H36车轮追加许可，要求马钢回复七项工作后同意继续出口。在马钢接受车轮辐板断裂报告后，批准如下机车轮进口许可：AT44，D42C，D42C，D42B，E42B，A43A，A43B，A43B。海建看了两封函，听了李翔的汇报，对我说，让你们团组三次去美国是对的，学会沟通不简单。

电工钢支持团队已拿出了W300的全部试制方案，团队来了9人，定在3月20日干一炉，各项工作要抓落实。我去四钢轧总厂精炼站，RH喷枪系统是德国普利休斯进口的，真空中脱硫率可达70%以上，调试后具备条件了，去3#连铸机查看电磁搅拌辊，法国的罗来泰克进口的，五套搅拌辊已在3#铸机上装上了。张虎副厂长说：“高总还是过去的工作风格，到现场，从头到尾每一个环节全部查看到位。”

2014.3.15 炼铁生产必须有一个好的保障体系

在宾馆东二楼会议室。股份公司经营班子听取首钢技术研究院副院长张卫东的报告，关于实现高炉长周期稳定的意见。厂长不会不想把炉子干好，只是自己不知道的盲区。A、B两座大高炉失常了，对马钢今年算是一场灾难了。现在总经理、副总经理全部扑上去了，这是救灾。厂长干什么？分厂厂长干什么？高炉炉长及甲乙丙丁工长平时在干什么？炼铁生产必须有一个好的保障体系，首先是抓得住人，留得住人，并且让这些人愿意把自己的全部精力都投进去，而马钢现在是行政体系大，技术体系小，关键岗位工程技术人员的收入不高。高炉必须有一个明确的追求目标不动摇，又要降本，又要提升指标，这是难以做到的事。马钢高炉烂料都用进去了，碱金属含量高，锌的富集，使高炉积劳成疾。把炼铁的人才集中起来，设立首席参谋部，大、中、小高炉连起来，干大炉子，干小炉子，干中炉子，培养人才，建人才蓄水池，让这些人在不同的炼铁岗位上担当，多建立数据分析，信息化支撑起来。

张卫东今天谈高炉操作技术的问题不多，更多的谈的是首钢炼铁厂的管理及技术人员的培养，举了过去的案例，让我们真正知道马钢现在不能总是在高炉出了问题就来找立马见效的解决办法。

2014.3.17　马钢现在是内忧外患

上午股份公司经理层碰头会。海建说：马钢股份公司2013年经营业绩报告，审核通过了，安永审计客观公正。2013年股份公司班子挺难过的，不能受制于官位，去行政化，年薪标准打破常规。马钢现在是内忧外患，内忧在我们自己的炼铁生产，炉子稳不住，请了宝钢、首钢的专家来帮助高炉的生产与管理，我们应认真学习别人的经验，宝钢的炼铁专家65岁才批准退休，央企可以这么做，我们应该去学习。马钢的干部作风必须下大力气整治，尤其是机关的作风，不想事，不愿意做事。领导忙的团团转，但相当多的人轻闲得饱食终日，无所事事不行。

按海建的要求，领导带头动起来，每人要有一些规定动作。领导下基层定点调研，我选了硅钢分厂，今天来到现场，在连退主控室看CSP试干的M35W300退火调铁损和磁感。熟悉的环境，熟悉的职工，大伙都感到很亲切。胡柯、庆启发、王平日作业长、岳裴明轮班作业长等都聚了过来。去年硅钢干得好、收入高，挺开心的，干劲大。王平36岁，去年收入超10万元。我问王平作业长的任务是什么？带好队伍，完成任务，保障安全，提升质量。他们关心的是：去年各单位干自己的，今年和公司整体效益捆在一起，干好了收入是否会降下来；硅钢分厂成立起就从严管理，没有在册不在岗的；员工也必须有退出机制，一份工作都干不好，这样的人不能留；听说公司在设计职工薪酬，不要分的太宽，过去没有级，现在多到6级，我们基层认为有3级就够了，好、中、低一看就知道。

2014.3.20 与琼斯先生的交流让我吃了一惊

上午在车轮公司接待AAR审核专员，琼斯先生70多岁依然还在工作，他这次带着太太来马钢了。老美来中国的次数越多，也就越了解我们。琼斯先生说按惯例行事，上午去车轮现场查看，对照文件要求检查。下午和马钢沟通一下H36机车轮失效问题，听听原因查找的方法。我计划上午陪琼斯先生，晚上陪他和老伴吃饭，交流多一点！

琼斯先生做了原因分析从车轮失效、疲劳断裂、裂纹起源、锈蚀坑的产生的树状图。是否事关到设计、制造、贮存、使用等方面的问题：为什么锈蚀？马钢抛丸的问题，车轮露天存放的问题，车轮不做防锈的问题。琼斯先生说：AAR标准没有规定不许做防腐措施，只是明文规定不得遮盖原始表面状况及各种缺陷。一句话说得我吃了一惊，我们不能正确理解标准。马钢1997年我在平炉炼钢时就通过AAR论证，1998年出口H36车轮，过去一直涂油防锈，直至2005年新标准执行时停止了涂油。事实是2005年以前出口的货车轮没有辐板裂纹，中国国内也没有，我一定要把这个近15年的过程调查清楚。

今天M35W300电工钢在四钢轧做一炉试验。炼钢10点兑铁水295吨+17吨废钢开吹，倒炉去渣，出钢硫26ppm，出钢碳30ppm。RH下午12:00出站，碳25ppm，硫17ppm，达标了，RH上用的德国普利休斯顶枪功能很好，脱硫脱碳全达标。3#连铸机在下午12:50开浇，断面1250×230，电磁搅拌，5Hz，400A，共生产16块板坯，平均18吨一块。热轧机开轧，开轧温度达标、终轧稳定达标，晚上8:00，第一块3.5，第二块3.0，第三块2.8……1580热轧进入设计厚度规格共7卷。从头至尾我带头跟踪每一道工序，我要求跟班工程技术人员，特别关注设计工艺参数与实际工艺参数，做一个对比表，一卷一卷填好。第一次设计定型后，就直接进入了工业试生产（试验）。从上午到晚上，对我这位历经沙场的老把式还是兴奋得不得了，担心着哪道工序偏离了设计的要求。

2014.3.24 我对高炉发了誓言

经理层周一碰头会。海帆说：3月又是亏损，高炉是太重要的核心环节，现在A高炉基本恢复了，B高炉仍在爬坡，我希望4月份内外给力，股份力争盈亏持平，铁前各项管理的规范与落实，钢轧订单兑现质量稳定，今年起每位副总经理每年有50万元单项嘉奖的权力，你们批，企管办执行。海建说：马钢现在艰难，改革势在必行，各位少想官位，好的经营业绩与高薪挂钩，说到做到，股份经营层尽可以和集团一样。开展卓越绩效管理，查出的问题全部亮出来，落实到责任人的头上。抓基础管理工作，实现长期稳定上台阶。各位领导不能只管事不管人，观念要变。我本人最好是管人不管事，抓各级的工作作风，首先从自己做起。

下午公司领导层及部分中层听取宝钢股份公司技术研究院李维国副院长，关于《宝钢炼铁走向世界一流的管理和操作经验》的报告。在听取了李院长的报告及对马钢炼铁工作的点评后，海帆说：我们高炉的过程控制空缺？我们原料中有害元素的控制标准空缺？我们没有建立高炉的预警机制？拍脑袋、凭经验，无数据，我们炼铁的操作标准，原料标准，管理标准有没有？有了为什么做不到，我们高炉有没有三支队伍？海建说：我们大高炉不顺，这次亏吃大了。高炉稳定是企业的核心竞争力。李总是国内国际炼铁的专家，是我们学习的榜样。我发个誓言："高炉是公司压倒一切的，我们下足够的决心，重组领导、管理、操作的结构"。建立"稳定高炉的专家体系"。我们真诚的聘请宝钢炼铁资深专家李维国先生为马钢的顾问，拜为先生。

2014.3.27 四钢轧请专家指导

安涛晚上给我打电话说明天下午2:00必须把《关于30吨轴重辗钢车轮装车试用的技术审查请示》面送中国铁路总公司科技管理部，能否请公司办公室在9:00前让我们拿到盖了股份公司印章的红头文件，他们也是下午才接到的电话通知，正在按要求编写。我立马答应他公司办公室不会耽搁，明天7:00送到公司来交给我。当晚我和办公室陈钰打了电话，请文书科早点上班。我们这些领导是干什么的，首先是为基层服务。

计财部预报，3月份股份公司本部亏损2.22亿。这样股份公司今年一季度元月报亏1.5亿、二月报亏1.5亿、三月继续报亏1.5亿，也就是报亏4.5亿。谁当这个家都会感到沉甸甸的。三月钢材售价比年度预算下降210元/吨，高炉缺铁、炼钢欠钢、钢材减量。

四钢轧请热轧技术专家魏钢成来马钢，每月来马钢指导工作一周时间，签约合同薪酬顶股份公司副总经理一年的收入，这就是专家的含金量。魏钢成是有本事的人，四钢轧总厂王炜很佩服的人，兰宇、司小明也都向他请教过问题。我请科技管理部拟个聘请外部专家的合同书。

2014.3.31 海建要我去管炼铁

连续四天公司铁水日产量达到了3.65万吨以上，钢轧总厂也开始了紧张的生产，海建也连续几天早上在总调室。海建说：我们原来预算的2014年一本账是可以做到不亏损或小额亏损的，一季度三铁A、B高炉造成的损失不小，如果生产稳定，以日产3.6万吨铁水变成材，反算回去，每月亏损额就在6000万元左右。我们要充满信心，账算得清清楚楚了，问题出在我们内部，我们的基础工作薄弱。此次宝钢首席专家背后评价马钢高炉炼铁工作者，高炉的各项参数数据不做统计分析，多凭经验，遇到困难时经验又不足。4月5日公司开个生产经营动员会，不放主席台，大家面对面，让海帆说清楚，我们是可以做到不亏损的，自己把自己搞亏损了，我看亏损的原因就是各级干部的管理和作风。你是股份公司总工，必须去管炼铁，我特别关注的一件事，马钢应建立一个什么样的高炉正常生产评价体系。马钢从严管理你带了个头，不仅产品质量曝光，你还要盯着生产、设备、操作、环保、事故都要曝光，必须从严管理。

2014.4.2 领导好好干、职工干干好

上午四钢轧总厂MGW350试制总结会。参加人员：上海晶龙公司蒋丹青团队，其中有退休返聘的武钢、宝钢炼钢、热轧、冷轧专家。专家团队报告了第一次试制的成功与失误，要求一钢轧总厂、四钢轧总厂、技术中心、检测中心工程技术人员听从他们指挥，落实任务。我要求专家团队不仅提出问题，而且要拿出解决问题的方案。高牌号硅钢关键是炼钢，成分必须精准命中目标，赵老师和焦兴利配合很好。我们现在的弱项在热轧，热轧区联系人是赵勇、闻成才工程师，冷轧未来区联系人沈新玉，要全力按专家的意见去做。我要求把信息准确传递、收集起来；下一轮试制前，把第一轮试制的热轧卷，千方百计用“二次冷轧”干下去，测试各项电工钢参数实值；让专家团队修订，优化的工艺参数，热轧加热炉温度高，下一轮试制前开专题会，确认加热时间、保温时间、出炉温度。我们商定，鉴于第一次初试的经验，同意下一轮试验成品宽度从一米开始，启用四钢轧保温坑，连干2炉，修改的工艺参数充分讨论。写所需、做所写、记所做成了我对科研及新产品开发工作的要求，用起来效果也不错，但是此次干高牌号硅钢，我们的专家可以写所需照搬过来，而我们的做所写因为没干过，要在摸索中前进。

公司党政联席会。去年6月30日前，马钢在职副处以上干部304人，今年4月2日前

299人，此次改非下去的和新提拔的，马钢共计处干288人。高书记说：今后公司主张厂长书记一肩挑，现在有些厂长感到压力大，想往书记岗位走，因为正处薪酬一个样。此处改非处干中，王晓光联合电钢董事长要过渡一下，要留刘仍彬参加中型材改造，要留华刚参与高线改造，管长林是马钢的冷轧专家，杨建华是焦化专家。公司缺人才，有些重要的岗位急需人，战略研究室、资本运营部、技术质量部，希望年轻的，有能力、水平、魄力的干部展示在我们的面前，有好的业绩竞争上岗，今后干部要交流可以胜任不同的岗位。马钢的关键在干部，现在责任心、进取心、事业心还有不足，改变马钢的现状，要求各级领导好好干、每位职工干干好。

2014.4.3 我对炼钢所用心良苦

去技术中心炼钢所开个专题会。我以总工程师的身份召集了杜松林、张建平、张建、吴耀光、焦兴利、吴坚，共同去技术中心炼钢所和他们做一次面对面的沟通交流，以老带新。沈畅汇报了他们所参加的工作：单嘴精炼炉、硫化锰夹杂包裹，微合金化铸坯角部缺陷，轮箍夹杂物分析，四钢IF钢控制，四钢轧3#铸机热试，汽车用高强钢S650L铸坯质量分析等。因为都是干炼钢的，今天各位的点评很到位，已经就看出技术中心炼钢所与现场工作的差距不小，我是用心良苦。

最终我要求：在今天会后做个备忘录，结合各位专家意见，技术中心炼钢所自己编写一个2014~2016年三年工作计划，有总目录、子目录、单项定位、过程分工、进度要求，一件件具体工作挂在我们炼钢所每一位的头上。炼钢所在今年12月份提交一份马钢炼钢工艺技术，现状水平、存在问题的专题调研报告。炼钢所全体应该强化学习调研，钢铁新产品，国内外新技术、新工艺，充分利用自己的平台，炼钢所全体不能不接地气，更多的时间去现场锻炼自己，而不是在所里浪费时间，在实践中提高自己的能力。要让一线干的优秀工程技术人员进入技术中心，不能年年总是新分一些大学生，现在还有研究生、博士生直接进技术中心，这条路不能继续走下去了。

2014.4.4 钢铁的寒冬至极

股份公司2014年一季度经济活动分析会。一季度公司亏损4.73亿元，今年公司生产经营目标是盈亏持平。这本账是补齐预算时13个亿的亏损后做出的。公司内部生产不正常，特别是高炉不顺，是亏损的根本原因。对我们完成全年任务的信心冲击不小。钢材价格同比又降337元/吨，原燃料价格也下降了但相抵不够，全行业一季度亏损28.4亿，亏损面47.73%。

海帆说：一季度过去了，现在各单位要按着年度预算目标去走，四月份就是一个机会。各级管理者脑中是否有管理标准的概念，是否遵照执行了？高炉一定要平稳，对导致高炉休风的各类事故，发生一起查处一起，绝不放过。各类设备事故查清楚像质量一样登到报纸上去。采购引入一个经营库存以区别生产库存，生产库存必须保持在低水平，避免风险，经营库存则是抓住机遇降低采购成本。海潮老总建议，给每座高炉建立体检表，列出体检项目，把高炉参数指标全部纳入，准确评价炉况，及时发出预警，我完全同意并全力支持，请海潮老总全力启动。

丁毅说：正视一季度亏损，我们树立信心。一季度亏70万吨钢，1万吨钢500万元边际贡献，损失3.5个亿。大高炉给我们启示，高炉年年有事，出事了大家都重视，不出事都不重视。股份公司生产经营是集团公司的基石，大高炉则是股份公司的基石，我们对高炉是凭感觉，凭经验。人家是凭数据、凭科学。我们的技术管理基础管理薄弱，炉子垮了不知为什么？炉子起来了也不知为什么？一定要下决心改变这个现状，对高炉体检就是一种创新方法。四月份是个机会，成本是低的，长材略涨，板材未动，高炉恢复正常，两头市场相对有利，我们会全力以赴打个盈亏持平。

海建说：钢铁的寒冬至极的时候已经到了，有人说我内外交困干不下去，其实不然，我挺有信心。请问在座的各位离开马钢你能过得好吗？马钢处干应该是精英，有个别人平时无事现在还要休假，你凭什么拿年薪？干不好、再出事的处干主动写个辞职报告给我。大家都要好好过日子，把马钢当成我们自己的家园，珍惜自己的岗位，带好自己的队伍。我去省市汇报，我说一季度70%的责任在外面马钢自己，看我不行，可以立马免去。今天再次慎重提几件事：合肥公司关停、环境设备使用、资金进出运用，特别是在座的处干必须转变工作作风，深入到一线去，马钢四月份一定要干出个样子来。

公司炼铁生产专题会。高海建、丁毅、钱海帆、任强、陆克从、严华、黄发元、伏明、袁方、胡夏雨、龙吉宁、杜秩峰、黄龙和我都去参加，在完成了老一套的会议议事后。我是第一次在炼铁例会上说话：三位炼铁总厂厂长要充满信心，把自己的一切利益都与高炉均衡稳定生产挂在一起，全身心扑上去，你们手中有可配置的资源；公司是否成立炼铁部，聚集一批优秀人才，可以招聘、竞选、外请，把分散在技术质量部、推进办、技术中心的炼铁人集中起来；我已经有了高炉体检表的构架，不完善也先干起来，“PDCA+认真”干起来，我会强力推进的。

2014.4.7 尝试建立高炉体检表

又是清明节，一年两次去扫墓。年轻时我没有任何感觉，随着自己年龄的增大，每次扫墓时，脑海中会思考“死亡”是什么？现在我要关照好两位母亲，把能尽的孝心全部用上了。人都终将老了死去，欧洲人面对死亡比我们安静一些，因为他们相信主在天堂保佑他们。我们的生活水平上来了，信仰缺失了，许多事情都在茫然中，我现在干好自己的本职工作，退休后放开自己，活着就开心每一天。

此次海帆因公务去美国，让我在家负责股份公司的工作。各位经理的工作套路不一样，因为在集团党委领导下，对人的管理很弱，不愿意得罪人。而对人的管理才是真正的基础管理，无论是生产、操作、设备、质量、环境出了问题都要追究，机关部门的工作和公司的要求差距更大，因为没有硬性指标约束。机构和人员的调动，两个能源总厂的整合先动了一步，制造部酝酿了好长的时间，成立冷轧总厂的消息也是上下皆知，在这个管理状况下不动只能是更乱。我心中有矛盾，不插手铁厂的事不行，作为马钢股份总工程师，为了高炉的稳定，我应该从技术管理上提出要求，尝试建立高炉体检表。设置什么体检项目、什么标准范围、什么判断条件，何时发出预警，怎样做到规范操作，我要带着问题下去，从最基层炉长、工长谈起，高手在民间，这项工作从底层征求意见起。

2014.4.9 向中海油力争超低温钢筋订单

在海洋石油工程股份有限公司进行超低温钢筋的技术交流。因为我是马钢股份副总经理、总工程师，才安排上与LNG工程技术中心主任、商务合同部总经理、设备合同部采办经理、采办主管交流。采办主管说：我们中海油的大门是敞开的，此次马钢来迟了，南钢走在你们前面了，一期在手工程马钢不要挤了，时间也来不及了，下次再有项目欢迎你们来参加。我说：现在进口不顺，工程又急需，我们马钢责无旁贷，马钢和南钢去年10月同时通过鉴定，马钢同样可以做到下达订单一个月内保质保量交货到工地上。中石化广西工程同时选用了我们两家，中石油考察了我们两家，并通知我们参与江苏如东项目议标，中海油我们之前也已和项目设计单位进行了技术交流。今天专程按通知来汇报，你们的技术条件我们完全满足，此次一期工程请给我们与南钢同样的机会，如果我们来晚了，价格上比照南钢价格降5%，数量上可以和南钢四六分干，乃至三七分干。马钢每年2000万吨钢，不是为了这个500吨的量，一期跟不上，到时二期又怕说马钢在中海油没有业绩，研发了一项顶替进口的产品，马钢该如何是好。技术上得到了认可，商务上不让谈，气氛有点不合。最终商务合同部总经理说：马钢今天的交流，让我们了解了低温钢筋的制造检验过程，一期项目马钢进不进，我们再向上级报告。我的个性决定了我的行为，我不怕求人也不怕被人拒绝。

2014.4.12　为重载车轴钢和时间赛跑

特钢公司杜松林写了关于生产“大轴重铁路货车用LZ45CrV车轴钢坯”的紧急请示，指示胡新华专门交给我：中国铁路总公司近期正在开发80~100t载重重载车型，共5000辆，约需LZ45CrV车轴坯共20000吨，其中南车铜陵车辆厂中标6000吨。因时间紧，已向太钢订货，但南车铜陵车辆厂担心太钢供货不及时，希望马钢能为其供应部分坯料，至少1000吨。但合同存在一定风险。据了解，载重80~100t级车型今后一段时期内将逐步取代70吨级以下车型，成为我国的主导货车车型，因此，重载车轴用LZ45CrV钢也将逐步取代LZ50车轴钢。马钢前期未能参与LZ45CrV车轴钢的研制，如这次抓住这一机会，打入这一领域，将对今后马钢车轴钢的发展打下重要基础，我们认为应该接下这一合同。特钢产品市场课题组，2014年4月11日。

我立即向高董事长报告：技术中心检验我们试制的LZ45CrV轴坯全部合格。已于4月10日发铜陵车辆厂，和晋西车轴厂检验。铜陵车辆厂现在没有问题，晋西车轴厂请高董事长出面，铁道科学院要铜陵、晋西两厂的检验结果。王春山已同意走程序，刘吉远说按协议办，全部工作在于抓时间进度。我们已向国金恒信发请求，对马钢LZ45CrV轴坯论证，最快在5月10日前下证书。我们硬着头皮干，先供铜陵车辆厂1000吨轴坯。

高海建董事长批了“同意！”一件事多头请示会闹出事来，特钢第一次干车轴钢是海建要来的订单，我知道他相信我们有这个实力。

2014.4.16　成立炼铁推进办

昨天得知汪保平被检察院带走了，不知犯了什么罪？戴华强已被逮捕，传说不仅是工作失职的事。

上午参加特钢生产准备会。我有时自己强迫自己去做事，杜松林去法国为收购瓦顿车轮公司之事，曹天明去德国为棒材探伤线，胡新华和孙维去株洲，龚志翔去铜陵车轴厂，又加上要生产LZ45CrV车轴坯，我要求张建平此次生产前一定开一个会，把上轮生产小结清楚。

下午党政联席会。高海建开场白，集团以股份为基石，股份以高炉为基石。现在二铁总厂3#炉又恢复不上来，合钢公司职工队伍不稳定，上访至省政府。近期对马钢案件查处力度很大，安庆检察院在查办，已经抓了杜仁宝、戴华强、汪保平、金翔、卜道勤5人。立即组建炼铁技术推进处，负责公司高炉长周期稳定生产工作，炼铁推进办加技术质量管理部炼铁人集中。马钢集团发展混合所有制经济总体思路：我们要“混”的起来，“混”的下去，“混”的出去。深化改革发展混合所有制，成立工作办公室，明确方向，推进步骤，此次党政联席会，任命蒋育翔为“混合办”主任！

2014.4.17　　高牌号电工钢第二轮试制

今天早上8点开始兑铁水，进行M35W300电工钢的第二轮试制，上海晶龙团队的专家在蒋丹青的带领下全来了，我还是满腔热情，全心有力的投入这系列高牌号电工钢的开发。现场看到了陈友根、武占军、焦兴利、邓勇、张虎、沈昶等人，与刘启龙在铸台上讨论了电磁搅拌，法方提供了电搅模式。

真空RH循环后，两炉钢出站C0.0024，C0.0025，S0.0015，S0.0017，OK！，铸坯宽度1120，两炉连浇顺利，电磁搅拌400A，4Hz，OK！硅钢35W300原料顺利热轧42块，2.8mm2块，2.6mm2块，2.4mm2块，2.2mm³6块，加热炉出钢温度1130℃，终轧温度820~830℃，卷取650℃，凸度50μm，楔形20μm。这次准备到位，全部达到预定目标。

2014.4.21　　保现金流，保生存下去

调度会散后，海帆总经理就股份公司人事问题听听我的意见，设立股份公司总工办，配炼铁、炼钢、轧钢副总工，把有才能、有水平的退休处干作为专家使用起来，市场部、销售公司、一钢轧总厂、四钢轧总厂、技术中心、技术质量部、炼铁推进处，有哪些可推荐的人选。

上午高海建、苏鉴钢、丁毅带股份公司班子碰头。

丁毅说：铁产量上来了，钢轧系统出了事故，必须分清责任。外部变化很快，一个是销售订单，一个是家中库存。各位必须对照今年签字的责任目标，检查工作。本月股份公司开始调整总资产折旧比率。

苏鉴钢说：市场下行，国家经济乏力，二季度钢材市场需求不动，库存增加，价格下跌，我们有些产线只有50元/吨的边际贡献，到了停产的时候，要生存现在必须下大力气抓内部降本，对内部要变化激励与考核方式，发行80亿债券很难。

高海建说：我们日子很难过，一季度差，二季度很难。在座的各位不论官大官小都是马钢重量级的人物，集团内不论什么工程先停下来，当期有效益才能干，否则停，保现金流，保生存下去。各位要抓管理要向各类事故的责任人问责。

2014.4.23 泰国工业标准协会专家来马钢审核

在第三钢轧总厂应对泰国工业标准协会认证。1999年~2014年3月，马钢大H出口227.9万吨，小H出口68.5万吨，共计出口：296.4万吨。

我说：作为马钢的首席质量官，对马钢制造的产品质量负总责，欢迎泰国工业标准协会（TISI）专家来马钢审核H型钢SS400产品。我1999年曾在三钢厂担任生产副厂长，马钢现拥有年2000万吨钢的生产规模，拥有两条H型钢生产线，规格品种配套，年200万吨生产水平。从1999年起，马钢又有近300万吨H型钢出口美国、欧盟、日本、韩国、东南亚市场，是享誉国内外的品牌产品，多次接受国内外二方、三方审核，所售产品质量稳定，我们将以竞争的价格，优秀的服务，过硬的品质进入泰国市场。

高海建问我，上周五党委书记工作例会上他的讲话知道吗？通报了检测中心李继宁书记未经请假，带领领导班子外出去巢湖牢改场看赵建民，给予通报批评。上周六去了重机精工车间，对现场管理不满意，王自远想递交辞职报告，表示同意，处干不干可以干个高级技术主管，可以改行干合适自己的工作。要我认真看看杜松林去法国考察可斯科金属公司的报告，法国人用圆坯开成车轴坯，经正火处理后，省去快锻、精锻、倒运，每根轴可以省400元。省高检指定安庆检察院对马钢历史排查，抓了5个人，现在马钢内部是逢官必反，见官变怨。要求各级领导好好干，全体员工干干好，横批现在要加上领导不要瞎搞！想做个善良人，但在这个岗位上不行，该咋地咋地！

高海建4月18日在党委书记工作例会上讲话，在会场听的人和看报纸上、网上写的差很多，我也得不到对称的信息，所以高董事长问我下面的反映，我浑然不知。

2014.4.25　难以置信的能力和速度

盯住一个信息，抓住一个机会，干出一个产品。从4月1日张宁发出铁总试制5000辆C80E重载货车上大秦线上试运行的信息，我们的团队以难以置信的能力和速度，昨夜下达1000吨生产计划，分厂厂长跟班，工程技术人员看住关键工序。早上，我来到了电炉炉台小会议室，石玮、汪国才夜班连白班。丁长江、高正波面对面，我要求科学小结此10炉LZ45CrV生产过程经验，建立标准打分表。炼钢的关键点是：要求电炉留碳C操作； LF精炼关键是炉与炉元素成分相近；炉取渣样要100%合格； RH净循环后，底吹氩切换吹氮保钢中氮含量；将真空后净软吹20分钟；检查每炉钢夹杂铝≤20ppm。连铸的关键点是：炉与炉的过热度小于30℃，拉速在0.25~0.26m/min，电磁搅拌参数确定依据，控制中包酸溶铝衰减，浇铸过程塞棒位置稳定，中碳保护渣，中包用雷法渣覆盖。我们谈得很热烈。

2014.4.27　马钢率先通过了LZ45CrV轴坯产品认证

为LZ45CrV认证，北京国金恒信公司请来了三位铁路专家：张宁、张弘、刘金贵。今天上午举行审核末次会，我、杜松林、张建平、孙维、周晓兰等人参加。组长宣布：产品设计、关键工艺设备，产品检验方法符合要求。此次试生产10炉一切OK！没有不符合项。马钢特钢通过国金恒信专项产品质量保证能力的认证！

上海铁路局铜陵验收室主任说：此次马钢特钢的研发力量经历了考验，从4月1日发出信息到生产LZ45CrV 1000吨，时间短，任务重，但马钢干的好；中国铁路货运车辆从C60→C70→C80三连跳，今后将大量采购LZ45CrV轴坯，马钢率先拿到了产品认证，今天我真是刮目相看马钢了。

2014.4.28　卓越绩效推进沟通会

股份公司卓越绩效推进沟通会。整个一下午，中国质量协会的咨询老师与马钢管理层诊断沟通。

高海建说：作为一个马钢领导不知自己的管理问题，那就不要当这个领导了，作为一个病人不知自己哪里不舒服，哪里疼，就是个呆痴了！还是那句话：“干部能上能下，从公司级、到处级、到科级、到作业长级；实现用绩效考评对这四级管理岗人员收入拉开；马钢应该是处干、高管、首席技师在同一层级上，三支队伍齐头并进。”

丁毅说：马钢的各项规章制度是全的，一条实线，公司发展战略是清楚的，我们提出把马钢建成具有国际竞争力的企业，一条虚线，公司员工的价值观和企业文化。时间变迁，今天我们站在亏损线上求生存，马钢正能量在削弱，负能量占着上风。公司追求卓越绩效是每个人、每个单元、每个单位把自己的工作首先做好，常态化的工作，必须常态化做好，一个厂长、一个经理要追求自己工作的卓越。今天不仅是让专家来诊断我们有什么病，而且是让专家来给出我们治病的方法。设定自己的目标在心中，耐心地一步步地去逼进。

2014.4.29 我与电工钢结下的缘分

早出晚归，一天走访格力集团、合肥凯邦电机有限公司、合肥凌达压缩机有限公司。格力董事长董明珠，一个伟大的企业家，1954年出生，著有《行棋无悔》《棋行天下》两本个人工作专著，我敬佩！

我和马钢电工钢是结下了缘分，没有马钢无取向电工钢40万吨的年产量、一年赚了5个亿的毛利，也没有我今天在股份公司的岗位。2009年峰值，2010年减量，2011年几乎全停产，2012年再找市场，2013年恢复元气。此历程从2008年到2013年，全国电工钢产量从不足200万吨已翻升到年产量2000万吨以上，电工钢的价格也从每吨8500元落至5500元。2013年底我又主持开发马钢中高牌号的电工钢，从W250~W470，在上海晶龙公司支撑下，二个月时间来总体推进情况不错。

昨天不知从哪里出来的消息，在拿5月份订单困难时，说马钢电工钢在格力使用出了质量问题，同板差不合要求，用户停止订货。今天我、沈新玉、张永翔、王立涛、销售公司孙玉林、合肥加工中心吴学军等，上午拜访了凯邦电机有限公司，下午走进了合肥凌达压缩机有限公司。

张亚总经理说：格力凌达用过宝钢的料、武钢的料，后来用了马钢的料，有价格竞争优势。宝钢产品没出现过问题，武钢电工钢出过板形和性能问题，出问题我们就停用，找到问题的原因再用。试用有过几次，现在我们主要用马钢的WLD，从去年试用合格供货已达6800吨。这是第一次，如果原因真是找到了，我们报告总部要再延长试用期。我这个首席质量官面对马钢内部管理，只能是认错道歉。我们回去立即整改，我们一定做好，请你们放心！

2014.5.4 干事要有拼劲

新年刚过，又过五一劳动节了。时间都去哪儿了？LZ45CrV车轴钢，从研发、试制，两家厂检验，取得国金恒信的论证。从4月1日得到消息到4月30日发货至铜陵厂，原本不可能的事，结果变成了真。4月28日，我找了记者洪红，请她写篇好的通讯，和她讲述了其中精彩的细节。5月3日，洪红告诉我写了一个初稿，标题为“一份难以获得的订单”。我改动这篇通讯，以4月1日至4月30日时间为序，因为不经历这样一个过程的人，写时是困难的，要感动别人首先要感动自己。晚上又想了想：“我们跑赢了时间，难以置信的事，30天我们干了什么，关键是我们相信自己能行……”今天早上我给高海建看了，他写了“阅，多说职工努力，少提领导”，因为此事是他特批的。终于完成了重载车轴钢的开发，此文是要告知团队干事要有拼劲。

2014年一季度全公司的生产经营亏损在炼铁生产上，高炉生产不顺，相对应成本也高，正常的生产秩序都乱了。二季度起炼铁生产顺了，但降本离目标要求差得很远，还未达不到2013年的水平，内部降本任务挂在了我头上。我们该怎么办？现在马钢其实很怪，谁有压力，海建、丁毅、海帆压力巨大，然后压力逐层递减，处干、科干、作业长，我们的职工不相信。不动根本利益是不行的，亏损了依然发了工资还要有奖金，这个压力怎么传递下去呢？公司各单位降本任务，一定要与本单位职工收入直接挂钩，低成本是企业竞争力，两头市场大家一样。降本有摘西瓜和捡芝麻之说，摘西瓜说明企业管理差，潜力巨大，捡芝麻说明企业管理不错，要见真功夫了。全体员工一定要有强烈的降本意识，这个一定是通过严格的企业管理并考核出来的。计财部要驻厂财务科可以梳理各单位的每一个消耗指标，对照每一个消耗指标去分析，千斤重担大家挑、人人身上有指标，一定会有办法的。

2014.5.5 陷入困境中的企业

今年已经过去的日子，钢铁企业再次陷入困境，企业明显地感觉到了“严冬”的气息。固定资产投资增速高位回落，房地产投资和新开工项目增速下降，机电产品出口增长乏力，经济增长“换档期”已出来！

抓质量工作，出了产品质量大事故，责任制重罚、待岗、除名，这在制造企业就是明文规定。我们是下层不愿这么做，上层说了却管不了这么多。板带类产品的二级、三级品中，除了夹杂的控制有一定的技术含量，其他均是肉眼可见，问题一清二白的，擦划伤、斑痕、边损产生的次品量，除了操作者外，要与设备点检和维护人员挂钩考核。今天给吴耀光、朱涛打了电话，我去参加总厂的专题质量会，告诉杨本华和陈玉宝，下去检查车轮喷丸标准图谱到位了吗，周六早会说车轮喷丸的一次达标率。要求车轮公司配合新闻中心，五月出车轮公司质量专版。

任天宝转批上海昌敬公司关于马钢镀锌汽车钢质量问题的紧急报告给我。镀锌汽车板有严重的辊印现象，用户意见非常大，有些用户已停止采购或停止使用。主要暴露在四钢轧总厂，大部分在镀锌卷头部40~50米和尾部30米左右。对此质量问题，请马钢引起高度重视。是的，目前销售形势不好，表面质量都控制不住，头尾部有问题就应该切除掉。

2014.5.6 *我有自己的科研工作方法*

今天正本清源干总工程师的活。

上午我主持第三轮高碳钢夹杂塑性包裹试验方案评审。积累了多年工作经验，在科研工作上我有自己的一套，现在技术中心炼钢所的年轻人还缺一块。面对第一轮、第二轮试验的结果，昨晚想了想这个试验该如何进行下去，我们应该抓住哪些关键点，这个会怎么开法。首先应该明确达到试验目的评价标准，尤其是夹杂物被硫化锰包裹，在显微镜视场怎样测量？钢中全氧是否可稳定控制在10ppm以下？钢中的硫控制在什么水平？怎样控制住外来夹杂物的侵入？其次应该建立试验过程评分标准。炼钢水成分；精炼终渣碱度也设立上下控制线；RH循环关键参数；连铸过程增氮、酸溶铝衰减、塞棒曲线稳定。只有试验过程达到设计的要求，结果才能达到更高的标准，把已做的第一轮、第二轮的过程参数，套回到标准中，找出了不足，才能准备第三轮试验。今天我点炼钢分厂硕士王尚、技术中心博士郭俊波和沈昶一道写出两个标准。

下午我在技术中心主持转炉滑板挡渣技术研究报告的发布。徐兆春高管工作一直是很努力的，一钢轧率先在三座转炉上实现了滑板挡渣，减少转炉回磷，节省合金消耗，吨钢降本达2.5元以上。徐兆春今天的专题报告有技术背景、转炉下渣的危害、滑板挡渣技术综述、技术应用的意义、应用的直接效果。安工大的王建军教授，马钢四个炼钢总厂的吴耀光、王勇、李应江、胡文华、黄礼胜、吴坚、黄良祥、刘国平、焦兴利、邓勇及技术中心炼钢所参加。我想达到三个目的：兆春高管做了大量工作，报告有价值，他的成果公司内可以共享，经验值得借鉴；提高产品质量，加快推进滑板挡渣技术，因为可以直接降本；四个钢轧总厂，四钢轧大转炉应尽快起动滑板挡渣，三钢轧在4#转炉立马上一套，二钢也可以试。滑板挡渣成功率大于98%，且稳定性好。

作为总工，今天的工作，很有必要，很重要，一定会产生效果。我这一辈子干炼钢，从电炉→平炉→转炉→电炉，从SKF→LF→VD→RH，方坯、圆坯、异型坯连铸，直到大钢锭真空浇铸，在溅渣护炉、钢包滑板连用有过自己的贡献。

2014.5.8 学习永无止境

一个家、一个企业、一个国家有许多的相似，穷家只能是先度日子等待以后好了再添置家当。在钢铁企业特寒的冬季，全国钢铁企业都在调整固定资产折旧年限。2011年，我们将固定资产折旧从8%下调至5.9%，2014年，我们将固定资产折旧从5.9%下调至4.32%。钢铁企业近期又调整了固定资产折旧，将设备类寿命由13年调至15年，建设类寿命由20年调至30年。

学习学习再学习，努力努力再努力。下午去特钢公司从炼钢、精炼、RH、到连铸，跟踪第三轮硬相夹杂被软相包裹试验。看了特钢高正波、王尚写的操作标准，两位年轻人的思路理清了，知道怎么干了！我要求王尚将LF的操作要点写在黑板上，尤其是控制炉渣碱度的操作，“碱度高了，采用SiC扩散脱氧，碱度低了，采用CaC脱氧”。在现场我考了RH主操，此轮试验操作要点，在连铸机台上，强调监控5个流塞棒的位置。今天张建平、乌力平、龚志翔、石玮、高正波、汪国才、沈昶、王尚、李小虎均在现场。从中午12:40兑铁水开试至晚7:30分连铸加3炉浇完，我和张建平、乌力平才离开现场。

2014.5.9 收购并经营瓦顿公司

2013年世界知名高铁轮轴企业法国瓦顿公司向法院申请破产保护，法院指定破产管理人在全球范围内寻求竞购者，为利用瓦顿公司的技术与品牌，将马钢车轮及相关铁路产品打造成世界品牌，加快马钢车轮成为世界高端车轮领先企业，公司在调研、咨询和初步论证的基础上，决定通过马钢股份公司在法国设立马钢瓦顿公司来收购并经营瓦顿公司。

我们收购瓦顿的意义：实现自有技术与世界领先技术的融合，进而形成具有自主知识产权的核心技术；促进我国车轮业务的高端化、国际化；以此为契机，以满足中国高铁发展为目标，将马钢车轮建成世界高端领先企业。收购后经营策略：联手进入中国高铁市场；共同开发全球市场；提效降本；发挥员工协同作用；适时对设备升级改造。

马钢在国外设置过几个公司，从事些贸易活动。但收购国外工厂这是历史上第一次，想法没错，收购也对，难在我们真正很缺这方面的人才，如何去干起来。

股份公司又一轮处干调整发文了，我相当熟悉的吴芳敏去重机公司担任党政一把手，王自远愿做技术工作，放在公司高级技术主管的岗位上。徐兆春出任设备部副经理，严开龙在一钢轧当设备副厂长，王华新去合菱公司当一把手，周浩峰去嘉华微粉厂当经理，章茂晗出任市场部一把手，王炜不兼汽车板推进处长了，朱伦才代理工作，我希望伦才大胆工作，勇于担当职责，在汽车板品种质量上建功。

2014.5.12　生死存亡最关键的时候

上午股份公司经理层碰头会。高海建说：人的精神状况十分重要，丁毅负责按季度评价股份公司班子。我们要大力推进岗位绩效评价，在职工中开展凭本事拿收入，处干可以实行风险抵押，股份公司领导坚定不移按承包责任书执行。丁毅说：五月份是关键转折点，现在进口矿价值指数在100，生产组织要在降本与增效两头做出业绩。长钢、合钢划归股份公司管理，力争早日成立制造部并成立冷轧总厂。苏鉴钢说：现在要抓两头保中间，在市场价格下行时，保持库存最低，无论采购销售都是一样的，两头的经营此时特别重要，经营上是少数人在干大事，生产上是多数人要干好自己的事！

下午2014年降本增效工作动员会。钱海帆说：增强信心，回头看2013年，再看今年一季度，我们自己没干好。我们有潜力，明确目标，各单位对照自己2014年计划降本指标，拿出具体举措，无论市场如何变化，降本增效是企业永恒的工作。丁毅说：降本工作不能退只能向前走，个人的业绩与个人收入挂钩，单位的业绩与单位班子挂钩。高海建强调：我们当前面临的形势是已经到了生死存亡最关键的时候了，必须把全体干部职工都动员起来！我们无法改变市场，可以改变现场，公司机关干部每月每人选一个点，在下午3:30~8:30去基层一个岗位蹲点，找找差距。我们的干部苦乐不均，收入就应该有高有低。我们需要优秀的干部，那就不拘一格选用人才。今天公司召开的降本增效会，账已算得清楚，是我们自己没干好，所以我们只有好好干，别无选择！我们极少数干部出事是自己的所为，胆大枉法，作茧自缚吧。

2014.5.14 受命于危难之中

马钢少数干部犯罪，弄得满城风雨，网上、微信上传出在全省出名了。这一周数了数又有8人被安庆检察院带走了，真的影响很坏。基层职工当作休息时的话题，这些所谓的干部，收入拿着年薪，上下班坐着轿车，钱已经足够花了，还要这么贪，为什么？凭良心讲，个别人出事我是过去有所察觉，对自己要求不严，喜欢和那些个体户、大老板们混在一起，经常活动在一起，吃喝玩乐，权钱交易嘛！他们做人做事有的不考虑后果，也不曾有过感恩之心。

海建书记在宣布完省检察院、安庆检察院逮人的事后说，经他与丁毅、海帆商定，让我兼任股份公司生产副总经理。他们都知道我的履历，海建说了声现在辛苦你了，我不知说什么是好。我已经是57岁的人啦，公司当前遇到了“人事”的困难，我先顶着干一个“过渡”时间吧。早调会上海帆向全公司宣布，股份公司的生产由海潮老总分管。

海帆早调会上宣布我分管生产后，好几个单位的厂长短信一条条的发了过来。好像马钢股份公司的二级单位厂长们都欢迎我来管生产似的，这要源于我八年的生产部长的工作作风，过去工作的业绩得到大家共认，做事严实，干事认真，我还是我，过去现在依然是认认真真干事。

下午我又去二钢轧炼钢区，铁水跨、炉台上、铸机区，现场管理一层不乱，炉台厕所的卫生挺干净，有这样的现场环境治理，就一定有生产顺行。炉台上各项指标动态追踪，白天为了环境，不补炉不换出钢口，不用粗颗粒材料去烧结炉膛，职工精神状况好，铁水紧张时就等待。在炼钢分厂和琚泽龙、王光亚等人谈工作，总厂降本已达98%，要求本月降本完成100%，带头冲上去，王光亚答应了。王光亚告诉我琚泽龙提起来后，安排小田年轻人去当炼钢分厂副厂长，胡文华武汉科技大毕业后一直在炉台，现在提至总厂当技术质量部部长。基层是个锻炼人的好地方！

铁总发传真电报：5月20日上午到马钢，5月21日到大同，5月22日到太原重工分别考察车轮、车轴研发中心，生产现场及试验室，组成重载车轮试用评审组和重载车轴试用评审组，16名专家5月19日晚到马钢，20日上午工作，中午离开马钢奔上海浦东机场，飞往太原。我要求特钢公司20日上午安排生产，让专家组现场看到轴坯连铸，参观检测中心二站。给太重坯试轧重载车轮，马钢轮坯以实现一轮一号，在太原工厂评审LZ45CrV车轴时，由杜松林或孙维发言。我在5月20日马钢宾馆召开的评审开始会上，重点介绍马钢重载车轮及车轴坯的研制情况。

2014.5.16 生产部要发挥龙头作用

丁毅要求我对生产部工作提出具体要求，恢复过去的优良作风，抓好总调和设备调信息报告。今天早上走进生产部调度室，除了两张新面孔以外，全是认识的人。大夜班，因能源总厂51BDS跳电，三钢轧异型坯铸机全部卡坯，从结晶到辊道。一钢轧板坯铸机因跳电停了下来，四钢轧1#机1流滞坯停机，2250热轧1#加热炉板坯出炉后卡在辊道一侧。铁水罐重罐22个，已经铸了三个大罐，一铁铁水严重晚点，事情发生在大夜班1：55。你们谁该向谁报告？几个调度不回答。我责成总调大夜班的调度分头去三钢轧和四钢轧现场看铸坯的处理，到现场去体会怎样处理生产事故。早调会后召开生产部全体员工的会议，高长松不在，请假送儿子去加拿大读书了。生产部是公司的龙头单位，要求发扬吃苦耐劳的精神，准确捕捉各类生产信息，总调、设备调都可以直接打电话给我，大的炉机和整条生产线故障停机，必须立即逐级报告，各级领导必须亲临现场。生产部安排处干科干值班，不是在家中值班，而是在公司办公室，一周一人轮不上一天。今天白班铸铁必须等我指令，李军负责一铁高炉赶回正点。全体生产部工作人员反思一下自己的工作，我过去怎么做的，现在立即开始怎么做。

去二铁总厂和伏明谈如何完成5月份的生产任务。本月现在仅欠1600吨铁水，如何实现1#、2#、3#高炉长周期的稳定生产，如何全方位梳理消耗指标降本，今天我俩沟通得不错，伏明对干好二铁有了自己的想法。给我看了刚出台的二铁总厂高炉长周期顺行保障制度，组织机构，职责与分工，工作程序，激励机制。让我看了1#、2#、3#高炉炉况“体检表”及实施动态情况，我提出了建立高炉评价用评分标准的意见。

2014.5.18 与炼铁技术处的工作沟通

和炼铁技术处胡夏雨处长第一次正式工作沟通。由胡夏雨兼任技术中心党委书记，有利于充分发挥人、财、物的优势。同意炼铁技术处做的在马钢召开“全国大高炉技术交流会”准备报告，报公司批复。要求炼铁技术处第一位的工作，是盯住二、三铁大高炉的稳定，在他们自己建立的体检表的基础上，参与每天的动态评价，厂里有一级体检，炼铁技术处有一级收集数据的再体检。预报高炉正常，高炉不正常，发出预警报告，提出预警应采用方法的建议。

2014.5.19 内忧外患的马钢

整个国家经济在下行状态，中国钢铁企业一季度亏损严重，4月份略止一点。马钢1至4月连续亏损，已公布出来的数额是5.85亿。上周施雄良、任强、赵志群被检察院带走，对上对下的冲击都不小，省国资委主任徐崇信专程来马钢谈了三件事：合肥公司暂缓关停；马钢干部的勤政廉政；面对严峻的市场，感叹马钢现在是内忧外患。

高炉恢复正常以后，各项消耗指偏高，降本与要求差距较大。四钢轧1#转炉，2#LF、RH、1580连铸机投产后，关键是调整品种结构，首要条件是能在市场上争取到我们有效益的订单。公司决定销售公司尽快设立地区销售分公司，今后以直供为主，省国资委徐主任说，安徽省一年消费的钢材量有3600万吨，马钢应加大力度开发省内市场，我们协调起来也够得着。

高海建说：今年上半年够闹心的，没有一件好事。一季度炼铁生产引发的亏损，合肥公司环保导致的关停，个人贪腐行为被抓在广大职工中造成极坏的影响。亏损的账是一清二楚的，问题出自我们自己内部，是我们自己没有干好。股份公司既然是集团的基石，就必须有责有权，股份公司领导要明确指挥各单位的处干去完成交办的工作，无能力的人让开。股份公司的干部提拔原则可以动，正科可以破格提拔为正处，副科可以破格提拔为副处，拓宽现在选才的范围，没有人什么事都干不成。

2014.5.20 发布高炉体检报告

昨天晚上丁毅和我们等铁路重载货车车轮、车轴评审专家组到马钢，等至晚上7:40，终于到齐了，专家组一共13人，来自全国，领队的是中铁总公司科技管理部部长。今天八点在宾馆中三楼会议室开评审会，给15分钟时间介绍马钢，重点是科研机构、车轮公司、特钢公司，我作了准备充分的发言。然后团队去特钢公司，检测中心理化二站、车轮公司。在出车轮二分厂大门时，我对专家组张俊琴女士说：“知道我为什么紧跟着您，因为我知道你前天捐出造血干细胞救人后就赶来了，参观现场我怕你累了”。她很感动，主动伸出手来用力握了我的手，轻轻地说：“你们马钢的信息很全面。”铁总派来这么多专家，此事就差不多了。

下午去三铁总厂谈A、B高炉体检报告的问题。在三铁总厂三楼会议室，摆上了投影仪，听取：A号炉炉长陈光伟发布A炉体检报告；B炉炉长高鹏发布B炉体检报告；生产部副部长凌明生发布总厂A、B高炉综合体检报告。黄发元、丁辉、李帮平、吴宏亮、朱伟君、徐朝阳等人参加。

我和他们谈论了如下问题：A、B高炉应列出同样的体检指标；指标应该分类，高炉本体、原燃料条件、设备状况、操作过程；在列出关键指标后，考察某个单一指标，它的波动是否危及高炉以及危及的程度，几个因素指标下行是否会像多米诺骨牌摧倒高炉。A、B高炉内外条件一样，同样的图表，以数据说话，查询历史，列出最小值、最大值、平均值，可以判断内部、外部情况，数据的采集后一定要用管理工具做出统计分析。

我许诺：A、B高炉体检报告，能管控炉况，预报准确，有对应措施，炉况稳定，年终每个报告奖励10万元，从总经理给我的奖励权限中提取。我们相约：6月底，再举行一次发布，一切工作围绕公司炼铁生产顺行来做，以高炉发出要求做好服务工作，坚定不移推进炼铁体检表的运行，从传统经验转入科学数字化常态管理，通过后我和黄总请各位喝酒。

2014.5.22　严格要求，实事求是

担当管生产的副总经理的职责，我肯定与任强的工作方法不一样。严格要求自己的同时，当然要求生产部及各生产厂，我决定挤出时间走遍各个生产单位，下去与一把手及班子成员谈谈工作，听听他们的意见，谈谈我的想法。

上午卓越绩效管理模式现状诊断。在我办公室，中国质量协会，中国卓越咨询中心孙桂林总经理等人对我访谈。马钢的管理现状：你认为企业的奖励和约束机制是否有效？七大业务板块有没有统一的规划和协调，发展远景，发展目标及战略，核心业务，产品和服务。马钢外部环境问题：无内忧有外患，有内忧有外患。当前国家的经济形势，产业改革等对马钢发展的有利及不利影响。马钢内部资源和能力，同自己的竞争者相比，我们怎样调整资源和能力？公司治理结构、发展战略、核心技术、研发体系、业务发展、细分市场、目标市场。马钢竞争环境：产品分品种和区域，优势领域在哪里，劣势领域是什么？相关产业子公司，内外部竞争态势，高层激励和考核，未来3到5年马钢发展目标。一连串的问题，有的我能回答，有的我回答不了。但是有一条我做到了，那就是实事求是。

中午11点，接到总调向我报告，国家电网故障，马钢两台大型制氧机全跳。我下令三铁总厂A、B高炉富氧从每小时16000立方减至8000立方，这样新区高炉、炼钢、轧钢少受影响。鉴于三钢轧3#机滞坯，总调全力组织一次小罐翻入大罐，铁运公司加快向新区输送铁水，把869线路上的负荷限下来，减至10万负荷以下，挂在此负荷上

的轧钢及转供全部停下来，马钢电网在孤单运行。晚上9点我从总调室去设备调，里面格外紧张，设备部长田俊刚上任就遇到此事，听说徐兆春也刚从当涂国家电网高配站回来，他们晚饭还未吃。

2014.5.26 幸福是要靠奋斗得来

工作、学习，作一个普通人，干好自己的工作，不图啥。忙得挺充实，我工作我快乐。困难的时候，去体会一下地位、收入都不如你的人，你就会有新的感觉。生活中，没有多少幸福是现成的，幸福是要靠奋斗得来。

股份公司经理层碰头会。5月份公司铁钢材生产运行达到了高水平，但依然亏损，现在必须在两头市场上下功夫了。马钢线螺产品售价低于南京市场，杭州市场，内部自己竞相跌价。现货矿的价格已经跌破100美元，到了98美元，不敢买，担心后面还要跌。炼铁生产量维持了高水平，但消耗指标高、成本高，三铁、二铁担心炉况波动付出了高额代价。铁前的管理思想不能乱，高炉操作者必须坚持七分操作、三分原料，眼睛向内找问题。因环保的压力，马钢今后辅料的采购会出问题，石灰石、球团添加剂。我们必须有合资企业，必须在自己的合资企业中使用自己的产品，要调整标准或调整资源点。本周公司要召开三铁高炉炉况失常分析会，先把问题分析清楚后开始问责。高炉失常造成这么大的损失，原料影响放在第一位是说不过去的，不能用我们没有及时应对原料变化，调整好操作来避重就轻。

审核五月上半月公司9座高炉体检表。一铁9#、10#、11#、13#高炉：七大项目，36个指标。体检报告（炉况诊断结果）：9#高炉，总体顺行；10#高炉，总体顺行，稳定性偏差；11#高炉，欠稳，调整，恶化制止，向好，稳定性偏差；13#高炉，总体顺行。二铁1#、2#、3#高炉：八大项目，38个指标。1#高炉，炉况健康情况，总体较好；2#高炉，边部气流发展，料停不畅，出现管道调整炉况趋稳；3#高炉，炉况总体健康。三铁A、B高炉：四大项目，27个指标。A炉炉况波动大，炉况欠稳；B炉炉况波动较大，恶化趋势已制止。我提出了意见：半月一次审核要改为一周一次审核，用现在的方法来回溯四月上半月和下半月的情况；逐步完善用于研判高炉的趋势；体检炉况报告的分析与改进，要关注系统性的变化；原燃料中外购焦炭质量指标纳入进来；定义一下炉况评价用语：稳定顺行，炉况欠稳，波动较大，发出预警等。

2014.5.28 尝试以轧代锻制造车轴钢

马钢有了车轮厂、有了轮对厂，可以生产车轴用坯料，但是马钢从未自己生产过车轴，不投资上新项目，可以再以轧代锻上尝试。上午在特钢公司我们讨论以轧代锻马钢自己制造车轴的方案。吴芳敏、杜松林、孙维、汪开忠、龚志翔、王强，重机锻造加工分厂厂长等人参加。汪开忠汇报了以轧代锻制造车轴钢的调研情况。中国铁路标准没有，欧洲铁路联盟标准允许，国际铁路联盟也允许，现在关键点是我们技术上行不行，价格上是否有竞争力，国内市场能否拿到认证资质。以轧代锻的成材率，当留15mm加工余量时坯料成材率达66%，当留7mm加工余量时锻造成材率是72%，以轧代煅制造车轴总体每吨轴可以降成本550元左右。成立公司A类科研项目攻关组，杜松林任组长，率先试制25吨轴重的常用车轴。定在6月1日特钢开轧，6月4日轴坯送重机热处理，6月8日做技术检验，6月13日转重机加工，6月20日开小结会，最终委托铜陵厂、马钢晋西两厂作检验后去开拓市场。我们各位分工负责，说到要做到，下定决心去干。

下午去检查一铁总厂高炉体检表的试运行情况。胡夏雨、黄加昆、孙国义、梁晓乾，程静波、陈义信、张良成，炼铁分厂厂长等人，听取9#、10#、11#、13#高炉炉长汇报5.1~5.21高炉体检情况报告。因小高炉的自动检测装备差于大中型高炉，有诸多项目仍是人工测量记录，但已改变了过去高炉工长的交班方式。我总结说：马钢炼铁有光辉的历史，现在我们落后了，特别缺乏炼铁人才，此次A、B大高炉出事，先后请了安工大的杨博士、首钢的张卫东、宝钢的李维国三位专家，人家是理论与实践结合为一体的。我们一定要培养自己的人才。公司推行高炉体检表，三个铁厂炉型不一样，不强求一个模式，不搞形式主义，要搞实用主义。今天一铁四座高炉体检报告，最高的不到70分，低的不合格，我们每月来听一次汇报，到年底一铁选两座有完善体检报告的高炉，每炉10万元奖金，体检结果要准确反映高炉状况。现在的实际情况是9#炉业绩好，13#炉业绩排在最后，但汇报是9#差，13#炉好。罗列了诸多高炉指标，首要任务是梳理出哪些是保高炉顺行的关键指标或A类指标。一铁总厂给四座高炉做体检报告，准备用几个标准词，好、较好、一般、不好、危险，评价词不是凭感觉，必须和关键指标挂起钩来，从定性到定量。高炉体检报告是常态化的工作，必须认真坚持下去，用体检的工作方式，保高炉长周期稳定顺行。

2014.5.29 加快推进电工钢开发

上午上海晶龙公司薄丹青来找我，说汤曙光好像身体不太好，休年休假了。这一周MG50W300电工钢推进慢了下来，市场销售可以分层级，不一定完全去压缩机行业，也可以去仪表仪器行业。此时应该快干、多干，低价多销一点出去。请我出马开一次小结会，分普通参加人员和核心层，把现存的问题分解落实下去解决掉。另马钢是否考虑硅钢生产一贯化管理的咨询项目。我聆听薄丹青的各项建议，重点放在存在的问题上，怎样解决这些问题，薄总的任务是把问题说清楚，解决的办法拿出来，我的任务是落实行动，把存在的问题解决掉。高牌号硅钢难在一、四钢轧总厂交叉物流的生产组织上，难在加快开拓市场把产品送到用户去试用上。我告诉薄丹青从今以后我们两人直线联系，马钢内部的事我来管。

下午三铁高炉炉况失常分析会。A高炉失常，2014年1月4日至2014年3月19日，75天，损失产量28.39万吨；B高炉失常，2014年2月19日至2014年3月29日，39天，损失产量14.30万吨。海帆总经理主持会议，黄发元厂长作了汇报，从失常过程起到处理全过程，做了失常原因的分析：主要是炉缸堆积及操作炉型劣化，在干湿转换中未及时调整产量；混匀矿换堆取料，烧结矿质量下降；关键是我们操作缺乏经验，应对措施也偏离了目标。在炉况下行时其个人因私出国，愿意承担责任并接受处分。

2014.5.30 铁下心抓高炉操作方法改进

一周忙昏了头，我竟然不知端午节放一天公休假。分管生产我工作的切入点和重点是什么？当然第一位的是抓炼铁生产的稳定，怎样抓炼铁生产稳定，抓基础工作，抓什么基础工作是最有效的载体，高炉以数据说话，抓体检表，体检表怎么抓，一步一步地往前走。我希望能通过体检的方式，在我主管生产的时间内高炉不再发生大的波动，这比我干什么都重要，因为铁的生产好与坏，决定了公司整个生产经营。常态化的工作必须常态化地做好，我是铁下心了，今年就盯着这件事干出点名堂来。

看了股份公司4月份各单位绩效评价，我有说不出的感觉。全公司计奖人数32000人，科长1080人，作业长1270人，人均奖金1688元。为了稳定，公司亏损这个样了，工资一定要保且奖金也不能减，我们怎么把压力传递下去，压力传递不下去，又怎么会有新的精神状态。

今天下午公司再次召开三铁高炉失常分析会。一、二、三铁厂，焦化、料厂、生产部、炼铁处、技术中心全部参加了。丁毅说：股份公司全部领导参加三铁高炉失常分析会，这是历史第一次，可见是特别重要了。今天分析会三铁总厂和炼铁技术处各自拿出了报告，意见基本一致。我要强调的是高炉失常的责任主体是三铁总厂，在管理上和技术上都存在问题，不否认外部有诱因作用。马钢大高炉要过三个关：高炉顺行关、干湿转换关、冬季难过关。高炉对内“三分原料，七分操作”，对外“七分原料，三分操作”，各部门要为高炉创造好的生产条件，高炉不能只说料堆、焦炭问题，不说自己烧结球团问题，我们的高炉操作太缺乏技术操作的氛围了，闭门造车封闭自己，要有开放学习的心态，走出去学习先进的操作与管理。公司要为高炉生产创造条件，不能出了事故全部去指责炼铁厂。高炉出事了，铁前的处干也出了事，公司炼铁现在技术人才全部散开了，炼铁现在既无副总管，生产现在由海潮兼管，公司成立了炼铁技术处，真的要能担当起来，把职责全交给你们。

2014.5.31 创出高产，但仍亏损

今天是周六，明天是周日，后天是端午节，别人在休小长假，我们在忙工作。5月13日，安庆检察院带走了赵志群、任强、袁方，我受命于危难之中，接管生产。我很敬业，又风风火火地干了起来。本月铁、钢、材均打出了历史高水平，因两头市场不给力，内部降本差0.45亿元，总亏1.2个亿。本月我们分头去钢轧总厂鼓劲，结果二钢轧总厂降本报出了100%。今天的早调会，我责成三钢轧总厂检讨钢包底部滑板未关严造成的生产操作事故，二铁总厂检讨2#高炉新投入使用3#铁沟滴漏事故，一铁总厂检讨3#烧结机主轴风机轴瓦烧事故。报社主任于进问要不要曝光，我定了：二钢轧总厂100%完成降本任务的消息下周二上头版，三起事故查处到直接责任人后在头版上曝光问责。

昨天A高炉热风总管发红后局部垮塌下来，长度约1.5米、宽度约1米，因为太热了无法处理，关闭了热风阀等降温。今天上午11点，我又来到了A炉，处理方案还在讨论中，依我的经验必须将垮塌处全部拆除，做一段弧型钢圈放进去，然后在上面砌砖或浇筑都行，顶升的办法是不可行的。詹旭有些吃不准，张洪亮不表态，夏会明在思考。我说我在平炉干过类似的炉顶，这样干一定行！如果朱昌逑在他会怎么定？还等什么？夏会明拍板了，“就这么干！”人的经历是宝贵的财富，关键时刻立马想想过去干过的事情。

2014.6.3　千里之行始于足下

股份公司经理碰头会。

5月份股份公司生产业绩不错，但经营结果仍亏1.36亿。关键是两头，我们的原料采购价高，我们的产品售价低。马钢生产经营的方针是：低库存、抢订单、满负荷、保现金。一季度是高炉不顺损失很大，二季度4月、5月是差在采购与销售两头的价格上。5月生产经营中的亮点是：铁、钢、材超年计划水平，下旬四钢轧1580、2250生产出彩，铁钢比控制有效，二钢轧总降本达到100%，板带比上至新水平，资源向高附加值产品调集，为了保高炉长周期稳定，下大力气推进高炉“体检表”。海建要求各位领导发挥表率作用，个人按分工担当职责，每个人要改变别人必须先改变自己。今天碰头会上请天宝分析一下为什么钢材价卖的低，克从分析一下为什么原燃料采购价格高。

集团公司党政联席会议。钱海帆汇报股份公司5月份生产经营情况，本部亏1.36亿，合并报表亏1.21亿，最主要的是采购与销售两头对冲仍亏6800万元。高海建传达省委书记张宝顺在马钢“2014年工作汇报”材料上的批示，当前是马钢十分困难的时期，希望广大职工团结起来，迎难而上，坚定信心，共克时艰。要转型调产，勇于创新，要稳扎稳打，深化改革，要加强管理，严控成本，要加强党建，转变作风，希望省有关部门继续关心支持马钢渡过难关。高海建点评股份公司各位经理应突出重点抓好工作，钢铁企业已经到了最最困难的时候，集团公司各位也必须抓紧的工作，我们别无选择，两套班子全部用KPI指标考核。

5月30日下午6点，法国法院宣布马钢收购瓦顿公司获胜。瓦顿公司曾被并购或被卖了三次，这次是省政府和中国中铁的全力支持，我们启用专家引路，遵守国际惯例。法国外长法比尤斯会见了高海建，法国政府支持中国马钢收购。我们的主要工作，获得中国高铁市场准入是关键，建立起一流的技术研发中心，让马钢的高铁车轮、车轴、轮对成为全球高端产品，引进、并购成功后，我们怎样担负起使命。公司任命乌力平为MGV公司董事长。

马钢能够成功兼并法国瓦顿公司，成立MGV公司是一件好事，是一个战略契机，我们要把好事干好。千里之行始于足下，把两家企业的产品在国内外市场拓展开来，瓦顿的产品进入中国，马钢的轮轴坯给瓦顿作原料。真这样实现了运作，MGV公司一定是有竞争力的。

2014.6.6 积小胜为大胜

一周的时间过得真快，更何况本周一是端午休假，只有4天的工作时间。顶替生产副总经理的岗位以后，真的是忙的不知一天天是怎么过去的。股份公司副总经理，过去独立公司时是个副厅级，现在只是个正处级。虽说有了马钢集团，但股份公司占了绝对的重量。高海建说“股份领导是官不大、权不小，集团是官大权小”。当领导也有两种工作方式，一种是听汇报，检查工作，指点方向，另一种是跑现场，推动工作，紧盯目标。我从不把自己当作领导，也不曾想自己有多高的水平，只是愿意把一件件具体的事情做实做好，积小胜为大胜，通过做好一件事，理出一个好的工作方法，让大家认可。

上午约了技术中心炼钢所全体，检查MnS包裹硬相夹杂试验情况汇报。沈昶汇报了第1、2、3炉过程操作与过程标准对照以后的得分情况，三炉全氧均小于10ppm，达标了，关键是在浇铸过程中有单流蓄流发生，蓄流物黏在塞棒与水口的碗部位；1、2、3炉铸态圆坯检验结果与标准对照以后，仅仅是Ti的控制超标，硫化锰包裹在97%以上。我等待着这三炉钢轧制成车轮后，探伤报警率的报告。

下午我和炼铁技术处胡夏雨、黄龙，生产部龙吉宁、高军去二铁总厂，听取1、2、3号炉报告体检表运行情况，听取总厂体检表运行报告。伏明、殷欢，炼铁分厂厂长、生产技术部部长、高炉炉长及工长全部参加，历时三个小时。二铁体检表的特色是将相关指标分为A、B、C三类，A类占60分，B类占25分，C类占15分，1000分值，最终以高炉顺行指数说话，殷欢作了报告，伏明作了补充。经过现场检查，我确认高炉体检表在公司9座高炉上全面使用了，下面的工作是在使用中完善起来，“体检”能发现问题，较早发现了问题我们能有应对措施。

2014.6.8 周末到铁前现场关健点巡查

多数人的周六、周日干什么？我说不准，相信是轻松、休闲的。从2000年进入公司生产部当经理直至现在，历时15个年头，我的周六、周日上午基本是正常上班。

周六早调会，高海建、苏鉴钢、丁毅、钱海帆等，该来的都来了。上周沈新玉副厂长因外发给格力的M35W300试用的新品在合肥加工中心发现诸多表面缺陷作了检查，本周因四钢轧耐候钢SPA-H外包装及外观质量问题，我要求朱涛副厂长作个检查。9点半会议结束了。高海建董事长点评了一下：一周一次点评会能不能确立一个主题，部门的发言能否将文稿直接放至电视屏幕，不能像读一样，抓住重点才行。

散会后，来到了三铁总厂B号大高炉，和黄发元沟通，B号大高炉因干湿转换，负荷从4.20退至4.10，炉况气流不稳，再退至4.0，每天减铁约800吨。B号高炉炉顶上料缸系统设备有问题，14个风口上翘，能否撑到6月20日检修，全国大高炉技术专家委员会6月18日至20日在马钢召开，我们三铁总厂做报告准备。和龙吉宁来到港口集团与港务原料厂相交的部位，一条从北往南的块矿烘烤筛分线正在施工，新建烘干室、滚筒机、筛分机，新增三个块矿贮存圆槽，年可生产干燥块矿200~220万吨。去焦化4#干熄焦检修现场，和邱全山等人了解检修工期，重点内容，要求把湿熄焦质量干好，取大块测定水分和过去一样报出结果，让三铁人放心。

2014.6.10　受环保约束，大宗辅料资源紧张

今天克从副总经理就石灰石供应将危及正常生产，召集采购中心、生产部启动应急办法，一是立即从湖北长江上游采购8万吨，以船运回来；二是我们合资的铜陵远大，皖宝矿业，现在受制于汽车运输处在制超载期，可以加价给汽车运输单位；三是外购粉灰给炼铁烧结使用，置换出石灰石给炼钢烧石灰。

市场的变化，环境的治理，中国钢铁工业的日子是真的难过了。现在煤炭、铁矿石等大宗原料已显现供大于求局面，与之相反大宗辅料受环保要求和政策影响，资源近年超紧，由供大于求转为供不应求，从过去季节性供应紧张向常态化紧张发展。马钢石灰石，年需求270万吨，月需22.5万吨。设立皖宝矿业供应基地，稳定江苏船山、铜陵远大、青阳华宜，加快含山大茨山建设。白云石，年需求190万吨，月需12.5万吨。现在有桃冲矿业、池州白云石。外购冶金石灰48万吨/年，外购膨润土12万吨/年。

晚上我请宝钢炼铁资深专家李维国吃饭并交流炼铁生产技术问题。李维国先生今年70岁，在宝钢65岁退休，宝钢每年给出高额年薪，两个女儿已成家，一个外孙、一个外孙女，现在很幸福，祖籍宁波，上海人，鞍山钢铁学院毕业。

我代表公司请李维国先生此行关注两件事：马钢二、三铁四座大高炉的体检表及关键指标的设置，现在存在什么问题，请给予指导；马钢高炉改进操作方法，提升高炉抗干扰能力，提升经济技术指标，我们现在应该主抓什么工作。

2014.6.12 向工序过程精准控制靠进

上午我又来到焦化新区（7#、8#焦炉）的东头，4#干熄焦检修现场，了解检修情况。汪开宝副总工告诉我，人孔打开后，一圈有六个支撑变形受损，牛腿下座砖，2、3、4层砖损了1/3，正在进行修补方案策划，我和他们请教了一些问题，最后登上了4号干熄焦，从T5、T6孔往里看，我想钻进去看，大伙劝我不要进了，一想自己57岁了，前不久在现场闪了腰，我停住了。

汽车板推进处每月度有一个例会，在四钢轧404会议室举行。每次例会汽车板推进处主持，一、四钢轧总厂、合肥板材厂、技术中心、检测中心、销售公司等单位发言。每次都有问题，每次又好像没有什么问题。开会干什么？提出问题，解决问题。我们汽车板推进处要改变会议的开法，每次会议有一两个主题，一两个典型案例剖析，追根溯源到写所需、做所写、记所做，到底存在什么问题，说个一清二楚。公司汽车板5月质量总损失是上升的，尤以四钢轧酸洗汽车板突出，酸洗暴露出了问题，但根源在炼钢还是在热轧。职能部门记住做好服务是第一位的，不是自己没有问题，都是厂里的问题，一起质量事故真实原因的认定可以分为管理上的问题、技术上的问题、管理与技术交织在一起的问题。检测中心特别关注汽车板质量缺陷的分类统计，将不同品种、不同规格的质量缺陷做对比分析，提供质量问题判定支持。

我们产品质量的稳定，就是各工序操作在控制范围内，质量控制的最高档次是工序过程的精准控制，其次是产品最终检验后能实现分级发货。汽车板推进处要学会全面贯通TS16949标准，我们去现场看什么、查什么、做什么。质量指标的时不时波动，工艺纪律检查总是存在问题，必须一针见血指出。

2014.6.15 电工钢专题会议确定事项

马钢电工钢专题会。硅钢是公司战略性产品，现在总量达年度计划要求，但品种调整不达要求。同意一钢轧购买一台孔洞检测仪，一台轮廓测量仪，CSP上一台进口板型检测仪。一钢轧三条硅钢连退线就品种规格做一个产线分工的定义，交销售公司订货时参考。技术中心修改判钢条件，结合CSP热轧板型控制，连退最终检验的铁损和磁感制定。销售公司和一钢轧沟通，制定出电工钢2014年下半年生产经营计划和2015年生产经营打算。沈新玉负责2014年7月5日前，完成往格力送M35W300变频电机用在压缩机上的试料。陈友根将晶龙团队提出的“电工钢一贯化管理”模式，放在一钢轧硅钢生产线上试用。同意给检测中心完成硅钢检测分析的配套费用，同意中科电气试制1580电磁搅拌辊顶替进口，同意一钢轧与技术中心签硅钢技术支撑的开口合同，同意销售与一钢轧联手分级判钢发给直供用户，让用户感受到马钢电工钢质量稳定。要求今天电工钢专题会明确的各项工作，各位认真落实。

2014.6.17　举办高炉生产技术专家委员会

全国高炉生产技术专家技术委员会，暨马钢4000立方高炉诊断会在马钢举行。委员会主任：中国工程院院士张寿荣，今年87岁，思路清楚，声音洪亮，尽管行走已不方便，还是坐着轮椅也要上高炉来看看，令我感动。我指示记者把老爷子和我们马钢人的照片多角度拍下来，告诉丁晖、黎兵优选两张放大以后，放在我们A、B高炉通廊的柜窗中，我们要找寻炼铁人的文化。

全国专家委员8人，由首钢、宝钢、武钢、鞍钢、原冶金部炼铁专家组成。丁毅致欢迎辞，中钢协副会长王晓齐致辞，马钢三铁总厂黄发元厂长作马钢4000立方高炉投产以来情况汇报。

A号高炉2007年2月8日投产，B号高炉2007年5月24日投产。A、B高炉主要经济技术指标：投产至2010年4月，利用系数A：2.128，B：2.103；喷吹煤比A：144kg，B：143kg；燃料比A：511，B：516。高炉用矿结构，烧结70%，自产球团22%，进口块6%，自产块2%。高炉用焦结构：7.63M干焦60%，6M干焦25%，7.63M湿焦5%，外购一级焦10%。有害元素的控制：2014年3月底颁布4000立方锌颁布负荷≤350g/t，碱负荷≤3.5kg/t，风口上翘控小于2。

马钢4000立方高炉问题研讨是：马钢A、B高炉操作制度的优化方向，如何实现长周期稳定顺行。焦炭质量优劣综合评判，焦炭取样检验。干湿焦炭转换高炉操作应对。有害元素控制标准及手段。炉底板上翘的处理。

宝钢资深炼铁专家李维国说：高炉也和人一样，不可能一辈子不得病，得病关键是“对症下药”。高炉得病首先是煤气流走偏，即煤气流分布异常，分布异常不及时纠正，逐渐会发生以下病：管道形成、炉墙黏结、大凉难行、炉缸堆积、炉况失常。此时诊断炉况不准确，处理炉况反反复复，走不出来，千万不要“一条胡同走到底”。保持长周期稳定，减少炉况失常的频度，高炉操作最重要的是精心，功夫用在平时，把大问题化小，小问题化了。大专家说出了让我们一听就懂的话。

2014.6.18 要凝聚人心，要公平公正

公司7月份的生产经营草案中预测采购降本大于钢材跌价，有了盈亏持平的机会。7月份生产计划，铁钢材是按年度计划水平推进的，因为最差产品都有边际贡献及纯利润，所以铁钢比不变满负荷生产。7月公司板带比达70.78%，给四钢轧排产60万吨，一钢轧排产28.5万吨，只余33.3万吨钢给二钢轧、三钢轧、特钢去干，因为现在板带产品效益比长材高许多。7月重点工作是铁前坚持完善高炉体检表，四钢轧生产完成计划。

高海建董事长今天说了；重机公司的审计结果令人吃惊，这么大的亏损额，过去的审计去干什么？多次要求两级机关人员下基层，谁在检查执行情况怎么样？厂长、党委书记、纪委书记、工会主席，怎样各司其职又很好地融入我们的生产经营中去？马钢个别出事干部，钻公司职能部门管理的漏洞，胆子真是大到无法无天了。思前想后，我现在清楚意识到领导就是要管人，要有本事凝聚人心，要让公司公平公正。

2014.6.20 大刀阔斧抓质量

我是首席质量官，不大刀阔斧抓质量是不行的。《马钢日报》头版登出一钢轧总厂严厉问责高牌号电工钢制造过程，后面还有四钢轧耐蚀钢质量的问责。

今天周六视频会，应该由责任单位的中层干部做检讨，我要求一钢轧沈新玉、四钢轧朱涛为产品质量做检查。上周六，四钢轧生产干得不好，刘国平作检讨，又让铁运公司钱曦就安全生产做检讨。下周我想不是张建平就应该是龚志翔，为整炉车轮钢报废做检查。今后就这么干，向下传递压力，董事长、总经理定下的让中层干部检讨，这种工作方法好。

人人有不同的志向，谁也不能预测自己的命运，只有拼命地努力。今天乘高铁从南京经全椒，去武汉参加电工钢工作会。让我回忆起1976年我高中毕业下放在安徽全椒县石溪公社的往事，冬天挑驷马河大堤，三伏天忙着“双抢双季稻”，晚上在一盏煤油灯下看书，春节的时候就我一个人在生产队渡过。那时我真的什么都没有……直至1977年全国恢复高考，当然我也不曾想到今天我所从事的工作。

此次我决定来武汉参加中国钢协召开的电工钢工作会，是因为我在马钢电工钢产品上做出了贡献，我因电工钢干的好，给个人赢得了能力，给单位赢得了奖金，给公司赢得了效益。我们的企业如何应对电工钢产能过剩？为贯彻工信部推广高性能电工

钢、加快淘汰落后产能和减少低端产品生产，推进电工钢产品升级换代，企业应取哪些应对措施？国家标准电工钢产品修订中，怎样适应当前市场和用户需求，如何与国际接轨？贯彻反不当竞争法，如何规范电工钢市场程序和企业诚信？在中钢协召开的此次会议上，我代表马钢发表了意见。

2014.6.23　公司提出了行动要求

预测6月股份公司本部亏损8285万元，钢材跌价损失4.24亿，原辅料降价增利4.32亿，降本铁前欠0.348亿，生产欠量欠0.1321亿，结构调整欠0.2168亿。要想7月份实现盈亏持平，6月最后一周的生产经营十分重要。炼铁生产稳定后，要在技术经济指标上下功夫，全公司降本增效的重点已落在三个炼铁总厂，尤其是四座大高炉上。7月份能否持平，直接关系到2014年马钢公司的生存状况。公司提出“低库存、提质量、抢订单、调品种、保资金”的行动要求。

周生产经营视频会，根据生产经营中出现的问题，由企管办通知责任单位的领导作检查，我告诉新闻中心主任，登报时要点名道姓到单位和个人。钱总要求，周六点评会企管办发起问责，有问题单位领导作检查，部门和分管领导要点评，我们要抓基础管理工作，认认真真，从一件件事抓起！高海建指出，领导要带头，领导要抓人头，以抓人头的工作促进做事情的工作。

2014.6.25　不怕做不到，就怕想不到

认识河北钢铁集团董事长于勇，是公司组织去唐钢学习时听过他的情况介绍。感觉到他是一个很有激情与才能的领导，总经理退了他上了，董事长退了他现在执掌河北钢铁集团。这次在冶金报上又看到了记者访他的新东西。于勇说了：一个企业最大的信心来源于能够看到自己的问题，而且有办法解决这些问题。日趋严峻的行业经营形势表明，钢铁企业已到了必须直面市场，颠覆传统，以改革求生存，以创新求突破的时期。通过变革和创新，将企业最优质的资源配置到产线上，将企业最优秀的工程技术人员吸引到产线上。未来河北钢铁集团最好的资源，最高端的人才，最丰厚的待遇将在产线上，我们的技术精英团队和产业工人队伍也将以自己工作的产线为荣。

他的想法和做法，也应该是我们的想法和做法，有句话说得好，不怕做不到、就怕想不到。

2014.6.27　去广州推介新的硅钢产品

一周的工作排满了，小会服从大会，我先服从总经理安排的工作，但我坚持按时完成我的工作计划，坚持POCA循环的工作方式。公司每月一次的技术质量例会由我主持召开，这一次因为周四、周五我去广州推介新的硅钢产品，时间挤不过来了，所以只有晚上召开了。

抓技术工作，要有一种韧劲，理论上是正确的，方法上是可靠的。不怕过程失败一次、二次，而关注每次离结果还有多少差值，什么原因造成的，不是一次成功即欢呼起来，而是验证它的重现性。

以轧代锻研发车轴国外标准明确准许，CRCC不准许，第一批试制车轴后续检验看结果；试验的硫化锰包裹夹杂圆坯已轧制成车轮，本体去取样，要定性定量分析；四钢轧3#铸机为什么S650L不敢干，轻压下，电磁搅拌、二冷配水模式都有；M35W300的最后一次试制目标是M35W270，检测中心就C、S、Ti的检验与技术中心对比后，还要送至钢铁研究总院去校对；合肥板带厂的质量体系要指导他们运行起来；车轮公司的喷丸效果纳入检测中心的“二检”后，再有不达标的放过，检测中心要负责，因为这是表面质量的最终检查；一钢轧圆坯线全停了，还有GE产品转到特钢生产的过程变化要申报；产品质量与设备点检的关联关系，工艺技术人员要和设备管理人员商定清楚；科技质量部建立的公司级关键工序控制点必须严格检查并纳入考核。

今天乘深圳航空的早班飞机，8:10分从南京起飞去广州。

去第一家：佛山市顺德区骏腾金属材料有限公司，曹玉兰总经理，推介马钢50W470、35W470，35W300。去第二家：松下万宝（广州）压缩机有限公司，梁颉经理，工厂使用宝钢35W300，日本产35W300，要求同板差小于8μm，我们努力后可以做到。去第三家：广州日宝钢材制品有限公司，黄历富经理，工厂对电工钢纵切、横切配送，用日本产及鞍钢和宝钢产的电工钢，马钢在价格上有竞争优势。去第四家：珠海凯邦电机制造有限公司，李银院经理，马钢MG50W600电工钢同板差不如武钢和太钢稳定，要求改进。去第五家：珠海陵达压缩机有限公司，范少温总经理，马钢电工钢“小卷”交货不达重量要求，同意试用M35W300。去第六家：美的公司总部，罗立经理、赖华伟副总经理，电工钢备货生产，关注马钢板形$v \leqslant 10$，同意试用M35W300。工作完成。

第二天，我们4人乘上海航空，晚8:30航班，从广州返回南京。两天拜访六家用户，吃饭、工作、赶路，真是排得紧紧的。

2014.6.30 形势法制教育会

公司办公室定于6月30日上午9:00，在413会议室，由省检察院、安庆检察院来马钢召开案情通报会。会议要求提前15分钟进场，不作宣传，不准记录，不要带笔、记录本和通讯工具。会议名称：形势法制教育会

在413会议室入口处，每人签到，发一张工作联系单。上写工作时间：7月1日0:00时至7月3日24:00；工作地点：1、安庆市检察院反贪局0556-5337750，2、马钢宾馆南楼一层106房间0555-2627846。主席台放了5人座位，省检察院反贪局长陶芳德，安庆市检察院检察长李军，省国资委纪委书记方无，马钢董事长高海建，还有一位是安庆市检察院反贪局局长。安庆市检察院检察长李军通报：马钢已查明涉案人员21人，刑事拘留或逮捕11人，铁前单位涉案人数多，涉案数额在100~3000万元之间，做案时间长达6~7年，涉及单位：一铁总厂、二铁总厂、采购中心、煤焦化公司、钢结构公司、仓配中心、销售公司等。案件已经牵涉到的人数不少，公司级的施雄良、赵志群、任强已经批捕。省检察院反贪局长陶芳德说：马钢的案情令人震惊，贪腐问题在少数人身上极其严重。今天讲是形势法制教育会，是经上级同意的，正告诉那些有问题的人，就是指在座的还有几十个涉案，最后一次机会，坦白从宽，彻底坦白，可以免于追究，从轻追究或宽大追究。彻底坦白的人，可以不采取法制手段，继续留在工作岗位上，反省立功，努力工作。省国资委纪委书记方无说：凡是已有贪腐行为的人，不要抱侥幸的态度，抓住最后一次机会。最后高海建说：上级纪委、检察院今天说的已经很清楚了。感谢省委省政府对马钢的关心爱护，我们一定努力把当前的生产经营搞好，不辜负省委省政府的期望。9:00开会至9:30散会，马钢两公司副处以上干部全部参加了会议。

2014.7.1 钢卷标签贴法统一标准

今天公司监察部正式下文，公布三铁高炉失常问责结果。厂长黄发元为较大管理责任的主管责任人，给予诫勉谈话并处以扣发绩效年薪15%，副厂长丁晖为较大管理责任的直接责任人，给予记过并处扣发绩效年薪20%。高级技术主管吴宏亮扣当年绩效年薪20%。三铁总厂提报对炉长及相关责任人的处理意见报公司。

去广州出差，去了几家钢卷原料库，武钢的、首钢的、宝钢的，产品标签都是贴在头部的中间边缘上。销售公司副经理张峰说：马钢钢卷标签贴得随意，想怎么贴就

怎么贴，用户有意见，我们也反馈了但改进动作没有。我说那就由我亲自来整改。

今天我专门找了和菱的经理及作业长，专门找了四钢轧镀锌分厂厂长章国庆，对连退卷、镀锌卷、重卷的标签贴法提出规范性要求，并和他们三人一道当场查看已贴过标签的卷子，80%不合要求。我告诉他们，今后我查到一卷考核1000元，销售公司有钢卷号的反馈，每卷追溯考核3000元。

我又专门去了一钢轧总厂冷轧区域，拉着张四方及当班作业长，用同样的方式检查工作，并告知今后的考核。奇怪的事是两厂的管理人员都说：过去没有标准要求，也没人去要求怎么贴标签，这样的事老总亲自管了，放心吧，我们肯定做好。

2014.7.2 喜欢听一线职工的建议和要求

今天，我又专门去了硅钢二分厂和硅钢精整线。真的没有贴标签的作业标准吗？我查了下去，真的没有具体位置的数字规定。

我去硅钢分厂，从连退到精整，一条退火线在检修。我一个人在转、在看、在想……多么熟悉的生产现场，我在一钢轧工作时，我给自己规定：一个月至少有三次要来到这个边缘的生产现场，从原料入口到推拉式酸洗，然后到单机架轧机，再到连退机入口处，最终来到涂镀机。每一个工人操作室我都走进去，看看考勤表，数一数当班的人数，看一看奖金公开表，问问奖金分配情况。我不知道我这是属于什么工作方法。我习惯下现场去和一线职工聊聊，喜欢听一线职工的建议和要求，这对我的工作很有帮助，我也受益匪浅。一个月在总厂定时召开一次工作大会，要求全体作业长都参加，直接将工作布置下去后，我觉得工作挺顺利，而更多的是我去检查我特别关注的，对全厂有示范和影响作用的工作。难忘硅钢在全国年产量不足200万吨时，我们马钢一年干了45万吨，难忘顾建国、苏鉴钢宴请硅钢功臣在市政酒店的聚会，气氛那样激昂……

2014.7.3 勤政廉政比什么都好

一铁总厂四座小高炉7月全月产铁计划19.2万吨，日均要达到6200吨。这是和海建去一铁宣布黄加昆任厂长书记时，我向一铁总厂班子提出的要求，我们的小高炉与同行业比差距拉大了。公司太缺铁了，以至于四钢轧干起来后，二钢轧、三钢轧都处在半停产的状态了。一铁11#高炉是新修炉，炉况顺，产量高，昨天夜晚两座热风炉出口风管发红，安排了今天检修，到底什么情况，我爬上热风炉平台，见到了黄加昆、李恩雯、陈义清，今天检修组织出色，上午10点检修结束了。我向炼铁分厂厂长书记提出打扫战场，把现场搞好，搞到你们自己满意我来验收的要求。我自己的骨子里摆正了自己，我不是什么官，我的岗位就是干事！人的精力是有限的，多干点工作，少干点歪门邪道的事。勤政廉政比什么都好，传说有几个处干自首去了，当官的干净点好，迟早都要下来的，把自己和普通职工摆在一起，低的生活标准、高的工作标准，会使自己感到更加幸福。

2014.7.7　黄梅天的暴风雨

山雨欲来风满楼，黑云压城城欲摧。省检察院反贪局和安庆市检察院检察长在马钢专门开了一个奉劝自首会。上周四结束了，上周五又抓走了煤焦化公司经理徐剑峰，汽车板推进处副处长韦加利。这两位在我心目中是挺能干事的人，徐剑峰从二铁调至煤焦化公司，任强提拔后他出任煤焦化公司经理，汽车板推进处的韦加利是今年四月末才提拔的。

黄梅天的暴雨，闷热天快点结束吧。应对暴雨极端天气，要求各单位副处人员在调度室值班，晚上9:30至11:00向总调电话签到，今晚我检查了落实情况，有23名处干值班，都按要求去做了，我在周六点评会上通报了一周值班情况，这其实很重要。虽不是表扬，但有布置就要有检查，工作就该这么干。领导要有激情，更重要的是带动一批人去干事。新的一周又是忙不过来。安全大检查三天，我要带人去气体公司、废钢公司、煤焦化公司、物资公司、能源总厂、港务原料厂检查安全生产，天气很热了，我的重点放在现场，放在关键岗位上。

2014.7.10　三天的安全大检查

我工作上的老弟，全国五一劳动奖章获得者，三钢轧总厂炼钢分厂厂长张绍全，现在是钢区区长。钢区炉台操作室环境整治得很好，我2000年在当副厂长时养的金鱼还在，现在邓南阳任炼钢分厂厂长。去三钢轧总厂看一铁铁水带渣的实际情况。今天总调科长翟伟，一铁生产部长陈义清在炉台上，在三钢连续跟踪6个点次48罐铁水的带渣量。三钢轧喊了两次铁水带渣过量，每罐≤1.5吨，可以接收。但这天有的罐>2.0吨，>2.5吨，>3.0吨，三钢每罐铁水测渣层厚度，降本很有压力。今天我批评了一铁总厂，他们认为是加覆盖剂不规范，和覆盖剂受潮所致，还要开什么会？到现场一看都清楚了！

三天的安全检查，今天是最后两个单位。这两天天气气温已达到37℃，我一个个危险源去看，一个个隐患点去查。我认真工作的态度，给跟随我的单位安全人员心中留下了印象。一是安全工作确实重要，检查就不能走过场，认真指出存在的问题；二是马钢在困难时期，人们希望我们公司领导能改变这个状况，那干部就要带头好好干。皮鞋脏了，裤子黑了，工作服上浸满了汗渍，三天完成了六家单位的安全检查后，我清楚下面的情况了，我扪心无悔，从严管理、干部带头，马钢能干上去。

2014.7.14 建立工艺纪律三级检查路线图

在公司科技质量部会议室，我们商定工艺纪律检查管理办法。中心议题是通过抓工艺纪律的执行，保产品质量的稳定。公司要求常态化的建立并执行，公司级、总厂级、分厂级的工艺纪律检查。公司级每月不少于两次，总厂级每月不少于三次，分厂级每周一次。按照“写所需，做所写，记所做”去查，建立三级检查的路线图，分厂按文件要求全覆盖，总厂抓关键工艺路线和关键点。公司对产品质量有反映的工序及重点部门抽查。建立起考核办法，公司查出问题，订个考核标准，考核到总厂并考核总工、副总工。从即日起执行。这些要求过去都提过，就是不认真执行。或是公司抓紧了，厂里也抓紧；或是干了一段时间，慢慢松了下来。仅以考核推动工作，有时就会出现造假的检查记录。

为了强化生产经营管理，公司对在生产、技术、质量、服务上出问题，要求由副处以上干部作检查。先后有了朱涛、刘国平、沈新玉、钱曦、龚志翔、张明如等，这个动作产生了压力；其次是快速更改周六点评会的开法，由过去每次70~90分钟，压缩至60分钟以内，要求部门点评不超过3分钟，单位汇报1分钟，非主要问题移至平时报告，开会讲效率，该干什么干好什么；最重要的是布置工作一定要亲自检查。

四钢轧产量干上去了，公司的铁钢比也上去了。二钢轧产能只有过去实际的2/5，三钢轧产能只有过去实际的3/5，系统不平衡。公司启动买坯轧材的工作，不知什么原因，长钢多坯我们买不来。低温钢筋中石油天津新港项目马钢全中标了，其中φ12mm的我们移至长钢生产，我决定到长钢生产现场去看看。长钢有18架轧机，大量生产φ12mm螺纹钢筋，穿水冷却的能力强。我看到长钢轧辊辊印已经按马钢的标准刻制好；我没有想到长钢用1502，我们此次是1402；我们是步进式加热炉，长钢是推钢式加热炉；我没想到加热炉的工艺没有落实好，第一次干低温钢筋，加热炉温度高在1120~1130℃，等到出钢坯时，黏在一起分不开了；第一次轧制强度不能完全满足。高管孙维在指挥，调整加热温度，调整穿水冷却工艺，第二次试轧成功了。

2014.7.18 公司将调整板带制造组织架构

海建、丁毅专门过来参加四钢轧总厂生产经营专题会。四钢轧总厂刘国平总体汇报，毛学庆、朱瑞昆、焦兴利补充报告，王炜厂长专门强调了汽车板的订单、质量及存在的问题，并就需公司协调解决的问题，如现场人员紧缺、设备检修计划、备件储放位置、特殊岗位待遇等，提出请示。公司职能部门发言，科技质量部奚铁、市场部苏珑、设备部徐兆春、汽车板朱伦才、销售公司张峰、生产部张文洋发言。

丁毅说：四钢轧今年进步很大，总量月上至60万吨，汽车板镀锌数量上得也快，公司半壁江山是四钢轧，位置十分重要，产品在市场的认可度十分重要，质量、订单兑现率还有差距。马钢必须提升板带产品的制造全过程的管理，必须在精细化管理上下功夫。公司将集中人、财、物、资源倾向于四钢轧总厂，现场文明生产必须达到生产板材的要求。汽车板战略定位要摆正确，我们不急于进合资品牌，在自主品牌上把汽车板干出马钢的水平来。

高海建说：汽车板马钢必须重新清楚定位，四钢轧现在战线很长，公司将实施流程再造，调整板带制造组织架构。板带产品技术复杂、管理精细、要有人才，我们要让有本事的同志上来，没本事的同志多鼓鼓掌。各位一定要敢于担当自己的职责，四钢轧任务重、压力大，公司必须有政策倾斜、投资倾斜、收入倾斜。

2014.7.21 为实现目标而拼搏

今天《马钢日报》以“狠抓质量重任在肩，实现目标迎难而上”，公布了2014年6月份股份公司产品质量指标完成情况通报。

2014年上半年，公司吨材质量总损失11.19元/吨（含新产品），与2013年同品种结构比吨材质量损失降低31.99元/吨，降低质量损失1269万元。

上午经理层碰头会，议定了几件大事。

立马启动建一座3200立方大高炉；一铁总厂恢复性大修，但是加强版的；一钢轧圆坯铸机保护性封存；马钢股份公司可以在期货市场上做期货螺纹和期货矿石，学会使用金融工具；高炉长周期稳定至关重要，真正建立起高炉体检机制；销售体制变革是大事，初审人员方案要完善；股份公司中层干部的选拔上，各位副总经理可以广开言路，举荐人才；2015年的两头市场把握上，采购、销售、市场部三家信息联动起来，保今年目标实现一定要拼搏，绝不放弃。

2014.7.22 布置高温季节安全生产工作

2014年股份公司三季度安全生产工作会。现在我分管公司的安全与生产，在今天的安全生产工作例会上，我提几点工作的要求，请安管部记下来，四季度例会上有个回应。安全需要实实在在的工作支撑，一项工作不在于你出个新招，引来一阵关注；一项工作在于你持久的坚持改进、完善，安全长时间的无事故。

现在是高温，我提些实在的工作要求：各单位应设立高温奖，将积余的奖金投放上去；机关干部下现场送盐汽水、高温汤，防止关键岗位、炉台轧机，那些在不通风、露天作业的职工中暑；厂长、副厂长亲自去关键岗位的主操室，液态吊车上去，到加热炉旁的操作室去；各单位特别关注主电室的温度控制，防火灾，让电气不闹事，控制稳定；各单位人力资源部检查一下在岗职工的出勤情况，小夜班、大夜班踩点，看岗位工资实际情况；各单位领导亲自去隐患点、危险源，易燃易爆岗位，摸摸温度，看看仪表，现场完整巡视一圈；安全员岗位不是养老岗位，每天应有一半以上时间在现场，让本单位职工评价安全员的工作；三季度高温，高海建要求副处以上干部不休年休假，少在办公室，多去现场，我们应该对科干提同样的要求。

2014.7.25 凌晨与美方的电话会议

凌晨1点，手机嘟嘟的唤醒了我。有点起不了，还想躺一会。不行，必须起来了！台风威马逊从台湾登陆，一个劲地南扑上来，晚上6点起，雨下得很大。根据市气象台的黄色预警，公司又一次安排处干在岗值班。此时天空仍然下着不大不小的雨，我自驾车赶往了车轮公司。

李翔、张明如、吴耀光、龚志翔、肖峰人都到齐了。今天和美方电话会，听取CEE高评委在AAR WABL评委会7票赞成、5票反对的结果后，再次对马钢和GE公司询问，力争拿到3100件机车轮的许可计划。WABL委员们的意见是：机车轮失效的根本原因不仅仅是喷丸不足，热处理工艺也可能是失效的根本原因。GE公司代表又作了一次澄清。总计只有4件机车轮辐板发生开裂，其中1件使用超限，3件服役末期，

5/2005、3/2006、12/2005，均已达到9年时间，残余应力测试和微观硬度检查均确认失效车轮是喷丸不足，通过在线检查，已卸下988片车轮。自2007年以来，马钢已改进了喷丸工艺及设备。GE公司对马钢工艺审核、制造、热处理、磁粉探伤、喷丸、超声波检测均已通过了。GE和马钢一致同意对机车轮实施一项全面的测试计划，因此请求CEE高评委员会，批准3100件机车车轮机车许可计划。

会议从半夜2点开始至凌晨4点结束，此时我不知自己往哪里去。

2014.7.29　坚持步行15年

我坚持步行已经15年了。每天8公里，这样算下来已经有43800公里了。有资料说：步行能增强心脏功能，使心脏慢而有力；步行增强血管弹性；步行增强肌肉力量，强筋健体；步行可防治高血压，糖尿病、肥胖症、便秘等；在新鲜空气中步行，使人大脑清晰灵活，消除疲劳；步行是静中有动，动中有静，缓解紧张稳定情绪；坚持步行使人精神健康，消除疲劳；步行能减少人体腹部脂肪积聚；步行能减少血凝块的形成，减少心肌梗死的概率；步行减少激素产生，减少血管疾病。我没有其他运动项目，这么多年步行上下班的习惯，每天在步行中一边走、一边思考工作，许多难以下手的工作是在步行中找出方法来的。

今天上午去四钢轧，1580连续放出了几天高产，设计时成品库小，周转不开，堵库停产了。我们议定几件事，立马采取措施：自动化工程公司10天内完成1580库内的MES系统，每台发货行车上安装发货终端，卷号、库位、发货计划全输进来；1580、2250行车在成品库的发货工作全部交给利民公司；销售公司必须专人协调外发订单提货工作，带出品在判定后三天内必须出库。

工作实在是太忙，忙得我不能静下心来。下午我安排股份公司的科研项目检查及对A类委托项目（非板材类）半年度评价检查。上次板材类项目检查后我有一个点评，我担心参会的各位并不用心，我自己整理要点后成了一篇文章，发给技术中心，请他们将我的讲话发至每一个项目组。马钢技术中心这几年的落伍不是一般的，不怪下面怪上面，还要怪分管技术中心的领导，我不想今后让人去指责，把我权限内的事干好。马钢技术中心脱胎换骨，要么把公司高管集中起来放在技术中心，要么硬性从各单位将大学毕业在基层干的优秀人员选调上来，现在技术中心相当一批人的素质是跟不上来的。

2014.8.1 马钢终于拨云见日

今年七月天不算太热，连着下了好几场雨，尤其是受三次台风影响，蓝天白云。

今天《马钢日报》头版头条发出了《股份公司7月终见利润》的报道，以“生产制造均衡稳定，结构调整加大发力，降本增效有效推进”为辅标题。记者评述，把命运掌握在自己的手中，股份公司7月扭亏为盈，下半年生产经营翻身仗第一仗已经打胜。消息传来，在困境中坚守的马钢终于拨云见日，让人精神为之一振。今年上半年钢铁寒冬依旧，市场需求萎靡，价格低迷，雪上加霜的是从去年末到今年二季度，马钢高炉相继失常，生产组织困难重重，降本增效举步维艰，内忧外患的马钢站在了“生死存亡”的边缘，痛苦反思，勇敢探索，奋力爬坡，7月份我们终于迎来了一场来之不易的胜利。

回顾整个7月的运行过程，我盯着几件事：每周针对生产运行中质量、操作、设备等事故抓住不放，由主管单位查明原因，分出轻重，责成处干在周六的点评会检讨，少部分中层干部的压力感已经增强了。三次台风气象台发出预警后，采取不同往常的举措，副处以上干部不是在办公室而是在现场值班，对值班人提出了巡查关键要求，用座机向总调报告。大力推动高炉体检表的完善运行，炉长级、分厂级、总厂级、炼铁技术处参与并独立发表意见。两个板带厂，为了减少产品质量波动，强化了工艺纪律检查，分厂、总厂、公司都行动起来了。和铁运公司、汽运公司、检修公司领导沟通，他们积极走向现场，全力以赴保四钢轧三炉三机生产，全月达62万吨钢产量。

2014.8.4 祝福你，马钢！

财务报出7月份股份公司生产经营结果是盈利1个亿。消息出来以后，马钢职工真的挺亢奋的。在连续亏损36个月、三年这么长的时间，在马钢勤政廉洁的氛围遭到重创后，在钢材市场并未出现上涨的情况下，在不少马钢职工觉得并没有发生什么根本性变化的条件下，马钢能盈利？是的，这1个亿其中的5000万元来自计提资产折旧的减少，3000万元来自采购与销售两头对冲的正贡献，2000万元来自生产运行稳定后各单位降本达到预定目标。海建说顾建国看了报告后，给他发了鼓干劲、再加力的短信。

过去的马钢因为亏损的压力，我们宣传口的正能量也在衰减。马钢宣网论坛中发了个大帖子，标题是“我亲爱的马钢”，发帖人：你是一条河。“作为一名马钢职工，没有人会愿意自己的企业亏损，然而现实我们必须面对。我相信大多数公司高层还是在尽力为之挽救马钢。当前马钢面临严重困境，个别高层也因违法违纪，殃及自身。不可幸灾乐祸，马钢真要步入深渊，我们又能何得？我是一个深深眷念并挚爱马钢的职工，但我一点都不喜欢马钢的领导……我不知道高层是否可以意识到，一个职工的恪尽职守就如同金子一般珍贵……红军长征那么艰难，还举办篝火晚会，马钢不至于这么难吧？上班时恪尽职守，下班时择乐而为……我们职工患均不患贫，祝福你，马钢！”

前一段时间我也经常上马钢宣网论坛中去看一看，上下看到的信息不对称也不全面，负能量信息的穿透力远大于正能量。海建已经和我说过，他绝对不许这个状况发展下去。

2014.8.7 现场销毁不合格车轮

今日立秋，立秋后马鞍山再热一个月的时间，又将进入最好的时光，马鞍山的秋特别长，可以延至入冬后相当长时间。我真心在想，也在努力，公司的高炉长周期的稳定下去，生产不再出现大的波动，市场给我们温和的阳光，采购与销售双双努力，月月有点正贡献，八、九、十、十一、十二共五个月，我们月月盈利一个亿，平安的渡过2014年这个艰难的年份。

晚上曙光打电话给我，说他已经接到了免职的通知，自己评估自己会去坐牢！他说，原想配合我干出高牌号的电工钢，也有不少办法，前面做了一些事，如果W270、W300高牌号电工钢在现在的基础上取得了成功，马钢新品赢得市场和效益，希望我们帮助他，把他的名字也挂上，因为有奖可以减刑。我答应实事求是，因为我们是同学，让他现在好好理一理。

来到了三铁总厂，原计划上A#高炉，打了个电话，黄发元厂长刚从炉台下来，我直接去了他的办公室，我们谈了几件事：公司计划9月中旬，四钢轧行车轨道检修，全厂停48小时，要三铁高炉休风配合；生产部正在一铁、二铁、三铁平衡检修计划，A、B高炉利用好这次机会；四钢轧三座转炉吹炼产量高，OG泥输送量增大，全部配进去怕影响烧结质量，如果锌富集和碱金属连续超标，我们一定要停下来；保持高炉顺行，一定要关注细节，体检表坚定不移地用起来，8月末我组织炼铁技术处和和三铁交流一下；丁晖做手术前后这一段时间，帮平干得不错，单位中层干部缺人应多找公司主要领导报告。

明天公司在特钢现场会上要销毁4炉480片车轮，海建、丁毅、海帆都去参加。因为明天由我主持这场质量会，我还是去特钢现场看一下准备情况。

特钢公司全厂职工尽可以都参加让大家共同接受教育；准备4把割刀，氧气、乙炔、气割工，当场要动火焰销毁废品车轮；现场要拉出“车轮事故、人命关天，决不允许废品出厂”的横幅；麦克风、喇叭声音要响。

我在想在这样的现场会上我一定要说点什么。

2014.8.8 年度AAR M1003审核通过

上午9点，在特钢公司现场召开5·28车轮钢质量事故现场会。

高海建、丁毅、钱海帆、我参加。特钢龚志翔就此次车轮钢制造过程中，做钢水钙化处理的喂线机出了故障后，不顾工序质量控制要求，不停止生产而继续下去，做了反思及深刻的检查。上海铁路局铜陵验收室主任张宁在现场告诉我，马钢这次动真格的了，主要领导都来了，我这个首席质量官今后工作压力很大！

Many女士来马钢审核车轮质量保证体系的ARR M1003执行情况。

2014年度AAR M1003审核开始了，这次审核美方审核员是Many Szczembara女士，质量咨询师，她曾在福特汽车和SKF公司从事质量工作，现在国际质量咨询公司工作。她三次来访中国，第一次来马钢，有着冶金、机械、质量的工作背景。1998年我在一钢厂任副厂长时，马钢首次通过平炉生产车轮钢ARR M1003标准审核，这项工作我熟悉。

Many一头金发，谈笑爽朗，重审了公司保密规定，强调了审核中出现三个等级不合格项的处置意见，一切按计划、按程序开始工作。经过两天的审核，Many决定今天中午11:30召开审核的末次会议。Many说，对马钢车轮公司AAR M1003质量保证体系的审核是满意的，文件显示的各项管理数据表明，质量的持续改进工作、纠正预防措施有效。审核中没有严重不合格项，没有中等不合格项，也没有关注改进项。她的审核报告提交给AAR，希望马钢把TS16949中的适用的质量管理工具引入到车轮制造中。 2014年度，马钢的AAR M1003审核通过。

2014.8.12 省重点试验室验收评审

在人生的旅途上，特别是在有了官位的工作时期，一个人应该知道自己想干什么、想要什么，什么是自己想做也是能够做好的事情。我年轻的时候，对此也不是清楚的，这是一个逐渐清晰起来的过程，也就是说，在成长的过程中才知道自己的志向和事业所在。我想说的是，你可能有时不知道自己要什么和要干什么，但是至少必须知道自己不要什么。

人世间充满诱惑，都在干扰你的目标，你必须懂得抵御和排除。事实上，一个人越是知道自己不要什么，越是有把握找到自己真正想要的东西。

今天我代表公司，参加“高性能轨道交通新材料及安全控制”省重点实验室验收评审。由中国科技大学、合肥工业大学、安徽大学、安徽工业大学等6位专家受省科技厅的委托，作为第三方独立评审，很担心我们的工作业绩和工作要求，能否通过省级评审。

昨天我就思考，怎样在汇报中把我们这个省重点实验室的独特优势展示出来，我介绍的情况是技术中心汇报材料中没有的东西，站在公司的位置上，应该是专家们感兴趣、并可以增加评分的东西。

马钢在原有多年生产车轮历史的基础上，随中国高铁发展，把高性能轨道交通用新材料定位战略产品。马钢为高铁工程投巨资25亿，建特钢生产线，现在全部进入车轮、车轴、紧固件、轴承、弹簧用钢材的研制开发；马钢与晋西车轴厂合资，建立轮对生产线，最终车轮用钢、车轴用钢乃至轨道交通特种材料全部可供；马钢收购了法国瓦顿车轮公司，引进国外先进技术与质量控制。

省重点实验室有多项任务是与钢铁研究总院、铁道科学院、北京科技大学合作完成的，必须有几个经典使用案例来证明。此次评价指标，总体定位占15%，与方向凝练（思路清晰40分，明确具体60分）；研究水平占35%，与贡献（国省、部科技计划60分，成果水平30分，实验室特色10分）；队伍建设占15%，与人才培养（学科带头人35分，团队35分，人才30分）；实验室占10%，与平台建设（设置20分，新增仪器60分，配套20分）；开放占15%，与交流（合格35分，开放课时35分，产学研30分）；运行占10%，与管理（制度50分，保障20分，学术活动30分）。评至85分可以获优。“高性能轨道交通新材料及安全控制”省重点实验室比我们其他实验室强许多，因为这两年的事不少。个人感觉评70～84分没问题，力争获个优吧。

2014.8.13 培育同频共振

在2014年新入职大学生欢迎大会暨培训班开业典礼上，高海建董事长发表了讲话。他以32年的“老马钢”经历，用饱含深情的话语，与“新马钢”们励志人生，分享经验和感悟，展望马钢以及“新马钢”们的美好明天。他说：年轻人要调整心态，树立正确的价值观；当前马钢困难很多，但前景充满希望；从今天开始，你们是我们家中成员也是各级领导关心的对象。海建的讲话，朴实中蕴含智慧，温情中展现信心，倡导自强不息，忠诚企业，公平正义的精神。

年轻人与我们的同频共振，对时下马钢更有着重要的现实意义。我担任马钢生产部经理的八年，每年新大学生入职，我作为特聘老师去给新大学生们讲马钢的钢铁生产流程，也穿插了个人成长的历史，点评了历届大学生在竞争舞台上出彩的表演。每次都引起共鸣，以至这么多年过去了，有的大学生已成为科干、处干了，见到我说：“高经理，你给我从大学走上工作岗位，上的第一课终生难忘，受益永久！”我曾和人力资源部负责同志说过，不是谁都可以安排去给大学生讲课的。我给报社电视台洪红发了短信，说了我的创意，我可以推荐去采访近五年入职马钢的几位大学生，他们来自不同院校、不同专业，在不同单位工作，有的成长很快，用典型引路。总工程师参与入职新大学生的培养教育，助其成才也是我喜欢的工作。

今天，《马钢日报》刊登了《马钢科技创新激励政策》解读。科技大会开过了，公司出台了一系列奖励政策。但仍有一线工程技术人员不知，文件下发到厂里，厂长批示阅、部门批示阅，唯有一线的工程技术人员看不到。从策划到解读，我是费了不少力气的，今天见报了！要求在官网上也挂出来，必须多渠道调动积极性。此次激励文件有：科研项目的奖励标准；科技成果的奖励标准；专利的奖励标准；技术秘密的奖励标准；计算机软件著作权的奖励标准；技术标准的奖励标准；科技论文的奖励标准。我排了计划去5~6家，带着这个政策，去和工程技术人员交流。没有春播，哪有秋收，有了春播，还要有田间劳作，才能有金色的秋收。

2014.8.14 人的个性与方法相联紧密

公司领导中午12点才来到20楼集中就餐。我在一钢轧当厂长时，就搞厂领导和高管集中就餐。当时一钢轧总厂太大，由原一钢、中板、初轧改造成冷轧后整合在一起，分管钢区、热轧、冷轧，总厂不开大会，领导见面都很少，一个总厂怎么样实现联动，只有用吃中饭时间让大家聚在一起，把工作情况沟通一下，把急事急办掉。在吃饭时谈工作，气氛挺轻松的，效率挺高的。今天中午只有7位领导就餐，其余的桌位空的，我也不知各位去哪了？2010年4月，我和海帆同时提为副总工，领导层共计17人就餐，但就餐时很安静，几乎无人说话。2012年7月，增加了任强、天宝、严华、克从，共计22人就餐，股份公司几位经常在吃饭时谈工作。顾建国退休了，高晋生退休了，赵建民逮捕了，任强、赵志群逮捕了，施雄梁退休后逮捕了。现在吃饭人齐了也只有14人了。

昨天，党委工作部下文，经研究决定在集团中层干部中民主推荐股份公司三名副总工程师、集团公司副总会计师一名。年龄设定在1957年8月以后出生，中层正职一年以上，大学文化，高级技术职称。副总工人选，炼铁副总应熟悉公司大高炉生产技术及经营管理工作，炼钢副总应对板带生产技术及车轮产品有全面了解，轧钢副总应熟悉板带技术及管理。正处级管理人员61人，我看了一下够条件入选的是：乌力平、安涛、朱青山、王炜、张建、张吾胜、李小宇、杜松林、杨开宝、胡夏雨、黄发元11名同志，对照条件及个人意向，几位人选我一笔画出了。

来公司工作四年多了，和各位领导接触多了，工作中遇到了不少事，我在学习、观察其他领导的工作方法，人的个性与方法相连紧密。听别人汇报工作是一种方法，关键是能否清楚汇报人什么目的。既听别人汇报，又去现场调研，将多种信息综合比较判断，拿出决策意见，我认为这种工作方法好。

2014.8.15 *我的小外孙出生了*

这一周晚上我是等着看央视播出的《历史转折中的邓小平》。我已经被深深地拉回到了那个年代——我是知青的时光。邓小平是伟人，也是我们这一代青年的救命人，如果不是他定下来，采用全国高考的方法，不要搞脱离本人的政审，取消单位同意，不卡年龄，允许历届知青报名参考，我也根本不会有今天。邓小平1977年就预言并断定，未来中国可以有大作为的人才，将出自1977届高考的知青中。现在的事实证明，他是正确的。37年前的今天，18岁的我高中毕业即下放在安徽省全椒县石溪公社石溪大队石溪村，我懵懂在想，我不知道我的未来是什么、干什么，命运完全在别人的手中，只是在一边劳动、一边学习，因为那时对我来说看一本书也算是一种休息。今天，我担任股份公司副总经理、总工程师、首席质量官，我知道自己的职责，我不知道什么叫苦、什么叫累，只想着能多做一点事就多做一点事，能多一点贡献就多一点贡献。女儿回来已经四周了，每周一次产检，次次OK！女儿定在今天上午10点进手术室剖腹产，参加完公司早调会后我立即去了人民医院。9点女儿进了手术室，11点医生告诉我们，一切顺利，大人、小孩都正常，一颗从早悬着的心落了下来！出生的小嘟嘟9.4斤，两人是厦门大学的同班同学，女婿个子高，这个外孙今后一定会长得高。

马钢集团公司召开党政联席会，股份公司领导全部参加。研究合肥公司转型发展项目问题，在肥东物流产业园项目中上一条连续镀锌包含镀铝硅（预留重卷）生产线项目，光伏产业项目，马钢云平台（数据处理中心）；研究新上3200m³大高炉项目问题；研究与韩国OCI公司合资开发煤焦油加工项目问题；研究当前重点工作。通报情况：裕运物流破产重组，以合同诈骗起诉上海华事兄弟公司的虚开增值税发票等诈骗活动；全力以赴确保股份公司三季度盈利4个亿，7月1个亿，8月1.5个亿，9月1.5个亿，全年股份公司实现不亏；矩阵式党组织建设，纵向上融入助推生产经营工作，横向上构建监督和发现问题的渠道；马钢兼并瓦顿公司已经引起了国家层面的注意和关心，我们要全力以赴实现目标；公司资金全面紧张，收紧投资需求，严控风险，举重放轻。

2014.8.17 *青奥会期间蓝天白云*

星期天的早晨，天下着不大不小的雨。今年立秋以后，天一直下着雨，气温也降至30℃以下。昨天晚上，第二届青年奥林匹克运动会在南京召开，习近平亲临。华东地区环境治理是下了大的力气，管制得很严。公司烧结生产停了30%，华东环保督察组人住在马鞍山。这些天，空气质量优，蓝蓝的天上白云飘，雨水落在汽车前玻璃上冲洗后一丝尘渍不留。是啊，经济发展到了今天这个程度，环境付出了极大的代价。

早调会，公司生产一切正常。我告诉丁毅、海帆，今天下午我动身去美国，参加AAR WABL会议。丁毅告诉我，公司决定9月份由我带一个16人的大团队去德国学习巴登工厂的管理经验。刚知此事，我一脸茫然，公司内部生产顺行起来了，总体工作有了进步，我工作得挺有激情，出差美国是处理过去的质量问题，无奈之行，学习巴登的策划工作我仅参加了一次。学习巴登，公司领导的期望值很高，已有团组去过巴登工厂，我们真能学点什么？理念先进，想法不错，但怎么落地生根？组织高效生产、工艺技术管理、生产物流管理、职工一专多能等，又是一项难干的工作。我真带队出去学习，回来后必须要有几件实实在在的工作改进，这样的出国对我是工作压力，说实话最好是别人去。

2014.8.19 希望早日批复被冻结的计划

又去美国了。去美国出差可能不少人认为是个美差，可是我一点兴趣也提不起来。2006年马钢制造的车轮使用中发生了失效，老美和我们的竞争对手盯住我们不放，AAR WABL委员会停止了2014年马钢出口车轮到美国的计划。GE公司深知中国车轮价格低、竞争力强，在帮我们，但也无奈。最终归属的责任是我们制造工序中喷丸不良。我曾和外事办的同志谈两次去美国的经历。相当于一个美国人从华盛顿飞到北京，不出机场，转乘飞机到南京，从南京乘车到了马鞍山，开两天会，还有一天在工厂，住在同一个小酒店，然后逆着前面的路线和方式回国。这次又来普斯林斯，第三次了，入住的还是Clarion Hotel，离开会的地方步行15分钟。

今天上午，AAR WABL 2014年秋季会议召开。

我们和马钢车轮美国代理Sullivan先生讨论马钢在明天下午的会议上的发言材料。我和肖峰、叶金楼商定明天下午发言的PPT。先介绍我们三位的职务和工作及专长；车轮在美发生失效事件以来马钢所做的工作；再次请AAR 批准马钢出口北美车轮的年度计划。按照会议的议程，我们陪了一天会。最后轮到马钢，我们按事先要求做了说明。最后我说：不到一年的时间，八个月里我已经三次来美，其中两次是参加AAR WABL委员会开门会议。马钢车轮失效的原因已经查明，是喷丸不良及表面锈蚀，导致在车轮使用末期发生失效，整改措施已经落实。去年美方派出琼斯先生、今年派出玛丽女士对马钢AAR质量保证体系审核中也确认了整改工作。马钢坚持参与北美车轮市场的竞争，希望早日批复已经冻结的计划，请相信马钢车轮的质保水平和制造能力。我真的相信我们的设备、工艺、原料、环境没有问题，但真的担心个别员工在个别工序上的违规操作。

去美国还未结束，办公室秘书科告诉我，要带队去德国了。出发时间在9月22日，回程时间是10月3日。处干有安管部徐超、企管办王谦、三钢轧吴坚。学习巴登企业管理、企业文化不是一件容易的事，我带队16人出国，回来以后丁董事长要强力推动这项工作。我在想每个单位、每个出国人员都必须有具体的学习任务、有可操作的事情，从启动出国学习后到回来后行动起来，落实到一件件要做的事情。学巴登工厂我们立即可干的事情，提出公司要改变现行管理方式后，我们也可干的事情，引入巴登工厂的管理文化，移植到我们的工作中进行培养，不能立竿见影，也要有些办法。

2014.8.26 思想同心，目标同向，行动同步

省长王学军一行来马钢调研指导工作。思路一变天地宽，办法总比困难多。一级做给一级看，一级带着一级干。要用发展统一思想，用事业凝聚力量。马钢上下要采取有力措施，思想同心，目标同向，行动同步，坚决按照省委省府提出的“三步走”战略目标走下去，重振马钢雄风。王省长一行考察了车轮公司车轮三线和三钢轧总厂大H型钢生产线。天气闷热，各位领导的脸上都淌着汗滴，上衣也湿透了。詹夏来副省长说：第一，补“短板”，既补钢铁不平衡的短板，又要补管理的短板；第二，事业化进行流程再造，建立研产销一体化，打造拳头产品；第三，抓改革，去行政化，建新机制，做精主业，做活辅业。王省长说：马钢是省内最大的工业企业，占有重要的位置，省领导始终高度关注马钢的生产经营。马钢的盈亏和眼前的困难都牵动着省领导的心，对海建为首的这次班子的任命，省领导花了精力、时间，比对了几个方案，最终下的决心。马钢班子一定要认清形势，坚定信心；深化改革，激发活力；加强管理，降本增效；创新驱动，调整结构；强化班子和队伍建设。

省委省政府领导都给马钢指明了方向，我们怎样结合马钢的实际去深化改革激发出活力来，怎样正确地去行政化，实施企业的人事管理，我知道这才是最难的工作。

2014.8.29 麦当劳的“走动式管理”

企业经营都会有困境的时期，关键在于采取什么样的行动。麦当劳集团第二任总裁雷洛克，在与肯德基等快餐竞争失利时，下令各个店的店长锯下自己办公椅的靠背，要求每位店长都不能舒服地坐在办公室里，而是要在店里走动，发现问题，及时解决。正是通过这种“走动式管理”，麦当劳的经营业绩开始回升。我们现在开展的领导干部下基层活动，从效果来看，职工群众最初的将信将疑，到开诚布公地与领导提建议，谈想法，使民主管理企业的氛围出来了。上下都在着急、都在想办法，这对处在困境中的我们来说，无疑是个大的进步，也让在逆境中努力的职工增强了信心。

这一周我要参加的会每天都有，属于我开的会没有，陪会太多，占用我不少时间。下午散会后，我来到了一铁13#炉。一铁和三钢尝试一罐到底运行状况如何？三钢反映一铁带渣的问题控制的如何？13#高炉大修以后怎样快速复产？我和黄加昆、梁晓乾、孙国义在13#炉进行了工作交流。

今天按高书记要求，我来到四钢轧总厂连退生产线上个小夜班。从机头至机尾，

和作业长王永兵谈连退汽车面板颜色发黄的问题。今天我真的把作业长当成我的老师，一台台设备，功能、参数，不懂就是不懂，不耻下问，问个明白，今天的小夜班我好有收获。

2014.9.1 如何发挥技术高管的作用

在发元当了三铁总厂厂长、我分管公司生产以后，我们之间打交道很多。1976年我下放在发元的家乡，我们在同一个公社，未曾想到进了马钢后，我干炼钢、他干炼铁，谈对象成家后才知道我们俩的子女是高中的同班同学，关系挺好的。

三铁总厂8月生产降本创今年最好水平。全月生产铁水54万吨，平均日产1.74万吨，吨铁降本50.02元。其中铁水产量达年度新高，生产成本创年度新低。黄发元带领的三铁人，在困境中交出了一份合格的答卷。高炉稳字当头，历史多次证明，一时的稳定并不难，难在长周期稳定，任何的疏忽和大意都可能使高炉波动。高炉稳定要以管理和技术为支撑，久久为功、驰而不息。高产稳定只有落实在每一天，每一项举措、每一个岗位上，才能落地生根，开花结果。深入降本必须精细为本，既要通过稳定生产获取规模效益，也要一级一级传递压力，全员参与。发元对我说：向操作要效益，向管理要效益，持续向精细化推进。发元给我的印象是一直在从事炼铁技术方面的工作。

马钢首次设立高级技术主管，高管原有职数51人，现在在聘数仅40人，其中工作在集团17人，工作在股份23人，因高管中优秀人才多，有11名高管进入了公司中层干部行列。今天下午我们讨论增补高级技术主管的专业和职数，主要领导议定高管总职数定为85人。

我有个人意见：增补高管的说明和相关信息应公开在报上、网上；高级技术主管和首席技师的年薪水平应与公司中层干部一样；一个专业设置的高管岗位，要鼓励全公司够格的人报名竞争；高管的业绩要量化并可以测量，由公司组织难题分解；高管作为公司的人才也应流动起来；现有高管连续业绩突出的应聘为资深高管，反之考核不合格的也应解聘。

马钢设立高管开局很好，现在高管的作用在逐年递减，问题的根源出在我们对高管的管理上，部门谁负责、领导谁分管，负责什么、分管什么都要明确具体。

2014.9.3 马钢自主研制ER8C车轮

因为公司要提四位副总工级的人，所以一天不任命一天就会有人在议论这些事，什么样的消息都有，什么样的评价也有，马钢把人用好了，事情也就干好了。一个单位的一把手很重要，一个有战斗力的团队必然培育着一批人。生产部连续多年的先进单位，让公司选出了一批中层干部：徐超、任强、闫华、龙吉宁、高长松；范鼎东离开车轮厂时，安涛、谷元、刘爱兵三位上任。此次王炜离开时，刘国平、焦兴利、范满仓会上任；黄发元离开时，丁晖、李邦平、黎兵会上任……一个正派公道的领导就是培养人、使用人、提拔人，这样会事业兴旺、前赴后继；当然一个混事的一把手，也会因为自己不努力，而伤及整个团队的进步。

今天碰上了邱小根，他同样是个忙惯了的人。5月退休以后能否调整过来，干点什么？他告诉我正在调整期，还未调过来，天一亮就想出门，天黑了才想回家，有人聘他去上班，他说自己不能去，退了就想自由，自由时间多了，又想找点什么事干，总之有点烦，还是静不下来。我退休后也会是这样吗，没到这一天，我真的不知道。

按我的要求，马钢研制ER8C车轮报告今天交到了我手中。今年8月13日下达ER8C车轮试制质量计划，生产工艺关键要素控制要求，均按2011年下达的MTS60002-2011-02《200-250KM/h动车组用D1、D2、D3车轮试生产工艺指导书》执行。今年8月16日在特钢公司采用EAF-LF-RH-CC完成一组4炉Q380ER8C车轮钢圆坯生产，8月22日完成批量车轮轧制试验。这是把原一钢转炉生产工艺全套复制到特钢电炉生产工艺上的试制。检测结果是：化学成分符合技术规范，气体含量符合技术规范，全氧水平在6~11ppm，力学性能符合技术规范，硬度、低温韧性、断裂韧性富裕，金属夹杂物符合技术规范。报告结论：试制的CRH5A动车组用ER8C车轮完全符合长客的要求，关键指标达标充分，洁净度高，综合水平高；此次ER8C车轮与前期研制结果吻合性好，基本重现过去的检验结果，马钢完全有能力进行ER8C车轮自主制造并替代进口车轮。

九月全国质量月，公司也布置了质量活动。因为分管质量工作，脑子里总是想这方面的事：同样的人、机、料、法、环，为什么8月特钢一组3炉重载车轴钢、一组4炉动车轮钢干出如此高的产品质量？今年马钢接受了如此之多的二方审核、三方审核，对我们质量体系起了什么作用？机车轮实行一轮一个身份证号，追溯全工序质量控制的效果究竟如何？开展工序质量大检查以来，我们写所需，做所写，记所做还存在什么样的问题？我这个首席质量官，用我的方法，就是要不断提出问题，给部门和总厂布置作业，然后去检查或评价，牵着走。

2014.9.5 引入德国巴登企业文化

现在分管生产、安全、技术、质量，每天的工作真不少，有时不知一天时间怎么过去的，每天下班后的一小时，我习惯理一理今天的事、想一想明天的事。年轻时要学习要积累工作经验，到老了成熟了，有限的工作时间也快结束了。白建军、王卫东、郝景涛、邱小根，他们都是我的老兄，我们在一起出国，在一起读EMBA，在一起工作，那是十年前的事，记忆是那么清楚，仿佛就在昨天，一转眼他们改非了，退休的都已离开了自己的工作岗位。我也57岁的人啦，也有外孙小嘟嘟了。在这样一个该慢慢松懈下来的时候，因为多种原因，我被推到了如此之忙的岗位上，高海建说：你现在是股份公司的常务副总经理，公司对你看得很重，大伙对你的评价也很好。我真的希望公司选拔年轻的干部，放在重的岗位上培养。这么多年的工作，我习惯于坚守在岗位上，年休假一次也没有休过。为什么？图什么？我真的从未想过，只觉得自己为公司做出贡献也就心安理得了。

三钢轧总厂厂部会议室，德国巴登专家报告对炼钢现场调研。9月9~18日，德专家来马钢，根据马钢与巴登企业文化建设合作项目，为期10天，调查和评估三钢轧总厂转炉、精炼、连铸生产过程，对成本控制、组织和人力资源配置、电气和机械维修、物流管理进行跟踪，寻找改善安全、提高效率和降低工序成本的空间。今天德方专家报告中提出了具体问题，给出了具体措施，包括“一岗多能，操检合一”等。我们身上的毛病自己已经习惯了，也不是不能改，关键是要设立一个改变的环境。今天丁毅、唐琪明、严华和我带的出国团组成员全部参加了。我们首批出国人员要勇于担当，要学到真经，学会演讲，学会行动。每人每天都要有工作日记，感悟或心得，要结合自己的工作，我能学什么，我能干什么。对标立杆，寻找差距，在先进管理理念的引导下，打破限制条件。丁毅今天给我们团组提出了要求，回国后举行专场报告会，说说出国学到了什么，回来后能够干什么。我这个团长已清楚知道了此行的目的。

2014.9.9 推进高炉炉况体检

今天，丁晖、李邦平及炉长们召开一周高炉炉况体检专题会，我和炼铁技术处胡夏雨过来参加。三铁总厂已引入了1000分评价标准分，我提问了6日当天评分585分，失分原因、问题分析、应对措施，我们在一起又展开了互动式的讨论。最后我强调大高炉长周期稳定是公司生产经营中第一位的工作，我们在座的是第一责任者。2014年结束后，公司将在元月份举办首届高炉体检报告发布会，同时列为公司A类科技攻关项目，给予评奖。

我们讨论了在焦化7.63米焦炉西头新建干熄焦炉工程，对10月份A、B高炉用焦的影响。临近中午了，我和胡夏雨去看新上干熄焦工程具体位置及四周的设施。焦化新区化产系统停产5天进修检修，今天是第三天，那是公司的一级危险源控制点，检修动火十分敏感，还有人在釜顶上干活，我要查查此时监管的安全员在哪？我们找到了安全员，他还在现场盯着，我当场给予了表扬，并再次强调安全员岗位职责。回程的路上，我给安管部经理徐超打电话，要求在公司四季度安委会上报告，安管部对各单位安全员工作在现场的检查情况。

2014.9.10 工作在合肥板材厂

昨天和合肥板材厂张庆奇总经理打了个招呼，今天用半天的时间在合肥板材厂工作。到现场从原料、到加工、到成品全线看一遍，听一下板材厂近期生产技术质量工作汇报，希望公司帮助解决什么问题。

合肥公司因环保关停之事压力很大，没想到秦长荣董事长专门也来板材厂，陪同我到现场，我们历时2个小时，把板材厂全部检查了一遍，这是我工作的一种方式。然后在会议室听取了板材厂生产、设备、技术、质量的汇报，他们准备得很认真，但干板材时间不长，有些问题亟待解决。

我和板材厂交代了几项工作：要通过TS16949的外审，争取获证；公司级的程序文件、质量手册我们组织重新修订把合肥板材厂纳入；请周晓兰高管来合肥参加10月16日的外审，作好配合与沟通；合肥板材厂生产订单不足的问题，必须高度重视产品质量，不合格品一定要卡在家里，绝不能发给用户；合肥板材厂通用的设备备件可以和公司设备部联系，直接领用；质量的KPI关键指标，必须在一次次生产中提高，细化到每一个品种规格，成立QC小组，秦董事长今天同意设立30万元奖金激励；入口原料检验，出口成品检验记录必须完整，属运输单位责任的要处罚索赔；不合格品要及时处理，判定不准的产品上重卷线再次辨识；可以从一钢轧领取报废的中板，在原料库的路上铺开；开展工艺纪律检查活动，常态化下去，用检查中发现的问题，培训职工提升操作水平。

2014.9.11 提任副总工程师人选

今天《马钢日报》公告了4名副总工级、8名正职管理人员和15名副职管理人员名单。新任三位副总工程师中，黄发元出任炼铁副总工程师、乌力平出任炼钢副总工程师、王炜出任轧钢副总工程师，三人全是正高级工程师，我这个总工程师不再是光杆司令了。三位副总工程师我都很熟悉，知道他们从事本专业的本事，也知道他们的性格，三位都在公司总厂担任过厂长，有着很好的工作履历，经验丰富。不是卫生队里选干部，海建说一定要在野战军中出干部，我相信我们四位联手，会在股份公司生产经营、技术质量上有更多的作为，在我未来的四年工作时间做出新的、更大的贡献。丁晖、马桢亚、史德明、刘国平、汪为民、黎兵，此次都在中层正职提拔行列中，我和他们在工作上打过交道。

马钢在选拔中层干部上，多是伯乐相马，公开竞争的少，干部能上能下的问题一直未能解决，干部提拔以后的培训教育工作做的更少。毛泽东主席说过，政治路线确定以后，干部是决定因素。

2014.9.12 推进车轮ID号实施

马钢科协第六次代表大会换届选举，我被公司党委提名当选第六届马钢科协副主席。经公司组织部门和纪律审查合格，提名以下15人为马钢科协党委候选人：乌力平、李翔、任文田、严华、杨阳、苏世怀、张建、杨兴亮、胡晓春、唐琪明、高海潮、奚铁、梁晓乾、梁越永、葛风鸣。经充分酝酿，民主协调，征求意见基础上，经换届小组推荐和五届常委会讨论通过后，最终选举苏世怀为科协主席，杨阳和我为科协副主席。

天依然热着，下午在车轮公司二线检查大功率机车轮及机车轮一轮一个ID号的执行情况。车轮公司参加人员：李翔、肖峰、技术质量部主管工程师、信息化办公室责任人。圆坯从特钢公司用火车送入车轮公司圆坯库，炉号、流号、流断号全部标识清楚；车轮公司锯切工序由人工录入要使用的坯料，计算机系统自动为每一根坯料编号；锯切断以后，由人工输入每节坯料并由计算机编上对应号，由人工在坯料一头写上；在入加热炉口，由人工根据坯料编号，录入加热炉对应位置号，同时传至出炉轧钢口；出炉号随轧机轧制车轮延续下去，最终在传送带末端，由人工用高温粉笔写号；踏面加工完毕后，再将幅板号重新写在踏面上，往退火炉转移；在热处理区，进加热炉时，根据踏面编号，配上一个打了孔编号的钢板牌，跟踪；最后在热处理结束时，人工将每个车轮幅板内的牌子收回，同时重新写上对应的号码。人工全线跟踪，时有疏忽或许乱号、错号，但好在计算机辅助人工编号，错了立马输入不进去，可以查出问题出在哪里，现在我们是硬着头皮干起来，只有严格的管理。真的好辛苦啊，真的不容易，真的是每一道工序、每一个员工都要敬业遵规。好在公司已经决定投资建设信息化跟踪系统了，有人工先行的基础，这个设计就有了更好的基础。

2014.9.15　借机使力，提出铁前行动方案

经理层碰头会。海建董事长说：我们现在的关注点要放在两头市场上，各位手头上自己的具体工作可以少谈，谈大事、谈调动人的积极性的事、谈公司管理架构上的事。钢铁市场的周期规律会持续一段时间，钢铁过剩，矿石也过剩，这一轮矿石跌价，然后是钢材长材跌价，现在是板材跌价。宝钢率先板材跌价的意图是什么，战略战术上，我们要把这些问题想清楚。现在全公司都要围绕四季度的订单展开工作，一切都要围绕销售去转。海建的要求是明确的，怎奈我们还是转不过身来。

两小时的碰头会结束时，我弱弱地说了个建议：销售这么难，公司多给销售公司配置几名副总经理，我们的销售经理太少了。海建立马回答：股份公司可以这么干，海帆就有这个权力。按品种销售，按专业化销售，少靠经销商，找寻直供户，变钢材销售商为材料供应商，必须开创马钢销售工作新局面。

前天冶金报头版上《让首钢京唐两座特大型高炉跻身世界先进行列》一文，吸引了我的眼球。首钢京唐走出了长期以来“高血压”，炉内压力高，透气性差，“稳定边缘，照顾边缘”，使用短风口，操作上有误区；在炼铁降低原料成本上，选择性价比高的原料，烧结、球团、块矿的配比方案；两座大高炉降低炼铁成本的实实在在，在高炉顺行的基础上有了新的举措。作高炉的贴身保姆，原燃材料变化的预警机制，煤氧枪的创新，新的配煤配矿方案等。

我和高海建不约而同学习京唐这篇文章，我当即找了胡夏雨处长要求炼铁技术处组织学习，今天高海建要求组织三个炼铁厂开学习座谈会。会议从下午1:00开始，持续到晚上5:30结束，全体参会人员热情激动，发言踊跃，想法不少。高海建董事长最后说：大高炉今年安全过冬，高炉长周期稳定，2015年5月公司开一个表彰会。重奖高炉炉长、工长、高炉贴身的工程技术人员。钱总经理强调公司的高级技术主管，尤其是炼铁专业的，要在高炉预警机制上下功夫，高炉本身一块，全部的入炉原燃材的各项信息必须在入炉前到达高炉操作者的手里，在一个个待解决的专业问题上采用挂

帅制，奖励标准定好，拿出自己的实效来。

是的，马钢炼铁是瓶颈，但这么多年来，公司炼铁的地位摆放不高，不出事时各项管理工作就松了下来，我现在分管生产，深知只有炼铁好公司才会好，我一定要借机使力，和铁前各单位提出行动方案。

2014.9.17　到巴登学习准备会

召开出国准备会。德国巴登BSE培训中心张武诚副总裁、企管部张吾胜及全体团组成员参加。我们执行的任务是巴登企业文化改进诀窍转让项目，炼钢区域培训团组赴德培训任务清单分解。人员组成：16人，团长高海潮，徐超负责安全，宋超负责财务。王谦做好培训的日常管理和有关工作协调，杨泉山负责培训信息收集与反馈。具体工作安排通报，第一周：周一至周六全工作，每天的工作计划，休息一天；第二周：周一至周四下午，每天的工作计划，周五晚上从法兰克福飞回南京。外事办陈松讲赴德国须知及保密承诺。我要求每人出国写工作日记，每天晚上讨论与小结，人人回去作演讲并提交报告，在《马钢日报》上开设直通巴登的报道，让全公司职工了解到我们出去在干什么。了解出国吃、住、行的安排及个人应准备的东西。

我坚持我开会的风格，事先做了充分的准备，紧扣主题，简单明了。巴登BSE张武诚副总裁说：高总很精干，对内提的要求很明确，祝你们学习顺利。

2014.9.18　为工作用心良苦

截至9月16日，公司矿石库存143万吨（含混匀矿35.31万吨），煤/焦库存31.3万吨，中间品库存40.0万吨，产成品库存61.69万吨。原料库存高，产成品库存高，在市场供大于求的形势下，一定不是一件好事，占有资金，增大市场跌价带来的损失。特钢公司此次库存也成了公司关注内容，任天宝盯住在压的特钢库存产品，杜松林请我去商定个处理方法。公司给特钢定合理库存1.8万吨/月，现仍有额外库存1.48万吨，怎么处置？我来开会我要拍板。杜松林、孙维、胡新华、秦宗海等人参加。在1.48万吨额外库存中，1.09万吨属完全合格品等待销售，0.29万吨待处理含降价报废产品。我们商定的意见是：增加特钢公司合理库存。降价处理2900吨在产品，总损失120万元，公司补核；另有2600吨废品回炉处置，每吨损失1000元，总计260万元损失，特钢公司自己在成本中消化。

我觉得我们技术中心技术团队力量太弱，没有好的学习态度，工程技术人员的责任感、事业心是难以担负起今后的重任的。7月22日晚上，在评审完技术中心担当的任务后，我把自己调研、感受及要求写成了书面文章交给技术中心，要求组织学习讨论。50多天过去了，我收到了技术中心的反馈：车轮产品设计组江波、电工钢产品设计组王立涛、家电彩涂产品设计组赵云龙、结构钢产品设计组胡学文、特钢产品设计组孙维、型钢产品设计组吴保桥、线棒材产品设计组于同仁、炼钢所沈昶、炼铁所李小静、信息所杨兆林、综合所周晨辉、检验技术研究所阚斌，提交了个人及团队学习体会，我用心良苦。

今天经过车轮公司门口，看到施工人员正在给李小宇当厂长时竖的老式跃进牌蒸汽机头加煤水箱，范鼎东当厂长时给无煤水箱的机头油漆了一次，今年6月我向安涛厂长提了要求，没有煤水箱的一个机车头真难看，我请徐劲松在铁运公司找了一个煤水箱装上去。今年10月18日是车轮公司建厂50周年大庆，车轮公司将过去的生产设备摆在一起建一个文化园，我担心总是差那么一盏司好事办不成，把安涛喊至现场，要求上漆前一定要把锈除干净，不是临时的，要长久存放下去。

2014.9.19　不能亏了，亏不起了

上午在技术质量部会议室，我跟公司组干部宣布新的任命：崔银会任副经理，奚铁主持科技质量部工作，乌力平任副总工程师仍兼技术质量部经理。我谈了工作要求：科技质量部的质量管理工作,现在运行出一个模式，但有待于改善及深化，技术管理工作仍有一定的问题，因为尚未看到明显的成效或可测量的标准。技术质量部处干、科干苦乐不均，责任压力差别大，工作任务有问题，每位领导、科干必须承担责任，在质量、技术、科技、专利等方面认真思考工作方法。我也当过部门经理，常态化的工作做好是基石，不做好常态化的工作，仅把领导交办的临时工作当成全部工作，这样的工作方式是支撑不住部门工作的。部分工作是服务工作，必须和二级单位有好的沟通，上情下达、下情上传，我们今后应这样去工作。

下午，10月份生产经营评审会，内容太多，发言的单位不能围绕中心，又像过堂一样，每个单位都说说，时间太长，四个小时过去了，开会的人也分神了。时间没有了，我有几件事没说，但我心中有数：公司从现在起，每个月的生产经营结果都不能亏了，亏不起了，持平是必须的，已经又一次降了折旧比例。当采购降价大于销售跌损时有利润，当采购降价等于销售跌损失时也必须有利润，当采购降价小于销售跌损失，内部降本能不能补上去，补不上去就是亏损。公司的铁钢比不能动了，由于市场

板带价位好，资源流向一、四钢轧，二、三钢轧限量在生产，铁钢比下降多产钢多出材，现在会有一块效益的，四钢轧不能因干汽车板再提铁钢比，我是不同意的，转炉热量平衡的计算要审核。10月份出口订单4.95万吨，订单下达到各单位，厂长必须指定总工，总工必须指定质量负责人。9月生产结束后，我要考核产品订单兑现情况、汽车板订单兑现率情况，失去的订单兑现必须细分至神经末梢且一定要说明原因。

2014.9.21 到巴登学习第一周

赴德国从9月21日开始至10月5日结束，15天时间。今天是周日，团组成员一个中巴，从公司北大门早上出发，乘汉莎航空，从南京到法兰克福。几件想不到的事情：在南京出发时，因为今天公务舱出票不好，我们团组有四人免费升为公务舱。抽中号的是杨泉山、吴坚、张乐金、徐超，我告诉团组成员不是个人幸运，按团组成员年龄安排了徐超、宋超、张乐金、王谦坐了公务舱。我中午让大家忍一忍，上飞机去吃饭，果然汉莎航空食品供应充足，两餐中间还加一份水果，以至到了德国后，张武诚副总裁安排我们吃饭时，大家都说饱着呢。全团人员下了接机车后，司机没走，我发现犯错了，让徐超给司机小费，这是行业的习惯做法，司机走了。德国海关对中国人很友好，没查带现金、香烟，也未查任何行李，16个人一次走出。汉莎航空服务不错，出门时有人说酒可能会漏，取了行李发现带的酒和礼品丝毫无损。团组成员开始感到我给工作压力，每天一小结，每天一通讯，回去后每人15分钟演讲汇报，学习文化、理念，更要落实在行动上，学3~5件可学的事，回去干2~3件可干的事，当团长必须事事处处带头，才有感召力。我住的房间最小，不足6平米，厕所、卫生间小的只能进一人，一张小床，一个小桌，没有台灯。为了节省出国费用，留点零花钱，我们选择了这家条件差，但离巴登工厂最近的小旅馆。

德国第二天，巴登工厂参观。

不是最先进的设备，却创造最高的效率。巴登的连铸机没有大包回转台，是固定坐包浇台；螺纹钢三切分轧制技术水平很高；在线维修争分夺秒，零部件库存组装完毕，液压缸连配管的长度及接口都已全部准备好；厂长的办公楼和机修中心在一起；车间的办公室在主厂房的侧跨；员工交换班在主操作室的通廊边；厂长每天也参加全厂的早调会听取汇报。废钢中含有2~3kg的小密闭容器即整条船废钢拒收退回。每个员工的工作安排都是满负荷的，不干这个就干那个。同样是炼钢厂，但他们拒绝强体力劳动，各种工装工具一应俱全，所以岗位工人工作的环境挺轻松。

德国第三天，巴登老师交流。

今天在巴登工作的亮点是：张吾诚告诉我，马钢代表团用巴登专家的评价是素质高，相当部分人可以用英语沟通，团队行动整齐，现场提问多，听课讨论时互动性好。安全经理今天讲课精彩，他每天工作一半时间在现场，走遍全厂，与工人进行交流，工作的主要精力在发现潜在的不安全因素上，改变安全文化必须先从改变对待安全的态度。巴登输出企业的管理是一个“软”产品，即向你强烈宣传，通过学习给你的企业带来的好处，又不向你做出任何的承诺，正如中国人的所说，“师傅领进门，修行靠个人”。我看到了巴登工厂的一项项管理规定，但又没有被管理的感觉，是巴登的文化在引领着员工的行动。

巴登第四天，巴登老师讲课。

BSW钢厂总经理60岁，给我们讲20年前是2/3的人夜班、1/3的人上白班，检修的效率是低的。现在是2/3的人白班，1/3的人上夜班，设备依然运行稳定，多出来的白班人干备件检修和减少外委工作。他本人每周末也到厂里来上班，每天70%的时间在厂里现场，妻子埋怨他“工厂是你的情人”“是不是很高的薪水，驱使你成了工作狂，那我们不要这样的！”“你认为我这种工作方法才能达到今天的效果，别的方法可行吗？”德国有一句话，世界上有两种强盗，一种是直接持枪抢劫，另一种就是银行放贷，德国的企业不大喜欢银行。

从早至晚，中午无休息时间，结束了一天的学习，每个人都很疲劳。我这团长不容易，为了防止个别人在听课时打瞌睡，我有意准备一些大家关注问题来提问，引导大家学习的兴趣，提问不是一问一答的简单过程，能提出一个好的问题其实是不简单，代表大部分人关注的问题，那更是不简单。巴登总经理对我们的问题很感兴趣，他通常会给出两至三个答案让我们选择。

巴登第五天，巴登管理理念。

听取电炉钢厂的介绍，生产经营理念和观点。巴登成功最重要的原因，80%来自员工的努力，20%技术装备的改进，这就是巴登成功的秘诀。巴登成功来源于每一个员工的努力，员工→班组→炼钢厂→BSW公司，从下至上、从上至下完全融合在了一起。钢不是在办公室炼出来的，走出去到工艺生产线上去。生产人员才是生产的基础，而不是设备。向外面的人学习，学习他们的长处，补足自己的短处。巴登的目标就是通过细节变化，来优化产量的提升，每年都有许多小的变化，正是一个个小的变化，支撑起指标进一步提升，从废钢库开始直到轧制成品出厂，员工的素质，从工程师到操作者一样都在不断的提高，共同实现企业的愿景。

如果不是事先知道身份，在一项项工作中，我们真的很难区分他们各是干什么的，全员积极主动参与的氛围很浓。

巴登第六天，巴登生产计划。

BSW生产计划。我提了一系列的问题：年计划制定的原则是什么？单一的根据自己的生产能力？单一的根据市场订单？还是二者之间结合以产促销？生产计划是否上下进行讨论，尤其是排生产计划是按去年平均水平？还是根据老板指令安排计划？生产计划部门是否依据生产数据，彼如甲、乙、丙、丁有一个班生产量始终最高，从全厂做出系统分析后制定的？依据你对工作的介绍，巴登工厂最不应该去现场的是你们，系统内所有的数据都可以看到，其他事都有人管。计划员告诉我们“下现场不需要理由，不下现场要找理由”。巴登没有厂部大楼，没有分厂办公区域，所有人的歇脚点都是离工作现场最近的。

2014.9.27 *巴登人真是这么干的！*

学习了六天，团队都很疲劳，也很兴奋。团组的学习态度和行动纪律，使巴登培训团队也感到了吃惊，他们接待过来自世界各地的团组，包括中国的，马钢人综合素质都很好。韦伯、莫瑞斯、瑞丁格三位德国的专家，每人具有不同的背景和才能。瑞丁格是管理时间专家，计算机编程高手；韦伯先生是教授、厂长，从事过大转炉钢厂工艺理论实践；莫瑞斯培训主任，现场工作经验丰富，熟知巴登的一切。

今天，我思考了一下《马钢日报》直通巴登版的一篇文章，应该写巴登人的理念或文化。写什么呢？应列举巴登人的事例。

巴登人为什么拼命追求最高的效率、低成本的战略？巴登人为什么这么喜欢下现场、面对面的沟通，好像无管理层级，直接掌握一手信息？巴登人怎样实现一岗多能呢？培训出了优秀员工团队，形成自己的管理理念和文化，不是亲眼目睹，不是亲耳所听，不是用心感觉，我们真的难以相信巴登人真是这么干的！学习巴登，从我做起，从现在的工作岗位做起，从点滴做起，团队成员达成共识，需要的是持之以恒的坚持，从一件件小事做起，积小胜为大胜。讨论到最后，王谦说了句“像高总带团队这样”。

学习巴登：把常规应做好的事不当作例外，例外做好的事不当作常规要求。看一个物体再转到背后看看，做一件事情换一种方法试试，用一种不同于过去的理念去尝试解决问题。

2014.9.29 设计培训考核方案

在巴登想做副主管位置，你必须在巴登至少有10年的班组工作经验，从工人到作业长。作业长有经常换位的两种思维，在管理者与工人层之间；两种语言，在管理者与工人之间。有许多人经过了主操，又经过培训获得作业长资格，等待上作业长岗位，但只有最优秀的人成为作业长。巴登最重要的部门是人力资源部，最重要的岗位是对员工的培训中心。

张武诚副总裁告诉我，丁毅要求巴登BSE对我们团组进行培训考核，但巴登过去一直没有这么做过，怎么办？我说我们共同设计一个考核方案，他的想法和我不谋而合。我请徐超、吴坚、王谦一道，对团组每位提交的报告按A、B、C三档评分，可以A+、A、A−，直至B、C。第一个部分，学巴登，结合本职工作，你回去开始试作哪些（管理与实际）的工作，不少于两件；第二部分，学巴登，面对当前实际，你向公司或总厂提出哪些积极性改进建议，不多于两项。早上韦伯先生告诉我们，昨天小夜班生产正常，凌晨3点发生了电炉通炉的事故，生产被逼停了下来。我们也不是超人，高温液态钢水，耐材，介质组合一项出问题都会造成事故。我们巴登人曾在日本培训过，日本人出事不让看，我们向你们全开放。今天的计划执行不了了，你们可以自行安排了。

我们商定了一下总结工作：团队每个成员在10月8日上班前，完成个人汇报演讲PPT，每人演讲时间控制在8至10分钟；团队出国培训报告，杨泉山执笔，总体概况、BSW、学习计划、个人考试报告、《马钢日报》4篇专稿；今天白天回宿舍去，晚上完成个人考试报告，最终汇总统一版式，明天早上交徐超，王谦、吴坚和我独立评价后合成总评分；请王谦、岑国瑞、宋超盘清出国费用，其余结余发给每一位。周五一天早出晚归，团队去巴黎。行动路线：火车站→卢浮宫→埃菲尔→香榭丽舍大街→凯旋门→购物→火车站。团队成员一切为个人安全，为公司利益，为国家名誉。

2014.10.2 团队给中国人争了光

今天是我们团组在德国学习的最后一天，大家的心情多少有些浮动。不像前10天紧张的工作计划，我也有些放松。今天周四，巴登钢厂计划检修，张乐金、杨应东仍然坚持再去现场看看，我们多数想去渣处理线看看。巴登培训了不少团队，给我们团队的评价NO.1，当然我不知道他们是否也称别的团队NO.1，但是我认为我们整个团队的表现是NO.1。

今天韦伯先生很高兴，他说怎样组织一次会议才能更加有效，谈了谈他个人的方法。开会必须有一组参会的人，有的人是安静的，专注开会的，但有的人自以为是大人物必须说几句，其实完全没有必要，怎么开会呢？我给你们每人发一张纸片，一个笔，你们每人在一张纸片上写一个今天开会你关心的问题，所有卡片收集上来，现在我们就试试。巴登学习两周，你觉得最值得带回去的是什么？每个人写一个简单的事情，自己知道自己写的是什么。如何在现场听到你需要的问题，怎样与一线职工交流，管理者经常深入现场，效率至胜，关注细节，强化的设备维护，现场监视系统，一人多岗、一岗多能，关注职工培训，用最简单的操作，巴登的设备无毛病，巴登人效率，全员安全，钢是现场炼出来的，不买便宜货，工业改进，全区域业务精通，精益求精，保持激情，交流与培训。误工管理，最低成本，以人为本，现场深入……真的列出了不少，但可以合并。我们共分出11个问题，每人选择两个，再汇总一下，那个问题选中的概率最高，今天就讨论这个选出的问题，怎样解决，按5W1H方法，谁干？何时？何地？何法？如何去干？明确每一项具体要求，具体可行，具体必行。接下来是认真做事，签字画押，牵头组织，反馈信息。

有人说当厂长难、当作业长难，其实困难没有办法多，要调动各位的积极性，事情就好办了，在这个问题上，管理是相通的，德国人和中国人一样。

德国之行，学习结束了。去法国巴黎一天，早出晚归，乘欧洲之星来回。今天我们团组在巴黎人均步行了18公里，沿着塞纳河畔，走着观光。在乘地铁时，差点丢下了王原成等，我硬是用身体顶住即将关闭的车门，让他们钻了进来。在老佛爷购物完了后，我们去吃饭，丢了张乐金，又去把他找回来。当团长真操心。

我们马钢这16个人的团队，给BSE培训我们的老师留下难忘的印象。每天听课气氛热烈，问题提的有水平，每天下现场，大家看的认真，劳保用品穿戴整齐，每天离开课堂时，各项用品整理得一干二净，团队成员团结一致。莫瑞斯说，马钢是他带过最好的团队；瑞丁格说，领队人的领导艺术水平高，团队成员凝聚力强；韦伯说，和马钢团队交流是他工作快乐的事情；张武诚说，你们团队给中国人争了光。

明天我们早上出发去机场，乘法兰克福直飞南京的航班回国。今天晚上的宴请安排在乡村一家酿造啤酒屋，巴登BSE的老师全部来了，6人，总裁、张武诚、瑞丁格、莫瑞斯、韦伯、飞格，气氛热烈。最后他们全体在中巴车旁，和我们一一握手欢送我们，我和团组成员说，我们齐声用英语说“goodbye、see you”。我们团队成员自己也被感动了，车向前驶去我们挥手告别，他们齐挥手，车调头过来，他们又挥手，我们也挥手，依依不舍。我们认真对待学习和工作的态度，和德国人的要求是相符合的。这正是他们满意的。

2014.10.10 谈炼铁副总工的工作

炼铁是公司生产的基石，我们过去对外学习交流的活动少。此次炼铁技术处按我的要求，外出考察首钢的工程技术人员全部都写了心得体会。我请《马钢日报》开一个专版，把这些文章登出来，舆论的引导比什么都重要。学技术、找差距、看别人、想自己。

今天我和黄发元谈炼铁副总工的工作。首先自己列出常态化的工作，高炉太重要了，每周一次走访公司9座高炉，另1~2次走访焦化、港原，除了去高炉还要去各厂烧结现场；铁前技术文化氛围太弱，用什么方式培养炉长、工长及炼铁工程师上水平；每月应继续在《马钢日报》上有铁前生产、技术、操作、原料方面的专版文章；每个季度要和三个炼铁总厂、焦化、港原交流沟通一次；每月要去和炼铁技术处同志谈工作要求，和陆副总经理商定炼铁配矿计划、配煤计划，关注原燃料质量；自己布置的工作自己去检查，要把握一手信息；特别关注已经启动的3200立方大高炉工程动态。一句话，你现在是副总工程师了，马钢9座高炉生产正常就是工作好，大高炉波动预警早发现，恢复快就是水平，我们的工作责任心第一。

2014.10.11 兢兢业业干好每一天

今天周六，我作了点评：综观10月上旬公司的生产，铁已超产11613吨，这是超年1400万吨铁的水平，钢已超产11868吨。由于炼铁的稳产高产，使得公司钢轧总厂生产有了回旋余地，这对公司调整品种结构，内部进一步增大降本力度提供了有力的支撑。股份公司今年能否实现不亏损，10月、11月、12月内部生产组织至关重要。从运行势头上看，炼铁在高炉操作技术上，有了新的突破且得到了进一步的验证。对炼铁系统提出的要求在落实，炼铁厂长们现在不只是围着炉子转，更多关注了外部保障条件，经常去烧结、球团、块矿、焦炭现场。9月全国质量月，公司的活动取得了实实在在的效果，不仅质量总损失，前三位的质量缺陷攻关，改判的二、三级品都达到设定的目标，更重要的是各条产线职工质量意识得到提高，公司级、总厂级、分厂级的工艺纪律检查进入常态。四季度对三个板带厂表面划伤缺陷展开了攻关，去掉这一顽疾，公司下文这次攻关与许健、刘国平、张庆奇三位厂长的绩效挂钩。无论是公司的职能部门，还是总厂的二级机关，我们应主动贴近现场，除了现场还是现场。一个管理者对现场生产、设备、材料、操作、人的行为状况不了解，不愿下现场，就是不称职。国庆期间公司组织了对在岗值班人员的检查，对挂名值班人不在岗的，公司将追究责任，让处干检查。四季度开局很好，海建书记要求，干部好好干、职工干干好，我们要兢兢业业干好每一天。

2014.10.15　怎样当好厂长、副厂长、书记

今天下午我专门来三铁总厂，此次我不去现场。约了丁晖厂长，李邦平副厂长，黎兵书记。和他们谈：如何确保大高炉长周期稳定的管理工作；怎样当好厂长、副厂长、书记？梳理出常态化工作；新班子上任怎么干？我等过两个月，在12月中旬专门听一次他们汇报；我告诉他们我是如何当厂长的。厂长一定要和科干谈心；生产厂长一定要跑遍总厂的每一个岗位；书记每月要白班、小夜班、大夜班去基层班组和职工有个脸熟。班子成员团结很重要，齐心协力去工作，你们是一损俱损、一荣俱荣。

去时我心中无数，不知三铁新班子在怎么想，半天互动式地谈下来，我感觉我们有共识。我谈的工作方法，绝大多数他们已经想到了，三铁总厂一定要有一个强有力的、一个会干事的、一个有套路的、一个好的领导班子，A、B大高炉长周期稳定是全公司的大事。

2014.10.20　预算编制，换汤不换药

已经进入今年10月下旬了，按惯例股份公司今天开2015年度预算编制纲要评审会。这几年市场的变化可谓激烈，而我们又没有什么新的招数，内部生产组织就怕高炉不稳定，其他还是老一套。我们每年走程序都要编制下一年度预算。但我们首先要看一下今年的预算执行情况，编制计划与实际有多大的差别，主要问题出在哪里，明年的预算能做出哪些改进。在新高炉建成前这个时段，公司的生产规模不变了。1380万吨铁/年的目标，2013年未完成，2014年也完不成了，2015年要三打1380万吨铁/年的目标，这是马钢生产中的高难度动作。公司铁钢比动了几次，2012年是教训，2013、2014年持续走低，2015年不能变，公司综合铁钢比0.9421，转炉铁钢比0.950，板带比即使提升至75%，也要细分品种压住铁钢比。没有铁水，二钢轧和三钢轧总厂日产放空1万吨钢的能力，关闭二钢炼钢小转炉，小型材钢坯从哪里来，这个决策该做了。三个事业部是有其名，但人财物上均无效，现在面临同一个问题，订单不足，彩涂一半产能、特钢一半产能、车轮也是一半产能在放空。2015年度经济责任制中钢

轧总厂能不能不设产量奖，奖金应压在品种质量、订单兑现上，以适应客户市场要求。有限资源，干什么才能得到充分利用，我们销售在接单时要注意结构，热轧变冷轧，冷轧变镀锌、电工钢、汽车板、家电板、彩涂板等。企业的预算编制纲要，责任部门不能年年还是老一套或是换汤不换药。

2014.10.21　一线紧、二线松、三线庸

高海建仍旧是保持着激情。自己动笔，结合自己的情感给马钢日报写了一篇《不拘一格选人才，逐梦马钢建家园》的专文。是啊，企业竞争说到底是人才的竞争，时下，正处在转型发展、奋力爬坡阶段的马钢，一定要在用人上变革了，我们切实需要各类人才的鼎力支撑，现在有了求贤若渴的需求。为解决板坯角部表面横裂纹缺陷问题，股份公司发榜招聘技术攻关的能人，干成了给个人奖60万元。马钢这些年最大的问题是机制不活，技术人才、管理人才、经营人才的积极性发挥不出来。近几次中层管理人员选拔任用上，没有论资排辈、按部就班，而是看人品、看能力、看绩效。海建说首先是正确的价值观，其次要讲忠诚，第三要负责任，第四要敢创新。海建说：现在马钢在学习巴登企业文化，在学习的过程中，我有一个很深的体会，就是每一个巴登人都是多才多艺的，巴登所以优秀，很大程度上就是在人力资源开发上，配置充分的激励机制，让每位员工都能充分体现自己的价值，人尽其才，物尽其用，劳有所得，增强了巴登人对企业的忠诚，增强了自豪感、归属感和责任感，激发了他们在现场不断学习和创新的积极性。马钢在人力资源开发上，如果说是弱项，那其实还是在找理由搪塞，我们在人力资源开发上，已经是多年的空缺了。一线紧、二线松、三线庸、还有看不见的战线，这也是多年的实际情况。

2014.10.23　感动自己，吸引别人

高海建书记给我布置了一项工作，要我作马钢当前形势任务的专题报告。今天各单位的党委书记、副书记、政治处主任、网络评论员、宣网论坛管理人都来了。我一口气讲了一个半小时，下面鸦雀无声，都在注意听。报告完以后，组织部长葛凤鸣评价“今天讲得真好！”新闻中心洪红说“你是一位很好的老师！”教培中心主任张永涛说“昨天海建董事长给你预热了一下，让我们都来听，果然我们今天学到了不少东西。”为了此次报告，我在周六、周日作了精心准备，我对今天的听众是了解的，我

要讲的是他们不了解的。

巴登钢厂学习考察汇报会，在三钢轧举办，丁毅主持，高海建出席，各单位负责人都来了。

马钢电视台的主持人读了4篇我们团组写的直通巴登报道；我代表团队报告“眼见为实，我们亲眼所见的巴登”；代表团成员吴坚、汤寅波、邓南阳、王刚、杨应东、张乐金一个个登台宣讲巴登学习体会；企管办王谦代表团组给公司提出学巴登我们的行动方案。

出国团组讲述14天的学习体会时感动自己也吸引了别人，高海建、丁毅已经得到马钢代表团第一的评价，也很是高兴，学巴登我们开了个好头。我告诉外办主任陈松，现在省里对出国审批关把得很紧，我们可以将此次学习的全程文件、录音、影像资料报省外办，马钢代表团真的是出国学习的，我们这个团组可以做个案例。

2014.10.25 *让炼铁技术人员发声*

怎样从宣传舆论方面支撑公司炼铁生产，公司媒体上除了铁前各单位通讯员自己写一些宣传稿件及一些劳动模范、优秀班组长宣传事迹外，现在我们在干什么，公司在强力推动什么工作，新闻中心应该去关注，可以采访三个铁厂9座高炉试行高炉体检表三个月来的体会，让炉长、四班工长、炼铁工程技术人员发发声。

其实整个公司现行生产中，最令我担心的还是公司炼铁生产，尤其是五座大高炉的生产，因为我没有在高炉上干过，心中底子不厚，因为炼铁是瓶颈，而炼铁人的水平我拿不准。

但炼铁人文化一定要改变，炼铁人技术一定要学习，马钢炼铁高炉稳不住是事实。我一直在思考，作为现在分管公司生产的老总，我能给炼铁人一些什么样的支持。21日、22日，《马钢日报》连着两天登出三个炼铁厂写的关于实现高炉长周期稳定的文章，我请宣传部杨子江转至马钢宣网上，我对二铁总工程师殷欢的文章进行了点评、点赞，引发了炼铁人参与的热情。

我策划洪红、新闻中心电视台、报社记者去炼铁总厂、去分厂、去高炉上，专题采访“公司推行炼铁体检表以来的体会”。

总之，说真话、说实话、说问题、说办法、说我们接下来怎么干。

2014.10.27　凝心聚力是关键

今天早上股份公司碰头会，海建、丁毅、鉴钢都来参加了，今天的话题比较集中。丁毅说：全体奋战四季度，确保三个不亏损，股份不亏损、集团不亏损、合并报表后不亏损。现在只有股份不亏损把握大一点。除了继续保持稳定的生产态势，紧踏两头的市场节拍外，财务上还得想办法。海建说：关键是一季度的亏损，大高炉生产的失常，想想都令人害怕和不安。

各位报告了工作，我也谈了现在的工作：当前生产势头很好，什么原因？月度不亏损了，职工奖金发高了，干部有压力了？我感到舆论的“正能量”很重要，凝心聚力是关键。因海帆跑市场去了，连续两个周六视频会上我作点评，上下直接沟通了，《马钢日报》几乎是全部采用了。高炉要长周期的稳定，就必须把炼铁人的精力引在炉子上，身子贴在炉子上，公司的宣传要对准一线，让炼铁人多见报，镜头上多露脸。马钢代表团巴登的学习报告可以去一钢轧、二铁总厂、三铁总厂、四钢轧、车轮公司等大厂巡回演讲，讲到作业长一级，改变我们的文化就是要宣传做起。提升产品质量的稳定性，基础工作很重要，从9月起科技质量部已将质量工作相关内容细化到可以测量并考核了，这项工作开弓没有回头箭，持续干下去，马钢产品质量不稳定的顽疾会发生根本性的改变。

海建说：现在班子团结，想法也是一致的，关键是执行力欠一点。领导要有宽广的胸怀，强大的沟通能力，还要有120分的干劲。股份公司今年要争税后利润1.6亿以上，今年要破高炉冬季过不去的怪事，高级技术主管要因事设人，大学生在什么岗位都可以评聘技术职称，海潮工作有干劲，海帆要亲自抓降库存，克从要确保年终进口矿库存小于120万吨，严华要招呼大家和你一起干，销售的体制机制要破旧立新。

“国内高炉炉缸为何进入事故高峰期？”今年6月29日《中国冶金报》发了徐国涛的报告。没想到前几天，长钢的高炉炉缸也烧通了，长钢一下子就进入了困难期。海建批示：海潮、发元应该在高炉专题会上讨论一次，以指导现在高炉操作和3200立方高炉设计。宝钢毕竟是技高一筹，我等待你们的回音。我和发元策划高炉炉缸检查已经一个星期过去了，今天对一铁现场检查，听完了一铁总厂各座高炉炉缸状况分析后，我去9#炉检查、发元去11#炉检查，按高炉炉缸管理办法的规定，一条条现场核实，直至下午5点我们在检查表签字确认。

2014.11.3 快速转型，赢得先手

上午高海建主持马钢与法国埃斯科组建合资工厂的专题会。国内汽车板上的很快，马钢也干汽车用面板了。但汽车机械用的零部件材料，国内主要还是依赖进口，这是一个机会，马钢特钢产线如果快速转型，必将赢得先手。讨论与法国埃斯科组建一个合资公司，把法国南部FOS工厂生产汽车弹簧钢等的设备，全部拆回来安装，先用埃斯科的原料，在马钢生产出欧洲汽车用的零件，然后和法方谈判，引进法阿工达厂的生产工艺技术，开发马钢棒材产品在汽车零部件如弹簧钢、曲轴、稳定杆上使用的银亮材。

下午我主持马钢与美的公司材料供应技术交流会。主要议题是：冷轧产品方面；镀锌产品方面；酸洗产品方面；硅钢产品方面；彩涂产品方面。马钢和国内最大的家电制造商广东美的公司已经有了多年的合作，我们也是战略合作伙伴了。美的公司美的采购中心一行4人，我都和他们打过交道，那是去处理我们产品的质量异议和推销我们的产品。以胡亚东、阿伟为首的采购部这几位，要求所有进美的的原料必须做到质量好、价格低。他们狠狠地抓住了供大于求的原料市场，充分比质比价，每一个产品准备几个供应商，让供应商之间去争斗，光是交货不及时或稍有质量缺陷不是退货就是索赔，如不满意即冻结或不给你下订单，和这样的强势企业做买卖，我们尝到了什么是市场充分竞争的滋味。当然也要感谢美的这样的用户对我们的培养，是他们逼着我们转换观念，逼着我们提升质量，逼着我们降低成本，逼着我们特别服务。这就是下午技术交流会给我的感受。

2014.11.5 关注高炉炉缸安全

今天下午是继对一铁总厂、三铁总厂每座高炉炉底炉缸安全检查的最后一家，二铁总厂现有三座高炉。总体感觉这次公司的要求，引起了高度重视，高炉炉缸寿命直接决定高炉一代炉龄，炉缸烧穿是大事故，也会造成巨大的经济损失。

二铁1#高炉2007年4月新修开炉，历时7年多了；2#炉2003年10月开炉，已经历时11年；3#高炉2004年5月开炉，也已经历时10年多。避免高炉炉缸发生烧穿事故，关键在平日的高炉操作与检查中，而决定性因素是砌筑炉缸时的耐材及质量，发出预警最重要，要发出预警关键在于发现异常点，而发现异常点，不能当成正常点漏判，误判，不能没有精准的判定，不能不采取行动。炉缸侵蚀模型取决于炉缸上装热电偶的

根数及准确度，但开炉5年后损坏较多，要在炉役后期发挥监测作用就难了，我要求立即抓紧时间修复。要求二铁三座高炉今年演练一次炉缸烧穿事故预案，明年2#、3#炉要各演练一次，演练的目的是引起各级人员对高炉炉缸安全的关注。炼铁技术处要把9座高炉炉缸检测工作及记录纳入检查考核。

2014.11.10 紧贴高炉，点将论道

我的心紧贴在高炉上。党委工作部在宣网开展了“点将论道，马钢炼铁的问题出在哪里？”活动，他们把讨论活动中的帖子整理后汇总给了我。自10月23日起至11月10日止，论坛共点将14人，以实名发帖讨论，网友发帖和跟帖共计180余条，点击累计超过一万人次，参加人员广泛，文风新鲜活泼，讨论畅所欲言，得到普遍赞同，为引导舆论服务生产经营提供了有益的尝试。

我在汇总材料上写下：这是一次紧贴马钢生产经营最重大问题的讨论活动，很好！实现马钢生产高炉长周期稳定顺行需要方方面面的支持和关注，我已做了一些精选，请黄副总工审阅后，呈高董事长阅示，安排在《马钢日报》专版刊登出来。高炉稳定、人心向上，铁前人感到自己工作的重要位置，这个文化引领的势头已经出现。

今天我在开会，给炼铁技术处长胡夏雨发了短信，从本周六起，三个炼铁总厂汇报每座高炉体检得分，统一到百分制，必须说出每座高炉环比上周得分情况，比上月平均得分是高了还是低了，体检分数上升是什么原因，体检分数下降是什么原因？采取什么对策？让外行听得明白，让内行心中有数！

2014.11.11 技术攻关、因事选人

昨天一个下午，在技术中心二楼，公司召开四钢轧总厂板坯角部裂纹攻关项目经理竞聘专题会。高海建、钱海帆、高海潮、张建、刘国平、焦兴利、奚铁、朱伦才、张文全组成评委。人力资源部经理李博主持，每人20分钟报告，20分钟评委提问。技术中心刘学华，1972年出生，重大毕业，北科大硕士，总院在读博士，他强调做好质量问题的机理研究，但抓主要问题举措乏力；技术中心张乔英，1975年出生，河北理工大学毕业，北科大博士，提出诸多影响因素要一一分析，她曾在四钢轧连铸分厂当过技术副厂长；四钢轧总厂沙学广，1975年出生，东北大学毕业，安工大硕士，因为工作在四钢轧技术质量部，对铸坯质量现状清楚，他认为管理问题大于技术问题；四

钢轧总厂刘启龙，1976年出生，安工大毕业，硕士研究生，现在是四钢轧连铸分厂副厂长。全部报告和提问结束后，8个评委投票，因为海帆是老厂长，我建议他1人拥有2票权利，大家赞成。结果是：刘学华2票、张乔英0票、沙学广3票、刘启龙4票。

海帆说：今天是公司的大事，关系到三支队伍的建设，公司层面技术队伍层级的构架已经出来了，我们问题不少，尤其在连铸上，我们突破过去的因人设事模式，今天是因事竞聘、因事选人。我们的任务是选择成功把握大的人，这个人出来了，也不是他一个人的事，要组成项目团队，管理者能否全力支撑，尤其是厂长也是成败的关键人，因为技术上的缺失，会导致管理者的误判，技术上面有项目经理了，他就是这个项目的大拿，管理者要给予支持，充分调动资源给予协助。

根据评委投票结果，海帆最后决定由刘启龙担任项目经理。

这是马钢历史上第一次招标竞聘的技术攻关项目，尽管从投票上看意见不一致，很多工作还吃不准，只有在实践过程中完善了，此事我们一定是全力支撑的。

2014.11.12 *点将论道，指点迷津*

今天《马钢日报》头版，“百家争鸣共话马钢炼铁，献计集智力保高炉过冬”，“点将论道”大讨论为铁前生产“指点迷津”。

编者按：“11月7日，立冬，高炉过冬我们应该怎么做，我们自己要敲响警钟了！”由股份公司副总经理、总工程师高海潮撰写的题为《高炉过冬，我们应该怎么做》的帖子在宣网论坛“闪亮登场”，正式拉开第二期“点将论道”的序幕。

这篇接力《马钢炼铁的问题出在哪里》的帖子，直指马钢高炉正面的“挑战”，受到宣网网友的广泛关注，并再度点燃马钢各路好手参与炼铁探讨的热情，在这个冬天，一场关于马钢炼铁未来之路的大讨论正在马钢上下持续升温。第一期点将论道，有生产部门的管理者，有一线操作的炉长、工长，有工程技术人员，甚至还有刚走上炉台的大学毕业生，他们各抒己见。

十天过去，马钢宣网掀起了一股热议马钢炼铁的大潮。在此基础上，高海潮详细梳理去年冬季三座大高炉从先后失常到恢复的艰辛历程，引出了第二期的主题，高书记高度关注，亲自点将，要求相关单位认真回答，现在7家党委80名炼铁工作者登榜，我们拭目以待。

2014.11.16　特别工艺纪律检查

下午去了车轮公司。

请车轮公司认真对特钢公司今年生产的车轮圆坯质量作出评价，用大数据对比一钢轧过去生产积累的数据；把今年开展的机车轮一轮一个ID号，列在车轮公司今年质量活动中，一个订单号作一个小结。北美车轮AAR—GE—Ma steel三者之间还要更好地沟通信息，恢复我们在美国市场的质量信誉，争取早日批准新的订单许可。

我进行了特别工艺纪律检查，从一片车轮上喷丸线开始，到下了喷丸线，查看工艺参数控制过程，我提出要求要查看前两个月北美车轮的喷丸记录和留存的试样片，我顺着订单号随机抽取留存的试片，反查弯曲度和车轮要求。看留存在库房里的阿米巴试片，抽取四片结果全部达标，我心里踏实了，这是美方过去抓住我们的弱项，我们整改到位了。

李翔也挺高兴的，他说，高总今天的检查给我们做出了榜样，我们今后的检查要细化到每一个要求上。

2014.11.20　“人”是最重要的

不知为什么，只要有空闲时间，我就喜欢去港务原料总厂、港口集团、煤焦化公司、一铁、二铁、三铁现场去看看，已经有了一个习惯性的动作。马钢的高炉不能出事了，至少我管生产期间不能出事了！

我不是学炼铁的，高炉倒了下来，无论理论和实践我都不具有权威性，我没有本事把倒下去的炉子扶起来，但我相信我可以通过管理、体检表、炉缸检查、预警机制、抓厂长书记和炉长工长交流，把舆论引导始终关注到他们，让高炉较长时间，至少超过上一个稳定18个月的周期不倒下来，不发生炉况失常，我要通过自己行动上的努力，来达到这个目标。

铁前各道工序的标准化操作，至少是不违规操作，我们能做到吗？

高炉是单一因素作用发生失常的吗？高炉理论上是完全可以做到长周期稳定的，为什么实际运行中又总是难以做到呢？铁前“人”是最重要的，人的信仰、人的文化，直接影响人的行为。

2014.11.24　没有抱怨，唯有努力

《马钢日报》头版刊登《一份险误交货期的订单》11月19日，我在公司早调会上要求生产部钢材科8人，从副经理到科长、科员全部手工抄写一遍，周一早上交给我。我抓生产部工作是有办法的，因为他们知道我是说到做到。今天11月24日果然全体交上来了。过去我在生产部，每个人交上来的本子我都写几句给他们，就像老师批作业一样。

今天我给高长松写的是：做好生产组织工作，我们必须突出抓好订单兑现工作，2015年由你牵头，现在设计一个有效的管理办法，每个科员自我做季度小结，2015年必须干出个样子来。写给冯胤明：前途要靠艰苦奋斗，命运在自己手中，没有抱怨，唯有努力。写给杨泉山：订单兑现率关系到公司对客户的承诺，把客户当成我们的衣食父母，用心工作。写给孙朝太：生产部钢材科的职员，应该始终感到自己身上有一种压力，更多的时候这种压力是自我产生的。写给倪立伟：大学毕业了，成家立业，马钢是我们的家园，厂兴我荣，厂衰我耻，干好自己的工作，现在还要多出一份力。写给吴刚：大学专业只是一个学习阶段的结束，终生学习，才能适应不同岗位的挑战，在生产部工作，更多的是从实践中学习。写给李超：学会工作，掌握一套好的工作方法，应该是追求的目标，2015年怎样干好本职工作，要有想法与行动。写给何伟：新入职员工在工作中学习，在学习中工作，能成为一名称职的生产部钢材科职员，必须有吃苦耐劳的精神。

2014.11.27　干一行爱一行

马钢集团2014年第14次党政联席会：联纪[2014]14号。高海潮同志：协助股份公司总经理工作，主管股份公司生产、安全、职业健康、应急管理，“三反”等工作。主管生产部、安管部、炼铁技术处。高海潮同志原有分工，马钢股[2013]74号的分工不变。

人无压力轻飘飘、井无压力不出油。上午开会，下午我去了三铁总厂，到A、B高炉炉底察看，我布置的工作，我来检查。上了A炉和核心作业长杨毅、炉长李华军聊炉况。上了B高炉和陈光伟炉长聊炉况。从风口喷煤监控视频画面上可以看出A炉比B炉好，和分厂厂长高鹏谈A、B高炉稳定顺行。我问黎兵书记何时可以把张寿荣院士在马钢大高炉的照片放大后挂在A、B炉台的柜框中，A、B炉中控室应该有动态显示高炉稳定顺行了多少天的提示牌，干一行爱一行，这是干好工作的充分必要条件。

2014.12.1 “太极手”风行，问题必成堆

经常会听到“不是我们没努力，都怪机制不健全”，“根源在于制度上有漏洞”，“先得建立完善的制度”。对待问题，在不作为的人眼中，都可以归结为制度问题。但任何一项制度都不会完美无缺，事实上问题的发生总有多方原因，有些涉及“本”，有些则关乎“标”，有些是“天灾”，有些则是“人为”。令人担忧的是，制度问题已经成为少数干部的挡箭牌，问题是清楚的，或因能力不足，创新不够，或因责任缺失，不敢担当，或因精神不振，不思进取。正所谓“具体变一般，责任全无关”，动辄归咎于制度，它帮才能平庸者遮盖了缺陷，替为官不好者找到了借口。此“太极手”风行，问题必然成堆。

在总调会上我讲：11月19日早上6:00，在煤焦化公司发生了一起属地工亡事故，合同单位是江发劳务公司，此事仍在调查中。今天凌晨1:40，在一铁料台上又发生了一起属地工亡事故，合同单位是昊然机电安装公司，在如此短的时间内，发生两起劳务工亡事故。公司对属地工亡的考核政策是一样的，对责任追究也是一样的。公司要求：各单位立即开展劳务用工安全生产情况检查。各单位安全科长、人力资源部长、生产厂长、厂长要亲自上阵去检查。查清全厂劳务用工实际有多少人？在什么岗位上顶岗、混岗、独立岗？上什么班制，白班、小夜班、大夜班？什么时候入厂的，是长期的、临时的？安全科长、人力资源部长要通过白班、小夜班、大夜班，一一核对，每人见一面，核对照片与身份证。要查用工单位安全教育、培训？谁主管？谁负责？检查发放工资人员名单与岗位劳务工身份证，是一个人干二份活？还是连班作业。安全口号式的宣传，停留在上面的管理是保证不了现场安全生产的，一周后安全管理部牵头，负责把股份各单位检查结果汇总，我们要有常态化的管理办法。

2014.12.4 聘任技术攻关项目经理

去四钢轧总厂，参加板坯角部横裂纹技术攻关项目经理聘任仪式。李博经理宣布，刘启龙为项目经理，同时免去连铸分厂副厂长职务。我代表公司与刘启龙签订了攻关技术合同。刘启龙做了功课，项目经理下设：检验分析组：宋祖峰、赵克海；机理研究组：张乔英、程锁平；工艺方案组：刘学华、孙彪；现场支撑组：刘国平、周寿好、沙学广；设备保障组：谢欣荣、张文全。张文全首席技师是公司的人才，去四钢轧支撑这次竞标攻关。张文全首席技师我们很熟悉，2001年由二钢轧调入一钢轧工作，一直从事一钢轧板坯技术攻关，完成了许多技改项目。四钢轧1、2、3#板坯铸机，设计年产能750万吨钢，任务重，设备状况运行不好，检修技术力量缺乏。我向

海帆说了我的想法，他完全赞同，我上周去了张文全工作室，和许健厂长谈过调张文全去四钢轧，给他更大的舞台，我也告诉刘国平厂长了。奖励指标：奖励与攻关实效相结合，充分考虑钢种不清理率及实际降本额。

我讲了：四钢轧三台铸机不仅是生产运行的关键设备，也是产品质量的关键设备，铸机关键技术参数的把握，应和炼钢、精炼控制一样。二冷水控制模型的优化，液固转变，铸态组织，表面裂纹我们都有问题。今天刘启龙是角部裂纹攻关项目经理，所有组员听从指挥，接受指令，努力攻关，整个团队一损俱损，一荣俱荣。项目经理是领导者和负责人，主要工作是借用或调用资源为这个项目服务，要对团队成员做出评价。作为公司总工程师，对公司首次技术攻关竞聘，我全力支持，每一个PDCA循环时都要闭环。

2014.12.5~20　年末会议集中

2014年12月份的会特别多，好像不开会过不了2014年一样，或许是我们工作计划不好，或许是内外工作凑巧挤到了一起。股份公司总经理办公会，车轮公司IRIS管理评审会，马钢作业长管理成果发布会，马钢集团公司2014年末安全生产大检查（3天），马钢公司TS16949内部评审员培训会（2天），马钢集团2014年16次党政联席会，马来西亚SIRIM QAS H型钢产品审核（2天），国金恒信马钢综合管理体系审核（3天），2014年马钢工程系列职称评审委员会（2天），2014年度马钢产品（厦门）用户座谈会（2天）。

2014.12.23　设备状况是质量的保证

今天我无会，在四钢轧总厂炼钢分厂办公室，我把刘启龙团队召集在一起，主谈板坯角部裂纹揭标以后所开展的工作及存在的问题。

现在关键是抓1#、2# CC连铸机扇形段精度的恢复，已检测出框架变形，辊子不平。按现在费用核定维修铸机10元/吨钢，2015年计划720万吨钢，需7200万元。四钢轧2014年在连铸机上维修费根本不够，所以该修不修，凑合着干。我要求细分到每台铸机、每个部位，存在什么问题，需要怎样处理，费用核算出来，立即专题报告公司，力争此块费用先单列出来。二冷水水管锈蚀、结块、掉片水堵厉害，连铸机喷嘴清一次保不了10天，解决水质及铸机水嘴问题，专题报公司设备部。从明年元月起，重机公司必须全面接管原修建工程公司检修的但绝大部分是外包出去1#、2#铸机的检修，没有设备基本功能的保证，怎么能实现稳定生产和提高铸坯质量。攻关前大多反应是铸机工艺技术问题，攻关团队调查下来主要是设备问题，算一笔2014年铸坯质量缺陷的账，明年仅降低质量损失带来的效益就够抵消投入了。

我问张文全首席技术这个意见你如何看？他说真没想到四钢轧铸机设备状况如此之差！

2014.12.25　三个不亏损目标实现

马钢集团公司十七届二次（股份公司）七届二次职工代表大会召开。

预备会议上，苏鉴钢通报少数管理人员涉嫌违法的有关情况，11名处干：戴华强受贿罪，挪用公款罪；任强贪污罪，受贿罪；袁方贪污罪，受贿罪；蒲道勤、汪保平、赵志群、徐剑峰、韦加利、汤曙光、滕均成、张建平为受贿罪，被检察机关立案调查。

丁毅作报告：2014年是马钢历史上极不寻常的一年。我们全力推动钢铁主业扭亏为盈；我们加速提升非钢板块运营水平；我们着力推进体制机制改革创新；我们持续提升基础管理水平；我们共同营造美好家园氛围。在省市大力支持下，团结动员全体职工坚定信心、沉着应对。特别是针对上半年大幅亏损，咬定目标，抓住重点工作，全员攻坚，奋力扭转亏损局面。通过不懈努力，我们艰难翻越了经营亏损、合钢环保、反腐肃贪“三座大山”，实现了股份、集团、合并报表“三个不亏损”的目标。丁毅提出了2015年的工作目标：全力推进精益运营，全面激发人的活力，在主动适应新常态中追求卓越。

海建讲话：即将过去的2014年，我感到是马钢历史上最令人难忘的一年。年初最严重的高炉失常，损失铁产量45万吨，造成严重亏损；合肥公司因环保危机关停引发了职工队伍不稳定和多次上访；大面积管理人员违法违纪案例使干部队伍和职工对企业的信心受到冲击。上半年亏损7.3亿元，我从未感受到这样的压力，食不甘味、夜不能寐。下半年我们没有退路，必须拼下去，上下同心，出现了截然不同的态势，最终完成了几乎不可能完成的目标。

2014.12.31 累并快乐着

2014年过去了，公司干了什么？我在2014年干了什么？有时脑海中突然会回想过去的事情。

12月29日，公司召开2015年元月份生产经营动员大会暨制造部、冷轧总厂成立大会，张文洋出任制造部经理、杨兴亮出任冷轧总厂厂长。我认为这是一项正确的决策，制造部与原生产部有什么区别，新赋予的职能能否履行起来？冷轧总厂从钢轧总厂独立出来，今后板带产品出厂关怎么把控起来？

5月13日，公司决定让我在分管技术质量的工作的同时，再接手分管生产安全，七个月的工作下来后，我要好好想一想，2015年我该怎么干？我一个人的能力水平都是有限的，我已向主要领导报告，尽快选拔年轻人，在工作实践中培养。我爱马钢、我爱工作，我也知道这个担子是沉甸甸的，现在公司如此艰难，我没谈任何条件，也没提任何要求，走马上任，老骥伏枥。我的工作方法是抓铁有痕，持续改进。从抓总调和设备调的工作作风起，抓现场各类事故的问责，抓生产部的科级干部和处级干部学习与工作，不开会、不处理文件的时候不在办公室。关键总厂、关键产线不分白天夜晚、周六周日，正常时经常去看看，有问题时我立马去现场，和岗位职工、作业长、分厂厂长、总厂厂长商议，找寻解决问题的办法，半年多时间下来了，生产厂长认真落实我的工作要求，设备厂长也积极支持我的工作，我的工作方法也得到了他们的认可，真是累并快乐着。

今年最后一天，下午公司要开12月份炼铁技术例会。原计划可以在下旬开，但12月下旬的工作冲突了。我告诉钱总，这个会公司主要领导一定要参加、要开，真不行白天开不了晚上也要开。否则有人会说“高炉顺了，会也不开了”。今天下午的炼铁技术例会，海建来了、丁毅来了、钱总带着股份公司班子全来了。

2015

在/公/司/高/管/的/岗/位/上·手记

ZAI GONGSI GAOGUAN DE GANGWEI SHANG · SHOUJI

开年即遭遇暴风雨，市场继续下行。

作为公司总工程师与首席质量官，我唯有努力努力再努力。推进卓越绩效管理，夯实卓越技术主管队伍，深入现场，让技术工作步入正轨、接地气。一年来，开展了汽车板产品IS16949质量管理体系运行，在新品开发上设置EVI APQP小组；车轮产品通过了IRIS通过质量管理体系认证；炼铁技术学术氛围也在各种方式的推动下日益浓厚。

一个企业如果想要保证有效的质量管理体系，必须要营造深入人心的质量管理文化。这一年，我始终把流程管控作为质量管理的重点，改进质量管理考核机制，提升质量指标在经济责任制中考核权重，加大质量奖惩力度，严格将每起质量问题追究到岗位和个人。

质量，是一个企业之本。一切不为它图，只为在暴风骤雨中，我们的企业仍能稳住脚步、砥砺前行。

2015.1.4 新的一年开始了

新的一年开始了，时间过得太快了！2015年元旦三天假日，我没有外出的计划，也没有休息的计划，仍旧像正常工作一样。有一点不一样的是中午可以好好休息了。元月2日我去了一铁9#高炉检修现场，9#高炉35天工期要保质保量；去了二铁总厂2#高炉，2#炉堵风口调整炉况，处理炉况成功；去了重机公司重加车间，要求重机在二月春节之前，能把四钢轧1#、2#连铸机四个流，12个扇形段精度修复到位，为刘启龙揭标项目奠定设备基础条件。

2015年度新增高级技术主管，高海建董事长强调："因事设岗，因工作找人干，高管必须有担当，否则不新增"。找事也不是一件容易的事，事关眼前生产中的难点，生产成本高，设备不精准，产品质量的问题。各级领导可以把握公司层面的大事，但往往这又不是高级技术主管可以搞定的事。所以我要求高管，立足岗位想事情、找问题，现场的、分厂的、总厂的；科级干部、总厂厂领导也应该找事情、找问题，本周下发通知，收集上来以后组织评审，看是否达到设立高管的要求。

实现2015年元月开门红，至少是内部生产开门红。一改马钢这连续几年上半年欠产，下半年压产的被动状况。我能做的事，立足岗位，把2015年度公司生产稳住，尤其是把炼铁生产稳住，把四钢轧稳住。马钢真正离开亏损线，必须要有伤筋动骨的动作，这是主要领导的事。

去年12月四钢轧产钢65.34万吨，3#机实现多钢种快换中包连续浇注最长时间，三座转炉与三台铸机工序优化创出新的运行水平，1580机组实现了月达产，我建议公司发个贺信。

今年内部的生产组织中，新成立的制造部、冷轧总厂要快速进入角色。强化对制造部的管理，调研冷轧总厂的工作方法，我要加力给他们。

2015.1.7 强化制造部管理

调度会后，海帆和我与制造部5位中层干部谈工作。把降成本压任务的粗放方法转到精准设计上来，每周六点评会上除计财部通报各单位降本达标率，主线厂降本构成应作分析，把去年各单位的实际降本做出分类，回归分析，为调整BOM值做准备，冷轧总厂BOM值设定要准确。我做事是复杂的事情简单化，先干起来，以问题为导向！我和制造部张文洋、龙吉宁、高长松、周全、陈斌谈了工作要求。一周后召开一个制造部科级干部会，五位经理要报告自己的岗位要求、工作职责、打算怎么开展工作。今年一季度每人每月写一份个人工作总结给我看看。集中精力思考制造部工作的细节，工作、学习、现场。每月常态化的工作和每周常态化的工作，完成了什么特别工作，用PDCA循环的工作方法去干事。

生产部转制为公司制造部，科技质量部转为科技管理部。原有哪些职能、新增了哪些职能，过去的管理文件不是简单的换版，我们两个部门的员工、科干、处干清楚了吗？具备这个能力和素质吗？唯有强化在实践中的学习，我要督促他们学习。

公司这两年干部改非多，有些干部自然排队接了班，有些是公司选拔出来的。从市场严厉的竞争，看马钢中层的适应能力，我觉得马钢培养干部不够，提拔以后就放手让他们去干没错，但公司层面举办怎样当厂长、当书记、当部门经理培训应该是更好的方法。

2015.1.13 作风建设永远在路上

马钢集团公司党员领导干部民主生活会。省督导组领导：省国资委主任、书记许崇信，省府参事吴经华等人参加。高海建书记代表集团公司领导班子进行对照检查，讲读集团公司领导班子对照检查材料；高海建书记讲读自己的对照检查材料，开展自我批评，领导班子成员分别对高海建开展批评。集团公司其他党委常委和党委副总经理以上领导分别对照检查材料进行自我批评。

吴经华组长讲话：去年马钢处干直接被检察院提走13人，牵涉到27人，历史上也有不少人，近期赵建民、施雄良、赵志群、任强等。这与放松管理、教育不严，党管干部工作是有关联的，抓了人是反腐的成果，但我们绝不能是割韭菜，后面又出来。省国资委按省委要求下大力气理顺了马钢集团与马钢股份公司层级关系，省国资委管集团，集团管好股份。马钢老国企的色彩很浓，难以洗刷，要解决干部能上能下，收入可高可低，职工能进能出的问题，作风建设永远在路上，现在必须从小事上严格要求，持之以恒认真做起。

许崇信主任：按上级要求，民主生活会少谈工作，谈反“四风”的问题。批评与自我批评都要认真按照中央的规定来做。去年马钢过得很艰难，但也有成就感，上半年亏了7个亿，下半年几个月不错，但是还是经不起冲击，马钢的内部改革必须一层层展开，不要推托到体制机制的影响上来，马钢的领导要敢于担当，改革上要有实质性的动作和突破。今年已经到来，要精心谋划举措，钢铁工业进入了继续缓慢下行的新常态，海建班长要千方百计确保马钢集团不亏损，企业员工要吃饭，大企业后面是十多万人的压力，要肩负起我们的使命来！

2015.1.21　开年袭来的“暴风雨”

2014年马钢股份公司营业收入是513亿元，利润总额1.2亿元。2月份经营目标评审会。市场动态，受出口退税政策调整，钢厂下调出厂价格，“北材南下”，元月份国内钢材市场再次出现大幅下跌行情，主要钢材品种市场价格再次创出近十年来新低。其中华东地区螺纹钢价格在HRB400在2690元，较北方价格高出450元左右。受此影响华东地区热轧卷也已跌至2750元左右，预计元月份公司钢材综合价格比今年度预算价格低93元/吨，仅此跌价在元月是1.2亿。预计2月份钢材价格将继续下跌，较元月份再下跌120元/吨，比年度预算价格下跌213元/吨，仅此损失2.5亿。2月份产品边际利润，预计2月份公司钢材产品平均边际利润481元/吨，其中边际利润在250元/吨以下的产品依次为三钢轧优/普/盘螺，一钢轧中板、一钢轧CSP、小H型钢等产品。根据2月份两头市场价格预测，2月份股份公司本部经营将亏损1.51亿元。今年元月是亏损，2月还是亏损，2015年市场的暴风雨会更猛烈。

元月份预定有点利润，其实际是开年开门亏损。两头市场中钢材销售价位已经跌至历史上最低点，对马钢来说：随行就市，产品结构调整难；中间商占75%以上；采购市场一直僵在那里，去年进口矿价已下降了一半，煤炭企业同样大幅亏损；钢企不减量，都在抢订单；二铁总厂3#高炉失常，本月损失铁产量2.2万吨左右；内部降本根本未达到新年设计的指标。外部的事有人在管，但内部二铁3#炉又一次失常、内部降本的问题，让我感到很大的压力。3#高炉为什么会垮下来？内部降本真到了山穷水尽了吗？

2015.1.23　首届高炉体检评价

在技术中心一楼会议室，首届高炉体检经验交流会。评委组成：梁晓乾、殷欢、李邦平、黄龙、孙社生、胡夏雨、黄发元、高海潮。

9座高炉抽签顺序：B#→3#→13#→9#→A#→1#→2#→10#→11#。

评分标准：指标完成（90分），高炉顺行状况分析，产量完成考核任务，燃料消耗完成考核任务。应用特色（20分），体检应用中发现的问题，就发现的问题进行完善，本炉应用的特色。案例分析（30分），体检对高炉操作，炉况调节起的预警作用，调整措施、效果、标准化。改进建议（10分），遗留问题分析明确，解决问题计划或改进建议。发表效果（10分），条理清晰，表达流畅，答辩能力，PPT制作水平，时间控制。

发布的结果：三铁A、B高炉分获第一名、第二名，一铁四座高炉进入中间，二铁3#、1#、2#炉居末尾。这个评价结果与推进高炉体检工作是相吻合的，我要到二铁1#、2#、3#炉去，找炉长、工长、分厂厂长去问问，他们现在有什么困难。

2015.1.26 市场下行，计划落空

股份公司经理层碰头会。元月份生产经营计划落空了，钢材均价下跌93元/吨，损失1.1个亿，采购降本0.81亿元，两头市场对冲净损失2500万元。内部降本欠6500万元，3#炉欠产损失2000万元，原计划6687万元利润，实际亏损。现在市场更糟，河北1402方坯卖价2000元/吨，北方螺丝钢筋2250元/吨，但进口矿价仍在68美金。外部市场说了不算，内部生产稳定的问题成了大事，在市场总体下行的阶段，所有库存、原燃材料、中间品、产成品、加工中心均应是最低库存，但采购人希望有库存保供应、销售人不希望再降价卖出去。我们的现状是少部分人在为生存急的无招，大部分人还在悠闲地过着。海建说这种状况持续到持续不下去，结果就是开不出工资时留下种子选手，其他人歇工回家。在采购中心和物资供应中心，我们应该公布各类需求信息，取消中间商，直接去生产工厂采购，应该有更多的供应商可供我们采购时选择。我们的销售不能是坐在家里和贸易商谈销售量和销售价格，他们无利会和我们干吗？问题是我们现在不仅无利而且亏血本了。

今天我作为公司管理者代表，在四钢轧，作迎接上汽乘用车二方审核的最后一次内审，看对照审核标准是否能达到85分。汽车板推进处、制造部、四钢轧总厂、一钢轧总厂、冷轧总厂的总工程师、副总工程师、体系管理员全部都到了。

我们已经接到了上汽乘用车审核专家组的人员名单，一行五人，分A、B、C、D、E五个角色：审核组成员陈云飞（SQE，A）、付玉生（质保部，B）、刁德玺（质保部，C）、徐祥合（工程部，D）、陈效（采购部，E）。审核时间定在1月28日11:30-1月29日12:00。

28日，在马钢召开首次会议，马钢最高管理者、首席质量官及审核涉及范围内负责人参加，审核组介绍审核依据及相关要求，A、B、C、D、E五位审核员的分工。马钢汽车板情况介绍及体系文件审核，ABCDE。炼钢产线审核，AE。热轧产线及质检，AE。检测中心实验室，BCD。

29日，冷轧总厂酸轧产线，连退产线，镀锌产线及在线检测，AE。技术中心研发实验室，BCD。末次会议审核组通报审核结果及发现的问题，ABCDE。

内审结束后我告诉迎审成员，我们通过了ISO9001标准认证、通过了TS16949认证，汽车板也已发往一些汽车零部件制造厂使用了，但像上汽这样有名的汽车厂，我们要进入还很难，此次是二方直接审核，我真的一点不敢怠慢，一定不能有严重不符合项，一般不符合项也尽可能少的出现。

2015.1.29 *炉况处理与板坯攻关*

昨天天气很冷，快下班了，海帆、发元，我们碰了头，海帆决定立马去3#高炉。从元月11日起，3#高炉失常，已经历时15天了，上周伏明、夏雨、发元，我们碰过了。今天高炉仍然没有任何趋好的状况，原定公司明天上午去二铁3#高炉宣布换人处理炉况，再尝试别的方法，但发元对今晚炉况处置方案不同意，担心今晚这样走下去会出炉凉的大事，所以海帆决定今晚立即换人处理炉况。成立新三人组合：炼铁技术处黄龙、一铁炼铁分厂秦正军、三铁高级技术主管吴宏亮。会场气氛比较沉。第一组人坚信还要再给出时间，处理的方法是正确的……第二组人，黄龙情况较为清楚，其他二位才知公司为什么招他们过来。发元说了他的意见，海帆定了今晚换人。

处理高炉炉况，内部是个看不见摸不着的黑匣子，我不是行家里手，但还是说了四点：现在公司十分着急，我们的目的是一致的，尽快让3#高炉恢复至正常的水平；公司要调动一切资源，不限于二铁总厂，可以是二铁内部的，也可以是外部组合的，我们的态度要开放；3#的高炉的恢复，公司拟定了高炉失常处理时间，第一组未达要求第二组上，现在不评价谁行谁不行，至少后面进入的人可以借鉴前面人走过的路，态度决定一切，找出更快的恢复办法，也可能第二组还会有困难；公司只会追求炉况失常根本原因的分析，回顾我们恢复炉况的处理方法，第一组同志不要想得太多，第二组同志不要压力过大，现在第二组同志主刀，第一组同志应全力配合好。曾有人说3号高炉是设计时就有了问题，也有炼铁人说看不懂3号高炉现在的操作。

今天在四钢轧总厂管控会议室，我专题听取项目经理刘启龙团队阶段性技术攻关工作汇报。总的感觉是工作重点不突出，对项目实施的目标缺乏清楚的思路和工作举措。3#连铸机奥钢联老外调试完毕，确认角裂问题已解决，已试J553炉，34511，角部易产生变裂的钢种，初步检验正常，和老外签字留了个口子；连铸坯角裂产生的因素有强冷、弱冷、结晶的倒角、抛物线，我们现在尝试做了弱冷模式，下面的工作有序的展开，我们现在的问题是在1#、2#连铸机上干什么，应该在1、2、3#机中控室，挂出2012、2013、2014年统计出的各铸机干的品种铸坯缺陷量，2015年按月填写，保持动态进行时；跟随1#、3#转炉炉役检修的进度，安排好1#连铸机在3月底，2#连铸机在5月底恢复设备原有的功能及精度；刘启龙作为项目经理，理出可启动的工作目标，分解下去，现在实施可行的举措，记住不是你们单打独斗，找厂长、找公司，调动一切可利用的资源服务于这个项目。

2015.2.2 *转变观念，解决问题*

今年春节在2月18日。二铁总厂3#高炉元月28日晚换了第二班人马，今天第四天，炉况在一个个上台阶，1600、1800、2000，风量上稳住了，西铁口开启了，放出了石墨渣，炉子加负荷从2.5上升到3.0，喷了煤，富了氧。在3#炉中控室，我和陶林、李明谈工作，总结过去的经验，制定出一个科学合理、操作性强的3#高炉操作制度，给出各参数控制标准和波动范围。核心作业长、炉长要转变观念，有问题时、我们能力不够时，报告求援；此次体检表发布，二铁排在末尾，要下力气抓好体检表的使用、交流、优化，可以炉与炉的交流，与三铁、一铁交流，提升核心作业长和炉长的专业水平。二铁有一个毛病，炉子顺行一段时间，各级都表现得轻松。要围着炉子转，精心发现问题，小病早治、快速解决，问题就又不一样了。我说的话很通俗，不知有没有用，但炉子失常了人是很累的。

四钢轧1号、2号铸机的扇形段检修交给了重机公司，这其中的整个过程，从上到下沟通都是挺费劲的，阎王好见、小鬼难缠，过去外委出去说三道四的少，现在公司自己干有人说闲话了，至今还有10个段子在修建公司修理。今天我去重机公司，气温在-1～3℃之间，重加厂房里冷冷清清，我向南东方向转了一圈，问了情况，才知机床工在等起重工吊段子上床定位，进口科宝机床上转炉托圈耳轴的加工已完成了。重机公司吴芳敏现在是一把手，他和我一样曾在重机公司干过，此次任务我天天盯着，他压力大，带重机公司真的需要转变观念，多干活、抢干活、干好活，不是容易的事！

2014年股份公司科研攻关项目结题评价。我请王炜、黄发元、胡夏雨、张建、张文洋、崔银会、朱涛、唐叶来组成了评委。此次项目有：高炉炉缸侵蚀模型；铁水、铁矿、高炉渣的自动线检测；热轧生产线技术支持；铁路车辆手持机检验系统；4000立方高炉稳定顺行；汽车外覆盖件抗凹性，自润滑锌铁合金；热成形钢；6000MPa，热轧TRIP；冷轧TRIP；980MPa，冷轧双相钢，800MPa热镀锌双相钢等共计18个课题。我们科研项目结题方式一定要改变，订立的目标不讲客观，没有完成就是没有完成。此次评审方式硬性，过程审核只是其中的一部分，结题审核对照既定目标检查完成情况。课题组不需要从立项背景开始汇报，先说结果，再回答评委的问题，主持人依据科技管理部的初审点评课题实际情况，每位评委独立评分，三分之二评委通过可以结题。

下午又来到二铁总厂3#高炉上，3#高炉由炼铁技术处牵头处理炉况，一周进展情况超好。产量已经达到2000吨，昨天是今年元月11日高炉失常以来第一次日产量爬上了既定的台阶。

黄龙给我一条短信“上午开始富氧2000，目前风量—压力关系正常，高炉已脱离炉况失常区域。”周末我想请二铁总厂和炼铁技术处有关成员吃个饭，缓释一下压力。伏明个性强，此次炉况失常，处理过程的反复，一直持积极开放的心态，大厂厂长定位很好。我看了看伏明，鬓角已有了白发，伏明要能和胡夏雨（炼铁技术处）和龙吉宁（制造部）有很好的沟通！

2015.2.5 高炉“维稳”方案

元月23日下午，在技术中心我们召开了高炉体检经验交流会，公司9座高炉的炉长全部登台发布运行高炉体检表半年来的工作体会及案例，其目的是急需建立一套科学严谨、理念先进、切合高炉实际的高炉“维稳”方案。

痛定思痛，矢志变革，彻底突破我们对高炉稳定顺行的传统管理方法。今年马钢将进一步推进高炉体检制的实施，除了每周六汇报高炉体检得分，与上周对比，与平均上月顺行得分对比，做出炉况稳定顺行，基本顺行，波动预警，炉况失常四个档次的制定。成果发布完了，评奖结果，A炉炉长李华军一等；9#炉长付敏、13#炉长赵淑文、B#炉长陈光伟并列二等；10#炉长孙树峰、13#炉长张艳玮、1#炉长张兴锋、2#炉长曹海、3#炉长彭鹏三等。

我的目的是让公司上下关注高炉和高炉上的炉长、核心作业长，我知道电视照一个镜头，写一块消息就会结束。

散会后我向胡夏雨提出要求，找一个内行人，李嘉，现在炼铁技术处，原为二铁技术质量科副科长，写一篇报道，加大力度宣传一下。今天，《高炉“维稳”的金钥匙——马钢高炉体检制运行工作记略》，一篇给炼铁人鼓劲的文章见报了。我又要求新闻中心安排专人去采访A炉长李华军、B炉炉长陈光伟，同时要写出他们背后的故事。

2015.2.9 精准点评

今天早调会我讲了：新成立的冷轧总厂是我们的出产品单位，总部设在南区，但生产重点现场在北区，冷轧总厂的处干，没有过硬的工作作风，这样的管理幅度太难了；二铁总厂3#炉能否在2月中旬炉况恢复正常，由炼铁技术处把它交给二铁总厂，这几天双方配合好；制造部从厂里抽调了优秀的计划主管人员，原来在现场、现在在机关，去一趟四钢轧来回1小时，千万不能蜻蜓点水，带着任务去，带着饭卡去，早出晚归；焦化新区干熄焦提升装置更换钢丝绳，确认工作是否到位；这几天最冷，高炉过冬，我决定推迟执行，出了事故我负责。

2015.2.10 系统检修联动

今天天气晴朗，心情很好。因为女儿带着6个月的外孙，从深圳回来过年了，当外公的我真高兴。凌晨3点，接到总调金波的电话："高总，零点左右，新区干熄焦提升机钢丝绳的滑轮槽体坏了，焦化决定立即检修，更换钢丝绳和动滑轮组，现正在准备"。我立马问道："焦化什么人在现场组织？哪家单位干活，备件滑轮和钢丝绳在位吗？设备部领导到了吗？通知三铁厂长做好高炉休风准备，让总调值班车到我家来接我，我要到现场去"。此次检修计划安排的真准，我想推迟一周却做不到。凌晨4点，我到了焦化干熄焦现场，见到了汪开保副总工、佘世云高管，检修单位五冶的曹经理带着队伍也赶过来了。几个问题我当即拍板，要求立即行动。早上6:30，我又来到了三铁A#高炉，跟着干熄焦检修，今天休风，更换调整风口小套、中套、十字测温架等。早上8点，在公司早调会上，特别向能源总厂、煤焦化公司、三铁总厂强调系统联动及检修的安全工作。

2015.2.11 布置工作重在检查

大小公司亏损，当头头的都是很难过的！今天特钢公司总经理杜松林专门给了我一个《2014年特钢公司外销和内销车轮坯料的成本差异分析报告》，2014年特钢公司亏损总额是1.55亿元，如市场化定价，内销外卖车轮圆坯一个价，这有1.05亿元的价差，实际亏损是5000万元。2015年特钢公司力争通过拓展外部市场，降低内部成本等措施，增利5000万元，实现不亏损。这么多年来，公司将车轮产品利润排在第一，引得外部很羡慕，干车轮赚大钱，我在一钢轧当厂长时也提出过意见，圆坯的内结价定低了，现在特钢圆坯外卖有市场价了，我们可以改了。

布置一项工作，重在盯住检查一项工作。四钢轧是公司最重的生产单位，而刘国平是刚破格提拔的厂长，我很关心四钢轧的生产顺行、质量稳定、安全工作。临近春节了，我去四钢轧，司小明在，兰宇在，又碰上了周振农，我们一同检查了热轧分厂2014年2250热轧线堆钢事故简析、1580热轧线堆钢事故简析，2015年要把这两条线堆钢事故降下来，力争一半、至少三分之一以上，拿出具体行动方案来。临近中午，我爬上1#、2#、3#连铸机平台，碰上了刘国平，查看了连铸分厂1#、2#连铸机，各钢种组角部裂纹率过去及现在的动态报表。我告诉刘国平、司小明，四钢轧生产稳定太重要了，2250和1580两条热轧生产线可以分为两个分厂，让兰宇、成印明比试比试。过去连铸机扇形段的修理太不像样，海帆说像出土文物了，今后让张首席负责验收。两条热轧线表面质量管控公司可以把一钢轧的崔宇轩调过来，小崔在帕氏泰克检测仪的应用上很有水平了。

2015.2.12　马钢家园新年团拜会

今天上午在公司大楼会堂，举行2015年迎新春团拜会。今年筹备时高海建说要变，变什么，变到什么程度，听说张晓峰主席在策划还强调保密。

果然，今天推出了创新的主题“马钢家园——讲述马钢人的故事”。其实是回忆2014年我们走过的路，我们职工在生产经营中的故事。今天的节目一次又一次提及“马钢是我家，我爱我家，我离不开我们的家”，更有“我是喝马钢奶水长大的”。海建提出的“干部干干好，职工好好干”，也始终贯穿在整个团拜会中。

驻合肥销售经理吴学军的妻子讲述很感人；能源作业长冬天在水中更换水阀；三位马钢职工捐献造血干细胞；焦炉上的一对小夫妻；热电职工边努力工作，边照顾患病的妻子……今天的团拜会，充满了正能量，主角全是来自一线的真人真事，真的是一场鼓舞士气的团拜会，我知道这些事，但还是会被感动，眼角里有溢出的泪水。

在入场入座前，我见到了杭永益、韩志康、朱云龙，高声海，李宗泌等老领导。他们都知道我现在的岗位及挑负的重担，一声“海潮辛苦了”“海潮生产管得好”！我很满足了。公司困难时，我站出来，我出力了，金杯银杯不如老百姓的口碑，赢得了尊重，够了。

2015.2.14 剖析问题，责任到人

元月份汽车板订单产量完成率和条目兑现率都未达标，二月上旬情况也不乐观。海建下午要和我去冷轧总厂开个专题会，制造部、四钢轧、一钢轧、汽车板推进处、冷轧总厂全部参加。

我在会上讲了工作意见：在马钢汽车板制造的整个流程中，现在炼钢过关了，连铸过关了，热轧还有堆钢问题、表面划伤问题等。热卷进入冷轧后，现在的生产与质量问题表现在连退生产线，镀锌生产线，酸洗生产线。我们在抓关键工序问题时，一定要分清是设备问题、技术问题、操作问题，最终三个问题都会归结到人的问题上，“人机料法环”的变动，唯一不可替代的因素是人，但要指出人存在什么问题。以汽车板订单产量、条目兑现率为问题向导，我们要追溯元月份后每一个订单产量、每一个条目不兑现的责任单位、责任人，找出问题，分清原因，给予考核，工序间必须传递压力。设备问题，技术问题难以解决的，就上、下、内、外组成攻关组，设立攻关目标，设立攻关奖、质量奖，在生产计划已经确认的情况下，因汽车板效益好，我们才进入，各单位应该增大汽车板在奖金中的比重。订单接收、下达、归并、虚拟工作捏在一起，保客户是第一位的，内部的事制造部商销售公司担起职责。

必须抓好汽车板订单在整个制造工序中的每一步。我给制造部主管汽车板生产的四位：周全、刘强、王东戈、杨泉山发了一封短信：必须认真追溯2015年元月板带产品订单产量、条目兑现率，尤其是汽车板兑现率，事关公司生产经营和制造部是干什么的？你们能理解我的意思，把元月计划与实际值的差值，一个个拿出来剖析，像剥洋葱一样，一层一层剥下去，分清人、机、料、法、环的影响，按计划、设备、技术、操作四项归类，到直接责任人并提出考核。我会依据你们的报告，去找他们谈，公布信息，施加压力。这项工作开弓没有回头箭，月月都要这样认真去做，我相信会越做越好直至达到要求。一定要保持生产计划的严肃性，干好了奖、干不好罚。

2015.2.17 马钢不能死，马钢必须拼

已经是年二十八了，公司召开党委工作会议。高海建作了党委工作报告，最后脱稿说了三句话：面对2015年钢铁行业两极分化的严峻形势，马钢不能死，马钢必须拼，我们为自己的生存而拼。开展好矩阵式党组织建议，这是马钢的创新方法，党委纪委必须强化监督，马钢已出现腐败案件人数之多，数额之大，时间之长触目惊心。

党委书记和厂长都是一岗双职，必须认真履行自己的岗位职责，营造风清气正，公平公开的环境。

下午，按照领导2015年春节前基层检查安排表，我去三钢轧总厂、二铁总厂和一铁总厂检查春节期间生产经营、安全、值班、消防及反腐倡廉等各项工作的安排。三钢总厂，线棒价格已跌至无边际贡献，因此春节期间停产，职工放假，产量减了一半，内部降本空间更加缩小了。二铁总厂要稳扎稳打恢复好3#高炉，准备三月份1#大高炉的检修。一铁总厂要坚持劳动纪律检查，11号高炉失常有些前兆，厂长表态力争初二恢复正常。

完成计划任务后，我决定去铁运公司，这是加给自己的任务，我当生产部长时年年春节期间都参加铁运公司的活动，现在又当公司分管生产的老总，必到铁运公司和他们班子及部调打个招呼。铁运公司这些年来安全保产工作真做得很好，去年铁运公司徐劲松提拔后钱曦担任经理，管理上一直是从严要求的。

2015.2.25　　形势严峻，沉着应对

春节后上班第一天，海建、丁毅、苏鉴钢都来参加股份公司经理层碰头会。

过年长假7天时间，公司生产总体平稳。一钢轧总厂、四钢轧总厂、冷轧总厂满负荷生产；二钢轧总厂、三钢轧总厂四条线棒材生产线停产。面对严峻的市场，三月份公司板带类产品订单基本落实，但从产品结构上看高附加值的硅钢，汽车板订单量减少。今年春节期间煤炭行业没有像节前所说的要形成价格同盟，煤炭到货量大，价格依然在跌，进口矿的拦腰跌价，已经逼停不少国内矿山企业。

在如此困难的形势面前，海建要求马钢人应冷静观察，沉着应对，在认真把握好采购与销售两头市场呈下跌走势的前提下，理清我们的思路，聚焦内部，拿出实实在在的各项应对举措。今年的开局仍然不好，不是我们预算的那样。实际结果是元月亏、二月现在看也是亏损的，三月份预测亏损额更大至2个亿。准确把握处理好资金问题、产成品库存问题、原燃料库存问题、合肥公司亏损问题，这是我们时刻关注的大事。三月初公司召开一个干部大会，职能处室把情况说清楚，公司要把措施量化出来，把压力传递到人。

2015.2.26 技术工作要接地气

在技术中心二楼会议室，我主持召开二月份技术质量例会。每月召开一次公司的技术质量例会，每月发一份质量报告在《马钢日报》上。开个会、发个报告看似简单，我带头坚持重复两年，月月都这么做就是不简单。今年在连续质量工作上台阶的基础上，在市场变幻竞争愈加激烈的情况下，已达好水平的各项质量指标，我没有再次提升的要求，稳定住、守住就是一件不简单的事。成立制造部，冷轧总厂与一钢轧总厂、四钢轧总厂到热轧卷为界面，每道工序能把住自己的关，把下一道工序看成客户，我们要做的事，做好的事不少，要有人认真去做。开了两年的例会，从去年四季度我就提出我们应该怎样开好公司级的、厂级的技术质量例会。提了明确、具体的要求，本单位技术、质量工作排在前三位的难点是什么？内部怎么解决这些难点问题？外部需要公司动用什么资源来帮助解决什么问题，能够说得清楚；每月通报本厂质量工作应该是在厂级的会议上，我们关注技术质量信息要在这个会上说清楚。技术、质量工作关键所在也是接地气，从马钢的现状来看，我们太缺乏技术质量工作的人了，跑龙套的多，愿唱主角敢承担责任的太少。参与一个项目、科研、攻关、APQP、大多还是过去老一套办法，长材是这样、板材也是这样，沉不下去，问不到底，什么时候了，有些连客户的特殊需求都不掌握，写所需不反应，总是止步在原有的台阶。只有改变作风，下去接地气，才能上的去，才能成长起来。年过完了，不少人还没有进入状态，今天的技术质量例会，我把去年末质量例会上的话，又和各位说了一遍，搞技术质量工作不能磨磨蹭蹭，应该和抓生产设备工作一样，今天的问题不解决，要有今天过不去的紧张感。

2015.2.27 增强在工作中的“悟”性

我很担心制造部的能力。已经运行了两个月，不尽人意。板带产品订单量兑现率和条目兑现率都下达了计划，但未达到计划要求，相差还不小。销售公司在抓订单，汽车板推进处在抓汽车板订单，两个部门是否知道每条线的产能、配套的规格、品种的难度及带出品的量。现在有时又加上一条客户指定在哪条线生产，这样的订单在生产线上怎样排产？制造部接单下达生产计划，计划员是否清楚该怎样统筹排好生产计划，全盘考虑好上、中、下旬的订单交货期，什么是难干计划？为什么难干？过去兑现率低的原因是什么？此次下发计划中哪些是特别关注点，我们有没有做这个生产计划的能力？生产单元接单以后，一个是计划执行率、一个是计划兑现率，从人机料法环上做出保证，上次犯过的错此次不再犯，特殊关照的订单，有没有人从头至尾跟踪生产过程，提前对生产条件做出确认。转炉、连铸、热轧、冷轧、镀锌、连退……关键是岗位操作工的能力，写所需达不达要求。事实上需要工程技术人员深入现场和岗位操作工共同交流，制造部怎样才算是担起自己的职责。我布置的对元月份订单追溯到底的事可能会黄了，因为没有基础工作支撑。产品质量责任追溯今年元月由科技管理部交给了制造部，沿着走过的路，这项工作继续循环下去了。我要和制造部几位处干交流工作方法，增强在工作中的“悟”性。

2015.2.28 抓人头，推动关键工作

公司决定成立冷轧总厂，选中杨兴亮当总厂厂长。杨兴亮在冷轧产品上技术水平高，管理能力怎么样，他曾在冷轧厂干过，现在冷轧总厂由三大块区域组成，南区、北区、硅钢二期，总部放在了南区，北区是最重的生产单元，运行两个月下来，我该如何评价他们的工作。面对北区连退线跑偏的问题、3#镀锌线的质量问题、二酸轧轧硬卷下表面划伤问题，早调会上经常在对冷轧总厂催订单兑现或抓紧补料再干。

今天早调会上我说，二月份过去了，冷轧总厂应认真梳理前两个月生产运行中存在的问题，以数据说话，必须追溯到责任者头上。重复出现的技术、质量、设备、操作故障必须拿出根本的解决办法，特殊订单生产时，操作者、作业长、技术人员全上阵在一线，拿出令人信服的工作作风和工作能力来。既然是总厂就应不分南北，把南区优秀的工程技术人员和操作者调往北区，抓工作就是抓人头责任的落实。每天早晨上班，从南区总部去北区现场，一个来回有两个小时，我们不是去检查工作的，而是去工作的，这样下去是不行的。

张文洋、杨兴亮、刘国平三位任制造部、冷轧总厂、四钢轧总厂一把手，现在是在公司最关键的岗位上，怎样当好部门经理和总厂厂长，有什么样的工作方法带动团队事关全局，他们三人个性相差较大，我怎样让他们适应我的工作要求或我适应他们的工作方法，我们要磨合好。领导最重要的工作是抓人头，推动关键工作，现在每项工作应该是出了问题都要找到责任人，把压力真正传递下去了，掌握一种好的工作方法，不仅只是学会布置工作，更重要的是检查工作的落实，一把手不能怕得罪人和批评人。

2015.3.3　公司需要硬招术

高海建要求每位副总就应对当前特别困难时期，应采取哪些强硬措施来支撑，每人给公司出点硬招。

向全公司公布职工代表大会对集团公司领导、股份公司领导2014年工作业绩的测评结果；向全公司公布处级干部2014年度分A、B、C三类考评的结果，至少应公布A类名单和C类名单，表彰先进，点名落后；向全公司公布高级技术主管、首席技师的考评结果，适时应公布一等、二等津贴人员的考评结果；向全公司公布一年劳务费用花去了多少？每个单位劳务费用是多少？劳务工在干什么？我们顶替劳务用工自己干是什么政策；贡献大的单位、效益好的单位，职工收入应该高，奖金分配从高往低处走，收入高的单位员工岗位可以开放竞争，停产线的职工可以放假，只有工资无奖金；危机和压力仅仅在公司领导身上，这是最可怕的事情，光喊狼来了没人信，从2014年2月起，按一半或三分之一比例，逐级削减公司领导、处干、科干、作业长、高管、首技、一等津贴、二等津贴的人的收入，拿得多就减得多；以人为本，马钢的各级管理者真的要动起来了，马钢的职工真的要干起来，真正在行动上落实海建董事长提出的“干部干干好，职工好好干”！如何评价钢铁工业面对的现状？2015年刚过两个月，现在不是黎明前的黑暗，只是两极分化的刚开始。

今天公司召开干部会。由省国资委干部处组织推荐，产生马钢集团公司董事一名、副总经理两名，在马钢现有93名正处干部中产生，但年龄卡在1960年以后出生的人头上。马钢集团领导马钢股份公司，现在是马钢集团的领导力量不够了。

2015.3.6　细节决定成败

马钢股份有限公司质量手册，已经换至第十版了。1996~1999年，审核杨永和，批准顾建国，共换版四次。2002~2006年，审核亓四华、杨永和、李胜利，批准朱昌逑，共换版二次。2009年，审核苏世怀，批准苏鉴钢，换版一次。2011年，审核任天宝，批准钱海帆，换版一次。2013年，审核高海潮，批准钱海帆。一次次换版，修订的能符合当前的要求吗？所有质量工作最终是体现在产品上，体现在竞争力上。如果仅仅是换了一任领导，而不改变质量手册的内容要求，这个换版太简单了。明天又要迎接外方审核，今天我把公司质量手册认真看了一遍，做好外方审核面谈的准备。

海帆的发布令这样写着：为确保我公司质量管理体系的有效运行，我授权高海潮副总经理为公司品质管理责任者和管理者代表，全面负责公司的质量管理工作，对内负责管理体系的建立，运行和改进。并向总经理报告质量管理体系的业绩和任何改进的需要，对外负责接受质量管理体系审核工作。两年时间中接受了多家二方、三方审核，不通过对方的审核，产品参与投标的机会都没有，每次审核中发现的问题，都是我应该做好而没有做好的事情，我已把内审、外审发现的问题纳入了硬性考核，真乃细节决定成败。

2015.3.8 工作热情是稀缺资源

省国资委发布了考察公告，今天宣布了新的人事任命：集团董事人选，陆克从；集团副总经理，任天宝；集团副总经理，严华。

我从集团公司总经理助理调至股份公司，两年时间已经过去了，省国资委此次划定拟提拔的人是1960年以后出生，单独留下来我一个，现在股份公司班子成员又全都是集团公司领导了。我真的是不明白怎么回事，好在自己是58岁的人啦，已经有外孙了，如果给我选择，我应当回集团当个总经理助理，学会慢慢放慢自己，放松自己，过渡一下直至退休，马钢股份公司也应选出年轻有为干部来挑大梁了。

在公司召开干部大会，高海建做了讲话。面对今天的严峻形势，在座的各位是什么心态？我感到了压力；跟我有什么关系；看你们领导的。马钢集团从今年二月份起是全线亏损，全面亏损，深度亏损，我们会面临买原料、发工资的困难。今年行业会真的出现两极分化，马钢如迈不过这个坎，亏损下去也会完的，我们现在的要求是“认清形势，统一认识，层层动员，落实责任”。因此有时必须是部分人作出牺牲，在人、财、物上全力保股份公司，我们要下大力气激发人的能力。海潮老总得到公认，干着许多事。工作热情是人生稀缺的资源，我们要让公司有公平、公正的气氛，关键是抓好各级干部，整顿公司的方方面面，大力度对标挖潜，集中管控所有资金，在我相信我们大家行动起来，层层分解任务指标，我们能挺得住！

2015.3.9 壮士断腕的决心

今天《马钢日报》头版，大红的标题《马钢干部大会吹响保卫家园集结号——危机当前须雷霆手段，生死关口须放手一搏》会议指出：马钢正处在全线亏损、全面亏损、深度亏损的水深火热之中。会议强调，生死存亡关头，马钢上下必须认清形势，统一认识，层层动员，责任到位，非常之时须有非常之策，马钢必须以壮士断腕的决心，背水一战的气概，以最坚决的态度，最果敢的措施，全力扼制亏损势头，全力以赴打好生存保卫战。这样的报道是马钢历史上从未有过的，听说海建昨晚审了一次又一次，最终签发的。

下午丁毅主持，海帆、海潮、发元、伏明、段欢、胡夏雨、周全、龙吉宁、许继康等参加，研究关于公司最高成本的高炉铁水与最低边际贡献的产品出现负值时，我们应停止部分生产线，关停高炉的问题。遇到困难绕道走，理论上没错，行动上也没错，但这样做会出错，不这样做也是错，谁也不知什么是对、什么是错。今天大家对恢复3#炉信心十足，发元亲自挂帅，我们只有全力摸索出3#炉正确的操作模式。当前钢铁工业处在最难过的时候，利用这个机会把高炉检修做好，干得多亏得多，减小高炉负荷，或闷上1~2座小高炉等看看。炼铁必须提升各项经济技术指标，千方百计降低库存，炼铁成本是公司产品生存的基础，铁水成本不低于全国平均水平，我们就可能会死在别人前面。

2015.3.10 职工代表测评排名第一

美方认可H36货车轮失效的原因了。接到安涛短信，这是一件好消息！“各位领导：刚刚接到美国代理理查德·苏理文转来的WABL委员会经理Daniel Carter的邮件，WABL委员会接受H36货车轮辐板失效根本原因是由于长时间露天存放锈蚀所致”。这对马钢背负着出口北美货车轮质量问题是一个解脱。仅为此事，我三次去美国，一个城市也未游览，“我想正是因为马钢这两年做了大量的工作，并配合AAR做了大量的实验，加上喷丸之外美方检验残体后又找不出其他问题，公司高层重视让我们多次去美，改变了AAR的态度”。

高海建董事长约我下午3点和我谈谈。海建董事长说：你的工作业绩大家公认，职工代表测评排名第一。此次省国资委提厅级干部，我们请示能否不设年龄线，尊重马钢的实际，但未获同意。我们都认为你工作好，业绩突出，有些亏待你，让你受委屈之感。我也和省国资委高书记说：“我们俩是没有血缘关系的好兄弟”！海建说：从今以后，马钢公司1960年以前出生的干部都到此为止了，省国资委认定马钢干部年龄偏大，我们必须要培养年轻的干部，否则马钢后续不足，我也是在困难时期被推到今天的位置，压力山大。我工作在马钢这么多年了，我的性格与风格都是明朗的，不论是对内对外、顺境还是逆境，我的心态始终能摆好。

2015.3.15　　行动成了习惯，就是技能

我当班长，用两天时间，带股份中层干部参加汽车行业质量管理标准培训班。人到中年有了一定的经验积累，在自己的本行里干来干去，觉得没有什么难题和挑战了。人到中年不学习时的感觉真好，觉得自己没有什么不懂的东西了。人到中年最难为自己的事情是学习！坚持学习下去！马钢股份公司把汽车板定位为公司战略性产品，可是我们不少人连ISO9001、TS16949、VDA6.3三个标准之间的关系，三个标准覆盖的范围还搞不清楚，为此公司决定给中层干部专门办一次学习班，学完后要求人人参加考试。

为了达到这次培训的效果，我和汉德咨询公司的宋老师单独进行了交流。从各行各业使用的ISO9001标准起，到专门用于汽车行业的TS16949标准，再到为汽车制造厂提供各种装配件及原材料的审核标准VDA6.3，我们的交流为此次培训班做了充分准备。

任何行动成了习惯，就是技能。深入现场去听、去看、去摸是我参加工作以来养成的习惯，不知不觉这已经成了我工作的主要技能了，我不怕困难和难题，遵循实事求是原则，我有自己处理的方法。

今天高海建在班子成员会上，又重述了他在干部大会上的讲话。马钢处在很危险的境地，继续亏损下去，很快也会发不出工资来。我们也不能保证自己不会淘汰，眼下最重要的工作是止亏。2013年、2014年我们还有些办法或老底子，现在都用完了。2015年是什么也拿不出来了，唯一的办法就是动真格的，干事的人，基层一线上三班的职工，收入必须保住，其他的人从公司领导起，要减薪增加压力了。各单位都必须立足于内部，对标挖潜，成本降不下去，亏损的生产线就要关闭、停产，职工放假或轮休。各级领导必须勇于担当，不要怕得罪人，对于不在岗位、出勤不干活的员工采取果断措施。生产线上的干部职工在降本增效过程中要精打细算，毫厘必争，在品种质量上下大功夫。采购和销售方面的职工更要有大的作为，破除一切关系，我们过不下去，也没有能力去照顾别人了。

这些天来我心里也挺纳闷的，今年元月、2月马钢亏损怎么成了行业大王了，别的企业用了什么高招？想什么也没用，只有人人都把自己的本职工作干好。

2015.3.17 有差距，也有潜力

两天工作排得满满的，参加二铁总厂、制造部、三钢轧、一钢轧四个单位元月、二月经营绩效指标不达标分析会。

参加二铁总厂精益运营和指标进步会，结合元月、2月绩效评价中的关键分析问题所在。我讲：二铁总厂党政班子应该抓住主要矛盾，眼睛向内，当前三座高炉的生产稳定，3#高炉恢复以后操作绝不能走回头路。四个外部问题并不是二铁的主要问题，不需过大的精力。强力推进高炉体检表和预警机制，现在做的水平不如一铁、三铁。常态化地抓好烧结、球团、高炉工艺纪律的执行，三座高炉应列出2012、2013、2014年各项经济技术指标，取其平均先进水平作为2015年每月动态对比的指标，先与自己过去的好水平去比。

参加制造部元月、2月经营运行分析会。我讲：制造部承担的主要绩效指标未达到公司要求，是我们工作未到位，我有责任。当前突出矛盾集中在四钢轧与冷轧北区，排在第一位的是订单因素，排在第二位的成品改判。元月份追溯不下去了，因为没有基础工作支撑；二月份正在追溯过去的责任；三月份已有每日基础工作，必须像剥洋葱那样责任到人，汽车板订单中的问题，制造部应作为典型案例来剖析，工作中定不下来的事，不能捂着不及时报告。

参加三钢轧总厂元月、二月经营运行分析会。三钢轧当前工作：总厂主要领导直面市场，抢抓高附加值订单，加强营销力量；BOM中的指标要动态调整，有升有降但总体只能降不能升，月月要有新的成本竞争力；铁水带渣准确测量后，每月损失就是实际与标准的差值，公司从一铁总厂扣回；H型钢分厂现场管理不达标；产品表面质量要快速改进。三月实现降本92%，四月份起要实现100%降本目标。

参加一钢轧元月、二月经营分析会。一钢轧三月降本必须90%，四月份起100%。这个目标完全可以实现；从细节入手抓每项指标分解与控制；抓每一起事故的责任追溯，特别关注CSP生产线品种结构调整；公司可以外卖电工钢热轧卷；板坯红送热装，中板分厂要把过高的能源消耗降下来。

参加了四个单位元月、二月经营分析会，我真的感觉到他们不相信马钢会生存不下去，各项指标与过去曾达到的水平有差距，与对标单位去比有更大的差距，客观评价还有不少潜力可挖。我们的问题出在哪里了，出在讲得多、做得少，奖得多、不敢少。

2015.3.20 开始降薪，准备停产线

2015年4月份生产经营目标评审。4月份本部经营预测：股份本部亏损1.63亿，长钢亏0.2亿，合肥公司亏0.32亿（长材亏0.12亿，板材亏0.2亿）。根据4月份两头市场测算，减少效益2.083亿；销量与结构减利560万元；内部降本欠计划0.33亿（铁前欠0.2亿，钢轧欠0.13亿），期间费用比年度计划减少1700万元。

我们怎么办？从领导到处干到科干，从作业长到拿公司津贴人员全部降薪，只保上四班三运转职工收入不变。这一周被会议排得满满的，外部市场不好，钢价低的出奇，原料价格降不下来，两头一个月对冲差价在2个亿亏损，内部降本目标仍在70%的水平徘徊，继续降本各单位显得动力不足。两条亏损主线，用一铁总厂全公司成本最高的铁水，制造三钢轧总厂全公司售价最低的线材产品，已经到了负边际贡献停产的时候了。公司让我带队去一铁总厂、三钢轧总厂，告知生产线可以停了，职工可以轮休了，收入保不住了。一铁总厂黄加昆厂长表态，四月份用100%的努力，超过100%的努力，完成100%降本目标计划。三钢轧总厂王步更厂长说，我厂减量但降本任务反加，我们拼了，保证四月份实现降本100%的目标，边际贡献的计算应把当月降本冲回去，这样我们可以不停产。

本周我像疯了一样挤时间去跑现场，先跑到2250热轧看切头剪，听声音，后到主控室了解设备检修后运行情况、生产情况，要求2250、1580两条热轧线今年堆钢次数比去年降50%；跑二钢轧四座转炉、四台铸机，已经抽走了一班人马去四钢轧，今天因铁水多了，三班人马干四炉四机，各级干部顶岗在一线，挺感动人的，有压力就有干劲；跑二铁总厂1#高炉，爬上高层平台看烧毁的冷却壁的位置3.2米高×1.0米宽；跑二铁2#炉去看发红的热风尾管……快一周了，被会占得满满的，昨天、今天连跑五家现场，心里踏实多了！

2015.3.23 全面亏损，深度亏损

省国资委简报，今年2月马钢集团营业收入同比下降21.2%，同比马钢集团亏损4.3亿元。其中1~2月马钢股份公司材销量273万吨，同比去年增加19万吨，材均价2799元/吨，同比去年降622元/吨。1~2月，马钢股份公司累计亏损4.9亿，同比2014年增加亏损1.3亿元。今日《马钢日报》，3月份主要单位降本增效完成情况，按我的建议，增加了各单位降本增效总额，增加了人均降本贡献两栏。让我看后最不满意的是，没用的文章登了一大篇，有用的信息登了个角。你们为什么登的这么小，是让人

不留意还是让人看不见，头版有什么内容比这一块还重要，不能删去给出足够的空间？！

今天快下班了，秘书科给我送来一张申报马钢劳模的公示表，我心里有一种说不出的感觉。劳模表要填写过去的业绩。我抓笔就写：2000~2008年任股份公司生产经理，带领生产部团队，完成了马钢300万吨钢跃升至1500万吨钢组产规模，担任板带部经理，开创了马钢薄板坯连铸连轧和冷轧镀锌生产线的管控模式；2008~2010年，任一钢轧总厂厂长，解决了无取向电工钢关键工艺技术问题并大幅降低生产成本，使产品年年取得过亿的利润；2010~2013年任股份副总工、集团公司总经理期间，在马钢动车组及高铁车轮开发上，在特钢投产及新产品开发上做出贡献；2013年任副总经理、总工、首席质量官，质量总损失两年时间降7928万元；2014年5月起，分管生产、安全、技术、质量，一贯勤勤恳恳，紧贴生产，深入现场，雷厉风行，在公司职代会民主评议中，得到职工代表的高度好评。共计十分钟我就把表填完了，返送回了秘书科。

2015.3.27 *传递压力，生存惊醒*

《马钢日报》头版发表《积极应对，冷静应对，系统应对，有效应对》一文，署名企管部的文章。

2015年元月、二月，销售采购两头市场发生急剧变化，马钢集团公司生产经营再现较大亏损，整体亏损。1～2月集团利润总额亏损4.9亿元，其中股份本部亏损2.6亿，合肥公司亏损0.85亿，长钢股份亏损2369万元，矿业公司亏损4733万元，工程技术集团亏损1053万元，且亏损面和程度还在继续加大，已经危及马钢的生产经营和职工的基本收入。

根据生产经营绩效评价结果，各子公司、分公司奖金水平大幅下降，以股份公司本部为例，元月基本奖下浮至800元/人，2月份仅为-200元/人，合计1～2月基本奖为600元/人。在此基础上，对一、二、三钢轧总厂、特钢、彩涂等五家生产负荷不足或利润亏损单位，基本奖再按相应幅度下浮200~300元。从考核结果看，1～2月累计奖金总额比去年同期少2200万元，人均下降740元。

2月份单位奖金水平最高的为三铁总厂，人均绩效奖2000元，最低的仅为500元。

集团公司党政领导决定：从4月份开始，各级管理人员开始大幅减薪，从高层开始，与降本增效直接挂钩，公司中高层管理大幅减薪，集团公司经理层下浮50%；公司中层下浮30%；各级管理人员、机关干部均要下浮。但对一线主要生产，操作及技术人员，要保证其基本收入；对于负责产品开发、解决生产技术难题的技术人员，要优化薪酬结构，降低固定收入部分，按贡献取酬。

在事故管理方面，集团公司对安全、生产、质量、设备等各类事故，坚决零容忍，一律责任到人，给予相应的惩罚措施，并按月在马钢日报通报。对考核不落实的单位，一律追究主要领导责任，做好责任明确，惩罚公开。

海建问我三件事：一是家里穷得揭不开锅，还要请钟点工，行吗？二是不清理在册不在岗的人，却要调整歇岗产线工人，行吗？三是有些劳务工的技能已经很高，应该招进马钢，行吗？我说问问马钢职工，一定是两个不行、一个行。

2015.4.1 为生存而战

昨天下午炼铁技术例会，黄发元主持。在炼铁例会上我讲了几点意见：降本是当前的首要任务。3月公司总体降本欠3790万，其中炼铁欠了2068万，占55%，所以继一铁三月降本实现100%之后，4月份三铁、焦化必须实现100%，二铁走进85%以上水平。我们的条件比一铁好，一铁能做到，我们也应该做到。公司炼铁成本元月份已经接近全国炼铁平均水平1638元/吨。保持高炉稳定顺行至上。大的配矿配煤比不宜动，降本从细节入手，抓精益管理与运行，铁前各单位要认真梳理每一个消耗指标，查处每一起对本厂降本增效造成损失的责任人的责任。铁前新任领导上来不少。要勤奋努力，学习领导方法及艺术，充分调动全体的积极性，昂扬向上，用炼铁人的文化引领，始终抓好常态化的工作，保持激情与热情，把全部精力放在高炉上。现在公司炼铁至关重要，发元是炼铁的老总，把握好高炉顺行动态，我甘愿给他当好政委，把炼铁人气鼓动起来。

今天上午炼铁技术处召开“二铁总厂3#高炉炉况处理总结会”，黄发元主持。3#高炉炉长彭鹏书面报告；二铁总厂技术质量部长陶林书面报告；炼铁技术处黄龙专题报告。吴宏亮，秦正军，陈义清做个人观点及后期操作建议发言。我的发言，今天二铁总厂的同志可以不发言了，把炼铁技术处和三位炼铁同行的意见全盘吸纳一下，回去消化，然后拿出3#高炉今后操作的指导书，订立标准，瞄准长江钢厂同炉型的高炉。讲理论，用心干，定标准，小动作，最终3#高炉“攻、守、退”操作指导书，由黄总批准，认真执行。

下午，我在制造部开“如何确保四月份完成汽车板16.47万吨订单”专题会。张文洋、周全、高长松及板带产品计划主管科长及科员参加。完成四月份汽车板16.47万吨任务是制造部的第一头等大事，我们要盯住每天订单下达后的执行率和兑现率，班班要跟踪，打个翻身仗。在总调会议室营造一个气氛，拉个标语“拿下16.47万吨汽车板，为保我们生存而战”，处干、科干天天穿插上一个小夜班，去现场查汽车板生产实际情况，找到作业长及主操查明情况，每天都要盯得很紧，每天完不成计划的原因必须查明，第二天早调会点出直接责任者的姓名，少打电话，我们和总厂领导面对面谈问题。

2015.4.3 从游击队到正规军

麦当劳快餐店创始人克洛克用的是走动式管理，即到所有的分公司、部门走走，看看、听听、问问，随时在解决或发现工作中遇到的问题。曾有一段时间面临严重的亏损，其中一个重要原因是公司各职能部门经理有严重的官僚主义，习惯躺在舒适的椅背上指手画脚。克洛克下令，把部门办公室所有椅子靠背锯掉，并立即执行。由此带来的是管理者纷纷走出办公室，深入基层，现场解决问题，终于使公司扭亏为盈。马钢怎样渡过难关？我们企业管理人员都应深入生产一线，深入岗位，了解现实。

今年一季度APQP产品质量先期策划小组管理运行改善专题会。我点评：今天的会主要是为10个APQP小组长们召开的，我不知道他们的发言，在座的听懂了多少。我们在客户识别，产品研发，持续改进，技术服务上走的还是老路，新的要求并没有吸纳进来多少。从过去的研产销到今天的APQP，是从山寨版到正版，从游击队到正规军；不引入APQP过程，没有TS16949标准，缺乏VDA6.3的审核，仅有试制品即是合格，不是过程审核双通过，用户不会认可我们的汽车板。APQP小组成员要精，能干、担当，把它当成一个独立小公司按管理要求去运作，学会借用、调用力量。从过去仅抓试制样品到关注抓整个过程，并可实现稳定的批量生产。今天我要求各APQP小组长，回去要求组员默写新产品管理流程图，全文抄写新产品开发管理办法，4月10日技术中心主任先检查，然后全部报给我检查，一个人都不能少。

2015.4.7 瞄准可碰的“奶酪”

“齐心合力，全力以赴，完成四月份16万吨汽车板任务”——4月1日，制造部视频调度会议室里，第一次拉出这样一个横幅，公司参加调度会的人都看到了。紧接着我找了记者策划了“立下愚公移山志，拼出胆气壮雄威，股份公司向完成16万吨汽车板目标发起总攻”的专题报道，4月7日出现在《马钢日报》头版。马钢生产汽车板的历史短，月产量最高也就是11万吨，现在拿到了月产16万吨的订单，这对板带制造系统而言，困难是肯定的。今年一季度由于订单兑现率低，客户抱怨已对马钢汽车板制造能力产生了不好的影响。压力来源于市场，我们找不出什么产品比汽车板售价更高了，或许这是我们可碰的“奶酪”，瞄准高端，盯紧客户，升级产品，取得效益。汽车板订单兑现率是企业综合管理水平的体现，我带头并要求制造部各位经理夜晚排班，深入到板带制造的冷轧总厂、四钢轧的生产线上去，汽车板计划下达的怎么样，执行的怎么样，兑现的怎么样，原因分析清楚，责任划到单元上，考核落实到人头上，我们制造部，不是只负责下达计划的。这样大动手脚必然会有反应，我相信这样干本月能完成这个目标。

2015.4.8 公平、公正、公开

今天由我主持四钢轧总厂300吨转炉炉衬砖（含砌筑施工）及全炉役维护用耐火材料吨钢费用承包项目揭标会。大转炉的炉龄与四钢轧现在所干的高档次钢种直接相关，我们议定了8000炉和底吹碳氧浓度积两大目标。从发标起，经过了申请人须知，技术谈判，商务要求，技术响应文件的再次确认，到技术要求及分交，耐火材料检验，产品包装及运输，项目实施进度及资料交付，现场施工，服务及其他，质量保证，甲方配合事项，安全综合管理等，今天开标。

投票单位是：鞍山合峰，营口青花，东北新华，浙江自立，丹东播磨五家具有资质和业绩的单位。评标结果：在1#转炉投标的三家中，首先淘汰营口青花，产品质量过去曾未达到马钢要求。选择了鞍山合峰，过去的使用质量稳定，价格从吨钢6.78下降至6.58，全体评委一致同意。在3#转炉投标的五家中，不选择鞍山合峰、营口青花，选择价格最低的浙江自立，他们是宝钢大转炉的承包商，此次是冲着马钢大转炉高标准要求而来的。

此次接标评委是乌力平、刘国平、杨开保、高长松、陶伟、卢永明、朱付林、焦兴利、宋超，开标前我和各位统一了思想，大转炉不是试验田，不一定是最低价中标，各位要特别注意听取四钢轧总厂对过去业绩的评价。此次招标，因为有难度，海帆指示我亲自主持。中标单位确定了后，我告诉招标办的同志，明确告诉五家单位我们选择的理由，公平、公正、公开。

2015.4.10 跟党走，接受祖国挑选

国家恢复因“文革”而中断的高考，我们77级的大学生绝大多数来源复杂。既有上山下乡的城市知青，也有面朝黄土的农村青年，还有被改造家庭出身不好的子女。77届大学生是从两千多万考生中筛选出来的，这届学生年龄跨度非常大。以我们77届炼铁班为例，有1948年出生的，有1960年出生的。我们77届大学生考试方式特殊，录取率之低在中国教育史上是空前绝后的，录取率仅为4.8%。国家困难时，印考卷临时动用了印《毛泽东选集》的纸张。77级高考时没有重点与非重点大学之分，也不公开高考的分数，志愿填三个，口号是“一颗红心，两种准备，接受祖国挑选”。在分数上线后，体检合格后，对每个考生组成两个以上的“政审调查小组”查考生的政治表现，家庭出身，包括亲属有无政治和历史问题。1977年参加高考时我19岁，今年已经38年过去了，今天看了这样一篇报纸上的文章，想起了不少往事。

白天我忙不过来，前天晚上7点去铁运公司、昨天晚上7点去汽运公司参加两个班子党委民生生活会。我很认真，两个单位走完规定的流程后，结合两单位工作的实际和民主生活会的要求谈了自己的意见，因为当生产部长时和铁运公司、汽运公司工作交道多，我们谈得很好。我说没有中国共产党的领导，当今中国一定不是这个样。

2015.4.13 带血运行，内忧外患

今天海建、丁毅、苏鉴钢参加股份公司经营层碰头会。股份公司月亏损额已超过资产折旧，“带血运行”，危及现金流了。在市场下行的空间，家中成品不舍得卖不行，销售策略就是出货快。现在马钢贸易商还是想旱涝保收，销售是当月不退差拿不到下个月的订单，每月退差公司损失不小；要紧缩一切开支，公司经营处在现在这个时点上，原则上一切工程、大的小的都要停下来，我们的贷款只能保生产、保工资；公司要在降本增效行动纲领上采取行动，根本改变销售现状，以大的品种设立销售总监；马钢是诚信单位，现在没有办法，采购资金占用别人的，请供应商放心不会坏账。关闭整个二钢轧炼钢区，铁水资源优化到板带产品上去，我们的工程建设、劳务用工都存在一包、二包，这样继续下去，马钢是生存不下去的。

经营分析会上，首先是两头市场我们没有办法。销售价格低于别人才能卖得掉，采购低库存，当期用，不买不行了。两头市场对冲总是负贡献，销售抓什么样的订单，以35W300为例，利润1000元/吨以上，市场上需求旺，我们为什么拿不到订单？

采购有什么招数，一个劲地压低库存，采购保产压力大，零库存不是我们的仓储为零，让别人的货进来，用了付钱也是零库存。内部就是铁水资源平衡，有多少铁水就有多少钢与材，现在销售仅拿回当月订单80%，评不评都是这些了，资源向高附加值产品倾斜成了空谈。当然产品的质量、交货期是用户砍价的先手，我们很难全部100%做到，内忧外患！

2015.4.15　深入现场的习惯

采购销售两头市场不是我的工作，公司内部生产运行中我要努力把自己的活干好。上午在四钢轧转炉会议室，商定莫特斯托帕滑板挡渣，在四钢轧2#炉两轮试验中发生事故后怎么干？第一轮：共计干了9炉钢，计划应干至13炉，每次更换时间20-30分钟，第9炉发生了滑板和座砖之间跑钢停了下来；第二轮：共计干了10炉，发生了滑板与座砖之间再次跑钢，停了三天后查明根本原因是出钢口与座砖不垂直，滑板与座砖之间有缝隙。

我定了四件事：耐火公司立即派人去实习，这是原合同规定的；四钢轧立即建冷态操作练习平台，要进行操作培训；外方支撑人员必须到位，来的人不能解决问题不行；1#、3#转炉5月、6月炉役期间，滑板挡渣用底板及管路继续安装，这个项目实施是四钢轧申请，公司批准的。

下午去港务原料总厂，与何大顺厂长了解意外坠江职工死亡的后续，去冷轧总厂南区与杨必祥副厂长谈上半个月汽车板生产的完成情况。快下班了，我到三铁总厂办公楼和丁晖、黎兵、李帮平、刘晓超谈大高炉体检预警的基础工作。他们班子常态化的现场巡视，劳动纪律的检查，打造技术团队，吴宏亮，高鹏等师徒合同签订；月初细化分解了完成吨铁降本65元的任务，四月有望完成。

2015.4.16　抓人头落实重点工作

今天《马钢日报》登了招聘简章。为强化市场营销工作，经公司研究，销售公司拟在马钢集团内部公开招聘60名营销人员，薪酬待遇优厚，与业绩紧密挂钩。此次招聘明确强调不计身份，不计学历，不计岗位，不拘一格，员工自主报名，无需本单位开具任何证明。改革用人制度，让人尽其才。5月完成全部招聘，下一步应按钢材产品品种设置销售总监，责权利全部到位，让我们营销体制机制有一个根本的变革。

今天生产快报显示，完成本月16万吨汽车板生产任务，已欠目标进度6146吨，主要是冷轧设备事故和操作事故的影响。我心里很着急，又去了冷轧总厂，把杨兴亮、朱瑞昆、严开龙、沈新玉、刘茂林、崔志恒全召集在一起，我谈了工作要求：确保16万吨汽车板任务完成，冷轧总厂计划一吨不欠；从现在起抓科干、作业长的工作作风，人人必须戴上手套值守现场，少在办公室待着；今日起总厂出责任追溯报，将影响生产、质量、设备等问题全部归结到人头上，发下去让责任人签了名再收上来；各位要学习领导方法，领导艺术，向管长林、吴芳敏学习扎实的工作作风，问题不能推；成本问题实事求是向公司报告，奖金问题我向海帆报告；我申请参加冷轧总厂厂长办公会，每次要有上周问题解决，本周重点问题布置，落实到人。

2015.4.17 *以问题为导向落实工作*

领导不敢管理，对一些违规违纪的现象熟视无睹，企业就完了。劳动纪律都是问题的公司，一定不会是一个好的公司。此次公司出台的劳动纪律管理办法有力度了，不负责任的主管科干免职，有责任的处干直接考核至“C”档。将帅无谋，累死三军。员工绩效差，企业经营亏损，领导不要抱怨员工的无能，而要检讨自己错在哪里，领导不仅是布置工作，更重要的是亲自检查工作的落实情况。

去年11月，海帆总经理宣布资源公司、仓贮配送中心由我直接分管。我的管理就是盯住这两个单位的处干及主要科干，以问题为导向去抓工作落实。今年元月去和班子成员及职能科室科长谈过一次，主要任务是降本增效和勤政廉政。

今天上午去检查工作完成情况，在资源公司王蕾总经理、书记管孝群的陪同下，乘坐一辆高底盘的越野车，先后去了原三钢渣线（现集中回收一钢、三钢、特钢废渣物）；原一铁干渣处理厂（现集中收集非金属耐材）；原二钢渣线（现集中回收二钢钢渣及工业垃圾）；原四钢轧渣排场地（主收四钢轧渣脱硫渣等）。资源分公司2014年回收废弃物销售收入1.8个亿，这一块过去的效益流失是惊人的。公司下令将资源销售与加工人员劳务分开。我告诉王蕾：每一个出售前的资源堆位要三维拍照，整个视频监控早晚各核查一次；机关人员必须有去现场的详细要求，每周去哪里，去看什么，去问什么，去干什么；总经理一个月至少三次跑遍你们的现场，党委书记也一样，一个顺时针转、一个就逆时针转，这就是最好的管理办法。

2015.4.20 多干活，少拿钱

股份公司总经理碰头会。高海建要求：股份公司每周一碰过事要抓落实，马钢过紧日子的标志就是要多干活，少拿钱；严华要快速解决四钢轧2250检修及点检高手人才问题；王炜要认真对待销售的每一单退差额度；销售总监招聘他全程参加；天宝近期转换工作重心去合肥钢铁公司；克从要对马钢供应商下刀子压价，全方位推进招标采购；发元认真准备马钢高炉经济料选择方案；海潮从生产型转向生产经营型，抓好四钢轧精益生产。

今天在特钢公司会议室，钢铁研究总院的先进钢铁材料技术国家工程研究中心、中国金属学会特殊钢分会，以董翰副院长为首的五位专家来马钢，作《高品质轴承钢GCr15SiMn的开发》项目结题报告；作《高品质齿轮钢22CrMoH的开发》项目结题报告。原通知是苏世怀来主持的，说是工作冲突了，让我主持。两个项目的开发时间，合同签订是2012年12月至2013年12月31日，两份合同总金额382万元。现在轴承钢合同约定的技术指标中，成分偏析要求不达标；非金属夹杂物级别要求D类、Ds类不达标；齿轮钢中碳化物不均匀性，带状≤2.0级不达要求。马钢过去科研项目不少采用研产销的方式，但合同约定的较粗放，测量时困难，就那么过了吧。这两份合同不一样了，我该怎么办？

我表态：对合同约定的各项技术指标，最重要的评价是方向、路线、方法是否正确；我们是否掌握了核心技术；现在所定的技术指标与实际达到水平差在哪里，总院也聘请了外部专家指导，技术评审双方已达成共识了，商务合同的履行必须在此条件上。总院团队项目结题报了个价，马钢团队实事求是做出了评价，两个课题经测量后都是60分，那就382万元×0.6，我们支付230万元。科研课题，我们共同参与研究并做了两轮工业试验，没有达到约定的目标，现在这两个产品轴承钢和齿轮钢，生产技术问题没有解决，如果有信心，我们可以把课题延期半年结题。

2015.4.23 贯彻行动纲领，推进精益运营

马钢真的很困难了，1~4月份累计亏损超出10个亿，现在月亏损额已经超过了当月折旧的计提额，稍不慎，钱袋子控制不住，现金流一出问题，立马如多米诺骨牌。

公司今天召开“贯彻行动纲领，推进精益运营”动员会。全体公司领导、副处以上干部参加。此次会议海建要求在聘的公司级高级技术主管、首席技师也全部参加。

会场上播放了姑山矿、三铁总厂的电视短片；姑山矿李大培汇报了降本求生存的所作所为；三铁总厂丁晖汇报了在高炉稳定顺行的基础上，全力提升各项经济技术指标的所作所为；海帆作了精益运行内涵，助推生产经营提升的专题报告；丁毅作了全方位降本的动员演讲；高海建作了总结点评。会议的内容很丰富，典型的经验可复制，开了这么大规模的动员会，话也说到位了，关键在会后的落实行动了，但对今天参会的各位少了一点：干好了怎么办？干不好怎么办？

今天我又去冷轧总厂北区，我拉着点检分厂厂长、书记，一条一条生产线去看，在两条镀锌线传动侧，按“6S”要求进行了检查，我的评分是75分，过去归属四钢轧总厂管时是50分。现在每次二方或三方审核，外方都要去冷轧北区现场实地审核，冷轧没有一流的现场管理是生产不出一流产品的。我找了总厂杨必祥副厂长，也找连退分厂姚鑫谈了我的意见。今天又碰上了组织部长葛凤鸣，他带机关干部下现场到冷轧擦设备，我感谢他对我工作的支持，希望他能多来几次冷轧北区和两条热轧区转转，冷轧总厂、四钢轧总厂，马钢今天的生命线，没有拼命干的干部不行！

晚上回忆起丁毅、高海建在贯彻行动纲领推进精益运行会上的讲话，不能听着激动，回去后不动。因为没有分解出硬性的任务要求，压力仍然在老板自己身上。在职不在岗真能清理干净吗？劳务能最大限度地替代吗？作业长能考评下岗吗？处干、高管、首席能凭业绩取得收入吗？我们管理者能从严要求自己并要求别人吗？

2015.4.27 立即行动起来

海帆出差，我在公司周六视频会上讲话：立即行动起来，响应干部大会，向姑山矿、三铁总厂学习，全力降本求生存，必须刺刀见红去拼搏；以问题为行动方向，炼铁燃料比，热轧压氧、板型问题，连退跑偏，镀锌脱落应由专人牵头攻关；本月内部降本达90%，仍欠2584万元，五月内部降本以95%为考核点。已预测出两头市场负贡献2.1个亿，我们该怎么办？铁前降本91.25%，优于钢轧降本82.51%，为什么满负荷单位降本不如不满负荷单位降本？周六全公司视频会上的点评，都是公司当期生产经营中的大事，我说两头市场的负贡献是让采购、销售人员心中有数，公司亏损减少奖金是必然的，公布降本完成指标情况是督促各单位加大力度，传递信息、上下沟通，我认为真的很重要。

2015.4.28 基础不牢地动山摇

今天早上我向制造部张文洋、陈斌、周全、高长松四位经理提工作要求，立即启动三条板带轧机终轧和卷取温度命中率活动。

热轧对冷轧产品性能的影响，尤其是整个钢卷轧制过程中头部、尾部温度的不命中，又没有被切除，最终产品在用户使用时，性能散差大。韩方专家说：浦项工厂板材终轧和卷取温度控制在命中目标±10℃，精确的温度命中可以通过优化模型，采用自动调整层流冷却水量达到目标。从五月份起，全力提升2250、1580、CSP三条热带轧机终轧和卷取温度命中率，制造部牵头，查清现有水平，设定进步指标，开展技术比武与劳动竞赛。

鉴于三套轧机的终轧和卷取温度均都是自动记录的，在系统中均可调取。因此我们要收集每一个钢卷的温度信息，记录温度不命中（终点不命中，卷取不命中，两个均不命中）的钢卷数，统计出今年1～4月的钢卷总数与不命中的钢卷数，分品种规格可以、不分也可以，以此为基数，提出考核（加奖、扣奖）办法，要求总厂早调会自报，今后制造部周六点评加上此项内容。从五月起，连抓三个月，到八月上旬总结分析。

下午高炉长周期稳定顺行第47次例会。我看了一下上次会议纪要，从2014年3月份开的首次会，当时是什么背景？二铁1#、2#高炉滑坡，A、B高炉刚恢复，到5月中旬，汪保平、赵志群、徐剑峰先后被带走，铁前处在特别黑暗特别难过的时期，公司炼铁不行，生产经营一定不行，基础不牢地动山摇。这么多单位参加的会，不能以会议来调查问题。各单位回去以后就炼铁例会怎么开提出意见，开会传递信息，我要发出什么信息，接收什么信息，其他单位享受或分享什么信息？会议议定了什么事情，我们解决了什么问题，还存在什么问题，有没有解决的办法，哪个单位谁负责解决这个问题？

2015.4.29 无愧于劳模的称号

4月24日17:46分，上海宝钢2030冷轧机组5机架相继着火，大火烧了一个多小时，并伴有底部燃火的爆炸声，什么原因造成的，损失有多大，何时能恢复生产？我们不知道。三天前传达了公司要求各单位自查的指令，今天早调会一结束，即直奔冷轧南区现场，和冷轧分厂厂长李永康等人一道去检查。从冷轧机上卷处开始，到焊机、到酸洗槽、到轧机、到磨辊区、到轧机传动侧，下至轧机底部地下区，检查灭火干粉器，试喷了一下。杨兴亮厂长也过来了，我向他提了要求，冷轧区怎样从表面的洁净向地下的洁净展开，全力推动。

四月的生产经营结果已经出来了，汽车板产量完成了既定的任务，但亏损超出了公司的预期，两头市场伤及我们很深。

随着公司成立了制造部，我们的技术中心、科技管理部不知在干什么，或不知自己应该干什么？也没有工作没有问题了。朱涛告诉我，我要求抄写的《新产品管理办法》APQP小组成员都完成了，下面干什么？当然是认真检查抄写质量了，分出好、中、差，可以组织默写APQP，新产品开发流程图，闭卷抽查，不能我说“一”就干“一”吧。崔银会告诉我，部门职能规定，产品质量现在由制造部管了，我们下面怎么干？我们是企业，工资收入来源于我们的产品销售，产品质量是我们共同的饭碗，过去我们管好了吗，今天我们不管了对吗？

公司党委下文，授予我们30名同志为马钢劳动模范。在这30名同志中和我直接有过工作关系的出现了6位：孔顺富原中板点检车间主任，我在一钢轧工作时经常接触；石玮特钢炼钢分厂厂长，刚起步生产时我手把手辅助基础管理；王勇一钢轧炼钢分厂厂长，曾经是板带部我招聘的职工；邓南阳三炼钢分厂厂长，和我一道去德国巴登培训；周寿好四钢连铸分厂厂长，我在一钢当副厂长时跟我干过平炉；刘柳车轮公司技质部副部长，AAR审核、CRCC审核我们工作在一起。马钢劳模、市劳模、省劳模、国家劳模都是光荣的，在马钢工作了33年，我无愧于劳模的称号。

2015.5.4 *基础管理见真功*

抓好产品质量，保持长期稳定，其实是企业基础管理工作的反应。5月起，针对板带产品性能散差大，我认识到问题的根本点是三条热轧线（CSP、1580、2250）开轧温度，终轧温度，卷取温度波动大造成的。我们从对炼钢问题的认识再到对热轧问题的认识，马钢在干板材上要学习的东西很多。制造部统计出了今年1~4月份温度控制实际达到的水平，我们开始启动达标活动。我知道怎样用好总调这支队伍，晚间让他们去跟踪，从一开始取出一组数据，到对应在干什么品种，再到去看清热轧开轧温度的检测点、卷取检测点、终轧检测点，一步步去盯，去查各个检测点温度的标定和仪器的检审时间，他们的走动会引起基层的重视。

今天党委工作部发文，关于民主推荐股份公司两名总经理助理有关事项的说明。一名生产管理总经理助理，侧重于板带生产；一名设备管理总经理助理。要求是2013

年5月底前任公司中层正职，具有基层和机关部门工作经验，要求1961年元月1日以后出生，要求5月7日下午下班前投入票箱内。我推荐了张文洋、田俊两位同志。文洋同志工作作风扎实，在中板、CSP薄板坯连铸连轧干过，在四钢轧2250热轧干过，担任过市场部经理，现是制造部经理；田俊同志工作认真负责，在动力厂、机动部干过，出任一能源总厂厂长业绩突出，现是设备部经理。群众的眼睛是亮的，民主推荐现在不是形式了，是一个选人用人的标准程序了。

2015.5.6 诠释责任担当

我去合肥公司处置原焦化区域拆除后残留物。能环部报告，这些化工残留物只能付费请有资质的外单位专业处理，报告说合肥环保局不允许外运，报告又说马鞍山环保局不允许进入，但合肥钢厂关停后急着清理干净，徐劲松很着急。海帆批示由我牵头，相关单位负责人参加，专题研究处置方案。我心里说不出的感觉，简单的问题怎么办得这样复杂，股份公司亏损，还要花这样的钱，合肥公司是股份公司的子公司，全部拉回来自己处理，我承担全部责任，我定了。我和能环部汪为民、煤焦化公司汪开保等人直奔现场，将原合肥公司焦化区的每一个罐体、地下储槽全部核对一遍。我召开了现场会，在5月15日前具备抽出、装车发送马钢本部条件；6月25日前完成区域清理工作；合肥公司负责落实化工原料运输车辆，要有危化品运输证，不许超载，不许滴漏，全封闭。马钢煤焦化公司负责做好合肥公司化工原料的接收，按工艺技术要求，均匀混入炼焦煤中搭配使用。确定汪开保为收货负责人、戚震彪为发货负责人。此次清除、收集、装车、在夜间从高速公路运回马钢焦化，一定要做好安全工作，有专人负责现场防火防毒的作业。最后我说，自己家的东西挪个位置，还要问谁？徐劲松高兴地笑了。当官要干事，一事多请示就是不想干事、不想担当。

2015.5.8 刹车盘的战略机会出现

公司召开APQP项目组工作推进专题会，高海建今天也专门来听一听情况汇报。汽车板完成月16万吨，测试了能力，要多拿订单并调整年度计划，从低档次产品向中档次产品推进。当前公司产线突出的问题是产品质量稳定性，质量改进几乎涉及到每条产线，重点当然是冷轧总厂、四钢轧总厂。我们应该把管理问题和技术问题区分开来，应把工作抓到人头上，产品稳定抓管理，产品改进抓技术，否则混在一起是转了一圈又回来了。今天受到表扬的几个APQP小组，心里应该清楚我们干了什么？学到了什么？下一步怎样前进？我还是强调了学习APQP管理办法，坚持走在流程上，学会DFEMA、PFEMA方法对产品质量问题进行控制与改进。

我和杜松林、胡新华、孙维一同赶往南京江宁北交轨道新材料科技有限公司。曾老板已经使用马钢特钢的材料制作C60、C70车的钩尾框，因新造车辆少，使用量也少。他和北京交通大学签了个合同，买他们的专利，要干标准动车组380A、380B的刹车盘，设计已经做完了，台架测试也做了。曾老板雄心勃勃，要完成煅钢制动盘技术的国产化，他已经把模煅的模具制作出来，但现在刹车盘用法国和日本进口的材料，我们对进口材质分析和组织解剖后，认定可以采用28CrMoV，用ϕ600的连铸圆坯，经开坯成ϕ250的圆棒，锯切后做制动盘原料，然后是模锻成型，经最终热处理。今天上海铁路局铜陵验收室张宁主任和南京办事处陈主任都来了，铁总要求6月15日刹车盘上台架试验，7月1日交四方车辆厂70套做装车试验。经过现场对工厂的考察，在会议室审查该厂相关资料，我想了马钢车轮、轮轴、轮对再加刹车盘的战略，当机立断，特钢公司干1炉28CrMoV，免费提供20吨给曾总做试验。

2015.5.11 *推进卓越绩效管理模式*

上周海帆去了法国、西班牙，主要是马钢和ASCO合资及销售汽车板之事。丁毅去了韩国浦项，其目的是学习浦项高效化生产及汽车板质量控制。本周高海建带队去新加坡和澳大利亚，了解国际铁矿市场及供应商。公司仍然处在亏损之中，5月预测亏损额是1.5亿元，两头市场销售钢材跌价的总额与采购原燃料降价总额之差在1.5-2.0亿之间。内部生产随着对炼铁高炉推进的体检预警机制，铁的稳定带来了整个公司生产的稳定，5月还要再次争取完成16万吨汽车板的任务，现在特别关注冷轧总厂的生产运行，特别关注四钢轧生产的上台阶与稳定。公司出台的整顿劳动纪律，清理外委劳务，增补高级技术主管，招聘销售总监等文件，成了上上下下热议的话题，马钢的改革不能仅停留在纸面上了，马钢的亏损不能再继续下去了。

马钢曾有自己的文化，也曾在全国钢铁企业中有过出名的管理，不知什么原因，我们传承下来的东西不多，股份制改制成功后，我们在全力追求规模的扩张，管理上学过武钢、首钢，最后还学了宝钢的作业长管理模式，最终马钢还是马钢。怎么进行管理，领导层们比较后认可马钢应推进卓越绩效管理模式。根据马钢股份公司卓越绩效管理创建工作计划，本月上旬我们应该完成《自评报告》。今年马钢应申报安徽省和国家质量管理奖，先获得省质量管理奖，然后争取国家质量奖，最终公司定了两个奖同时申报。我们以申报质量奖为契机，推进卓越绩效管理模式。2016年要想获取省政府质量奖，前提是连续三年企业保持盈利并略有增长，从今天的《自评报告》看，存在不少问题。卓越绩效是一个管理抓手，借用这样一套管理方法来梳理企业内部问题，以问题为导向，持续改进，能这样坚持下去就一定行。

2015.5.13 谈制造部的几项工作

早调会后，我和制造部各位谈几项工作。关于减免四钢轧总厂和冷轧总厂计划执行率和计划兑现率的考核问题，坚持实事求是才能严格要求下去，区别对待不同原因，四钢轧、冷轧总厂现在是公司的主力生产单位，职工的奖金理应高于其他总厂，这也是应该的，每次减免或下达考核时，不要一个人定，班子内部通通气。销售公司提出把合肥板带厂的生产计划与执行过程纳入制造部管理，我们先要把合肥板材厂生产现状描述清楚，公司制造部统管的优势、劣势各是什么？它毕竟远离公司，想想有无比现在更好的过渡办法？我要求制造部炼铁科与炼铁技术处独立发表意见，就4月20日A、B大高炉发出预警以来，我们做了哪些工作？发现了什么问题？最终定性在什么原因上，哪个单位？哪个人的责任？四月完成16万吨汽车板的任务，公司可以给制造部员工嘉奖，我们部门不与总厂比奖金，制造部做了什么额外的工作，多付出了什么？这是嘉奖的理由，我从个人奖励权限中给10万元。

2015.5.15 严厉与关爱并存

中午，总调、设备调夜班人员的书面检查收上来了。今天凌晨2：40，三铁总厂A炉TRT发生运行故障，风叶片击穿底部，造成煤气泄漏，停机了！严华副总经理调度会上要求检修公司查明原因，快速检修。散会后我严厉批评总调和设备调，出事后为什么不去现场，仅听电话报告，信息传递不准，责成写出书面检查。我分管安全生产，我知道风机叶片甩出来不是件小事，有可能会引发人身伤害和设备事故。散会后我赶到A炉TRT现场，和丁晖、高鹏仔细查看，是叶片根部断裂。检修公司老马擅长于叶片更换，挺有本事的，他告诉我是设备制造的质量问题，力争三天恢复。对三铁总厂而言，TRT运行一天发电30万度以上，可直接降本10余万元。

今天起，一钢轧CSP系统从铸机至加热炉、轧机至卷取进行年修，计划9天时间。这样原CSP生产日用的铁水6000吨调出，我要求这9天四钢轧生产稳定，日均产钢2万吨以上，要求三钢轧日产9000吨，四炉四机生产稳定，二钢轧三炉三机稳定，铁钢比不变，因公司各种产品均有边际效益，有量还是有效益的。下午我来到了三钢轧总厂炉台上，看了四座转炉吹炼情况，对炼钢区主管张绍全、分厂厂长邓南阳提了要求。我了解到，虽然公司亏损，但炉前工平均奖金1500元/人，市场的寒风，停产的危机，已让炉前工收入减少了不少，不少炉前工过去收入高，妻子不工作，一个人养全家，现在又是房贷，又买了车，压力很大。

2015.5.19　战略思考至关重要

没有了订单企业无法生存，随宝钢湛江、山东日照等冷轧板、镀锌、家电、硅钢产品投放市场，竞争更加激烈。马钢缺乏战略思考，原有的市场占有不断被别人蚕食，优势在逐渐失去。马钢股份今年亏损成定局了，全国钢企主业都在亏，如果股份亏损超过15个亿，今年没有什么办法可以补起来。如果小于这个数，股票减持，再出售一些资产，让股份公司再瘦身，但都是要把资产评估后转变成现金，完成这些操作后才行，其实这个活也挺难干的。

中午看《马钢日报》，头版登了《热轧酸洗板表面质量难题一举被攻克》我看了全文，心里在想，一举就被攻克？怎么可能，这个问题困扰我们有一定时间了。是技术问题？还是管理问题？还是两者交和在一起的问题？现在我们又有一个“认知不足的问题”。APQP小组经过对工艺改进、生产排程、设备保障及操作维护全方位的努力，酸洗板表面山水画消失了，我给赵云龙发了短信，请他告诉我，供美芝酸洗板，山水画缺陷不会再产生吗，攻关做了和过去不一样的什么事？抓住关键哪个点？是否像连退板面发黄找到了症结，根本解决了？

下午我去了二铁总厂，和伏明、王德川、马桢亚看了4#高炉的三座热风炉基础；高炉本体基础平台，四条出铁场轨道基础；中控室四层楼已经起来；3000米的塔吊正在组装；此次3200立方米高炉底板与基础拉住防止上翘；去了360平方烧结机施工现场，与原烧结机反向摆放的机头机尾，烧结食堂已盖好，高炉矿横22个仓位，更换了一个地方……

最后我来到了3#高炉，检查3#炉操作指导书抄写完成的情况。此次安排了11人全文抄写，5位核心作业长，区域工程师6人，我发现常海涛抄写过程有漏项，我在本子上批了“请认真学习”。我告知本月下旬对11人闭卷考试，我亲自过来监考！

2015.5.21 市场不进则退

昨天晚上22：30，1580热轧开轧9米长度的MGW300D10块坯料，一切顺利。这样硅钢热轧卷的单重从17.3吨增加至19.3吨，整个轧制工艺未做什么变化，司小明在现场指挥。我很高兴，早调会后，我即直奔1580热轧卷库，卷子的温度还很高，辐射热烤人，我看了每一卷的带头和带尾，一切正常，增加高牌号硅钢单卷重量的事落实了。我给制造部周全副经理打了电话，从今开始，四钢轧干的高牌号硅钢、长度一律由8.2米放至9米；下一组再次生产时，头10块铸坯长度放至9.5米，因加热炉的限制长度是10米。不一会儿，司小明给我打电话，建议下一组头10块坯料长度订在9.2米，我同意了。我们当时担心的是什么？板料长了，头尾部温差大，最后甩尾，此次什么未动，加热1125℃±10℃，终轧850℃±10℃，卷取650℃±10℃。

和海帆一道去彩涂板厂，参加经济活动分析会。彩涂板厂建成8年了，受制于多种原因，至今仍未出好的结果，两条产线年产30万吨的能力，现在产量干不满一条线。2015年公司第一次下达的年考核值目标亏损控制在6000万元，第二次要求亏损控制在4800万元，两个目标进度均未达到公司的要求。我谈了自己的意见：第一位的是要有市场订单，向特钢、车轮两个事业部学习，给销售人员特别激励机制，没有量是不行的，光靠高档的不行，量能干至月1.5万吨，月2.0万吨，成本效益马上巨变。我2008年在一钢轧干过硅钢有深刻的体会，越没有量的支撑，亏得越大，必须把产量提起来，跑市场亏在明处不怕，识别清楚客户对产品的特殊要求，客户用了我们的产品，有了性价比的评价，就会打开市场，而不能主动退出中低档订单。关于给欧邦公司产品授信额度，我说你们的评估没有风险还有利，那彩涂板事业部处干拿10万，科干拿5万，职工拿1万采用特殊方式捆绑200万去干。海帆要求：6月订单1.2万吨，三季度逐步干满一条线产量，年底必须达到行业平均盈利水平。

2015.5.22 激情与拼博同在

今天《马钢日报》以《激情演绎精彩》为标题，登了我的事迹，引用了我接受采访时说的话：“无论心有多高，站在原点都等于零，只要勇于前进，哪怕只是小小的一步，都是零的突破。现在，马钢真的非常困难，真正到了生死存亡的时刻。我们每一个马钢职工，都应该拿出自己浑身的解数，去努力、去拼搏。尤其是各级领导干部或管理者，更应当主动担当，率先垂范，带头拼搏！”

今天下午参加冷轧总厂2015年科技工作暨科协一届一次代表大会会议；下周我召开股份公司5月技术质量例会。每次开会都是相互交流、传递信息，表明我特别关注重点工作的好机会。因此用心准备，是我每次参加会前必做的事情。今天参加冷轧总厂的会，我必须宣扬冷轧总厂今天在公司已经是第一位的；冷轧是现在公司高附加值产品的出口；冷轧的产品质量直接关系到公司产品在客户中的形象；冷轧是公司从大而粗、粗而笨向小而精，精而细产品转型。我相信冷轧总厂经过2~3年的市场竞争，会产生一批优秀的人才。我已经看到冷轧总厂是公司培养人才的好地方了。

2015.5.26　想得好，更要干得好

早8:00，接到合肥公司戚正彪短信："高总，焦油渣已到煤焦化公司现场，现等待吊车卸货，我派人到现场指挥，配置了专用吊具，净重24吨。"我立即把此信转给了煤焦化汪开保副经理，收拾马钢合肥公司焦化场地残余物的工作正式展开，虽比计划时间晚了10天，但愿一切平安无事！

我去焦化现场看合钢焦油渣混配。合肥公司第一车28吨焦油渣送至了焦化厂，焦化在卸的过程中两点意见。一是太稀，二是斗子里面放了塑料薄膜，难以取出。合肥公司没有按要求去做，今天又来了一车，称量31吨。我去现场看了，从斗中倒出没有什么异味，只是包斗子的薄膜难以取出，我决定下一次一车有两个斗子不用塑料薄膜，进一步观察，长期的工作经验告诉我，想的好更要干的好才行，沟通比什么重要。我祈祷此次处理过程平安无事，最终给焦化奖励。

2015.5.27　降料线操作失误

二铁总厂1#高炉停了下来。此次休风降料线，停炉操作不当，炉腹降完料线后结了一圈，无法处理。放炮耽误了两天，炸下物又落入了炉内，使堆积物上升很高，炉内高温、粉尘、煤气使扒炉很困难，我们的职工真的是在火焰上干活，几位挖掘机手在拼，一个操作失误带来太大的困难了。而常态下的停炉，卸下风口小套、中套，然后从内往外清料很快，现在已经耽误7天时间了。今天我又上了1#高炉，看炉内挖掘机的作业，干得太难、太辛苦了，二铁干得吃不消了。公司调集利民公司的人来了，又从姑山矿调井下掘进人来掏风口， 30个风口已经掏开了7个，现在全力以赴从风口往外掏料。现在是炉外小车跟不上，我们要组织人力。

2015.5.28 压力转化为动力

省国资委通报：1~4月，马钢累计销材量571万吨，同比增加23万吨，钢材平均售价2697元/吨，同比下降683元/吨，累计亏损11.6亿元，同比增加亏损4.9亿元。

企业的核心竞争力是管理，周而复始认真坚持做好管理工作，才能使企业稳定并生存下去。该批评的批评，该表扬的表扬，干好干不好不一样。我有压力，因此我要求本周六，就三铁总厂B号高炉仪控故障，要自动化部做出检查；就新区焦炭质量波动较大，焦粉超标，要煤焦化公司做出检查。

股份经理层碰头会，海建、丁毅、鉴钢是集团公司领导，现在又有了克从、严华、天宝也是集团公司领导了。2015年马钢的日子真是难以维持下去了。5月份进口矿普氏指数在60美元/吨左右波动。5月份国内市场延续下跌走势，马钢螺丝钢价跌至2280～2300元/吨，再创新低，中板和热轧卷市场价格跌至2380～2450元/吨。华东地区冷轧产品普通跌至2950～3000元/吨，镀锌产品市场价格也跌至3400～3500元/吨。马钢钢材售价比我们的年度预算价格已经低476元/吨，比4月份价格又下跌46元/吨。

下午我抓紧跑现场。第一个点：二铁1#高炉检修现场。第二个点：在二铁厂部三楼会议室，看3#高炉11名炉长、核心作业长、主管工程师的3#高炉操作指导书的闭卷笔试。第三个点：赶到一铁11#炉，炉缸烧穿的事故预演已经完毕，我下到11#炉底，察看发热的炉缸外壁。第四个点：四钢轧2250，热卷库，看今天轧制的M250JJ极限规格（5.9×2125mm）钢卷，这是2007年投产以来，第一次轧此宽度的规格。第五个点：四钢轧炼钢炉台，2#RH今天试干两炉取向硅钢，工程技术人员都在现场。今天我关注的事情不少，脑子里想着这些事。不知为什么，我如果不到现场看清楚这些事，就会觉得不踏实。

2015.6.1 股市红利套现

今天《中国冶金报》登了《股市“牛市”红利，钢企怎样用活？》的一篇文章。5月22日晚，马钢股份有限公司和南京钢铁股份有限公司发布关于股东权益变动的提示性公告，马钢集团公司减持马钢股份，合计379956471股（占公司总股本的4.93%），南京南钢联合有限公司减持南钢股份，合计93787600股（占公司总股本的5.40%）。减持后，两家公司控股股东及实际控制人未发生变化，而马钢集团和南京钢铁联合有限公司可分别获得数亿元的现金流。马钢此举套现20.4亿，而南钢已经7

次减持，累计套现50亿元。

冷轧总厂现在是公司最重要的生产单位，板材类产品、汽车板、家电板、镀锌板、电工钢、酸洗板均在他们的产线制造出来。公司成立冷轧总厂其目的是集中一贯制专业生产与管理，半年来我一直担心冷轧总厂，传输我过去对总厂的管理方法，领导值班制、现场巡视制，综合管理的闭路问责制，控制每一个消耗指标的降本法。我督促在现场抓冷轧现场文明生产，设备见本色工作，督导每一次汽车外板生产前设备状况确认，我平凡的出入在冷轧总厂南区，北区的每一条生产线，和操作者、点检员、工程师、分厂厂长交流工作，感觉到杨兴亮在厂长的岗位上有驾驭能力了。我参加冷轧总厂厂长办公会、科协成立大会，参加章国庆遗体告别仪式，其目的就是关注、推动、帮助冷轧总厂的工作。5月份冷轧生产干出新的业绩：硅钢机组新纪录，完成5.29万吨，其中高牌号硅钢产量1.6万吨，其中W300D 5134吨；酸洗机组新纪录，完成8.97万吨，订单产量兑现率达到97%，条目兑现突破90%；连退机组高水平，成品材8.49万吨，出口订单兑现率99.5%，汽车板工序合格率92.5%；新改进锌铁合金化产品，5月生产6500余吨，边部脱锌得到良好控制；二酸轧机组新进步，超产1.54万吨，出色的完成1.0万吨轧硬卷基料跨区供应。

不是逼迫，也是加压，面对如此的钢铁市场，宝钢对非主业经营公司也下手了。亏损子公司，“两年内”扭亏，两年内未扭亏，主要领导人员就地免职。对长期亏损、扭亏无望的企业，坚决重组或关停。对产品无竞争优势，市场前景不明朗的亏损企业要果断转型。对无战略安排，与主业发展方向不符的亏损企业尽快退出。对表现突出，成绩显著的领导，可作为宝钢年度人物，劳动模范，领导予以重用，职级提升一级。作为我们行业的榜样，央企宝钢为什么都敢这样干，我们还不敢这样干，我不明白究竟是什么问题。

2015.6.3 努力付诸行动

中国钢协冶金科学技术奖公示了，2014年我们申报12项，经过冶金科学技术奖专业委员会评审，推荐一等奖2项，二等奖2项，三等奖3项，计7项，获奖比例高达58.3%，作为股份公司总工程师，我心里挺高兴的。2013年我们是“零蛋”，想想为此次申报我们所做的工作，对每一项目的培养，和课题长的谈话，专门指导并要求改进，按冶金科学技术奖的要求认真组织了申报材料，公司内两次评审、两次修订，最终完成。什么工作、什么事情都是事在人为，态度决定一切，一定要付出行动来努力。

我组织对四钢轧热轧加热、终轧、卷取温度的评审会。本次修改温度原则，现场无法实现的工艺温度，不影响产品质量的工艺温度，此次修订钢种不含电工钢和管线钢。调高：热轧加热炉温度梯度控制为1180、1200、1230、1250℃，取消1170、1190、1210、1220℃。调整：对目前终轧温度命中情况较差的钢种，调整加热制度，降鳞制度，冷却制度。调同：1580与2250热轧线产品的加热制度，卷取温度一致，酸洗基料终轧温度减10℃。抓紧修订作业指导书，改“写所需”，测试跟踪一段时间。

我告诫制造部陈斌要强化员工管理。制造部下发了一份关于调整1580、2250、热轧加热、终轧卷取温度的会议纪要，写得条理不清楚，文档题头与内容两码事。审核人真审了吗？改动过一个字吗？领导签发前认真看了没有？我告诉陈斌，分管科技质量口，“写所需”一定要慎之又慎，严格管理员工素质才能提高，此事要引以为戒，要考核到人！

2015.6.5 *人才是实现战略的必备*

关于再推荐一名股份公司总经理助理人选的通知。为满足公司进一步做大做强车轮产品、特钢产品，强化线棒产品升级改造等工作，重塑再造特钢公司向轮轴生产和线棒生产提供优质原料，实现公司产品升级，产业化延伸和国际化经营的战略目标，提升股份公司相关产品的核心竞争力，经公司研究决定再提拔一名股份公司总经理助理，以加强对相关工作的领导。我提名杜松林，1962年2月出生，博士，正高。这样股份公司就是我一个副总经理和三个总经理助理了。

2015年高管增补，今天评审会在宾馆举行。

炼钢技术组评委：高海潮、乌力平、杜松林、许健、刘国平、焦兴利、宋超、陈友根、王立涛、张建、朱伦才、吴耀光、吴坚，13人组成。竞争四个岗位：300吨转炉炼钢、电炉炼钢及精炼、四钢轧精炼（RH）、四钢轧板坯连铸。20位同志报名：王勇、邓勇、胡文华、邓南阳、王民章、石玮、金友林、高振波、舒宏富、徐小伟、王家良、解养国、李应江、吴明、丁长江、刘雪华、汤演波、刘启龙、沙学广、周寿好。最终投票推荐出：300吨转炉炼钢高级技术主管是徐小伟；电炉炼钢及精炼是石玮；四钢轧精炼是李应江；四钢轧板坯连铸是沙学广。作为评审组组长，我和报名的20位同志都熟悉，在工作中有过多次的交往，相比较选出的四位是优秀的，我投票的结果与最终结果是一致的。

2015.6.10 开拓专用车发展的材料市场

今天我组团与华菱星马公司交流，主题是专用车发展的材料需求。华菱星马公司也是上市公司，和我们同在马鞍山市，尤其是两个公司的总部同在一条九华路上，相隔不过500米，不知为什么我们合作的很少。我当总工程师以来决定启动我们之间的信任，在现在特殊困难时期抱团取暖。马钢热轧结构钢M520JJ和M750JJ切边后，宽度最大至2100mm。M750JJ相对于M520JJ由于强度高，用于混凝土搅拌车重罐体，可降低磨损料47%。除此之外，华菱星马所用的高强度焊接结构钢S600MCD，S700MCD；低合金结构钢Q345C/D，Q460C/D，Q500C/D；专用冷线形钢M470LW，Q345B；热轧大梁钢M510L - M590L；汽车车轮钢M330CL-M460CL等钢铁材料，我们都可以供货。

我们团组首先要求参观华菱星马汽车生产线，看到重卡车头、整体车架的纵梁、横梁全部采用的是宝钢、武钢的板材；然后参观了星马钢卷库及开平线。我与华菱星马杨副总经理进行了交谈，刚刚试供的M520JJ 2米宽的钢板，经全部检测达到了要求，我请华菱汽车整体用钢都给马钢试制样件，并按TS16949标准接受华菱星马审核。我承诺马钢有能力生产华菱星马全部汽车用钢，同样的产品质量，我们的价格比宝钢、武钢低出每吨的运输费；马钢使用的各类车辆，只要华菱星马定型生产的，邀请参与招标并优先考虑采购。我们已经从钢铁销售商向钢铁材料供应商转型，马钢的EVI团队参与华菱星马汽车用钢的设计，从减重耐磨上提供降本服务。对华菱星马的钢材销售可以采用“授信”方式进行，真心实意地站在满足我们客户需求的位置上推动工作。华菱星马杨总带着采购部的人都被感动了，他承诺，今天所谈成的事项，双方立马开始行动。

2015.6.17 努力工作是一种习惯

听说昨天下午马钢纪委副书记杨俊国被安庆检察院抓走了。前面是纪委书记，现在又是纪委副书记，又是一阵不小的风雨。

昨天公司人才委员会专题会议，决定2015年高管增补为：炼铁技术4人、炼钢技术4人、轧钢与成型9人、设备技术10人。接下来的事是新聘高级技术主管带题上岗，我要与每位高管签订技术攻关合同，年终进行综合考核，此次高管年薪设计中，绩效年薪占大的比例，凭业绩取薪酬。

大雨下了一夜，天亮了还在下。没有接到一个电话，说明公司生产运行正常。早调会前看了当日的生产报表，铁31599吨、钢33637吨、材35187吨。一铁完成6050吨，二铁2#炉5923吨、3#炉2783吨，三铁16843吨，这样持续下去的话，本月最后14天的生产，我们可以完成本月铁95.3万吨的计划。早调会上，我狠批了仓配中心、汽运公司不负责任，下这么大的雨，拉合金送四钢轧不盖雨布。责成两单位中层干部周六做检查，企管部去追究责任并给予考核。在两家扯皮时，我的一句话“是你们家的东西会不会这样干？”让他们哑口无言。今天海建因为大雨，担心对生产的影响来到了总调室，和海帆都说我的批评到位。早调会上，我通报了昨天夜晚值班处干名单。公司要求一名中层干部值班，有的单位一把手上了，有的单位是生产、设备厂长双值班。我特意通报制造部张文洋在值班，提升他的威信，我布置的工作我自己检查，这是我的习惯。早调会后，海建董事长喊我去他的办公室，他今天来调度室看到了一切，对我雷厉风行的工作给予充分的肯定，在给我布置了其他工作以后，再次告诉我：“职工代表对你的评价很高，你的工作不是别人能比的！”我告诉他：“公司这样困难，真怕生产再添乱，我心态好，我布置的工作，各单位都努力去完成，所以干得欢！”

2015.6.18 *前进一步就是突破*

在制造部会议室，我主持召开生产海尔（合肥）彩涂冰箱面板用基料专题会。经过销售人员的再次确认，我决定马钢薄规格镀锌基料板供海尔（合肥）做彩涂冰箱面板专用。我们还要做完整的市场调研，谁在用？用在哪里？怎样使用？已有几家在供货？月需求量？现在市场价格？关键质量指标？其他供应商已发生的缺陷是什么？我们要充分识别客户的潜在需求，在一个标准范围内，目标值在什么区间，我们的DFEMA、PFEMA怎样做出来？我们确定现行的工艺、设备、操作水平可以吗？产品的关键过程在哪里？今天确定由陈斌牵头，冷轧总厂沈新玉负责，快速挑出$C\leqslant 300$ppm的板坯，轧制0.4mm×1284mm，单卷4吨的料，送海尔（合肥）工厂试用。我们的工程技术人员和销售人员立马去用户工厂了解详细情况。我就是这样的工作风格，遇到问题迎难而上。我也是被逼出来的，因为海帆说了，马钢不能干的订单，由海潮老总说了算！

进入6月以来，钢铁企业的日子更难过，但进口铁矿石现货贸易价格不降反升。从6月1日的483元/吨升至6月19日的505元/吨，而同时钢材价格指数从70.11跌至68.40，其中长材价格指数69.55跌至68.03，板材价格指数从70.48跌至69.30。原料价格上涨，钢材价格下跌，在钢铁企业已经持续亏损的情况下，更是雪上加霜，现在应该是落井下石了。让人根本看不懂的是全国粗钢产量仍维持在日产220.6万吨的高位上。谁会死去？谁先死去？怎样死去？残酷的现实就在眼前。海帆召开紧急会议，因为市场部报告中板普板、线棒材已经出现负的边际利润了，停产？不停产？干什么？不干什么？结论是：从现在起停止采购外部钢坯，停止外购生铁，停止所有在建工程的费用支付及在建项目；暂时不停公司的小高炉；对内部测算再精准一点，降本深度再加一点，一个产品、一条产线、一个品种去对标挖潜。我们不是跑在最后的企业，在全国钢产量未见下来时，我们不能停产。

2015.6.20 马钢根本难点是对“人”的管理

6月20日端午节。公司召开了一次务虚会，时间从上午9点至下午1:10，今天是饿着肚子开会。连续几个月的亏损，压得我们透不过气来，矿石价格守住了，钢材价格还在下跌。马钢今年的销售收入难守500个亿，集团已亏损14.5亿，股份已亏损11.3亿。在整个冶金行业26家上市公司中，马钢排在倒数第二，仅在重钢前。马钢的人工成本高，采购价格高，制造产品的档次不高，产品售价比行业平均水平差260元/吨。按2015年马钢预算，外部影响占3/4，内部影响占1/4。我们的竞争力在哪里？股份公司“线、型、板、轮、特”诸多产线的产品定位？股份公司人太多，人均产钢仅480吨，仅靠钢铁吃饭？股份公司必须瘦身，从股份抽出什么单位和人员？对标挖潜我们大的炉机处在什么水平？

务虚会要求人人发言。我的发言是：马钢的根本难点还是对“人”的管理，处干、科干、作业长，不考评上下岗一定不行；马钢不能在内忧外患下生存，内部生产稳定是必须的；马钢一定要打破现在的销售、采购体制机制，对经营人才上不封顶，下不保底，不拘一格聘人才。

2015.6.24 技术质量例会步入正轨

今天的技术质量例会，采用设计的开会模式。这么大的公司，这么多条产线，这么多的产品，这么多的人开会，不能在这种会上来做调查研究，而是针对技术质量上的难点、热点问题抓住不放。我点评了五月份技术质量例会议定事项。《马钢日报》公布了五月份质量满意度测量表，这是由销售公司范国利在多年工作经验上，重新设计的一套方法，我审核同意的。要求制造部下月公布全公司轧钢加热炉氧化烧损和能耗指标，评出一、二、三等加热炉；公布三条热轧生产线，1580、CSP、2250的出炉温度，终轧温度，卷取温度达标状况；酸洗板“山水画”（压氧）问题不能发生，再发生必须说明原因与责任；技术质量攻关课题和APQP课题，一定要精心梳理过去存在的问题，设定A、B、C三档目标，一定是可以测量评价的。在《马钢日报》公布的公司质量总损失，其中外部质量累计未完成单位的责任人，五月产线质量损失未完成单位的负责人，必须写出书面说明，否则严厉问责，我们要像抓产量一样抓质量，手法也必须由软变硬。

我为七月技术质量例会指定专题：三价铬镀锌新品，热轧取向硅钢，镀锌板脱粉，华菱汽车板试用，海尔（合肥）冰箱面板等准备下次会上发言。

2015.6.28 *人力资源优化迫在眉睫*

公司人力资源部汇报全员岗位绩效考核工作推进情况；汇报劳动纪律专项整治工作推进情况，65家单位上报，共有不在岗员工1416人，含编外，保留关系，工伤离岗，内退等，这其中还有294人为假考勤，人不在岗的情况。我们2015年计划产钢1476吨，在岗人均产钢492吨，在册人均产钢481吨，用工总量人均产钢346吨，和现在规模以上企业人均产钢800吨比，与先进企业人均产钢1000吨以上比，我们差距大了。翻开过去10年的历史，我们的规模在不断地通过投入增大，我们的用工仅停留在不招工的自然减员上。

钢铁企业的日子是不是进入最难时期了？螺纹钢价格已跌破2040元/吨。今天是六月末了，但马钢七月份订单仍有15万吨无着落。根据两头市场的预测，如果照此生产下去，马钢7月份，单月的亏损额将超过4亿元，再加上合钢和长钢的亏损会达5个亿以上，真停下来不生产还能亏多少？真的十分可怕。

下午，我主持评审“在车轮钢上试验硫化锰包裹硬相夹杂”方案。这个试验在50Mn上，已经历时半年，经过了六轮试验过程。2013.9.3，第一轮试验，初定方案，1炉实际结果是炉渣碱度高，全氧含量高，包裹率81%；2013.9.26，第二轮试验，1炉炉渣碱度达标，全氧含量达标，包裹率97%；2014.1.19，第三轮试验，2炉炉渣碱度达标，全氧含量达标，包裹率98%，计划试3炉，完成2炉；2014.9.27，第四次试验，2炉炉渣碱度低，全氧含量达标，包裹率95%，计划试4炉，完成2.5炉；2015.1.12，第五轮试验，操作达到设计指标，包裹率95%，计划试4炉，完成4炉；2015.3.18，第六轮试验，3炉碱度不达标，3炉全氧不达标，这次计划8炉，浇完了8炉。

我的评价是：试验方案要不断完善，职工操作培训不可少，每次试验前分析和试验后总结还不够，一流的设计师必须有一流的施工队，这是冶金工艺的顶尖造型。我们在50Mn上试验没有风险，此工艺方法往车轮钢上转时，必须对我们的写所需和做所写进行再评审。

2015.7.1 峰值平台弧顶区

2015年上半年结束了，全国钢铁业的日子真难过。马钢的日子更难，亏损总额马钢集团全国第一，股份公司亏损总额全国第二。面对如此严峻的形势，因为大家都在亏，领导到职工的心态都在忍受，因为管理层没有实质性的改革动作出手。今天冶金报头版，赵喜子谈新常态下钢铁企业出路——《钢企有死有活，这是大势所趋》钢铁行业是不会死的，但有的钢铁企业要死，这是真理，是大势所趋。大浪淘沙，优胜劣汰，一批钢铁企业肯定会出局。现在要研究新常态下钢铁企业怎么活？“春天再也等不来了”，中国钢铁产能和产量已经进入峰值平台弧顶区，咬牙挺过，熬过是不可能的！

下午，我去给新招聘的销售人员讲课，共45人左右，在433会议室。我很累，为了此次讲课准备了4个晚上，我以“公司当前最难的工作是销售”开题做讲课。我为什么接受销售公司的邀请，给我们这批新入职的同志来讲课，开场即引起了关注；我们的工资从哪里来，我知道很多人从未想过这个问题，进马钢就是月月发工资及奖金；什么是企业的经营方法，经营就是买进原料，加工产品，把它卖出去，不是想象中的事；马钢股份2010~2015年上半年的销售情况，我们曾经有过的业绩可以展示出来；谈谈我对销售的理解，我是总工，参与新产品的推介与销售，有过和客户的交道；分享销售经典案例，国外的，我自己的，我希望我讲的都能与你们今后要用的结合在一起；我参与销售的产品，从特钢产品，到电工钢产品，再到超低温钢筋；最后我精选了一些适应销售钢材励志名言与各位分享。毛泽东主席说过，世界上怕就怕“认真”二字，我做工作，已经养成了“认真”的习惯。

2015.7.3 服务四钢轧，拿下70万

炼铁技术例会。半年过了，冬天过了，夏天正在过，大中小高炉顺行，上半年比去年同期铁增5.47%。仅仅守住高炉稳定是不行的，公司炼铁成本，元月1643元/吨，

2月1617元/吨，3月1548元/吨，4月1462元/吨，5月1415元/吨，6月1405元/吨，现在和全国平均水平相比低30~40元/吨。本月公司生产组织中两件大事，四钢轧月产钢跨过70万吨，公司9座高炉喷煤比大于140kg/吨以上。我问炼铁技术处胡夏雨，宝钢专家李维国、首钢专家张卫东来马钢后给了我们什么？自己恢复3#炉有了什么？我们要做出准确的回答，7月15日，公司9座高炉炉长体检预警报告发布会，不能停留在原有的水平上，炼铁技术处要提要求，要给予指导。

7月起四钢轧瞄着70万吨/月钢的目标，四钢轧日产81炉、83炉很好。我要求把总调、铁运公司与四钢轧三个单位的调度捆在一起考核，外部不许影响。一条“服务四钢轧，拿下70万”的标语又挂在总调室里，全公司各单位都看见了。早调会后我直奔四钢轧，厂房内的积存板坯影响了生产。碰上刘国平、毛学庆，焦兴利，李传艳、兰宇，我们一合计，我拍了板，全部运往261库。同刘国平去连铸平台，和刘启龙、黄宏喜、冯胤民谈连铸五件事：保炼钢实现月产70万吨钢；确保设备的正常，重机公司一人，四钢轧设备管理室一人，值守在现场；刘启龙的攻关项目尽快准备数据对比，以事实说话；二炼钢人员分流，四钢轧应优先吸纳炼钢、连铸人员；保护渣取样分析，向检测中心提出你们的要求，对重机的保产服务工作认真评价。

2015.7.7 不认真很可怕

早调会后，我召集制造部经理们，商讨汽车板推进处关于三级铸坯生产的汽车板召回函。因下达生产计划时，挂单失误造成三级铸坯也投料到了汽车板，涉及三级铸坯20块，钢种有DC01、SPCC、M250P、M240ZK、SPRC440、DC51D、DC53D、H260LAD、DC52D+2F、DC54D，生产了成品钢卷48卷。发往加工中心后，发给了东华汽车实业公司、江苏悦联商贸公司、上海昌敬实业等，共计377.83吨。

我的意见：严肃查处直接责任者、分管科长、主管经理，扣奖额度大于500元；今天立即和汽车板推进处商定善后办法；制造部分管经理是否在周六早调会上作检查，制造部商定后告诉我。

我和朱伦才从1997年共事，当时我在一钢厂当副厂长，他是铸锭车间副主任，他工作认真但沟通也很重要。现在他是汽车板推进处代理处长，海帆让他干好宪兵的角色。为制造部错把三级坯挂单轧制成汽车板，他一直盯着我，电话打给我四次：“这件事你一定要认真处理，几个单位和部门都知此事，不处理不好交代！”同样的话，同样的意思。最后一次我说了：“你是信不过我，还是觉得我护短，我已安排周六制造部经理做检查了。”

2015.7.8 同心同力求生存

四钢轧月产70万吨钢，我们须放手一搏。

“服务四钢轧，拿下70万吨钢”，一条简短的标语，悬挂在公司早调会会场上，这是要求相关部门和单位清楚知道本月生产中的大事。我们看到各单位行动是积极的，首先是四钢轧人拼了起来，日产出现了83炉、84炉，上旬7天，天天超计划完成，已达月产75万吨组产水平；铁运公司机车跟进起来，无论是白班、夜班，从南区往北区抽调铁水量已增至日22~24罐；三铁、二铁高炉炉况稳，铁水硅含量偏差控制好；制造部调动公司资源，帮助四钢轧疏解板坯库存，生产计划的优化有利于组产；能源总厂的保产措施到位，进出能源平衡有条不紊。公司出台了四钢轧月产70万吨钢、68万吨热轧材的激励办法，我们有理由相信，马钢人同心同力，一定能完成这个任务。售价高的板带类产品放量生产，资源实现优化配置，是马钢求生存的现实行动。

我要求自己有空就去四钢轧现场看看，听到外部有影响的事就要追究下去。

2015.7.9 全力处理紧急事件

天下着小雨，机关干部下班了。5:20，我接到了二铁总厂伏明焦急的电话，1#高炉因25号风口波纹管与下连接管处跑风后烧毁了，紧急休风不慎，造成了30个风口全部被涌渣灌死，我知道情况的严重性。今天二铁2#高炉30小时的检修，铁水吃紧，如此二铁两座高炉都停着怎么得了。我当即表态我马上到炉台上。我们见面商定处理方案，同时给总调下命令，停供二钢轧铁水，停供一钢轧铁水，全力以赴保好四钢轧！我赶上了炉台，严华到了，发元到了，此时唯有调动公司资源，加快事故处理。从一铁借20名炉前工人，从三铁借20名炉前工人，召集冶建公司张宏亮，检修公司程建国立马到场。一场抢修战打响了，两个小时过去了，幸好30个风口弯头上部管口未堵死，幸好有30个直吹管备件……一阵卸风口，上风口，焊死25号风口上部的弯管，时间已至零点，我全身湿透了。凌晨3:10分，高炉复风，10个小时过去了，高炉是无计划的紧急休风，要调整好炉况。此次事故的责任是上次检修时，已经发现25#风口问题但时间来不及了，未处理，接着休风操作又出了问题。

2015.7.14 识才于未显之时

丁毅约我去他办公室，开门见山问我：马钢股份公司究竟怎么了？会亏得如此之多，原定确保不亏损的目标，今年是做不到了，明年怎么办？你是担当的，今年股份公司内部生产组织是平稳的，今天听你来说说我们的主要问题是什么？

我也直来直去地说，马钢的主要问题还是在对人的管理，特别是对处干的管理上，能上不能下，这一条不破是难以支撑下去的。本届领导班子还下不了手，下一届一定会下手，因为这样下去是不行的。先抓干部管理从抓正处开始，这是党委常委班子的重要工作，此事抓好了其他的事自然好了起来。几年来处级干部考评结果都不敢公布，我们不知哪些人是优秀的，哪些人是落后的。几年来处干考评的结果一直说要用起来，尾数下来，一个也没下来，除了抓起来的。让新的力量上来，用好人用能人，领导只要看准方向就是选人干事。用人于争议之中，识才于未显之时。如果干部工作不动，其他工作就事论事，那就是现在这个状况。

股份公司经理层碰头会，高海建、苏鉴钢、丁毅全都来了。全力以赴抢抓订单是当前头等大事，在省经委召开马钢产品供需对接会前，我们各位去用户单位。本月生产线上两件大事：四钢轧实现月产70万吨，相当于年产800万吨；9座高炉喷煤比能提升至140kg以上。发行了2015年第一期20亿元中期票据，期限三年，票面利率适中，抓紧后面Ⅱ期20亿发行。半年过去了，7月份亏损额估计在4个亿，这种严重的生产经营状况，必须向省委、省政府书面报告。当前我们面对的困境是行业性的，怎么办？一个字“熬”，但现在是在流血。公司派下去的巡察组发现了问题，处干的收入是有规定的，但还是有违规的，一定要处理。8月中旬要开干部大会，这个大会为今年定个调，要真正开始过苦日子，收入要减，额外补贴也要减或停下来。

2015.7.15 马钢科技项目成果

去合肥参加省科学技术奖励行业综合评审，此次我是从省专家库中抽选的评委。马钢申报了《钢渣在线实时分类处理及综合利用》《高性能铁路机车用整体车轮关键制备技术集成》两个项目。

安徽省科技行业（学科）综合评审要求：围绕省经济社会发展中的重大科技问题，提高自己创新能力，形成核心竞争力。评审标准，对应用研究项目，要看自主创新和转化情况及经济社会效益来衡量评价。到了会场后，各位评委即关闭手机上交封存。要求对评审的全过程，评审结果和项目负有保密责任。

安徽省科技行业（学科）综合评审标准：在技术上有很大创新，技术难度大，总体技术水平和主要技术经济指标达到了国内领先水平，成果转化程度高，创造了很大经济效益，对行业的技术进步和产业结构调整有很大作用，可以评为一等奖，然后降为二等奖、三等奖。

我仔细审阅我们专业组的其他评奖项目，但心里在想：四钢轧钢渣在线实时分类处理是从建厂设计时开始的，各类炉渣有小循环、中循环、大循环，经过八年的实践与完善，在环保和减排上有突出业绩，应该争取评上省科技技术一等奖；顶替进口的机车车轮，研发时间十年以上了，美国GE制造的机车都用我们的轮子跑在了青藏铁路线上了，也应该评上省科学技术一等奖。

2015.7.18　选好带头做事的人

股份公司今年巨亏的原因是清楚的，这样的市场，钢铁行业全面亏损了，但为什么我们亏在全国领先水平，下半年我们怎么干？现在订单已经越来越难拿，抢抓订单是第一位的，武钢订了边际利润在-5%预算内也要拿，我们也干！板带类产品的质量要有新的控制举措，上重卷线分检，分级别判定。否则这样买方强势的市场中，一点点瑕疵，一次次索赔，一步步砍价，真令人头痛。今年下半年经济责任制考核办法，直接涉及到职工利益，奖金大幅下降，各单位领导一定要变被动为主动，激发出新的干劲。已经定下先关停二钢轧四座转炉，四条线先封闭运行，坯料全部由长钢供给。确定停一铁总厂9#、13#高炉，时间放在四季度执行。

丁毅约我商谈股份公司亏损怎么办？公司干部大会怎么开？想听听我的意见。我毫不掩饰地说：主要领导不能只谈具体事怎么做，做事指个方向就可以了，关键是选好带头做事的人。各项改革要开展，首先是对“人头”改革，公司管理层的人，不具领导力、不出力的，从上到下都要动。为股份公司瘦身，时机把握重要，但瘦身方案可以先在股份内部征求意见，由下到上为好。强化企业管理，首先是强化对班子成员的管理，班子成员不能担当更是误事。开干部大会开就要拿干部说事，开会时激动，散会后不动，原因是多数人头上无具体任务。我们应借反腐倡廉的大好形势，大力交流关键岗位上的人，公司职能部门弱了，非钢产业也应让优秀的人去干。巨额的亏损，领导压力巨大，束手无策不行，执行力不行也不行。应在分兵突围、分灶吃饭、分田到户上下功夫，打破条条框框，真正能把大多数人的积极性充分调动起来。

2015.7.21 落实工作，行随心动

我策划了《马钢日报》“质量是企业的生存之本”的专版。本期的副标题是：查明原因举一反三，严肃整改重任在肩。面对当前严峻的市场形势，狠抓质量工作，提升马钢产品市场形象尤为重要。截至2015年6月末，我要求未完成公司下达的质量损失的3个制造单元和7条产线的负责人，在生产操作、设备维护、工艺技术等方面查找原因，提出整改措施，各自认真写出了提升产品质量，降低质量损失的认知材料，今天署名登在《马钢日报》上。

四钢轧总厂副厂长、总工司小明写《强化管控抓质量，攻坚克难应挑战》；冷轧总厂副厂长，总工沈新玉写《措施更有力，整改要到位》；三钢轧副厂长、总工吴坚写《强化工艺纪律检查，抓好生产过程管控》；除了三位总工外，四钢轧热轧分厂副厂长成印明；冷轧硅钢分厂厂长胡柯；冷轧镀锌一分厂厂长王忠；特钢轧钢分厂厂长王强；车轮公司箍环项目部长蔡新俊；一钢轧热轧分厂厂长王宗明；二钢轧总厂型二分厂厂长李小保都结合自己的实际工作，写出了我认为是很好的文章，抓质量同样要有舆论引导和监督。

今天去冷轧总厂北区，从酸洗板线全流程到连退线从上卷到出口，从酸洗连轧原料库到酸洗冷轧线，再到轧辊修磨间，我和杨必祥副厂长、张四方、姚鑫等人谈工作。此次连退线检修，检修单位高度重视，冷轧总厂提出了要求，并现场监督，换了五根炉坑，炉内清理干净，现场实现了定置管理；连退线工程技术人员自己动手，在DP800高强钢焊接后，用天然气烧嘴点火退火，防止焊后断带；在酸洗连轧线，在原料卷库，察看整个落卷处的地面下沉，从两旁立柱看已经形成了一个凹凹的锅底；在轧机油泥过滤挤干处，我看到协力工在清理底部铁泥，今天闷，气压低，容易中暑，马上拉一台轴流风扇；在瓦格里西EPT打毛机旁，我和杨必祥讲，去找吴芳敏要抓紧时间，一定修复EPT打毛机内沉在油液中的液压顶升缸；去了镀锌包装线，检查标准化操作，按温度要求包装，防止白锈发生。三个小时的现场检查，我们全身已经汗透了，我关注冷轧总厂体现在行动上。

2015.7.23 亏损还在扩大

今天马钢螺纹钢价格1960~1980元/吨，中型材价格在2200~2230元/吨，H型钢价格在2050~2150元/吨。上海、杭州两地卷板价格在2000~2050元/吨。七月销售价格比

六月又下跌186元/吨，七月销售价格比2015年年度预算价格低748元/吨。预计7月份公司亏损在3.7亿元，比公司亏损不亏本限定的底线2.2亿，多亏了1.5亿元。

市场部预测8月股份公司本部亏损4.13亿，这个数字是当月亏损还要控本1.93亿元。怎样减少这1.93个亿。指标能分解下去吗？分解下去能落实吗？完成完不成怎么办？首先是订单接不足，接不足干大路货，以产促销，我们撑住不先停，这样干对1.93亿是正贡献还是负贡献？接到多少订单干多少产量，关停部分产线，这样干对1.93个亿是正还是负贡献？减奖金、减工资、科、处、公司领导减收入，为什么还未见反弹的干劲？对8月份停产线的计划，我们基础分析和测算都不严谨，停下来容易开起来难。我个人意见，不停，坚持再干一个月后评价。

上午的生产经营分析会，开的很难，一直到过了中午12点。下午我去主持开七月份技术质量例会，我已经对例会的开法提出了要求，今天我将推动执行。严格会议限时在两小时以内结束，上个月点的课题作一个汇报。我通报7月公司生产经营的预测及8月预估。通报2015年上半年质量控制水平。公司质量总损失下降，内部质量损失下降，外部质量损失上升。板带类产品、质量总损失上升，内部质量损失上升，外部质量损失上升。外部质量损失赔付金额上升，但异议起数下降，异议总量也下降。陈斌报告海尔冰箱彩涂基板试制；赵云龙报告镀锌涂层改进；胡学文报告进军华菱汽车情况；裴英豪报告取向硅钢研发；胡柯报告高牌硅钢增加卷重效益；刘永刚报告M280VK存在的问题。我为9月技术质量例会点题：吴耀光汇报耐蚀中板质量；司小明汇报酸洗板热轧质量；沈新玉汇报薄规格镀锌板；刘永刚报告M280VK改进工艺的效果；沈昶报告车轮钢包裹夹杂试验的第一轮小结。我要找到技术质量例会怎么开好的办法。

2015.7.24　接受雷雨天考验

天阴沉了整整三天，闷热得让人难受。今天凌晨在一阵响雷后，下起了大雨。看见窗外的一条条闪电，大雨像瓢泼了下来一样。脑海中的第一件事是祈祷老天保佑，千万不要因雷击跳电啊。未曾想到早上7点10分，市供电局110kV高压线跳了，马钢一铁总厂、二铁总厂、煤焦化公司、三钢轧总厂分别有炉机跳电，生产中断中出现了事故。总调电话告知我，伏明电话告知我，邱全山电话告知我，我在总调室冷静地询问着情况，下达着指令，我知道最危险是的焦化风机跳，最难过的是高炉风口灌渣。我立即奔赴煤焦化1#焦炉，因为断风，氨水伴着焦油喷溅在炉台上，炭化室的烟道打开，火焰烧坏了阀台的电缆，汪开保正在组织抢险。我爬上了二铁3#高炉炉台，高炉已经休风，炉前工正在卸下灌渣的风口，殷欢在现场指挥。截至上午10点半，我陆续收到各单位已经恢复的信息。

下午在公司会堂召开干部（扩大）会议。此次扩大到党员代表、职工代表、作业长代表、科干代表，共约1000人，开这样的干部大会在马钢历史上从未有过。丁毅通报公司当前生产经营形势的严峻及我们的应对措施；高海建几乎是脱离了讲稿，满腔激情号召马钢人为生与死而去拼搏。今天真是凑巧，早上7点跳电，生产中断；下午2:45会堂跳电，什么天意啊，好在等了一会来电了。今天会议安排2小时的讨论。我主持钢轧总厂组的讨论，我开场白说，集中在公司的主要问题上，为什么如此巨额亏损，每位代表，党员代表、职工代表、作业长代表、科干代表、中层管理人员，应言简意赅。每位发言人更应该直接说出公司该干点什么？总厂和部门该干什么？我们每位该干点什么？

2015.7.27 *动员千遍不如问责一回*

7月24日公司召开了干部大会，关于下半年的目标和主要措施都已经明确了：实施业务流程再造；优化现有产能布局，调整组产模式；加大采购降本，创新营销工作；推进关键产线和炉机高效；加大结构调整，改善产品质量；深化对标，推进经济运行；加大合肥公司减亏力度；深化矿业降本增效；推进规划引领下的产业发展；优化人力资源；强化资金运作；调整激励考核机制；公司将提高制度刚性执行力，动员千遍不如问责一次。

《马钢日报》头版以《烈火炼真金，壮士断腕排难上；风雨见彩虹，全力同心创辉煌》为大标题，报道了公司召开进一步深化“奋力求生存，携手保家园”动员大会。

会议指出，今年以来，公司生产经营极为艰难，亏损严重，危机四伏，已经到了生存存亡的关头。会议强调，我们等不得，熬不得，也等不来，熬不起，必须积极主动地进行结构调整和转型升级，必须全面对标挖潜，降本增效，必须大力提高劳动生产率和产线作业率。会议要求：公司上下必须强化命运共同体，强化领导干部担当，强化不折不扣落实，强化创新变革，强化攻坚合力，以更强的意志，更大的决心，更有力的举措，同舟共济，驱散阴霾，冲出困境，再创辉煌。

2015.7.29　保持人格的尊严很值得

马钢的今天是如此的困难。好日子早已结束了，下面的日子是怎么过？本周多种渠道的负面舆论在冲击着马钢。“马钢原副总们太会玩了，安庆公检法真的快要给你们累倒了”，“马钢副总已经成了高危群体，赵建民、施雄梁、赵志群、任强、惠志刚……马钢的副总一年要拿普通职工半辈子的薪水，怎么还这样不知足啊……”“马钢处以上干部21人已经立案审查了，马钢被这伙人搞垮了……”这些人我没有不认识的，有的不仅仅是工作之交，而是我的直接上级和下级，共事多年。一个人在社会上会遇到各种诱惑，应该知道自己的弱点和缺陷，可能会碰上大灾小难，如何在权力和利益中保持人性的尊严，赢得别人的尊重并非易事，但却很值得。

昨天马钢集团公司党政联席会决定我出任股份公司常务副总经理，同时提拔田俊、张文洋、杜松林三位为股份公司的总经理助理。不了解我的人，认为我个性很强，但和我共过事的人，觉得我是平易近人的，现在我知道我该干什么，在如此艰难困苦的时期，马钢一定不能倒下。一个人不是：自恋、自大、自负、自夸、自欺、自闭、自薄、自怜；一个人应是：自信、自豪、自量、自知、自省、自赎、自勉、自强。如果在原处干的岗位上，我也到了改非的年龄了，此时组织信任我，公司需要我，不需写任何的表白，全部放在自己的行动中，在退休之日去回想，你觉得职业中的自己得到了尊重，在迟暮之年，你感到生活中的自己留下了足迹，人的一生就值得了！

2015.8.3　车轮质量，一诺千金

我静下来时，总是会想到工作，职业习惯了。在现在的岗位上，以我的年龄，已经是天花板干部了，我真无所谓。一个愿望，在我分管股份公司生产期间，9座高炉都能不出现大的波动，通过内部体检，外部预警，我想可以做到。等我退休后，凭我的身体条件，个人能力，我愿意奉献自己多年在工作中的积累，为高铁车轮、汽车用棒线的质量控制，当一个质量总监，打造马钢品牌，这是第二个愿望。

今天我和江波、老彭、胡学文、安涛到了内蒙古包头，第一站去军工集团北创公司。我们三件事：一是请北创公司支持马钢Q460E耐候钢板获得CRCC认证资格，可以参加招标；二是两家建立直供关系，抱团取暖，我买他的车，他买我的轮；三是我们共同努力开拓国外整车制造市场，马钢可以供轮、轴、轮对、整车用钢等。

第二站去包头车辆段。贾段长，高副段长都向我们的销售人员反映：最近一批客车轮不如过去的耐磨；特别反映，马钢ϕ915KKD车轮运行30万公里后失圆现象严重，在车辆段客车检修的轮对中，马钢失圆的占2/3，现在车轮运行品质中马钢不如太重了。现在铁路线上有货车在线的TB检测器，检测当量一过就报警，车轮踏面剥离情况比过去好。马钢制造车轮，要研究车轮与速度、车轮与轨道关系，包头段年检修用轮700片，为什么马钢不参加招标。一条轮对过去是走行80万公里入段旋修，现在是30万公里失圆发生震动了，就入段旋修，旋修过一次以后失圆情况好转，但一条轮对使用寿命就达不到280万公里的要求了。

与包头军工集团我们谈得很好，双方都有需求；与包头车辆段我们也谈得很好。马钢立即成立车轮失圆问题工作组，请包段给予配合，我们着手解决这个问题，一诺千金。

2015.8.5 完成任务，归心似箭

昨天从内蒙古包头市飞往黑龙江哈尔滨市。在哈尔滨我们乘上开往齐齐哈尔的绿皮车，仿佛回到了20年前。检票口人挤人涌着在走，绿皮车过道上都站满了人，300公里火车开了6个小时。齐齐哈尔是日本人当年占领东三省移民的地方，日式的火车站仍然在用。八月盛夏，不站在露天依然不热，蓝天白云，秋高气爽，祖国的东北此时绿色一片真美。我们一行去中国北车齐齐哈尔车辆有限公司拜访，齐厂的产品有机车、客车、货车、城轨车辆等，澳大利亚重载运矿机车车辆由他们制造，专用马钢车轮，两家有战略合作关系，这次去，他们总经理、党委书记接待了我们。阐明抱团取暖，争取国外车辆订单合作后，请齐厂总工程师作为用户，推荐马钢研发的铁道车辆用耐腐蚀高强度钢板，帮助通过CRCC评审。东北人真的不像我们江南人，豪爽的性格让我们感觉出门求人也不是太难的事，安涛告诉我，马钢车轮厂和齐齐哈尔车辆厂联姻已经50年了，双方关系一直很好。

今天从齐齐哈尔车辆厂奔齐齐哈尔小机场，飞往北京，然后从北京飞往南京。三天走访三家用户，希望今天能准点回到家。中午1:55的航班准点登机，但为今年9月3日纪念中国人民抗日战争暨世界反法西斯战争胜利70周年阅兵式，一架架战机从齐齐哈尔军事基地编队起飞，我们被关在机舱里。我们下一个航班从北京飞往南京，起飞时间是17:55，我们的飞机降落在北京机场已经是17:05，我们还要从T1赶往T3航站楼，民航规定提前30分钟关闭闸口，这个时间怎么算也是赶不上了，我决心最后努力一把，和乘务长商定让我们5人先下飞机，乘务长帮我们联系了VIP专车捎带我们。我

心里祷告：晚点，晚点，等等我们，赶到值班主任柜台，时间是17:35，好！飞机晚点，给我们办了登机牌，我们气喘吁吁，终于到了C13登机口，OK，都还没有登机。今天我并没有准备如此的晚点，但是不管多晚都要回去的目标已定，用尽了各种办法，目标终于实现了。

2015.8.7 面向一线去工作

上午在413会议室，公司高海建、苏鉴钢、丁毅、陈冬生和此次调整岗位的副处干部集中谈话。海建说：此次调整干部耗时很长，原因一是股份公司班子成员发生了变化；二是整合了一些单位与部门；三是纪委书记不再由书记和副书记兼任；四是改非干部多及新提拔的同志细致审核。葛风鸣宣布了“高海潮任股份公司常务副总经理；王炜改任股份公司总经理助理；杜松林任股份公司总经理助理，免去特钢公司经理；张文洋、田俊任总经理助理，仍兼制造部、设备部经理。陈冬生强调：干部要做一个守规矩的人，带好团队守规矩，敢于和不正之风斗争；苏鉴钢指出：公司生产经营形势相当严峻，宣布之日立马上任，担当起自己的职责；高海建要求：干部必须以身作则，把职工的利益放在首位，要知道你的一举一动会产生什么的影响，只有严格要求自己，才能树立起威信，要勇于面向一线去工作。

2015.8.10 用钉子精神推动工作

股份公司经理层碰头会，今天集团分管股份的领导和股份的现任领导都到齐了。高海建、丁毅、苏鉴钢、钱海帆、陆克从、严华、任天宝、我、黄发元、王炜、杜松林、张文洋、田俊参加。钱海帆对股份公司新班子成员进行分工；高海建挽留苏鉴钢工作至马钢公司第三届党代会结束；高级技术主管年薪水平确认，现行的标准工资+3000元/月资金+个人绩效考核奖；王光亚为“二钢轧总厂、三钢轧总厂”整合成长材事业部的牵头人；资金是头等大事，已上的项目排序出来，控制支出，生产销售占用的资金必须下大力气减少；8月、9月的生产经营，坚持满负荷生产，保高炉稳定，长材要实现高产，铁钢比视废钢生铁价差而定；控制亏损、减少亏损，公司召开对标挖潜专题会，各位领导要对照自己的关键绩效指标检查工作。

7月23日我向胡夏雨布置工作，由炼铁技术处牵头组织写一篇高炉体检和预警开展一年来的活动报告。我布置的工作，我自己抓检查和落实。今天《马钢日报》头版

《高炉革命开新篇——马钢业内首推高炉体检制度记略》2014年7月，高炉体检制度在马钢正式运行；2014年11月发布了24个高炉预警方案；2015年元月，首次高炉体检报告发布；2015年7月17日，第二次高炉体检报告发布。万事开头难，万事开头也不难。贵在认真执行PDCA循环，我要求9座高炉都必须认真执行体检制度，发出的预警属于哪一级的都必须有应对方案，我有钉子精神，我能持续推动下去！

2015.8.11 *炼铁技术氛围空前浓厚*

《高炉稳定均衡高效生产探索与实践》，二铁总厂按照我的要求，在《马钢经济研究》上发表了文章。

文中说到：创建高炉体检制度，高炉专家团队组建后，炼铁技术氛围空前浓厚，成为抓好技术保驾高炉生产的着力点，总厂经认真研究，决定按公司指令：从创建高炉体检制度入手，开展科学炼铁，明确创建的艰巨性与复杂性，因为这是一项前所未有的工作创新，没有经验，全靠自己；迅速启动了三座高炉参数指标分类工作，开展历史数据分析、对比及重要性排序，建立符合实际的顺行指数，设置控制界限和预警值；制定日、周、半月、全月高炉体检分析制度，以体检得分判断高炉运行状态和趋势，制定“攻守退”操作。体检制度实施一年来，高炉抗干扰能力不断增强，高炉经济技术指标提升，减少了炉况失常波动，高炉基本平稳处于受控状态。我们已经找到了一种办法，当然还要动态完善。

2015.8.13 *内忧外患，上下求索*

上午召开电工钢接单、降本互动专题会。销售公司提供了8月份部分终端客户成交价格与边际利润对比表，销往格力电工钢M50W800R，出厂价2370元/吨，最终价2301元/吨，边际利润-339；电工钢M50WLD出厂价2400元/吨，最终价2331，边际利润-393；电工钢M35W300，出厂价3910，最终价3809，边际利润271。销往信质电机电工钢M50W800-XZ，最终价2443，边际利润-172；电工钢M50WLD，最终价2493，边际利润-231。

电工钢市场竞争异常激烈，我们现在的月生产能力是5.2万吨，年超60万吨的能力。2011年时也是市场竞争，电工钢核算出现亏损，我们放弃了部分市场，最终吃了大亏。今天我们怎么办？市场价位我们应该瞄着太钢、首钢，不和新生产单位比价，因为后进入者通常就是用低价来打开市场。内部实事求是核对现在的生产成本，以冷轧总厂还可以降本多少，向一钢轧总厂、四钢轧总厂要电工钢热轧卷的成本价格，全制造系统降本。我请冷轧总工程师沈新玉、财务科长崔志恒牵头，以电工钢市场价反推，制造部组织各产线找寻降本的空间，重点放在产线能耗、工艺路线、合金、涂层等方面。减量保终端客户，降本保边际利润，我真的不相信，有冶金行业艺术品之称的电工钢，今天的价会跌倒如此低的水平。

下午省委巡视组向马钢反馈意见。省委第五巡视组向马钢集团反馈情况，通知公司中层以上管理人员全部参加。省委巡视组3月30日进驻马钢，5月8日巡视结束，经省委书记会通过，8月13日向马钢反馈。2010年以来至今，经检察机关查处案件，马钢已有86人，含最后抓走的杨俊国，违法违纪。审核组巡视发现了十一个问题：1）吃马钢饭，砸马钢锅；2）职务犯罪严重，教训深刻；3）公司管理制度形同虚设；4）管理人员权力不受约束；5）钢铁主业不精钢铁辅业不辅；6）重大项目决策不符合规定要求；7）国有资产存在流失问题；8）资金管理存在风险；9）项目招标管理不严；10）银行账户失控，147家单位设立837个账户；11）行政化色彩浓厚，官本位严重，去行政化不动，干部选拔任用程序不合规。

2015.8.14 讷于言，敏于行

我喜欢的一句话“廉不言贫，勤不言苦”。守得住清贫，才能想干事，吃得苦中苦，方能干成事。只有无非分之欲，无过分之求，才能刚正、廉明、崇高。真廉洁者，从不言贫，真勤政者，从不言苦。知行合一，行胜于言，才是为官从政之本。

今天，在冷轧总厂三楼会议室，和杨兴亮、沈新玉、汪平、胡柯、武占军、崔志恒等人谈工作。关于9月份生产经营问题；冷轧总厂招标议标表面质量检测仪的问题；检查4月启动的冷轧总厂《责任追溯报》；关于冷轧总厂降本问题；冷轧总厂廉政建设，党员作用及宣传鼓劲工作开展，要用创新的方法去做；抓产品质量、先集中精力在汽车面板的生产上。这六个方面的工作，冷轧总厂都有了明确的回答，我已看到了冷轧处干、科干工作作风的转变。

上周我给三个炼铁总厂的三位生产安全部部长陈义信、李明、陈根生发指令，要他们本周一完成高炉实行体检和预警机制一年来的体会与评价，今天他们分别完成了。

我看了他们写出的文章，我知道他们用心了。陈义信以《体检——切中要害破难题，持续改进显生机》、李明以《体检——由“模糊化”向“数据化”的转型升

级》、陈根生以《体检——在运行中完善，在推进中提高》，作为自己文章的标题。我请《马钢日报》记者洪红写个导读，在《马钢日报》登出来，请我们的记者跟进一下，就拿着他们的稿件去采访他们，“高炉是马钢生产的源头”。

2015.8.17 树立标杆，指出差距，给出干法

股份公司7月份经济活动分析会暨上半年对标工作总结会。高海建、丁毅、钱海帆、陆克从、高海潮、王炜、黄发元、杜松林、张文洋、田俊参加。市场部章茂晗报告上半年两头市场变化及采购销售价格的对标分析；计财部邢群力报告1~7月公司生产经营分析及关键绩效指标完成情况；企管部张吾胜，股份公司对标工作开展情况及下一阶段工作安排；冷轧总厂财务科长崔志恒作了降本增效我之所见的专题演讲，列举了几个在细节上降本的案例。

海帆要求：股份公司要坚持轻体量，满负荷，调结构，保资金的经营方针；下半年要严防死守，月度亏损控制在2.2亿元的生命线，对没有边际贡献的产线，公司将采用阶段性停产办法。丁毅指出：在当前降本增效是抵御钢铁严冬的武器，畏难不前是不行的，必须打破现有瓶颈，多层次、跨系统、全方位开展降本增效，部门重点、资源配置、铁钢比、能源降本、细分产线、抓订单。海建强调：连续亏损，马钢在“出血”运行，到了生死存亡的关头，非常时期要有非常之举、非常之策，要做以前不敢想的事，做以前做不成的事。

这次会议事先设计得好，树立了标杆，指出了差距，给出了干法，会场很安静，人人在倾听。

2015.8.19 宣传发动，砥砺前行

《马钢日报》2015年8月19日头版，《在经济活动分析会上的特殊发言》一文，冷轧总厂财务科长崔志恒说事。海帆总经理、海建董事长要我负责把崔志恒今天的发言宣传好。我在一钢轧当厂长时，他是我单位的财务科长，他和我、我和他工作交往很多，掀起了一钢轧总厂降本增效的热潮，炼钢区、热轧区、冷轧区都想着点子、比着降本。我给宣传部长于进、新闻中心洪红发了短信：“今天崔志恒的特殊发言很好。对推动公司各单位眼睛向内，盯住细节，干好实事，奋力降本具有典型引路的作用。我们加大宣传力度，按公司主要领导要求，我请你们落实两件事：把崔志恒的演

讲稿改编成一篇文章，在《马钢日报》整版发出来；请电视台把崔志恒演讲录像在专题节日中播放”。

我又给宣传部于进、杨子江发短信：高炉长周期稳定顺行，需要方方面面长期关注。请你安排把今天《马钢日报》二版刊登的“高炉革命初见成效，砥砺前行加倍努力，三个炼铁总厂生产安全部长的文章”，放在马钢家园微信上。前天8起典型质量问题的剖析，阅读人数就很高，微信宣传为生产经营服务的效果挺好。

2015.8.20 肩上有压力，行动有动力

在技术中心二楼，召开8月份技术质量例会。今天给5个汇报专题的同志评个分，选9~12参会人员作评委，去掉1个最低、最高分后，下次例会公布结果，我们要提高工作质量，给发言者加压。我要求吴耀光的军工板分层问题，不允许反复，必保90%以上试样不分层；司小明酸洗板表面质量攻关必须将五大问题落实解决方案；张四方给海尔供冰箱彩涂基料必须批批质量稳定；沈昶的硫化锰包裹硬相夹杂，要制定科研纲领及细节；詹华M280VK应该尽快结题，把“写所需”写好。周晓兰报告迎接长安汽车二方审核安排计划，各单位总工程师负责落实，确保通过。下次例会点四个专题：崔银会报告外出首钢考察板材质量水平比较，2015年1~7月发生的五起车轮质量问题追溯情况；沈新玉报告硅钢落实降本计划与实际完成情况；李翔汇报特钢圆坯质量的二方审核；周振农汇报大樑钢氧化铁皮的情况。

股份公司新增高级技术主管炼钢9人，我给他们每人挂1~2项任务难题：徐小伟，四钢轧，转炉炼钢，300吨转炉自动化炼钢碳温氧的一次命中率，300吨转炉顶底复吹碳氧浓度积；石玮，特钢，电炉炼钢，车轮钢整炉报废比例，特钢产品外部质量异议赔偿金额；王自远，特钢，电炉钢锭，大型钢锭浇注、锻造、探伤质量废率，大型特钢锭真空浇注技术；刘启龙，四钢轧，连铸，高强钢的分层质量问题，电磁搅拌对应品种钢工艺参数的确定；沙学广，四钢轧，连铸，连铸坯质量的分类及控制，连铸保护浇注技术，酸溶铝衰减与氮含量上升控制；李应江，四钢轧，精炼，高牌号电工钢、取向电工钢核心技术的把握与应用，LF、RH工艺质量优化；沈昶，技术中心，炼钢，一钢轧中板分层问题及质量缺陷的控制；张乔英，技术中心，连铸，四钢轧高强钢分层问题及质量缺陷的控制；汪开忠，技术中心，特钢，弹簧钢、轴承钢、Ds夹杂关键工艺技术的掌握。

2015.8.25　工作要有谋划

本周日上午，我因为担心，还是给特钢公司新任经理曹天明发了一封短信：天明同志，特钢的产品质量决定特钢厂未来，你要在前任的基础上稳定提高产品质量，每月除了降本任务把账算出来，也应把产品质量的评价拿出来。请你策划一个全厂性的综合质量指标，含自引率、炉与炉成分波动，连铸开浇过热度，酸溶铝衰减，增氮量等等。月月直接打出分来，类似有个产品质量体检表。我厂这个月全厂产品质量是提升了？和上月持平了？还是下滑了？以数据说话，心中有数，科学评价。先例出模式，把过去的实绩带进去测试一下，不断完善。这是个好方法，一年后可以申报管理创新奖，我全力支持！

我们的宣传工作者跟不上公司主要领导对工作的谋划，马钢家园微信群要为马钢生产经营服务，微信的自由度、传速度、受众度挺大的。我推荐的股份公司8起典型质量异议分析受关注；三个炼铁总厂生产安全部长写的高炉体检心得有作用；今天我又给于进提要求，把公司文件中新聘的66位高级技术主管专业，专业方向，姓名，岗位，单位在微信上晒出来，我们祝贺他们，我们关注他们。

2015.8.26　首席质量官的承诺

长安汽车股份公司二方审核首次会议在四钢轧405会议室举行。我作为管理者代表欢迎长安汽车派出的四位专家来马钢审核。长安汽车是国内知名的品牌，马钢处干车改在2006年，我们相当一批干部买了长安生产的蒙迪欧轿车，用10个年头了，大家反应性价比挺好。现在汽车行业竞争压力也很大，汽车价位在下调，汽车厂家也希望扩大自己供应商的队伍，追求性价比，马钢已经采用了汽车行业的标准规范，执行的严格，因为汽车是高技术高风险的产品。马钢拥有2000万吨级铁、钢、轧生产能力，品种涉及“线、型、板、轮、特”，马钢的H型钢是国内公认品牌产品，马钢的车轮在全国的铁道线上占有60%的份额。马钢板材是后起之秀，但我们起点高，员工培训好、设备状态优，所以汽车板、家电板、彩涂板、电工钢、镀锌板、酸洗板在国内外市场已有了自己的客户。马钢进入汽车行业以来，全公司推进了TS16949标准，又导入了德国VDA6.3过程控制标准，前不久我们通过了上海通用乘用车零部件供料审核。

我是公司的首席质量官，对公司产品质量负责。我们每年就产品销售及开发新的产品及客户，要经过多次的外部二方、三方审核。马钢的质量体系是可靠的，对每次审核发现的问题做出整改并完善。去年马钢汽车板126万吨，今年目标160万吨。我们对汽车板用户质量异议建立档案，对单次的冲裂，表面质量问题都要分析原因并追踪到直接管理者和制造者头上。马钢诚信，我们一定会让长安汽车，我们的客户感到满意。

下午省质量技术监督局打电话给我，说重点工程指定用马钢螺纹钢，但在合肥市场买到的是假货，用户带着质保书和实物来马钢，请我协助处理此事。我接待了客户，销售公司刘辉报告，对标签进行了确认，标签有些地方模糊不清，实物上的痕迹与马钢有差别，证明是假货。应全部退货，马钢协助打假。我又去了三钢轧棒材分厂，和成品作业长吴明锐了解情况：马钢产品有条形码标签；每隔1.2米马钢螺纹钢轧制有标记；现在每周总厂质量抽查，随机吊出一捆打开，查长度、负公差轧制、标记。作业长告诉我，识别是否是马钢螺纹钢，实物他一眼就能看出来。

2015.8.31 *携手同心，共克时艰*

周六上午常务副省长詹夏来带省经信委主任牛弩韬，省国资委主任许崇信一行来马钢调研。高海建作了汇报：马钢当前的生产经营极为艰难，处于“带血运行”状态，马钢上下正在开展“奋力求生存，携手保家园”活动，把保资金、抓市场、抢订单作为核心任务，戮力同心攻坚克难，不遗余力降本增效，凝聚合力转型升级，困难当头，马钢提前实施“十三五”规划，进行产线优化重组，推进专业化生产，产业链延伸，优化资源要素，提升竞争能力，活化机制，开拓市场，提升非钢效益，推进考核机制变革，优化人力资源，激活人的能力。

詹夏来强调：马钢干部职工必须强化危机意识，始终保持良好的精神状态，层层传递压力，人人分担责任，携手同心共克时艰，必须强化管理，深化改革，保资金、抢市场、调结构，推进企业转型。

周六下午我在办公室，看看考核我的八月份绩效指标。生产指标：铁113.3万吨，钢120.2万吨，材118.3万吨，订单产量兑现率98%，订单条目兑现率90%，新品开发完成率80%，八月可以完成。生产系统降本：铁前4060万元，一铁总厂465万元、二铁总厂1113万元、三铁总厂1420万元、焦化1061万元；钢轧3920万元，一钢轧556万元、二钢轧358万元、三钢轧615万元、四钢轧1680万元、冷轧709万元；其他单位1418万元；八月欠账2500万元。库存：中间品库存（日均值）37.50万吨，产成品库存6.05万吨，可以完成。我知道我背负着巨大的压力。

2015.9.1　　亏损当头，更要努力

省国资委通报今年1~7月省属企业经营情况。马钢集团累计亏损总额22.12亿元，比去年同期增加亏损14.1亿元，1~7月马钢集团累计上缴税费总额18.4亿元。省属企业累计盈利10亿元的企业是：海螺集团70.4亿，国元集团36.1亿，省能源集团25.1亿，省交通控股22.5亿，华安证券16.61亿，省投资集团13.7亿。

今天我在三铁总厂厂部参加创新成果、领衔项目、第二届技能竞赛表彰会。我最后讲话：今年1~8月公司铁比去年增长4.1%，其中一铁持平，二铁-7%，三铁增长17%，去年上半年三铁A、B高炉失常。8月份公司铁钢材全面超额完成计划，但股份公司本部仍然亏损3.2亿元。从今年7月起，三铁总厂强力推动炼铁提升喷煤比，降低燃料比的攻关竞赛已初见成效。八月燃料比计划下降了21kg/吨，但喷煤比欠计划9kg/吨。高炉体检和预警是马钢人自己在管理上的创新，体检评分要优化完善，外部预警要闭环。实现高炉长周期稳定是大事、难事，要有韧劲、持久劲。2014年1月4日~3月19日，A炉失常75天损失29万吨铁，B炉2014年2月18日至3月29日失常40天，损失15万吨。现在A炉顺行529天，B炉顺行519天，数了一下日子，到2016年12月24日圣诞节高炉稳定满1000天，我们要不停努力，到那天把高炉灯装起来，装扮成大大的圣诞树。公司1~8月亏损已至25个亿，直接影响了职工的收入，命运在自己的手中，我们要千方百计完成月1420万元降本任务。我还没有学会说空话、套话、废话。

2015.9.7　　繁忙中的爱好

什么叫繁忙的一天？今天是。一天中没有一点休息的时间。早上6点出家门走路，7点到办公室，看昨天公司信息；7:50到制造部总调室参加总调会，点评了二铁总厂发生的外部预警，要求公司炼铁技术处核实，要求关注二铁3#炉况；9点赶到四钢轧403会议室，主持召开四钢轧9月份降本专题会；12:20赶回公司吃中饭；下午1:00在433会议室主持召开2015年APQP技术攻关，质量改进及工艺优化项目结题评审会；下午4点赶至华菱星马汽车，与王延安总经理商谈马钢汽车板大梁钢试用；下午6点半，在华菱职工食堂小餐厅进餐后回到办公室；晚7:50，从公司办公大楼走回家。我没有其他爱好，每天坚持走路上下班是我的爱好。

2015.9.9 省长的“五个不够”

知道李省长要带詹夏来、杨振超两位副省长来马钢。今天早上突然接到秘书电话，海建董事长要我也去宾馆参加会议。昨天海建说：“今年1~8月马钢内部生产组织是好的，平稳的。我们现在的主要压力来自两头市场的买与卖，一个月3到4个亿的剪刀差，所以海潮常务副总经理也要参加向省长的汇报会。”我在马钢工作33年了，马钢作为安徽省特大企业，我先后参加过傅锡寿、回良玉、王太华、许仲林、王金山、王三运、李斌、王学军省长在马钢开的会，查了一下，今天的李锦斌省长，是安徽省的第18任省长，吉林省人，1958年2月出生，和我同年的人。

听了马钢的汇报，尤其是预计今年马钢的亏损额将达40亿左右时，省长、副省长、省直机关的厅长们都知道了实情。李省长说：外部环境是清楚的，但马钢内部我归纳出五个不够。结构调整慢了，产品竞争力不够；内部管理松了，降本挖潜不够；生产效率低了，历史包袱去除不够；市场开拓低了，占领市场份额不够；企业改革小了，体制机制活力不够。给了马钢三条指示：马钢的发展有劣势更有优势，马钢的生存有挑战更有机遇，马钢的今天有困难但更有潜力。听完了他的讲话，我真的挺佩服省长的！

2015.9.10 小事不做、大事难为

今天《马钢日报》登了《苦练内功破难题，持续改进显生机，马钢行业内首推高炉体检制度心得》专稿。我在群里发短信：《马钢日报》及马钢家园微信公众号，今天发表了一铁秦正军、二铁赵军、三铁高鹏三位炼铁分厂厂长高炉体检与预警的文章，很好！9座高炉是我们马钢人的饭碗，我们一道捧好。秦正军回信：我们努力捧好；赵军回信：请高总放心；高鹏回信：三铁总厂两座4000立方米高炉，一定在公司和总厂的领导关心指导下，精心呵护，提高水平，向精益操作要产量，要指标，要降本，实现长周期稳定顺行。

今年9月5日，花雨网发了一条消息：遮羞布终于被撩开了一角，但凡牵扯到马钢话题，都显得沉重、烦心。也难怪，安庆公检法那边只要有个风吹草动，这边或许都会有些紧张。这一次，引起轩然大波的是工资卡上原本应该到账的钱，8月最后一天上午依然没见踪影，不少人开始躁动起来，毕竟都是靠那么一点薪水过日子的普通家庭。一个坎儿过不去立马摔倒爬不起来，有几个年头了，马钢已经成为敏感部位的代名词，也难怪，多年前地方经济纳税大户，沦落到今天的特别困难户，荣辱衰败一言

难尽。

坦言：在马钢新高层接手管理初期，员工们是报以热情和期待的，毕竟之前的马钢发生了那么多的匪夷所思，但是新领导不是救世主，现在收入下降了，你说什么都是废的……马钢想说爱你并不容易，你今天的沉浮印证了一个事实，小病不治大病难治。马钢想说恨你并不解气，你今天的衰毁留下了一个根据，那就是小事不做、大事难为。

昨天上午，我带制造部陈斌、于景辉去冷轧总厂。确认江淮汽车用马钢合金化镀锌汽车板脱锌粉攻关过程，我同杨兴亮、朱伦才、刘茂林商定，9月30日之前，由刘茂林负责对3#镀锌线脱粉检验人员培训考试，人人会检验，用放大镜每批测量；9月30日之前由汽车板推进处崔磊负责制作汽车板脱粉实物样板，含工艺颜色，含铁量，在检验室、中控室、作业长室挂出；10月技术质量例会上，由汽车板推进处根据今天新定的工艺，专题报告镀锌汽车板脱粉攻关及举措。就马钢能否开发出高强度（800MPa）冷轧双相钢，我要求汽车板推进处认真小结，起始策划（APQP）→设计、制造过程→三次的失败→此次成功；我们再次生产有多大成功把握？设计DFMEA、过程PFMEA可靠了吗？写所需完成了吗？做所写有没有问题了，从低强度的双相钢（铁素体+珠光体）到高强度的（铁素体+马氏体）晶粒判定，汽车板推进处组织讨论，从复杂到简单化，从语言描述到数字化。一个事关江淮汽车板质量稳定，一个事关高强双相钢的生产技术，我今天的要求及反问，就是工作方法，我们的工程技术人员啊，要成长起来。

2015.9.17 *车轮新工艺试验方案*

今天在特钢会议室，我主持召开车轮新工艺试验方案评审、修订、确定会。杜松林、龚志翔、金永林、高正波、石玮、江波、肖峰、沈昶等人参加。

确定事项：重新确定研发方向：学习日本车轮钢技术现在不行；马钢现在车轮钢工艺已难保铁总要求；结合第7轮MnS包裹硬相夹杂试验的意外结果，继续尝试开发新工艺技术。第7轮试验：单开第一炉TO小于10ppm，整炉探伤无报警，断裂韧性从过去57~60提升至67~90；在此基础上调整酸溶铝控制参数为0.020±3，S0.009±3，控制酸溶铝衰减小于10ppm，力争重现第7轮结果。国庆节期间试制，各种原辅材料一定要确认到位，“写所需”技术中心负责，“做所写”特钢公司负责，再培训一次，试验过程中的炉次，评分≥90分，每炉奖励2万元给操作者。

评委们意见：车轮钢中Al_2O_3夹杂在100~200μm之间无影响，减少夹杂物总量，减小夹杂物尺寸是我们试验的目的。车轮公司立即配合检验上轮试制的5片车轮，看其断裂韧性。取特钢探伤100%通过的车轮做试样，比较过去工艺与新工艺差别。日本车轮是碳素钢设计，内含夹杂物为鱼眼状；我们是低碳加了少量合金，钙质钢包和中间包，如果Al_2O_3夹杂小不了，MnS自然包裹不了。

2015.9.18　高炉操作，久久为功

上午二铁总厂3#高炉操作指导书考试。

考试的内容：3#高炉炉内主要工艺参数的界定；主要指标参数的界定；送风制度；装料制度；热制度、造渣制度的管理；高炉渣铁处理；炉型管理；高炉退守平台，所有设定参数。

考试完毕后我和各位座谈：今天注意了没有，考卷中填空共有多少个（191个）？我们每错一个扣0.5分；低于90分是不及格，10分可以填错20个，低于95分不是好，这并不是死记硬背的东西，天天在用；事先我了解一下9位同志年龄，文化程度，工作年限，2013年、2014年、2015年1~8月的收入；3#高炉介于公司高炉四大四小之间，长期用不科学的操作法，矫枉过正难；公司缺炼铁优秀人才，有实战有理论有业绩的更少，4#高炉（3200立方米）明年9月20日投产在即，人才准备是首位的；今天是操作指导书一阶段，12月中旬由彭鹏带领团队提出作业指导书的修订意见；3#高炉分三个阶段上台阶，以2700吨±50吨，2800吨±50吨，2900吨±50吨为攻关目标；根据在修订操作指导书中的贡献，公司1万元、伏明厂长也给1万元，奖励有贡献的人；修订完的操作指导书，在明年春节后再次考试；知错就要改正，要改一个不正确的、习惯性的操作难，但我会久久为功，坚持盯下去的。

2015.9.21　亏损到了十分危险的境地

股份公司经理层碰头会，现在参加会议的有13人。高海建、丁毅、钱海帆、苏鉴钢、陆克从、严华、任天宝、高海潮、王炜、黄发元、杜松林、张文洋、田俊。

面对矿石价格几乎没有什么波动，钢材价格仍缓慢在跌，北方钢厂过了“9·3阅兵日”的减量生产后，又满负荷干了起来，企业的亏损在加大加剧。马钢从计划亏损2.2亿/月，到实亏3.5亿/月，现在有可能会增到5.0亿/月。

今天苏鉴钢同志，一位已退休的老经理发出了无奈的感叹！马钢真正到了十分危险的境地，亏损月过5个亿后，资金真的全面紧张，借贷担负不起时，就只有关门一

条路了。都亏但我们亏的多，会死在别人前面，亏大了现金流就会出问题，现在马钢手中必须有保命的钱，我们生产经营的决策肯定有问题，该停的产线必须立马就停了。

9月运行至现在，采购与销售两头差价在5.0个亿，原定9月目标控亏在3.0亿以内，现在这个势头难控亏在4.0亿。本月合钢预亏在0.5亿，长钢也预亏在0.6亿，马钢股份集团有可能亏损突破5个亿，实在是可怕，更可怕的是我们无招。我们有可能死在第一批。

2015.9.23　钢材价格继续下跌

10月经营目标评审。2015年9月，销售市场，国内钢材市场价格延续弱势下滑走势。马钢螺纹钢1980~2000元/吨，中型材2200~2250元/吨；H型钢2100~2200元/吨；热轧卷1940~1980元/吨；冷轧卷2450~2500元/吨；镀锌卷3050~3100元/吨。预计10月钢材价格比年度预算低910元/吨，比9月份下跌40元/吨。

国内钢材供应没有减少，民营钢企生产保资金链，各大钢让价不让市场，武钢防城港冷轧机组投产，宝钢湛江连铸过钢，沙钢冷轧和日照ESP产量“爬坡”，加剧竞争。

2015年9月，采购市场，进口矿指数平稳在56～59美元/吨，国内煤焦弱势下跌，均价在678元/吨，废钢价平稳，均价在1340元/吨。预计10月进口矿在57美元/吨，废钢价在1300元/吨，国内煤焦弱稳运行。

2015年9月经营结果：两头市场对冲负贡献4.8亿，股份本部亏损3.9亿，股份集团亏损4.55亿。

2015.9.26　基础不牢，地动山摇

二铁总厂的生产稳定不下来，让人担心，怎样帮助搞好管理。上午10点，我上了二铁总厂2#高炉，围着炉子转了一圈，走进了中控室，中控台面上坐着8个人，5个人低头玩着手机，我很生气。我和核心作业长何斌交流了一下后，爬上中控室的屋顶，昨天夜里下大雨，因屋面漏雨，屋内电控机柜上，一段一段盖着蛇皮袋布，炼铁分厂小聂副厂长来了，我告诉他，一个中控室都乱到看不下去了。情不自禁地想起最近几起设备抢修时故障：1#炉30个风口直吹管灌了，但备件直吹管弹子阀未接在配件上，耽误3个小时；2#炉中控室屋面检修，天阴沉着还不准备防雨，电控站故障造成停机1

小时；3#炉计划换2个风口小套，小套备件不合格，在现场装不上去。我要求二铁总厂设备厂长周六早调会上作检查，我告诉伏明要出重拳强化内部管理。

党委工作部发出原燃料采购中心副经理竞聘公告。我真心为公司推荐人才，我认为一钢轧副总工程师徐宝春特适应这个岗位，我打电话鼓励小徐报名参加竞争。今年一定在《安徽冶金》出一期专刊，反应马钢一年来炼铁工作成果，我给炼铁技术处胡夏雨处长打电话，请他就铁水成本、高炉体检、外部预警、原料配置，去年高炉过冬大讨论，两次体检发布，3#高炉纠偏，李维国、张卫东的报告等，各个专题理一理。

2015.9.28 艰难的决策

10月份马钢生产经营怎么办？艰难抉择的一次碰头会。国庆长假7天，国家经济下行未止。马钢销售与采购价差已经大于5个亿了，截至9月26日，销售公司接单仅50%，预测亏损大于4.4亿，马钢怎样选择生产经营下去。四套内部组产方案：方案一：高炉不停，维持现状主，四钢轧按月60万吨计划，亏损在4.44亿，力争在3.54亿亏损；方案二：高炉不停，CSP停产，四钢轧满负荷冲击74.8万吨，高炉组产，比方案一增利1000万元；方案三：一铁停2座炉，CSP停产，削减一、二、三钢轧产量，四钢轧按74.8万吨干，比方案一减利100万元；方案四：一铁全停，CSP停产，削减一、二、三钢轧产量，四钢轧干66万吨，比方案一增利250万元。

海建说：今天是最难决策的一天，之前各种意见均有发表，但市场部和计财部有了四套方案的计算结果，我们只能选择方案一，不退缩；市场继续下行，我们好在长材与板带所占比例可调，调可以，退是死路。进口矿价被垄断着，销售市场直至明年春节前无希望；钢铁行业上半年的经营结果已公布，全亏、大亏、小亏，我们能做的事就是干好内部，降人工成本，降制造成本，等待时机，我们在建的4# 3200立方米高炉，未来增量去干什么？冲抵一铁四座小高炉后的增量干什么？10月份公司出台降本与职工收入直接挂钩政策。

2015.10.1 钢铁行业的严冬

在我的日历中，过了国庆节，今年就很快要过去了。今年是马钢历史上亏损最严重的一年，预估马钢集团公司的亏损总额将超出40个亿，如果马钢是5万人的话，人均今年8万元亏损。当我们知道马钢的亏损额名列前茅时，心里的压力是巨大的。我们大额的亏损是两头市场，即采购与销售现实造成的，月度差额从2个亿拉升4个亿、5个亿；马钢职工人数多，股份公司多出1万名职工，一年要多支近10个亿，劳务用工每年也不少于5个亿支出。这些都是马钢历史沉淀的包袱，太重了。

2015.10.8 追求极致的工艺操作

CL60K车轮钢第二轮无铝脱氧工艺试验，每个过程进行得很顺。电炉炼钢铁水成分好，硅、钛的含量均达标；整个特钢公司电炉、LF、RH、CC是丙班，公认操作业绩最好的班；出钢留碳操作全部达标；钢罐清理干净不留一点残渣；出钢加碳粉过程均匀；LF用电石是前天生产的，开袋气味浓，脱S率达标，碱度控制达标；渣中氧化铁全部达标，白渣色泽好；RH钢中硫、酸溶铝控制好，其中硫铁是小称称量，人工投入漏斗；连铸准备充分，中包吹扫干净；加盖后用吸风管清理，密封好；开浇前充氩后，中包重量增至25吨以上开浇；中包覆盖剂用溜槽喂入；中包取样钢中酸溶铝衰减，增氮控制得好，铸机塞棒位置控制平稳；钢罐投用前拍照，浇完钢后再拍照，中间包投用前、浇完后拍照。第二轮试验我提出的每一步操作，经过了培训后都做到了极致。

2015.10.10 其身正，不令而行

我分管股份公司的安全工作，这一是责任，二是压力！我每到各条产线，每一个现场总是不忘安全生产。该说的说，该管的管。

做好一个“盯”字，盯不住不行，盯不紧不行，盯不对也不行！各级管理人员要盯着市场、盯着现场、盯住难题、盯紧目标、盯出实现，突破瓶颈挺过严冬；竞争在市场，竞争力在现场，我们可能把握不了市场，但我们完全可以把握住现场。

为生存而战，我们如何好好干，怎样干干好？工作就一定要敢于较真，敢不敢较真，不仅是各级领导的工作态度，它衡量领导者的修养、品德，决定着领导能否认真履职，敢较真必须力戒好人主义，敢较真必须持之以恒，敢较真必须以身作则。较真者，腰杆硬、底气足、职工服。正所谓“其身正，不令而行，其身不正，虽令不从”。我们各级领导“好好干”，就应该多干事、干难事、干成事，讲奉献，只有如此，才能以德服人，才能凝心聚力，带领职工“干干好”。

2015.10.12　安全生产责任担当

块矿烘干系统2014年11月19日点火，至今有10个月了，港务原料总厂和港口集团没签订安全生产协议，马钢委托部分出料皮带机由港口集团负责运行，双方在安全管理责任制上存在缺失。港口集团报告交给了他们的董事长陆克从，陆克从呈钱总阅示，要求明确领导及部门解决！海帆批示，请海潮牵头处理。今天上午，在港口集团五层会议室，我召集两家负责人及公司职能部门负责人高克华、殷光华、王世发、龙吉宁等，一同审定了《块矿烘烤系统安全协议（征求意见稿）》，议定甲、乙方责任，港务原料厂块矿烘干系统作业操作要求协同作业的调度协议，最后去现场划定危险区域的界面。我定了本周三签协议，我代表马钢股份公司和高克华法人代表签字。因陆克从是港口集团董事长，又是马钢集团董事、股份公司副总经理多重身份，安全生产上的事我来担当了。

下午去四钢轧总厂，和焦兴利、邓勇、总炉长交流了10月1日以来2#炉况的维护情况。去一铁10#炉，走进中控室一看，三人在玩手机，其中一人腿翘在操作台上，我当场批评三位职工，到什么时候了，在家也不能把腿翘到桌上吧，事后我又打电话告诉黄加昆。回到办公室，制造部评审了质量损失：冷轧总厂申请九月生产中299.05万元不计入质量损失，经审查同意150.65万元不计入，其余148.4万元质量损失由冷轧总厂承担；四钢轧总厂九月申请84.3万元不计质量损失，审核同意75.92万元不计入，余8.38万元由四钢轧承担；一钢轧总厂九月申请13.27万元不计质量损失，同意10.67万元不计入，余2.6万元计一钢轧承担质量损失。张文洋总经理助理请我批示，我批示：“同意，实事求是！”

2015.10.14　从“低材高用”到“高材低卖”

马钢最难的工作是销售。今天销售公司总经理王炜在形势报告会上发言转化成文章了，“钢材销售的内忧外患与应对策略”，我认真学习了。今年马钢营销人员备受煎熬，国内建筑、汽车、家电、工程机械、石油管线、铁路基建全面萎缩，订单减少，海外贸易摩擦不断，出口量虽大幅增长，但出口价格下降35%，反倾销使马钢去年的海外市场化为乌有，煎熬来自客户对产品质量要求越来越高。产品供大于求、竞争对手多、客户选择多、要求高。从价格到质量，从交货周期到服务水平，客户越来越“挑剔”，产品越来越难卖。特别是产品质量标准上，从客户角度看，由于选择范围大，必然优先挑选同类产品中质量口牌稍高的厂家。从钢厂角度看，为了争夺有限的订单，提升竞争优势，必然提高产品制造标准。由此造成同一种产品的质量标准水涨船高，原先按国标订货，现在开始按企标或客户标准供货，从原先客户低材高用到现在钢厂高材低卖，原先可以接受的小缺陷现在成了判钢标准，这些反逼钢厂不断修改生产工艺标准，满足客户特殊性价比需求。销售最大的问题，直供比例、产品结构、出口销量、交货日期、全方位的服务存在问题，其中“订单、价格、直供、客户开发”成为最核心的环节。

不开会就到现场。一个人上了A号大高炉，炉台上干净整洁，炉前休息室报纸是新的，围着炉台风口转了一圈，静悄悄地走进中控室，手机全集中放在柜台中，594天安全运行的信号灯亮着，炉底上翘已处理，监视信号在跟踪。从A炉下来我又到B炉，环境管理都差不多，我相信有这些扎实的基础工作，必将支撑A、B高炉长周期稳定运行。在B炉炉前休息室和李邦平副厂长，高鹏炉前作业长交流信息，丁晖跟海建去美国了，发元出差了，A、B高炉这两天调整一下，我知道我去A、B高炉是做样子的。

2015.10.17 降本贡献在增加

11月份经营目标预评审。每月的生产经营评审分两次，月中旬预评一次，月末经理办公会即定下月生产经营目标。10月份的决策是艰难的，满负荷生产，结果因订单严重不足，停了11#高炉，停了CSP整条生产线，调高了铁钢比。10月预测亏损3.5亿，现在预报是亏3.78亿，预测11月份两头市场的负贡献大于5个亿。是停部分产线，还是继续降价找订单，我们决策的原则是在现有亏损额度的基础上，是加大亏损、还是减少亏损，加大亏损就不干了，减少亏损就要干。由于内部生产稳定了，降本贡献月月增加，现在没有因为两头市场负贡献加大而亏损加大，这样下去我们不会死在别人前面。

想想看看，真的有些后怕。因为拿不到订单，公司决定停了一铁11号高炉，调高铁钢比。11号炉停的太及时了，三个部位中残铁口处、二层8号冷板处、尤其是出铁口北侧，铁水已经侵蚀通了高铝砖与冷却壁接触了，真的随时都会烧穿炉缸造成事故的。离开一铁，我登上二铁2号炉炉顶，去查看下料罐油缸螺栓剪断部位，马桢亚、王德川也上来了，我告诉他们原螺栓查验过没有问题，是长期松动，点检不到位造成的，新的四根螺栓用圆钢焊接防松动。我让王厂长再查一下1#炉和3#炉同样的部位，马桢亚告诉我，今天大夜班总厂组织劳动纪律查岗，今后常态化进行下去。

2015.10.21 从高炉体检到制造过程评分

9月召开的技术质量例会上，我提了八项要求：技术人员怎样贴近市场，盯住现场？各单位9月质量月活动中有哪些新的举措且可以固化下来？特钢公司与车轮公司共同攻关如何保车轮探伤合格率≥97%？销售公司硅钢产品销售后一定要盯下去，关键是我们客户的特殊要求要吃透并提出来？五片辋裂车轮的责任追溯到人，并向责任人下发质量告知书；汽车板推进处必须细化合金化镀锌板工艺参数到每一个品种规格；技术中心准备报告第二轮车轮新工艺试制情况；我要求在冷轧总厂和特钢公司推行重点产品制造过程评分制。

我又一次给《马钢日报》主编电话，询问9座高炉炉长写的文章已经交稿20天了，什么时候见报？主编告诉我，明天见报。《马钢日报》每天一份，我应该是忠实的读者了。但现在感觉到我们之间有堵墙，我不喜欢爬墙，我要开门。我要求9座高炉炉长写的文章，我审了，我要求全部登出来。9#高炉炉长付敏，《用高炉体检指导高炉操作》；10#高炉炉长孙树峰，《高炉体检保“健康”》；11#高炉炉长赵淑文，《以体检持续优化促高炉稳定顺行》；13#高炉炉长张艳锦，《高炉体检制度之我见》；1#高炉炉长张兴峰，《体检为高炉“健康”保驾护航》；2#高炉炉长曹海，《借助高炉体检，促进炉况顺行》；3#高炉炉长彭鹏，《优化体检制度，确保高炉稳定是关键》；A号高炉炉长李华军，《体检制度功效大，高炉稳定生产顺》；B号高炉炉长陈光伟，《科学体检创新岗，稳定顺行保家园》。关注炼铁，特别关注高炉炉长的行为，给他们搭建舞台，让他们表演，让他们完全进入角色，我们为他们喝彩。这是我抓高炉稳定顺行的好办法，9座高炉炉长的体检体会，我一一阅读，真的写出了肺腑之言。

2015.10.22 中国经济的“新常态”

一周前接到了通知，中国船级社苏皖地区委员会议，在南京雨花经济开发区国睿金陵大酒店召开，我决定早出晚归。

中国造船业和中国钢铁工业一样，首先是订单不足，与去年同期相比已经缩减25%，其次是整条船价下跌近20%以上，造船业四大困难“接单难，交船难，融资难，生存难”。大浪淘沙必然是死去一批竞争力不行的。企业生存下去的法则说起来不一样，其实质是一样的，万变不离其宗，向市场提供性价比好的产品，向用户提供最好的服务，形成自己的产业链，向企业内部要降本，要竞争力。现在政府伸手调节市场，但显得无力，我们埋怨市场也没用，市场自身调节能力尚在潜动之中，一个企业死在别人前面，根本的原因还是在企业内部，如果不这样看问题，除非老天保佑你了。经济现状的说法不一样“新常态、调结构，降成本”。现在到了“保增长，找工具，去转型，求生存”的说法。

企业现在在市场抢订单到了非理性的时候，民企是理性的亏不起，国企是非理性，亏得起。现在不拼马上就死，拼一拼现在不死，以后的事，以后再说。中国经济下行，世界经济都感受到了乏力。现在不是钢铁企业一家难过，煤炭、建材、造船、化工、机械等行业也全面开始难过。中央经济工作定义为中国经济的“新常态”，我们率先开始体会。

2015.10.23 专家十二条建议

今天上午，在413会议室，公司邀请韩国汽车板支撑团队的团长，原浦项制钢副总经理，现马钢特聘顾问韩光熙先生给我们讲讲，面对如此困境，马钢的解围之道。公司党政领导全部参加，钢轧总厂厂长、总工、高管、技术中心高管等人参加。马钢顾问韩光熙先生来马钢参加工作已经有三个年头了，他以“马钢的变化与革新”为题，进行了四十分钟的评说。

马钢要继续飞翔，还是要坠毁？对马钢改变目前现状的建议：1、从零起步，培养能够自力的力量；2、分类知道与不知道的，能做的与做不了的，对个人与组织能力评价；3、总希望有人替自己负责任的风气已蔓延，并非解决问题的而是逃避责任的会太多，要形成个人负责，执行挑战业务的管理风气；4、认为组织的成果与自己的成果没有相关关系；5、抛开做到这个程度时就差不多了的想法；6、打破业务领域间的墙壁；7、管理部门很难从现场人员的立场提供帮助；8、缺少引进先进管理与专家的力气；9、要整合公司部门系统；10、现场发现的问题，整改时间太长；11、马钢产品缺少员工的灵魂和真诚；12、以正激励为重。

据了解，韩光熙为了此次给马钢讲讲，听取了他们团队每位专家的工作感受及意见，结合自己多年工作经验及发现的问题，作了认真的准备，十二条建议，每条都有案例在前。马钢的现状就是管理部门的工作落后于基层单位的工作。

2015.10.26 裙带关系是企业消亡的开始

大企业的一把手决定着企业的文化，决定着企业的命运，什么是领导？海信董事长曾说：一个企业，上下级如果需要依靠关系，那就是这个企业消亡的开始。健康向上的企业文化，最大的特点是各级干部员工不需要处理复杂的人际关系，不需要讨好领导，一切以工作为重。下级对领导最好的“奖赏”就是尽职、尽责，领导对下级最好的“奖赏”就是公平、公正。海建非常推崇这种企业文化，我们领导要清楚并非任何时候你都是领导，但三种情况下，你必须是领导：当决策遇到问题意见不统一时，你必须拍板；当你下达指令时，下级必须克服困难去执行；当最终出现问题时，你必须勇于承担责任。领导也应一级对一级负责，一级该承担的责任如果承担不起来，管理就会紊乱起来。

因海帆的要求，每周六的视频会上，能控中心要发言，报告一周公司的能源消耗受控状态。由于时间有限，上次汇报效果不好。我告诉能源总厂吴正球，周一早调会上，周工序能耗应该怎样汇报？首先是本周二十条生产线能耗总评，与定额比达标、不达标；其次，表扬突出达标产线做的主要工作；第三，点评突出不达标产线存在的主要问题，关键点要点到位，定额是多少，实际是多少，差值的原因分析；第四，将工序能耗超支，节约的数额转换成现金，更能引起各单位对能耗降本的关注！

2015.10.27 新工艺车轮钢出炉

四炉新工艺车轮钢（15002909、2910、2911、2912）轧制全部结束。第一炉工矿轮231件，机探报警5件，手工复探1件（技中1，车轮1），2#线探伤；第二炉HDSA 251件，机探报警5件，手工复探0件（技中0，车轮0），4#-5#探伤；第三炉HDSA 252件，机探报警2件，手工复探0件（技中0，车轮0），4#-5#探伤；第四炉HDSA 319件，机探报警7件，手工复探1件（技中0，车轮1），4#-5#探伤。

我今天下午在车轮会议室，召集李翔、肖峰、江波、沈昶、汤志贵等人开个专题会，针对四炉新工艺车轮钢作出评价。此次机探报警率19/1053件，占比1.8%；复探报警2/1053件，占比0.18%。统计特钢过去生产车轮钢机探报警率，第一炉报警率平均在9.52%的水平，其余炉次报警率在3%~12%的水平，从未有过如此超低的水平，足以说明新工艺对控制夹杂减少机探报警的效果。因为机探报警设置更敏感，比手工探伤灵敏度高，所以先拦阻一批，然后手工确认并判定夹杂类别，我要求车轮公司将机探报警的19片车轮，全部在2、3、4、5#线上重新机探一次，以识别我们的误区。今天我们所做的工作，对今后我们批量生产高铁动车轮具有决定性意义，车轮制造细节决定成败，车轮检验内在比外表更难，我们需要一个优秀团队，把提升车轮水平当作终生事业来干。

2015.11.3 为高炉入冬谋划着

股份公司经理层碰头会。10月份，股份公司本部亏损3.75亿，股份集团亏损4.5亿，处理过去旧债实际报出亏损5.6亿，马钢集团总亏损6.1亿。照此运行态势今年股份集团亏损会超过37个亿，马钢集团今年亏损会突破50个亿。

高炉生产又将进入冬季，如何确保稳定顺行，今冬我们怎么干，我一直在思考具体工作。现在不是口号上喊抓住高炉不松手，高炉过冬关键还是在人，把人的精气神提起来，把人的工作与高炉紧密结合起来，纵然外部条件有些变化，但内部功夫应该可以应对！自公司推进体检和预警以来，大高炉处在稳定可控状态，三铁A、B高炉及全厂的管理有了工厂文化气氛，A、B高炉是公司炼铁成本低于全国平均水平的关键所在。今天我又来到三铁总厂和他们班子谈心，四位深知肩上的担子之重，年末了，为什么董事长带丁晖去美国，为什么公司选黎兵代表党委书记发言，这是对你们工作的充分肯定。11月8日立冬，三铁总厂启动高炉过冬工作，总结去年工作中的做法，固化下来，循环起来，不是每年都要什么新的举措。黎兵抓劳动纪律要常态化，丁晖抓细节降本要常态化，帮平跑现场找问题要常态化，晓超查设备隐患整改要常态化；班子成员要保持工作激情，火车跑得快，全靠车头带；培育好的三铁文化和三铁人，严格带队伍就是培养人、关心人。A、B大高炉在全国同类型高炉中名列前三，是我们工作结果的反应。我们今天面对面，谈心式的交流效果很好，丁晖感谢我来传递工作经验和领导方法。

2015.11.5 忙忙碌碌，时光飞逝

每天早上走路上班的一小时，我头脑里总是习惯把昨天、今天及后面的工作过一过，这样今天的工作效率会更高一些。给下属打个电话布置工作是一种方式，我现在体会到用写短信的方式给下属布置工作效果更好，因为短信有文字记录，有时间记录，有对方回应，还可以翻出短信检查工作。

今天给新闻中心洪红一条短信："把下周一《马钢日报》头版留一个3000字左右的位置。昨天下午的炼铁技术例会定了，由炼铁技术处组织一篇文章。今年冬天，我们的高炉怎么平稳度过？周五炼铁技术处胡夏雨会把稿件给你，然后每月由三个炼铁总厂、港务原料总厂、煤焦化公司等单位写稿件，围绕今年高炉平稳过冬干了什么来写。"

时光飞逝。我的同学、科技管理部副经理刘玉兰，已满60周岁退休了！退休金月7000余元，我今晚和科技管理部的几位处干、科干，宋高管、周晓兰高管参加，我们欢送了她。我在5:45分离开办公室。立冬天黑得早，下电梯时碰上了苏鉴钢，苏总今年也满60周岁了，他告诉我，今年底回家休息了，邱小根说启用海潮到股份公司是他在位时干的正确的事。"海潮同志，马钢现在真的是生存危机，很可怕。海潮同志，如不让你干活，就是对你最大的伤害了。"

2015.11.7 *不拘一格降人才*

每天工作上的琐事真的不少。好在我对每份文件、请示、报告、小结、计划均清楚来龙去脉，处理起来就特别快。铁前工作上的事，我要求秘书科告诉部门，先请黄发元副总签署意见；特钢车轮高线板块的事，先请杜松林总经理助理签个意见；销售质量索赔之事，大额的必须由王炜总经理助理先签署意见；科技质量的攻关、立项、咨询费用的支付，大额的我先审，签上个人意见后报总经理签署意见。有时生气，我们的文件在部门停留的时间不受控，交到我的手中都是急得不得了，有的急到是人直接拿着文件来，立马要签要拿走。说什么呢？马钢部门领导现在责任心不够，工作水平跟不上来，基础工作支撑不起来。

今天我签了马钢股份与咸阳宝石钢管钢绳公司的合作意向书；签了马钢与华菱汽车，合肥汽车锻件公司合作意向书；批了6份新换版的，由企管办提报的管理文件；批了科技质量部提报的五项科研费用支付的请示……

下班路上碰上了组织部长葛凤鸣，我知道采购中心招聘副经理是由他主持竞聘的，最终三个人入围，徐保春、石玮、邓南阳，现在已报公司党委了。我说公司现在两头市场缺乏人才，一定要为采购、销售安排优秀人才。马钢现在制造部、设备部经理，由总经理助理兼任，现在就要放开眼光找寻接替人才。我也已经到了这个年龄，每天都在努力工作，真的希望马钢能挺得住，建议公司要对新任处干进行领导能力的培训。

2015.11.9 出路在哪里，唯有变革突破

公司机关职能部门不能很好履职，做不好基础支撑工作，我们的正确决策就更难了。股份公司计财部公布10月份各主要单位降本增效完成情况表，9个主线厂完成降本目标的124.45%，7个单位超过100%，最高达170.48%，这是指对比年初下达的老的降本计划。但与10月份新的降本目标对比仅完成了87.45%，欠计划3291万元。市场在变、生产在变、经营结果在变的越来越糟，这样的消息让人听不明白，还弄糊涂了。这边是整个公司完成降本任务124.45%，那边是又欠3291万元。我找了计财部戴高管和许继康副经理，不要这样引导职工，更不要上下听起来不懂的财务报告。新的计划就是今天的要求，新的计划开始就是老的计划终止！今天《马钢日报》公布，根据一周运行预测，本月9个单位降本在85.74%，没有一个单位达到100%，预估最高是一铁95.39%，最低是二铁72.64%，这张表我想上下都看懂了。

经理层碰头会从上午9点一直至12:30分。海建说：马钢今后的出路在哪里，唯有变革突破，自我救赎自己。我们全部的精力应该放置在市场和现场，根本改变马钢过去的生产经营观念，以市场为导向，以客户为关注焦点。要逐级实行承包制，承包项目、工程、成本，定出激励目标，收入可以超过董事长、总经理；中层管理人员可以站出来组阁，领头人揭标，班子成员可以由领头人提名，组织协助考察，在用人上变革突破。每一位领导班子成员都应该具有强烈的责任心和事业心，要有旺盛的工作激情，海潮、王炜属性格外向的一派，克从、发元属性格内向的一派，无论个人什么性格，我们都要去拼了，马钢不能在我们手中倒了，我们不能成为罪人。文洋、严华、天宝你们年轻人大胆工作，看准的事就下手去干，我全力支持你们。

2015.11.10 成立马钢轨道交通装备公司

公司内部科研项目讨论会，上午在技术中心二楼会议室举行，专门梳理轮轴板块。马钢以车轮起家，现在250~350km/h车轮已研发出来了，特别是打破了连铸坯不许生产车轴的标准规定，马钢轨道交通装备公司的轮对也已对国内外供货。我们的硬件设备充分具备，还有自己的铁运公司可以做运行试验。强力推进的有效办法就是抓住机遇，以质量以价格去拼市场，用反复的沟通去解决问题。收购瓦顿公司后原定的目标实现不了，技术引进难，产品进入难，我们的车轮坯和车轴坯出口不了，不能实现优势互补。上周经理办公会通过成立马钢轨道交通装备公司，马钢车轮、马钢轨

道交通、马钢瓦顿组合在一起，这是正确的决定。今后2~3年内用一个公司对内外运作，干出好的产品，抢占中国市场，参与国际竞争，最终重组上市一个公司，把马钢轨道交通装备公司变成一个国际化的公司。

下午我接待北京科技大学鲍燕平教授，他是钢中夹杂物的专家，在原有夹杂两类来源评判后，即内生与外来，又对超洁净钢提出了合金加入的夹杂说。我要求把RH精炼工艺基础理论研究的成果，应用到马钢四钢轧RH和特钢公司RH，达到降低成本与提高质量的效果，以产学研方式签订合作项目。由李应江主管，把马钢四钢轧、一钢轧RH运行这么多年来形成的现行工艺参数和现行操作实际全列出来，商鲍老师首先在四钢轧RH精炼时间上，从现在的40~50min降至35~40min。

2015.11.12 工作在一线，答案在现场

昨天下午，我、刘国平、徐小伟、李应江四人动身赴武汉参加《转炉炼钢复吹工艺技术进展研讨会》。今天上午，去武钢炼钢总厂参观三炼钢和四炼钢。钢铁行业形势愈加严峻，马钢危机深重。海建号召：领导层自我变革，以上率下，断尾求生，放手一搏，力争在钢铁寒冬中生存下来。今天来武钢现场实地考察，武钢人现场的口号：工作在一线，答案在现场；以厂为家，反对一切形式的浪费，以利他人之心内外协同；追求员工的幸福和企业的效益，不等不靠，不找借口，不遗余力。

武钢人管理做法：划小核算单元，分灶吃饭，分兵突围；奋力拼搏求生存，凝心聚力谋发展，生存为王，现金为王；历尽千辛万苦，道尽千言万语，走遍千家万户，踏遍万水千山，盯住重点产业、重大工程、重点客户，提高直供比，扭亏为盈；让武钢生存下去，坚决落实各项举措，不讨价还价，不讲求客观，不退缩，不含糊。

武钢基层一线工作法：24小时领导值班在现场，少开会，少坐办公室；拿出更多的精力和时间站在一线，停机抢修必须人到现场，处理事故人必须到场，检修后开机人必须到现场。抓作风“简单、规则、实用”，“无功就是过”，领导必须5+2，白+黑。

“天上九头鸟，地下湖北佬”，武钢人爽得很！我们和武钢人交流的结果是：“怕个啥，武钢死不了”，现在是寒冬，春天一定会来的。

2015.11.13 基层认知的提高来之不易

一个好厂长能干许多好事，要是再有一个好的书记搭档，再难的事也无所畏惧。因为总厂厂长握有可调度的资源，把这些资源用在哪里，哪里就应该有新的变化。一个好厂长培养人、使用人，让个人能力、素质有展示的机会。公司强力推行高炉体检及预警机制以来，三铁总厂发生了大的变化。三铁炼铁分厂厂长高鹏按我的要求，把最基层炉长、核心作业长写的心得体会交给我，我细看了，心里踏实了。因为三铁A、B大高炉有了管理的套路，有了管控高炉的人才及技术。

李春亮写了，高炉体检指标七大系统43小项，涵盖高炉进出两端，均可以以数据说话，现在我们用数据分析炉况，技术人员把高炉反馈的数据再带回到体检表中对比，有力地提高了我们自我学习和掌控高炉的能力。余长有写了，高炉操作，过去是停留在经验和主观判断上，现在是从高炉的运行参数中，归纳、分析、看趋势，每天统计完上一天的各项生产数据，详细记录体检表中各项数据，对偏离正常的数据及时进行预警及应对措施。黄世高写了，过去凭经验对高炉参数调整，个人主观判断，总会有失误的指令，从高炉体检以来，要记录并分析数据看变动趋势，对高炉有了更深的认识，同事间技术交流争论的话题更多。高昭斌写了，高炉体检使核心作业长水平提高了，现在真正做到每日操作早动、少动、动准，减少了炉况波动，高炉体检评分，使甲、乙、丙、丁四班有了统一的标准，团结一致奔目标，劲往一处使了。

看到最基层的高炉24小时的操作者写出这样的心得体会，我心里高兴，信心百倍，干劲更大了。

2015.11.16 马钢创奖决心不变

海建书记发出了要变革的最强音了。股份公司经理层碰头，今天海建、鉴钢、丁毅，我们全体都在。海建开场白就说了，马钢一定要从上至下发生变革，不变革我们是生存不下去了。今年整个马钢集团的亏损可能突破50个亿，这个数字是什么概念，马钢集团算5万员工，人均10万元没有了。现在仅靠内部生产稳定不行，采购销售两头要率先变革。明年我们的炼铁要在配煤配矿上先变，我们的销售要从体制机制上大变。公司级的中层干部，处级干部要去行政化，谁组阁谁聘人，谁有本事谁担当，打破现有的年薪办法，拉开差距，凭贡献取薪酬。

冶金质协秘书长管炳春给丁毅打了电话，2016年马钢争取获全国质量奖，前期工作做完了，中质协咨询通过了。2016年冶金行业就申报马钢一家，冶金质协明天在华菱钢铁开会，中质协李星华主任参加，希望马钢来一位领导，当面沟通一下。上午11点经理碰头会未结束，我和张良城、李勇动身赶至南京机场，飞往湖南长沙黄花机场，打的奔长沙南站，赶高铁奔衡阳东，一步不踏，下午5点到了宾馆，拜访了中质协李星华主任。我就马钢推行卓越绩效以来的工作，马钢获得全国质量奖的目的作了汇报，代表马钢董事长、总经理邀请她去给我们指导工作。此行最大的收获是李主任表态，钢企全行业都很困难，马钢创奖决心不变，中质协给予全力支持。

2015.11.17 钢企在血淋淋地拼杀

冶金质量经营联盟，湖南衡阳理事会暨质量工作年会。各钢铁公司发言交流，通报信息。

我的发言是：2015年即将过去，临近年终，马钢今年很难过，企业的一把手难过，企业的员工难过，企业的销售人员更难过了。面对如此艰难的经营状况，钢企被逼上了不归路，不是一家失去了理智，从没有利润不生产到亏损了还在挺着生产。现在钢企是内外焦困，矿石资源被国外巨头垄断，他们仍获得丰厚的利润，国内市场被血淋淋的拼杀了，上下游产业都在挤压钢企，现在钢企在全国各行业中排名垫底了。2015年钢企亏损的真实情况，现在不是财务数据了，四季度每月报亏的数据并不是经营的真实结果，都在思考今年难过、明年怎么过的问题。今年马钢出台了一些举措，内部降本的工作力度前所未有，全体职工从上至下收入大幅减少。2016年马钢股份的预算，建立在所有固定资产折旧不提的条件下维持生产，不亏现金流为底线了。

2015.11.18 以变革求突破

公司党委发出了赴基层调研改革任务安排表，时间限定在11月18~24日，25日前将汇总意见上交秘书科，我负责炼铁技术处、四钢轧总厂、检测中心。此次调研要紧扣主题、抓住问题、行动起来。

1、以变革求突破，既是形势所迫，也是马钢主动作为，力争尽快扭转被动局面的重要举措。2、变革突破首要的是做好顶层设计、系统推进。一是变革干部人事制度，模拟职业经理人制度；二是调整干部任免流程，在用工方式上下放人权、事权、考核权；三是调整考核分配机制，强化考核结果应用；四是强化巡视督察，有效防范风险。3、变革突破要求各级领导以身作则，率先转变思想观念。4、变革突破坚持先做后完善，鼓励早干早受益。

炼铁技术处一个新的处室，人少事多，职能定位并不完善；四钢轧总厂板带任务很重，质量更是应摆在首位的大事，产量质量同时提升，困难问题都不少；检测中心把好原燃料的检验入口关，堵住这里的漏洞就不得了了。

2015.11.19 盯住现场才能不失市场

一份由王炜转给我的质量异议处理报告。马鞍山市振宏物资贸易公司供给华油钢管扬州分公司X70管线钢，出口印度订单量计4632.3吨，华油管厂在验收过程中发现84卷X70卷板厚度低于订货标准，抽查11卷均在负公差允许范围外。最终决定，该单166卷（每卷28吨）产品退货，码头作业费、市区短驳费、扬州港到华油厂内运费、水运费，共计赔付22万元，相当于每吨赔了47.4元。主要原因，四钢轧热轧二级模型中未充分认证，对辊缝进行了补偿，制造部对生产难度存在认知不足，质检出厂把关失控。面对全部退货还要赔偿22万元，我有压力。我批："同意赔，责成制造部、四钢轧相关责任人写出工作检查。仅仅是一个负公差要求与常规不一样，这么多关都过了？今后要特别关注定单中用户特别要求！"

棒材效益比板材好，本月生产计划中棒材的订单拿的满，偏巧在这个时点上，二钢轧总厂棒材加热炉出了故障，昨天小夜班停了下来凉炉处理。早调会上设备调说不清楚，设备口子的同志好像也没有来得及去现场，都是传声筒。钱总有些急了。散会后我告诉设备调、总调，即日起每天夜里8点至凌晨3点，去棒材加热炉看，在干什么，有几个人？有没有领导在？散会后我赶到了加热炉，找到了二钢轧设备厂长钱晓斌，我钻到加热炉底，爬上了脚手架，侧身伸头看清了动梁移动杆，在椭圆口被掉下的耐火材料堵塞了，明白了一切。王光亚也来了，李元水也在，我们商定24小时抢修，争取周日早上轧钢。

2015.11.20 共同助力，度过危机

上午进了冷轧总厂北区，今天心里装着几件事，我想触触底。冷轧总厂响应公司号召，把每天早调会从南区搬至北区开了，他们的会场在哪里？每天有什么人参加早调会？早调会结束后这些人干什么去了？我找到了冷轧生产技术室主任张四方，把情

况搞清楚了。

冷轧总厂新建一条重卷检查线，原南区1#、北区2#，所以新建3#，后周全提出为了信息系统联系，把北区2#改名1#，新建定为2#，南区定为3#。2#重卷检查线设备档次很高，花了大钱，调查后我大吃一惊，一个卷子从开卷检查到重新卷取，有吸油、涂油、拉矫平整、两种轴心（508、610）更换，什么都有了，唯独没有表面检查仪，靠人的眼睛去看，连我这样素质的人去干也不行，马都买了不买马鞍，这样不行，我指示立马提交报告给我。查看了3#、4#镀锌线，连退生产线的现场环境，设备保养状态，我告诉杨必祥向采购中心提出锌锭包装要求。参加冷轧镀锌分厂10月份锌铁合金化技术质量小结结尾会，提出了写所需，做所写存在什么问题，现在主要问题的关键原因是否找到，10月与过去比的质量水平，询问了几位年轻工程师的情况，今天我挺满意的。

今天下午，在技术中心一楼会议室，公司全体高级技术主管参加《如何当好高级技术主管》专题讲座，我主持。新老高级技术主管齐聚一堂，今天大家相互见面了，公司举办这次讲座是精心策划的，以后每半年还要举行一次。今天请的五位高管工作上已经做出了优秀的业绩，得到了公认。我让他们讲述自己工作的经历及故事。

吴宏亮，炼铁高级技术主管，现在担负着公司A、B高炉稳定顺行，精准操作的监护工作，长期工作在一线；孙维，马钢长材专家，知识面宽而博，工作范围大而广，为马钢特钢产品作出特别贡献，并培养了一批年轻人；陈友根，长期致力于马钢电工钢产品，从无到有，从低牌号到高牌号，从无取向到取向，成了电工钢专家；叶光平，始终坚守在马钢大小H型钢生产线上，发现问题，解决问题，作为一个电气专家把工艺技术也吃透了；徐兆春，公司设备口搞机械的专家，善于把现场工作中的困难与本职工作结合起来，敢于担当。

今天我们在座的听他们讲，每人20分钟，台上的讲者今天讲得精彩，台下的听者今天听得认真，整场无人走动。我希望高技主管们做到以下三点：一是要坚持树立担当意识与大局意识，珍惜公司提供的舞台，最大限度发挥自身的本事，带领工作团队拼搏奋斗；二是要摆正心态，静得下心，沉得住气，敢于向没有答案的问题“发问”，敢于向鲜有研究成果的领域“开刀”，坚持难题攻关；三是要重视两个场，市场与现场，以问题为导向，满足客户不断变化的个性要求，靠近现场，营造“推窗见炉台，出门进产线”的扎根现场的浓厚氛围，共同助力公司度过危机，每一位高管绝不能冷漠淡然至无所作为。我要求每位高管结合自己的实际，写体会交给我看看，标题是我如何在2016年干一个称职的高管。

2015.11.24 创新与坚持是企业的法宝

股份公司2016年度预算会。钱海帆报告了预算方案，亏损总额控制在28个亿，这是股份公司资产折旧额之内。此次预算的支撑性条件是极具挑战性的，车轮公司23万吨任务，汽车板200万吨，新线棒40万吨，80%的产品直供用户，清理劳务及用工，股份公司压缩1万人，修理费压至吨钢80元，零库存备品备件及16个亿在库备件及大型工器具的消化转售。

丁毅：整个集团2016年的预算基于现实，充分估计困难，血拼，力争做到保住现金流，作的一本亏损的预算，已经涵盖了各项举措，既定的亏损额只能缩小，不能扩大，落实责任人。

高海建：我们的最大困难是股份公司的经营困难 ，其他难都比不上这一块。我们现在只能是绝地奋起，自我救赎。公司要求各级干部不在市场就在现场。市场要逼死我们，我们也采取倒逼机制，倒逼销售，倒逼采购，倒逼产品，倒逼干部，倒逼职工。

每月下旬《马钢日报》一个整版刊登我们质量工作综述。这是从我担任股份公司总工或首席质量官，坚持了三年的事。工作中有创新很好，但平凡的工作贵在坚持，认真的PDCA循环，不断加大力度。我们每月代表性质量索赔的通报，点出了直接管理者，直接操作者，出厂检验者的名字，各种缺陷；每月受理的外部质量投诉及赔付金额，公司对5万元以上质量异议分析、改进、考核，APAP项目组对2万元以上质量异议，分析、改进、考核。分厂对每起质量异议分析、改进、考核；制造部对内、外重大质量损失进行质量责任追溯；每月公布当月及月累计各单位质量考核目标的完成情况，分内部和外部；每月公布各条产线质量损失考核目标的完成情况，公布分厂厂长名单。效果已经渐渐显露出来，那就是连续三年用户满意度提升，各单位对质量工作有了抓手，产品实物质量趋于稳定状态。

2015.11.25 支持变革求突破

公司党委第四届43次常委扩大会议，高海建主持。1、听取公司领导下基层宣讲“以变革求突破，以担当保家园”情况汇报；2、讨论“马钢集团所属单位、部门经营（管理）团队竞争上岗，承包经营”工作方案。今天的会议绝对的正能量，是马钢危难时刻的一次重要会议，每一位都不是旁观者而是要带兵打仗的上阵者。

海建要求每人写书面意见交董事长，我写的是：同意工作方案总体思路，坚决支持改革，不计个人利益及职位；先试点后推开，特别关注销售公司、采购中心人才的配置；取消处干年薪制，干部的收入与经营目标挂钩；千方百计调动中层干部的积极性，通过考评让少数不称职处干免职。

马钢这么多年了，改革遇到了困难退缩回来了，这次既是难题也是机会。复杂的事情简单化是智人，简单人事情复杂化是愚人。要达到的目的是让干部的作风焕然一新，作为少的干部多作为，不作为的极少数人下来，下的问题解决后，上的问题自然解决了。

2015.11.27 三起让人后怕的事故

昨天天气冷冷的，时针已经指向下午5点了。手机上收到了一铁总厂事故信息报告，我必须到现场去看清到底发生了什么事。赶到一铁10#炉台上，加昆、晓乾，国义全在，看着烧毁熔断的只剩下一个个法兰盘的小套，看着炉前工更换直吹管，我心里面难过极了。我查看了炉台上关水阀门，查看了炉下的两路水的阀门，指示黄加昆今天连夜查清根本原因，厂长亲自主持，下班回家的当事人也要找回来。我又到了四钢轧2#铸机的平台，刘国平、焦兴利、范满仓全在，抢修还在进行，结晶的扇形段被钢水焊死难以吊出，刘国平告诉我，刚开浇时跑钢关死了，但大包工想连上这一炉不断浇，又二次尝试开浇酿成大事故。我无语，严格的规定为什么还要冒险，平时是怎样教育培训职工的，这样的事故公司要问责。

今天早调会结束之前，我说了：各单位请注意，昨天公司安排了三铁A号高炉检修，三钢轧总厂全停16小时，一铁总厂9#高炉检修，煤焦化公司4#、5#干熄焦检修，计划检修项目进行较好。但发生的三起事故令人可怕，后果不敢深想。一是一铁10#高炉风口小套高压水阀关错，造成大面积风口小套烧坏，焦炭矿石从3#风口喷出，在情况不明的状态下，又重新开阀，由于炉前果断处置，否则可能引起高炉爆炸；二是四钢轧总厂2#铸机上发生了钢包下滑板与下水口之间穿钢水的事故，第一次关死了安全了，但未想到敢二次拉开滑板，钢水泼出，烧坏结晶器盖板、控制电缆P3盘等事故扩大，险造人身伤害；三是2#高炉1#风机跳停，拔风成功，如不成功，风口全灌死，损失惨重。天气从阴雨转为骤冷，气温突然下降至0℃以下，昨天从事故发生起至事故的处理中，各单位中层管理人员均在现场组织，我们更希望注重平时的基础管理工作，三起事故要查明原因，逐级分清责任，下周六早调会上三个单位的中层管理人员向公司做出检查。

2015.11.30　竞争上岗，承包经营

马钢召开竞争力分析大会。丁毅提出四个问题：一是如何通过有效措施，彻底扭转长期以来优秀人才脱离一线的现象，要重新聚焦产线，工作在现场，思考在现场，创新在现场。二是如何真正建立起以业绩论英雄的机制，在销售彻底打破“坐商”行为，培育有激情、有素质、有能力的销售人员，开拓、服务、创效在市场；三是如何用市场手段聘请和引进关键人才，弥补我们产品设计和制造的短板，快速提升竞争力；四是如何建立市场化营运机制，根本解决遇事不扯皮，不敢担当、执行不到位的情况。

此次变革，将以竞争上岗，承包经营，行政首长负责制的原则，授权“组阁”。打破干部终身制，实行任期考核，所有中层干部签订目标，年年考核，三年换届，公平公正，能上能下，权责统一，鼓励年富力强，有竞争力的干部参加竞聘。

2015.12.2　做马钢家园的守护者

上午一场全公司高炉工长操作规程闭卷考试，下午一场高炉炉长操作规程闭卷考试。这是公司策划的高炉平安过冬的一项活动。既然公司组织考试，那就必须认真，我和发元去监考，达到考试的目的！

上午、下午考完以后，我们和高炉工长、炉长们面对面聊天，以说心里话的方式进行。公司组织高炉作业指导书和考试，用心良苦，为的是抓好基础工作，实现标准操作，保高炉长周期稳定顺行。公司严重亏损带血运行，资金上稍有不慎，就会出大事。今年炼铁为公司“熬日子”立了大功，高炉体检预警机制的不断完善与常态化使用体现了效果，马钢铁水成本低于全国同行平均水平，可以保命。我今天和高炉工长、炉长们谈心，开场的第一句话是：高炉过冬，你掌控的一座高炉会不会因为你工作的不精心倒下？你们在单位、在家庭都是脊梁，压力大，收入也高，教育孩子好好学习，我们自己也要带头好好学习。高炉长周期稳定，竞争力的提高是我们永久追求的目标！

今年公司计划出一本炼铁论文集，在《安徽冶金》上，终于完成了！炼铁技术处让我写个序，我思考了一下，提笔写了，并请黄总修订。

我在多个场合上讲，黄发元是分管炼铁的副总工程师，是公司炼铁的司令，我甘当一个政委，这本论文集由我和黄总共同作序。

2015.12.3 猛将良才以救亡图存

钢铁行业依靠产量的获利期已经终结，且一去不复返了。现在市场饱和，动力转换竞争激烈，资金超紧，效益低亏，钢企真正进入了优胜劣汰的时点。改革必须从自身开始，马钢身处困境的根本原因不在市场，而在于自身原有生存和发展方式已经不适应当今环境的要求。过分依赖规模，过分依赖原有品种结构，过分依赖贸易商的营销方式。改革要从头抓起，“下改上不改，越改越难改，下动上不动，越来越被动”。现在要从马钢顶层设计团队优化起步。需要一支精干的管理团队，敢于任事，善于谋事，启用猛将良才以救亡图存为己任，勇闯敢试愿担责。

我们要防止“负能量”的侵扰，要警惕那些惯于“端着马钢饭碗砸马钢锅”的人，警惕那些任性向改革“泼污拉黑”的人。自己泡着一杯茶，扯着一张报，手拿手机，眼盯电脑，正事干不了，小事不愿干，却总是指手画脚，说三道四的人；“干事提不起精神，工作永远不在状态”的人；碰到是非当绅士，遇到国难当鸵鸟的人；光说不练，自己不思进取，也见不得别人干事的人；必须让这些人没有滋长空间。绝地反击，自我救赎。马钢人应该不在市场就在现场，通过竞争上岗、授权组阁、承包经营、年年考核、三年换届的形式，开启马钢体制机制改革。

这是今天《马钢日报》以“改革从自身开始”为标题，发表署名为马新平的特约评论员文章。

2015.12.8 构建良好的人际关系

日本的经营之圣稻盛和夫说，经济萧条时我们如何应对？全体员工都是推销员，让全员知道订单有多难，经营有多难，让营销部门以外的人去干；全力开发新产品，以客户需求为导向，和他们充分交流擦出火花；彻底削减成本，成本下降的幅度要大于产品价格下降的幅度才行；保持高产生产率，多余的员工去干别的事情，或组织学习；构建良好的人际关系，同甘共苦，处理好经营者与员工的关系。

今天早调会后，结合昨天去四钢轧、三铁总厂、二铁总厂了解的情况，强调了一下今天的重点工作：制造部炼铁科，今天开始跟踪二铁3#高炉，此次高炉失常的根本原因必须查明；制造部周全今天带队，下午3:30下去，晚上10点收兵，坚持十天时间，和四钢轧计划编制人员配合好，要实现24小时的计划下达；今天四钢轧1#炉、2#机、3#480吨吊车检修10～12小时，田助理安排专人全程跟踪，并关注安全检修；工程管理部徐凤雷明天报告冷轧2#重卷线表面检测仪工程情况及存在的问题。

2015.12.14　科研项目应跟踪评价

公司亏损严重，一年将过去了。科技管理部又审核了一批产学研合同付款的请示；2016年第一批科研攻关项目上报待批；APQP项目组新产品开发项目完成率及科研项目完成率的评价报告。直筒精炼炉科研项目付耐材厂家6.6万元；耐南海大气腐蚀试验费付海军工程大学6万元；付热冲压成型钢新品开发项目费3.4万元；付中国汽车工程研究院12万元；汽车用钢疲劳试验付上海大学9万元；热轧先进高强钢组织结构研究付安工大6万元；汽车板外覆盖件抗凹性研究付北京航空航天大学9万元；动车组车轴用钢疲劳性能及热处理工艺优化付北京交通大学90万元。这么多年来，每年马钢科研项目费用支付不薄，我们花的值不值没有事后的跟踪评价，今年我已在项目评审时否决了一些，但也为难。

中午在食堂我再次请示了高海建、丁毅，在本周把高炉稳定顺行暨铁前系统降本总结会开了。海建终于定了，本周三下午中心组学习完，四点半在马钢宾馆中三楼开，晚上请三个炼铁总厂的关键人物在宾馆聚一下，今年炼铁是给力的，高炉全年是稳定的，鼓励鼓励！丁毅说：在公司如此困难的情况下，300万元奖励铁前高炉稳定，不是一个小数字。高海建董事长在今年10月份在炼铁技术例会上讲，高炉生产运行平稳，年底之前开一次总结会，列些奖励项目，发点奖金鼓励鼓励，海潮把此事策划好。11月中旬，我、发元和炼铁技术处策划了一个方案，鉴于今年APQP小组获奖金额，我申报了300万元，方案报给了钱总。12月上旬过去了，我急了，晚上丁总主持评审了一下，同意300万元了。钱总阅定后告诉我是含税300万元。这么大的奖励数额给炼铁高炉稳定顺行，在马钢历史上是从未有过的。

2015.12.17　奖励炼铁有功之臣

高炉稳定顺行暨铁前系统降本总结大会召开了，我以一种轻松、欢快的方式主持了这个会议。

炼铁技术处胡夏雨作了工作报告：高炉顺行及经济技术指标完成情况，马钢已经实现了较长时间20个月的高炉稳定顺行，今年产量比同期增加20.5万吨，燃料消耗比下降26kg/吨，铁水成本持续降低；2014年下半年以来的工作，建立了高炉体检机制，强化了工艺基础管理，完善了高炉预警机制，稳定了原燃料质量，实现了底库存运行，推进了炉料结构降本，启动了铁前信息化建设，营造了良好技术氛围；2016年炼铁的主要工作，提升高炉顺行水平，提高冬季保产水平，持续低库存运行，严肃工艺纪律，升级铁前信息化系统，实现4#高炉顺利开炉及快速达产。

我们颁发了7个奖项：高炉体检预警机制创新奖、公司铁水成本突破奖、进口矿低库存运行奖、高炉稳定顺行协作奖、红旗高炉奖、3#高炉技术进步特别奖、优秀炉长奖。

晚上丁毅董事长代表公司宴请炼铁有功之臣，大家都很高兴，这也是企业文化。我开心、激动、热情，我和9位高炉炉长一桌，因为我们彼此相当熟悉了，喝了半斤以上白酒。

2015.12.20 改革和创新是永动力

冶金质协派出的“三标一体”审核组经过3天的审核，今天上午与公司领导沟通，因为明天合肥（马钢）公司的钢铁生产线全部永久关停，海建、丁毅、海帆今天全去了合肥了，我和田俊、张吾胜事先听取他们的意见。末次会议在413会议室召开，公司体系内44家单位行政领导参加。审核发现的问题共计11项：冷轧总厂1项，设备部1项，二铁总厂2项，焦化厂1项，三钢轧总厂2项，三铁1项，能控1项，制造部1项，车轮1项，不符合项的性质均属一般，不符合的事实描述清楚。

反馈的审核意见是：3200立方米高炉建立施工及投产的环评手续应完善；烧结、炼钢工序的一次除尘应达标；未来料场和渣山应封闭管理；三标一体的管理评审内部应按要求去做；安全环保的应急预案在演习完后就对预案本身做出评价；8D产品质量管理流程形式和内容结合起来，马钢对相关方的管理力度比较弱；体系检查抽查到的问题应该举一反三；质量总损失和质量异议起数这个数字不小，在低负荷慢节奏生产的条件下，相关工艺参数也要修订，能耗指标可以进一步对标挖潜，铁前依然有降本的空间。

下午我去理化检验二站和特钢公司现场巡视。

理化二站，改造以后焕然一新，不仅满足特钢、二铁、一铁总厂的理化检验，将全公司的合金、燃料、辅料检验全部纳入规范化管理，人员集中，取制检完全分开，杨本华带的班子干了好事，多少年想干，干不成的事全干成了。我在特钢和他们班子成员对话，钢铁行业的各家都到了最艰难的时候，再难也就这么难了！持续亏损产生了巨大的压力，职工的收入在减少，清理劳务在进行，资金紧张已经显现，订单难拿，产品难干，产线不能满负荷生产。关键是这个艰难的日子要持续多久？没有一批钢企关门不干，没有产量被一定幅度的削减下来，这个苦日子就不会过去，拼死下去，就是能熬的企业熬下去。当前公司最难的工作是销售，除此应该都是内部的事，我们特钢必须始终把产品质量放在首位，我们应结合本职工作，表现出与过去不同，最终要以品质打开马钢特钢的市场。

2015.12.22 智慧的激情碰撞

新增的高级技术主管已经全部签了合同，薪酬待遇也已经明确，基本工资加每月3000元的津贴，其余的凭自己合同约定的工作内容、创效提奖。这些工作结束了以后，高级技术主管如何去工作，我在如何当好公司高级技术主管的讲座会上说："公司的高管，在你这个专业方面应该是顶级的技术研究人员，你开展什么方面的研究，你怎样开展工作，完全取决于你的责任心和对这个专业的认知"！

本月技术质量例会，五个专题发言的评分：张宜电镀锡基板产品的开发过程90.3分；王立涛高牌号硅钢35W300的开发及市场开拓过程获89.7分；沈昶新工艺车轮钢第二轮试验结果分析89.5分；于景辉加热炉能耗，氧化烧损攻关及质量督查情况88.6分；刘启龙铸坯角裂攻关项目情况86.1分。我要求于景辉写的《别开生面、创新务实》，张宜写的《一次智慧的激情碰撞》，反映了月度技术质量例会的主要内容，我坚持用这样的方式培养我们的工程技术人员。

今天为2016年元月份技术质量例会点题，我们都应该关注什么，劲怎样往一处使？一钢轧CSP停下来了，怎么办？能干什么？内外部要解决什么问题？三钢轧线材改造完毕了，弹簧钢、轴承钢、冷镦钢市场在哪里？工艺技术行不行？冷轧总厂2#重卷线，上的目的是干什么？现在的市场行情我们干什么？1#、2#、3#怎么样分工？四钢轧专题排出热卷箱，边部加热器，扒皮机干什么品种时一定要投上？彩涂板厂合资企业贴膜生产线，2016年内部生产如何适应外部市场，怎样实现经营不亏损？特钢公司做出2015年与2014年同类产品技术质量指标的对比，要精准的评价？SM650L高强钢，此次3#C-C电磁搅拌、轻压下、红送热装、轧材在JAC使用，写所需固化？

2015.12.23 质量理念要深入骨髓

我是公司首席质量官，我真担心自己的能力不够。在今年这样的市场环境下，我唯有努力、再努力。一年来质量管理体系正常运行，为马钢提升市场竞争力，产品质量稳定提供了可靠的支撑。今年流程管控得到深入推进，为产品质量指标改善注入了动力，全员质量意识的明显增强，为企业经营改变了形象。坚持用“质量是企业生命”的理念，否决其他原因的借口，强管理、强执行，加强工艺纪律的检查，严格责任追究，打造质量文化。明确管理职责和工作流程，针对生产制造过程中的质量问题，事事有人负责，事事有章可循，事事有据可查，事事有人监督。一年来狠抓“写所需、做所写、记所做”的落实，结合内部、外部审核发现和产品质量异议，梳理出我们存在的问题及薄弱环节。今年汽车板产品按TS16949质量标准运行水平提高了，在新品开发上引入了APQP小组，车轮产品通过IRIS质量管理体系认证。

人的习惯是难以改变的，一个企业按照专业化高水平的质量管理标准来运行也是很难的，因为产品质量需要全公司各种资源的充分调配，不是狭义的仅对操作者的管理。今年质量管理考核机制有理有力，提升了质量指标在经济责任制中考核权重，加大质量奖惩力度，严格将每起质量问题追究到岗位和个人，10万元公司组织分析，5万元制造部分析，2万元本单位分析。这些要求过去都有过，就是执行不起来，我是月月盯住这些事不放，我就是这样干事的人。

2015.12.25　肩负责任，担当家园

下午3:20，接到总调和安全管理部王世发的电话，利民协力分公司渣处理工段刘桂春，男54岁，在渣处理A线1#池仓盖上清渣作业，不慎从仓盖孔坠入渣池，高度约6米，水深约5.5米，水温在70℃。我立即指示，排水救人，随即赶往现场。从3:50到现场，直至晚7:30，我一步未离现场。水抽到位了，人死了。市安监局的人来了，用料斗托出，放在平台上。我前面已向利民公司交代了，将准备好的两床白被上下盖好，法医鉴定完毕，送上殡仪馆的车子。此时我站立在现场，等一切处理完毕，这是一种担当，更是给年轻厂长刘国平的支持。

马钢家园微信公众号的内容感觉和《马钢日报》一样。老是领导参加什么活动的报道，和企业生产经营现实差的距离大了点。我和宣传部副部长杨子江交流，请他专访几位业绩突出的高级技术主管，配合公司对高管2015年度考核的展开。今天马钢家园微信公众号以《揭秘！告诉你，马钢高级技术主管是怎么当？》为题发了消息，不到半天时间，点击人数超过310人，不一会看到董事长高海建也点了赞，我点评一条“今天马钢家园发布的信息很好，吸眼球，点个赞。”我点的菜是对马钢人口味的，厨师要认真去做！

清理劳务归零，这个工作的是难以完成。海帆让我牵头再评一次，我和李博商量了一下，清理劳务上上下下三次了，各单位再次报了上来。各单位劳务情况公示了，

各单位职代会联席会讨论了，各单位党政联席会也过了，各单位认可是的确需要的，我们怎么办呢？家里已经穷的够呛，自己能干的事还要用保姆，马钢的自动化装备水平很高，真正从事重体力劳动的活很少，现在职工收入低了下去，把各单位劳务用工费作为奖金使用，这样的事为什么做不起来？

2015.12.29 *艰难的2015，期待2016*

整个集团公司的资金全部十分紧张了，稍有不慎出了问题那将是灾难性的。2015年12月24日，微信公众号“指尖马鞍山”上发布了“杭州钢铁已经熄火，马钢请你再活50年，等我死后再倒闭”！十分刺眼的标题。其中写到在我们生活的这座城市有一个“马钢”，对于马鞍山人来说，马钢意味着什么，所有的人应该都清楚。马钢5万职工，他们的一举一动都影响着这个城市。马钢出生于1953年，今年62岁了，在今天的经济发展大潮中，它已经失去了往日的风采……

马钢5万之众，在现行体制里面有很多老油条，他们仍在混日子，这个体制里也有很多寄生虫，他们在吸食马钢的血液，近两年马钢出现很多负面新闻，不少领导（厅干、处干、科干）被调查，他们拿着高薪，已经走过头了，俗话说，“上梁不正下梁歪”，这样的领导被“咔嚓”是正常的。但是作为马鞍山人，你希望它也成记忆吗？此刻我们不应该落井下石，我们更应该去支持。因为我们的身边总有那个他，祝愿马钢早日重整旗鼓，重燃马老大雄风，如果真要倒闭，请等我死后。好不容易熬过艰难的2015年，我是尝遍了其中的滋味，对即将到来的2016年，我是真的抱有新期待。

2015.12.30 *期待马钢变革突破*

马钢集团公司十七届三次职工代表大会召开。

丁毅作《聚焦大两战场，锐意变革突破，众志成城奋力打好家园保卫战》的报告。2015年马钢集团亏损控制在小于50个亿，其中股份集团亏损在42个亿，集团本身亏损在8个亿。股份公司亏损含四个部分，股份本部、合肥公司、长钢公司、其他投资企业。股份本部小于36个亿。亏损的根本原因，从外部看：两头市场价格对冲导致效益损失41个亿，即买得贵、卖得贱，钢材综合价格指数跌至56.19。从内部看：适应市场、系统联运、工作落实、改革创新、攻坚韧劲存在着五个不到位。马钢一句话综合为：产品竞争力不强，劳动生产率低下，人工成本偏高，非钢创效不行，市场化运营机制没有真正建立。

高海建作《以变革求突破，以担当保家园，为实现全年目标任务提供强有力保障》的讲话。马钢吨材销售收入，与2015年元月相比，下降近千元，两头市场对冲负贡献每月都在4~5个亿。马钢干部管理制度僵化，行政色彩浓厚，干部能上能下问题长期得不到解决，人的活力干劲不足。马钢人力资源存在大问题，一线紧，二线松、三线庸，而技术人员、研发人员急缺。马钢产品档次不高，赚钱的少，精益制造不多，开拓市场能力差。

2015.12.31　世上本无捷径，成功绝非偶然

年末的最后一天，制造部由公司机关楼搬出进驻公司新区，高海建率丁毅、钱海帆、陆克从、高海潮、王炜、黄发元、田俊参加在新区原二能源办公大楼前举行的入驻仪式。张文洋主持，陈斌代表制造部领导班子发言；毛鸣代表工艺技术人员发言；高兵代表设备部管控调度发言；高海建发表了饱含深情的讲话并寄语厚重的希望。

2015年我充满激情地干好了每一天。对一铁总厂采取巡视的方法，每月都要去料台炉台看看，一铁的职工和我很熟；对二铁以紧盯3#高炉实现操作方法的转变为重，三轮作业指导书的考试和与彭鹏等核心作业长的真心交流；对三铁总厂以和厂领导班子交流工作方法为重，认真倾听他们对工作的意见。铁前的管理方法改变了，铁前的文化有了新的色彩，铁前在公司生产经营中的地位凸显出来。今年，我倾注自己的热情，培养公司工程技术人员。每月一次的技术质量例会，选取典型的技术质量案例，侧重于写所需，给他们的发言作点评，给予关注；每次要求会议汇报人修改材料，向基层报告，写出参会体会；尤其是新的车轮钢制造工艺，一轮又一轮的试验，把设计与结果充分比较，过程控制已进入精准的细节要求。今年，我倾注自己的热情，关注公司的产品质量。首先是稳定，然后是提高，把问题分清为写所需，做所写，记所做的责任。对写所需犯的错误，查清是认知不足、责任不到，还是水平不够。对做所写，记所做的问题狠抓了培训与考核。在长沙、合肥召开用户座谈会，听到了用户对马钢产品质量的好评。两年多各项质量指标到位的公告，已经清楚到了责任单位、责任人。

我的工作需要一步一步往前推，需要坚持不懈地努力与付出，世上本无捷径，成功从来不是偶然的。我不聪明，但我勤奋，我水平不高，但我努力学习。职工代表的评价证明我在股份公司高管的岗位上是优秀的，是胜任的！

2016

在/公/司/高/管/的/岗/位/上·手记

ZAI GONGSI GAOGUAN DE GANGWEI SHANG · SHOUJI

群雁高飞头雁领。

2016年，终于迎来钢材第一轮价格普涨。为打赢生存保卫攻坚战，我们调整了各类机构、优化了人力资源；进军取向硅钢、电工钢、汽车板和新工艺车轮钢；数年来坚持的高炉刚性制度也终于转化为现场生产自觉。

我深深地知道，马钢要持续发展，必须要有高质量高档次的产品冲向市场、占领市场。这一年马钢虽然拿下了全国质量奖的审核，我却丝毫不敢懈怠，依旧马不停蹄。只为追求卓越。也只能追求卓越。这一年，全公司开展了各类形式多样的党性宣传教育，我参与其中并感受颇深。

马钢，是所有职工的家园。作为群雁的我们，只有用真实的工作态度、务实的工作思路、踏实的工作作风，才能让这个大家庭繁荣昌盛、生生不息。

2016.1.3 制造部驻扎到生产重地

2016年元月3日早调会，主会场设在了制造部新区。公司要求张文洋、田俊两总经理助理驻扎在那边，今天原会场只有我、力平、发元三位，一下子冷清了。散了会，我立马告诉秘书，早调会的视频应对准各分会场，每天一张生产报表要在7:50分复印出来放在台上。我非常担心制造部的全体员工，过去在领导眼皮下工作，现在离开了，各方面工作千万不能松了下来，张文洋、周全、陈斌、高长松要学会带好职工队伍，当领导不是一个人自己工作。我告诉周全，认真谋划一下，制造部管控的各项指标，用一块展板全部公示出来，放在大门底层内，未达标的用红色标注出来。

去年11月、12月，四钢轧总厂2250、1580轧机生产状况不稳定。大夜班2250的F6、F7间堆钢，处理3小时。早调会上海帆提出批评并要求反思，我要求刘国平厂长带司小明副厂长，认真小结2015年的两条热轧生产线技术经济指标，比照2014年在哪些地方取得新的进步，2016年新的目标怎么订？追溯2015年堆钢次数，干了哪些极限规格和新产品，人机料法环上存在什么问题，工艺技术参数的修订与固化。现在就作出客观分析，2016年元月中旬开一次两条热轧生产线的专题会，我和相关部门参加。

2016.1.6 钢铁、煤炭业引国务院关注

2016年对中国钢铁企业都是一场难过的日子。调研室编发的《信息编报》摘录：马钢集团，确保股份公司亏损额度控制在固定资产折旧额内，小于27.5亿；河钢集团，集团整体保不亏损，集团非钢和海外业务实现利润40个亿；鞍钢集团，坚定信心，攻坚克难，降本增效为重点，科技降本增效40亿元；本钢集团，全流程降本增效，全面振兴多元产业，力争减亏20亿元；宝钢股份，以预算目标为倒逼准绳，2016年同比削减成本40亿元。

上午高海建向我们传达在山西太原，参加国务院总结李克强与煤炭钢铁大企业座谈会精神。国家经济下行，钢铁、煤炭产能极度过剩，价格已经下跌至历史的极低点，企业巨额亏损。银行借贷困难，资产负债率大幅上升，企业现金流困难，部分企业往后走。今年上半年发工资都会出问题。国家已经掌握了一些信息，方法是市场倒逼机制，降本增效，品种结构调整，减人增效，各级领导干部的担当，有消息传出国家拿出1000个亿，其中煤炭700个亿，钢铁300个亿用于化解产能，关闭落后企业，安置职工，重新转岗。

下午我开2016年APQP项目组、EVI工作组计划评审会。开展EVI相关知识培训学习；分领域开展相关用户产品调研；分领域进行相关用户应用材料研究；市场走访与开拓，与用户建立双向技术交流及技术合作机制。线棒，汽车用悬架弹簧，重要用途钢丝绳，各选择一个典型品种、规格；型钢，海洋工程、轨道车辆用H型L、L1钢；车轮，以高速车轮、机车轮、轨道车轮；特钢，汽车零部件，轨道交通零部件；电工钢，新能源汽车用电机、压缩机用电机；热轧结构钢，高强度钢板、耐候钢、管线、工程机械用热轧结构钢；家电板，在家电板零部件技术领域，零部件制造领域选择客户；彩涂板，以防盗门制造领域为代表；镀锡板，以电镀锡或电镀铬基板终端用户；汽车板，向合资品牌迈进，轻量化，焊接件，标杆车解析。

2016.1.8 *生产事故问责到中层*

关于对四钢轧总厂相关中层管理人员进行问责的意见。2015年11月26日，四钢轧2#铸机因操作事故，定性为重大事故。按公司《中高层管理人员问责管理办法》（JT/M004-003），追究四钢轧相关中层刘国平、焦兴利的一般管理责任，各扣发2015年绩效年薪5%。海帆批示同意，请海潮代表经理层负责履行问责；丁毅、高海建批示同意。我约定今天上午去四钢轧和刘国平、焦兴利两位老弟谈话并交流工作方法。

1992年我在一钢厂担任副厂长时，刘国平、焦兴利都是技术科的工程师，在车轮钢的SKF精炼炉上干活，非常用心，都能吃苦。今天把公司主要领导的批示及制造部的意见，书面打印材料转交给刘国平。按照公司的管理规定，重大事故由监察部督办，主管单位提出意见，依据处罚条款进行。定性为重大事故，按一般管理责任，决定扣发刘国平、焦兴利两位5%绩效年薪，同时由我告诫一次。

我告诉刘国平厂长把公司的处理意见，在本厂班子及科干层里传达，让各位都知道公司的管理是按制度办事的，不只是总厂对分厂处理就了结，公司对总厂也有处理。四钢轧2015年取得成绩是充分肯定的，但依然还有需努力改进完善的工作。热轧生产的稳定性；钢区生产的标准化操作；两位厂长要研究领导艺术和工作方法，把全厂职工的积极性调动起来，要学会培养人使用人，要敢于打破在“人”的管理上的传统框架，有计划地和科级干部谈谈心，上下同步交流，作业长考评，从严管理，从严要求自己在四钢轧这个公司最重要的岗位上成长，你们是公司的人才，博士厂长、博士副厂长，你们已经有了工作履历和经验，我不担心你们的水平，但工作能力的提升还是要经过一个磨炼过程的。

2016.1.11　群雁高飞头雁领

2015年马钢股份公司营业收入是375亿元，利润总额是亏损39亿元。我们亏损成这样，有没有例外，民营企业大老板沈文荣经营的沙钢集团，2015年完成铁2903万吨、钢3146万吨、轧材3119万吨，实现销售收入1925亿元，利税42.6亿元，利润18.25亿元。沈文荣认为："降本不能简单地认为就是增效，而是培养干部、职工品质，养成良好习惯的过程，低成本使企业保持核心竞争力，降本更是一种企业的文化理念"。常言道：群雁高飞头雁领，沈文荣对降本的认识如此之高，真是值得我们好好学习。

上午2016年第一次经理碰头会，今天高海建去北京参加冶金工作会议了，丁毅去市里参加全市经济工作会议了，苏鉴钢正式退休了。对照今年元月份工作计划，我报告了担当的工作。制定2016年降本增效行动计划，并审定"包、保"条件，三个事业部、铁前、钢后降本专题会已开，正在抓落实；围绕质量、产能瓶颈等问题，攻关项目已列出，今年动态评审科研及技术攻关项目；按照"顶岗劳务、保洁劳务、工序外包劳务"清零原则，审定劳务用工项目，这其中劳务用工，三上三下，厂开过党政联席会、职代会，公示过了都是要的，有的厂长明确表示这些活马钢职工干不了；春节期间安全生产工作，各项隐患排查与整改，正在逐一落实。我们呼喊十次，不如问责一次，安全、生产、质量问责去年已经是常态，而其他方面的管理问题还不少，尤其是职能部门不作为也要问责。今年延续去年质量工作的管理办法，抓公司产品质量总损失的继续降低，抓质量异议的追溯与处理，抓各条产线的标准化操作，保证质量稳定与提高。我建议给2015年承担降本任务重、贡献大的单位，有突出贡献的中层干部额外奖励，他们是马钢的中流砥柱。

2016.1.14　雪花纷飞等候高铁回家

元月7日，铁总机务部发通知给马钢，在北京局管内，一辆机车轮箍在运行中崩裂，做了临时处理后，机车被拖到唐山机务段后又崩了一个轮箍，海帆指示我立即去唐山机务段，参加周四上午铁总机务部召开的事故专题会。昨天下午4:09，乘G18次上海虹桥至北京南。因为此行是参与机车车轮崩箍的调查处理，心情忐忑不安，车轮质量人命关天。晚6:30在高铁上买了一个盒饭吃了，晚9点到，换乘办事处的车。汽车导航仪上显示还有185公里的距离，我们赶至唐山机务段。原来是江苏船山矿的专用机车头，2006年由大连机车厂制造，此次是被拖挂着返回大连厂去做十年后的大修，不想在北京铁路局辖区崩箍了。北京机务段用一个轮对托架车托起，托至唐山机务段后，又发现一个轮箍开口了。我和李翔、童俊、卢永刚，钻进检修地沟查看一遍，我们认定轮箍裂开的原因是由于作业环境恶劣，平凡过度热制动，组织变性最终导致。

按铁总机务部通知，关联此事的单位：船山矿股份公司，马钢股份公司，大连机车制造厂，上海局南京车机务段，北京唐山机务段的人都到了。北京局安监局主任定性，此次发生在北京局管辖的机车脱轨事故是一起不知法的管理责任事故，大连机车制造厂在没有获得东风10D机车生产许可证的情况下进行了生产，上海局南京站又怎么敢允许地方工厂使用的机车上了国铁线路？安监局主任很厉害，他说依法办事。今天一是定了主责单位是大连机车厂，二是此车必须解体用汽车运输，三是责任单位赔偿北京铁路局的损失。船山矿机车使用的环境极为恶劣，车辆保养极差；上海局南京车机务段，在此机车上国铁之前，作过什么鉴定、检查，谁批准的？马钢公司你们的制造过程和材质有没有问题，等铁科院发出检验报告，最终我们发出事故处理报告。

从进了唐山机务段我一言未发，一直在倾听，现在悬着的心终于放下来，我心里清楚了，我们没事了。我立即给海建、丁毅、海帆发了短信，报告了相关情况。天空中飘起了雪花，我决定去唐山站买高铁票回家。

2016.1.20 有想法还要有办法

今天早上调度会，张建来了，他从技术中心常务副主任调至科技管理部任经理。散会后我和他聊了，又回到科技管理部来了，组织安排你工作的变动是正常性的，我本人也经过多次上下的交流，我们应该有想法，那就是把工作干好。春节快到了，汽车板推进处也并掉了，马钢和华菱汽车去年的合作要认真小结，开个专题会，相关工作快速接过来，我请华菱汽车总经理与我们一起，总结2015年，干好2016年；充分发挥各位副经理的作用，谁擅长什么就让他去干什么，充分信任与授权，科技管理部工作主动性很重要，公司领导交办给的工作，要克服困难去干，一定不能拖，履行好工作职能，服务好基层；我们可以随时不拘形式地沟通交流，科技管理部的工作方式要有变化。

中午我在看冷轧总厂高级技术主管利小民写的《关于连退带钢炉内跑偏的原因分析及对策》。利小民是一位能文能武的主管，2008年我在一钢轧总厂当厂长时认识的，在干无取向硅钢时，他是团队成员，喜欢思考问题，不仅仅局限于自己在设备点检维护中，还善于学习产品制造的工艺技术，很给力！去年四季度，随着汽车板放量的要求，销售接单的难度的增加，薄的硬的，超规格的，连退生产线成立瓶颈，连退的跑偏、擦炉墙、揭炉盖处理的工作量及次数增加，利小民去年增补为高级技术主管后，我告诉杨兴亮把他从南区调往北区，到连退生产线上去，知人善用，此副担子应该向他压，面对实际问题，解决实际问题。今天我看了《关于连退带钢炉内跑偏的原因分析及对策》，又和杨兴亮厂长交流了一下，我觉得困扰我们的问题就要解决了。

下午杜松林总经理助理来我办公室，专门谈合肥段客车轮辋裂炼钢生产过程调查分析。该组车轮钢为2013年6月生产的第一组，为电炉新开炉；精炼过程用B000994炉钢水和B000995炉钢水洗RH槽体，LF精炼时间长达344min、208min，连铸过程994、995均开浇不自引，烧氧2枪、3枪，铸机拉速0.48m/min下降至0.44m/min，连浇第5炉时Ⅱ流振动台故障，停Ⅱ流，第6炉开浇10min，PLC模块跳电，大包余104.6吨，整炉回停。生产过程不正常，判断导致车轮辋裂的原因是因钢中存在较大脆性夹杂物所致。我们商定要给每一炉车轮钢的制造过程建立评分标准，关键指标不合要求坚决判废。

2015.1.26　*聚焦技术质量难点*

2016年元月技术质量例会，在四钢轧404会议室举行。每次的技术质量例会，我都有得到学习和提升的感觉，已经连续四次我要求写技术质量例会侧记，发到马钢家园微信公众号和《马钢日报》上，搞技术质量靠人，搞人还要靠宣传舆论给力。此次技术质量例会从原技术中心二楼会议室移至四钢轧总厂404会议室，是因为制造部、设备部、能源调已迁至现场，我们更应该靠近他们，我也希望有更多的人喜欢参加这样的会议。

今天一钢轧总厂厂长许健专题报告CSP热轧产品的市场定位分析，调研很好，关键是设备改造的确认，尤其是要增上一条CSP热轧产品精平整线。高管宋强专题汇报了改造后线材产品定位和调试进展情况，当前是把量放出来，月产要从2.0万吨上升3.0万吨上升4.0万吨，因为设计50万吨/年，先把我们的冷镦钢市场找回来。制造部汇报SM650L汽车用大梁钢在3号连铸机上采用动态轻压下，电磁搅拌，工艺上用热装解决了分层缺陷问题。四钢轧专题汇报了火焰扒皮设备在2015年的使用情况，现在设备及工艺无问题，关键是缺设备维护人员。四钢轧专题汇报1580热卷箱在2015年投入使用的情况及2016年的使用计划，攻关继续前进。冷轧总厂专题报告了2#重卷线调试及试产情况，小改小修，要月产在2万吨、3万吨、4万吨上快速实现达产。这样的会真好，全是事关公司当前生产经营中的技术质量难点问题。

我在技术例会上讲了三件事：股份公司2015年质量工作总结已经出来，各单位认真学习并写出体会；2015年各产线质量的处罚与考核，已全部兑现了；高度重视产品实物质量，合肥客车段一片客车轮质量问题写所需的责任要追究，出口土耳其热卷赔付8万美元，处理到单位及出口产品质量负责人头上。

2016.1.28 数据分析用于过程控制

公司上下都在关注二铁总厂2#炉缸冷却壁水温差的变化，操作上堵了五个风口，日出铁量先减600~800吨，停止了2#铁沟出铁，7层冷板由常压水改为高压水，水温差下来了，热流强度也下来了，一周时间过去了，是继续这样守着，还是可以上攻些？产量低消耗高降本的压力太大了。公司任命我为二铁2#高炉炉缸特护小组组长，我建议发元，但文件下发还是我，压力重大！

今天我又来到了2#炉，与中冶华天沈涛总工，二铁总厂杭桂生、聂长果、殷欢、炉长讨论下一步的问题。把现状与二铁1#高炉无陶瓷壁时作对比；三个评价指标：水温差、热流强度、残砖厚度。以水温差为第一指标，决定行动；评价定位分为五档：正常、正常~预警、预警、预警~警戒、警戒，现在正常了，决定今天改高压水为常压水，加一点负荷，适时捅一个风口。

我们一同检查了炉下防炉缸烧穿的应对措施，挡墙、淌铁坝已筑好，摄像头、热电偶已经安装在线使用。

2015年我主抓炼铁生产稳定，公司所采用的方法，实践证明是对的。

三铁总厂围绕高炉体检建立了A、B炉打分规则，体检项目，顺行指数和趋势图。经过每天应用，不断修改和完善，高炉体检越来越真实地反映了高炉炉况，通过分值准确判断出高炉炉况现状，高炉系统管理由原先的结果做过程分析，转变为控制过程看结果，严格执行体检标准，坚持对两座高炉实施“日体检”和“班体检”，用体检表指导操作，通过对数据的对比，让技术团队和工长们学会用数据说话。为炉况的调整提供依据，指导高炉“攻与守”，应对的如何？

调整前后的结果可以追溯，形成了技术规范。

2016.2.1 极寒里透出一丝暖

新年的第一个月一闪过去了。今天马鞍山又下了一场大雪，春节的日子越来越近了。前天晚上中板厂失火，我和田俊在现场指挥，为了防止舆论乱传，火灭了后，我给杨子江发了一条短信：今晚5点50分，一钢轧中板分厂在生产过程中，1#冷床下部滚轮润滑的干油脂不慎着火，由于厂内消防栓前些天因低温冻坏，造成火热势蔓延。经市消防支队救援，于晚7点40分将火扑灭，无人员伤亡，无大的设备事故。

元月份生产经营预报已经出来，股份公司本部基本达到了公司控亏目标的要求，预测是亏损3.88亿，实际亏损失2.98亿。元月份生产经营的特点是：外部订单尚可，原燃辅料保供正常，两头市场对冲的负贡献在缩小；内部生产情况是铁欠5700吨，钢欠4000吨，欠产的主要原因是二铁总厂2#高炉发出预警，炉缸水温差升高，但钢厂铁钢比未达到公司控制在0.95的水平；内部降本情况是公司各单位降本完成计划的69.25%，但煤焦化公司、长材事业部、能控中心完成任务。

上周我们经历了极寒天气，公司要求各单位处干带班值守，经查全部到位；各产线的运行状况是：炼铁过冬平稳，焦化、港原、港口保供正常，块矿烘干系统正常，一铁正常，二铁2#炉高炉发出预警后，各项措施已经全部到位，二铁3#炉，科学操作方法产生好的效果，产量稳定在2750吨/日以上，三铁A、B炉底板上翘应力略增，在关注；钢轧生产平稳，一钢轧CSP元月恢复生产后，经过磨合设备正常，产量再增。长材事业部整合后运作平稳，要关注高线调试及品种钢的生产。四钢轧炼钢正常，主要问题是2250、1580生产不稳，影响后道工序产量；冷轧总厂本月保质保量完成生产计划，连退线跑偏的问题已经有效控制；三个事业部因订单太缺，春节放假。二月份公司生产经营计划已经下发，我们内部要发力，力争把亏损控制在2015年以来最小的水平。

2016.2.2 布置去产能工作

今天丁毅主持召开化解煤炭钢铁产能及落实省属国企会议精神专题会。公司到省里参加了会议，转变发展方式，早转早主动，必须跟中央保持一致，积极争取落实政策。丁毅说：公司现有钢铁规模归并在一起，应有一个统一的谋划。合钢、长钢、马钢，原落后产能确定的范围是合肥炼铁、炼钢、轧钢；马钢一铁、二钢轧、二铁总厂3#高炉，这些范围内的资产存量，现有从业人员和过去的处置意见；从现在起我们要拿出公司的处置意见并向上报告。

省属钢铁煤炭企业化解过剩产能实现脱困发展调研要求是：摸清现有产能情况，确认淘汰落后及具体时间安排；需要分流安置多少人员（分几类，每类多少人）；化解过剩产能涉及多少资源、资产、负债，怎么处置；人员安置费用多少（依法依规测算各类安置），人员明细费用；退出产能土地及相关资源潜力如何，如何开发利用；如何深化改革（上市混改、股权激励、管理层员工持股等）；如何加强管理；实现转型科级脱困发展的具体措施；需要地方支持的政策；国家奖补资金如何分配，地方怎么配套；安全生产措施如何落实；关停产能对地方财政的影响；“三供一业”如何移交，责任怎么落实；如何做好稳定工作。

这次化解煤炭钢铁产能，国家是动真格的，有习近平总书记的重要讲话，有李克强总理召开的专题会，有国家出台的奖补政策，各省市都在抓落实。

2016.2.4 *践行马钢家园文化*

昨天参加制造部职工代表大会，文洋经理的报告很好，“扎根现场、紧贴市场，全面提升制造和服务水平”。我给制造部全体员工作了讲话。2008年7月我离开了奋斗九年的制造部（生产部），生产部在公司的形象很好，执行力强，员工个个斗志昂扬，精神饱满，我和团队结下了深厚的情谊。随后是汤曙光干了两年经理，接着是伏明干了两年经理；2013年张文洋接手生产部经理，2015年元月成立了制造部，不知不觉，却过去了八个年头。我依然是充满激情，认真思考，精心准备了这次讲话。会后，周全反馈，您是老领导，每一句话都在敲打着我们思考前进。陈斌说，我在整理，消化和反思您的讲话，您的讲话数据详实接地气，语重心长鼓干劲。武占军短信，我感觉高总有很多训示是对我说的，回顾2015年干了不少事，工作平庸，顺着大家的步伐走，没有突出点，高总的话“一勤天下无难事”，我会铭记在心上。于景辉说，听您讲话，知道对生产和技术质量工作充满期望，您说的勤能补拙，保持工作的韧劲对我很有教育。马良说，听高总讲话震撼，我们要为保卫家园而战。毕良仁说，您给制造部的各位上了一堂非常有意义的课，在工作与学习上指明了方向与方法，引起我们的共鸣。金波说，钢企巨亏，马钢煎熬，制造部肩负重任，高总深情、唯有努力，唯有勤奋保卫家园，听高总讲话，备受鼓舞，深受激励，点个赞！杨泉山说，很温暖人，很鼓舞人，让大家产生共鸣，平时除了工作，太缺乏您今天话语里的人文关怀。方亮说，领导，我感觉您讲到我们大家心里，这么多年，感觉您还是那么讲责任，心系马钢大局，贴近群众。

下午3:00，在公司会堂参加《奋力求生存，携手保家园》，2016马钢新春团拜会。在我的工作经历中，我特难忘去年的艰难与痛苦，亏损、全年亏损、巨额亏损，真的让我感觉到生存下去的压力，但各条战线的马钢人，奋力拼搏的精神在坚强的挺立。今天上映了《桃冲人的抉择》《我们的卜大师》《小梅讲特钢王尚的故事》《高炉之战》《我心中的那个“她”》，都是我知道的真人真事，还是让我为之感动。今天表彰的优秀APQP项目组，矩阵式党建工作先进集体和个人，岗位技术状元“市场开拓奖”“马钢家园卫士”，都是我体会到的人物事迹，还是让我为之振奋。出台一场这样的团拜会，是这两年的创新。讲自己家的事，讲自己家的人，从提出到践行，马钢家园已被马钢人认可了。

2016.2.5 与高级技术主管共舞

2016年如何当好高级技术主管？我从去年考评优秀的高管中选了6人，请他们写出自己的打算。今天《马钢日报》以“锐意变革应挑战，保卫家园勇担当”为题，把六位高管的文章全部登了出来。公司职代会确立了“以提升相对竞争力为核心，聚焦两大战场，锐意变革突破”的指导思想，破旧立新，扭转危局，主攻方向直指市场和现场这两大战场。生死存亡的紧急关头，爬坡过坎的关键时刻，公司的高级技术主管，理当提出更高的要求，因为他们是公司生产经营的“中坚”，是“中坚”就要热爱马钢、忠诚马钢，与马钢同心同德，同舟共济，共克难关，是“中坚”就要责无旁贷地发挥高管的聪明才智，在自己的岗位上多作贡献，是“中坚”就要在应对市场，保卫家园中敢于担当，勇挑重担。说千道万，企业中最重要的还是人，在马钢的技术质量工作中，最重要的是发挥好高级技术主管的作用，他们已成为我开展工作时、遇到难题时、分享快乐时的伙伴，我也越来越依靠他们的支撑和帮助。

2016.2.14 化解钢铁产能势在必行

今年春节长假七天，我每天早上参加公司的调度会，公司生产运行平稳。今天全体职工都上班了，公司领导新年上班的第一件事就是落实省国资委下达的去产能任务。

钢铁去产能，不能拖，也拖不起。化解钢铁产能是国家实施供给侧改革的首要任务，已经上升到了国家意志的高度。现在我国粗钢产能为12亿吨，按2015年产量测算，产能利用率不足67%。2015年钢材价格连续创出有指数记录以来的新低，钢企效益大幅下跌，亏损面大幅上升，企业经营异常困难。一些钢企和地方政府在去产能过程中仍然抱有等待，观望等侥幸心理。一是“投机情结”（不好时停，好时干）；二是“依赖情结”（不怕亏，政府怕亏）；三是“旁观者情结”（希望别人减产，自己不减）。首先，充分发挥市场倒逼机制作用，其次坚持企业为主体，再次，加强地方政府的组织协调作用，最后，中央政策托底是关键。去产能过程必然面临企业员工安置，企业债务清偿等。按照中央钢铁产能压缩1.0~1.5亿吨目标，以大中小企业人均产钢350吨/年计算，涉及员工50万人，钢企本身的重资产性质决定了去产能成本会很高。按照吨钢投资4000~5000元计算，1.0~1.5亿产能涉及资产额约4000~7500亿，若钢企负债率约为65%计算，则这部分产能涉及的债务规模为2600~4800亿，这钱从哪里来，还有企业的呆、坏账。

过去是上有政策、下有对策，说得过去就可以了。现在是上有政策、下无对策，说都说不过去了。好在安徽不是产钢大省，其他小的钢厂还不成气候，马钢可以按上级要求做到，但减人还是很难的。在马钢要减那些白养着的、不干活的懒人更难。

2016.2.16 *深耕科研开发*

今天上午我和上海晶龙公司薄丹青谈马钢与晶龙合作生产取向电工钢并贴马钢牌销售问题。一年的努力，马钢有能力生产取向电工钢了。海帆总经理已在去年末马钢销售用户大会上宣布，电工钢是马钢定位的战略产品，2016年6月底一定要实现马钢低牌号取向电工钢的市场销售，我们双方共同努力，真诚相待；马钢供晶龙公司取向电工钢热轧卷的问题及冷轧脱炭退火卷的问题，已列出问题及整改要求清单，我召开专题会，理清我们与你们的工作界面及质量要求，并订出衡量标准。原焦兴利主管的电工钢炼钢、精炼及连铸的相关技术质量工作，现在由徐小伟高管担当。马钢取向电工钢热轧卷及冷轧退火卷价位高于市场价，我们双方进一步降低工序成本，由陈友根高管来担当，在贴牌销售马钢取向电工钢的工作中，我们保持直接联系，既定目标一定要实现。

下午我召开股份公司科研项目（技术中心承担）结题验收评审会。评委组成：高海潮、乌力平、黄发元、王炜、张建、程鼎、崔银会、奚铁、朱伦才、张文洋、许继康。我提了评审要求：新年伊始，科研项目严格把关，我们鼓励工程技术人员积极参加，本着宽进严出的原则；科研项目必须突出技术含量，研发的新品进入市场要取得比较效益，必须具有获得省或国家科学技术成果奖条件；科研项目必须获得专利保护或形成技术秘密；除此以外我们的科研项目必须在企业生产经营中解决突出存在的问题；评委每人一票，此次评审通过必须是获得2/3以上票数的。课题负责人报告：因为是结题验收，应开门见山，直接报告项目目标的要求及项目目标完成情况，其中的关键点应是技术难点或创新点。评审分为：项目目标完成情况50分，取得的成效中含直接经济效益，对公司生产经营支撑取得的知识产权，创新点等30分，技术难度自主完成比例20分。

在结题验收评审中我发现有如下情况：项目负责人自己承认科研项目不符合结题的要求，因为项目约定的目标没有达到；科研项目立项后在实施过程中发现新的问题，但未申请更改；项目符合目标要求，但结题后不知该科研项目在生产经营中的作用，已不符合现在的实际；评审中发现有的科研项目没有科研的内容，理论或实践上仍有空白点，有的科研项目仅仅属于技术攻关项目的范畴；结题报告并未经过小组的集体讨论，一个人自拉自唱；报告科研项目的要求是外行听得明白，内行听到了明堂，老一套的东西没改，引入了TS16949汽车板标准的要求也没有DFMEA、PFMEA、甚至PDCA循环。一个科研项目从立项起就好似春播，但没有过程管理，哪里会有好的收成，冰冻三尺非一日之寒，今天的评审，又一次让我焦虑起来。

2016.2.17 *长材战略调整*

总经理在接待ASCO法方代表团来马钢的工作计划上批示，由我负责此次外事活动并完成相关任务。马钢历史上每个引进项目都培养了一批人才，此次公司长材战略调整，成立合资公司生产汽车关键零部件；我们应以学习为主，尊重外方专家，他们负责“写所需”，我们负债“做所写”。我们要认真消化写所需，充分准备好做所写。此次法方的技术转让协议价值450万欧元，折合3510万人民币，作法方股份进入合资企业，我们一定要在此次技术转让中学到应该学到的东西。

今天我们与ASCO法方代表团队交流。特钢公司、ASCO公司、技术中心、科技管理部、外事办、海外事业部、长材事业部的技术主管全部参加。法方来访人员：吉尔斯·贝鲁（首席运营官）；米歇尔·拉海克（投资顾问）；安东尼·威迈士（技术总监），让·伊夫·万内戴（轧钢工程师），伊夫·巴尼亚克（炼钢工程师），埃尔维·昂森（线材精整专家），若埃尔·蔓奇尼（炼钢工程师），埃尔维·赫贝特（亚太销售代表）。

第一周，工作计划制定，马钢特钢设备介绍（炼钢车间，开坯线，棒材精整车间，线材车间），详细参观。合资工厂建设现场参观；炼钢、工艺和设备现场技术分析，开坯、棒材、线材工艺设备现场技术分析，棒材车间、线材精整车间、小棒精整车间，与马钢团队就工艺路线布置图和技术标准进行研讨；对两炉试制的弹簧钢，硅镇静脱氧55SiCr、铝镇静42CrMo工艺参数进行确定并做试制准备。

第二周，法方专家让·伊夫·万内戴（轧钢工程师），伊夫·巴尼亚克（炼钢工程师）现场指导并跟踪两炉弹簧钢的炼钢、精炼、连铸、开坯过程，并负责指导取样。我提出要求：项目组经理曹天明负责按法方要求试制好两炉钢，ASCO公司及其他单位全力配合及服务好；我们组成的炼钢配合组、轧钢配合组，当天工作当天小结，把握好“写所需”的细节要求，把“做所写”的难点告诉法方专家，找出具体的解决办法，有条件要干，按计划执行，没有条件创造条件也要干，做不到的问题找我。

2016.2.23　　进军取向硅钢市场

今天早调会上我点评了四件事情：冷轧总厂2#卷取生产线，昨天一名正式职工，甲班主操李建国被切边缠绕造成重伤，2月5日一名协力保产工刘强（54岁）从篷顶坠落工亡。一个月的时间不到，同一条生产线，一起工亡，一起重伤，公司要求安全管理部启动问责；二铁总厂本月分炉座推进喷煤比初见成效，本月130kg/吨铁指标可以完成，三铁总厂两座大高炉，喷煤比目标是150kg/吨铁，现在还不达标怎么办，我个人认为是对喷煤比认知不足的问题；四钢轧2250轧机F2活套故障，20:08停机一次，20:46停机两次，三次停机后，经查是活套地角螺栓松动了，浪费了时间，我们点检、检修的职业技能跟不上，此事例为单点课，举一反三把学习与教育结合起来；制造部每天早上通报一钢轧、四钢轧、冷轧总厂计划执行率、计划兑现率，单日可以波动，累计值发生下滑时要点名点事，说明直接原因。

下午我召开关于合作生产取向硅钢贴马钢牌的问题会，陈友根、司小明、王立涛、胡柯、武占军、徐小伟、闻成才、裴英豪等人参加。前面的现场调研，我心中有数了，生产取向硅钢是马钢产品战略定位，现在取向硅钢技术已经成熟，国内已经开始扩散，我们要不择手段在今年6月底抢占先机，销售贴牌马钢取向硅钢；3月份晶龙公司向马钢购买取向硅钢原料卷1000吨，整个制造过程必须达标，专业工程师全线跟踪，其中500吨以热轧卷供给，另500吨在马钢完成一次冷轧，生产计划要一次下达并一气呵成；本周末组成一个小组去晶龙公司无锡工厂，针对元月580吨的冷轧料，跟踪后工序生产情况，了解全部工序参数及控制，所需设备情况。

合作研制取向硅钢需要公司领导协调的若干问题：单机架试制一次轧硬卷，连退工序试制脱碳卷，单机架试制二次轧硬卷，占用硅Ⅰ期生产能力，销售公司削减W1300订单量或延迟交货期；取向硅钢卷一次冷轧，二次冷轧走出的费用，进入新产品试制费用核销；连退工序成本马钢700~750元/吨，晶龙工序成本350~400元/吨，取向硅钢试制成本差重新核定后，进新产品费用；连退、二次冷轧试制用取向硅钢原料，晶龙公司提出由马钢自己提供，合格品晶龙全部购买，不合格品马钢自行处理，我当即表示同意。研发新产品必有投入，当领导的遇到问题就要解决问题，在干中提升自己的能力和威信，因为你手中握有解决问题的资源，这是别人没有的。

2016.2.25 创新用户满意度管理

马钢产品（用户）投诉管理及用户满意度测量是个难题。我们从卖线材螺纹钢给贸易商到向制造厂供应汽车板、电工钢。外部用户投诉处理要快速，有效，整改；将用户投诉处理与满意度测量结合起来；测量数据和结果符合ISO/TS16949等标准及其他认证要求，并对改进产品实物质量有管理作用。过去采用的向用户发一张调查表，请他们给每项服务工作打个分的做法已经不行了。我们尝试把满意度分成用三个指标测量，即产品质量满意度、产品效益满意度、产品品牌满意度。按上述权重模型计算2015年公司产品用户满意度84.32分。我要求用这个模型回溯过去计算2013年、2014年产品用户满意度，其目的是更准确地修订这个模型，并把它作为马钢管理创新成果申报。

我给销售公司范国利科长写了建议：成果报告拟以这样的顺序展开——过去马钢产品（用户）投诉管理及用户满意度评价的实际情况；过去问卷调查方法存在的主要问题及不足；为什么要重新设计和优化；我们重新设计的总体思路，表现方式及用法；2015年三个满意度各自表达了什么？与马钢产品实物质量的吻合情况；坚持PDCA，持续提升满意度测量的精准性。

2016.2.26 做好过程，结果就会显现

股份公司第285次总经理办公会。股份公司本部元月亏损2.93亿，另外，长钢亏3600万元，合股亏2900万元。股份公司本部要求2月控亏在2.47亿，2月23日计财部预测本部经营亏损在1.887亿。2月26日，经理办公会市场部报告，本部亏损在1.5875亿。预计3月份本部亏损在1.54亿，另长钢亏3000万元，合肥亏3200万元。公司设定三月份经营目标：股份本部控亏在1.02亿元以内，其中长钢不超833万元，合钢不超1000万元。

2月生产经营的亏损控制在目标之内，也是2015年以来最小的亏损额。3月公司订单是，价位在往上走，因此我们要满负荷生产，抓住难得的机遇，组织生产中优先保

证高附加值产品的量，汽车板摆在第一位，无论是公司内的产成品库存和销售公司家中的库存，必须快速出货。内部降本2月全公司降本完成1.69亿元，仍欠月降本计划的2284万元。三月“三打祝家庄”，内部降本必须完成100%。

我今天收到了2015年职代会测评结果。股份公司七届三次职代会对集团和股份共18位领导测评，收到有效票346张。股份公司平均情况是：优秀132票，称职159票，优秀和称职291票。高海潮得票：优秀189票，称职117票，优秀和称职306票，基本称职33票，不称职4票，弃权3票。

一眨眼，今年两个月的时间过去了，我分管公司生产和内部降本工作，每天我都在找事做。2月生产运行平稳，生铁计划102，实际105.1，超3.1万吨；钢计划107.5，实际111.5，超4.0万吨；材计划104.9，实际105.5，超计划0.6万吨；2月达到了控亏的目标，实现了2015年以来连续14个月的最小亏损额。生产运行中突出表现的是：铁前高炉过冬结束，喷煤比大幅提升，通过改善操作指标，铁前提升了降本增效。四钢轧2月生产不好，主要是热轧生产不顺、堆钢次数多，四钢轧是公司头号重点单位，承上启下，四钢轧要眼睛向内，其他单位应加强对四钢轧的到位服务，力争3月份干出好成绩，我要特别关注四钢轧内部1580、2250两个分厂设立后的运行态势，我要去找两位分厂厂长问问，他们怎样完成三月份生产计划。

2016.3.1 *第一个竞标课题结题评价*

公司招标课题——四钢轧铸机板坯角部横裂纹技术攻关结题。评委：高海潮、乌力平、杜松林、张文洋、李博、刘国平、张建、崔银会。

在今天公司竞标课题结题前，事先做了两次预评价，作为评审组长，我请乌力平副总工做了一次，又请科技管理部崔银会副经理做了一次。现在合同约定时间到了，我们对照合同约定的任务目标，实事求是评价；公司级课题全部完成的难度很大，一个团队还要得到方方面面的支撑，尤其在连铸机设备上。结题之后，完成的部分必须固化下来，应用在生产中，写所需再次修订，标准化操作下去，未完成的任务结转下去，我们可以用其他方式激励继续做下去。

刘启龙作了专题汇报，评委都发表了自己的意见，科技管理部作了评价，实现了43个钢种确认不清理。2015年四钢轧三台铸机生产这43钢种，不做角部清理直接装炉轧制共计37.2万吨；以每吨清理费用20元计算，直接节省费用744万元，按免清理铸坯量占需清理铸坯总量比例（A），设定奖励总额（B），奖励项目经理刘启龙个人是30%×60=18万元。最终评委签字，同意课题验收结论性意见。合同约定未完成的任务，由乌力平牵头组织，以其他形式继续进行。已完成的43个钢种在今后的生产中由刘启龙监督保证不清理，保证时间为三个月。

此次公司第一个招标课题只达到了最低要求，原因是多方面的，假使再延长攻关时间，也是难以实现的，因为攻关过程中管理与技术是交织在一起的，不是行政领导挂帅是不行的。

2016.3.2 冷轧发生了很大变化

2015年公司成立了冷轧总厂，将原一钢轧总厂和四钢轧总厂的冷轧剥离出来。一年来冷轧发生了很大变化，生产顺行，质量提高，用户评价高了。历时9天的酸洗连轧机组和连退生产线年度检修结束，今天穿带，恢复生产，提前一天。我和杨兴亮、严开龙去各机组现场看一下生产准备情况，我特别关注的几件事，我要去检查一下。

连退线，检修现场已清理干净，尾部将干燥炉去除了一节，加上了热风吹扫，加热炉升温段7、9、11、13、15#炉辊加了四角垫片，以偏纠偏，合金高强钢焊缝退火装置已土法上马。下次检修时再增加二套单纠偏辊，连退线就OK；酸轧后库下沉的位置，西北角整改了约500平米，在原有的基础上，加钢筋网，重新浇注高强混凝土，最薄处180mm厚，最厚处约400mm厚，这是冷轧总厂人想出的好办法；2#重卷线，现在更多的担负了4#镀锌线切边的任务，4#线要上切剪事可以等了，重卷线的功能要充分发挥，碎边卷出了安全事故处已整改，设置隔离线位开关门；镀锌线生产任务重，也实现了超产。工人捞锌渣很精细，谁捞的记上号，降成本，顶部水冷辊已投用，风控稳带器效果好，准备再上一套，地面吸风口换了方向，场地绿色通道油漆一新；酸洗线湿平整机正在调试使用参数，总厂计划3月40%，然后逐月提升，我要求7月起实现100%湿平整，这样产品表面质量好，可以加价。

半天的时间，把冷轧北区看了个遍，我放心多了，工作中走了8000多步。听他们的汇报，问我不懂的问题，学到了不少东西。

2016.3.4 眼睛向内，不断反思

今天周五，上班前就在想工作。机关部门为什么不主动担当自己的职能，领导说了才去动。一钢轧中板分厂年前失火；冷轧总厂2#镀锌线年前工亡一人（属地），年后重伤一名正式职工；在全公司反向很大，怎么到现在还没有处理信息。我告诉企管

部张吾胜经理，明天在公司周六视频会上，两个单位必须是经党政班子研究后的意见，由一名处干向公司作认真的检查。眼睛向内，反思过错，检查中先说清本单位内部处理决定，随后由监察部向中层管理人员问查，扣发绩效年薪，也可以是行政记过等处分。问责一次胜过说上十次，企业管理必须从严，我这样往前冲。会后我主动向海建、丁毅、海帆说了，他们赞同。海建说，你现在是常务副总经理，今后这样的事你要抓住不放。

今天我又一次来到了煤焦化公司5#焦炉工地，焦炉工期提至7月20日出焦。中冶总包工程，现在砌炉的是辽宁林源的工程队，他们在国内干过多座焦炉，特别能吃苦，租房住在三台，中午、晚上送饭到工地，砌炉工一天凭工作量计工资。我和调火工班长胡明、大学生冶伟冬了解情况，在焦炉上碰上了邱泉山经理。此次焦炉新建，煤焦化公司把它当成实践大课堂，一批年轻有为的同志有了学习的好机会。

我经常自己告诫自己，年龄大了但也不能单凭经验做判断，现在变化很快，仅听汇报做决策会失误。做决策前应深入现场，真正到一线去，能抓到一手信息，向最清楚的人，在干此事的人去问，没有时间挤时间也要去。

2016.3.8 钢材价格迎来了一次普涨

今天是我和爱人结婚30周年的日子，如果不是在现在的岗位，我也改非休闲了，现在还在忙工作也是开心的事。近期有些好消息，全国钢材市场出现了各类钢材普涨。尤其以北方唐山市场的带动效应，唐山钢坯由低价时每吨1450元，现已涨至2020元，华东地区今日螺纹钢已开盘报价在每吨2170元。

昨天下班后，高海建召集我们为市场变化小范围碰头，强调一定要抓住机遇，3月份股份公司咬定盈亏持平。上旬结束，公司召开经济活动分析会，立即行动，销售要快速调整价格；生产组织以放量为主，快速出货、多争现金；采购要控制煤、废钢涨价，矿石采购应谨慎行事。在市场钢价上涨期，内部生产不许出事，减少难干品种订单，暂停炉机产线设备计划检修，新品开发也放缓。

今天早调会我讲：“昨天海建董事长针对当前急剧变化的市场状况，召开了紧急会议，近期钢材价格普遍上涨，无论如何是一次机会，会有一个上涨的波段。我们必须紧贴市场价格，加快产成品和分子公司产品的出货；调整订单计划，以放量生产为主，在钢价上涨及平稳阶段，暂停生产线上各炉机的检修项目。公司调整3月经营目标，力争实现盈亏平衡。公司向三个炼铁总厂、一钢轧、四钢轧、冷轧总厂、长材事业部发出命令，科级干部、处级干部跟班上一线，工人三班倒，班班见领导。

2016.3.9 培养能力，承担责任

2016年元月份各大钢财务报告出来了：鞍钢亏11.6亿，本钢亏6.9亿，山钢集团亏6.4亿，华菱亏5.8亿，宝钢亏3.6亿，武钢亏1.9亿，首钢亏2.0亿，酒钢亏1.93亿，马钢亏4.2亿。

高炉稳定，炼钢和轧钢能力大，干板带品种关键是2250和1580两条热轧生产线。现在兰于是2250热轧分厂厂长，成印明是1580热轧分厂厂长，我清楚两位的背景、工作能力和水平，但更要关注和指导他们当分厂厂长，因为事关全局。

去年全年1580生产线合计堆钢49次，月平均4.08次，影响生产时间3436分，平均每次处理70分钟。其中操作技能及责任心、设备确认占23起，占比47%。去年全年2250生产线合计堆钢61次，月平均堆钢5.08次，影响时间4148分，平均每次处理时间69分钟。其中操作技能及责任心、设备确认占29起，占比48%。我请两位分厂厂长认真准备，一周后，我专题来听他们跟我讲“如何当好分厂厂长，做好2016年的工作？”的想法或计划。

公司要求工程技术人员进驻现场，现在是人和办公地点已经到位了。我在想本单位的人，技术中心的人，制造部的人都在现场，本单位的人我想工作职责原先就是明确的，技术中心的人和制造部的人在现场怎么开展工作、干什么、管理什么。我最重要是在看他们学什么？不仅是人和位置在现场了，关键是人的心贴在了现场，最近的实际状况欠佳。各单位主管领导要亲自出题，亲自检查作业，每位现场员工一周应该详细报告自己工作情况，快速提升工程技术人员的技能和真正地融入生产现场，才是我们的目的。

2016.3.11 H型钢出口韩国认证

上午参加订单跟踪OTP平台和日成本分析平台开通发布会。我们的订单跟踪平台是一个对内对外的服务平台，以汽车板订单为例，它应该把汽车厂订单需求与我们加工中心存货，现在生产正在执行的情况，动态结合起来，实现互联、互通、互动、共赢的目的。日成本分析平台，已经覆盖了全公司，从炼铁→炼钢→热轧→冷轧→彩涂的61条生产线，运行状况是日标准成本越来越准确，日实际成本与标准差异不断缩小，设置了日成本红、黄、蓝三色指示灯。两个平台已经开通了，我们各位要在平台上行动起来，各级管理者要经常打开平台的窗口进去看个明白，做出自己的评价，加

大内部员工的培训力度，引导外部客户使用平台跟踪订单，让订单跟踪平台成为我们每天工作中不可缺少的工具，最终是根本不能离开。

公司H型钢产品出口韩国多年了，这些年来韩国累计从马钢进口的量约20万吨。为设置贸易壁垒，韩方也出台了一个KS（韩国标准）的产品质量认证，中国现在山西、莱芜H型钢厂都已通过韩国KS认证，日照也正在进行，销售公司才知道客户有了新情况，要求科技管理部尽快让公司H型钢产品通过认证。我们销售公司做外贸出口产品的员工，应该心中有数，在和客户交流时就要有全方位的信息收集，除了客户对产品的特别要求外，出口限制性条件一定要摸清，否则工作很被动，要拿订单时或参与招标时才发现要外方审核认证书会误事的。我听完周晓岚高管的汇报后，决定在线请一家中介咨询机构协助此次认证，建立一套出口产品外方审核的工作办法，明确各项出口产品证书负责人、检验负责人及产品质量追溯责任人。

2016.3.14 *擂响“扭亏为盈”的战鼓*

今天公司召开马钢生产经营动员会，要擂响“扭亏为盈”的战鼓。海建说：抢抓市场机遇放手一搏，奋战两大战场，打好经营翻身仗。根据今年元月、二月经营实绩形成了竞争力分析报告，股份公司经营状况较去年有了明显的改善，在规模相近的对标企业中，我们处于行业的中上游水平，竞争能力仍有空间。现在要抢抓当前市场回暖的有利机遇，坚定信心，为实现公司月度扭亏为盈而努力奋斗。

销售价格分析（汽车板、家电板、无取向硅钢、热轧卷板、型钢产品、彩涂、特钢、车轮）。今年元月：马钢热轧汽车板均价2017元/吨，比8家平均价格低99元，比宝钢低880元/吨。冷轧汽车板马钢均从2418元/吨，比8家平均价格低328元/吨，与宝钢比差877元/吨。镀锌汽车板马钢均价3070元/吨，比6家平均价格低668元/吨。家电板，冷轧马钢价2120元/吨，比10家平均价格低275元/吨，与宝钢比差1160元/吨。镀锌马钢均价2681元/吨，比10家低277元/吨，与宝钢比差2191元/吨。无取向硅钢，马钢均价2798元/吨，比7家高128元/吨，比宝钢低314元/吨，行业排名第二。热轧卷板马钢平均价1608元/吨，比10家平均低185元/吨，与宝钢比低1117元/吨。线棒产品马钢平均价1646元/吨，比10家平均高49元/吨，排名第二位。型钢产品平均价2025元/吨，9家排名第一，保持品牌优势。车轮产品销售价均排名第一，彩涂产品平均价3525元/吨，比6家平均低664元/吨，与宝钢比差883元/吨。特钢产品，马钢与兴澄特钢差距在50~70元/吨。

2016.3.16　全面行动，绝地反击

省发改委来马鞍山调研经济形势座谈会。我没有参加过政府此类会议，此次是海建点名要我参加的。主持人：副市长侯军，参加：市经开区、黄湖高新区、郑蒲港新区、东范园区、市发改委，市经信委，市科技局、市财政局、市人行、市人社局、市商务局、市招商局、市统计局、马钢江东控股、华菱星马、蒙牛、圆星生化、东海机床、绿地置业等。省发改委副主任吴劲松开场白说：每个企业结合自身经营实际，在国家经济新常态下，2016年怎么干？说实话！政府大、企业小，在市各单位发言后，省发改委吴劲松副主任点名马钢发言。

我代表马钢发言：前面市委、局的发言，都说到了马钢的亏损，拖累了全市经济的发展，对此，我们感到压力巨大并表示歉意。2015年马钢集团亏损53个亿，资产负债率62%上升至64%；中钢协已经公布了钢企各家2015年的财务报告，酒钢-88亿，包钢-80亿，鞍钢-77亿，武钢-69.8亿，太钢-43亿，中钢企业总亏损额645亿，其中钢铁主业亏损千亿元，中钢企业现在有年11亿吨的生产能力，去年达8亿吨，在连续30年的发展中，第一次产量降了2%。2015年钢材价格一路下跌没有回升过，长材、板材价格指数是有发布以来的最低，螺纹、线材价位已跌至1994年2月的水平，螺纹1620元/吨，热轧卷1650元/吨。中国钢企正在经历痛苦的抉择，没有边际利润要生产，资产折旧不计提要生产，根据两头市场预测控制亏损额度还要生产，2015年马钢与过去同样规模产量，比市场好的时期销售收入跌去了一半，比2014年又跌去1/3。

2016年形势依旧，钢企资金十分紧张，日子十分艰难。元月、2月行业亏损额已经出来，元月马钢集团亏4.2亿，鞍钢亏11.6亿，本钢亏6.9亿，山钢亏6.4亿，华菱亏5.8亿，宝钢亏3.2亿，武钢亏3.0亿，首钢亏2.0亿。2月末至3月上旬出现了一波钢材价快速回调的行情，我们认为是较短时间内中间商操作的效应，因为真正的需求和实际的供给没有变化，国务院发布的去产能文件才开始调研，随钢价的上涨，进口矿及煤炭的上涨紧跟。2016年马钢股份是按照亏损27亿做的预算，元月亏2.98亿，2月亏1.58亿，3月力争盈亏持平。马钢现在面临巨大困难，但马钢不会倒下去，我们在调整结构，新品开发，市场开拓，内部降本，抓住商机，全面行动，绝地反击，马钢的中高层管理团队在“白加黑”“五加二”的努力。马钢要生存下去，今年按照17个亿的固定资产投资做了预算，新开工项目5个亿，原开工项目续追12个亿，投资较大的项目是4#高炉、新建5#焦炉及冷轧产品的脱脂机组。海建交待我说两件事：请省发改委帮助马钢“十三五”建设项目对国家专项建设基金的申请，协调银行提高专项建设基金支持比例并与项目贷款组合起来。

2016.3.18　亲自调查，心中有数

下午周晓兰告诉我，三钢轧HRB400螺纹钢筋在马鞍山市质监局抽查出了问题，市质监局抽查了原三钢轧一批螺纹钢筋，HRB400，屈服强度有393、396、397、402 MPa，我们检测中心报出出厂前的结果是420~430 MPa。听到此信息，我立马想起这是国家强制标准的规定。

我去长材事业部南区，调查φ25螺纹钢HRB400B屈服强度问题。今年3月6日，三钢轧棒材分厂生产1603031300批号螺纹钢筋；今年3月7日，送检测中心理化三站检测，屈服445、450、445 MPa，抗拉625、625、625 MPa，延伸23、22、25，冷弯合格，重量偏差≤2%，各项指标均合格；今年3月10日，市质检局在三钢棒材分厂抽检1603031300批号，10根，每根0.5米，在市质监局测试后，报出屈服395、394、397 MPa，比标准低了3~6 MPa；今天我和棒材分厂厂长潘时生面对面，对厂内库存螺纹钢进行了全部抽查，φ16、φ18、φ22、φ25全部，16批次全合格。写所需、做所写全部符合要求，为降本节省合金和负公差轧制，轧钢分厂生产时T2、T3温度有波动，但在控制范围内。我带潘时生去理化三站，查看原始记录，我们的检验是在100吨型号SHT5106电子伺服万能试验机上进行的，蒋进检测技师告我：不同型号的试验机，国标HB/T228.1-2010规定，允许误差1%，计算公差±2，可以认定合格。我的心放下来了，自己亲自调查，做到了心中有数。

2016.3.24　艰苦奋斗不能松劲

4月份经营目标评审会。预测3月股份公司本部利润6200万元；这样今年一季度比我们的控亏目标少2.9亿；4月预测可实现利润0.5亿，力争1个亿。机遇来之不易，我们不能亏下去了。3月至今公司各条产线、设备状况稳定，高炉过冬结束后，产量又拉了起来，铁日产在3.66万吨以上。四月份，高炉根据自身情况适时安排检修；要适时安排难干的品种规格在1580和2250两条热轧生产线上突破；长材事业部资源紧缺，进一步降低铁钢；冷轧各机组放量生产，消化库存基料，脱脂机组4月28日投产，湿平整机组100%可以通过。高董事长要求：工人四班倒，班班见领导，处干、科干跟班继续坚持下去；合肥板材要从人、机、料、法、环分清原因与责任，快速提升产量。4月公司生产经营要求是：冷系列板材、线、棒加量，满负荷生产，型材、中板、热卷限量生产，中间品、成品库、加工中心，现货中心加大出库；特钢公司按订单分时段生产，把特钢产品质量提起来，炉与炉成分差，连铸的过热度，每一炉钢生产过程的评分，质量评价的硬性指标班班做、炉炉做。

2016.3.24 刚性制度转化为自觉习惯

炼铁技术处组织高炉操作指导书考试，在技术中心一层会堂举行，我和黄总参加。开始考试之前，我作了个简短的讲话：3月份是历经14个月的艰难亏损，马钢股份公司实现了营利，这是一个鼓舞人心的好事，今天参加高炉操作指导书考试的是炉长、核心作业长、区域工程师、你们是每座高炉的领军人物，我代表公司感谢你们作出的贡献。马钢是钢铁联合企业，铁现在仍然是公司的瓶颈，仅有年1380吨规模的能力，而我们的炼钢、轧钢年可以达到1800万吨的能力，所以铁的稳定十分重要。要实现长周期的稳定必须依靠基础管理的扎实和标准化操作，这就是考试的目的。

考试完毕后，我和黄总及炼铁技术处，与炼铁高级技术主管、8座高炉炉长座谈。我认真听取了四位高级技术主管和8位炉长的发言。高炉的长周期稳定，应该由原料、操作、设备三大块构成，今天谈到原料的最少，说明我们现在面对严峻的市场，已经具有很强的承受能力了。由于公司运行了体检和预警机制，操作的规范性得到了很好的控制。今天更多地谈到是高炉操作和设备的问题，尤其是冷却壁漏水的问题，炉缸安全及炉底板上翘，热风炉等问题。长周期的稳定并实现经济运行是系统问题，高炉炉长应眼睛向内的同时眼睛也向外；体检预警机制的长期执行是一项重要的基础工作，要坚持PDCA循环，我们的炉长要开放自己，向先进学习，高炉炉长一定要关注设备，也应该执行操检合一的要求，每次检修计划的提出，检修过程，验收均应全程参加，有主导意见。我说：高炉作为马钢生产经营的基石，是公司竞争力的关键所在，当前正值市场略暖一点，关键时刻切忌“掉链子”，高炉炉长、核心作业长切实担当高炉维稳“灵魂人物”的重任，把个人奋斗目标与带领团队结合起来共同进步；要以高炉操作指导书为“写所需”，团队共同做好“做所写”，认真落实高炉体检预警机制，当好高炉“守护人”；立足岗位，扎根现场，将刚性制度转化为自觉习惯，以科学严谨的工作作风保高炉稳定顺行。

2016.3.29 特钢产品质量是关键

特钢公司一炉车轮钢因探伤夹杂超标报废了。晚上9点，我给特钢公司经理曹天明发了短信：曹经理，我很关心特钢，深知你的压力！在产品质量上必须有强硬的管理办法。每一炉钢、每一批材都必须按写所需去做，建立每一个工序评分办法，可以比照新工艺车轮钢的做法。达标是应该的，不达标的丢分项要追究并考核责任单位责任人，像公司的日成本分析报表一样，人、机、料、法、环，一天一了结。天天累计，特钢的奖金必须有80%与质量挂钩，所有的通报必须有责任人签字认可。用制度管人，坚持下去，产品质量必将稳定和提升。我和你一样，也背负着压力！

曹天明给我回了短信：高总，非常感谢您对我的指导！我和胡新华经常聊起您，把您当作我们学习的楷模，每天工作精力旺盛，敢作敢当，有思想有方法。我在特钢任经理思想压力真是很大，一方面效益不好，今年又有些鞭打快牛的感觉，前几年还在讨论关停，在您和大高总大力扶持下逐渐趋好。去年基本持平，今年就要4800万元利润，我们真的在拼；另一方面您和大高总现在太忙，我有事不好老去找你们汇报，由于特钢体量较小，其他领导管的少，我担心特钢良好的形势在我任上逆转。对于质量问题，您和杜总质量立厂的理念我完全赞同，走访客户使我更加坚信没有质量就没有市场，寸步难行！年初您跟我说建立质量评价体系，我们建立了并在执行，每一炉都打分评价后放行，但水平有限，这个体系现在看来不完善起不到把关作用。去年北科大王新华教授指出一些问题，随后工艺做很多改进变化，实际运行效果表明可能有些负面影响。我请杜总、乌总来给我们诊断，力求尽快找到问题。明天动员会将推行质量风险抵押制度，重奖重罚，以期加强大家对质量重视！我最大的弱点就是不熟知工艺，工作如履薄冰，非常感谢高总时常给我的提醒。

2016.4.1 *走正确的路，做正确的事*

上午在特钢公司106会议室，我主持汽车零部件用钢TLC项目第一阶段试验总结会。马钢和ASCO专家共同制定了铝镇静钢（GCr15轴承，38MnVS5曲轴）和硅镇静钢（55SiCr弹簧）工艺试验方案，进行了三组工业性试验。MASCO公司孙维总经理报告的主要内容是：概述，ASCO主要技术思路，试验结果及分析，存在问题，阶段小结及下一步工作。我们实作后的指标约70%达设计要求，在钢中硫、氮、酸溶铝、全氧及夹杂物控制上存在差距，炉与炉之间波动大。我要求：针对第一轮试制中的工艺、设备问题，落实整改、责任到人；进一步吸纳消化ASCO工艺思路，核心部分纳入相关工序操作要点；将LF精炼时间延长，让酸溶铝自然衰减进线，纳入写所需中重点；列出需ASCO提供的问题清单，如原料、耐材、工艺、关键控制参数、检验结果，比对双方分析结果，过去我们是摸着去做“写所需”，今天我们是怎样做到“做所写”，一一探讨细节问题，半天时间结束了。

下午继续在特钢公司106会议室，我主持第四轮新工艺车轮钢试制结果与过程回溯的对应分析。四轮试制结果：第一轮1炉，机探报警率0%；第二轮5炉，机探报警率1.7%；第三轮8炉，机探报警率0.84%；第四轮10炉，机探报警率4.38%。其中一炉报警率14.99%，原因是违背写所需，过程脱硫率不达标，初炼钢水硅超标；另一炉报警率9.66%，原因是连铸塞棒吹氩断气，浇铸中抬棒冲水口而致，原因查明；还有两炉6.37%报警率和5.98%报警率，探伤判定是外来大颗粒夹杂，原因未查明，有待进一步验证。四轮新工艺车轮钢的机探报警率如此之低，证明了无铝脱氧工艺的绝对优势，又是半天工艺技术的讨论与确认，我决定进行第五轮试制，要求试验小组全体跟班，力争100%按写所需去做，增加连铸中包上线前的照片和钢罐上线使用前后的照片，新工艺方向路线都是正确的，那我们就必须认真走好每一步。

2016.4.5 家和万事兴

在马钢家园微信公众号中公司全部高级技术主管都亮相了。这么多年来马钢设立了高级技术主管岗位，但对如何调动他们的积极性，给他们展示舞台做得不够，我当总工以后我就想着要这么干。高管亮相完了，让公司的首席技师也亮相，满满的正能量，有什么比调动职工的积极性，调动优秀人才的积极性更重要的吗？当然没有。

今天去二铁总厂谈二铁整合一铁工作，海帆、我、发元、黄加坤、伏明、马桢亚、胡夏雨坐在了一起。公司现在整合二铁总厂是天时、地利、人和。天时：3#机、4#炉要投产，一铁总厂要淘汰。地利：一铁、二铁在一个大区。人和：一个厂缺人，一个厂人面临去哪。保持现有6座高炉的生产稳定是最为重要的事情，工人高兴、处干听话，唯一的是少数科干担心自己的位置，两厂整合先动综合管理室、党群工作室，其余科室和分厂（车间）暂不动，做好顶层设计，待3#烧结机顺利投产后整合烧结，4#炉投产顺行后整合炼铁，科干竞聘和现阶段对原两厂的考核都可以延期到成熟时进行，总厂成立整合工作组，伏明任组长，下达任务，提出要求，明确分工。

2016.4.8 省委考评集团领导班子

说下面忙那是我们自己，说上面忙那是我们领导。已经是今年的四月了，省委综合组决定周日来马钢考核马钢集团公司领导班子。马钢集团公司领导班子2015年的工作报告是：

关于企业发展情况：矿682，铁1801，钢1882，材1824，总资产823亿，营业收入504亿，上缴税金29.1亿，利润总额-54.96亿，经济增加值-67.15亿，国有资产保值增值率80.81%，全员劳动生产率96万元/（人·年）。我们积极应对市场挑战，着力改善生产经营绩效，抓好生产稳定顺行，持续深化对标降本，强化市场经营创效；加大结构调整力度，培育可持续发展新动能，规范投融资管理，大力调整产品结构，推进非钢产业结构优化有序发展；深化改革创新，增强企业体制机制活力，加强集团管控能力建设，推进内部资源优化整合，深化科技创新；健全制度防控风险，提升企业管理科学化水平，严格“三重一大”决策，推进卓越绩效，企业风险防控，现代化管理创新奖；履行社会责任，打造美好家园，依法合规经营，热心公益事业，安全绿色发展，合肥冶炼工厂已经关停。

关于党建工作：深入开展“三严三实”专题教育；以党建理论武装头脑；落实党建工作责任制；落实省委巡视组反馈意见；加强服务型党建建设；开展内部专项巡察；推进干部人事制度改革；持之以恒改进作风；加强正面宣传传输引导；改进群团工作。

考察组长宣布，此次考评形式：个别谈话；省管领导干部民主测评表；领导班子发展考核民主测评表；领导班子党建考核民主测评表；选人用人工作民主评议表；党内廉政建设情况民主测评表；2015年度新选拔任用干部民主评议表；省管干部综合考核民主评议表。

新的考核办法刚出台，设计得挺好。但马钢2015年如此巨额的亏损，说啥都是没用的，上面难理解，下面不相信，但我们还是在拼的。

2016.4.10 *项目申报实事求是*

昨天晚上8点，我接到二铁总厂2#炉热风总管烧红的报告，高炉休风了，我立即赶了过去。伏明、殷欢、王德川、胡彤都在高炉上，热风总管上约1.2平米的塌陷部位，此次二铁处理热风总管的方法与三铁相同。我详细问了情况，检查了修复方案。告知要对整个热风总管标准化检查，学习三铁的做法。我让伏明、殷欢、德川回家休息，留下聂长果和胡彤两位盯住检修即可。今天王德川给我短信：“高总，上午我带人去三铁学习，感觉他们的方法确实做的好，回来后立即着手安排，从2#炉开始做起，工作没做好，感谢高总指点。”炼铁人很辛苦，一出事那就苦上加苦，我跑得点多，见过的故障多，每家都有自己的长处，推荐一下，相互借鉴。我给德川和胡彤发了短信：“热风管道查出问题较好处理，发生问题后较难处理，要对2#高炉整个热风管道强化人工监控，用红外测试仪，做到整条热风管道线局部高温部位的四周严密检查，力争在2#高炉实施技术改造前，隐患可控。”

今天公司组织2016年省科技奖项目申报评审会。初选了九个项目拟上报，既上报就要力争获奖，要想获奖，就要下一番功夫。已经有相当长的时间了，省科技奖项目领导挂名在前，真干事的挂名在后，这样下去肯定不好。

南山矿区含铁围岩资源化利用工艺技术研究；高精度轻型薄壁热轧H型钢产品的开发；薄板坯连铸连轧生产1.2%~2.5%Si冷轧无取向电工钢新技术研究；汽车轻量化用系列冷轧双相钢高效制造技术及产品；焦炉煤气净化系统节能减排及固体液体废物处理新工艺新技术的运用；真空碳酸钾法煤气脱硫工艺创新和经济高效运行；冶金企业环境信息化综合管理系统研发与应用；不更换炉体、耳轴、托圈转炉滑板挡渣技术研究；优质合金钢模铸用莫来石流钢砖开发与应用。

我在评审中坚持自己的意见，最终评审组确认四个项目符合申报条件的要求，对申报材料还要深加工，还有三个项目应重新按照申报条件梳理，两个项目不符合申报条件退出。

2016.4.13 轮轴面临的工作和压力

马钢轮轴产业发展专题会，高海建、丁毅、钱海帆、苏世怀、张文洋、杜松林、高海潮及部分部门负责人参加此会。杜松林作为公司总经理助理、轮轴公司董事长兼总经理，按照海建的要求专题汇报了：马钢轮轴产业面临的严峻挑战；马钢轮轴产业的优劣势分析；马钢轮轴产业发展思路及对策。马钢轮轴公司要有全球的销售视野；要力争建立国家工程技术中心；要投入资金改造设备及厂房；要整合轮轴工程技术人员；要保持我们的竞争优势；要加快城际、地铁、高铁轮轴产品的研发及投向市场。

我感到松林是用了心的，今天的报告很好，全面阐述了轮轴事业部面临的工作及压力，问题全部梳理出来了，这是一个不小的课题，接手时间不长，做到今天这样的报告不容易了。醒得早、起得迟，议而不决都误事，多数是共识的，个别问题待商讨。轮轴公司四大问题排序我看是订单、质量、进高铁、提升竞争力。当务之急对外是订单、对内是质量。特钢公司是一流的设备，二流的管理，三流的操作；车轮公司是一流的管理，二流的操作，三流的设备。市场订单唯有放开手去建立新的机制，产品质量一是把住原料入厂关，二是把住产品出厂关。公司在车轮上要投入在前，项目可以排序展开，技术中心，铁运公司的专业人才可以进轮轴公司。

丁毅要求我：把车轮辋裂与夹杂物控制关系搞清楚，订立一个公司级的课题，像四钢轧板坯角部裂纹攻关竞标那样，解决车轮钢夹杂问题的人可以当高管，可以给予重奖。

2016.4.16 累并快乐着

今天下午2点半至次日凌晨4点半，一组12炉车轮钢新工艺的试验从开始到结束，这是第五轮试验，事先做了准备，分析了第四轮试验中存在的问题。我强调写所需没问题，不许改动，做所写存在问题，强化操作细节，这次试验的全过程我要求龚志翔、沈昶、江波、石玮等人在现场全程监控。三个人独立给每道工序控制过程评分，沈昶评一个，石玮评一个，江波的车轮所评一个。晚上10点我离开了现场。凌晨2点、4点，一条条试制现场短信发了过来，我一夜未眠。“高总，12炉新工艺车轮钢顺利生产完成，炼钢及精炼成分控制较好；连铸塞棒棒位稳定，浇铸顺利，未出现异常情况。12炉得分，1062炉97分；1063炉90分；1064炉94分；1065炉93分；1066炉90分；1067炉91分；1068炉92分；1069炉90分；1070炉94分；1071炉92分；1072炉89分（一流塞棒吹氩流量偏小）；1073炉91分。”

我给龚志翔等几位跟踪人发了短信：“你们满意吗？全部自引？简述每炉失分的原因，要求的人都在现场吗？操作上看是否做到了极致？”这样的工作累并快乐着，特钢应该干时忙现场，停时忙学习，把人带起来。我相信这12炉车轮钢新工艺是成功的，我要求周六下午开过程评价专题会。

四月份生产组织中铁钢比很重要，经理办公会定的事要落实。废钢、生铁要比自产铁水有优惠政策，我找到计财部经理许继康。铁钢比有两个问题，一是市场部与制造部原料价格有小的差异，市场部发布铁块价格1188元/吨，制造部发布铁块比照市场部下发的重废价格1179元/吨执行；二是两家都未列明铁水价格，由于铁水带热量，应比重废高80元/吨合适，因此建议公司对铁块、铁水、废钢价格下文明确，铁水以1208元/吨执行，铁块按1179执行，废钢价格维持市场部价格。我明确了：只要降低铁钢比对公司有益，还能调动钢厂积极性，就应该给出相应的激励政策，今天下文、今天执行，不能等了，有责任我承担。

2016.4.18 社交活动中的言论指南

世界钢铁协会技术委员会第48届会议在北京举行。我被点名邀请参加，这是因为马钢在中国各大钢的排名位次在前七位，在世界级钢铁企业竞争力排行榜中有名。这次是技术委员会会议，各大钢的总工都来参加了。

此次世界钢铁协会会议及社交活动中的言论指南，明文规定不许可的行为：不得讨论当前或未来定价，定价条款或任何价格构成；不得讨论作为非公开信息的当前或未来产量或当前或未来的产能或产能利用率，或者期望的产能或产量，或利用率水平，或协同产能，产能利用率或产量增加或缩减；不得讨论与区域市场或产品市场分配，客户及客户类别相关的问题；不得讨论涉及成本的统一行动，针对供应商的统一行动；不得讨论未来原材料的价格，价格条款或谈判策略；不得讨论未来原料价格，价格条款或谈判策略；不得讨论如何应对来自供应商的价格上涨或如何将任何成本转移给客户；不得讨论预期的贸易措施或针对贸易流通的投诉；不得讨论任何具体公司的非公开的前瞻性的商业战略或方案。我们遵守这些规定，这是纯技术的会了。

2016.4.19 技术方案与创新成果

我对《薄板坯连铸连轧生产无取向电工钢技术集成与创新》成果几个问题的思考。本项目属金属功能材料加工制造技术领域，涉及钢铁冶金、金属材料加工制造、金属材料学冶金过程控制和自动化技术等学科。

它的技术方案与创新成果体现在：电工钢钢水洁净度控制技术；中高牌号产品表面“瓦楞状”缺陷消除技术；电工钢板型控制技术；高牌号电工钢（50W470~50W270）电磁性能控制技术；环保型涂料开发及应用技术；电工钢表面氧化层控制技术。

我们的主要创新点是：国内首家利用CSP流程大批量稳定生产系列无取向电工钢；通过制造过程的精准控制消除产品固有缺陷；高精度板形及厚度的控制；开发了两种综合性能好的环保涂料；形成中高牌号电工钢无内氧化，内氮化层的控制技术。

我决定这项成果参加人的排序按照贡献的大小，并通过全体组员投票来决定。

2016.4.20 人的力量在心上

《让正气激励斗志，让阳光晒满家园》，海建在2016年宣传思想工作会议上的讲话真好，也是我心中所想、手头在做的事情。做人的思想工作最难、最重要、最光荣、最崇高；不管形势多么严峻，把人的思想工作做通了，工作就好开展了；“人的力量在心上”，心态阳光，你看到的就是满园春色，心态灰暗，你看到的天空就会阴云密布。人总有焦虑和困惑的时候，此时或许是机遇出现的时候。每当有人说马钢是困难企业，我都会坚定地回答：我们不是困难企业，我们是遭难企业。是急转直下的市场形势让我们猝不及防，只要我们做好准备，市场有一缕阳光，马钢必定灿烂，今年3月股份公司乃至整个集团公司扭亏为盈就是证明。从钢企和马钢看，去产能、调结构成为我们救亡图存的必由之路。马钢“聚焦两大战场，锐意变革突破”，现在钢铁行业的“冰冻”仍在持续，马钢“生存警报”仍未解除。马钢的宣传工作，必须准确把握“时”和“势”，做到胸中有优势，谋事有全局，笃行有定力。对马钢宣传工作的要求是：主动担当，守住阵地；抓住重点，深入一线；弘扬正能量，抨击负能量；创新载体，营造气氛；敢于创新、大胆突破；人人为马钢，马钢为大家。

2016.4.21 苦练内功为拥抱阳光

5月份生产经营评审会。4月中旬后钢价连续上升，华东地区螺纹2900~3000元/吨，中板和热轧3000~3150元/吨，镀锌和硅钢4300~4400元/吨，型材和H型钢2650~2750元/吨，普通冷轧3600~3650元/吨。车轮钢价上涨平均幅度过1000元/吨，公司钢材平均售价较2016年预算价格高560元/吨，比4月份上涨170元/吨。4月盈利在2.0亿元；5月预计盈利3.0亿元。预计5月份公司钢材平均边际利润为860元/吨，吨材综合利润在280元/吨。

我在公司评审会上说：一季度亏3.5亿，4月盈2.0亿，5月预计3.0亿；我们必须珍惜内部生产稳定，去迎接外部的阳光，公司严格管理处干，处干必须严格管理科干；现在全力增产，炼铁8座高炉增一点，炼钢铁钢比降一点，我们可以月增材的产量2.0万吨，这2万吨材的增效比降本容易；两头市场变化快，钢材涨，原料涨，在此机会时，低库存和采购时机要瞅准；内部生产中8座高炉的稳定是致命的，三铁A、B高炉日增产500吨，二铁1、2、3、9、10、13六座高炉日增产600吨，每天增产1100吨铁水是关键；铁钢比的优惠价已发布，废钢、生铁比自产铁水价格低，这样钢厂可以多降本；去产成品库存，公司发布一个指导价，抓住机遇，该处理坚决处理掉，这个时机不能错过；以7月28日4#高炉投产为时间点，先安排好钢厂检修，然后才是炼铁；合肥板材厂要和制造部沟通好，基料到达与产品订单交货期匹配好。

2016.4.22 马钢尖兵的风采

我策划了科研项目及高管难题项目工作推进会，今天在教培中心演讲厅进行，以演讲方式，着重不同的主题。高海建、钱海帆、苏世怀、唐琪明及公司机关相关部门的主要负责人也来了。科技管理部汇报2016年一季度公司高级技术主管难题项目总体情况，进展程度，工作成效，存在的主要问题及解决措施；高管代表针对如何做好科研、攻关和做好高管作了典型发言。

技术中心的王立涛高管，结合电工钢的研发做了如何做好科研项目的汇报，比较了科研单位与生产单位的工作不同点，结合自己的实践说出了问题和打算；驻扎在四钢轧的刘启龙高管，汇报了自己竞标后参加板坯裂纹攻关的感悟，攻关过程历经困难，始终充满信心，虽没达到最高目标，但已取得的成绩还在激励自己继续努力下去；矿业公司陈于海高管，成为一名专解难题的高效高管，在解决矿山生产的现实问题中出了名；工程技术集团章锐高管，不断创新工作方法，打破过去做法，检修顺序优化调整，一专多能受人赞扬。

供合肥美桥M510L钢板氧化铁粉超标调查分析，由闻成才高管完成。今年4月，合肥美桥使用马钢6.0mm、8.0mm M510L产品时，频繁反馈产品表面氧化铁粉超标，造成使用单位的不满意。调查：2016年一季度，出炉温度合格率，元月45.83%，二月35.29%，三月23.72%，工艺规定1200℃±20℃，元月出炉温度超上限值平均约18℃，二月平均约13℃，三月平均约12℃。M510L炉内生成的氧化铁皮主要结构为Fe_3O_4和FeO，氧化铁皮过厚且产生难以清除的尖晶石。主要举措：下调出炉温度，控制炉内还原气氛，缩短加热时间，限定精轧速度，在钢中添加少量铬元素，再生产时问题解决了。

公司的高级技术主管是优秀的，我们要充分发挥他们的作用，关键还是在不断培养，不停地使用上。

2016.4.28 *用心做事，真情感人*

时光匆匆流去，又快到了今年的五一劳动节了。我和宣传部沟通了三个宣传任务。科研项目及高管难题项目推进会上，海建书记要求要大力宣传高管的工作业绩，他们是可爱的马钢人，他们是马钢尖兵，他们是我们稀缺人才，我请宣传部落实对他们的宣传。公司高炉生产稳定了28个月了，炼铁技术处和新闻中心配合起来，找三个层次的人座谈，操作层、技术层、管理层，写人、写人做的事、写人背后的故事。我们问三个问题，为什么大中小高炉都稳定28个月了？为什么现在高炉波动能很快调整好？我们的炼铁现在和过去有什么不同？

今天下午公司召开“五一”表彰大会。高海建说：劳动最光荣，劳动者最可爱，必须让精益求精的“工匠精神”在马钢家园里落地生根，成为推动马钢这艘巨轮前行的不单竭动力和精神支柱。精神不倒，希望永存；市场有一缕阳光，马钢必定灿烂。

马钢上下必须在家园文化的感召下，弘扬“工匠精神”，抢抓市场机遇，鼓足干劲，相向而行，奋力转型发展，上半年实现不亏略盈。此次表彰大会有几个与过去不同的亮点：不设主席台，领导也坐在台下，当各类先进人物进入会场时，全体起立鼓掌欢迎；分别为先进集体、科技进步奖、技术创新成果奖、优秀科研项目、先进操作法，撰写了颁奖词；今年马钢劳动模范的领奖是由曾获国家、省、市劳动模范为他们颁奖，颁奖过程中还讲述马钢人的故事。同样的工作不同的做法，取得的效果是不一样的，我们要用心做事。

2016.4.29 值得借鉴的事故分析法

我要求一钢轧写的连铸漏钢事故报告交了上来。分析的科学准确，条理性好，各家可以借鉴此分析方法。我把此事故报告发到了股份公司经理群，我写道：一钢轧连铸板坯漏钢事故报告，分析方法好，原因抓得准，操作要精心，各炼钢分厂有铸机的单位可以学习借鉴，提高水平。分析事故原因，采取排除法，一环扣一环，最终确认结晶器宽面温差从6.7℃降至5.6℃，差1.1℃，漏点在铸坯南侧窄面，为注中黏结漏钢，该炉钢水后期温降大，导致化渣不好，黏结漏钢，如发现及时，可将水口在钢液中的插入深度提至高位，热中心上移好化渣。一次事故有了认真到位的分析，不仅可以采取准确的应对手法，还可以找到一套工作方法。

我要冷轧两起事故写专题报告给我，今天冷轧按要求上报了。连退线平整机换工作辊停机致使退火炉内带钢飘曲开炉处理的事故报告。防范措施，避免平整机在退火炉处于升温过程时换工作辊。冷轧总厂1720酸洗连轧机组三架出口测厚仪故障分析报告。X射线信号接收器电缆现在是高低压线捆在了一起，工作在高温、高湿、高腐蚀移动环境中，屏蔽作用逐渐下降，造成信号异常。我告诉杨兴亮、杨必祥：两起事故报告我认真看了，吸取经验教训，列为厂级单点课，分别给关联职工单独讲座并抽查关键岗位人员，要提高故障判断能力。

2016.5.3 时光荏苒，我心无悔

生产均衡稳定需要方方面面工作到位，每一起事故背后都有原因。海建提出的“干部好好干，工人干干好”是切合马钢实际的。现在干部好好干，还缺一个“写所需”，更要求我们的干部好好干，职工的干干好因为有了“写所需”，是不是干干好

了，一清二楚。4月27日，冷轧连退炉升温时，停机换工作辊，致使炉内钢带受热过度瓢曲，停炉揭盖，没有干干好；4月28日，冷轧1720酸轧机F3出口测厚仪，因通讯故障，停机14小时，技能不够，也是没有干干好；供合肥美桥M510L钢板表面氧化铁粉超标，因为不按加热工艺规定，烧钢温度过高所致；特钢一季度质量体系综合评价报告，“写所需”定的要求不高，即使这样“做所写”还是不达标。

今天下午煤焦化公司5#焦炉点火烘炉，烘炉时间80天，可以在7月28日出焦了。因为马钢焦炭量不能满足炼铁的需要，外购焦比例不小，所以这是大事。在煤焦化公司5#焦炉现场，高海建、钱海帆、严华、海潮、发元、文洋参加，举行简易的点火烘炉仪式。煤焦化公司5#焦炉是1990年元月投产的，一转眼服役26个年头了退役了，记得当年5#焦炉点火烘炉时，那天天上飘着大片大片的雪花，杭永益、李宗沁等陪同刘淇副部长来到焦炉旁，为马钢第一座2500立方高炉备开炉焦炭，那时我才32岁，今天新的5#焦炉烘炉，我已经58岁了，这一代焦炉设计寿命30年，再检修时我已是88岁的老人了，真正干了事则过去无悔。海建在5#焦炉休息室和煤焦化公司领导班子及部分骨干人员进行了交谈，聊起了7.63米两台焦炉的建设及投产，聊起了胡大全、杨建华、周亚平，聊起了任强、徐剑峰。我对这两年来煤焦化公司的工作是满意的，分管生产，跑煤焦化的次数不少，邱泉山带着汪开宝，这一班人马工作有办法，生产经营处在稳定期。一个好厂长、一个好班子，大家齐心协力。

2016.5.4 备件国产化应行动

2016年备件国产化管理推进会。今天各厂设备厂长、设备保障部长及设备高管参加，现在备件国产化涉及到的单位有：表面公司、重机公司、自动化公司、输送公司、特钢、销售公司、轮轴事业部、长材事业部、企管部、科技管理部、技术中心、采购中心。设备部作了国产化工作回顾与展望；冷轧总厂、表面公司、轮轴公司作了国产化工作的经济交流。

我因高牌号电工钢在进口大电机上的使用，因特钢产品销售用于重要部位起吊的钢丝绳上，涉足了国产化，我深知国产化推动很难。以马钢的高铁车轮为例，通过了国家院士组织的鉴定，通过了铁路质量保证体系CRCC的认证，通过了装车考核试验，但现在正式供货依然困难重重。我认为备件国产化在马钢现在不应该是方向了，而应该是行动了。去年仍有1.3亿花在了进口备件上，国产同样备件一半价，每年省6500万元，降1/3，可年省4329万元，最少比价降1/4，直接年省3250万元。备件国产化个人三点意见：一是国产备件的实物质量可否达到进口件的，国产备件的使用可靠在什么水平？二是我们现在使用的进口备件都是在马钢关键生产线的设备上吗？使用国产备件有什么样的风险，这些风险我们不能承担吗？我们要追求性价比，要用发展的眼光及能力去尝试；三是国家实力在增强，科技创新能力在提升，从引进到消化，从仿造到创造，在备件国产化方面我们应该和制造厂紧密结合起来，在我们自己身上试，共享知识产权和专利。在备件国产化上我们应该注意两点：一是阎王好谈小鬼难缠，上面定了下面不动；二是要理清和厂家的责、权、利关系，要有主动担当的意识。

2016.5.6 解决同质化竞争靠创新

再忙也不能成为不下现场理由，亲身去现场发现问题，解决问题，追溯布置工作的落实很重要。

今天去四钢轧渣处理跨，看精益设备制造公司安装的脱硫渣离线处理设备，邓勇、俞斌等人在，试验了7吨，渣子可以粒化，但倾渣罐后扒渣机不给力，我要求解决这个问题，热试要连续超过100吨，才能作评价。

去1580热轧分厂切头剪问电机故障的原因，看新电机安装及调试情况，司小明、成印明等人在，原电机2015年巡检发现电机异响，6月送检发现转子笼条多处断裂，哈尔滨电机厂认可设计存在缺陷。3月哈尔滨电机厂用马钢电工钢制造了新转子，又因联轴器泰尔重工使用40Cr而非42CrMo耽搁，调试空载后，带接手优化调试，剪切10块观察正常，再试电机减速、加速、减速。去资源公司新区OG泥坑的开挖及OG泥晾晒场地，王蕾等人在，原OG泥贮在地坑中不动，现开挖出来风干，然后送至新料场，混匀后供一铁总厂使用，保高炉锌不超标，控制炉底板上翘，OG泥该开路时一定要开路，现在OG泥体外循环了。去理化检测中心二站，OG泥取样，烘干、碾磨、分袋、称重、溶解、分析、Zn、K、Na，理化二站的所有改造工作全部完成，整体环境上了一个台阶。

近年来中国钢铁工业的创新，使中国钢铁竞争力逐步提升。目前钢铁行业经营艰难，产能过剩，同质化的竞争等问题解决要创新。要努力抓住科技进步，运营转型与精益生产，技术创新的方面和要点，要想过去没有想过的事，干过去没干过的事，办过去没有办成的事。

今天的KR渣处理、马钢电工钢用在马钢大电机上、OG泥资源再利用都是创新，创新应该是多层次的，立足于各自的岗位，人人皆可能成才并贡献出力量。

2016.5.7 满满的正能量

今天周六，刘国平厂长和毛学庆书记请我下午去参加四钢轧总厂贤内助座谈会。为什么选在五月的第一周，因为明天周日是母亲节，他们商定往后都这么定了。总厂选择一批在各个岗位有突出贡献的同志，请他们的爱人来总厂参观一下，座谈一下。晚上宴请她们并赠送一个礼品，全场活动还制作一个录像，这也是马钢家园文化。

我查了49位贤内助家庭先生2015年的收入，与2014年的收入做了对比，因为亏损，2015年科干收入下降31%，作业长收入下降16%，影响不小。国平厂长做了一个充满情感的讲话，回忆了从2007年9月投产至今四钢轧人经历的历程。今天贤内助每人都讲了实话，全力支持爱人的工作，没有马钢大家好，就没有自己的小家好。晚上国平厂长给我发了短信："高总，今天的活动气氛非常好。您的讲话给了我们激励，产生了互动，满满的正能量！谢谢高总和张姐的支持！"

因为要参加这个座谈会，我不得不准备和贤内助们讲些什么，抓住每一次机会，不打无准备之仗。以聊天的方式进行，我讲了马钢骨干的工作压力，表现出的奉献精神，讲了四钢轧在国内、国外所处的地位，讲了我们的工厂与日本、德国相比优在什么地方，差在什么地方，讲了我所知道的四钢轧的人和事，最终回到了人的敬业精神不仅对公司生产经营有益，而且对家庭产生同样的积极作用。列个提纲，选些事例，融入进去，真诚表白，肯定是受欢迎的。

2016.5.9 马钢人在成长

我们的制造部，总调室的工作人员24小时在线，他们的工作能力提升要抓学习。现在公司板带订单中，每日都有重点关注的品种，总调人员不能是小和尚念经有口无心。制造部应组织阶段性培训并考核，新品重点品种的工艺路线，产品规格性能，用户买后主要干什么，这样他们才能主动贴上去工作。鉴于A、B高炉炉底板上翘的应力数据在可控范围，公司修订了锌和碱金属控制标准，早调会上暂不汇报了，免得人人担心，除非有特殊情况，我们在微信群里发了。

二铁总厂新建4#高炉，3#烧结系统投产准备的几个关键的时间点：5#焦炉检修结束，5月3日点火烘炉，7月23日出新焦；5月10日3#烧结机加热试车5小时，5月12日热试车12小时；5月10日下午4#高炉热风炉点火烘炉；5月11日，喷煤系统试车；5月18日，新4#高炉焦炭库全线贯通，6月25日高炉烘炉，7月28日高炉开口出铁。想想马钢第一座2500立方高炉，1994年4月投产，我们当时手忙脚乱；到2# 2500立方米高炉投产，再到新区大高炉2007年9月投产，我们紧张有序，马钢人已经成长起来了，所以此次3200立方米高炉投产，我本人心中有数。

2016.5.10 热情洋溢，求新追变

我每天都有激情在工作，今年5月和去年5月，我们生产经营结果相差太大，好过与难过的时光都匆匆过去了。每个人天天在变老，但是要力争思想能在年轻时段多停留些日子。有人对我说，为什么你每天都有激情，步履匆匆总是让人觉得你还年轻？其实是工作给了我施展的舞台，因为有成就感，保持了我“心态”的年轻，所以我始终热情洋溢，求新追变，干劲不减。工作的激情带着我生命的激情，自己有动力去带动或感染身边的人，回头看看和我共过事的同志，我们有同感。实话实说，我喜欢工作，其他嗜好不多，我工作我快乐！

精益制造铸精品，精心服务创名牌，这是我们喊出的口号，我作为公司总工程师必须下力气、持之以恒抓好的工作，全力提升客户满意度。近几年客户抱怨的次数在减少，2012年以前的那类大的质量事故基本杜绝，我按套路出牌，持之以恒，对每一起质量事故抓住不放，把“写所需”与“做所写”分开，理清原因与责任。就市质检局抽查HRB400螺纹钢屈服强度撞线，根本原因是“做所写”的问题，向长材事业部班子问责，给予吴坚副厂长通报批评处分，责令长材事业部逐级加重直至处理到具体管理人和责任人。马钢产品用户满意度和用户忠诚度连续4年呈上升趋势。尤其是在钢铁行业“寒风凛冽”中，客户的要求更为苛刻的行业大背景衬托下，这组数字更具说服力。我们推行的APQP小组在产品研发、制造流程学会梳理各类质量“顽疾”；生产过程控制，全力提升KPI质量指标；冷轧总厂把住出厂关；售后服务系统及时化解客户抱怨，强化与终端客户的了解和沟通。这些好的工作方法应常态化认真做下去。

2016.5.12 推进精益运营，激发人的活力

上午股份公司发布了《车轮钢质量改进技术攻关项目》招标书。

1、招聘对象：有造诣的个人或团队。2、主要职责及工作方式：组建团队，杜松林直管，科管部监管，公司提供资源。3、招聘程序：专家确定面试对象，公司成立

专家组面试。4、攻关计划进度，攻关目标：周期一年，降低机探自动报警率和整炉报废率。

奖励标准：1）炉机探报警率超10%比例，铁标客车车轮、货车轮，连续6个月，一档≤6%、奖10万，二档≤3%、奖25万，三档≤1%、奖40万元（历史数据：2013年炉次是20.31%，2010年是18.89%，2015年是6.67%，2016年一季度是6.67%）。2）整炉判废，所有车轮产品，一档全年≤3炉、奖15万元，二档全年≤2炉、奖25万元，三档全年无废、奖40万元（历史数据：2013年初检26炉，实际3炉，2014年21炉，2015年8炉，2016年一季度判废6炉）。

下午省委综合考核组反馈“马钢2015年度综合考核结果”。

2015年，面对钢铁产能严重过剩，市场需求低迷的严峻形势，马钢集团公司领导班子坚定信心，围绕“全力推进精益运营，全面激发人的活力”为工作主题，提出“奋力求生存，携手保家园”，以坚定思想信念，改进干部作风为有力抓手，以控亏减亏为中心任务，以营造积极向上的家园氛围为重要保障，采取一系列举措，积极应对市场变化。发展考评得分78.29分，党建得分88.59分，合计得分166.88分。班子具有较强的政治意识和大局意识，执行民主集中制，成员各负其责，勤奋敬业。班子主要负责人工作责任心强，政策理论水平较高，有激情、有干劲，真抓实干，感召力较强，自我要求比较严。

考核组的意见和建议：1、全面提升企业核心竞争力；2、规范母子公司管理体制；3、全面加强企业管理；4、进一步加强基层党建工作。

2016.5.16 为炼铁技术用心良苦

二铁总厂按我的要求，向我书面报告了今年4月3#高炉炉况波动的分析报告。我要求作为单点课，由总厂技术副厂长组织学习，并要求炉长、核心作业长和区域工程师手工抄写加个人体会交给我。今天在检查每位的作业后，我给炉长彭鹏的批语是：在实践中学习，提高自己是好的方法；杨露，努力学习，强化交流，相互促进，共同提高；杨厚钊，小洞不补，大洞吃苦，细节决定成败；高广静，体检，责任，精心，意识，技术五个词很好，时刻提示自己在工作中的应用；杨春辉，把你前两点思考和同事、分厂领导交流沟通；常海涛，外因是条件，内因是动力，学习可以提高操作水平；聂正其，经验教育写得好，我们一定能干好3#高炉；王健，理论结合实际，一次炉况处理的总结，会提升我们的能力；钱章秀，人的主观能动性是我们各项工作的法宝；王晖，关注高炉本体的同时还要关注外部备件的变化；向晋来，学中干，干中学，总厂这个单点课好；尹祖德，原因已经分析出来了，谁是第一位的，要心中有数。

为3#高炉走出操作的怪圈，为长期稳定顺行，我用心良苦，父母检查孩子的作业是一种督促学习的方法，作为公司总工，以这样的方式引导职工学习技术也是一种办法。

2016.5.19　有压力、有信心、有办法

4#高炉投产准备会议纪要发了（股纪[2016]3号），任命我为股份公司级投产总指挥长，黄发元、田俊、张文洋为副总指挥长。

我要求从现在起，每周六各单位对照梳理出来的《新炉机投产需要协调解决问题清单》，各单位一把手为负责人，抓紧制定整改措施，在规定时间内完成。此次公司坚持“问题不解决，不点火开炉投产”的原则，公司范围内调动一切资源快速解决问题，现在不亲自去确认相关问题清单，到时就对影响单位的“一把手”问责。

让我担当3#机、4#炉投产准备指挥长，我肩上有压力，但自信心也是足的。1994年跟随顾建国参加过1# 2500立方高炉投产，到2000年我担任生产部长，参加过A、B高炉投产，用心工作过的事情记忆很深，我知道我该干什么及怎样当这个指挥长。我责成安全管理部经理王世发，组织专业队伍，对料场、烧结、高炉、外购焦工程从输入到输出进行安全生产大检查，拉网式的查找问题，制定问题清单，责成整改，把投产前的安全工作摆在首位。建设完了交给生产做准备投产，我要顺着物流过程，把每一个环节都搞搞清楚，我把这一周工作的重心放在去4#高炉系统工程的现场，从头至尾。

2016.5.23　传信息，抓关健，提要求

5月上、中旬过去了，钢材市场价格像过山车一样，滑了下来。海帆出差，今天周六，全体中层干部在各家视频会场参加会议，应该是传递信息的好渠道，我说了具体工作：

钢材的价格从4月25日起以涨转跌，快速下跌，已经跌回到了3月下旬的价位，5月由于公司订单拿得早，直供用户锁定价格，采购坚持极低库存并抵抗涨价，公司内部生产高效稳定，计财部预报本月利润（2.5亿）仍在预算范围内，一句话公司生产经营处在很好的控制之中。内部生产稳定，除了铁以外的各单位的抓住细节，钢轧总

厂的计划执行率，计划兑现率怎样提升？写所需、做所写、记所做怎样落实？每一个产品质量异议怎样闭环？一句话对发生的问题先是归集到“人、机、料、法、环”最终归结了“人”头上，要给予问责和考核，要珍惜内部生产的稳定。6月份生产经营方案初评会已开，因钢材市场价格的大幅下跌，股份公司本部预算为盈亏持平，鉴于内部降本仍未达年度计划，公司要求铁前综合降本达80%，钢轧综合降本达100%，眼睛向内最终以实现降本要求，目标锁定在盈利5000万元。昨天二铁总厂4#炉喷煤工地，发生了一起风机检修的燃爆事故，造成外来协作人员一死一伤，各单位安全关注的重点现在要对着外来劳务人员、外来在岗人员、外来施工人员，肩负起属地安全管理的责任。公司决定4#（3200立方）高炉7月28日投产，现在一切工作在紧张进行中，投产准备会上梳理出43个问题急待解决，今天检测中心、铁运公司、二铁、港原按公司要求汇报清楚，但其他单位未按公司要求报告，这是执行力的问题，你负责的项目是滞后、正常还是完成，下周必须按要求报告清楚。

2016.5.27 *新技术、新产品、新风险*

马钢车轮钢的质量水平处在世界同行中什么档次，欧洲与北美车轮钢也有辋裂发生，日本车轮几乎未听到辋裂报告。铝脱氧工艺产生脆性夹杂物，硅脱氧工艺产生塑性夹杂物，日本车轮钢解剖后结论是采用铝脱氧，但微小的脆性夹杂物被塑性夹杂物球状包裹了起来。已试制的新工艺车轮钢机探报警率低，是因为各道制造工序做到了极致，又采用了新的塞棒吹氩。新工艺车轮钢断裂韧性值提高了10个左右，什么因素起的作用，硅脱氧方式，硫含量增加，不做Ca处理，洁净度提高。我们新工艺车轮钢，没有真正实现硫化锰球状包裹，为什么还有B类夹杂物、D类夹杂物。新工艺机探报警率降下来了，但没有根本解决大颗粒夹杂物依然存在的问题。完全消除大颗粒夹杂物的存在，我们现在还做不到。钢水从精炼工艺完成后，到连铸中包，到结晶器出坯，不再有内生外来夹杂物，这是顶级的技术了。我们只能严把车轮出厂质量关，再加上一个制造过程评分，提升机探报警率的标准了。

我们与晶龙公司合作生产取向硅钢的几个问题。今年销售6万吨取向硅钢（含热卷），没有实现月度目标，责任在晶龙公司，晶龙公司全年负责销售4.612万吨，马钢自行销售1.388万吨，马钢与晶龙有“取向硅钢用热卷加工使用协议书”。晶龙公司只能在产品售出后付马钢款，不符合马钢销售方式，给晶龙公司继续授信，风险较大，成立合资公司时间较长，现在只能由销售分子公司负责，购买商业保险。第三方合作方式：委托第三方加工，马钢、晶龙与第三方合作，租赁第三方一台30辊轧机、一条连退生产线。还有利润分配方式，合作期限等，超出了我的职责范围。

2016.5.30 基础管理贵在持之以恒

五月末了，总体生产运行正常，但铁前有些波动。公司降本完成年计划81.44%，降本总额2.017亿，但降本缺口仍达4558万元，比上月进步936万元。我开始担心马钢的高炉是否能继续稳定下去了，全公司高炉稳定27个月了，不少同志出现松劲、懈怠、畏难的精神状况，现场去少了，有体验和预警看看结果、听听汇报就行了。现场的状况什么样，大、中、小高炉主控操作室，现在手机不归位了，班中又有人玩手机了，白班是这样，小夜班、大夜班就可想而知了。我向铁前各单位发出预警，工作与管理不能走样。要求各单位应去冷轧总厂学习责任追溯制，中层干部应学会管理。我给丁晖、黎兵、伏明、马桢亚发了短信“基础管理贵在持之以恒，我们不要忘了高炉失常吃的苦头！”

A号高炉因下料闸故障，休风更换，我带着海帆上了三铁A号高炉的炉顶，让李邦平、廖海欧汇报情况，新闻中心的人也到了，现场采访了检修公司朱经理，我关心的问题只有一个，PW公司进口的下料闸阀真的出了问题吗？打开了检修门，用吊车拉动了下密封盖，用临时液压站拉下料闸板，下板动上板不动，试了三次，认定了原因，我悬着的心放下。我告诉丁晖、黎兵、李邦平、刘晓超，此次故障与三铁总厂无关，公司依然认可你们的均衡稳定。高炉复风谨慎操作，控制好气流，不许反复。中午快12点了，丁晖、黎兵我们才从炉顶上下来，下午3点消息传来，A号高炉复风了。

我特别表扬了检修公司、自动化部，从周日晚9:30接到公司指令，立即调集精兵强将在A号炉台集合，发扬能吃苦、敢拼搏的精神，快速整体更换了进口的下料阀箱，按董事长的要求做到了“干部好好干，职工干干好”。我专门指出，此次A高炉下料不畅的原因，是进口件的质量问题，公司在组织与PW公司交涉。我知道我讲的这两点，对检修公司、自动化公司、三铁总厂真的很重要。我只有一个心愿，A高炉快速恢复至先前的水平，保5月炼铁计划的完成，这样公司钢与材就都完成了。

2016.6.1 车轮钢减少夹杂物竞标开响

我真的为雷雨天担心，特别怕闪电后造成了跳电，高炉休风、铸机滞坯、轧机卡钢等。每次对生产的影响都不小，损失也不小。凌晨2点左右，窗外电闪雷鸣，大雨倾盆而下，不一会手机在震动，打开一看一条短信：新区焦化上煤皮带M111着火烧断了，长270米，宽1.2米，无法上煤了，预估新区焦炉10小时不能出焦了。越怕事越来事，一条条短信发了过来，我要去现场，这是我的职责，我奔往新区焦化现场。从M111皮带头部沿着斜桥爬至65米高的顶部，皮带烧的炭化了，框架烧的变形了，检修人员已经集结起来，正在运送工具、材料……我给三铁李邦平打了电话，焦炭停供了，组织落地湿焦，高炉操作要谨慎，宁可减产，也要控制焦炭槽位；我给总调李军下达指令，全力以赴组织好落地焦向大高炉的供料，特别注意筛分；我给焦化汪开保指令，盯在现场组织抢修，特别注意安全，因为所有的钢结构已腐蚀，皮带接起来后立即进行防护栏杆的整改。我怎么也想不通闪电击中了皮带并着了火，但监控录像中是这样的，是天灾造成的。

上午我主持召开车轮钢工艺技术专题会暨公司级车轮钢减少夹杂物公开竞标指标确定会。听取金友林博士车轮钢质量技术研究报告；听取沈昶高管车轮钢新工艺试验报告；重新确定车轮钢质量改进技术攻关项目中的攻关目标。两个报告都以大数据统计为依据，统计和分析都证明，马钢车轮产品质量总体是稳定并提升的。金友林博士的报告是马钢第一次展开的夹杂来源理论与实践的报告，有些意见还待确认；沈昶博士的报告明确了新工艺车轮钢用硅（三步脱氧工艺）的可行性，这个实绩我们已经确认。把两个报告揉合在一起，全面准确总结过去，确认工艺方法及未来的研究内容。沈昶负责完成新工艺的操作指导书，“写所需”要把每一步的操作要求细化到位。特钢公司可以采用新工艺，也可以采用改良的老工艺生产车轮钢，但必须废止老工艺的“写所需”版本。从严控制，标准化操作，两条工艺路线都是可行的。我确定竞标文件中，所有车轮钢产品机探报警率超10%的比例：一档要求小于6%；二档要求小于3%；三档要求小于1%。整炉判废在半年时间内：一档小于10炉，二档小于6炉，三档小于4炉。

2016.6.4 时间轮回，抓生产稳定不放松

上午去二铁总厂北区（原一铁总厂）实地看一看近期的管理工作。我和一铁总厂打交道算是上世纪九十年代开始的，那时的一铁厂长是孙宝航，5个小高炉，以后是李恒平、管孝群、任强、王炳全、袁方几位厂长。长江后浪推前浪，小高炉有“五改四”工程、又关闭一座有“四余三”的生产，我和一铁还是有情结的。在3200立方高炉未投产前我们是缺铁水的，昨天早上5:30，10#炉铁沟筑坝处烧漏，铁水流下了炉台，流上了铁道，高炉休风处理，最终丢了两炉铁。今天我又上了一铁高炉，从13#炉走至10#、9#炉，遇上程静波，又返回10#炉，遇上程朝辉，才知道原炼铁分厂厂长秦正军去长钢了，我和分厂厂长、副厂长、炉长交流了情况，告诫他们从严管理，安全生产，站好最后一班岗。高炉稳定了两年多，有人放松了管理，违规操作有所抬头，为了警醒铁厂，我要求企管办通知二铁总厂周六由一名处级管理人员就此事作检

查。

下午股份公司经理层碰头会。从6月开始，股份公司又进入了月度预算亏损期，7月28日新4#高炉投产，内部生产又进入一个新的平衡期，降本、采购、销售怎么随着量的增大而变；车轮钢降低夹杂物判废攻关，招标书已拟好，本周在《马钢日报》上公告；取向电工钢的合作书已拟定，关键的五个问题海帆已经作了批示，力争今年6万吨取向电工钢的销售，让四钢轧热轧大力调品种结构；离4#炉开炉仅50天时间了，现有高炉检修计划已排出，对应的钢轧检修计划也已排出来了。我只有狠抓生产稳定不放松，抓好产品质量。

2016.6.7 没有信仰时会迷失方向

按公司党委的要求，今天我去四钢轧连铸分厂讲党课。

四钢轧连铸分厂有四个党小组，我了解了“两学一做”活动开展及每个党小组的活动情况。我做事有自己的方法，调查在前。连铸分厂共有66名党员，女党员只有一名，在大学入党，25年以上党龄8人，10年以下党龄29人，中青年的结构好。给基层党支部上党课，对我也是一种考验，说大道理、空对空对普通党员是没有兴趣的，说身边人身边事，能和身边党员作业长、班组长、主操、普通员工讲出心里话，让他们有认同感，就必须事先做好功课。在听完党支部书记及党员代表的发言后，我特别讲：共产党员应该是积极工作的，用自身的言行影响着我们周围的同志，你是党员不能混同于普通的老百姓；没有共产党没有新中国，过去的历史各位知道，没有共产党领导就不会有一个强大的中国，今天的事实也已证明；每位中国共产党的党员应该审视自己的信仰，重温自己入党的宣誓词；当个人没有信仰时会迷失方向，当民族没有信仰时是难以凝聚在一起的；把信仰与现实结合在一起，两学一做，关键在做。做的标准有三重，同老百姓一样，不是落后党员，总是积极向上，作为一名共产党员，其实就是不合格、合格、优秀，公司党委要求马钢职工奋战在两大现场，我们现在的工作岗位在现场，但我们还要想到市场，竞争在市场，但竞争力在现场。

两个小时不知不觉中过去了，我了解基层党员关注的热点，而我又不回避，面对面。我们今天互动的很好，毛学庆书记和李传燕主任也有同感。

最后由我领誓，和四钢轧连铸分厂全体党员重温入党誓言。整场党课效果好，正能量，都难忘。

2016.6.10 技术进步永无止境

“跻身国内先进，填补世界空白”，《马钢日报》头版头条报道一钢轧CSP生产耐候钢，敢向“极限薄规格”挑战，从炼钢、精炼、连铸、轧制到产品的每一环节精益求精。SPAH是用于集装箱制作的板材，含Cu、Ni、P、Cr等微量元素，抗大气侵蚀和海洋气候。今年已经连续稳定生产了，改过去用55mm板坯轧制1.5mm为63mm板坯轧制1.5mm规格，跳变填补了空白，现在月产耐候钢20000吨，其中薄规格达6000吨以上。此次马钢工程技术人员与北京科技大学构建的二级控制系统，从F1~F7，层流冷却，卷取温控全部投上，我们开发了自己的控制程序，输入新品种规格的参数，系统输出轧制参数，过去依赖国外技术进口及后续升级，现在我们自己干成了。北京科技大学何安瑞教授说：“现在西门子、TMIC公司为轧机二级控制系统升级改造的报价，不足过去的三分之一，我们感谢您当初的支持与帮助。”

公司决定我带13人的团组去法国培训，时间定在6月19日~7月2日，两周时间，实地培训。炼钢组4人，龚志翔、李小虎、李新、沈昶；轧钢组3人，宋强、于同仁、孙山；棒材组3人，周先礼，许兴、王开忠。怎样带好这个团？达到培训的目的，需要全体团员共同努力，每个人的心中都要有数，脑中都有事，带着问题去找答案。

2016.6.12 出国培训安排与要求

今天召开出国团组第一次会。我们全体团员定在周六下午3:30，在公司北大门口集合，乘一辆中巴车去浦东机场，乘法航夜晚11:39航班，从上海飞巴黎；出国费用包干使用，要求住宿费用便宜一点的酒店，越靠近工厂越好；第一周五天时间在Hagondan工厂，按我们和法方排好的工作计划，五天中有两个下午供我们内部讨论；第二周五天时间在FOS工厂，按安排好的工作计划，五天中留两天下午供我们内部讨论；第一周周末，团组成员自费去巴黎游览，遵守团组纪律，周日从H厂转呈F厂；第二周周末，团组成员自费去法国第二大城市马赛游览，周日从F厂转机场回国。龚志翔负责把高海建带队去法国考察H厂和F厂的考察报告找出来，放在团组微信群中，各位认真看一看、想一想。李小虎把法国地图（中文版）放在团组微信群中，让各位辨识清方向，定位好我们。工欲善其事，必先利其器，炼钢组、棒材组、线材组，每一位成员就关注的问题及工作任务列出清单，三个小组集中归纳梳理后，发给各组成员做心理准备，对外译成英文发给法方联络人，先加强信息沟通。三个组成员在生产制造现场，不是走马观花，而是要学到门道，必须特别关注每道工序的“做所写”操作要点，内控标准，工序质量的放行条件。出国团组回来后，每人都必须担任培训员工的任务，亲自讲课，并主持认真的考试。

2016.6.15 考核、培训、改进、再提升

在5月份汽车板推进工作月度例会上，我的讲话：汽车板是公司战略产品，马钢未来想生存下去，提升产品售价，就必须多干汽车板，就必须干更高质量更高档次的汽车板；随着公司产品服务客户的变化，我们的质量观要变，我们的过程控制水平要更高更严，我们终判合格的汽车板还要分级，有选择的发给不同的用户。

在首席质量官的岗位上，最高兴的事是大的质量异议被控制住了，最烦心的事，小的质量异议天天有，我们的产品质量是我们销售人员在市场拼杀的武器，而我们的产品质量是我们客户说三道四的把柄。各单位的汇报，生产、设备、质量、过程，要学会用数据图表说话，各类技术质量指标，查出连续7个月的数据，统计分析后用图表一展开，一目了然，各类指标上升、持平、下降是什么原因？上升、持平的可以放下，下降的一定要把原因分析到位，诸多原因一定要找定主要原因到个人头上，考核、培训、改进，再提升起来，一个好的管理方法，不是把问题搞得多复杂，但一定是有实效的。

我们在市场和现场干事，发现问题，立即要准确发布信息，对相关责任单位及人应判定出是写所需出了问题，还是做所写出的问题。马钢汽车板产量累计已达500万吨以上，不是新开发的产品中发生的质量问题，“做所写”的比重占90%以上，“做所写”的问题就是要追责到责任单位责任人，考核、培训、改进、再提升起来，坚持用这样的管理方法，现在没有捷径可走。

公司定了：“写所需”的问题一次次累计起来，初次犯错及损失不考核，以后的考核总工、副总工、高管；“做所写”的问题一次次累计起来，初次犯错及损失不考核，以后的考核生产设备厂长、分厂厂长、作业长，认知不足的免考核，谁的责任考核谁，此工作制造部牵头组织落实，说千次万次不如问责一次。我们的汽车板质量问题，根源在基础管理，培训教育缺失，追责力度不够，制造部在公司层面上出一张责任追溯报，分解至人、机、料、法、环，把责任分清归结到位，科技管理部开门接收技术攻关项目，只要定出科学的目标。公司怎么管？总厂考核职工，公司考核总厂，奖罚都有，双重考核。

2016.6.17 技术质量例会的工作安排

自从担任了股份公司总工以来，坚持每月一次的技术质量例会，每次由我自己主持，四年来，我做到了。把技术质量例会开出水平来，并不是一件容易的事。明天我带13名同志去法国执行ASCO培训合同，我已提前一周通知把原来每月下旬开的技术质量会提至今天，目的就是不让正常工作被打断。

今天先讲5月份技术质量例会的议定事项进展情况；检查5月份汇报课题在基层的宣讲情况；宣布5月份技术质量例会专题发言评分情况。接着，四钢轧总厂汇报2250氧化烧损超标的原因分析及改进措施；长材事业部汇报北区棒材加热炉能耗超标原因分析及改进措施；合肥板材厂汇报冷轧连退MCTD5（家电外板）斜纹缺陷分析及攻关情况；设备部汇报冷轧总厂3#镀锌线检修后的分析和存在的问题；检测中心汇报低倍检验样品的优化方案。每次例会对汇报课题人评分，由相关专业人士对问题点评，给有贡献的工程技术人员提供讲台，挺培养锻炼人的，已经形成了监督评价的好办法。

出国前一天，我还是对7月份技术质量例会中的关键作了点题。一钢轧总厂、四钢轧总厂、长材事业部、轮轴公司、特钢公司五单位报告上半年技术质量工作所干的实事及存在的不足；冷轧总厂报告湿平整、脱脂线的运行情况及主要问题；合肥板材厂连退线围绕汽车板上量、增规格、扩品种的下半年计划及上半年工作自评；降低车轮钢夹杂物中标人给我们报告开展工作计划；特钢公司报告改造后高线分厂工作进展及后序工作计划，四钢轧报告连续三个月冶金缺陷上升的原因分析及整改对策。这些问题都是紧贴当期的生产经营，给我们工程技术人员表现的机会，也是对我们工作能力的考验。

2016.6.19~7.1 赴法国培训完成，学有所获

6.19，法国时间早上5:30，北京时间上午11:30，我们抵达巴黎。

6.20，早上9点，我们团组进入Ascoindustries Hagondan工厂进行第一天的学习。

6.21，今天一天在Hagondan工厂的现场，从电炉炼钢、LF钢水处理、VD抽真空、连铸机开浇、出坯冷床、坯料检验，此行团队成员英语都不错，可以用口语加手语交流。

6.22，今天炼钢组上午与法方专家谈炼钢工序的精准控制及异常处理，下午去电

炉、LF炉、连铸中包修理区，线棒组去现场查看，与法方专家讨论小棒生产线质量控制点的布置及生产设备使用的功能。

6.23，今天我们参加了一份弹簧钢订单从下达到完成的全部活动，我们在追踪着物流和信息流。

6.24，Hagondan工厂一周的学习，今天结束了。这一周真的很累，每天在工厂，中午简餐后不休息。上午Hagondan工厂检验工程师帕瑞娅向我们报告，马钢送样的弹簧钢、轴承钢、曲轴钢已经检测完的结果，轴承钢总体合格，今后生产不是试验，把全氧连续稳定控制在5ppm以内的水平挺难的；马钢弹簧钢采用硅脱氧工艺，A类夹杂细系超标，法方ϕ16以下弹簧钢采用硅脱氧工艺，大于ϕ16以上的弹簧钢采用铝脱氧工艺，所有弹簧钢关键在表面质量，尤其是脱炭层的控制。轴承钢、曲轴钢的全部检验要在8月末出结果。我们团组向法方澄清了所需的各工序操作说明书，法方承诺两周后提供资料。下午回到酒店，带上行李，没吃中饭，我们出发奔Metz市，一座有600年历史的法国的也是欧洲的老城，夜宿在这里，明天一早从这里乘火车去巴黎。我当团长必须严格要求自己，团结、紧张、严肃、活泼，让团队充满了干劲与朝气，因为公派出国对绝大多数成员是很难得的事情。

6.27，团队带着游览了巴黎一天的好心情，乘6个小时的火车，来到了FOS工厂，它在海边紧靠地中海，对岸就是阿尔及利亚，我们在一家小旅馆住了下来。

6.28，天气热了，一天时间我们观察了整个轴承钢制造全过程，法国FOS工厂生产轴承钢用电炉加模铸，经开坯轧机，经扒皮修磨，最终生产出轴承钢线材。

6.29，FOS厂质量工程师向我们讲述弹簧钢、轴承钢、曲轴钢的关键工艺技术及每道工序质量控制的要点。

6.30，团组和外方专家碰头，交流工作中的问题。今天我加了一个额外的任务，请FOS实验室给我们制作了两套弹簧钢、轴承钢、曲轴钢的标样，另外从生产线上取弹簧钢、轴承钢的线棒成品。因为有了合资工厂，有了培训合同，又是同样三位专家带着我们，这次学习真是全开放式的。现在团组成员都要知道学到了什么？回去干什么？我们相约回去后两个月后我们团组检查一下每个人学以致用干了什么。我们不能辜负公司的希望和支付的培训费。下午，我们在Arinne酒店露天的后院召开了团组学习总结会。四个小时过去了，天空也越来越暗，人人都在争着发言，意犹未尽。

7.1，出访法国团组两周的紧张学习工作结束了，我们要立即启动能干起来的事。线材组回去的工作是梳理出必需的检测设备报公司采购，提交线材加热炉热值波动解决报告，尝试法方提升表面质量的技术；棒材组回去的工作是积极参加小棒线的设计，把住关键环节的特殊需求，将法方生产工艺线的见闻传播给相关单位；炼钢组的工作是快速精准在LF炉造好白渣，解决中包保护浇注问题，移植技术到马钢钢锭浇铸中。

2016.7.5 江南汛期，生产进行入紧急状态

昨天是回国后第一天上班，一直到今天早晨，雨不大不小地下着。天气预报准了，沿江及江南地区有些像1998年的状况。现在国力进步增强，抗击洪水的办法多了。因为连续一周的雨水对铁前高炉生产产生了不利的影响。煤场塌方，车皮卸车困难，料场积水堆取料机皮带打滑，铁厂烧结用匀矿似泥浆而被迫停下，高炉减了负荷，产量在退。

我和何大顺、殷光华来到了港务原料厂混均造堆二分厂，大料堆踏滑下来冲到两边路轨上，人工在清；混匀矿圆盘给料器已喷泥浆，人工在清；来到了码头上，卸完的1.5万吨大轮，大轮底已和码头平面相差不多了，相当危险。我又来到了港口集团，9#码头全部被淹，停止作业，江水超历史水位已高于市区，作业通道已闸板封堵，我和高可华、张军、江海涛交流情况，只有严防死守。

下午5点，下班的人群在离开公司。股份公司领导钱海帆、陆克从、高海潮、黄发元及采购、铁运、物流、港口、料厂、仓配、焦化、二铁总厂、三铁总厂、制造部、炼铁技术处负责人在召开紧急保产会。7月2日起，长江水位马鞍山段10.8米，超警戒水位0.8米，宁芜铁路南北段上姑溪河、慈湖河水位高涨，严重影响到铁路运行安全，为防止两座铁路桥梁被洪水冲垮，上海铁路局安排重载车辆停车压在桥上，中断了铁路运输。一天已经没有车辆进出，煤焦运输中断，由于本身低库存，现在仅能维持3天生产。各单位沟通信息，摸清家底，最终公司决定焦炉以煤定产，高炉以焦定产，主动减量，用等待外部条件来应对内部困难。即日起每天下午由我召开磋商会，发布物流、库存、生产相关信息。港料改变原有生产方式，雨停时启动流程生产；港口优先接卸锚地急缺品种原料；铁运公司与上海路局保持热线联系；物流公司安排好水路进出；煤焦化公司立即调整配煤比，力争炼焦煤多延用7天；二、三铁总厂立即减产，制定休风闷炉预案。要求各单位执行命令，严守纪律，雨水不停，江水不退，就坚持紧急状态。

2016.7.6 韩国KS标准审核

韩国KS标准审核，今天来了两位专家，其中组长特别难以沟通。昨天晚上请他吃饭他拒绝了；今天原定好的到公司开首次会，他说和关键人物谈谈即可，车开到了大楼南平台，他拒绝进公司大楼来，要求直接去现场，我们改在三钢轧二楼会议室，他要求总经理一定要来；钱总简单介绍情况后，他铁面一张，毫无表情；直接告知：

审核中有7个关键项，有1项不符审核不予通过，今后整改审核也必须由他本人再来。此次是审核出口韩国的H型钢产品，他说要从马钢的矿石、炼铁看起，我无语，马上安排并陪着他来到了马钢港口、长江边、料条料堆、电厂、焦炉；他要上A号高炉去看，在风口带转了一圈，来到了出铁口，看了鱼雷罐车。我是一切随他，慢慢地和他聊起来，他说我是冶金专家，我也不敢谦虚了，我们都是50年代出生的人……他也渐渐聊了起来，中国长江很宽，习近平反腐力度很大，邓小平的白猫黑猫……有了轻松的题外话，我们都轻松了起来。下午参观炼钢、连铸、热轧H型钢现场，他表示出了满意，提出晚上要喝中国的“水井坊”，我立即做出了安排，现在我才感觉到组长也不难沟通。

几乎在同时，我接到了陆克从、胡夏雨、钱曦、高海建发给我的短信：“上海铁路局接到马钢求救后，决定开通南京东到马鞍山站铁路，限速15km/h”。陆总打电话请我关注内部车辆运转；海建指示我全力以赴抓卸车。我即刻给煤焦化公司邱泉山、汪开保，热电李通，仓配管孝群、田路生，二铁殷欢，三铁李邦平，铁运钱曦、陆智刚，制造部高军、翟伟、李军下达命令：“外部铁路开通了，我们内部要全力以赴，内部卸车速度不允许跟不上路局进车速度，进多少、卸多少。煤焦一体取样照旧，但不等化验结果出来直接卸车，各单位主管生产处干是第一责任人。”

2016.7.7 *稳定的质量源于细节控制*

心中有事，觉睡不好，今夜路局车进来如何？我们对位如何？卸车点卸车如何？在凌晨3点总调一条短信在手机中出现：“接调度所通报，南京方向西善桥、光华门几处铁路，因河水暴涨，水漫桥面于凌晨2:50中断，芜湖方向仍未开通。从昨天开通至今日凌晨共通行15个小时，开行专车9列共478节车厢，南京东的马钢煤车拉完了”。早上港口集团通报水位在10.94米，超警戒水位0.94米，今天力争接几条送马钢熔剂的小船，但安徽内河船闸仍在关闭，往合肥板材厂船送冷卷原料中止。六月我们铁钢材全面超额完成任务，七月刚过六天，铁累计比计划减产1.247万吨，上午有工作，下午我约铁运公司陆志刚副经理去南京，实地查看水漫铁路的几个位置。

公司车轮钢质量改进技术攻关项目经理竞聘专题会，由总经理助理杜松林主持。海帆、我、乌力平、曹天明、龚志翔、张建、崔银会、吴耀光九人组成了评委，汇报顺序是：金友林、沈昶、高振波、谢养国、熊振坤（最后决定退出）。评委独立评分，结果：沈昶排名第一，特钢公司曹天明经理个人是这个意见，投票结果也是这个意见。

竞标结果出来后我讲了：这是一个集技术与管理于一体的难题，这么多年的实践证明，人、机、料、法、环有一个因素在制造过程中失控，都会引发车辆钢内在质量的不稳定，而最终出厂检验关又难以控制。经过试验，现有原工艺、改良工艺、新工艺三套，事实证明正确的操作都可以达到我们攻关设定的目标。我想竞标获得人的第一位工作是把“写所需”写到极致，把一个个限定性条件写清楚，去给我们的岗位操作工做培训、要考试，实现标准化操作，每炉车轮钢均有过程控制传递卡，法国特钢厂也是这样做的。我们的工艺方法没错，路线是可行的。条条大路通罗马，只是我们的细节太粗，量化得太少，渣的碱度、保持白渣时间、LF软吹、RH软吹、连铸保护浇注，关键工艺卡不准，细节决定了成败。车轮是公司品牌产品，沈昶要组织一个团队，瞄着项目目标去干，特钢公司天明、志翔两位经理要全力以赴支持并配合好，干不到目标你们也是有责任的。

2016.7.11 *5#焦炉投产前准备*

上午经理层碰头会。为迎接4#高炉投产，销售已开始为CSP热轧卷找寻订单；家中原料煤、焦、矿、灰片库存都在低位上了，快速补上库存，源头上抓采购计划落实，家中要全力抓好卸车卸船；马钢车轮产品获得的利润要完全市场化，要打造一个新的上市公司来发展壮大我们的轨道交通事业；公司资金十分紧张，25亿到期贷款要还，当期发债又困难，今年股份公司经营有利润是必须的；全国质量奖现场评审在7月30日~8月6日，我们要坚定信心冲击这个管理质量奖；4#高炉是否7月28日开炉，有些外部情况还不明确。公司准备召开一次上半年生产经营专题会，下半年起加重细节考核分量，如高炉非计划休风、铸机漏钢、冷轧断带、大面积跳电等。

下午我和发元去煤焦化公司开5#焦炉投产准备会。汪高强对5#焦炉大修工程概况及进展作了介绍；夏鹏飞汇报了5#焦炉开工方案及生产准备；副经理汪开保报告了5#焦炉投产需协调解决的问题；经理邱泉山对5#焦炉大修工程作了报告；发元老总点评并回答了相关问题。

我讲：公司的重点工程5#焦炉2015年10月12日停炉，计划2016年7月25日出焦，历时共计300天。去年天凉了停炉，今年天热了开炉，都是我们计划的好时机。今天各位的报告事关5#焦炉开炉投产，可以在厂内面对相关职工再开一次，我们已经历了停炉→拆炉→基础顶板处理→筑炉→铁件安装，即将进入烘炉→装炉→出焦。此次5#焦炉建设，培训培养了我们的人才队伍，到目前为止，工期、质量、安全都控制的好。从现在起至7月25日，还有15天时间，设备、管道、车辆、电气、介质、调试工作量不重了，但需要冷态联动，好在天下小雨，不热又去尘，又是老天帮忙。今天需公司协调解决的12个问题，已分至各个单位，各职能部门积极主动，协助快速完成。

2016.7.12 “大恩不言谢，我会努力工作”

以炼铁技术处的名义，发布了马钢高炉稳定27个月的专题报告，整个铁前系统及炼铁人受到了极大的鼓舞。作为总工程师，本人是干炼钢的，我想到炼钢和轧钢，马钢产品今日的现状，我们的产品质量，我要求制造部和科技管理部拿出创意，在《马钢日报》给出上半年产品质量专题报告，公司层面组织讨论，像铁前一样也请记者、电视台参加，提高全员的质量意识，用我们的工作质量保证产品质量，则更需要对全员的教育。市场在变，用户的要求在变，我们生产的产品在变，我们的人、机、料、法、环在变，唯一不能变的是产品质量，始终充分满足客户的需求。马钢人的质量观念发生了什么变化，现在质量观念上升至什么层次了，工程技术人员不在市场，在现场又干了什么，全体员工真实的质量观是什么，为什么我们连续三年质量工作有了实实在在的进步，我想做个全面的调查研究。

晚上在家，收到三铁总厂B号高炉炉长陈光伟的短信：“尊敬的高总：在您的关心帮助和李主任医生的精心治疗下，我儿子已经痊愈，今天出院了，感谢您挽救了我的家庭。大恩不言谢，我会努力工作，用工作成绩来表达对您的尊敬和总厂对我的帮助与支持。”不一会儿又收到三铁总厂丁晖厂长的短信：“谢谢您，一直以来对我及厂里工作的大力支持、关心和帮助。光伟下午到我办公室告诉我，他孩子痊愈的好消息，我很高兴，再次深深谢谢您和李主任医生。我们班子想请人民医院神经内科的李主任医生及护士们。”

约40天前的晚上，我在首都机场准备登机返程时，丁晖打电话向我求援，炉长陈光伟的儿子发烧不退并已有抽筋发生，去了几家医院检查无果，今天刚从南京军区总院回来，也暂无诊断结果，情况危急，夫妻俩心急如焚，求人无门，高总您是否可以帮帮我们。我当即告诉丁晖，我晚上10:30可以到马鞍山，你让光伟打的到我的医生朋友李主任家门口来，我们一道去找李主任救命，大高炉炉长的困难我会全力以赴的。

2016.7.15 车轮钢质量改进的“破题人”

马钢车轮钢质量改进技术攻关寻找“破题人”。随中国铁路高速发展，“高铁时代”对车轮性能的质量提出了更加苛刻的要求，马钢在追求“零缺陷”的路上不断迈进。产品合格率在不断提升，车轮产品出厂的检验标准也提至极高。但年年几片车轮运行后的失效分析，仍是由夹杂为疲劳源引发的，同国内外车轮一样，夹杂物问题也困扰着马钢，为解决全球性难题，公司决定公开招聘技术攻关项目，设立100万元奖金，倾力解决难题，寻找解决办法。4名竞聘者分别以自己设计的解决方案参加竞聘。特钢高管金友林，长期从事车轮钢夹杂物研究；特钢高正波是现在技术质量部长；一钢轧解养国从事车轮精炼工艺已达15年以上；技术中心高管沈昶在洁净钢上有造诣。每位竞聘者演讲自己的方案，接受评委的提问，最后评委投票，选出了沈昶为中标人。这是我要求《马钢日报》记者根据那天评审写出的报道。

事后我和四位竞标人作了交流："你们敢于向车轮钢难题发起挑战，值得赞赏；你们都年轻有为富有创新精神，马钢车轮是我们的品牌产品；马钢轮轴事业要打造世界一流，我们就必须有一流的人才一流的技术。改进工艺过程，提升制造能力，建立技术与管理标准，落实'写所需、做所写、记所做'，组阁人沈昶可以调用方方面面的资源，组建攻关团队，写出新的操作手册，细化至每一个环节，我也是你们其中的一员，我们不怕失败，充满信心去争取成功。"

昨天下午我与沈昶签约了，沈昶真的是有了很大的压力。晚上9点在培训团队微信群中发出了"各位大拿要不吝赐教，多多出主意，大家共同努力干好这个项目，有龚总、曹总的支持，有高总、杜总的指导和指挥，我有压力，更有信心"。晚上10点，我给沈昶发了条短信："着手选定车轮钢工艺方案，细化"写所需"的手册，对作业长和主操培训并考试，落实每一个炉次的工艺传递卡，分解团队成员工作职责，提出要解决的问题，从今天开头干起来，一步步、一轮轮修订完善，先不要大动，不停步就是进步。"

2016.7.20 *加大降本力度是法宝*

8月份经营预测：8月份根据两头市场及内部生产，预计本部实现利润1.4亿。原定7月28日，4#高炉开炉，现在受风机汽轮机故障及洪水暴雨对原料保障的影响，拟推迟至8月10日。这样一是立秋了，二是全国质量奖现场审核结束了，三是我们准备更充分了。二铁总厂、炼铁技术处不松劲，继续梳理出投产前的各项工作，准备的越充分，开炉及达产就会越好。8月出口订单有14.5万吨，月出口订单总量不小，我们的销售人员一定要清楚客户特殊的要求，制造部要向制造单元交清要求，出口订单必保。检修工作也要狠抓质量，冷轧连退、1580加热炉、合板全线检修，港原块矿烘干检修，都是关键设备及关键生产线，今年往后钢轧系统的检修应该少，主力检修在铁前。上半年公司4.5亿利润，7月预计1.1亿，8月预估1.4亿，这样1~8月是7.0亿，可以确保股份公司不亏损，我们的经营前提是两头市场对冲以后的盈、平、亏。下半年增量要增效，这个目标一定要实现。今年公司管理上加大了力度，已经有7名中层干部因各类事故被问责了，保持内部良性循环，继续加大降本力度，这是我们的法宝。

2016.7.22　全国质量奖模拟现场评审

天气暴热像火炉，预报连续一周气温在35~37℃，江南地区一片红色，马鞍山也发布了高温警报。早调会上我强调各单位应认真抓好防暑降温工作，各级领导上一线和全体职工共同去流汗，这样沟通和交流会取得更好的工作实效。

全国质量奖模拟现场评审工作安排表出来了，我参加的专题是：19日，技术资源，知识资源，品牌管理，研发管理，过程及结果（上午），职业健康安全管理及结果（下午）；21日，首次会议，企业发言（上午），主要现场参观（车轮、冷轧），主要业务流程介绍（下午）；23日，中层领导座谈，员工座谈（上午），末次会议（下午）。马钢从2014年申请全国质量奖；2015年获提名奖；2016年获入围现场评审。此次对公司来讲是天时地利人和，绝佳的机会，因冶金行业仅马钢一家，股份公司上半年业绩报告有4.5亿利润。

全国质量奖模拟现场审核组在汇报工作时，其他单位还要做些改进，但点名批评了特钢公司。现场作业环境差，一个5年的新厂，一点不像新厂，马钢推行了APQP工作组，在特钢公司问到参加评审会的人，竟然没有人能回答这个问题。不抓学习，不抓基础管理，厂领导的工作方法上不来不行。我把我在特钢公司质量评价会上的讲话整理了一下，发给了曹天明、胡新华、龚志翔、石玮，要求他们快速、认真地整改，不能拖后腿。

2016.7.25　抓高炉体检成为铁前科学工具

第四届高炉体检经验交流会在技术中心一楼演讲厅举行。我的讲话：8座高炉最短的已经稳定顺行了28个月，长周期稳定是技术与管理的结晶。炼铁生产稳定，铁水成本低于全国平均水平、低于对标对象水平，为公司全年不亏损，取得利润创造了新的业绩。第四届高炉体检调整的重点是测试体检表的准确性、灵敏度，正面的案例，反面的案例，我们从中得到什么；这个方法一定要持续下去，直至固化下来，成为我们应对高炉的科学工具。对新入职的职工、大学生、研究生应该有不同的收获要求。1#、2#炉对比，A、B高炉对比分析，丰富我们的内容；8座高炉的体验报告必须在本炉上对所有员工做发布；炼铁技术处现在着手准备，年底要出一期高炉长周期稳定、技术与管理的论文集。

4#高炉投产第三次公司级准备会，在技术中心二楼会议室召开。第一次准备会5

月9日召开；第二次准备会6月17日召开；今天，第三次准备会7月25日召开。今天我们依然是冷态在预测4#高炉会出现的问题，开炉以后，热态中会出现我们预判不到的问题；公司已经经过了1#→2#→3#→A#→B#开炉的策划与准备，我们现在有应对的能力了。此次4#高炉内外的不同点是料场没有变化，4#高炉无配套的焦炉；3200立方米级高炉的操作，投产前对职工的培训特别重要，培训的好，投产工作就会好。4#高炉投产对公司最重要的是增产增效，降本增效是淘汰小高炉，大高炉消耗指标比小高炉好；铁水增量，所增热轧卷产品比长材效益好，延伸加工效益好，冷轧又有了充足的基料。

2016.7.27 *技术人才的梯队培养*

关于股份公司部分二级单位副总工程师岗位配备，我向总经理报告。

因工作需要，股份公司二级单位自2013年以来，报请公司同意，由本单位行政负责人任命了几位本单位的副总工程师，近三年来的实践表明对技术进步、产品质量、体系运行、人才培养起到了好的效果。现有的副总工程师均由本单位的正科级干部或公司级的高级技术主管担任。有的已经被公司提拔为中层管理人员。为规范股份公司二级单位副总工程师的岗位配备，应遵循下述原则：

本单位未设总工程师，因工作需要，可以在处级干部中明确总工程师人选，报公司批准后任职；本单位设有总工程师，但专业跨度大，制造产线长的，可以设1~2名副总工程师协助总工工作；本单位未设总工程师，因工作需要可以设立1名副总工程师，负责技术管理工作；根据工作需要，由人力资源部股编办下发各单位副总工岗位数字后，由各单位按干部选拔程序进行，报公司人力资源部、党委工作部备案。

高海建书记要求，马钢人应该不在市场就在现场。2015年12月31日，制造部、设备部进驻现场，现场的人干了什么，学了什么，各单位的认可度如何，我告诉文洋，发个通知，公司计划召开一次专题报告会，通知发至驻现场的每一位工程技术人员，含设备口的，每人都要报告自己的工作，选择优秀的工程技术人员，我们先组织预审一次，选出8~10名，组织专场向公司报告。

今天我拿着党办的通知，去工商银行补缴2008~2016年党费23011元。现在党委定下的事，各级都认真在落实。

2016.8.2~5　卓越管理的成熟度显著提高

8.2，7月股份公司生产经营结果出来了，7月在钢材价格下跌、原燃材料价格上涨的夹击下，股份公司实现利润1.2亿，股份集团实现利润1.3亿，用我们的内功抗拒外部市场的变化。8月公司预算盈利1.3亿，从今天起就要朝这个目标去努力，提升经济技术指标与调品种结构要齐头并进。酷暑高温来了，一线的职工很辛苦，防暑降温、保持生产稳定是头等大事。昨天全国质量奖现场审核组首日对轮轴事业部、冷轧总厂3#、4#镀锌线进行了检查，给予了肯定的评价。今天分组去各单位检查，我们要忙而不乱，细节决定成败。

8.3，今天整整一天陪同全国质量奖现场审核组检查，我是一步未离。

上午科管部，1027会议室：评审内部审核，技术管理，品牌管理，知识管理，研发过程及结果；下午安管部，433会议室：职业健康安全管理及结果，消防安全管理及结果。张建、王世发的汇报，审核组表示满意。

8.4，今天整整一天，陪同全国质量奖现场审核组检查，我是贴近跟踪。上午，检测中心四楼会议室：检测中心、计量处作了工作汇报，杨本华、张爱华两位汇报；下午，长材事业部二楼会议室：王光亚作了工作汇报。今天审核组给予三个单位表扬。

8.5，今天整整一天，我陪同全国质量奖现场审核组检查，我在洗耳恭听。上午：第一钢轧总厂，先参观转炉，连铸、精炼、热轧，然后听取许健汇报；下午，末次会议，高海建要求公司领导及被审单位一把手全部参加。

全国质量奖现场审核组经过一周的工作，给马钢股份公司的评价意见是：

主要优势项五个：1、公司领导有卓越领导力和战略眼光，马钢的企业文化理念植根于全体员工脑海里。2、公司的营销模式在创新中发展，有战略合作伙伴，推行EVI，顾客满意度连续在提升。3、以技术领先，创新驱动为理念，研发投入，科研项目，核心产品及技术，获得成果等支撑业绩。4、两化融合，设备大型化，三级设备管理及架构，基础信息化反映了企业好的管理水平。5、公司有效实施采购管理，创新产销联动，日成本控制，创新工作室，员工能力和组织能力提升了竞争力。

需要注意改进项三点：1、马钢的发展战略，多元并举，没有得到有效的支撑，没有前三年后三年可测量及实施的计划及结果。2、公司信息化还存在改进的空间，需要收集更为全面的信息，整理并传递出去，有利于公司决策。3、公司应注意识别，关联过程，营销、采购、投资、品牌、安全环保等方面，选用适用的方法及工具。

现场审核工作结束了，我们知道我们离要求还有差距，但追求卓越我们不会停滞不前。

我们希望现场审核是通过了，更希望审核组向全国质量奖终审委员会推荐马钢股份公司。实事求是评价，我们在卓越绩效管理上的成熟度显著提高了。

2016.8.8 用心做好每件事

立秋了，天气会渐渐凉下来，这是我们马鞍山人最喜欢的季节。G20峰会是国家大事，以杭州为中心画个圆，300km范围内对大气污染实施严格的控制，马鞍山现在天天蓝天白云了，真是好啊。我关注几项工作：马钢产品技术服务年会的主题报告，分会场的专题报告，从策划、审核、定稿到试讲、演讲；去法国培训团组写出轴承钢、弹簧钢、曲轴钢制造过程的“写所需”，展开员工培训，准备各钢种试干一组；薄板坯连铸连轧生产无取向电工钢技术集成与创新申报省科学技术奖材料最后审定；全国质量奖现场审核后，马钢的文明生产如何保持下去，公司应该是奖励与处罚并用；国家在杭州举办G20峰会期间，公司由我和严华负责，成立生产应对指挥小组。海建书记去二铁总厂跟班，听到铁前职工说我对高炉特别用心。

力争省科学技术一等奖的报告，经过团组的努力，终于定稿了。一周前在技术中心讨论时，这个材料是不达要求的，零乱、重点不突出、PPT不好看，我组织团组进行了三次修改。用薄板坯连铸连轧工艺生产电工钢，国内马钢是第一家，我们拥有多项发明专利；家电品牌中格力为何敢称变频空调为静音王，美的为何敢称每天只有一度电，是因为用了高牌号电工钢，马钢也在供应；十年磨一剑，马钢电工钢的四个发展阶段，从消化吸收国外电工钢技术，到设计研发，实验室验证，半工业性试验，优化工业生产中各工序控制技术，直至完全成功；上报材料要近三年的经济效益，但我们可以把2008~2016年的都计算出来，马钢电工钢已实现122.5亿的销售收入，累计新增利润15.6亿元。我对此申报材料的如此重视及对整个修订过程的指导意见，给团组成员留下了深刻的印象。

2016.8.10 马钢党委常委增添新成员

中共马钢集团第五次代表大会，在延迟了近一年的时间后，今天召开。主题是“践行五大发展理念，加快转型升级步伐，为共建共享马钢美好家园而努力奋斗！”

海建书记报告了第四届党代会以来的主要工作和今后的任务。报告强调，战略布局绘就新篇章，生产经营构建新模式，技术创新展现新亮点，改革管理激发新活力。报告要求，宣传思想政治工作持续深化，基层党组建设有序推进，领导班子和人才队伍建设积极有效。报告指出，党风建设和反腐倡廉工作力度加大，群团组织优势充分发挥。未来五年建设美好家园的奋斗目标和战略举措是：做强钢铁，做大非钢，做活机制，做优绩效，增进福祉。全力深化改革攻坚，全力塑造钢铁主业竞争优势，全力打造非钢板块，全力推进国际化经营，全力推动科技创新，全力推进环境经营，全力优化人力资源。

此次换届党委委员候选人38人，差额7人，选举31人。纪律检查委员会候选人18人，差额3人，选举15人。第五届党委常委候选人9人，差额1人，最终党委常委选举结果：高海建、丁毅、陈冬生、杨阳、张晓峰、钱海帆、蒋育翔、陆克从、严华。

第五届党代会结束了，下一届党代会应是在2021年了。这五年马钢能否走出一个新的发展模式，健康发展，把马钢建设成为具有较强竞争力的企业，这是我心里思考及担心的事情。我的一生工作全部在马钢，我尽了我最大的努力，我真心希望马钢越来越好。千万别在出现过去的老一套，千万要沿着新开辟的道路走下去不动摇。新增陆克从、严华两位同志进入党委常委，我是投赞成票的，让年轻有为，能干事、干成事，甘愿奉献的同志进入马钢党委常委中。

2016.8.15 *技术与管理的交汇*

本月我有三次演讲汇报：一是在省科技厅，薄板连铸连轧电工钢集成与创新技术，力争省科技一等奖，但难度很大；二是在公司月末竞争力分析大会上，董事长让我报告马钢高炉为什么能稳定29个月，我要能讲的被认可；三是中国冶金质协秘书长管炳春请我去攀枝花，报告马钢是如何争创全国质量奖的，扩大一下影响。薄板坯连铸连轧电工钢技术集成与创新，我组织全体进行了集体讨论修改，碰撞出智慧火花；今天专门去了炼铁技术处，把昨晚构筑的高炉稳定解析框架进行交流；马钢争创全国质量奖是企管部主办的，要综合考虑一下，我代表马钢如何在行业里说出水平来。

2016.8.18 *炼铁文化在变化*

早调会后即起身去第三炼铁总厂，分别上了A、B高炉，给我的印象是一切秩序井然，OK！

在A#高炉和分厂厂长李华君、朱伟君炉长两位八零后聊聊，我在为我的演讲做准备。为什么我们的大高炉能稳定29个月？继续顺行下去我们有什么要解决的问题？当前工作上最大的压力是什么？两位充满了自信，现在我们总厂学习的氛围特别好，职工干劲也高，都知道马钢家园对我们意味着什么。当前三件大事我们特别关注：炉顶料闸设备，外部2#鼓风机，炉缸及炉底上翘的安全。中控室南边的房间已经改成了技术人员现场办公室、炉长室，出门上炉台真的是这样了，我为两位80后担当如此重任鼓劲喝彩。来到三铁总厂办公室和丁晖、黎兵、高鹏谈三铁总厂的工作。我们热议炼铁到底发生了什么变化？有没有形成炼铁人文化？丁晖说：我们从过去的出事后救高炉已经转为精心呵护高炉，现在上下能想到一起，同向而行，有炼铁文化的雏形了。黎兵说：这三年三铁总厂方方面面都有了新的变化，关键是人在变化。

2016.8.21 用卓越的思想做好每件事

上午科研项目、技术攻关、EVI立项评审，下午技术中心、科研项目进展检查。我对今天工作的主要要求：每个课题的汇报人要提升自己的汇报水平，经过多轮评审，大多数人还是老一套，立项课题必须充分调研，掌握全面准确、大量信息，并经小组成员充分讨论；结题课题必须达到课题合同约定的要求，否则只能是暂缓、终止或停止；科研工作关键是有一套可行的好方法，工程技术人员要学会借用资源、调动力量，科研项目最终评价的结果一定是增效或降本、质量品牌及市场占有率。

国家G20峰会召开在即，国务院去钢铁产能举措严厉，最近钢材市场价格上涨，市场订单需求增多，我们预测8月生产经营应该有较好的结果，现在可以看到9月、10月市场的情况。公司要求周六、周日处干、科干值班，昨天一场雷雨到来，生产中不顺的事不少。今天各单位只是简单的报告，制造部也未提出批评及要求，是的我们可以大事化小、小事化了，但这绝不是企业管理追求卓越的做法。四起事故：港原GPS高配室、四钢轧屋顶积水泄入摩电道，冷轧一硅二硅入口断带，一钢轧CSP二冷水爆管，我要把每起事故的责任分清楚。

2016.8.27 技术与管理高度契合形成竞争力

公司召开竞争力分析大会。公司高度重视此次竞争分析大会，股份公司中层副职，高级技术主管，APQP小组长，集团公司及各二级单位行政主要负责人，集团公司全部领导全部参加，满满一个会议室，约400人参加！会议议程：钱总作了上半年股份公司竞争力分析，我作了高炉稳定顺行解析报告，克从宣布上半年绩效优胜单位是二铁、三铁、能源、冷轧、废钢公司及嘉奖令。丁毅作了集团公司上半年工作总结及下半年工作布置，高海建作了鼓舞人心、催人奋进的讲话。

今天我的报告从过去印象→技术先行→管理跟进→文化改变→运行效果，讲了30分钟。我精心准备了，我也借助于这个平台宣讲了炼铁工作，高海建评价是“讲得生动、真实、有力、很好！”会后，我收到了不少处干点赞的短信。

2016年钢铁企业降本的主要做法有哪些？在攀枝花冶金质量经营联盟会议上，管炳春秘书长提炼出来了。采购：少采、勤采，降低原燃料库存，降本贡献大头；铁前：优化配煤配矿，适当多吃“经济料”，降低铁水成本；钢后：差异化竞争，品种钢开发，高端用户用钢；生产：精益生产，减少带出品和非计划；设备：精心维护，降低吨钢设备维护费用，降低备件库存资金占用；销售：提高品种钢直供比例，加工配送，电商平台，增加出口；能源：二次能源极限回收，节约使用，提高自发电比例；物流：优化厂内物流，整合外部物流，用足铁路、港口优惠政策；人工：辞退保姆，提高劳动生产率；财务：控制贷款规模，设立财务公司，提高资金使用效率；风险：招聘高端人才，开展期货业务，对冲风险；信息化：两化融合，提高集成创新，协同创新能力。我挺喜欢听管炳春秘书长的报告，他水平高、信息量大，每次听完都有新的收获。

2016.8.31 D2型动车轮通过CRCC审核

今天铁路产品认证中心（CRCC）对铁路总公司D2型动车组用马钢车轮的审核结束。审核组长说：这是一次具有历史意义的审核，马钢生产动车用车轮从原料开始到最终成品检验，我们全工序通过CRCC审核。D2型动车车轮是中国的争气轮、争光轮，这是中国350 km/h标准动车组的主打车轮。审核证明，马钢具有质量保证能力，马钢具有数量保证能力，马钢具有研发技术团队，马钢全过程属于自己控制，整条线工艺、技术、自动化有高的水平，车轮的理化、低倍、金相、力学检验完备，无不合格项。我们给出三个整改项，检验用样板定期检验、职工的定期培训、生产过程定期确认。要严格执行标准要求。现在我宣布D2型动车马钢车轮通过CRCC审核！

常言道：没有金刚钻不揽瓷器活，有了金刚钻也还要有会干瓷器活的人，硬件软件结合要高度匹配，350 km/h车轮的质量，在我首席质量官的心中是第一位的。

2016.9.3 心中放不下的现场

我去紧靠特钢公司西南角的ASCO合资工厂的工地。ABCD跨厂房基本完工了，DEFG跨工程的进度在加快，计划在9月20日整个厂房可以实现全封闭。检修公司员工正在安装从法国工厂拆回来的设备，孙维在现场忙着，公司聘请孙维当这个合资工厂的总经理没错，在现阶段公司用他顶上来是最佳人选了，他有技术又会干事，忙的浑身上下都是劲。我问孙维还有什么困难？他说天宝近期来了不少次，我和钱总上周五在特钢开了协调会，从炼钢到线材试过了，法方设备调试完，汽车稳定杆和热卷簧用我们的原料可以生产了。这样法方总监米歇尔来时我们承担的任务都在按时间节点推进了。

去4#高炉风机房，我还是有些担心。这么大的一台气动风机4#高炉开炉后就不能停了，没有备用风机，气动风机是首次用于高炉，我们的设备没问题了吗？我们的人员能跟进吗？我第几次来记不清了，现场内我自己转了一圈，明天要投产，厂房的北、西、南大门敞开，人员进出自由，尤其是北面正在卸废钢，扬尘不小。但主机房北面的窗子都开着，设备上一层灰尘，台上设备点检台账写得不规范，台下也一样。我碰上了何世文高管，请他组织对点检人员的点检顺序及点检关键参数考试，要求关闭门窗，告知高炉风机房是重点保卫房所。

2016.9.6 马钢4#高炉开炉

又去了4#高炉，从炉下看四个出铁口的摆动流嘴、轨道，围着炉台风口、铁钩、渣沟、底滤水渣设备又转了一圈，炉前工在按投产方案一次又一次的演练着。中控会议室伏明、马桢亚、严华、殷欢、程建国、黄加坤、蒋裕都在，开炉第一周相关单位领导值班，方式、地点、联系手机全部印在表格上了，今天下午从9#小高炉取火种，点燃4#高炉。我参加了1# 2500立方高炉开炉，吃了不少苦头。但愿此次顺利，我们都在等待这一时刻，现在心中安定了许多，因国家举办G20杭州峰会，4#高炉开炉被推迟了近20天时间，这20天时间又对4#高炉可能存在的问题梳理了一次又一次。下午1:38，我代表公司宣布，在毛泽东主席两次视察过的9#高炉的取火种活动开始，并徒步护送火种从9#高炉走至4#高炉引桥上交接。当蒋裕单腿下跪接过火种时，我感到那一刻真的神圣。下午3:58分，高海建、丁毅、海帆、严华、天宝、我和发元、伏明，每人手持点着的火把送进了风口，4#高炉开炉了。

2016.9.7　关注关键炉机产线上的人

刚上班，接到四钢轧总厂刘国平的电话："高总，不知道上午是否有空，我有几件事想跟您汇报"。我知道最近连铸生产不稳定，刘国平背负了巨大的压力，4#炉投产铁水出来了，四钢轧要实现钢月产70万吨以上，站在这个台阶不是简单的事。我立即告诉刘国平，我马上从4#高炉到你厂来，到你办公室谈工作。刘国平向我报告了他的想法：把连铸分厂现任书记尹继锋调至生产技术室当书记，让周寿好再次担任连铸分厂书记，连铸分厂承上启下、至关重要，拟考虑提至副总工程师，但前提是现在至明年春节连铸分厂必须实现稳定生产；把刘启龙高管再带上连铸分厂副厂长的帽子去抓技术，充分发挥白班作业长黄宏春的作用，指明工作的方向，前提也是现在至明年春节连铸分厂生产稳定；培养臧宏成统管全面还要有一段时间。我告诉国平现阶段邓勇主抓炼钢精炼，连铸分厂的工作国平自己抓，抓关键人物、抓关键问题，当前困难时，外部的事找我，连铸设备的问题我来挑破，这样的维护方式不行。回来后我向海帆作了汇报，他表示全部同意。

看了第二炉出铁和出渣直至晚上，总体感觉是不错的，底滤法的出渣也不错。现在最烦心的事是高炉冷风流量的数字与风机送风流量数字相差较大。高炉第一炉铁水[Si]3.82，紧接着第二炉铁水温度低至1322℃。今天大夜班出了管道，加风顶温上升，煤气利用率还不行，各种大炉型操作有一个探索时间。

2016.9.10　马钢给点阳光就灿烂

今天周六，昨天海帆让我做上一周工作的点评。上周公司经历的了几件大事，一是G20峰会在杭州召开，我们减产并做好了环保工作。二是4#高炉开炉情况较好，尤其是设备状况及炉外保障，公司上下都在关注开炉后的生产，二铁总厂及炼铁人也在尽最大的努力。新开高炉铁水硅素高2.0~3.2之间，公司调用鱼雷罐冲兑，出铁9次，一罐未铸；介质不平衡但能控和热电动态调整，减少了高焦煤气的放散；各单位都在积极作为全力配合。9月进入中旬了，中秋、国庆节快到了，铁水也将日破4万吨以上，公司生产将经历新的铁与钢的平衡期，长材事业部放量生产，一钢轧、四钢轧在放量的同时，更要高度关注产品的质量；伴随着产量提升，钢后降本要达100%以上，铁前降本要在现在的水平上提升2个百分点。今年从4月到8月，我们对销售采购市场的研判是正确的，公司的内部生产给力，我们连续五个月取得好的经营业绩。9月市场依然较好，高书记说马钢给点阳光就灿烂，我们一定要抓住一次次的机遇。

2016.9.17 4#高炉顺利达产

中秋节休三天假，女儿和外孙没回来，我无事可做。关心国家大事，看我们的大火箭发射，关心我们4#高炉上水平。早调会上代表公司祝贺二铁总厂4#高炉日产量7219吨，系数2.26，4#炉高炉开炉10天顺利达产；与此同时钢轧日产水平也在连续破纪录，尤其是四钢轧和冷轧总厂干得很好。鉴于公司外部条件不具备，伏明已告知我焦炭紧张了，要求4#高炉在2.1~2.2系数稳住，关注煤比、焦比、燃料比的技术经济指标，进入PDCA循环。我是特别关注4#高炉的人，9月6日开炉，从9月13日起，公司连续产铁超4万吨，9月13日铁产量4.099万吨，9月14日铁产量4.218万吨，9月15日铁产量4.333万吨，9月16日铁产量4.396万吨，今天铁的产量是4.423万吨。现在最重要的是钢轧能稳定下来，否则铸铁是维持不了铁前生产稳定的。

2016.9.20 创建自己的企业文化

昨天一整天，应马钢特邀，韩福荣教授给我们中层以上干部讲卓越绩效评价标准。韩教授是北京工业大学博士生导师，是国家卓越绩效标准的牵头起草人，是全国质量奖评审委员会主任委员。公司主要领导指示我全程陪同。

韩教授说：国际上的诺贝尔奖，国内的科技进步奖均属以结果为导向的客观事实奖，而卓越绩效是以过程不断改进、绩效改善为主的主观奖，要吃透这个标准的灵魂。凡事都应有管理，管理要有原则，原则要有例外，例外要有约束。卓越绩效评价标准历时了10年时间，从原点→原理→原则→基础→方法。我们把质量定义在三个方向上，符合标准，达到顾客要求，相关方利益得到平衡。中国企业经历了60年代的生产规模，70年代的生产成本，80年代的产品质量，90年代的快速响应，21世纪的创新能力。所有产品有三个寿命，自然寿命、经济寿命、技术寿命。管理理论：复杂的简单化，专业的大众化，贵族的平民化，抽象的形象化，好方法应有效，好模式应适用。

听君一席话，胜读十年书。在这样一个信息高度发达的时代里，我也经常被正反两方面的信息困惑，公司推行卓越绩效管理以来，一直也有不同的声音，学了一段时间，干了一段时间。今天吃饭时，面对面听了韩教授的话语，大教授把理论和实践结合起来的这些话，让我对卓越绩效管理模式理解的更深了。

今天上午7:28，在二铁总厂4#高炉，马钢举办了9月20日纪念日活动！升国旗奏国歌；升马钢旗奏马钢之歌；宣读马钢职工誓词。我是光荣的马钢人，我宣誓：胸怀企业愿景，牢记企业使命，恪守核心价值，弘扬马钢精神，感恩在心，忠诚马钢，胸有朝阳，奉献马钢，为共建共享美好家园贡献力量。马钢的家园文化又注入了新的内涵。

2016.9.24 抓住重点，高效生产，取得效益

中秋刚过，国庆来临，三季度即将结束，四季度即将开始。马钢股份公司今年力争干出一个好的业绩。上周生产经营有几个突出的亮点：4#（3200立方）高炉开炉成功，已经达产，还在优化调整各项经济技术指标，现在可以宣布4#高炉开炉成功。与其相伴的几个工作是：内部新炉机的操作制度，还要在摸索中前进；2#高炉内供焦转外购焦平稳过渡；4#炉外部设备、介质、运输均在良好的控制状态，4#高炉从开炉至今已出8万吨铁水无一罐铸块。上周运行中日产铁量高达4.43万吨，钢达4.74万吨，材达4.30万吨，高炉煤气波动范围较大，62个鱼雷罐在线运行，铁水均匀调往长材事业部、特钢、一钢轧和四钢轧，在原系统受新的冲击下，制造部、能控中心、设备部精心工作，公司除铁钢材放出最高水平外，计划执行率和计划兑现率保持在高位。上周公司举办了“9·20”马钢纪念日活动；全国质量奖评审委员会主任韩福荣教授给我们讲解了卓越绩效标准，全国质量奖是企业最高管理质量奖，我们学会管理、善于管理、敢于管理。今年9月原燃材料价格上涨超出计划6600万元，削去利润的一半。10月订单无论是汽车板、家电板、电工钢均已饱满，尤为令人担心的是焦炭和焦煤资源紧张，保供困难。10月上旬公司计划安排3#高炉年修，所以我们必须抓住重点，高效生产，取得效益。

2016.9.30 咨询公司评审后的印象

今天汽车板、线棒产品VDA6.3过程审核举行末次会议，10个单位参加。

汉德咨询公司的宋老师作了审核综述：关于产品开发过程，采购的参与度不够；工艺参数不合规定的产品有的放行了；工序中产品放行条件执行不严；复判的规定不符合汽车板标准要求；关于设备工装管理不达标；库房管理存在问题；绩效指标不仅是考核，更重要的是统计分析；高线工厂与标准要求差距较大。宋老师共指出了我们八个问题。

汉德咨询公司的郑老师作了审核综述：作业规范的指导性可行性不够，产品/过程重要特性监控方法和有效性不足；问题的解决原因分析与对策的针对性还要改进；关键岗位员工的培训计划执行不好；给马钢的建议，现场管理，班级建设都应进一步改善。一般企业看高层，优秀企业看中层，卓越企业看班组。

宋老师最终给出了马钢评审后的印象：马钢对业务重结果轻过程；对管理重经验轻规则；对工作重能人轻体系；对员工重监督轻引导；对文件重文字轻数字；对变化重巨变轻渐变。

汉德咨询公司是马钢专为汽车行业TS16949标准、VDA6.3标准引入、执行、改进、完善聘请的指导公司，三年来他们已经很熟悉我们了。

2016.10.8　山外有山楼外楼，管理者要有追求

今天国庆长假后的第一天上班，早调会后我作了简单点评。四季度到了，国庆七天公司生产高效稳定，钢价在涨，原料跟涨，我们有利。今年生产经营有望实现目标了。现在着手谋划2017年生产经营方案，管理部门要提升工作能力，要给公司决策出选择题而不是填空题，今天计财部、科管部、设备部、制造部的发言总是让人感到缺了什么，不能仅通报数字，数字反映了什么，要履行部门职能且会干事。如汽车厂审核我们用的VDA6.3标准，不仅是对产品质量和制造工艺的，涉及到采购、设备、人力资源、售后服务等，管理者本人都应带头学习。炼铁高炉近期对自产焦、外购焦质量发出几次预警，资源紧张并价格猛涨，这不应成为保供单位的理由，外部以积极的行动应对，内部要适应这种变化。

今天《马钢日报》用四版以图表形式，发布了2016年上半年马钢竞争力分析。上次会议结束后，我把铁前高炉29个稳定顺行的解析报告，用文字整理出来了，高海建董事长要求申报冶金行业现代化管理成果奖。今天洪红告诉我明天全文刊登出来，她写了编者按。对长流程的钢铁联合企业，高炉稳定是第一位的，没有一套适合自我的好办法，长周期稳定是难以实现的，我的这篇报告应该是回答了这个问题。

下午安委会上，姑山矿业公司白象山矿长陈五九作的安全生产经验的介绍，给我留下了很好的印象，他们管安全的方法可以借鉴，陈矿长是人才。我建议股份公司四季度安全工作会议在白象山召开，钱总经理完全赞同。山外有山楼外楼，学习先进才不会落后，希望股份公司四季度安全生产平安无事。

2016.10.10　2017年经营方针是提质增效

股份公司2017年预算编制纲要专题会。明年钢铁供大于求的格局难以改变，煤炭行业限产量今年下半年已见成效。我们面临的形势依然严峻，生产经营的主要方针是提质增效，在今年生产经营的基础上，重点是调整产品结构，稳定产品质量，适应市场要求及客户的要求。十大产品系列，板带、特钢、车轮走终端直销，线棒长材走直销和区域公司自销，出口产品按直供或专业代理进行，海外公司抓终端客户，生产中的非计划产品、废次材、降级品一律上电商平台去销售。进口矿、各种原辅料坚持低库存运行，鼓励对原料市场预判后的择机采购，继续尝试期货市场的对冲业务。

2017年预算编制在销售、生产、采购原则确立后不难，今年生产经营会超出去年预算目标，各大钢预算编制的重点还是在内部。今天总经理又阐述了明年各项工作费用编制的原则，我们要面对最优、最差、中间条件，设定内部工作的目标值。应该先回溯今年各项工作的实际值与目标值的差距，不能预算完了事也完了。

今年六月份，陆总率团去巴西访问，三件事：第一是巴西矿，第二是马钢车轮，第三是我们使用巴西铌铁合金。马钢2003年起与巴西矿冶公司（CBMM）合作，多年采购铌铁合金总量5118吨，采购资金近11亿元人民币。2013年每吨3150元，2016年降至每吨2775元。马钢已在硅钢、磁极钢、H型钢、汽车板、车轮、管线钢、齿轮钢中采用铌铁合金化。马钢向巴西CBMM公司反馈了用铌问题清单，共涉及七大类产品，CBMM公司非常重视，拟派出专家来马钢交流，今天我召开外事工作准备会。我们应分三块来梳理：一是已经固化了加Nb微合金化钢种及钢材，二是已经试制过但不成功的Nb合金化钢种及钢材，三是明年马钢生产经营大纲中涉及到的新产品可否加Nb，把信息整理后反馈到CBMM公司专家团队，要求提供国外国内成功应用的钢种及钢材供我们借鉴。在完成上述工作后充分交流，列出工作计划拟新采用铌微合金化的品种，从实验室试验→工业试验→炼钢→连铸→热轧→冷轧→产品质量验证。评估性价比及经济性，和老外定出时间表和路线图，随之PDCA循环。

2016.10.12　马钢通过全国质量奖评审推荐

海建董事长今天下午来参加第63次炼铁工作例会，一个月一次的铁前例会已经开了三年多了，过去的管理与技术与现在差别很大了。他讲了三点：一是马钢这个企业要用文化来引领，公平公正，各位都感恩我们的企业，为我们提供了人生的平台；二是要坚持工作中学习，各位要有舍已从众的行为和思维，要有榜样的示范作用；三是炼铁的稳定为股份公司2016年提升了竞争力，今天来是向铁前的同志们致敬，今年股份公司盈利，集团公司不亏，我们经历2015年巨亏的困苦，我们取得2016年艰难的成绩，2017年一定是马钢的深化改革之年。

在这次例会上我说：高炉长周期稳定是永恒的主题，现在临近1000天稳定，下一个目标还是1000天，炼铁已有了自己的文化，我们要循序渐进，以文化为支撑；四季度乃至明年春节炼铁外部条件变化大，尤其是外购焦、主焦煤及原料条件在下降，我们要应对好；全公司都在关注我们炼铁，董事长定了以A、B高炉1000天为时点，公司像去年一样进行总结与表彰；今年年底在紧张的学习工作中我们出一本新的炼铁论文集；3#高炉顺利停炉后，二铁安排炼铁人外出学习，每人跟班蹲守不少于一星期；4#高炉操作指导书第三版，吸纳体检预警机制案例；我们即无内忧就不怕外患，外部对市场敏感一点，内部对铁前系统再精心一点。

临近中午吃饭时间了，我收到了管炳春秘书长一条短信："祝贺马钢通过全国质量奖评审推荐，今日起公示7天后，报审定委员会审定后，正式颁奖。"这个奖对我们很重要，我真的是又高兴、又激动，一颗悬着的心定了下来，马钢争创全国质量奖不容易，其中有不少故事，还是细节决定成败。2015年第15届全国质量奖评审后推荐9家，2016年第16届全国质量奖仅推荐7家。今年大中型企业：山东临工工程机械有限公司；大亚湾核电运营管理有限责任公司；中建海峡建设发展有限公司；马鞍山钢铁股份有限公司。特殊行业：中国航天科工集团第二研究院206所；中国船航重工集团716研究所；中国集体领导解放军4724工厂。

2016.10.16　一起质量异议引发的思考

特钢公司《关于马鞍山鼎泰稀土新材料股份有限公司质量异议的请示》报给了我，之前我还不知此事。今年8月用户对特钢公司发货的高碳钢ϕ6.5mm规格盘条，共3200吨，提出了部分产品通条性能不稳定的问题，用户要求赔偿。用户反应使用中天和沙钢的高碳钢ϕ6.5线材可以拉拔到ϕ1.8，而马钢只拉至ϕ2.81就断了，材料塑性总体较差。我们分析的结果是：碳波动0.07%，沙钢波动在0.01%；P高达0.032%，波动在0.020%，沙钢P最高0.014%，波动0.004%，S最高0.015%，波动0.009%；马钢高碳70#钢面缩率均值在35%，强度波动在204MPa，而沙钢面缩率均值在45%，强度波动在46MPa。钱总经理已做了批示，这是一起典型的对客户需求识别不清，导致产品设计错误的质量事故，请海潮总工组织问责，要分内、外两部分抓紧处理。制造部、科管部、销售公司对特钢供鼎泰高线产品质量事故管理职责进行了调查及分析，此次质量事故管理职责调查表明相关“做所写”缺失，相关“写所需”不到位，直接原因是原长材事业部对客户需求未进行识别，未对客户后续加工工艺、能力、产品用途组织评审，设计中没有特性值输入，制造中没有相应的约束。

今天上午我和王光亚、吴坚、龚志翔、胡新华、苏伟面对面，我定了此次是质量管理问题，公司要追究处干、高管的责任；按照“写所需”，没有认知不足的事，有的是工作责任心的问题；按照“做所写”，操作层没有什么问题。要求两单位逐级处理内部人，处干、高管自己认责并接受公司的处理。王光亚表示自己接受公司对此事的处理，并和销售王炜商定后去鼎泰公司做好售后处理；龚志翔承认工作职责未到位的问题；胡新华表示吸取教训，订单的评审要细。我们特钢不能一个标准通天下，对拉拔深加工厂的用户韧性指标必须优先保证。过去我们发生过这样的问题，今天又重犯，处理必须从重，教育不可放松。

2016.10.18　十月份的生产必须每天都盯紧

最近工作挺忙的，这一周的事不少。本周汽车工程学会汽车材料20届学术年会，在马鞍山海外海皇冠假日酒店召开，19日报到，21日结束。海帆去东风汽车厂了，此次的会由我致辞并陪同，包括开会、参观、宴请。本周公司领导“两学一做到基层”活动通知已发，我要去四钢轧精炼分厂党支部和长材事业部大H分厂党支部，一是宣讲为什么“两学一做”关键在做；二是召开支部党员座谈会，把握教育进展和问题整改；三是公司领导班子民主生活会前征求意见。

海建要求公司领导每季度跟班蹲点一个小夜班，今天五点白班下班后，我来到了四钢轧，一个人爬上了检修中的2#转炉，碰上了尹陆锋和韩宝两位，炉检工作按节点在进行，计划12天，砌炉计划132小时，按129小时组织，上虞自立供的耐材，武汉精鼎专业队伍砌炉。此次炉检，2#裙罩更换，水冷炉口更换，托圈炉壳探伤焊补，莫特斯托帕的滑板挡渣效果不理想。我去看出钢，我去看精炼，我去看真空，我又去了连铸机，我坚持到晚上快十点，才离开了现场。我是动惯了，在办公室处理完书面的公务，脑子里自然会冒出应该去哪几个现场看看，掌握一手真实情况。今天晚上去了四钢轧，我又把关心的情况摸得一清二楚。

10月中旬钢材价格热轧、冷轧产品涨价100元/吨，但长材价格未涨起来，外部焦化焦炭价格还在连续上涨。下半年7~10月，仅煤炭涨价已超出计划价格4亿元，初看钢企如果不在10月、11月出现亏损，煤炭价格上涨不会停止。全国质量奖公示期间我们不能出事，要求安全生产，环境达标。汽车板增量，尤其是汽车板的面板增量，我们和长安签了保供合同，按合同100%完成是刚性的。

2016.10.20 一篇文章“火”了

今天《马钢日报》头版，“大家说吧”有署名“木子”写的一篇短文，标题是《“火”的背后》：一篇文章，题目是《技术先行 管理跟进 文化引领 责任落地——马钢高炉连续29个月稳定顺行解析》，作者是股份公司常务副总经理、总工程师高海潮，在马钢家园微信公众号里“火”了，短短几天，点击量已达9670人次。集团公司董事长、党委书记高海建也在多个场合为该文点赞。“火”的背后有两点主要原因。第一，作者作为股份公司高级管理者，既善于管理，又勤于思考，这篇宏文就是其管理的结晶，思考的升华。我们当然有理由为其点赞，点赞其文、点赞其人。第二，马钢人的家园情怀，这个点击量说明越来越多的马钢人关注高炉的稳定顺行，点将论道的两次发问，吸引了不少炼铁人乃至马钢人的积极参与。所以，我们在为这篇文章和作者点赞的同时，还要为“点赞者”点赞！

马钢家园微信公众号的编辑告诉我，《技术先行 管理跟进 文化引领 责任落地——马钢高炉连续29 个月稳定顺行解析》一文，是开通微信公众号以来点击量最高的一次，从写的留言中可以看到，已引起了全国冶金同行的关注。

2016.10.21 四钢轧渣跨屋顶垮塌事故

凌晨3点我接到总调电话，四钢轧总厂渣跨屋顶东面垮了下来，现在3#转炉炼钢渣锅无法运转了，只能两座转炉生产，重鱼雷罐已经达到27个，铸铁来不及，是否减氧停风，下面生产如何进行，等候指示。我问到有没有人员伤亡，回答没有。

窗外下着不大不小的雨，天还是黑乎乎的。妻子告诉我，去现场可以，但今天不许你自己开车，她老为我担心，我给司机田洪涛打了电话，快开车来接我去现场。我告诉总调铸铁不行了，先下令三铁总厂A、B高炉及二铁总厂各高炉减氧。

凌晨4点，我赶到了四钢轧渣处理，张文洋、刘国平、徐兆春都来了。四周的地面上看了一圈，屋顶看不清楚，利民公司总包四钢轧渣跨的劳务人员吓坏了，渣跨已出了三起事故了，我让他们再确认上班人员，此时我们什么也决定不了。早上6点了，天亮了些，我又看了一圈上上下下，心中清楚了，是由于多年的腐蚀，钢结构承载不住断裂了。我打电话告诉严华，通知利民温业云、检修公司程建国及田俊马上到现场。我下令A、B高炉安排一座休风检修，把一周后或下周的计划提上来执行，休风料加足，预估15个小时；关键是把从东向西的3、4、5、6跨间顶盖上散落歪斜的东西拉下来，高空拆除要求专业人来干，要保证安全不产生次生问题。我打电话告诉了钱总经理，7点刚过了一会，严华到了、海帆到了，我们仨碰了头，决定调用公司一切力量，清理上下现场，尽快恢复3#转炉炼钢渣场的运行，从今天开始，这里是我每天必来的地方了。

下午公司召开11月份经营目标评审会。十月国内钢材市场呈上涨走势，长材弱于板材，煤焦价格上涨更快，预测10月利润0.8亿元，现在仅有0.5亿元。现在焦煤价格上涨与今年8月份对比，月上涨了3个亿。

我同意11月份生产经营方案，但要特别关注10月最后一周的市场变化；我个人认为今年的最后两个月，两头市场会有一定的商机。从严管控产品质量，首先是稳定其次是改进，长材供鼎泰的70号钢硬线内在性能，出口日本的H型钢表面尺寸，都将按质量事故追究责任。钢价的上涨抵不过原料大幅上涨，11月股份公司预算重回亏损，但今年截至9月底，股份公告已实现利润9.96亿，认真检查我们的经营计划与实际执行情况，高价值的销售订单摆在首位。随市场变化调整检修，高炉稳定要外部条件保证，块矿烘干系统已是在线生产了，应急的备件要有，冬季及雨雪天不能安排检修，焦炉的配煤累受外部影响，但事前一定备有方案。11月份排出20万吨汽车板的量，我们要用多少资源来保证，追溯一下过去的改判量，核对改判的原因，抓住薄弱环节。各项基础管理不能松动，上汽质监外审表扬了冷轧现场，汉德内审狠批高线现场；全国质量奖获得以后，各单位的现场管理均有弱化，现场管理其实就是公司及各单位基础管理的晴雨表，对于冷轧产品来讲，现场就代表着质量。

2016.10.25　马钢SAP系统进入了“云时代”

马钢汽车板进入大客户已经开始了，上海通用、吉利汽车、长安汽车、东风汽车都开始给马钢订单增量。本月计划20万吨汽车板，明年计划280万吨汽车板，制造和技术体系能跟得上来吗？

今天我和科技管理部崔银会去技术中心检查改造以后的多功能实验室，和程鼎、刘永刚、张明如谈工作。我们检查了硅钢实验室、镀锌实验室、盐雾腐蚀实验室、连退实验室，参观中间工厂试验室，特别观察了为马钢首届产品技术服务年会准备的马钢生产工艺及产品专题展览馆。

我讲道：今年技术中心有了新的变化，有了新的进步。工程技术人员入驻现场；新聘了10位高级技术主管并带题上岗；EVI和APQP小组在用户及内部开展了一系列的活动。我们还存在哪些不足？我们的下一步工作怎么干？干着今天就要想着明天，人无远虑必有近忧，你们三位都是博士，怎样把自己的技术专长与管理能力结合起来，带好技术中心这个大团队？冶金技术是相通的，不要限制个人在一个窄的范围内。我布置了四项重点工作：周四上午9点，首届产品服务技术年会上五位高管的报告最后一次演练，花这么多钱开会，参会人员一定要形成马钢专家有水平的印象；新改建的实验室中的设备仪器，专业组的工程技术人员必须动手会使用或操作，年底前对每人考核两次，奖罚并重；组织中心全体职工参观自己的展馆，不仅仅是给别人看的，每人写800~1200字的观后感，各专业组的人员必须能够讲述本专业展板的全部内容，内部组织测试；以今天早调度会上发出的硅钢生产信息为起点，要求各专业组工程技术人员习惯跟踪生产实际，贴近当前在线生产中，对存在的问题提出解决办法，去看问题解决了没有，新的实验室不应该成为新的休息室。

今天马钢SAP系统整体迁上云平台，我们从长材类产品不用SAP系统到了板带类产品要靠SAP系统。SAP系统是马钢股份整体ERP系统的核心，它集财务、成本、采购、销售、生产计划、技术质量各专业管理于一体，覆盖全公司各条产线。2007年12月上线运行，我在板带部当经理时，率先在一钢轧板带系统试运行的生产计划模块，现在在公司生产经营业务中发挥重要作用，推动了公司管理水平提升。10年来，随着SAP系统的持续深化应用和扩充，业务量和数据量大幅增加，系统因超负载运行，速度减慢了，随着“云计算”和大数据时代到来，我们升级SAP系统，借助SAP商务套件“SAP/4HANA”提升数据处理能力和系统性，首先升级公司现有SAP系统，将公司的核心运用迁移至HANA云平台，依托云端SAP系统开展托管云服务，马钢SAP系统整体迁移至云平台，也标志着马钢SAP系统进入了“云时代”。

2016.10.27　产品技术服务年会专题报告策划

首届产品技术服务年会专题报告是最重要的内容，能否出彩很重要。预演评审专题会上，我听完了詹华、赵云龙、王开忠、王立涛的报告，给各位点评、补充、修改、建议了相关内容。我要求技术中心给每位报告人准备背景材料介绍，工作职务、技术职称、个人履历、专业特长、主要业绩，登台前我给他们作专家身份介绍，让观众知道他们。

我的评价是：今天四个专题讲下来，与公司的要求仍有差距，根本原因是首次组织这个年会，所以我们设定要达到什么目的，会达到什么目的，一定要心中有数。汽车板、家电板、特殊钢、电工钢全国都有，马钢有什么特色？报告可以不拘一格，用不同的方式，四大产品，可以从研发、生产、检验、销售、用户往后讲，突出重点。

也可以从我们的用户使用结果，讲到我们接单、计划、生产、兑现，可以连至我们的生产线、工艺、方法、设备、原燃料等，有一个相同的要求，用户听懂了马钢人讲述马钢产品的故事，有底气，有信心，有亮点，不足的交流时可以补充。四大产品报告中应该含四大产品的用户（分A、B、C），四大产品的生产能力及2017年计划，四大产品的质量水平与国内同类产品对比说明，可以从工艺流程、产品研发、质保体系、用户满意度的综合评价。我要求抓紧时间、努力工作，认真准备。朱涛负责电工钢，孙维负责特钢，程鼎负责家电板，刘永刚负责汽车板。短时间水平提不上来的两位，改为孙维和刘永刚亲自登台报告。

2016.10.28　牢记入党誓词，争做优秀共产党员

十八届六中全会释放出从严治党最强音，全会通过《关于新形势下党内政治生活的若干准则》，决定2017年下半年召开党的十九大。六中全会给党员干部划出红线，9条红线：

1、不准以任何理由和名义纵容、唆使、暗示或强迫下级说假话；2、不准搞拉拉扯扯、吹吹拍拍、阿谀奉承，对领导人宣传实事求是，禁止吹捧；3、决不许在群众面前自以为是，当官做老爷，欺压群众，损害和侵占群众利益；4、对一切搞劳民伤财的形象工程、政绩工程严肃问责追责；5、禁止跑官要官，拉票贿选，要职务，要名誉，要待遇；6、不准把党的干部当作私有财产，党内不准搞人身依附关系；7、规范和纯洁党内同志交往，党员平等；8、对举报不准隐瞒不报，拖延不办；9、禁止利用职权或影响力为他人谋取利益。

我要严格遵守党内政治生活的若干准则，绝不去触碰9条红线，牢记入党誓词，争做优秀共产党员。

2016.10.31　十月份铁钢材创历史最高水平

10月29日（周六），10月末了。10月的生产经营结果已经出来了，铁、钢、材都是马钢历史上从未有过的水平。4#高炉投产至今顺行，3#高炉在计划中检修，但本月由于煤焦价格超预计的上涨，原定1个亿的利润现在仅有5000万元；高炉长周期的稳定是公司的大事，现在外部条件不具备了。资源紧张，价格飞涨，铁运困难，公司多次调整配煤比，外购焦炭质量下滑，灰粉超标，水分超标，强度下降。为此公司要求

铁厂实事求是，可以减产量，可以降负荷。采购中心全力以赴抓外部，公司内部各单位在卸车、卸船时必须抢时间，公司把内部不耽误作为铁运、港原、港口、焦化、铁厂生产副厂长的重点关注工作。

11月份生产经营计划已经下达，这是一本亏损2000万元的计划，我们现在处在原燃料价格大幅上涨远超钢材价格上涨期，日子又开始艰难了，公司要实现11、12两个月当月不出现亏损，内部必须使足力气，外部必须抓住机会。28日下午公司专题作了2016年战略规划评审会，这个会好在有示范效应，各单位一把手也应像公司一样，理一理今年内1～10月的工作，我们后面怎么干。电工钢、汽车板是公司的战略产品，质量、效益、合同兑现率，资源占用量，库存产品，要多管齐下。电工钢16道工艺流程，汽车板12道工艺流程，每道工序打0.9折最终的结果可能只在0.55~0.60之间。所以制造部要分清问题的根源，现在不是“写所需”的问题，是“做所写”：人的操作、设备精度、入口原料、工序参数控制必须严格要求，冷轧有问题应积极向上道工序追溯，应该在公司早调会上状告。

2016.11.1 基础稳定，生产高效

今天是11月份的第一天。10月份公司铁计划128.1万吨，实际完成129.3万吨，超计划1.2万吨；由于铁完成计划好，钢超计划1.5万吨，材也超计划1.9万吨，内部生产稳定运行，精益制造产品质量也好。10月炼铁生产一马当先，新4#炉给力，3#炉检顺利。二铁北区喷煤比逐步恢复至吨铁140kg，南区4#炉喷煤比吨铁141kg；三铁总厂喷煤比达到吨铁151kg，这在公司外部主焦煤、焦炭采购困难，资源紧张时更显重要。10月冷轧总厂成品量42.05万吨，这是高水平的，合肥板材厂酸轧10.20万吨，连退完成9.33万吨，也创出新水平。现在铁路运输出现了车皮紧张的状况，我特别关注外排空车数和路局到达的重车数，卸车是主责单位生产副厂长每天必须做好的工作，以卸促供。看着内部生产上水平，我觉得这是这几年来持续抓基础管理工作的必然反应。

2016年马钢产品首届技术服务年会今天代表报到，共有315人左右，明天上午8点开会。这是马钢与客户交流的大会，可以提升市场竞争力和产品知名度，我们的相关单位做好现场文明生产及定置管理，随时准备欢迎我们的用户去现场参观。6点了，下班了，我还是不放心，又来到了海外海皇冠假日酒店，检查技术服务年会的准备情况。检查了主会场，进场曲、LED大屏，主题报告播放，硅钢、家电、汽车板、特钢分会场的布置与PPT播放，我让报告人今晚留下来再做练习，代表马钢的人，主会场、分会场的报告都要出彩，我们努力给代表留下深刻的马钢印象。

2016.11.3　一分耕耘，一分收获

马钢产品技术服务年会圆满结束了。2016年马钢产品技术服务年会我们荣幸地邀请到了客户153家，代表339人。硅钢产品有：哈电集团、天津物资、黄石东贝、九洲电机、美的、格力、武汉盛洋川、信质电机、卧龙电气等单位；家电产品有：富士康科技、格力、美的、万和电气、格美其电器、上海格瑞夫、青岛海尔、AOSmith、安在厨具等单位；汽车板有：江淮汽车、奇瑞汽车、重庆长安、吉利汽车、众泰汽车、华菱星马等厂家；特殊钢产品有：中东铜陵、太原重工、上海宝献、迪威尔、上海欧标、曙光华阳、宁波时代等厂家。晚上，当代表们全部回到皇冠酒店后，我心定了。

《马钢日报》头版以“深化技术服务，强化战略合作，推进共赢发展，马钢首次产品技术服务年会聚焦用户个性化需求”报道了大会情况。以“技术引领，服务先行，共创未来，马钢产品技术服务年会分会场侧记”报道了分会场的情况。为了首次会议达到办好的目的，我三次检查会议报告，决定汽车板詹华、特钢王开忠两位高管，因历练不够，此次不登台了，他们的发言由刘永刚副主任、孙维总经理亲自来作，这样除了张建经理的《马钢产品与服务》主题报告外，四个分会场的报告果然都很出彩。代表们也感受到了马钢背后的技术研发力量。

会议结束后，我立即给技术中心程主任、朱书记发了短信：认真小结本次会议的得与失，我们承诺的工作一定要去做；如何评价或测量我们此次会议召开的成果，公司为新产品推介花费不薄；怎样组织或策划好明年马钢产品技术服务年会，一分耕耘才有一分收获。

2016.11.5　初心不变，追求不改

明天我爱人又要去深圳换班看护我们27个月的小外孙了。我又要过两个月的单身生活，时间过得真快，我离退休也仅有一年多的时间了。有人想退休，有人不想退休。想退休的人一是工作累，二是嫌收入少，退了反比上班时拿得多；有人不想退休，当干部的，成天混事占个岗位，甚至可以说上班比在家里还舒服。这两种人都不属于我，我工作我快乐，这是现在到点了，我退休我也去找快乐。有人说金杯银杯不如老百姓的口碑，其实我连这个想法都未有过，人生苦短，过好自己的每一天吧。

想了一想，今年马钢股份公司有哪些大事？高董事长倡导的家园文化，渐渐被接受和公认了。这么大的一个公司当一把手真难，一个家也不是全一样的，但只要知道是这个家的人，有血脉关系，有些情感是割舍不去的。去年巨额亏损时真的好像过不

下去了，今年股份公司已经实现利润10个亿，今年重要的是内部生产稳定、降本增效给力，外部钢价回升、市场企稳了。我们获得全国质量奖，追求卓越一定要进行下去的。完全按照标准要求，我们算是一个及格的分数，我们应该持续改进与完善下去，管理贵在坚持，不能随意去更改，用不断追求卓越绩效来改变马钢管理上的问题。

在常务副总经理、总工程师的岗位上工作，我也在慢慢地提高自己的成熟度。推进系统生产管理，引导炼铁文化转变，培养员工产品质量意识，从严要求敢于问责。厂长干厂长的事，工程技术人员一定要有能力干好我们的事。创新工作方法，以培养人为主要目的，让优秀的工程技术人员快速成长，让公司级高级技术主管挑更重的担子。通过学习与实践，我自己也找到了好的工作方法。

2016.11.8 *一次工亡事故的调查*

昨天晚上合肥板材厂1#连退线出口操作台处，发生了一起工亡事故。工亡者白金生才26岁，去年从安冶院招聘的学生，家是皖北宿县人。现场发现人躺在地上，因头部主动脉血管出血，送至省人民医院抢救无效死亡。夜里11点我收到了徐劲松发的短信，今天早上6点接到徐劲松电话报告；7点接到海帆的电话，海帆今天要去北京参加中钢协出口工作会。我带安全管理部经理王世发立即动身去合肥板材厂，中午又接到高董事长电话，委托我帮助合肥板材厂做好工作、稳定秩序、树立信心、战胜困难。

我的工作方法是直奔1#连退线查看现场，询问知情者相关情况，死亡原因不清楚，无人看到发生了什么；回办公楼仔细查看现场视频，无伤亡者的录像，看到先是安全帽一片，后是对讲机，再后是手电筒在钢带上，接着北侧下剪堵转冒烟；我们再奔现场核对人的站位，我看到了地面上有1cm高的钢筋头露出，最终分析确认是人的左脚鞋的头部被绊了一下，人头部顶上了正在高速运转的钢带，手的本能反应去抓钢带造成的事故，做了三次模拟，各位都认定了死亡的原因。我告诉合肥板材厂全线检查后小夜班恢复生产，生产线不能停下来等着，我下令我负责。通知肥东县安监局来人，我们现场没有任何破坏、改动情况发生，全厂再次加强安全生产检查，尤其工程完工后的确认。按安全管理规定办事，安抚好死者家属，最终以调查组意见为准。今天完成内部调查报告，由合肥板材厂制造部发布信息及对外联系，需要配合的工作公司本部给予全力支持。

2016.11.9 *促学青年，培养成才*

今天上午我和黄发元、黄龙、殷欢去参加4#高炉操作指导书闭卷考试并与参考者座谈。此次参加考试12人，全是大学本科生及以上学历，其中3人研究生。东北大学4人，北科大2人，安工大3人，西冶1人，中南大学1人，他们都是人才，现在工作在高炉上，经过历练以后将会展示出来。考试完全闭卷，1.5小时完成，考卷由炼铁技术处带回去批改，要求在90分以上才算是合格。

考完以后，我和各位面对面座谈，他们真的年轻，多数比我自己的孩子还小，我以长辈关心聊天的方式和他们互动了起来，气氛热烈。先了解每位现在工作岗位，哪里人，哪所大学毕业，是否结婚了，有没有女朋友了，住在哪里，生活工作感觉怎么样？如何看待今天的操作指导书考试？全体认为是必要的，这种促学的方法好，有助于标准化操作，提升工作水平。

我说：今天考的指导书是第三版，各位应把前二版拿出来核对一下，怎么改进？4#高炉今年9月6日开炉，我和各位相约一年后的9月6日，我们组织一周年的交流，我请各位聚餐；4#炉要瞄准全国18座3200立方米高炉的先进水平，与武钢、江阴的对标竞赛，一年后要站在前五位水平上；我们走出去、请进来，开放自己，二铁总厂要让12位参考人有计划外出学习。现在3#炉在检修，外出学习的人都要写报告，在3#炉开炉前完成3#高炉操作指导书修订；各位要努力学习，抓住机会和高炉一同进步。一年后本科生变成研究生，三年后研究生变成博士生；聂高管把前三届高炉体检预警发布报告给4#炉同志们学习，今年12月希望4#炉出个精彩的报告。今天我要求陈军、刘洋、胡秀云，完维新、吴顺安、黄欢、王世堂七位写考后感，每人在2000~2500字之间，下周一交给我。

如何当好高级技术主管？2015年11月20日，第一次如何当好主管讲座，吴宏亮、孙维、陈友根、叶光平、徐兆春五位做了演讲；2016年4月22日，第二次如何当好主管讲座，王立涛、刘启龙、陈宁海、章聪、利小民五位做了演讲；2016年9月5日，高管难题技术推进会，我和公司再聘高管进行了一次交流，聆听他们的想法，提出了我的意见；2016年11月9日，第三次如何当高管讲座，吴保桥、程静波、刘江淮、鲁明、马静义、钱虎林五位高管做了演讲。公司以[2015]153号文件明确高管薪酬，由基本工资、高管津贴、车贴、绩效奖励年度考核后兑现、其余特别嘉奖组成，年终高管考评处A、B、C三档。现在100名高管，95位高管挂了难题194项，25%OK，20%正常，35%滞后，30%难完成。高管要自评自己，学会借用资源，每位高管工作在公司的不同岗位，个人的敬业精神是摆在工作的第一位的，工作态度决定一切。

2016.11.10 让马钢的高炉以稳定扬名

公司全部高炉稳定顺行正在逼近1000天，上下都认可马钢高炉稳定做出的贡献。近20天外部条件恶化，因采购原因，炼焦多次变动配煤比，M40、M10指标及外购焦质量发出预警，对外部我无能为力，但内部我下达了缓解的指令，稳炉况是第一位的，可以减产量，可以退负荷，可以降指标，就是不许高炉发生失常。理论上高炉是可以长周期稳定下去的，但实践上真难，我要尽我最大努力，在我现在岗位上，让马钢高炉管理走出一个模式，文化支撑，变的是文化创新，不变的是高炉稳定，在未来五年让马钢的高炉以稳定扬名。

今天董事长海建、发元和我参加二铁总厂4#高炉系统工程建设表彰会，中午在二铁烧结食堂大厅和职工吃盒饭。上午表彰会上，二铁人喜气洋洋，今天精心策划了《薪火相传，继往开来》《辉煌成就耀眼丰碑》《建功立业，美好家园》《闪亮光环，别样人生》《我的高炉，我的兄弟》，诗朗诵《马钢家园我的家》，演讲《党旗飘飘》等章节，中间穿插着给各路功臣的颁奖，颁奖词写的也好，我了解伏明厂长和马桢亚书记，会场气氛激发了炼铁人的斗志，我也跟着在心情跳动。高海建董事长发表的激情演讲，更是深深激励了今天的参会代表，马钢要改革，马钢要突破，马钢家园文化要不断有新的升级版，我们现在的道路是正确的，我相信从今天可以看到二铁高炉是能够稳定顺行下去的。

2016.11.14 有基础才稳定，有稳定才前进

本周我的工作计划：继续推动铁前工作扎实前进，以文化引领，举办第五次高炉体检预警发布会，八座高炉考试的结果公布并颁奖，优秀的炼铁论文安排报告；三个外审：11月14日（周一）车轮IRIS外审，11月16日（周三）ISO9001三个厂一阶段外审，11月25日起四天时间，TS16949年终审核，公司内还要做一个专项评审；总结今年技术质量例会的全部课题，哪些问题解决了，哪些还在进行之中，哪些是难以解决，同时有计划选择好今年12月、明年元月生产经营中的主要议题，给出时间来工作和小结；今年降本在11月达到95.3%，月降本额是2.573亿元，一季度、二季度、三季度是怎样爬高过来的，2017年降本的设定可以不变了，以此为起点，均衡推进，有基础才能稳定，有稳定才有前进；如何当好高级技术主管举办了第三期，关键是调动高管工作的热情，今年底考评时要把104名高管分为A、B、C三档，是各占三分之一好，还是中间大占70%、两头小各占15%，考评办法要与过去有不同，尽可能全面准确、客观公正地反映出来；高炉稳定了1000天后，我们怎么办，此次4#高炉操作指导

书的考试发现12名大学生、研究生在高炉上经受锻炼，马钢应在未来3~5年内，高炉还必须稳定下去，我请《马钢日报》开个专版，把他们写的心得体会全给登出来；今年通过抓实工作落实，用一套有效的工作方法，防寒、防冻、防火，确保冬季平安。

我担负的工作不少，海建说常务副总经理要协助好总经理，什么都可以去管。我要干的事不少，但我习惯于理一理，抓住轻重缓急，把一件件事干好。

2016.11.16 A、B高炉快顺行1000天

早调会上责成煤焦化公司对一罐红焦落地作出责任分析报告；责成长材事业部对北区高线打捆机底部电缆着火作出责任分析报告；责成四钢轧总厂就渣跨房屋顶垮塌作出责任分析报告；通知企管部盯住这三件事，明确责任，向处级管理人员问责。不抓基础管理，不坚持从严管理，潜移默化会使各类事故积小成大；不及时处理，找不到责任人，推诿扯皮会使制度失效。

今天去港务原料厂块矿烘干区域检查工作，确保今冬设备生产运行正常。烘干系统最后的除尘问题已经解决，干法电除尘，三级电厂除尘，振动拍打，每天出灰约12吨左右，烘干滚筒内翻料板磨损严重，原普通钢板不耐磨，现在改为高锰的，抓斗更换了，主传动齿轮掉一根齿在用，备件制作了两个，现场监控在正常生产，小时消耗混合煤气2000立方米，小时通料量500吨，月可供出烘干的块矿25万吨，在现场，我和殷光华、程从山交流，要求认真准备过冬生产，整个区域现场治理达标，十天后我再来检查。

去了三铁总厂B号高炉中控室，又去了A号高炉中控室，我和中控室人员都混了个脸熟，因为有事没事我都喜欢来转一圈。手机集中摆放，管理规范，B炉稳定顺行了962天，A炉稳定顺行了972天。A、B高炉快顺行1000天了，我们此次以大高炉为标志，因为其他高炉稳定顺行都已超过1000天了。关注大高炉的成本，现在各项经济技术指标水平不差，唯有高炉的煤比、燃料比水平一直不高，这里潜藏着一块降本的空间。韩国专家团队帮助马钢高炉提升水平，经调研后进入正式试验阶段，韩方专家赵专家在与三铁技术团队交流，正在安排装料模式的变更计划及炉况变动时的对策：一是监控，风口、炉体温度、出铁、炉缸温度、边缘气流、中心气流、炉料下降；二是炉况变动对策，亏料、料线基准、风量变动、炉顶温度、炉内透气性。因汽车板项目我们引进了韩国专家团队，在完成了一期、二期项目合作后，我们把三期项目从轧钢向炼钢、向炼铁延伸展开。

2016.11.18 检验能力跟不上特钢放量

昨晚特钢公司龚志翔告诉我，本月订单较多，尤其是车轴钢，主要原因是东北特钢公告巨亏后进入破产状况。特钢内部生产正常，但检测中心检验跟不上，已影响产品发货，客户有些抱怨。我和检测中心杨本华主任联系，他告诉我："这个月特钢外发产品尤其是车轴坯量较大，本月车轴计划1.8万吨，比正常月多出1万吨，所以检验任务较以往增加2倍以上，目前检验是跟不上，车轴力学检验试样需要经过热处理加工，热处理后，再次加工力学试样，我们在加班加点，但仍有40%左右样品滞后，我们的困难主要是试样加工设备老旧，时间上满足不了，后面特钢继续放量，ASCO检验是难以按时完成的。"

检验跟不上生产怎么能行，这个问题怎么解决？今天上午我在检测中心物理试验室现场调研，和白班调度长及当班作业长交流，检测中心领导也全部过来了。检测中心关于特钢产品加工检验能力的报告上报三个月了，仍在公司有关部门研究。急需添置高效锯床6台、30万元，拉伸加工数控车床2台、50万元，冲击加工中心3台、150万元，共计230万元；金相组检测设备需求智能制样设备一套，全自动/半自动金相显微镜一套，卡法金相纯净度检测一套，镶嵌机1台，显微硬度计1台。我拿着检测中心钢后检验实验室升级改造设备需求清单，详细了解新老设备功能之差、安放位置、使用条件、工作环境要求后，实事求是核定了。我承诺今天定下的关键设备，我立即和钱总单独报告，一周内先批复紧急采购资金780万元，解决检验设备能力不足问题。我们不能让文件在办公室转，到现场去，到员工中去，带着问题去，去解决问题。

2016.11.21 综合能耗有待改进

今天上午，ISO9000、TS16949标准二阶段审核首次会议。汉德咨询（上海）公司派6位专家来马钢，计划工作时间周一至周五。我作为公司首席质量官，接受了汉德审核组全体的面谈，回答了他们提出的问题：你所关注的马钢关键绩效指标有哪几项？你认为马钢运行ISO9000及TS16949标准以来取得哪些成绩，存在哪些不足？你觉得每次外审对你们存在问题的把握程度如何？2016年马钢在同行中的竞争力如何，同自己相比有哪些长足进步？明年围绕着ISO9000和TS16949标准，马钢股份公司将怎样持续推进？

今天下午，股份公司能源管理委员会，丁毅、我和田俊、发元、文洋参加。今年1~10月份，公司吨钢综合能耗累计完成598.1kg标煤，没有达到594kg标煤的考核指标。我熟悉的指标是：降低铁钢比，红送热装，转炉煤气回收，高、转、焦混合煤气在加热工序中的使用。今年与外部对比，马钢吨钢综合能耗比唐钢低3.71，比南钢低1.30，比宝钢低10.29，能源管控是企业的基础工作，节能降耗的意识十分重要。今年钢轧生产不均衡，一钢轧总厂、长材事业部南北区生产计划未排满，特钢还在分段试生产；公司外购天然气的使用，不应是缺时进行补充，而是在系统平衡后，仅用在关键效益线上；公司线棒库存积压，平衡困难时可以暂停；RH是蒸汽消耗大户，RH参数我们正在优化；今年公司各条产线轧钢加热炉能源消耗和去年水平一样，真的降不下来？我们有待改进的工作。吨钢综合能耗走到“破六见五”，综合管理上大的指标清楚，再往下一步的目标努力，就是细节工作要做的更精。各单位降本工作，在其他指标可控后，围绕着本单位水电风气，过去抓中途的跑冒滴漏，现在要从源头抓起，抓中间过程的消耗点，分班抄表、分灶吃饭，只要动起来，就会有回报。

今天能控中心申报2017年公司吨钢综合能耗指标定在598kg标煤。丁毅董事长在综合分析并点评了各项能源管理工作后，敲定明年公司吨钢综合能耗指标在590kg标煤以下。

2016.11.26 与一线职工的交流

今天去四钢轧1580热轧现场，和分厂厂长成印明、工程师周云谈工作。今年1580预计完成产量314万吨，比2015年增加10万吨。2015年堆钢总次数49次，今年约在50次左右。堆钢次数下不来的主要原因是品种结构调整大，仅难干的高强钢QSTE460TM-P，由于认知不足堆钢七次，请专家指导把锰强化钢改为钛强化，减轻精轧机压力，在层流冷却中提高强度，现在轧钢稳定了。250P磷化钢对温度敏感，轧机入口处差在10℃时就表现不一样，厚度规格小于3mm难干，已堆钢五次，轧钢工看见此计划时就心里紧张。我要求成印明认真分析每次堆钢的原因，以事实说话，形成共识，一次次堆钢都是案例，抓培训，标准化，过了关的品种规格操作先固化下来。

离开1580轧线去2250现场，正在进行常规检修，和分厂厂长兰宇、副厂长武克交流工作。2250今年产量与去年基本持平在450万吨，今年待料时间较多，主要是订单及部分品种移至1580生产。今年堆钢次数与去年持平，月平均在5.5次，甲、乙、丙、丁四个班，丙班水平高，乙班水平低，堆钢90%以上的原因分析准确到位，可以控制，仍有5%~10%堆钢原因不清楚，如380TMP、DP600、420TMP等较难干的品种规格上。轧钢更多的工作应在二级控制模型的开发优化上，我们缺能力也缺经验。

今天去煤焦化公司检查防寒防冻及5~6#焦炉冬季安全生产工作。邱泉山、汪开宝、小夏都过来了，在5~6#焦炉底部，我们抽查了6#焦炉底部高炉煤气管道轻微泄漏的隐患情况，人工巡检后记录的煤气报警值有350ppm，转了一圈没有报警仪报警，各位都说不清楚，我要求巡检人到现场来，问问在哪里测出了这个值？巡检工来了，钻进底部煤气管处，在泄漏点把煤气报警仪伸了进去，报警了，353ppm。我当场表扬了巡检工的责任心，要邱经理给予奖励，在场的各位因我如此的工作方法而深受教育。我们还谈了在老区实现全干熄焦，力争明年五一之前实现5#、6#焦炉煤调湿（CMC），新区建一座焦炉，煤场改为环保装罐方式，干熄焦提升机用国产钢丝绳等工作。我们的工作交流有共同语言。

2016.11.30 从严管理，必须公平公正

马上进入2016年的最后一个月了。今天早调会上各单位汇报一周工作的人有：仓配经理管孝群、资源公司书记顾明星、技术中心主任程鼎、三铁总厂厂长丁晖、车轮公司经理安涛，其他各单位诸多设备厂长也参加了周六工作汇报。这种变化来自海建书记的要求，中层管理人员轮着周六汇报工作，这是共建美好家园，全力围绕生产经营工作的体现。

到今天为止，铁超计划6200吨，钢超计划10500吨，材超计划15500吨。生产总体平衡，各类事故都在减少，但二铁北区10#高炉发生了失常，要求孙国义、梁晓乾两位处干全力以赴，处理好炉况，事后必须从体检预警方法上回答原因。要求其他高炉反思工作，不能因长周期稳定而放松、变形了管理。在公司资源有了保障的前提下，板带产品订单兑现率、条目兑现率，其中汽车板产量、条目兑现率与要求有差距，此时要特别关注锁定订单的100%兑现。内部降本月达标率到了98.12%，月还欠1.88%的金额是284万元。今年降本走过的路值得我们回头看，一季度、二季度、三季度，尤其是四季度的10月、11月，二铁提至96.53%，三铁提至95.03%，钢轧总厂全部达到100%的降本目标，我们是怎样走过这艰难之路的。马鞍山下了今年第一场雪，公司较早布置了防寒防冻防火灾的工作。老生常谈，稍有不慎都会出事。24日上午检修公司在拆除长材事业部北区报废的冷却塔时，动火引燃了玻璃钢瓦，是未遂事故。对职工的教育一点都不能松懈，人人都应珍惜马钢家园文化带来的好形势，人人都应该贡献出自己的力量。

第一次批量订单中国标准动车组车轮290片，现在制造过程中，特钢炼钢、连铸工序控制正常，车轮必须按特定的质量保证体系运行。检测结果是一方面，更重要的是过程控制必须符合要求，过程不符合要求的判废，此事由特钢公司龚志翔、车轮公司李翔两位总工程师分别负责。290片高铁车轮凭什么外发？我们要求生产检验合

格，制造过程评价合格；生产检验合格，制造过程有问题，“做所写”不完全符合“写所需”，问题一般，问题轻微怎么办，是否修改“写所需”？特钢龚志翔和车轮李翔都在问我，我的回到是必须做到两个“百分之百”。

从严管理，必须公平公正。

上周四钢轧总厂范满仓、长材事业部琚泽龙、煤焦化公司朱乐群三位就渣跨坍塌、线材吐丝机着火、红焦落地作了检查，《马钢日报》上登了检查人物名字。本周六又到了，海帆告诉我鼎泰线材质量之事你已查明，检修公司拆除旧设备动火引燃玻璃钢瓦之事也该作检查了。

2016.12.1　炼铁成本上升，汽车板产量增加

公司炼铁成本从今年10月起，比行业平均水平高出31.59元/吨。“10月份公司铁水成本和行业平均铁水成本1579.96元/吨相比：二铁北区是1845.0元/吨，高出265.04元/吨；二铁南区是1632.32元/吨，高出52.36元/吨；三铁总厂是1528.73元/吨，低出51.23元/吨；公司铁水合计是1611.55元/吨，高出31.59元/吨。截至2016年1~10月累计和行业平均对标，马钢铁水成本合计比：行业1340.14元/吨，马钢1337.26元/吨，低出2.87元。主要原因是：炼焦煤成本涨幅比行业平均高出13.90%，影响吨铁成本上升33.74元/吨；外购焦采购成本涨幅比行业平均高出25.06%，影响吨铁成本23.10元/吨；两项因采购价位高于行业平均成本，造成公司铁水成本上升56.8元/吨铁。”我把这条短信发给了公司经理层，引起了各位的关注。

今天去冷轧总厂北区连退生产线调研。

汽车板的产量越来越高，公司本部就一条连退生产线，合肥公司连退线生产汽车板还要攻关。11月份连退排产6.7万吨，冷扎人拼劲十足，实际完成7.326万吨。现在停炉开始7天的检修，我真的很关心这条重要的生产线。此次检修四大任务：修补加热Ⅱ段高温炉衬，换炉辊13根，辐射管10根，稳定辊6根。修补炉衬由斯坦因公司负责，采用了超高温石棉层（2层）和贴近炉墙加铝箔的新技术，修补面积约8平方米。今天我把检修的每一个点都看了过来，爬上爬下，我又学习了一次，我也弄懂了关注的问题。我要求严开龙检修完给我个简捷的报告，含检修前状况确认、开炉实际状况、检修实际情况、预判至下一次炉检。

2016.12.2 冬季高炉稳定不松劲

今天周五无会议安排，我要去港料总厂，去三铁总厂。关注铁前，冬季不能松劲，长周期稳定，要有长期的热情，要有长时间的工作不走样。冬季安排块矿烘干系统检修不好，是因为设备有问题没法子了，已经检修四天了，杨文武接到我的指令后，和利民特机沟通很好，增加了人力物力。这次烘干桶内更换衬板3600块，物料板720块，加强筋板1440块，回旋板12圈，任务重、时间紧。我钻进了烘干筒内，强调每一条焊缝必须焊好，从投产以来这是第一次内部全更换，看了更换的减速机传动齿，运行后还要观察调整，我和港口分厂李江设备副厂长谈这条生产线对高炉稳定的重要作用。

在三铁总厂我和李帮平、吴宏亮、高鹏、陈根生谈B炉的工作。昨天B炉产量降至7800吨，煤比升至164kg，但发生了炉温快速下滑的情况。我们对韩方专家现在的操作方法能否适应，有无信心？韩方专家强调了焦炭粒级，喷吹的煤粉要求更细，两位专家中赵先生退休前管过高炉设备工作，房先生退休前管高炉炼铁技术。已经尝试了17天，从11月15日起，以氧换风，目标是燃料比500kg/吨铁，燃料比始终达不到，日产铁水9000吨目标也很难了，已经半个月时间的吨铁成本比试验前上升15元，产量、燃料比、喷煤比都难以实现，公司定的项目，我们全力支持与配合，但现在是信心不足也很难过。

我的意见是此次改进试验：韩方在B高炉试验不成功，快速退回到原有的操作方法中；借鉴其中有益的东西。圣诞、春节期间韩方专家要回国，可以暂停。我们双方面对面交流与小结此次试验的得与失，设计好下次试验方法。我把意见告诉了黄龙、丁晖、黄发元后，我们统一了思想，冬季高炉不能承受大的波动。我们共同商议为铁前高炉稳定顺行1000天，举办有意义的活动。

2016.12.6 技术人员进驻现场工作汇报

周一碰头会上，高董事长指示股份公司由我负责策划高级技术主管2016年度考评办法。先行一步对高级技术主管的考评，要求在12月22日前完成并上报结果。今年的高级技术主管比往年总体工作出色，不少同志主动担当难题，在公司困难的上半年，他们同样冲在了前面。分出A、B、C三档是科学的管理方法，A档加薪、C档减薪会产生激励作用的。三档的划分最终应以业绩而定。

怎么考评，用什么办法：我设计了个人述职，自我评价；相对熟悉的高管之间互评；高管工作单位给出评价；由科技管理部、技术中心、人力资源部、制造部、设备部组成专业组评价；公司领导层评价；最后公司级评价可分为工艺技术、设备及其他两组，并采用纠偏法；五个层次的评价占分比例要商议，三档各占什么比例待综评分出来以后商议，我现在不清楚过去的客观评分会带出什么样的影响，无突出业绩的考评会怎样？有突出业绩的考评会高吗？最终结果报公司人才管理委员会审定。

今天下午，按我的要求，技术中心举行工程技术人员驻厂工作汇报会。技术中心领导汇报工作；驻厂代表汇报情况的有：张晓峰（中南大学，2007年入职），在二铁烧结南区工作报告；郭俊波（北科大研究生，2013年入职），在特钢钢区工作报告；杨克梅（北科大硕士，2013年入职），在四钢轧连铸区域情况报告；周忠臣（东北大学，2015年入职），在冷轧镀锌区域工作报告；杜军（昆明理工，2015年入职），在硅钢二分厂情况汇报；饶磊（武科大，2007年入职），在四钢轧耐材区情况报告。

我的要求：每人10分钟报告，站着讲，PPT；评委点评并打分，另安排台下高管也评分。我给予指导性的工作方法及提出问题，我们进现场干什么？学了什么？发现了什么，解决了什么？这都是去干了什么？进现场的目的要清楚，动机要端正，工作要融入，效果要呈现，不足要改进。最终我要求参加今天会议的各位写个500字以上体会，刘军捷和新闻中心配合写一个大通讯或特别报道。我们技术中心领导要抓学习、抓人才的培养，年轻的工程技术人员要掌握在现场的学习方法。什么是现场学习方法，现场平面布置，主体工艺流水线，物流顺序，主体设备功能，已生产的业绩评价及存在的主要问题，我们的介入点和加力点，一定要先定位好。

2016.12.7 *勤政廉政，心怀感恩，充满正能量*

按要求今天完成本人2016年的述职报告，我以常务副总经理、总工程师、首席质量官叙述了主要工作。

1、担当的几项关键指标完成情况：铁钢材全年超计划完成任务；内部降本比去年铁前多出3.14亿，钢后多出4.06亿，产品结构调整实现增利7.33亿；质量总损失受控有降，外部质量异议下降显著，用户满意度提升；全年新产品开发35万吨，比较效益2.5亿；质量体系有效运行，外部审核32次，内审8次，全年科研、技术攻关项目85个，基本完成，重点抓了安全消防隐患的整改，全年无工亡。

2、担当的几项重点工作完成情况：全力以赴保公司高炉长周期稳定，关注冷轧总厂、特钢出厂产品质量和质保体系的运行，值守每日公司早调会，创新方法做好技术质量工作，特别关心工程技术人员进驻现场的工作情况。2016年技术工作有喜有忧，一钢轧CSP二级模型自我升级改造，四钢轧W压氧麻点攻关，酸洗板质量提升，冷轧连退汽车板及面板产量质量提升，中国标准动车组车轮通过CRCC认证，动车轮质量、连铸漏钢、轧机堆钢、表面质量缺陷影响。

3、个人情况报告：自觉落实各项规定，个人报告事项未变，接受各级监督，勤政廉政，心怀感恩，充满正能量。

2016.12.11 体系审核会上的讲话

今天的综合体系评审会已进行3个小时了，有人本身就糊涂，有人怕是被弄糊涂了，我把自己的理解与体会和各位分享一下。

公司最早运行的ISO9000标准，是保证产品质量的世界通用标准，各行各业都可以采用；在此之后，随着经济的发展和社会的进步，我们又引用了测量、职业健康、安全、能源环保等标准；随公司生产汽车板又引入了TS16949标准及VDA6.3标准。企业本身就是要保证产品质量，我们用书面承诺，这是过去模式，现在要按质量管理体系标准查企业从原料输入、制造过程到产品输出所涉及的人、机、料、法、环是否都符合标准的要求。我们要向别人提供服务，就要采用别人的标准，分解到我们企业内部去一条条落实，先有“写所需”、跟着“做所写”、最后“记所做”。这个过程中有内审、外审，不断发现问题，不断解决问题，每经过一次审核，我们都应有一次水平的提高，既然做审核，总是要有审核发现的问题。公司顶层设计一个综合体系，应能涵盖6个体系的要求，可以贯通，尽可能不产生矛盾，事实上是我们平时的工作就按这样的要求去做、去检查、去记录的，只要基础工作做扎实了，审核时也就不会是什么大的问题了。我们引入标准，实则是学习先进，学习通用的方法，少走弯路，也不需要创造另外一套。我想以上在2016年度综合体系评审会上的讲话是通俗易懂的。

2016.12.15 高炉稳定顺行1000天

参加公司高炉长周期稳定顺行第65次工作例会。

到昨天为止，12月14日，A号高炉稳定顺行1000天了。经公司同意，此次铁前系统稳定顺行1000天，从A炉启动B炉达1000天时结束，我们举办多项活动。赠送一本书《宝钢大型高炉操作与管理》，由朱仁良主编；出了一本马钢炼铁人的论文集有

CN刊号，在安徽冶金科技职业学院报上发表了。马钢过去炼铁是有名气的，但这些年来宣传不够，地位不高，未发出声音，我们要根本改变铁前文化，伴随着高炉长周期稳定，马钢要比照宝钢一样也出一本马钢高炉操作与管理的书，明年还要出一本论文集，马钢要以高炉长周期稳定在同行中出名。

庆祝全公司大中小高炉稳定顺行1000天，有三铁总厂为主的厂级活动和公司层面的表彰奖励活动。三铁A、B高炉扮亮了，要求二铁总厂也把1#、2#、3#、4#高炉的亮化工程抓起来，不需要豪华，要保证高炉、热风炉、上料斜桥通廊上原有灯光全部恢复起来，以后每个周六、周日晚上点亮至夜10点关闭，我相信这也是支撑高炉长周期稳定的文化。今后铁前会出大量的人才，现在土壤好、种子好，炉台上有不少大学生、研究生工作学习都很努力。

3#高炉检修66天了，二铁总厂正在着手审定3#高炉开炉方案和新版高炉操作指导书。3号炉的目标要站稳在日产2900吨，力争3000吨。现在每日A、B、1、2、4、9、10、13高炉产铁4.1万吨，检修2#炉时，日产铁3.8万吨。如果4#炉日产8000吨，公司日产铁在3.86万吨；如果A、B炉系数上至0.9，公司日产铁可在4.0万吨。

我们各位铁前人，责任重大，压力山大，现在看到明年春节时，钢材市场都不错，我们公司还是缺铁。每座高炉从今年12月24日起，翻动日历牌，向着再稳定365天，1000天迈进。高炉稳定实质也是精益操作，科学准确的通过体检预警，“攻守退”保长周期稳定，理论是可行的，实践也是可做到的。今年马钢生产经营完成了既定的目标，股份公司实现利润12个亿，昨天元月份生产经营评审会，根据两头市场及内部生产能力提出2017年开门红，元月份力争实现利润2个亿。

2016.12.16 *举行第三次高炉操作指导书考试*

今天上午，股份公司对二铁总厂7座、三铁总厂2座高炉举行第三次高炉操作指导书考试。我、发元、炼铁技术处黄龙等人参加，二铁在职工之家有66人参加考试、三铁在厂部四楼有22人参加考试，我就是想创造一种学习氛围且坚持下去。此次考试目的是强化标准化操作，现在每座高炉均有一个量身定做的操作指导书，考题分为填空、简答、问答题，闭卷考试，90分为及格，98分为优秀。我告诉黄龙，炼铁技术处认真改试卷，一人改、一人核，9座高炉每座高炉评前三名，公司给予奖励到个人头上。我特别高兴的是只要坚持下去，高炉长周期稳定是可以实现的，只要不断重复标准化操作，高炉上的新人就会成长起来。现在三铁A、B高炉上进厂3~4年大学本科生、硕士研究生全部在A、B高炉工长、副工长的岗位上了。

今天在三铁考试结束后，我和黄总同在座的A、B高炉操作的核心人物作了一次交流，我问了每一位的出生年龄，家庭情况，参加工作时间，哪所大学毕业，现在哪个岗位，可否胜任本岗位的工作，10月份的总收入是多少？我们向张寿荣、李维国炼铁专家学什么？今天的座谈我只是在问、在听，没有讲什么，但气氛已经热烈起来，快到吃中饭时间了，我要求今天座谈的每位，写一份考试与座谈感悟，我要看看。

今天下午2017年冶金科技奖申报项目评审，申报8项。薄板坯连铸连轧生产无取向电工钢技术及应用；玢岩型磁铁矿床含铁围岩资源利用工艺技术研究与应用；干熄炉炉体结构及关键耐火材料技术研发与应用；高寒地区油气结构用型钢系列产品关键制造技术与应用；极软弱矿体中采矿进路基于时效性稳定机理与控制技术；冷轧薄板精整处理线自动化控制系统研发；350km/h标准动车组关键制备技术集成与国产化；高炉炉缸应力监控模型平台创建。

2016.12.19 与能者为伍，更能攀登顶峰

今天妻子从深圳回来，带了两个月的外孙挺辛苦的，我单身汉的日子也暂时结束了。

今天的《马钢日报》有两条对我来说是重要的信息。一是公司十一月份的质量信息全部公示了出来；二是公布了今年技术质量例会上所点课题完成情况。我当总工程师围绕着如何做好技术质量工作，摸索出了一套方法，从现在的实践看，产生了好的效果。给工程技术人员搭建一个展示的平台，让他们在某个课题上担当主角，发现和解决问题，我为他们提供资源服务，为生产经营做技术支撑，而更重要的是培养了我们的人才。

今天我去特钢接待张怀德董事长。

扬州诚德钢管有限公司现在是由美国PCC集团投资50%的公司，主打产品是世界火电行业的超超临界钢管。退休以后的顾建国、朱昌逑今年六月还应邀去该厂参加创新座谈会。张怀德是研究员级高级工程师，在冶金技术上有很高的造诣，也是前辈了。他公司开发的产品进入日本三菱、法国阿尔斯通、德国西门子、印度国家电网，他的产品走向了世界。在马钢特钢刚投产时，感谢他给了我们如此挑战的机会。他思想开放，创新意识很强，我和他曾开发过大规格的空心圆锭，尝试在现有铸机上开发了ϕ700圆坯。

张怀德此行来马钢特钢是想锁定2017年3万吨马钢供原料的价格，2016年因原料价格锁定，诚德钢管赚钱不少，我们因为锁定了Mo铁、Cr铁贵重合金的价格，产品销售后也有较好的利润。但今年9月以后由于原燃材料的突发涨价，我们已无利润，

白干了。我们共同商讨了RH改造增加脱碳喷枪，今后可使用高碳Cr铁降低成本，以及超超临界钢管用钢的控氮技术。2016年诚德集团马钢订单总量35071吨，全是高端出口产品用的原料，质量控制水平很高，制造工艺过程要精准，与高手过招，与能者为伍，马钢特钢任重道远。

2016.12.20　在担当中提高能力，在困难时找到办法

今天是股份公司12月份专题技术质量例会，因为报告人都是本单位的副总工程师，我要他们上台来讲。

四钢轧周振农汇报2016年质量工作总结与2017年工作计划，我的点评是要把自己摆在热轧副总工程师的岗位上谈问题，经验多，数据少，问题的定位要准，解决的方法要准，典型案例分析必须细化到极致。冷轧总厂刘茂林汇报2016年工作，2017年计划，还是围绕连退炉三大问题：跑偏、麻点、瓢曲，我的点评是副总工第一是发现问题或以问题为导向，第二是解决问题，积极争取最佳资源配置，2017年工作思路在现有条件上已经清楚。轮轴事业部肖峰2016年工作与2017年计划，提到新版作业指导书，描述细节要图文化，关键参数要数据化，修订工艺纪律专项检查办法，必须保证大功率机车轮ID的报告，要积极开展对特钢的二方审核。特钢沈畅汇报2016年工作与2017年计划，车轮钢作业指导书细化基本到位，关键在执行是否到位，狠抓LF炉造渣操作规范化，控制好连铸过程酸溶铝的衰减，应用数据表示出来。一钢轧赵海山汇报2016年工作及2017年工作计划，CSP薄规格轧制技术集成和创新，二级模型中含有管理功能，自动化不能变成手工化，修订模型优化参数必须持续做下去。

今天是五位副总工程师的专场报告，涉及热轧、冷轧、车轮工艺技术，评分最高的是一钢轧赵海山。

我们副总工程师的位置及权重取决于个人在工作中的表现、能力、人品，副总工程师必须重在技术与管理两方面，抓住“写所需”，盯住“做所写”，遇到问题迎难而上，在担当中不断提高自己的工作能力，在困难时应想到我还能找到其他资源，用自己的行动去影响带动本单位的工程技术人员，让他们优秀起来。

2016.12.21 风雨过后，又见彩虹

昨天晚上我和炼铁技术处在田园饭店请宝钢资深炼铁专家李维国老师吃饭，李老看到了马钢炼铁进步很高兴，过去来时从不喝白酒，今天主动提出要喝一杯口子酒，听李老讲炼铁人的故事，我们都很兴奋。今天早上我们请李老参加我们的高炉体检预警第五次成果发布会，李老多次予以点评。因为有李维国的参加，今天上午的发布达到了很好的效果。发布会结束后，李维国激情地讲：马钢高炉炼铁水平进步很大，现在是用数据说话，不断地PDCA循环提升了水平，改变了高炉过去老中医把脉的诊断模式，定量的指标分析对比有科学依据，我三年前提的要求，今天你们做到了，就这样长期坚持下去，马钢的高炉可以像宝钢一样，实现长期稳定。上午的成果发布会结束后，我一直像有喜事一样充满着精神。

下午2017年元月经营目标草案评审会。今年12月份我们定的经营目标是利润5528万元，现在可实现利润2.24亿，这样股份公司本部今年实现利润14.2亿，合并报表后归属母公司的利润是12亿元。2017年元月份，根据两头市场价格预测及销售、采购、生产计划安排，股份本部预计经营利润2.381亿元，预计2017年元月钢材价格比年度预算平均增加668元/吨，按今年月四季度月降本水平推算，2017年元月降本计划缺口仅在1822万元，这个压力是我们可以承受的。2017年元月份，产铁计划128.9万吨，产钢136.8万吨，成品钢材128.8万吨。预计元月份吨材边际利润728元，公司吨材利润在170元，这是历史上的高点，经过了几年的风风雨雨，我们完成了今年的经营目标，明年元月全力以赴实现生产经营“开门红”，抓住市场每一次机会。

2016.12.22 马钢2016年成功扭亏脱困

今天马钢召开职工代表大会。丁毅作《坚定不移深化改革，坚持不懈做强品牌，开创马钢转型升级、健康发展新局面》的报告。2016年马钢紧紧围绕“聚焦两大战场，锐意变革突破”的工作主题，最终实现了“集团盈利、股份盈利、合并报表不亏损”三大目标。一年来的工作，着力体现在强化市场经营创效，推进产品结构调整，提升精益制造水平，推进多元产业增量增效，深化改革强化管理，凝聚共建美好家园强大合力。回顾即将过去的一年，马钢能够成功扭亏脱困，源于信念的力量、文化的力量、变革的力量、团队的力量。

2017年我们的目标要求是：在同等外部条件下，与2016年相比，指标不退步、绩

效不降低、排位不下滑，2017年马钢集团营业收入590亿元，利润总额9亿元以上。

马钢好，我们好，马鞍山这座城市更好。这几天我只要一有时间，就会在手机上翻看“老公，我想带你回家——轻松筹”这个栏目，这是马钢家园中一位现在十分困难的同志，我认识的马钢冷轧总厂工程师顾季（36岁），因动静脉血管畸形和脑动脉瘤引发脑出血，现在南京鼓楼医院CT室救治，每日花费的医药费用，个人家庭已经挺不住了，丫头发起筹资金200000元。我以原一钢轧总厂老厂长的名义，捐助了1000元。海帆总经理又发出了大家都伸出双手帮帮，大家在行动。今天已筹集168827元，马钢诸多的职工你五元、我十元、他百元的帮助，此时的筹款数字在不停地上升，我祈祷顾季能好起来。

2016.12.23　改革促发展，家园聚合力

我所在的第九代表团向职代会主席团报告：丁毅同志的报告主题鲜明，措施有效，应对2017年各项工作指导性强，实事求是全方位地回顾了2016年的工作成绩与问题，我们铁前焦化、港原、铁运为马钢大高炉稳定顺行超1000天而高兴和自豪。公司出台的分流安置总体方案和居家休养暂行规定（草案）得到职工代表的高度理解，支持和赞同，希望公司更加严格的企业管理，个人自愿与公司计划有机结合起来，确保实现。今后马钢在各类企业的新岗位有需求时，居家休养的员工也可以另一种身份通过公平竞争，同等优先，同意2017年集团公司出台的绩效考核办法。原来担心的公司分流安置总体方案，经职代会职工代表投票表决结果：同意559票，不同意10票，弃权9票。职工居家休养暂行规定：同意539票，不同意28票，弃权15票。

高海建书记在职代会闭幕式上讲话：一年来，我们的发展思路更加清晰，我们的发展措施更加务实，我们的发展成果更加显著。我们把握改革发展大势，凝聚家园强大合力，为实现全年各项目标而努力奋斗。我们强化思想政治建设；深化家园文化建设；扎实两学一做；深化矩阵式党建；授权组阁竞聘上岗，巡视整改，综合考核，纪律教育和执纪问责，落实两个责任，发挥党群组织作用。我们体制机制创新，支撑品牌建设，去产能抓住政策机遇，党建嵌入生产经营，我们抓好干部队伍，深化家园文化。海建说2017年公司面临的生产形势仍存在很大的变数，内部体制机制仍需进一步活化，我们必须高举改革大旗，坚定改革意志，坚持改革方向，制定行动纲领，列出改革清单，持之以恒深化改革。2016年我感觉过得很快，想想2015年开职代会那时的场景，仿佛就在昨天。

2016.12.26 追随A、B号高炉顺行1000天

平安夜过去了，圣诞节也过去了，2016年的终点时间越来越快了。今天周一经理层碰头会，刚开完职代会，钢材市场行情看涨，各位心情都很好。

我重点谈了几项工作：公司奖励铁前系统稳定顺行1000天，希望每年高炉稳定都有一次表彰，今年效益好，高炉稳定很重要，长周期稳定下去不容易。此次奖励分三铁、二铁、焦化、港原、铁运、采购、物流、炼铁技术处，我们论功发奖，公平分配。12月生产将结束，成品材将超产1万余吨，抓住了12月市场价位高的好机会，我们内部生产稳定，从严管理必须坚持下去。今年高级技术主管考评工作已经展开，分A、B、C三档9个级别，本次自评、互评、驻扎单位评、科管部按合同约定评、专业评审组评，高管们在等候结果。建议公司2017年度开展马钢第二届首席技师评选，高级技术主管、首席技师、中层管理人员三支队伍要齐头并进。不断提升工程技术人员的能力，技术中心今年变化不小，本周还将对EVI、APQP、产品技术服务年工作做出总结并让优秀工程技术人员展示自己，我将强力推进。明年元月11日，华菱星马召开供应商大会，特邀马钢代表讲话，马钢已占华菱星马用材的82%，我们和华菱星马的今天，其实是马钢思想观念转换，真诚服务客户的典型例子。明年元月份“开门红”很重要，我和田俊、文洋抓好内部生产，希望王炜、克从逮住外部机会。

下午，丁毅、陆克从、我、田俊去三铁总厂参加庆功会。三铁给我们发了请帖，“尊敬的公司领导，2016年12月14~24日，马钢三铁总厂迎来了A、B两座高炉顺行1000天的日子，自2014年元月高炉失常以来，我们痛定思痛，励精图治，风雨同舟，同甘共苦，我们一起度过了无数个日日夜夜。今天我们开心了，因为高炉稳定顺行，今天我们激动了，因为铁水指标优质高效，今天我们感动了，因为三铁干群同心同德。在这1000天的庆贺日，我们怀着感恩的心，诚挚邀请您再次光临，共叙情谊。”

三铁1000天顺行的表彰大会策划得很好，奖励108位优秀的一线职工，科干、作业长全部让出奖励。铁前的文化正在形成，倾力打造炼铁文化。今天马钢日报登了《国内炼铁资深专家李维国受邀来马钢“传经送宝”》，昨天登了《稳定顺行的基石，一次原料异常引发的警觉》，前天登了《A高炉顺行1000天座谈会的感想》……我们要登台去表演，我们要为自己喝彩，宣传舆论的引导力是惊人的。

下午的活动结束了，我给三铁总厂厂长丁晖、书记黎兵发了短信：“今天下午的表彰会策划得很好，公司领导都赞扬三铁人创建的文化，催人奋进！”丁晖给我回信：“谢谢高总指导与关心，感恩在心，我会更加努力。”黎兵给我短信：“您是领导，又是老师，让我们在工作中不断增长了知识。”

2016.12.28 从规模向品种结构转变

今天《人民日报》发文《去产能决不许半途而废》日前党中央国务院对两家严重干扰钢铁行业化解过剩产能工作的企业予以严肃查处，对江苏、河北两省副省长进行处分，处理之严格，问责之严厉，近年少有。这一举措确保了政令畅通，令行禁止，彰显了“去产能”的坚定决心。去产能，位列“三去一降一补”五大任务之首，有关供给侧结构性改革成败。在经济下行压力下，这是个艰难的任务，不能心存侥幸，光说不做，行动迟缓，破坏了大棋局中的关键一子，用市场、法治的办法，以钉子精神，把淘汰落后产能工作真正落实。是的，马钢3#炉大修完就应停10#高炉，我们应该关停二铁总厂北区及二钢轧部分转炉了。现在不是以规模求效益，必须以品种结构求效益了。

今年EVI工作总结和马钢产品技术服务年会总结，今天在技术中心举行，技术中心领导班子、全体高级技术主管、APQP小组及EVI小组组长参加。有计划、有执行、有检查、有总结，我们应该这样去工作。刘永刚作了产品技术服务年会及EVI工作总结，汽车板、家电板、硅钢、型钢、热轧结构钢、特钢六个小组组长分别作2016年工作小结、2017年工作打算。技术中心领导告诉我，从来没有过这样的压力；高管们告诉我，从来没有这样忙过；一批优秀的工程技术人员告诉我，从来没有这样充实过；还有几位笑着跟我说，越来越怕高总下任务了。今年技术中心的工作有了很大的突破和改变，在公司内外转变了技术中心的形象，一批工程技术人员成长较快，首届技术年会成功和APQP项目取得了成果。

技术中心在公司的两大战场有不同的成绩，我们要评价EVI，2016年是EVI的起步阶段，明年干至什么水平上？我们要评价驻现场干了什么？去学习、去工作、去指导，要分个层级。今天有的组分析问题时把人机料法环全揽了进来，没有拎出关键原因及针对性的举措；今天有的人谈去现场，依然不知干什么。今天我们耗时3个半小时，既是工作总结会又是一次学习会，各位回去都要写出个人的参会体会，趁热打铁，今年最后一天必须完成，程鼎主任负责收齐后转给我。

2017

在 / 公 / 司 / 高 / 管 / 的 / 岗 / 位 / 上 · 手记

ZAI GONGSI GAOGUAN DE GANGWEI SHANG · SHOUJI

时间都去哪儿了？我在风风火火的工作中，即将迎来人生一甲子。回首往事，不应碌碌无为而羞愧；更不应虚度年华而悔恨。我可以说，自己始终认真对待了自己的人生。

一个人一辈子能做几件大事？也许把一件件小事做好，就是大事。继续全面开展品牌建设，迎接CRCC的审核，接受中质协对我们品牌建设的诊断；继续心系人才培养，给市场部、作业长和首席技师的培养建言献策；继续与各位处干不定期谈工作，分享自己的心得体会；继续心牵高炉，为高炉稳定顺行被打破而心焦而东奔西走。不是在现场，就是在奔赴现场的路上。为安全奔走，为技术研发奔走，为科学管理奔走……是啊，回首这一年，我似乎是希望自己能将所有的智慧与能量都完完全全交付于深爱的马钢。

好在钢铁行业发展已渐趋良性，公司内部生产更趋稳定。作为一名数十年来与企业风雨同舟、荣辱与共的老兵，衷心祝福马钢的2018荣光依旧，衷心祝福马钢的未来荣光永远！

2017.1.1 我愿意奉献全部精力给马钢

新年元旦三天假，为掌握内部生产运行情况，我照常每天早上去上班，参加公司早调会，已经养成了习惯了，不去在家待不住，空闲时自然会想到离退休的时间越来越短了。我长期走路上下班，每天步数约在15000步左右，所以血压、血糖、血脂指标都是正常的。我感觉自己好像还没有过50岁，2000~2008年在生产部任经理，一干9个年头，锻炼了自己也培养了别人，写了一本书《在生产部经理的岗位上》。2008~2010年在一钢轧总厂当厂长，炼钢、热轧、冷轧、镀锌、硅钢，每条生产线都留下了我深深的足印，一干3个年头，写了一本书《在厂长的岗位上》。2010年到公司任副总工直至今天的常务副经理、总工程师，在干中学、在学中干，不断拓宽自己的知识范围，提升自己的工作能力。以抓炼铁高炉生产稳定为工作重心，在高炉全部稳定1000天以后，我在公司竞争力分析大会上作了高炉长周期稳定的解析报告，后被马钢家园微信公众号转登，传至全国冶金行业。计划再写一本书《在总工程师的岗位上》，我的工作日记已经积累了60万字了，放慢自己，静下心来，整理书稿，把我的工作体会表述出来。马钢太重要了，我们这个城市现在有了四代人，我是第二代，马钢好，马鞍山市会更好。我愿意奉献自己整个人生工作的精力给马钢，给我们这座城市。

早调会上总调、设备调、能源调都通报了二铁总厂3#高炉南处ϕ1.6m煤气管道有泄漏，有一名劳务人员在凌晨4点左右轻度中毒，现场在监护运行中。我因分管安全，知道责任重大，即刻赶往现场，道路已经封锁，盲板已插入，氮气在吹扫管道，正在打包箍处理漏气点。中午11点钟我又来到了滨江大道江边道口观察，没有堵车了。铁运公司下发了江边站大道口管控办法，在南北方向安装了四个摄像头，调度员在信号楼可以看清两边车流停堵状况，随时放行。马钢是全国质量奖单位，要履行好社会责任，用我们多次开关道口，减少过路车辆的停堵，我希望这个道口的工作，2017年能成为马钢的十件好事之一。

2017.1.5 让技术之花在市场结果

海建、丁毅都强调确保股份公司元月“开门红”。去年股份本部首先是内部稳定，尤其是炼铁生产的顺行及成本低于行业平均水平，是公司竞争的基础。有了内部稳定，何惧外患，去年采购与销售对市场研判准确率达70%，克从、王炜把握好了买点卖点。公司出台的管理举措强力支撑了生产经营：授聘组阁，总厂正职与副职关系变化了，中层干部考核中，总厂正职对副职评分占60%；去产能减员分流使在岗职工产生了压力；家园文化在不同单位以不同形式展现出来了；去年有13名处干因工作责任在全公司作检查，对干部的从严管理起了作用。我们协助海帆总经理工作，田俊、文洋两位总经理助理也已任期一年多了，今年各有侧重，一定要确保内部稳定。

今天《马钢日报》头版《让技术之花在市场结果》一文，专题报道了技术中心2016年EVI工作及产品技术服务年会的情况。EVI技术人员驻用户企业效果如何，帮助用户解决了哪些问题？还有哪些地方需要改进与提高？开展EVI服务并进驻用户以来，你从中收获了什么？如果EVI技术服务模式可以分为A、B、C三档来评价，我们各EVI小组处在哪一档？EVI不是单打独斗，要不断完善客户档案，建立工作交接制，要关注客户的产品，清楚客户生产线的工艺方法，自己先融入客户中。从销售人员跑客户工厂，到销售人员与技术人员一道去客户工厂，再到今天我们的技术人员蹲点在客户工厂拓展服务范围，在汽车板、家电板、结构钢、电工钢、铁路用材上，我们早期了解客户需求信息，参与客户新品设计与试制，针对客户问题提出解决办法，已经见到了客户的“订单回报”。

2017.1.6 *撸起袖子加油干*

元月生产经营实现开门红，力争2.5亿利润。现在两头市场在变化，原燃料止涨略降，钢材价格已经下跌后企稳，虽然有情况，但总体在公司的控制之中，元月内部的大事是3#高炉开炉、10#高炉永久性关闭。今年新的降本计划已经下达，月增降本总额1822万元。在去年12月的水平上，计财部预测元月铁前降本完成率84.32%，钢后降本完成率在95.49%，这样元月份公司降本实际与计划仅差660万元，完成今年降本任务是挂在我头上的关键绩效指标，管理降本、指标降本，再分解下去就不难了，因为我当总厂厂长时就是这样干的。

2017年马钢集团的主要目标是：成品矿770万吨，铁1822万吨，钢1917万吨，钢材1824万吨，我们是真正运行在2000万吨级规模上。能否取得更好的效益，市场变坏时我们不亏损，市场超好时我们多盈利，我们一定要提升两头市场经营创效的能力。采购、销售今年要挺在前面；内部高炉稳定的基础上，成本有了更多优势；钢轧总厂要有高效化、专业化创新模式，稳步提升产品质量。

高炉从零开始再稳365天，各类铸机力争不漏钢，三条板带轧机减少堆钢次数，冷轧降低出厂产品质量异议，就是内部生产组织的主攻目标。主攻目标要有具体的办法来落实，这些目标为什么在一段时间内可以实现，而在一段时间内又偏离了许多？再好的生产计划，如果没有这些基础工作去保证，一是随时会被打乱，二是计划根本不能兑现。2017年公司内部我抓管理不松手，响应习主席号召，撸起袖子加油干，为马钢家园好，为我们的生活更好。

2017.1.9 着重转向技术质量工作

今天公司发布公告，拟提拔田俊同志、张文洋同志为股份公司副总经理，公示七天。田俊分管设备，文洋分管生产，他们在任总经理助理时就是分工这些事。我这个常务副总经理2017年应有新的定位，更加着重技术质量工作，全力支持配合他们两位的工作。我们有共同的目标，股份公司内部保持稳定，力争今年有10亿以上的利润。愿他们年轻有为显身手，愿马钢保持提升竞争力，不论遇到什么困难，马钢都能抗打击。

公司计划在元月12日3#高炉点火，元月13日出铁。还有三天时间，我一个人又登上了3#炉，现场进入最后清理期，上炉台的梯子已改成缓坡度的了。3#炉南边新扩出的平台，让人舒畅，聂长果、彭鹏在炉顶测试布料实际状况，炉内窥视镜此次位置下移1米，整个炉膛内部可以看清楚了。从上至下，高炉体系、中控室、电气室我全部查看了一遍。3#炉力争一周后达到2800吨/班，焦比比现有水平下降15kg。伏明、殷欢、胡彤、杭挺，我们在炉台上聊工作。

3#高炉去年10月10日停炉，历时12.5年进行炉役大修。3#炉上次开炉时间是2004年5月4日。历时93天的检修后，今天烘炉完毕，凉炉、打压、装枕木、装定置焦、测摆动流嘴角度已完成。原计划今年元月12日下午开炉，现场检查各项准备工作后，选一个良辰吉日定在元月13日下午3点18分开炉。

3#炉是2003年公司决策挤出来的一个高炉，1#、2# 2500立方米高炉的烧结机有富余能力，正够3#高炉使用。一代炉龄干了12年多。回忆这个过程真不容易，高炉指标不先进，高炉操作在误区，单道气流，炉况发生失常次数多。现在铁前生产在公司的位置很重。但长周期稳定是项难做的工作，尤其是系统的稳定，才有高炉的稳定。今天伏明说了3#炉开炉准备工作，没有什么问题了，理的很清楚。因为三个多月前二铁4#高炉开炉成功，有了很好的案例。此次3#炉检修期间，我们炼铁人去了长治、长钢、安阳同样的炉型学习，开了小结会，几次评审了3#炉开炉方案及新的操作指导书，现在是信心满满等待开炉。

2017.1.11 马钢与华菱打开了信任大门

今天在万达酒店，华菱星马举办2017年度供应商大会，特邀马钢作为代表发言，这两年我与他们交流颇多，刘汉如董事长希望我在大会上说说。

很高兴参加今天的供应商大会，很感谢华菱星马对马钢的支持。马钢正在从钢材销售商向材料服务商转变，马钢已构建“材料、制造、技术、应用、服务”五位一体的客户模式，为我们的客户提供精准服务，实现供应关系上合作共赢。华菱星马也是钢城的上市公司，华菱重卡已经成为中国高端重卡的领导品牌，现在具有10万辆重卡、5万台发动机、5万辆重型专用车的生产能力。马钢2016年销售汽车板208万吨，已和华菱星马、北方重工、陕西重汽、中国重汽、奇瑞汽车、徐州集团、三一重工建立直供关系，2017年马钢汽车板生产计划280万吨，仍要开拓市场，提升质量。我们与华菱星马是战略合作伙伴，从2012年用马钢汽车板1600吨，2015年用1.3万吨，到2016年的2.6万吨；从普碳低合金到M750JJ，S700MCD到M150L；马钢对华菱星马采用EVI服务模式，用新品超高强钢替代原材料使车辆自身减重，我们共同开发了变速箱齿轮用钢和后桥减速齿轮用钢，华菱星马还使用了马钢特钢的车轴钢。马钢与华菱验证中国人的老话：“远亲不如近邻”，华菱好、马钢好，马钢好、华菱好，我们的马鞍山更好！我们同处在九华路上，路相同、意相近，马钢愿全力以赴服务好华菱星马，祝2017年经营出佳绩。

在晚宴上，刘汉如董事长诚邀我和他坐在一起，他说：你带着马钢团队打开了我们彼此信任的大门。

2017.1.13 3#高炉第二代炉役开炉点火

今天的工作安排满满的，早上去检测中心参加他们的职代会，张林平已公示了提拔的信息，杨本华即将去公司人力资源部任职，检测中心有不少人是在高风险岗位上，大宗原燃材料的取样、制样、分析，稍微误差一点其经济价值都很大。昨天下去在三铁总厂A炉进行零星土建施工作业时，一名劳务工突然倒地，经医院抢救无效死亡，原因正在调查分析。临近中午了，我还是来到了事故现场，这是一个连续动态高炉煤气自动取样分析点，原是露天的，后加盖一个小房子，把排气管也闷闭在里面了，我指出这就是根本原因，李帮平、高鹏、朱伟君都承认管理上有责任。

下午我去9#高炉再为3#高炉开炉采火种。4#高炉开炉是在9#高炉采的火种，现在

4#炉运行条件很好。伏明、马桢亚选择了良日吉时，我当然希望3#炉开炉顺，达产快。下午2:38，我宣布“为马钢二铁总厂3#高炉第二代炉役采集火种，现在开始”；火炬点燃了火种“灯”，我们一行护送从9#炉快步走向3#炉。下午3:58分，丁毅、海帆、严华、天宝、发元，我们每人一把火杆送进了3#高炉风口，一座经过95天检修并添加改造项目，全新的高炉开炉了，3#高炉，我对你的要求是从今后稳稳的、顺顺的，当2#高炉检修时，你的日产能达到3000吨。

为“350km/h中国标准动车组用车轮自主研制”申报冶金行业奖，主要完成人及所属单位排序排名单，下班了，我回到了办公室，桌面上摆了排名顺序让我签字认可，我一看觉得离谱了。该科研项目时间跨度已近10年了，参加人员因工作岗位变动有进有出，现在成果出来了，应该按贡献大小，一定要实事求是。我想主持一个评审会，请项目参加人员都来，说说个人的业绩及贡献，然后通过投票决定排名顺序。昨天刚读了海建董事长推荐的两篇文章，《最高的情商就是满怀感恩去工作》《为什么越没本事的人自尊心越强》。

2017.1.15　　时间都去哪了，我已快60岁了

今天是三九第九天了，天气不冷，早上出门时刚刚接近0℃，迎新年的气氛已经出来了。公司元月开门红，实现利润2.5亿，因我们钢材价格锁定的部分利润高，因国家封杀中频炉地条钢很严厉，市场钢材价又回升了。3#高炉开炉顺利，外部给力，内部也给力，应该没问题了。愿今年外部市场上风调雨顺，内部生产组织上更加精益，补好我们马钢的元气。

这一周从元月15日起到元月20日：我安排对2016年度的公司科研项目分三场检查，有铁前系统、钢轧系统技术中心承担的项目；我安排对2016年度公司质量管理小组活动中的优秀成果进行发布；还要参加科协举办的“讲理想、比贡献”活动。本周公司要宣布股份公司高管团队成员名单；公司党委要组织中心组学习会；还要举办党委民主生活会。今天公司宣布田俊、张文洋任股份公司副总经理，李博去采购中心任书记，张林平出任检测中心主任，杨本华出任人力资源部部长，王开定调任物流公司，何大顺调制造部，殷光华担任港务原料厂厂长，李小宇、张庆奇、张鸣、胡顺良改非。我因工作关系和他们经常打交道，有的同志我们在一起共事过，有的同志我分管过他们的工作，时间都去哪儿了，我已经是60岁的人了。

2017.1.17 党委中心组学习体会

党委中心组学习会。在12月26日至12月27日，中共中央政治局民主生活会上，习近平强调：党的历史、新中国发展的历史都告诉我们要治理好我们这个大党，治理好我们这个大国，保证党的团结和集中统一至关重要，维护中央权威至关重要。对党忠诚、永不叛党，不是抽象的而是具体的，不是有条件而是无条件的，必须体现到对党的信仰的忠诚上。党和国家事业发展，离不开全党脚踏实地，真抓实干，抓工作是停留在口头号召还是身体力行，成效大不一样。在维护国家核心利益上敢于针锋相对，不在困难面前低头，不在挑战面前退缩，不拿原则做交易，不在任何压力下吞下损害中华民族根本利益的苦果。

习近平治党治国的理论与实践，已经清楚地展现在每位中共党员的面前和全中国人民的眼前。不治即乱，乱下去必然是亡党亡国，我相信这是真的，乱了以后没有一套好的治理方法也是难以治理下去的，中国近五年的发展改革情况证明，已经实现了拨乱反正，这个“乱”字我们是心中有数的，现在中华民族比历史上任何时期都更加接近复兴的目标。马钢作为安徽省最大的国企，过去承受着不同时期的苦与乐，我们正视一下自己，没有好的管理办法的企业是不行的，有了好的管理办法企业不坚持做下去也是不行的。按照习近平的要求治国如此，治企也是一样，坚持党的领导，有一个强有力的公司级领导班子，培养一批优秀的干部，形成好的企业文化，不是口号上喊出马钢打造成具有国际竞争力的企业，而是坚持通过苦练内功后，不畏惧市场的挑战，能发展得很好。这是我的学习体会。

2017.1.19 科研攻关项目按标准结题

公司分工我对口资源公司，我清楚知道自己的职责。没有资源公司前，这一块流失的效益不小，现在每月有1000多万元的销售收入，怎样管好资源公司的生产经营、规范运作，我和两位老弟交流过工作方法，我们应把资源公司的活干好。

今天抽空去人民医院南院康复中心看望顾明星，高血压引发的中风，现在神志清楚，但左手左腿已经不便了，其爱人护理很辛苦。在医院碰上了党委工作部长王东海和资源公司王蕾，我们商定春节前后护工难寻，单位抽人帮助护理，度过困难时期。王蕾本人右腿半月板损伤，肌腱也已断裂，我督促其暂停工作赶快治疗，本周六请合肥刘科医生，也在人民医院南院做手术，没有好的健康的身体，怎么能工作下去。

周二、周三、周四连着三天，忙着做了2016年股份公司科研项目及技术攻关项目的评审，真的我感到了累。各类新产品的开发，我们不能仅是抓住成分设计，要把握炼钢工艺、连铸工艺、热轧工艺、冷轧工艺，个人能力不够应发挥团队作用，学会借用资源，我们做设计应考虑到这个活能否干得下去，产学研有合作单位研发任务的，我们必须从头至尾参加进去，我们评审的结果无外乎是同意结题、同意延期、取消（中止）课题。同意结题中也应分出A、B、C，严格按项目订立时合同约定的目标审核完成情况，实事求是，复杂变简单。

此次评审的委员及来报告课题的人都应该有收获，我们马钢科研项目的评审是以什么标准方式进行的，今天的评审应抓住最终结果不松手，不是申报课题评审，也不是过程中的问题评审，严格按标准结题。全部项目评审完毕后，科技管理部写个专题报告，应该明确指出科研及技术攻关项目中存在的问题。

2017.1.20 *为3#高炉喝彩*

看了今天早上的生产报表，我给公司经理群发了条短信：“向二铁总厂表示热烈祝贺！19日3#高炉产铁2821吨，开炉成功，首战告捷！”“3#高炉元月13日下午3：58分开炉，14日喷煤，产量1100吨；15日富氧，产量2128吨；16日负荷4.1，喷煤140kg/吨铁，产量2570吨；17日喷煤139kg/吨铁，产量2658吨；18日喷煤143 kg/吨铁，产量2788吨；19日产量定在2821吨。”消息发出后高总、丁总、钱总等纷纷点赞！

今天进入小年了，天气有点冷，早上路面有水处结了薄冰。我觉得该给3#高炉喝彩了，参加完公司安排的下厂慰问后，我拉着新闻中心电视台记者罗响上3#高炉；一路上给他讲3#高炉的故事，给他做些准备；要求他采访炉长彭鹏，高管聂长果，厂总工程师殷欢；请他们就3#高炉快速达产，首战告捷说说心里话，交代完成后我离开了3#炉。这是我工作的套路，盯住一件事，全身使劲往前推。马钢3# 1000 m^3级的高炉，从建成之日起，就没有正确的操作方法，攻关不成功就失去了信心，好好的腿习惯了跛着脚走路。这是上一次失常后，在我们推行了体检预警办法后，我们自己做出的最终评价。这次新开炉对高炉的操作一定要两腿一起向前走，绝不能回到老习惯的姿势上。

2017.1.22 永久性关闭10#高炉

临近春节各项活动安排的不少，我知道我该干什么，该在什么地方立足，今天上午集团公司召开马钢老干部咨询会，我请假不去了。我带着新闻中心洪红来到了二铁北区10#高炉，她约了我想看看、听听10#高炉永久性关闭前最后两天的场景。一路上她给我提了几个她心里的话题，我的回答可能和她想的不一样。在10#炉中控室碰上了分厂副厂长周军，杨树峰炉长，总厂副厂长孙国义、殷欢，高管程静波等人，我要求一定要做好各项准备，做到安全停炉。我带着洪红去了铁运公司江边站道口，领着她去了信号楼，见到了陶站长和作业长，实行新的道口管理办法后，现在大家已经适应了，每天增加开关道口次数，减少道口关闭时间，道路畅通了，抢道、拥堵造成事故的风险可控了。我爱读《马钢日报》《马钢》季刊，我喜欢和马钢宣传的同志打交道，我经常把马钢生产经营中的好材料推荐给他们。

今天下午，省委组织部、省国资委党委派人来马钢，参加党委举行的班子成员民主生活会。整个五个小时的民主生活会，是一次高质量的会。因为各位按要求事先认真准备，因为高书记本人的讲话完全是他学习思考后写出的东西，因为组织上有明文规定怎样开好民主生活会，所以达到了批评与自我批评的目的，我想今天班子成员都受到了教育。省国资委监事、组织部的专员也给了马钢党委此次民主生活会高度的评价，愿2017年马钢勇往直前。党员干部应认真准备，按计划参加党组织的民主生活会；党员干部应以普通党员的身份，积极参加所在党支部的组织生活会。

2017.1.25 “钢铁家园，精彩无限”迎春团拜会

去年股份公司实现了既定的盈利目标，12月份奖金发的高，全公司计奖人数27406人，人均2680元。12月一次发奖金7344万元，人均奖超3000元/人。奖金高的单位是销售公司，外派人均5724元，内部人均2862元，采购中心人均3385元，制造部人均3380元，废钢公司人均3009元，四钢轧2948元，冷轧2961元，三铁2895元。昨天是农历年二十七，公司举办迎春团拜会。今年公司实现了既定的目标，在公司党政班子的带领下，马钢人有了新的精神风貌。丁毅主持，高海建作了“永葆初心，相向而行，共建马钢美好家园”的新春致辞；各界人士代表以“家园四季风景美，长征路上激情飞”发表了新春感言；马钢创作团队又以“钢铁家园，精彩无限”给我们讲述了一个个令人难忘、令人激动、令人振奋的马钢故事。

今天“响应国家去产能号召，永久性关停10#高炉座谈会”，在二铁工人之家进行。过了元旦马上又要过新年了，脑海里在想我2016年干了些什么？2017年又准备干些什么？快下班了，我的微信中有9条新的信息，由制造部陈斌副经理发来的。原来是我要求制造部有关人员手工抄写的科普文章《双相钢——“力与柔的肌肉舞者”》。我们正在开发双相钢，当我看到了这篇好的文章后，我推荐给我们的工程技术人员，为了强化学习效果，我要求他们手工抄写。市场部茂晗经理请我去给市场部员工讲课，作为总工程师，我答应了他的要求，我要他们员工每人写出2016年工作总结，先了解他们才能定位好讲什么，从今天起脑子中又多了件要思考的事。

2017.1.27　大年三十，激扬早调会

今天是大年三十，已经放假了。昨天公司通知全体处级干部参加今天的早调会。原定由钱总经理主持的会议，不知何因高书记让我来主持了。让我主持我也不推，市场好、生产好、经营好、心情好，引发了我激情洋溢的一席短话：

各位，现在是北京时间8点整，大家早上好！今天是中国农历大年三十，全国人民都喜气洋洋的欢度春节了。我们马钢作为安徽省的大型国企，由于冶金生产的固有特性，我们许多职工依然坚持在生产的岗位上。我们不分假日与平常，我们不分白天与黑夜，用我们辛勤的劳动，为了我们更加美好的生活而努力工作着。从百里的矿山开采起步，到一炉炉红焦出炉，高炉在连续出铁、转炉在连续炼钢、轧机在连续出材、水电风气在连续保障供给，原料输送线上有我们的职工在跟踪，成品外发线上有我们的职工在值守，这就是我们的马钢，这就是我们赖以生存的家园。今天此时，我们向他们致敬，向他们祝福，春节快乐！

我在视频里看着每一个分会场，人人聚精会神、阵容整齐，我相信2017年马钢一定会翻出新的篇章。

2017.2.3　为员工成长倾注心血

元月28日是春节，今天是初七，又是立春，明天正常上班。我还有一年的工作时间，还能为企业做点啥，这是我今年脑海中时常会想的事，工作了四十年，历经了不少岗位的考验，现在有能力去处置工作中的问题，今年我要在培养人上多做点事，我真的没有去考虑过退休后去干啥。

过去在生产部的九个年头里，我以学习型团队为抓手，组织了连续不断、丰富多彩、极具特色的学习，培训了团队，学习使人进步，不少同志从科员到科长，有的去机关部门当了经理，有的从机关到厂里当了厂长，我在生产部工作是成功的。在一钢轧总厂工作了三个年头，我还是以抓学习、干实事的工作方式，带动了总厂科干作风的转变，从粗放到精细，从琐碎到系统，一钢轧不少科干、高级技术主管被公司选了出去，我在一钢轧的工作给职工留下了深深的印象。

2014年销售公司招收一批销售人员，没有限制条件。王炜请我去担当面试官，面试后，我选择了12人，后又给销售公司作了专场培训，一年后我和王炜又和他们作了专场交流，一批新的销售人员成长得很快。2010年来公司担任副总工程师到担任总工程师，在对工程技术人员的成长培养上，在对高级技术主管的能力提升上，在对各单位副总工程师和总工程师的培养上，倾注了心血，以个人的行为影响着他们。

应市场部茂晗的两次专门邀请，我答应给市场部员工去讲一次课。我很乐意，闲时就在考虑我能给市场部员工讲些什么？会对他们今后的工作产生什么影响？今天下午我看完了市场部23位同志按我要求写出的入职体会，我把他们分成了三类：还没有工作感觉的，已经可以独立工作和介于这两者之间的。没有调查就没有发言权，我已经知道了他们的状况，也知道我该讲些什么了。

2017.2.5 *涌出一些好的想法*

元月生产经营结果出来了：股份销售收入53.79亿，股份本部盈利2.899亿，股份子公司盈利0.597亿，合计股份集团盈利3.1983亿，实现了2017年的“开门红”。钢材价格比预算上升增利，当期发出原燃料成本减利，内部降本达到公司要求，外部市场好、内部生产好。人勤、天帮忙，天下难事多，但一勤解百难。

今晚，车轮公司班子请李翔和谢峰两位的家属和孩子过年聚聚，她们老公因在法国瓦顿工作不能回来过年了，给两个孩子发了一个红包，我感觉真的很好，这是凝心聚力，这也是企业文化。在和车轮班子成员聚餐时我说：年年时间过得都很快，年年手头的事总是干不完，但车轮的质量是天字第一号的，现在除了普通车轮，又有了大功率机车轮、高铁车轮，还有出口国外的车轮，我们建立了“一轮一档”的信息化追溯系统，把我们的服务延伸到了铁路工厂，今年要建立起对入厂原料的专项审核办法。我们的轮轴事业部要有发展计划，从生产型向经营型转，想一想、理一理，能否把马钢轮轴事业部整合成上市公司，这才是具有战略意义的大事。我们要干几件大事，马钢轮轴事业部具备这个条件，敢想敢干其实是考验我们能力。马钢轮轴板块上市，马鞍山和南京能有1~2条地铁线连接起来，必将为我们马鞍山市发展写出新的篇章，有时我真的会涌出一些好的想法。

2017.2.7 车轮钢有了新工艺

提前五分钟走进视频会议室，许继康副经理在。看了当日生产报表后我问许继康，这两年来我们内部生产运行稳定，你评价一下真实的原因？许继康说，一是公司领导在抓人的工作敬业，二是管理的理念与方法正确，三是对铁前工作盯得很紧。我笑着说：同意许经理的意见，财务大臣分析的全面，我们要珍惜并巩固下去。铁前是公司的短板，高炉越是长周期的稳定，我越是要关注他们。

今天给《高碳钢夹杂物塑性化变性和洁净度控制技术研究》课题结题，我、乌力平、张建、崔银会、朱伦才、肖峰、龚志翔组成了评委。此课题从立项至今已历时三个年头了，从当初瞄着日本车轮钢硫化锰包裹硬脆Al_2O_3夹杂到演变成今天的课题，有一个认识、试验、再认识、再试验的过程。最终的试验结果是，钢内残留夹杂物尺寸还是略大一些，未达到全部球形包裹住夹杂物，钢中全氧干到了同样的水平，普通车轮用此工艺的断裂韧性提升了20%。

我认为可以结题，这个项目的研究与实验使马钢炼钢人有了自己的东西。现在车轮钢有铝脱氧工艺，有不用铝的脱氧工艺，现在又有了改良的工艺，都是过去我们想过未试过的东西。今天我们批准无铝脱氧工艺可以用于车轮钢的生产，因为无铝脱氧工艺试验的圆坯轧制成车轮后探伤报警率极低。我们批准是因为“写所需”正确，现在不愿执行这套工艺，操作者觉得要求高，不习惯的话是不行的。写所需、做所写、记所做，现在改良工艺中采用了手工在渣面上撒铝粒，在连铸塞棒上吹氩，中间包用充氮气保护了。一项科研项目结题了，不能束之高阁，优势特别明显时，我们要扬长避短，我希望特钢公司龚志翔全力支持并积极采用新工艺，沈昶、金友林、高正波三位年轻人大有作为，担当起来。

2017.2.8 把小事一件件做好就是大事

在公司合理化建议管理委员会会议上，我建议：公司合理化建议由追求数量向追求质量转，由追求降本增效向出金点子转，由追求物质奖励向精神奖励转。我们要出门去向宝钢及其他大钢学习，重点放在培养、引导、激励上，合理化建议开展几年了，现在怎么继续深化下去，也应PDCA循环提高。今天提到几件合理化建议中的小事，我乐意去做，把小事一件件做好就是大好事。

今天我告诉车轮公司安涛经理，从即日起不在早调会上说“昨天车轮公司未接到质量异议”；我告诉二铁高管聂长果“3#高炉压量关系偏紧张，开炉到现在这段时间依据已有的大量数据，应该用数值定义，偏紧、正常、偏松，放在什么数字化波动值范围。2月6日《马钢日报》刊登《群策群力，共铸铁前里程碑；不忘初心，铿锵再走长征路》，三铁炉长、工长1000天座谈会；2月8日《马钢日报》刊登《二铁1#高炉取消“中心加焦”实践结硕果》，1#炉炉长张兴峰的尝试，要求炼铁技术处转发到炼铁微信群中去。我在工作中学习，在学习中工作，每当遇到工作中的困难时，每当遇到我不敢决策的问题时，我会去最基层，问操作者、问主操、问作业长，然后去找分厂厂长、区域主管工程师，再与厂级领导去交流、求解。我用这样的工作方法，每次都较好地完成了工作。

2017.2.9 马钢各项工作取得了长足的进步

去年马钢各项工作取得了长足的进步，首先得益于公司的改革触动了人。实施了授聘组阁，三年一届，已有13名处干退岗了，有230名科干换岗了，有370名作业长转岗了，树挪死人挪活，换发了新的活力。公司生产经营取得了12.5亿利润，得益于铁前生产均衡稳定，钢轧系统调整品种结构，提升产品质量水平，用户满意度的提高。全国质量奖的获得，得益于公司领导的全力去争、公司上下全体总动员，大家都行动起来了。公司号召全体职工在两大战场拼搏，制造部、设备部离开了公司机关，工程技术人员在现场办公，客服代表走进了客户。今年我们全力以赴抓品牌建设工作，人人把自己的工作做到极致，就是以行动在落实，再把产品的品种、品质、品牌都立起来。

今年科研及技术攻关项目的评选，我们应怎样选择项目？用怎样的方法攻关，人机料法环上动些什么？怎样实现与评价，我们的内生动力与外援力量怎样合在一起，怎样得到资源的配置，项目的目标应实事求是的设定。公司科研及技术攻关项目敞开大门，但立项评审时严格要求，一次评审未通过的课题下次完善以后可以再次申报，所设立的目标一定是有办法测量的，一个课题要有数据分析，有充分的调研，有课题团队的努力，不是尽力去做事，而是用心去做。今天的课题申请，言简意赅，目标清晰，与自己过去比，与同行水平比，与先进水平比，尤其关注是否有些项目可以争取省、钢协科学技术成果奖，我们要清楚立项课题经过的路径，行走的方向，关键节点成果验证，结题报告中要有核心问题的解决、创新点的认可。我给参加今天评审的专家们说了意见，还是各位独立评审。今天铁前申报项目16个，经评审9个项目同意立项，否决了7个项目。钢轧系统申报项目21个，经评审，14个项目同意立项，否决了7个项目。申报项目通过率变低了，但我相信坚持这样做下去，项目水平会变高。

2017.2.13　我任二铁2#高炉特护组组长

股份公司经理层碰头会。销售公司和中车公司采购部锁定今年H型钢造车材15万吨，每吨5400元，这是今年的第一个大订单。春节已过，尽管钢材成交量不大，但期货市场上钢材的量与价都在上涨，这是好事。预测一季度全国的钢材价格稳中略涨；根据国家大政方针看，全国炼钢小厂的中频炉关闭，国家基本建设的启动，今年上半年钢材价格可以在去年底的价格上稳住。

本周我启动的几项工作：二铁总厂2#高炉成立公司级的特护组，公司指令我担任组长，设立安全、产量、成本奖，给特别监护高炉保安全的职工；冷轧总厂连退焊机在高强钢生产时降慢速度但仍发生断带，现在自我研发了一台中频加热器，可以给焊缝快速预热退火，消除断带事故，我去评审给予立项；一季度安排去年考评优秀的高级技术主管讲述我是如何当好高级技术主管的，在三月上旬完成，请科技管理部负责落实；本月技术质量会准备的四个专题，分别是汽车板、电工钢、特钢及产品外发后质量异议，制造部先过堂评审一下，本月技术质量例会公司主要领导要亲自参加，也是检查我的工作；去年末我们买了《宝钢大型高炉操作与管理》一书，由朱良仁主导，一批炼铁工作者参与编写，今年我们启动《马钢炼铁技术与管理》一书的编辑，我来调配资源，由发元牵头，年末时出版，订了这个计划，关键在执行，不畏困难去干；对技术中心10名高管提出工作要求，要他们报告2016年的工作总结及2017年工作计划，让他们每一个来讲，我组织人来听，想一想这的确是我总工程师应该做好的事情。

下午在二铁总厂工人之家，我主持召开2#高炉特护会。发元、伏明、殷欢、胡彤、德川、长荣、帮平、大顺、洪伟都参加了。此次护炉保产从现在起至5月18日，目标是不出设备、火灾、人员的安全事故。根据炉皮点检情况，可随时提出休风处理的要求，提前2小时给出能源中心做好煤气平衡的时间来。日产订在5550吨，煤比120kg/吨，实事求是核实2#高炉降低产量对炼铁成本的影响。做到安全运行和上述指标，公司每月嘉奖5万元用于特护现场点检人员。公司成立护炉保产组，我要求我本人、发元、黄龙、大顺、洪伟、帮平，每周应上2#炉8~10层查看炉壳实情，为点检人员配备空气呼吸器，在平台处加四台鼓风机吹散风口煤气上扬，点检人员每天两次靠近仔细检查并认真做好记录，我和各位处干每次来检查也请在记录本上签名。

2017.2.15 解决连退焊机焊接“双相钢”存在问题

今天《马钢日报》以《金猴奋进创佳绩，闻鸡起舞写新篇》的专版，登出了公司钢轧系统2016年度技术质量工作总结及2017年度工作策划，有制造部副经理陈斌、冷轧总厂总工沈新玉、四钢轧总厂总工司小明的专题文章，他们结合自己的工作岗位及工作实践，作了深刻的分析，很有水平。我把他们的文章转入股份公司经理微信群，放入我的微信朋友圈，公司总工的工作要依靠总厂及部门总工工作的有力支撑，总工必须要有好的执笔与表述能力，而这个能力也是平时要求和培养出来的。

昨天去冷轧总厂专题讨论连退焊机焊接“双相钢”存在问题的解决，杨兴亮、杨必祥、沈新玉、张四方、吴清泉在。现在在线使用的焊机是西门子奥钢联的，其余产线焊机均是日本制造的。连退焊机焊接可以，但弯曲杯凸检验不合格。在干双相钢DP700时，采用人工丙烷火焰退火措施，也可以使用。焊机本身的功能调整已经解决不了，从国外购买一台电磁感应加热器约在500万人民币，我们设计了一台，请专业厂制作，一台设备约70万人民币，已经进行试验并通过了。

我决定继续取双相钢焊件试片30个以上，去厂家试验；设备部签订合同，以购买Heater 2000-20设备先支付35万元定金；力争3月23日~4月8日连退线检修时装上，其他各项准备以此倒计时；把这个课题定为公司级的技术攻关课题，并含研产销，知识专利等。我把此项工作画了一个句号。

2017.2.20 给市场部员工一堂课

今天有一种感觉，内部降本压力没有去年那么大了。虽然降本空间是有限的，但降本空间也还是有的，辩证地看降本是有道理的。《马钢日报》每周一在头版都会刊登各单位降本增效完成情况表，这是我2015年的建议，执行至现在。因为这两年来内部降本的主责人是我，中间我曾要求补上各单位人均降本额，每周我都在看都在想，今天不知还有多少人在关注这张表。今年是过去未曾有过的，元月起步全公司降本达92.4%，二月份降本可达94.02%，二月实际降本增效总额2.065亿，比年降本计划只欠1301万元，表上列出的8家单位，每家再拿出100来万元完成任务还是有能力的。公司内部生产均衡稳定是最大的降本，对标挖潜是降本，和自己的过去比争取更多进步也是降本。今年三铁总厂降本第一，吨铁93元，人均月3.76万元；其次是二铁总厂，吨铁65元，人均月2.36万元。高炉稳定1000多天了，我已经看到一批炼铁人成长了起来，把技术与管理分开，把管理与技术合起，我们要关注高炉的方方面面。今年二月四钢轧总厂在生产中连续放出高产，率先降本100%走在各单位前列。

今年元月章茂晗专门请我给市场部员工讲课，我答应了，但压力随之而来了，我不是分管市场的领导，我该怎么讲？经过一个月间隙式的准备，我备课完成了，今天下午给市场部全体员工讲一课，我的课题是“市场研判是个极难的工作，市场研判也是个不难的工作”。

我直击市场研判主题，从市场部职能、谈员工入职感文，到马钢的生产经营、我们的采购与销售、员工怎样学会工作，到送给市场部员工的话语、结合马钢精选的市场格言。七个方面作了精心准备，罗列了工作案例。直到今天上午又补充了对马钢市场部发布的《市场信息周报》的点评。

我作了说明，本人长期从事企业内部的生产技术工作，对市场的研判能力不够；今天所谈的方法仅供参考，诸多事项是凭直觉和经验，作为股份公司高级管理人员，深知两头市场对公司生产经营的重要，通过近期强化自身的学习，也很有收获，本人能为马钢培养出优秀的市场人才出点力而高兴，课后每位员工都必须写出体会交给我。

2017.2.21　编辑《马钢炼铁技术与管理》一书

今天我和发元召开《马钢炼铁技术与管理》一书编辑启动会。半个月前，我和炼铁技术处商定了相关工作。确定本书的编委会成员，成立铁前相关专业审核小组，从相关单位抽调人员成立编写组。编写内容：第一篇，炼铁技术与管理；第二篇，自动控制与信息化技术；第三篇，典型案例，附录。炼铁技术与管理中含原燃料采购与管理、配矿技术与管理、混均矿工艺与技术管理、烧结工艺与技术管理、球团工艺与技术管理、焦炭配煤技术与管理、高炉工艺与技术管理、固废综合利用技术、自产矿质量控制与管理。我们要立足马钢高炉炼铁的历史，应重点放在1# 2500m³高炉投产以后，马钢人在摸索与实践中是如何提高炼铁操作与管理水平的，原料、烧结、炼焦如何服务于大型高炉的生产要求的，在新区A#、B# 4050m³大高炉投产后，我们是如何掌控炉况判断、操作炉型管理及煤气流调节的，重点部分应放在马钢创立了高炉体检预警机制以后，怎样实现了高炉长周期稳定顺行上。全书要成为我们炼铁经验的总结及用于指导今后工作的工具书，总字数要控制在60万字。

今天下午3月份经营目标草案评审会。钢材市场：预计3月份公司钢材销售均价较今年度预算价格高860元/吨，与2月份持平。预计3月矿石普氏指数均价在91美元/吨，预计国内柳林4#焦煤价在1540元/吨，进口焦煤价在160美元/吨，废钢均价在1950元/吨。合金硅锰出厂价在6200元/吨，硅铁出厂价在5200元/吨。

根据两头市场及内部生产情况，预计3月份股份公司本部经营利润在3.954亿元，其中两头市场对冲可以增利2.88亿，钢材价格上涨比原燃料价格上涨幅度大。今年生产经营的形势比我们原先估计的好得多，股份集团元月利润3.2亿，二月利润4.2亿，三月利润预测4.4亿，这样股份集团一季度可实现利润11.8个亿。三月我们预估效益3.95亿，是否风险已经来临了，有人说市场先让你疯狂，后让你悲伤，此时我们依然保持两头市场的高度警觉，采购低库存，销售快出货；三月检修项目多，设备部下发了检修计划，我们的检修计划有时很难，市场不好时要撑着干，市场好时又不舍得干，现在关键是计划执行时的人、财、物的全部到位，每个项目的检修保质保工期，要一次成功；生产实现了长周期稳定，不能麻痹，作风要扎实不变形，一个小事故打乱一条线，一个大事故影响一大片，不能出事，仍需要强化管理持续加力，马钢绝不能重演过去市场好时生产不好的悲剧。

2017.2.22 马钢开展品牌建设工作

丁总主持2017年马钢品牌建设重点工作推进会。马钢品牌建设进入了现状诊断，中质协专家组在分高层、中层、基层问卷调查，形成品牌建设现状调研报告；马钢品牌定位研究与标杆分析，从品牌宣传，环境分析、市场空间入手，形成马钢品牌定位报告，标杆企业经验分析报告。提炼出品牌核心理念体系，品牌愿景、定位、联想、精神理念，形成马钢品牌文化核心理念体系。马钢特色品牌文化的挖掘，从文化形象、消费市场、服务形式入手，形成马钢企业品牌文化手册。马钢品牌战略规划制定，导入先进的品牌战略和品牌管理，形成品牌架构分析报告，品牌战略规划报告。导入并构建品牌培育管理体系，形成马钢品牌管理手册，品牌管理文件清单，品牌管理制度，自我评价管理办法。马钢品牌整合营销传播策略及应用，有品牌识别报告，产品溢价营销，品牌传播。建立品牌危机管理体系，分析管理关键业务流程，制定品牌危机管理办法。申报国家省部级品牌示范企业，通过示范点评审，积极策划申报工信部品牌示范点企业。强化组织保证，打造品牌专业人才队伍，建品牌推进专业机构，建品牌专员队伍，建品牌自评师队伍。技术创新管理创新，支撑做强品牌，专利申报，省、市、国科技成果奖，参与国家标准判定。钢铁产品品牌价值提升，缩小与标杆企业同类产品价格差。多元产业品牌提升；品牌价值第三方评价；品牌营销与传播；弘扬品牌文化；公司宣传品升级；形象提升品种；群众性品牌创新活动。今年重点开展“品牌就在身边”工程。

听了中质协谈马钢品牌工作的设计，看着一项项具体工作的要求，我感到抓品牌建设绝不是我们当初的认识，公司仅有人、财、物的支持也不行，必须依据马钢实际，制定战略，续建、组建机构，落实职责，一步一步地把基础工作做起来，公司上下必须统一思想，形成共识，品牌建设不是花钱就可以买来的。

2017.2.23 抓住机会锻炼优秀技术人员

只有用心工作，才能干好一件事情。公司主要领导都要参加今年二月技术质量例会，丁毅要求公司高级技术主管全部参加，APQP正副组长参加。能否开一次好会，起到宣传鼓舞工程技术人员的作用，我有了压力。定于今天上午试演讲一遍，龚志翔请假被我召回批评。我为销售公司赵勇、制造部陈斌、技术中心王立涛、特钢公司龚志翔每人花25分钟时间过堂，给他们以指点和评价，并要求他们四人中午在此吃个盒饭，相互观摩，继续演练，确保汇报成功。

下午股份公司领导全部来参加了，在安徽冶金职业科技学院报告厅，大LED屏效果好，四位演讲人的报告水平高，报告结束后，杜松林、张文洋、田俊、陆克从、海帆、丁毅都站上发言席给今天的技术质量例会做激情点评。股份公司二月技术质量例会成功举办出彩了。

四位报告出彩了，时间控制好，内容安排好，节奏把握好，PPT好；我主持会议并串起了台上台下氛围；海帆、丁毅把自己既放在工程技术人员的角度，又放在领导要求的角度发表了热情洋溢的讲话；最后我要求全体高管、APQP组长每人写一份参会体会交给我。我当股份公司总工程师后，三年来不断采用创新的方式，开好每一次技术质量例会，抓住每一次机会把优秀工程技术人员往前推。

2017.2.27 党建就是根和魂，民心就是政治

今晨窗外的爆竹声不紧不慢地响着，翻了一下手机日历，今天是农历二月二，传说中龙抬头的日子。2017年元月开门红，2017年2月生产经营也很好，3月排定4.4亿利润，真的一季度我们公司有11.8个亿的利润。公司内部降本也同步跟进了，2月降本完成年计划的96.3%，降本增效总额达2.0923亿，仅欠803万元。马钢真的发生了变化，生产、销售、采购全给力，水平高了，但是最终能否持续下去，我们的企业管理

水平也必须上去。

二铁总厂2#高炉煤气流出了管道，炉况波动，一夜情况尚可，但处理炉况炉温波动大，给一钢生产造成了影响。我和聂长果高管一直保持联系，我要看小聂此次高炉调整的水平了，力争不恶化，不反复。此次恢复正常后，一定要说得清楚是什么原因造成波动的，归结成单点课，高炉长周期稳定，一定不能掉以轻心。

今天集团公司举行生产经营动员会暨2017年经营目标承包书签字仪式。集团董事长高海建与集团总经理丁毅签字；股份董事长丁毅与股份总经理钱海帆签字；集团总经理丁毅与矿业公司、建设公司、长江钢厂签字；股份总经理钱海帆与二级单位授权组阁人签字。股份公司2017年目标：销售成品钢材1432万吨，结构调整增效5.84亿，销售价格对标进步50元/吨，降本100%，钢材销售直供比70%，客户满意度大于90%，效益在同行力争前四名，全年不低于12亿元。吨钢综合能耗小于590公斤标准煤。财务费用控制在9.59亿，管理费用控制在7.54亿；2017年投资计划控制在27.5亿（不超折旧额）。

签字后丁毅说：正确认识承包制的目标；收入与绩效直接挂钩；狠抓落实去干事；承包要从完善走向成熟。高海建说：一个企业有一个精神面貌，企业正气昂扬，干部职工一心。我们要企业党建放在心上；公司谁是最辛苦的人，我们心中有数，大家也有数。我们始终要有危机感，一季度市场我们抓住，二季度的市场都难说得准，守住高炉抓好现场，不骄不躁；供给侧改革是供给质量的改革。公司的人力资源优化，层级制的工作，混合所有制工作，改革要进行下去。各位要勇于担当，党建工作必须上心，不讲政治不行，党建就是根和魂，决不允许“两张皮”，民心就是最大的政治，把马钢家园建设好是我们最大的任务。

2017.3.1 *迎来了CRCC现场审核*

钢铁企业都想成为中国铁路用钢材的供应商。两年前我们开发了高耐蚀铁路货车专用钢板Q450EWR，我带队跑了两家车辆厂，请求试用并给出评价，一切准备工作都做好了，现在我们迎来了CRCC现场审核。现场审核共两天时间，安立君是CRCC专职审核员，背景是学管理的，付秀琴审核员是铁科院金化所的研究员。两天时间很紧张，而安立君又特别认真，审核计划不变，今天末次会议原定下午4点半在四钢轧召开，后又改为下午6点在科管部会议室召开。丁毅董事长专门来听审核反馈意见。安立君一口气说了1小时7分钟的审核过程，审核中发现12个问题，没有严重不合格项。她从管理方面谈了体系文件的一致；供方合同档案管理；新供方进入准则；特殊合同约定中存在的问题。又就现在企业合金分级标准；废钢验收标准；上下级文件吻合性；直读光谱的校验及用气；设备检测记录；质量记录；标准查新中存在的问题做了说明。现场用金相显微镜倍数范围，开出一个关键项的整改要求。

时间已经到了晚上7点半了，丁总让我表个态。整改不是就事论事，举一反三，按公司规定内审、处审发现问题我们都是同样整改、同样考核，请两位审核专家放心，感谢两位两天辛苦的工作，连着干不吃晚饭。因为审核员明天一早回去，因为审核文件要签字盖章，我又把经理办公室文书科万萍从家中喊来，我在审核文件一份份签字，她在一页页盖章，直到晚上8点工作结束了，我迈着轻松的脚步走回家。

2017.3.2 *历史是本教科书*

股份公司二月份生产经营结果出来了。销售收入50.2亿元，二级单位降本完成任务，本部盈利3.94亿元，子公司盈利0.86亿，股份集团利润4.8亿。

今天上午安排2016年股份公司EVI项目结题验收及2017年EVI项目（第一批）立项评审会。结题共计11个项目：扎努西冰箱压缩机用硅钢切换与升级，得85.83分；众泰汽车T22、E01、S21车型部件认证，得85.0分；江淮M4型认证，得87.50分；上汽乘用车AP11车型降本切换部件，得88.3分；庞巴迪守向轨用热轧H型钢，得86.67分；马钢牌（虚拟）轻量化车身设计开发，得81.0分，6个项目获好评。立项申报共计12个项目：重庆力帆AS161新车型部件设计；长安乘用车S111、C211车型部件认证；中集专用鹅颈用热轧H型钢认证；上汽车弹簧钢线材认证；半挂车轻量化车轿的研发；南高齿GE风电用钢6个项目获得通过，其余6个项目不同意立项。我们的工程技术人员缺乏培训，应该清楚项目结题我要报告什么，项目立项我要报告什么，一个课题、一个项目，不是自做自画，我们团队在干什么。

今天下午《马钢炼铁技术与管理》一书启动会。马钢能否以高炉长周期稳定出名，往后走下去靠什么支撑？内部生产顺行后公司又提出了提升高炉各项经济技术指标，什么时候我们都要依靠技术与管理来推进。出这本书不是目的，出这本书是一个再学习的过程。这本书的重点是2016、2015、2014、2013、2012五年铁前各项技术工作的回溯，历史是本教科书，尤其是过去的高炉失常中拎出的经典案例。各单位要从“人、财、物”上给予积极支持与配合，今天布置任务时各位都有压力，没有压力是干不成事的，当我们努力去做，到年末捧上这本书时有了收获。我们一定要按今天下达的任务计划，踩着任务的时间节点去干。

这一周的工作忙忙碌碌，一周前我告诉殷欢，务必把2号高炉9层平台一圈整理的干干净净，危险部位挂上冷却壁牌号，风口平台上不许有积水，要落实，我会去检查。下午四点了，我决定去履行自己的承诺。上了二铁2#炉，炉长曹海，分厂厂长赵军在等我，检查了特护组工作记录本，带着记录本上9层平台去核对检查已发现的问题。回来后给他们评分79分。告知煤气浓度要记录，每一块冷板炉皮处有几处裂缝，尺寸多少都要写清楚，今天的检查比昨天有什么变化。我以实际行动证明，只有把工作做细做实，才能达到安全监控到安全停炉的目标。

2017.3.4 参加作业长研修会年会

元月、二月股份公司生产经营好，三月份外部市场及内部的状况也很好。一季度股份公司真的会拿下全年的利润目标，中国经济及钢材市场是难以预测的。铁，还是铁，铁是股份公司最重要的资源，保2#高炉平安的运行至5月18日。早调会上我强调了护炉保产的艰巨任务及提升高炉喷煤比，会后殷欢告诉我，三月份因焦化干熄炉检修，焦炭干到湿转换，厂内定1#高炉煤比125kg，2#高炉护炉保产煤比100kg，3#高炉煤比150kg，4#高炉煤比138kg；丁晖厂长认可我提出的A、B高炉三月煤比达150kg以上。我看到《121家钢企2016年炼铁技术经济指标哪家强》的文章，综述为：2016年中钢协会员单位炼铁经济技术指标总体下滑，燃料比增加焦比增加，煤比下降，炼铁工序能耗上升，优秀的企业炼铁工序能耗330.33kgce/吨。对比一下，我们处在中上游水平，2016年我们与自己比是进步的。

下午我参加2016年度作业长研修会年会暨管理案例发布会。自动化公司，姜珏，持续优化运维模式，全面提升重点机组维保；长材事业部赵滨，小型转炉炉型保持长周期稳定运行的实践，获一等奖。二铁赵淑文，以提升管理促进高炉效益；冷轧总厂许德民，想一想、捋一捋，工作法；热电总厂张俊，落实绩效考核，提升作业效率，获二等奖。三铁郭译华，精益生产，标准作业；四钢轧王晓明，铁水作业区员工管理；轮轴苏文静，降低RQQ-1机组刀具消耗；煤焦化甘恢玉，焦炉追求卓越绩效，提高生产率；检修公司赵成富，做好作业区的协调与平衡，获三等奖。

十位作业长我和其中六位在现场打过交道，去年全公司精减了289位作业长职务，竞争上岗后，他们的压力是大的。学宝钢管理法，我们引进了作业长制，成立了作业长研修会，但总体上不能仅是选拔使用，我们对作业长的培训是不够的，不少职工认为和过去的班组长没有什么区别，这其中有公司的责任，但二级单位应负第一责任。

2017.3.6 不能有畏难情绪

去年全年我们的产品质量该如何评价？我们的确做了不少工作。技术质量例会提出问题解决问题，工艺纪律检查常态化，每一起质量异议的跟踪分析，顾客满意度的提升，但最终还是以数据说话好，追溯三年来的变化。2013年，质量异议起数3617次，赔付金额3067万元；2014年，质量异议起数3469次，赔付金额1741万元；2015年，质量异议起数3374次，赔付金额2056万元；2016年，质量异议起数2356次，赔付金额1227万元。统计的结果是：板带类产品表面质量问题占73%，内在性能占27%，同样非板带类产品也是表面质量占81%，内在性能占19%。看得见、摸得着的问题，不是技术问题，应该是我们的管理问题。

我们技术管理攻关列前10位的缺陷，以板带类产品缺陷排序：冲压开裂、边浪、性能、麻点、折痕、划伤、凹坑、条纹、折弯开裂、尺寸超标。今年怎样再进一步降低质量异议起数和对外赔付金额？这其中2015年比2014年反弹过，原因是产品结构调整，板带比大幅提升；今年要比去年进步也不太容易，因为板带产品中高强钢比例，品种钢比例会再次提升。我们还是要把过去的问题理清楚，是否找到了真正的原因，已下去的举措是否固化，要有针对性的订出品种规格操作控制过程的“特殊要求”，从人机料法环上层层分解指标，PDCA循环，结合创建品牌工作一道去做。不能有畏难情绪，更不能习以为常。冷轧总厂要卡住我们产品的出厂关，要顶住入厂原料的质量关。

2017.3.8 我的笔记本就是一本书

因为准备编著我的第三本书，脑子中时常会思考些问题。昨天总经理办公会上海帆说，我们要学会总结自己的工作，各单位一把手离职时可以写点东西出来，把工作经验好好总结一下，我们经理层能写更好。我计划着退休前写一本在股份公司高管的岗位上的书，约70万字，一部分是在各单位开会讲话稿的整理，一部分是我平时工作的日记整理。严华说：“海潮的笔记本就是一本书，密密麻麻的，记得很细，值得学习。”本周六、周日，用休息时间把参加煤焦化职代会的讲话稿整理成了文章，定名为“和煤焦化职工代表说说”。又把在检测中心职代会的讲话稿整理成了文章，定名为“我心中的眼睛和尺子”。今天我把2010年来在股份公司当副总的笔记本，交给了原一钢轧办公室退休的吴秋霞，请她打字出来，转化为电子版，然后再编审。我的书写的是公司的事，是工作经验的传授，也是总工程师工作的一个组成部分。

车轮产品在使用中会暴露出一些问题，有些是在铁路车辆工厂检修或旋修时发现的，过去属于正常情况，现在不行了，我为此类问题曾几次去铁总说明原因，听说进口车轮也有小概率事件。随着铁道重载提速，尽管我们在制造过程质量控制上下足了功夫，但车轮在终身服役中，每年总有几片车轮在检修中发现夹杂、裂纹等使用后缺陷。去年车轮成立了售后服务队，进入了各车辆检修工厂，处理双方认可的缺陷后，需要沟通交流，不同的检验方法值得学习，对外也一样。杜总请示从教育经费中支出，我批了同意后，请钱总批示，钱总批示了同意，至此，又明确了一条教育经费开支的渠道。

焦化2#干熄焦检修，现在在拆炉，焦化人对干熄焦炉内牛腿的使用寿命也算是想了不少办法，结构改不了，能否改耐磨抗热的材质，在砖型上变一下，他们立了个攻关项目，此次2#干熄焦36根牛腿损坏至什么程度，我要利用这个机会到炉内去看清楚。我顺着垂直的临时扶梯爬了上去，损坏的是多数，作业长告诉我每次都是这样的。希望我们能够取得新的突破，从而延长干熄焦炉寿命。

2017.3.9　困难没有办法多

今天《马钢日报》头版以《多措并举，严防死守》为标题，报告了二铁总厂全力以赴为2号高炉生产保驾护航，看后我放心多了。二铁2#高炉于2003年投产，当时我是生产部经理，参与了整个过程直到达产，不知不觉14个年头过去了，我作为公司常务副总经理，又以狠抓炼铁生产为工作重心，在铁前成功地推行了高炉体检和预警机制。2#高炉原计划是在去年四季度大修的，但由于市场行情一直趋好，今年的一季度仍是这样，为了公司效益我们把大修计划推至今年5月18日，现在外部炉壳因冷却壁闷死后多处开裂起皱跑煤气，多处已经进行了焊接，在喷水冷却，能否撑得住，我每次上去检查给出的评分不高，总要指出还存在什么问题，今天报上说“公司领导多次深入现场，坐镇指挥，对护炉工作作出指导”，这是事实，这不是高炉内部操作，这是高炉外部安全护炉，我要求每一次检查的关键部位都和要上次做认真的对比，特别注意有无变化。

三铁总厂A号高炉主皮带到期了该换了。丁晖告诉我需5天时间，我当即否决不同意。2月28日修补了一次至今，监控状况可以，十天过去了，今天下午我又来到了现场，实地察看A号主皮带，和点检作业长、马钢尖兵戴建军交流，我和丁晖与检修车间关键人物交流，决定继续撑下去。计划3月24日再修补一次，把更换新皮带的各项准备做到位，他们告诉我用现在的方法可将更换时间压缩至30小时以内，我很有兴趣地听取了他们的汇报。

我来到了港务原料总厂码头。殷光华厂长在当副厂长时向我申请要立的一个课题，在288米的码头上，加装了160米的挡斜板。一举三得：含铁原料在抓取时不漏入长江了；在码头上清理后就地入仓了；清扫工人劳动强度降低安全有保障了。现在课题工程完成了，我来看实况，大伙都很高兴。

无论是特殊时期的护炉，修护主皮带，还是长期存在的问题，只要我们用心，还是那句话，“困难没有办法多”。

2017.3.11　四钢轧高效生产调研结果

公司在四钢轧组织高效生产，二月份继元月份高产后，又放出了日均2.5万吨的水平，现在可以稳定在日产81炉的吹炼节奏上。高产的背后是什么原因？去年四季度在高炉顺行1000天后，铁水均衡保供，四钢轧也连续发力，今年板带市场订单好，公司板带比已提升至71.34%的新水平，效益也在大幅提升。是我们家园文化的作用？韩国专家技术支持项目作用？高效组产突破了什么制约因素？我很关心这其中的奥秘。

今天我编发了一条短信：“四钢轧钢区日产已经稳定在81炉，是什么与过去不同了，发生了什么改变？是什么因素起了关键支撑？请你们按重要程度个人独立列出要点，我要你们的见解！”我发给了厂长刘国平，副厂长邓勇，炼钢分厂黄健，高管徐小伟、李应江，生产技术室冯胤民，首席技师郛琼。对7人独立调查后，他们给出16条要点，我对7人意见的统计结果是：精炼工艺做出了优化，5票；外部铁水保供及时，4票；转炉吹炼工艺优化，4票；设备故障率下降，4票；底吹效果稳定并增强，2票；提高氧枪供氧强度，2票；扩大转炉出钢口，2票；新补炉方式节省时间，2票；溅渣护炉时间缩短，2票；生产计划编排好，1票；行车作业运行好，1票；还有马钢生产好、市场好、主线收入多、人气旺等。这是全系统的联动，在每道作业工序上挤出了分分秒秒的时间，这是技术与管理的共同进步带出的效果。

我要继续要求他们回答工程技术人员“写所需”改了什么？岗位工人“做所写”动了什么？把已经改动的东西固化下来。

2017.3.13 安全生产责任重大

分管安全生产的人最怕夜间接到电话。周六零点接到总调来电，冷轧总厂南区硅钢精整401机组，一名正式职工在剪切机处被挡板挤压，送至医院抢救无效。我随即和杨兴亮厂长电话交流了，我对那里的现场情况清楚。周日早调会结束，我便来到了现场与沈新玉、李明喜、贾科长去确认事故原因：光栅对此处人的出入不起作用，进入处无安全警示装置，挡板从落下到升起约在5秒钟左右，典型的习惯性违章和安全风险辨识不到位所致。随后我决定“可以恢复生产，不存在破坏现场或造假的问题”。我们积极配合市安监调查组的工作，同时全力做好家属的安抚工作。每次发生安全生产事故，我都必须去现场查明原因，总是觉得这是不该发生的，所以心情沉重。

中午我一个人来到了二铁总厂2#大高炉检查周日的特护工作。夏爱征和范卫斌两位高炉看水工工作认真，风口平台处的漏水点全部用铁皮折成了导水板，两台风机顺着风向，这样平台上无水了，煤气浓度仅在20~28ppm。认真检查了他们上午的检查记录，31#、39#、45#炉皮开裂，漏气较大，但变化可控，现在有14块冷却壁外壳在跑煤气。我带着当班看水工又上了9层平台，每块冷却壁挂了标号，31#~45#上部平台底板换了格栅让煤气散去，走道收拾的干净，我要求做的工作到位了。

我是公司安委会成员，文洋、田俊任了副总经理以后，新的分工还未下发。安全始终是有压力的，经理层碰头会上我们都提到三钢轧钢区铁水坑的改造工程，我已去了几次现场检查，安全风险很大，尤其是现在边生产、边开挖灌桩孔，稍有不慎就会出事故。想着这些心里就放不下，立马我发了一条短信：“光亚总经理，周六冷轧发生一起工亡事故，又一次敲响了安全警钟。现在你单位南区铁水坑改造，情况复杂，尤其是人工挖坑灌桩。请你认真履行好属地安全监管，责成钢区必须保施工安全。”不一会光亚回复：“收到，我们会百倍努力，确保安全。”

2017.3.15 我是给工作画上句号的人

昨天下班前，MGASCO公司总经理孙维给我电话，希望我能出面协调一下MGASCO公司与特钢公司的关系。今天我来到了孙维的办公室，听取他的意见。现在真正确定试用MGASCO公司弹簧钢的有三家：意大利的素格菲，中国上海弹簧公司和包头第一机械厂。特钢首批供弹簧钢料，内在夹杂物超标，外在表面硬度不符；

脱碳层的问题基本解决，供料外径不达标，但可以采用负公差轧制；关键是马钢特钢不把他们当成外方工厂，这个思想认识一定要转过来。今天请我解决试用料不合格退货问题及将公司ISO9001、TS16949质保体系覆盖到MGASCO公司的问题。

孙维开门见山，我也立马行动。我带孙维等人去特钢，曹天明、胡新华、龚志翔、胡专家、宋强、于同仁等正在开会。我定了几件事：MGASCO合资公司是外方公司，不合格原料一律退回，ASCO公司的要求就是外方的要求；立即安排55Cr3再试制3炉，“写所需”、“做所写”确定；都已经去外方培训过了，硬度、负公差轧制不许讨价还价；技术中心可以再成立一个EVI小组，和MGASCO公司销售人员一道走访市场，寻找用户，特钢人一同参加。孙维知道我的作风，他说我是给工作画上句号的人。

今天《马钢日报》头版头条登了标题为《红梅傲雪唤春回 马钢实现生产经营‘开门红’探秘》的文章。去年的此时马钢人还在相当的困难之中，两头市场给我们的冲击使我们处在亏损中，我们在逆境中找寻，在逆境中奋斗，在逆境中胜利，2016年，从三季度画出了一条逆势上扬的微笑曲线。今年的春天似乎来得早了点，我们在内部保持高效均衡的生产时，在外部两头市场上抓住机会，一季度收获了全年预设的经营目标。公司内部改革持续推进，去产能、专业化、求卓越、赞家园、讲文化已形成了强大的凝聚力和战斗力。

想想自己是60岁的人啦，快要临近退休了，思来思去把自己的工作总结理出来。一支荧光笔，我在2013年回股份公司的第一本笔记本上，画出我想进入书中的东西：从2013年的连续亏损；从顾建国、苏鉴钢退休，到高海建、丁毅作为主要领导；从我出任股份公司副总经理、总工程师工作起我的所作所为。四年前的一件件事情，我记录的是那么清楚，我们一路走来直到今天。

2017.3.17 *生产离不开设备保障*

3月至今铁水已经超产2.65万吨，全月这样下去炼铁，原料、焦炭都紧张了，不能乱，坚持以焦定产，槽位管理不许动。今年元月、二月马钢铁水成本比行业高出60元左右，究竟什么原因，我们一定说清楚。我担心的两件事，2#高炉护炉至5月18日，应该可以；A号高炉主皮带在30小时内可以完成更换。今年炼铁内部降本力度很大，已在96%达标的水平了，铁前各单位应控制各类消耗指标，完成100%降本任务。我请吴宏亮、殷欢给A、B、1、2、3、4六座高炉的核心作业长出个问卷，让每座高炉这些关键人物回答，本座高炉稳定的支撑性因素是什么，整理以后报给我。我们一道认真看看这些高炉的操作者的回答与我们想的是否是一致的，高炉长周期稳定下去，我们哪些工作也应常态化做下去。

我和程建国工作中交往颇多，正常的生产离不开设备的保障，突发的故障需要检修人的快速处置。马钢的检修单位变动了几次，不算动了体制也算动了机制，程建国担当检修公司一把手以来，这个公司最大的单位发生了变化。他们立足马钢树品牌，走向市场争效益，2016年实现了扭亏为盈。程建国告诉我他们内部坚决鞭打慢牛，检修任务重时区域人力资源互动，狠抓科级干部在一线的工作作风，从我做起，从班子成员做起。是的，任何大小单位一把手至关重要，一把手想干事时可以调动各类资源，我在计划检修项目中和非计划突击抢修项目中已经看到了。

2017.3.19 *好的创意需要给力助燃*

马钢H型钢已经成为国内品牌产品，刚起步时，我们仅有一条大H型钢生产线，当国内H型钢市场打开后，我们又建了小H型钢生产线。H型钢是马钢的战略产品，去年经过充分论证，公司决定再开国内先河，建设一条重型H型钢生产线。

今天我们举行重型H型钢在锅炉钢结构行业应用研讨会。邀请了北京巴威公司、北京北锅环保科技公司、杭州锅炉集团、哈尔滨锅炉厂、武汉锅炉厂、上海锅炉厂、东方锅炉集团、华夏钢构集团等单位的设计部门负责人。此次会议的目的，告知客户马钢上一条120吨/年重型H型钢生产线，重型翼缘厚度50mm上升115mm，翼缘高度400mm上升500mm，咨询客户对我们现在所设定的重型H型钢规格品种的意见。马钢重型H型钢生产线，位置在现有一钢轧板坯、圆坯，一直向北延伸下去，轧机拟在西马克康长斯特、达涅利、普锐特三家招标，铸机→热送直装→开坯机1→开坯机2→UREUF→冷床→矫直→出厂。来的都是重要客户，我们重型H型钢将优先向着他们的需求。此次会议由技术中心程鼎精心策划，吴保桥高级技术主管作了专题介绍，丁毅董事长专门参加此次技术交流，我作为总工主持会议。我们的重型H型钢生产线还在设计之中，就和我们的产品设计单位和使用单位开展了技术交流活动，我们的市场观念真正树立起来了。

今天我主持《如何当好高级技术主管》的第四次专题讲座。工程技术集团孙业长以“不忘初心，我在路上”讲述自己的成长历程；能环部唐胜卫作“如何当好高级技术主管”汇报了担当的职责；冷轧总厂叶明成作“立足现场服务生产解难题”的工作体会；技术中心沈昶作“扎根现场，关注细节”中标后的压力感；煤焦化公司佘世云作“我长期在基层做技术工作”的几点感悟。

公司领导时常有一些好的想法，像火花一样闪出。我们部门能给力助燃，不能满足于领导布置啥就干啥，应充分履行这个部门应该担当的职责。我们评选了公司级高级技术主管，这么多年来对他们的关注太少，年终一次考评，中间就无人问津了。我在工作中深知高管的作用与力量，每次技术质量上的难题我都会去找他们，对他们也要培训、交流、点题，给他们一个平台，让他们展示自己的业绩。这两年每年上半年一次，下半年一次，由科协点名，高管准备，全体高管参加聆听，我事先准备点评的东西，的确起到了很好的作用。此次讲座由孙业长、佘世云两位获特优高管代表登台，示范效果极强。今天我公布了2016年公司高级技术主管考核的结果，号召高管们向考核得A档的同志们学习，指出考核得C档的同志存在的问题，强调要努力有作为。

2017.3.21 业绩是行动的充分证明

四月份经营目标评审会。预计四月份后，冷轧系列产品受下游行业的影响需求量会下降，汽车销量会下降，家电销量会下降，长材产品受环保及去产能高压，价格将高位震荡，矿石、煤焦、废钢、合金维持现有价位波动，依据两头市场和内部组产计划，四月份股份公司本部预计利润2.59亿元。

我谈了意见：公司内部生产在稳定顺行中，高炉是个宝，2#炉特护已有了办法，A高炉主皮带和炉底跑煤气现在可控；对两头市场的研判及动作也愈加变得准确到位了；三月公司适时安排了四钢轧转炉，1580轧机等检修；“两会”结束后北方钢厂会全力生产，价格竞争将有新的变化。一季度我们抓得好，元月3.53亿，二月4.0亿，三月3.53亿，利润已超出10个亿。我们的产线可调整余地大，板带比可以再降2-3个点，但我们的产品质量是在市场上取胜或失败的基础，近期舒驰容器用镀锌板，特钢公司供MGASCO公司的工业线材原料，冷轧总厂对输入热轧卷的质量要求，冷轧产品出厂的表面质量及板型控制都出现了质量问题，公司备齐了各单位的总工、副总工，我们要负起责任，以每起问题为导向，追查下去，担当起来。认真抓“写所需”认知不足的文件修订，抓“做所写”工艺纪律的检查。公司将在本周举行ISO9001及TS16949换版启动及宣贯大会，各单位厂长、总工、副总工及技术科长，制造部长必须参加，新版标准的学习培训，必须进行闭卷考试。我在调整我的工作方式。

今天《马钢日报》头版，刊登了集团公司党委书记、董事长高海建的署名文章。海建以“讲看齐”：要在学上见行动，筑牢思想堤坝；要在改上见行动，盯住突出问题；要在干上见行动，抓住既定目标。去年以来，马钢党委以矩阵式党建为抓手，以担当尽责为本，以忠诚奉献为荣，旗帜鲜明讲政治，坚定不移守规矩，坚持不懈抓监督，营造良好的政治生态。马钢的家园文化凝聚了人气，党建工作的优势成了企业发展的优势。2016年马钢退出炼铁产能222万吨，炼钢产能281万吨，今年在市场好时还是主动关停10#高炉。马钢从2015年巨亏50多亿到2016年末实现盈利12个亿、荣获全国质量奖，2017年前两个月又盈利7个亿的佳绩，实践是检验真理的唯一标准，业绩是行动的充分证明。

今天股份公司举行2016年度质量管理工作表彰会。表彰四个奖项：质量认证成果奖、质量管理先进单位、质量管理先进个人、质量体系优秀内审员。四个奖项代表的发言都很好，我真实地感到与过去不一样了，能反映出我们今天质量工作的水平，我安排在《马钢日报》登出。马钢获全国质量奖后又启动了品牌建设工作，但产品质量是“1”，其他都是后面的“0”，没有产品质量其他都是空谈，有了产品质量，后面“0”越多数值愈大。产品质量是一损俱损，一荣俱荣。我们三个事业部、热轧产品、冷轧产品直供用户，最后的把关要靠制造过程的保障，公司坚持“写所需”，DFMEA总工负责，“做所写”，PFMEA生产厂长和设备厂长负责，要PDCA循环，各类质量活动，这几年坚持下来的结果就是产品质量稳定下来了。

为应对2015年生产经营出现的大幅亏损的局面，自2016年3月1日起暂停了企业职工年金缴费，现在状况好了，公司决定2017年3月1日起恢复企业年金缴费，职工个人按本人同期社会保险缴费基数的1%缴纳，单位按5%缴纳补充，只有企业效益好，员工才能有好的收入，现在效益好了，要是能把停了一年的企业年金补交上就更好了。

2017.3.24 要求别人的事自己先做到

昨天一天时间，股份公司IATF16949标准转换和ISO9001标准换版工作启动。丁毅、海帆出差去了，我主持并作动员讲话；高海建董事长作要求讲话；汉德咨询公司宋海宁先生举行两个新标准的宣贯。此次宣贯我们要求的主要内容是：ISO/TS16949到IATF16949换版的背景及目的是什么；新旧标准之间的主要差别在哪里；ISO9001、IATF16949及VDA6.3三个标准之间是什么样的相互关系；IATF16949标准中对于各级领导的要求；汽车行业在新形势下有什么要求，顾客最关注企业哪些方面；如何将体系方法应用到经营活动中；马钢从引入TS16949到贯彻IATF16949标准过程中的注意事项。

一天的宣贯结束了，我的体会是马钢换版过程中：我们必须识别标准的变化点，修订好现有体系文件；在满足要求的基础上确保文件的可执行性，按新版标准完成

“写所需”；通过绩效指标的监控，确保运行有效，我们“做所写”要落实；始终做好风险管控；用汽车行业的管理方法指导我们的工作，做出最佳实践。

今天按公司计划新区现场大检修。我要求别人做到的事，必须自己先做到，去现场巡视。去四钢轧总厂、炼钢区主跨更换近600米的重轨，6台吊车（汽车吊）在厂房内干活，查看了炉台大明沟的清理，1#转炉砌筑已经封口，高层平台上更换6个蒸汽阀门。刘国平、邓勇、黄健等都在监控。去三铁总厂A高炉，去主皮带修补处看皮带修补；在炉台上看风口下了中套以后怎样取炉内焦炭；向廖海欧高管了解炉底跑煤气今天的处置方案，钻到炉底看钻孔，压浆、引煤气封箱。丁晖，吴宏亮，刘晓超等都在现场监控。去二铁总厂4#高炉，常规性检修更换10个风口小套，漏水的仅两个，是因喷煤枪把小套壁磨损得很厉害。生产正处在干湿转之间，2#干熄焦炉检修还有10天恢复生产，但焦化已经动了老区焦炭的配煤比，进口焦煤减5%，国产主焦煤补5%，担心焦炭指标变化影响高炉。我告诉殷欢、蒋裕3#高炉、4#高炉注意焦炭变化，可以退负荷减产量，但炉况一定要稳住。

2017.3.27 让压力转变成动力

昨天下午去四钢轧总厂，听取1580、2250两个热轧分厂厂长在岗一年的工作汇报，这是一年前他们任分厂厂长时我提的要求。刘国平、毛学庆、司小明、邓勇、张文洋、高海潮、崔银会，四钢轧各分厂厂长也都来了，这是一次怎样当好分厂厂长的学习交流会。兰宇、成印明两位分厂厂长的工作报告都很好，全面、准确，PPT做的很美。今天讲给我们听，但更重要的是回去讲给分厂的每位员工去听。两位都是搞技术出身，现在更要学会管理，管理其实就是管人，把合适的人用到合适的岗位，培养工作中需要的人，尽最大可能调动全体员工的积极性。现在还要学把党建工作融入到我们的生产实践中。2250、1580两个热轧分厂的各项指标与一年前对比，的的确确取得了很大的成绩。抓住生产中最关键的矛盾，如果我们的堆钢次数还能减下去，2017年一定会干的更漂亮！因为70%事故还是违规造成的，因为员工经过培训素质是可以提升的。我要求兰宇、成印明自身的努力学习一定不能放松，通过不断学习提升自己，建议四钢轧总厂对各分厂也都这样去做！一个总厂在接受了公司年度关键绩效指标考核后，最重要的任务就是分解指标，让科干产生压力，也是让他表现能力，我就是以这种方式指导基层工作的。

今天参加一钢轧总厂炼钢点检分厂党支部“两学一做”民主生活会和民主评议党员活动，这是公司党委规定的任务。分厂现有职工103人，其中党员45人，预备党员1

人，支部书记吴代平作活动开展情况汇报，9名党员代表分别报告参加“两学一做”后的体会，我以党员的身份和在座的党员同志交流。为什么我们一定要认真开展“两学一做”活动？为什么我党提出政治意识，大局意识，核心意识，看齐意识，当代中国共产党人的使命与任务是什么？我们以什么样的行动迎接建党一百周年，建国一百周年的各项任务？我们党员在党言党，热爱党、忠诚党，争做合格党员，涌现出更多的优秀党员，为提升马钢竞争力而努力工作。上世纪九十年代我曾在一钢厂工作过，我和现在这个分厂，当时的检修车间有过深厚的战斗友谊，今天党支部活动我们从头至尾都在互动中，我不敢辜负组织的期望。

2017.3.29 合肥板材5#镀锌线热负荷试车

昨天下午，我和技术中心程鼎、朱伦才奔赴合肥板材厂去了解实际情况。5#镀锌线计划3月31日举行热负荷试车，2月27日我安排技术中心以赵云龙为首的5位同志在调试期即进驻现场，并负责和外方对接工艺技术，制造部两位同志着重点在退火炉，气刀调试上，冷轧总厂以王忠为首的5人团队，主要负责关键控制点的操作上。我们从头至尾和每一位见面并了解把握程度，现场职工精神状况很好，充满了胜利的信心。

今早8点，在合肥冷轧总厂三楼会议室听取热负荷试车前相关工作的汇报，合肥板材厂徐劲松、汪洋、阎明、童厂长、刘厂长参加。公司高度重视5#镀锌线热试及投产，派出的各位是我们公司级的专家，用心工作不负众望。你们不仅自己动手、动嘴，更重要的是用更好的方法培训我们合肥板材厂的职工。现在热试方案无外乎三个结果：热试成功小作改进；热试不成功发现问题；解决发现问题再进行热试直至成功。关键工艺及设备从头至尾按标准再认真确认，不具备条件不热试，有问题立即整改。马钢的各位专家扶上马送一程，不完成热试生产出合格的产品不撤回，没有公司指令不撤回。今天提到的热试安全几个问题，我马上安排公司安全生产管理部门和冷轧总厂派专人来做危险源辨识和安全生产的再检查工作。临近中午了，我和我们团队成员在食堂吃了工作餐，同时接到了王世发和杨新亮的电话，安全团队人员已出发奔合肥来了。

马钢高炉为什么会持续地稳定？二铁总厂殷欢按我的要求向下作了调查，三铁总厂吴宏亮也作了调查，今天下午他们把调查结果反馈给我了，我个人又反问了他们俩位的看法，两位副厂长的意见也是一致的。得出的结论是：公司及总厂前所未有的高度重视炼铁生产；外部原燃料条件逐步得到改善；整个铁前系统保障水平比过去提高了；炼铁技术处与总厂技术团队有着很好的配合；每座高炉四班操作统一按照指导书要求；设备运行状态趋于稳定；炼铁人的自信心立了起来；高炉体检和预警机制不断完善，以数据说话，强化分析，对丢分项的原因认识到位，趋于相同；高炉操作团队的技术水平提升，对每座高炉的攻、守、退均在设定的控制范围内；铁前文化发生了转变，形成眼睛向内，主观努力，工序服从，优质服务，操作与管理标准。

2017.3.31 刘明忠谈国企全面深化改革

上午我主持2017年高级技术主管技术难题汇总评审（炼钢组）。

评委（9人）：高海潮、刘国平、吴耀光、龚志翔、崔银会、朱伦才、郁中书、陈斌、乌力平；被评高管（15人）：徐小伟、刘启龙、李应江、陈友根、张巧英、沈昶、汪开忠、程坚平、王越、石玮、王自远、沙学广、宋超、周晓岚、张松林。此次评审原则及目的：原则同意个人申报的课题，但目标要清晰，并分为及格、良好、优秀三档指标，结果是可以测量评价的；评委可以根据现实工作需要点题给高管去做；高管之间可以相互合作资源共享，明确完成时间的要求。

下午海建主持党委中心组扩大学习会。邀请新兴际华董事长（兼一重董事长）刘明忠谈国企全面深化改革。

刘明忠结合自己成功的实践，理出：坚持以上带下，推进经理人市场选聘，形成领导人员退出机制，高级管理人员业绩考核制；坚持以绩励人，实行骨干层差异化薪酬，向科技人员、营销人员、苦脏累险一线人员，高管人员倾斜；坚持以产行权，推进所有制多元化混合，利用上市公司平台，做好股权融资工作，集团运行好投资平台。扛起国有企业改革大旗，以经理层市场化选聘、契约化管理的方式，以产权（所有权）→治权（经营权）→红权（收益权）协同改革为切入点，全面推进体制机制改革，优化生产关系，盘活人、财、物等全要素生产率，增强企业自主、自身、自力的发展活力。

国企全面深化改革是党中央的要求，把经营不好国企责任推至体制机制是企业领导人不作为和无能力的表现，国企全面深化改革没有固定的模式，有的是要解决的问题。

2017.4.1 对特钢公司管理的点评

特钢公司请我参加他们的2016年度质量管理责任追溯和质量工作总结会暨2017年绩效合同签约仪式。特钢不亏损了，产量也上来了，最令我担心的是产品质量。法国ASCO专家组昨天刚结束与我们特钢的工作，给出的意见是特钢有一流的设备，工程技术人员可以胜任工作，但一线操作层细节工作不行。特钢公司今天表彰的质量工作优秀成果共计有十项，奖励额度也不小，这些成果可否巩固下去，我要求明年还要评价这十项成果一年应用状态如何。今天技术质量部、生产管理部、设备保障部三位部长的报告应在自己管辖范围内增加案例，剖析到位，再次去报告给应该听到的人，我们抓质量工作的方法就是学习、教育、培训、检查与考核。

我们产品实物质量水平该怎样评价？关键是过程能力指数，经PDCA循环提升；一个指标与正态分布的要求差在哪里？责任追溯应该持续进行下去，我们的质量风险抵押金中奖励与处罚的条款也应修订完善。没有制度规定不是管理，有制度规定不执行也不是管理，起步时刚性执行然后逐步完善实施是真正的管理。今天在座的是特钢公司的兵头将尾，都要结合实际思考一下，我是如何作好管理工作的？应以问题为导向，解决问题，应确认是“写所需”还是“做所写”存在什么样的问题。特钢已经取得了不俗的业绩，现在也不是儿童了，应是一个朝气蓬勃的青年了，我们要想着干成事和干大事，因此各项工作必须提升自我要求的标准。对于特钢任何时候都应该把质量放在首位，产品质量是1，其他各项工作是在1后面加0，没有1什么都不存在。特钢公司应把提升职工素质放在第一位，你干的产品档次越来越高，职工素质停留在原有的水平上肯定不行，我们应有一套强化职工培训的办法及评价职工培训效果的办法，这项工作应始终与当期的生产经营结合在一起，长期坚持做下去。特钢公司责任追溯报已经使用了一年，现在每月出了一期，这是管理方法中的一味良药，我们应评价它的服用方法及其疗效，哪些病症治愈了，还有哪些病症没有疗效，这才是最重要的。

2017.4.5 选聘首席技师是赛马而非相马

2017年首席技师增补工作方案讨论会。人力资源部拿出了增补原则：因需设岗，因岗选人，带题上岗；增补工种及名额确定：单位推荐、汇总识别、专家评审；组织申报：申报人员范围（具备技师职业资格，确有高超技艺和水平），申报程序，“不拘一格降人才”；组织评审：流程、内容、标准，评审委员会，专业评审组；签订绩效合同，带题上岗，公司现有首席技师14人，此次拟设置29人首席技师。

在方案讨论会上，我发表了意见：一项工作持续动态做下去不是容易的，评过一次首席技师后中断了近10年，我们错在了哪里，今天终于又启动第二届了。首席技师的待遇要明确，要提至和高级技术主管一样，高级技术主管应和公司中层干部一样，三支队伍中高管、首技、处干最初设计时一样的待遇，三支队伍齐头并进，执行时打了个折扣。2016年首席技师考评的结果可以查一查，是否达到所在单位科干的平均水平，不能空顶着享受年薪的帽子。现在首技14人，此次拟增29人，达43人，占马钢职工总数的比例是低的。我们可以放至60人，今后应有100人。我觉得公司的通用工种行车工、加热炉工可以在放些名额，偏冷专业也可以放些名额，要让具备首席技师能力的人成为首席技师，这些人会做出更大的贡献。我们还可以用公开竞聘的形式列出所需岗位人才的告示，鼓励竞聘，不是相马而是赛马。公司应把首席技师作为人才在内部流动起来，把他们安排到最合适的岗位上去工作。

2017.4.7 *开启智能机器人上岗时代*

海帆说现在股份公司老同志多，集团公司年轻同志多，年龄相差不小。集团公司领导12人：海建、丁毅、杨阳、晓峰、育翔、琪明、冬生、昭启、世怀、天宝、严华、乾春，平均年龄是53岁。股份公司领导9人：海帆、海潮、田俊、文洋、发元、力平、王炜、松林、克从，平均年龄是56岁。海建说马钢集团的重资产在股份公司，股份公司好马钢集团就好。马钢干部年轻化工作挺难的，马钢人才挺多的，马钢的干部交流机会过去挺少的，其实我认为这还不是重要的，重要的是打破干部能上不能下，其他就不是问题了。

钱总在经理层碰头会上指令我负责产品外发采用机器人贴标签，并统一制作马钢外发产品标签。今天下午我带有关人员去马钢自动化部，他们向我们演示了开发的机器人为车轴贴标签，锌锅扒渣、卷心套筒、剪切线搬动五款机器人设计及实物，我主持了机器人为马钢出厂产品贴标签专题会，会议商定：科技管理部给予自动化公司研发费用（制造费）100万元支持；冷轧总厂1、3、4、5号镀锌线锌锅捞渣机器人由自动化公司完成；公司以冷轧总厂为示范工厂，推广应用智能机器人，同时核减岗位工人2人，核减一个工作岗位，四班三运转，一年人工费用就是40万元；到2018年底股份公司所有外发产品全部采用智能机器人自动贴标签；公司委托自动化公司在马钢各条产线上调研，提出2017年及后几年机器人替代人工可上岗的报告。我在自动化部开了一个“让机器人上岗”的短会，定了以冷轧总厂为示范工厂，凭借自动化公司力量，从马钢外发产品采用机器人贴标签开始，研发列入科研费，硬件公司投资购买。把事情梳理清楚了，定了几件事，起草了个会议纪要。此事超出了我的权限，我请钱海帆签，他签了“按此次会议纪要执行”。接下来我的任务是督办工作的落实。

2017.4.9 管理细化带来更好的指标

昨天晚上，我在微信中收到了长材事业部十位有责任的人，手工抄写的科技管理部下发的“鼎泰案例分析报告”。这个报告总的字数是4860字，一个人像这样从头至尾认真抄一遍需要两个小时。这是我的要求，我相信此次抄写的人，在今后的类似工作中会注意曾犯过的错误。报告发出时都未想到我会这样干，调查完了，结果出来了，该处罚的也处罚了，此事结束了。我心里感到高兴的是长材事业部对我这个要求都能认真去做了。昨天上午，能控中心报出了公司三月份吨钢综合能耗达到了576kg标煤/吨钢，创了马钢的历史纪录，我没想到会有这么低。一季度累计吨钢能耗为582.2kg标煤/吨，吨钢耗新水、煤气放散率，转炉煤气回收率，铁钢比、烧结工序能耗都有了新的进步。今年考核吨钢综合能耗是小于590kg标煤/吨钢，这个指标没有问题了，随着生产稳定与管理的细化，武龙带领的能控中心能为今年生产经营的业绩增光添彩。

今天中午我将带出国团组去澳洲，早上依旧参加早调会。此次出国竟然没有一点要出远门的感觉。上午10点半驱车去南京禄口国际机场，中午在机场吃一碗拉面，乘南京飞往香港的KA811航班，下午2点半到达香港，晚上9：50登上CX133航班，一夜从北向南飞行，没有时差，第二天凌晨4:50到达了澳洲的珀斯。

2017.4.11~19 去澳洲争取车轮订单

马钢每年从澳洲直接采购铁矿石上千万吨，我们与澳洲三大矿山公司均有多年的合作关系，他们运矿上船用的铁路车辆由中国制造，车辆车轮由马钢制造，我们此行的目的就是要从三大矿山的采购部拿到维修或更换车轮的订单且长期合作下去。今天上午去BHP拜访采购部经理和亚洲区采购部经理助理。我们介绍马钢车轮、轮轴、轮对产品，BHP采购经理反馈了马钢产品在线使用情况及今后采购计划及方法。下午去拜访FMG公司采购总部，我们介绍了马钢轮轴事业部的研发能力及产品制造，没想到采购部经理告诉我们，他们追求的目标是最好的质量，最低的成本，全球经济一体化，竞争无处不在，他们同意接受马钢车轮的EVI服务方式。

我们在珀斯去中车集团北车齐齐哈尔车辆工厂在澳洲珀斯的仓库察看，这是齐厂为BHP、FMG两大公司准备的矿用车辆备件的地方，面积470平方米；去了上海申鸿国际物流有限公司租借的一家澳洲珀斯私人仓库KDELEN Cartage，我们有少量车轮存储在这里。去了Newsteel Suctiun公司；去了Grimin彩板工厂；去了邹积多公司购置的1000平方米仓贮用地现场；去了One Steel的车轮、车轴、轮对工厂参观，现场除热处理以外，全部给予参观。

来到了澳洲之后，知道力拓、必和必拓、FMG的总部都在珀斯市中心，澳洲城市排名，悉尼、墨尔本、布里斯班、珀斯。澳大利亚在南半球，我们顺时针是东南西北，澳洲是东北西南；我们是夏季，澳洲是冬季；如果留意我们洗漱间水流入洞时会顺时针旋转，那么澳洲的则向反方向转，我们和澳洲在同一经度上。今天我们出发去墨尔本，参观了Monash University，这所澳洲排名第二，全球排名100之内的大学。去Insititade of Railway Technology，听了关于这个机构的介绍，其实是澳洲铁路专业的中间咨询机构，曾分析过马钢车轮的使用性能及存在的问题，有意担当二方审核的角色。我们同意签一份合作合同书，就马钢车轮热处理工艺，有关性能检测标准等开展有积极意义的专项技术咨询。

2017.4.20　　公平公正地对待各类事故的处理

夜晚11：50，登上了从墨尔本返回香港的飞机，凌晨6：10到达香港。在香港转10：50的飞机，直飞南京，从南京我直奔公司办公室，今日事今日毕，这是我的习惯，在国外与国内工作都一样。

下午我签了制造部的五份工艺更改的文件，签了科管部两项新产品攻关计划书，签了企管部的技术外输出合同书，签了安全管理部二份更改的管理文件。我和王谦商定周一早上乘最早最快的高铁，下午1：30参加中质协与欧洲质协的交流活动。

我告诉企管部张吾胜主任，本周六安排冷轧总厂和仓配中心中层干部，就两起安全事故作出检查；要求二铁总厂2#高炉10#风口大套烧通作出检查。我们马钢一定要有法必依，公平公正地对待各类事故的处理，企业管理一定要从严。

2017.4.21 不忘初心，方得始终

五一国际劳动节就要到了，今年又过去三分之一了。钢材市场价格开始下跌，公司五月的订单尚未拿满，中国钢铁行业的苦日子是否重来，去年6月至今年3月给我们喘了口气。去产能的结果是产量只增不减，钢材涨价的结果是原料大幅度上涨，钢铁供大于求的格局没有变化。要想生存下去只有靠提升自己的竞争力，但每个企业的方法不同，外部市场大家一样，马钢内部要靠从严管理，一级一级传递压力，让当干部的感到不好混，让当职工感到有约束。这一周马钢日报按我的要求开辟了《高管论坛》，登了“如何当好高级技术主管”演讲人的文稿，以专版《转型升级贴市场，提质增效铸品牌》刊登了制造部陈斌的《技术营销拓市场，精益制造创品牌》；销售公司赵勇的《紧贴市场做工作，灵活多样创效益》；技术中心王立涛的《顺应产品结构调整，转型升级马钢硅钢》；特钢公司龚志翔的《向做强特钢品牌要效益》及部分高管写的心得体会。并以“不忘初心，方得始终”报道了“三月份技术质量例会侧记”。我的工作方式就是我布置的工作我去检查落实情况。

今天在安徽冶金科技职业学院演讲厅，听中国质量协会专聘的北京经贸大学周云教授，作品牌建设课程讲座，其内容涉及到品牌经营环境，品牌研究发展史，创造品牌的起点，品牌定位，品牌战略管理。

品牌不仅仅是个营销工具，不能简单用销售额来评价品牌工作业绩；创建品牌是一个从赢得爱的艺术走向信仰的过程，品牌是一个系统工程。品牌的定位可以分成品牌内涵定位，品牌外延定位和品牌市场策略定位。品种战略应该有一句话指的是企业愿景，要求可行还得具有激励性。用一张图或一张表，指的是技术路线图，用以指导怎样去实现自定的目标，俗称可操作办法。用一本书或一个报告，指的是可行性分析报告，用以评估品牌战略的投入与产出。

是的，钢铁行业创品牌工作真难；我们印象中宝钢是品牌，兴澄是特钢品牌；我们马钢品牌核心价值提炼很难，品牌定位方案也很难，现在难在马钢人形成共识。

2017.4.25 始终要沉在一线

今天在公司生产经营调度会上，我点名批评了二铁总厂。二铁总厂生产处在不稳定期已经有一周的时间了，9#高炉失常的处理方法存在问题，和过去一样在反反复复；2#高炉特护炉皮效果不错，但出了烧通10#风口中套的事故，休风处理12小时；

昨天下午4点1#高炉休风堵风口，因处理不当渣子灌了8个风口直吹管，操作出问题。近期连续发生的事，参加调度会的各位，你们该做些什么？不要向外推卸责任，要眼睛向内找问题，不要辜负公司对铁前的期望，打破高炉稳定的状态，各级管理者作风不要又飘浮起来，身子始终要沉在一线，二铁总厂内部要追究科级干部的责任。

下午晶龙公司吴总来和我商议高牌号电工钢的工作。晶龙公司福建富安工厂设备安装已经开始，罩式炉、MgO涂层、渗氮、拉伸、剪切工艺线已经调试，可生产宽度1.0~1.2米取向电工钢HiB、095、105。取向硅钢及HiB生产技术成熟，可以模块式输出，我们和马钢合作HiB生产，是否依然采用现在高牌号硅钢的开发模式。现在就取向硅钢生产沟通有困难，晶龙公司需要的生产数据及工艺变化情况说明不清。原定的技术合作合同中马钢只认可我们完成了四个品种中的两个，我们认为是马钢的原因耽搁了完成的时间，接下去补做完又不行，要重新签订合同。我们仍旧希望马钢在硅一区增上一台常化炉，未来输出高档取向硅钢及HiB原料均需做常化处理。我请吴总就今天的一个个问题，晶龙公司的意见写出材料给我，五一节后我开双方“面对面”专题会议。我心中有数，我们与上海晶龙公司在高档次电工钢的开发上是有共同目标的。

2017.4.28　无内忧才能不怕外患

在今天的股份公司经理办公会上，我同意市场部提报的5月份生产经营计划，但我们应注意本部利润从4月份计划2个亿已经降至5月份预测的0.5亿元。5月生产经营中最大的事是5月18日公司开始检修2#高炉，计划145天，8座高炉变7座高炉生产，期间损失铁水产量约85万吨，公司铁钢比从今年计划0.944调至检修期间的0.934，我们一定要把铁钢比控制住。因为铁是公司的瓶颈，建议公司像3#高炉检修时的激励政策一样，立刻明确2#炉检修保二期模式；今年一季度公司生产经营业绩好，除了内部生产稳定外，两头市场决策抓得准，无内忧不怕外患，现在外部市场的价格下跌，内部生产因高炉检修减量，唯有降本出些新的招数，最大的能力考验是别人开始亏损而我们不亏损。

炼铁生产稳定1100天了，追溯二铁生产欠稳定，6座高炉3座炉子有些问题，炼铁技术处，整个服务铁前的单位都要警惕了，我认为是长周期稳定后有不同程度的松劲，一损俱损，有浮躁现象出现；我们一批干部离现场远了，希望立即紧起来。在2#炉检期间，3#、4#、A、B炉稳定并持续放出高产量，今天公司比照2#高炉，把1#高炉护炉保产的原则要求定下来。质量工作和品牌工作是连在一起的，近期高牌号电工钢及取向硅钢制造质量也有过波动；车轮AAR系列探伤报警有异常的发现；特钢制造过程不稳定，不能满足MGASCO公司对原料的需求；舒驰压力容器用的热卷问题；一钢轧CSP4.5mm厚耐候钢板的表面质量问题，我们查处问题的方法应归集到是“写所需”，还是“做所写”，谁的责任谁负责。上周六公司责成冷轧总厂杨兴亮、仓配公司管孝群、二铁总厂殷欢三位处干就自己分管工作中出的问题做了检查，从严管理不能松。

令人担心的安全工作是长材事业部南区倒罐坑施工过程和已展开的二铁总厂2#高炉检修过程。各单位安全员必须值守在现场。

2017.5.2 *打靶就必须报出命中的靶数*

“五一”节三天休假。4月29日周六，公司照常举行视频工作会，4月全公司降本目标完成率在102.38%，比年度降本目标多降554万元，比上月降本进步567万元；现在钢材价格震荡下行，市场行情不容乐观；各单位组织好原料、中间品、成品库存的降库工作；抓好5月份不足订单产线的接单工作；公司决定5月18日2#高炉进行145天的技术改造工程，节假日期间领导要坚守一线，确保生产经营工作正常，连续三天休假，我虽不排在值班名单中，但正常上班。

今天早调会上，鉴于9#高炉昨天大波动，我要求二铁总厂副总工程师陈义清，高管程静波特别盯住，不仅是恢复9#高炉，而且要求9#高炉达到13#高炉的水平，马钢内部平稳的基础就是炼铁生产的平稳。

下午我主持马钢股份科研及技术项目立项论证会。

我请了田俊、张文洋两位参加，共计17课项目，其中请求外援项目有8个，最终同意9个项目立项。我在会上提出精干评审会，直奔设定的目标；目标的测量性如何？怎样实现这个目标？过去、现在、未来是什么样的？科管部不仅关注结果，也要介入检查其中的过程；同意立项项目实现的关键难点，项目组成员构成，选择什么样的方法，打靶就必须报出命中的靶数，这才是立项论证会上关注的东西。

我们的项目负责人，课题组成员及项目管理员一定要跟进上来，科研及技术攻关项目的立项评审和结题评审已经不是过去的一套，由软性指标变成硬性要求了。

2017.5.3 企业担当社会责任

我担任股份公司总工程师以来，经常会被别人问到，中国钢铁工业在世界上到底是什么水平？像我熟知马钢的产品质量一样，对此也是有不同的评价。过去中国的钢铁工业只大不强的说法有十多年了，航空母舰用的钢材中国造不了，高铁的轴承钢中国炼不了，现在我不同意这种说法，只有让事实证明。而事实已经证明了，但要由谁来发出声音呢？4月27日，《中国冶金报》头版，在魏寿昆先生科技教育奖上，全国政协副主席，原中国工程院院长徐匡迪说，现在中国钢铁工业和世界最先进的钢铁工业是并驾齐驱的，我们要以国家命运、民族未来为己任，继续努力，争取中国钢铁工业成为中国科技当中第一领跑团队！我们的首艘国产航母用各类钢材共计3.3万吨，全是国产的，一个词“杠杠的”！

我分管资源公司后，去年末王蕾腿部做了肌腱修补手术，顾明星中风后留下后遗症，我很担心这一块的工作。现在一个已经恢复了，一个开始艰难地上班。今天上午我约了王蕾及4名科级干部去现场检查工作。一渣山在慈湖高新区，现场环境治理工作已经结束，沉积的废料已经处置完毕，整个一渣山用水实现了封闭处理，中和循环；公司投资4800万元，已经建立了拦尘网，滴灌脱硫渣厂房共计八跨，有望年底实现不露天作业了。三渣山在薛家凹背后，公司投资一期工程6500万元，改现在渣锅在高处倾倒为厂房内进坑实行热闷渣处理，二期工程将再投资7000万元，实现炼钢渣的完全内循环处理变废为宝。王蕾工作作风扎实，带着一批科干挺辛苦的。我和他们聊如何抓好施工安全监督，看清工程设计是如何实现的，去一钢轧、长材事业部南区、特钢公司弄清炼钢渣锅的使用过程及与四钢轧的区别是什么，更多地去考虑这些项目竣工后如何达到设计功能，满足日益提升的环保要求，担当好马钢的社会责任。

2017.5.4 干部任用是决定性因素

今天公司公示了7名正职管理人员和15名副职管理人员名单，这次提拔的中层干部人数多，我对用人还是挺关注的。我熟悉的汪洋，将出任合肥板材厂总经理，从副职到正职历时18年了，但现在重任在肩了；胡新华从办公室副主任到特钢公司副厂长，再从管生产到去管理销售，处干也干了11年，今年出任正处了；王强，挺钻研技术的，在一钢轧CSP热轧分厂担任副厂长，我与他打交道多次，这次担任埃斯科特钢公司副总经理；石玮，从重机到特钢，一直工作在一线，去年提拔为高管，在电炉投产初期，我和他深度的交流过工作方法；利小民，我鼓励他去参加合肥板材厂分管设备岗的竞争，他有这个能力，公司又需要这样的人才，公开竞聘成功了；张四方，80后的青年，在一钢轧总厂我对他工作有过指点，现在干的很猛，严格要求，继续加压；肖峰，公司高管，因为李翔去了瓦顿公司，他从轮轴副总工程师转为轮轴总工程师，轮轴的质量管理是马钢最重要的产品质量保证，我清楚我在他们心目中的样子。

长江后浪推前浪，党管干部，中央对人才的培养、提拔、使用已经有了明确的规定，政治路线确定之后，干部是决定性因素。

中央对干部的下来也有了明确规定，一个企业实现了干部能上能下，其他问题就不是问题了，未来马钢如果还有问题，那一定还是干部问题。

2017.5.8 *抓好干部的工作作风*

海帆明天出国15天，今天主持经理层碰头会，他向班子成员交代，生产经营的各项工作由我代理起来。

我在今天报告工作中说：心里有一种不好的感觉，铁前高炉欠稳了，铁前系统的工作有些松动，领导干部的严格管理，自身的扎实作风都有不同程度的退步，要拧一拧螺丝了。整个公司降本达年计划100.44%，其中三铁108.02%，长南102%，四钢轧102.11%，二铁南103%，我们的计财部不能只是数字的统计，应做一个分析，上述单位降本的构成？和去年降本情况对比的区别是什么？ISO9001、TS16949换版培训过程正在进行，中层干部考试分两场安排，此次我们测试的目的是放在对新版标准原则的理解上，这个活动一定要按时举行。对车轮产品AAR-B、AAR-C、J11加工后探伤报警率高，沈昶攻关组在解剖车轮后及发现轮辋有疏松发生，我们要立即调查清楚，找准原因，制定举措。

我会盯住9#高炉失常到恢复的操作处理，港原块矿烘干设备事故的处理，舒驰冲压开裂原因确认及处理，这些较为典型的，过去称作小事故的，今天都升格上来，最终都应由处干向公司作出工作责任心的检查。

抓干部的工作作风是海建书记亲力亲为的事情，他要求马钢的中层干部都要深入到现场去，每月都要抽出时间到一个班组去，从一件件具体的事做起。

2017.5.9 高炉长周期稳定被打破

今天全公司早调会结束后，留下二铁、三铁、焦化、港原、炼铁技术处、检修公司、能控中心、制造部、设备部，根据昨天经理碰头会的商定，再开一个铁前生产稳定专题会。按议定的工作，我说、黄总说、最后海帆总经理提出明确的要求。

高炉长周期稳定，使得公司生产经营形势一片大好。但最近一个多月来，松劲、浮躁、飘起来了的情况已经显现出来了。4月5日起9#高炉在体检已有问题的情况下，应对失误造成高炉失常，处理过程反复多次，责任不明；2#高炉晚期，公司成立了炉皮特护组，结果炉皮控制不错没出事，反过来风口带烧坏了10#风口，被迫关闭闷死；三铁A、B高炉同时对新区焦炭质量指标下滑有了反应，但我们的预警又已经退化至反应不及时，认为问题不大；港务原料总厂块矿烘干系统大齿轮箱轴烧坏，报告要修20天，无备件，走了旁通保产自认为这样影响不大；采购中心焦煤采购品种中断发生变动，迫使焦炉几次调整配煤比，使用不合要求的焦煤尝试。这些情况累积在一起，必将在系统上无法保高炉稳定，当高炉稳定状况被打破后，内忧外患可能会一起到来。

我们的厂长、副厂长等中层干部应该学会怎样管理，持之以恒抓好管理？我们的科干、炉长、作业长应该怎样去工作，按标准做到不走样？我们的基层操作者应该怎样遵守各项规章制度？我们要经常警醒自己，逐级开始检讨，体检预警出了什么问题，高炉操作指导书有什么问题，还在精心当好保姆吗？精心每天的攻、退、守吗？发元要求立即着手铁前已经暴露出的问题整改；海帆总经理要求：从即日起铁前全部进入警戒状态，各类出差全部停止，中层领导干部及科干安排24小时值班，值班领导早调会报告本单位昨日工作。铁前全系统要快速行动起来，各单位召开专题会，反思今年以来铁前各项工作，理出存在的问题，立即制定改进举措，此前发生的各类影响铁前稳定的问题，一律追究责任。

2017.5.11 2#高炉拼到了13年零7个月

原定5月18日停修2# 2500立方米高炉，昨天中午在食堂，我向丁毅、严华、天宝、克从通报了铁前情况，鉴于2#炉不安全的现状，且检修准备已经完成，可以提前停炉了。丁毅表态同意，我把这个决定立即告诉了伏明。

今天我去技术中心找了李帮平，把炼铁所的李小健、张晓萍、武铁召集在一起。丁晖向我报告港务原料总厂匀矿供出的含铁量与三铁烧结矿含铁量的偏差太大，反馈了几次无人管此事。其实这两天我已布置了港务原料厂殷光华厂长从内外部查一下有什么问题，我又布置检测中心张林平去查是否检测有问题。思考后我决定请李帮平牵头调查，以问题为导向，三铁总厂怎么会发现并报告这个问题？此报告前和后有无这样的类似问题存在？顺藤摸瓜，去查港务原料总厂造堆、封堆后数据的报出过程有无异常？去查检测中心的取样、制样、分析过程有无异常？一周后向我报告独立调查的结论。

2#炉近一周时间比较难控了，昨天中午我向伏明转达了公司可以提前停炉的决定，今天上午我又去和伏明、殷欢、赵军交流情况。2#高炉于2003年10月16日建成投产，设计炉龄12年，至今已经13年零7个月了。公司原计划2016年12月底停炉检修，由于市场好，我们撑过今年一季度，撑过了四月份，这期间几次休风为高炉灌浆造衬，现在大面积的炉皮内衬挂不住了，多处炉皮开焊、跑气，直至现在炉型的变化。伏明说，由于停炉准备的需要，厂里再拖延两天时间，争取停好炉，我们已经拼得到位了，他们有一些受了委屈不被理解的感觉，希望公司对2#高炉特殊时间的贡献给予肯定。我同意他们的意见并告知，在今天下午的检修动员会上丁总会说，现在我们要集中力量做好安全停炉工作，在周六公司的视频会上我向全公司说清楚，2#高炉在后期生产中没有失常。

2017.5.12 *构筑好与客户的关系*

早调会上制造部通报江苏立霸客户的6次抱怨，问题没能解决，现在决定减少订单；冷轧总厂在汇报工作时仅提到认真查找内部问题，尚无发现生产过程异常；会议结束前我点名批评了制造部周全和销售公司杨辉信息发布。上午周全来问我原因，我反问周全，制造部对产品质量承担什么责任，和陈斌沟通情况了吗？全公司在创建品牌，我们的职工听到这样的事会怎么想？中午销售公司杨辉向我检讨：对自身工作做了反思，对照公司《客户抱怨管理办法》，思想上严重认识不到位；存在对大客户抱怨重视不够的问题；没有应对方案及对问题的解决办法。我对制造部、冷轧总厂、销售公司三家提出要求，此事作为一个典型案例要分析透。下午冷轧沈新玉反馈信息：“立霸对镀锌产品表面无特殊需求，但其实要求非常高，超出了现在执行的判定标准。发生此事我有责任，我未收到直供用户的抱怨信息。”我把所有收到的信息整理后发给了陈斌，要求立即从头至尾做出整改，写一个具体责任划分的报告，这一起质量异议我来问责。

下午2点出发去甑山生态园，我主持与华菱星马公司的工作交流。技术中心胡学文准备了一个专题报告，分为星马专用车高强钢进展、华菱汽车板合作进展、华菱车桥钢认证进展、华菱星马战略合作进展、双方合作展望几个部分。2011年前马钢与华菱星马无往来，2012年华菱星马仅用马钢钢材1609吨，2013年达到1.83万吨，2014年、2015年市场下滑，两年均在1.1万吨，2016年达到2.02万吨，今年到现在已有订单达2.5万吨，其中汽车板高强钢比例大幅上升至70%，特钢产品进入量大增，在EVI服务上走出成效，为华菱星马汽车轻量化做出贡献。华菱星马单明银副总经理在今天的技术交流会上非常高兴，他表示感谢，说三个字就是“非常好”，说四个字就是“已入佳境”。华菱星马总经理郑志强表示除了已有的合作在加深，今年把马钢和菱山地桥与华菱星马汽车发展项目也结合了起来。我指示把今天如此好的交流会，写个专题通讯，在《马钢日报》和《华菱星马报》上发表，筑牢我们合作的基础。

2017.5.13 *以问题为导向，迎难而上*

上周海帆去欧洲，文洋去日本，高书记在合肥学习一周。家里在紧张恢复铁前系统生产的稳定，我铁前钢后跑得不停，感受到不小的工作压力。

周六点评会上我说：5月份是公司生产经营遇到困难的一月，2#高炉5月18日即将进入技术改造工程145天。当前钢材价格下跌，板材类的产品比长材的利润还差，经营计划预算是盈亏持平，我们力争盈利5000万元。但由于生产系统失稳，铁钢材均已欠计划。为了快速恢复铁前稳定状况，公司规定铁前各单位处干开始24小时值班，到现场去检查生产运行状况。此次二铁总厂9#高炉操作、港原块矿烘干设备要分析原因，查明责任，公司问责。2#高炉检修公司命名为“实施技术改造工程”，2003年投产，现在已经近14年的时间，二铁总厂按公司要求从去年底开始特殊护炉，各项工作积极努力，完成了公司下达的任务，从今日起洗炉，为停炉创造好条件。ISO9001：2015版、IATF16949：2016版换版工作顺利，周四、周五公司安排了两场中层干部及高级技术主管学习考试，共有220人参加，还缺39人，下周安排补考。本周公司安排了两项工作的调查，要形成案例：一是江苏立霸对镀锌板的抱怨，销售公司、制造部、冷轧总厂均应从内部查找存在的问题，此项工作由陈斌全权负责；二是三铁总厂报告港原匀矿与三铁烧结矿含铁品位不相对应，港原、检测中心、三铁先从内部查起，技术中心全程查检，此项工作李帮平全权负责。

没有调查就没有发言权，多年的工作经验，多年工作方法的对比分析，多年坚持不停顿的努力学习，使我在工作中不惧怕任何困难，以问题为导向，迎难而上，当我被难题困扰时，我会退回到实事求是的原点上再重新开始的。

2017.5.15 以稳定的降本抵挡市场下行

今天周一，去省委党校学习一周的海建书记回来了，他今天来参加全公司的早调会。早调会最后我说，各位都看看今天的《马钢日报》，我们的H型钢产品在国家超级工程中应用：港珠澳跨海桥梁隧道、C919大飞机工程的组装厂房，让我们的职工知道，这种宣传对提升马钢品牌特别有力。同样各位也想一想我们周六点评会，江苏立霸对镀锌板表面质量的抱怨，我们必须引以为戒，全面反思。

海建要我上午召集股份公司经理层碰头会，他要听一听最近的情况。现在热轧卷价位在3200元/吨，冷轧卷价位在3600元/吨，酸洗板价位在3340元/吨，镀锌卷在4250元/吨。与之不同的是螺纹钢价位在3570元/吨，H型钢均价在3450元/吨，国际矿价也跌至60美元/吨，销售公司库存产品在50万吨，现在出货损失很大。公司内部：本月公司生产用料发出成本在高点，而产品售价回落至低点，2#高炉停炉，每日减少铁产量5600吨，要求是不能出现亏损，第一阶段环保严控至本月底，石灰、云粉保供已经出现了困难。

今天在碰头会上海建说：因为市场快速变化的原因，马钢又开始难过了，预估5月、6月、7月我们可能会难过。长材效益比板材好是非理性的，那就调配好资源的投向，长材事业部南区棒材加热炉推迟检修，必须特护。抓管理要从严，不能当老好人，克从同志要检查前期原燃料高库存的原因及责任，田俊同志要向港原块矿烘干系统设备故障发起问责，发元同志要组织对9#高炉此次失常的反思。从今天起各级领导严控出差，各级领导应下沉至现场，以内部稳定持续的再降本来抵抗外部市场的下行，我们要切实担当起责任。

2017.5.17 企业管理创新成果申报

昨天下午陪同海建书记去ASCO合资公司和特钢公司宣布公司新聘中层干部人员名单及职务，公司决定两块牌子，一套班子。曹天明任经理，胡新华任书记（兼管销售），石玮、高峰、王强提拔为公司中层管理人员。海建说特钢和ASCO合资公司是马钢的希望，今后一台电炉，两台连铸，三条线棒线，后面相连完整的汽车零部件用材的深加工线，让人振奋。你们现在的班子阵容整齐，都年轻有为，望你们干出事业来。孙维作为特聘的马钢专家继续工作在特钢ASCO，他在这区域是无冠之王，到了退休年龄免了行政职务，但今后的工作应有责有权。我希望特钢各位中层一定要努力学习，掌握一套好的工作方法，强化对员工的培训，工作上把质量放在第一，中层干部一定要在工作中思考问题，昨天的工作检查了吗？今天的工作完成了吗？明天的工作安排了吗？养成一个好的工作习惯提升工作能力。

今天去北京，计划早出晚归。去中国钢铁工业协会听取专家们对马钢申报的冶金企业管理现代化创新成果的评价意见。我们的成果是高炉稳定顺行长效体系的构建与实施，以供给侧结构性改革为导向的卓越绩效管理。在去北京的G6次火车上，我、发元、黄龙、王谦、程旺生、小解，我们在讨论。我们提报的马钢的创新点能够得到专家的认可吗？在全国高炉炼铁与生产管理中首创了高炉体检方法，开发了高炉顺行指数的评价模型，基于预防高炉（失常）不稳的风险思维在先，变事后应对为过程中的积极主动，现在高炉体检体系的运行过程十分扎实，其效果十分明显。我们的理论性与实践性都好，一种高炉运行评价方法，应用于420m^3、1000m^3、3200m^3、2500m^3、4050m^3五种容积的高炉。现在马钢每炉一本操作指导书，各类参数在历史的数据中做了回归统计，体检结果可以真实反映炉况实际，这一方法运行对高炉人才的培养、科学把控及今后的智能决策奠定了好的基础。我们的效益性体现在高炉由此不失常，马钢内部生产稳定，高炉是马钢的瓶颈，高炉炼铁成本低于行业平均水平，重点体现在炼铁的加工工序上，不是在原料上，马钢全部高炉稳定顺行最短的已达1095天。关键是找到了一套正确的方法，并得到在实践中的完善，而且我们坚持这样的方法越做越好。

中午12：10，在北京南站内一家东北老边饺子馆，我们6人一人一碗水饺。下午1：30，在中钢协综合部，听取首钢张卫东院长的意见，听取李拥军高级分析师的意见，听取石主任、曲主任的评价意见。此次钢协评比按照新的办法。专家咨询评价性意见：这项管理创新成果在冶金行业极具影响性，马钢的实践结果是强有力的证明，说的与做的一样，写的与用的一样，报告再理一理，可以冲击钢协一等奖。

2017.5.19 马钢品牌建设诊断报告

昨天中质协马钢品牌建设小组对现状诊断做出报告：分为调研整体情况介绍；马钢品牌现状；马钢品牌建设目标；马钢品牌建设基础；马钢品牌建设不足；下一步工作方案。

马钢品牌建设不足：体现在品牌认知方面（不清楚，不一致）；品牌顶层设计中核心理念，战略规划，品牌架构需全面梳理；品牌管理体系中要设立委员会，管理制度，职能分配；人才队伍方面相当缺乏；品牌风险识别与管理现在有较大风险；品牌资产保持及其评价方面欠缺；品牌营销与传播方面差距较大；品牌工作相关的激励与考核机制必须制定。

今天受严总邀请，我主持召开马钢股份公司优棒、重型H型钢、型钢生产线项目公辅配套——现货检验工程方案设计的评审。主要项目有：理化检验站搬迁及保产，新建一座3层检验大楼，放在一钢轧、长材事业部南区中间，检测中心改造，增添一批试样加工，性能检测设备，检测中心具有热处理能力，配套设施，热力，给排水，燃气，电力，电讯，计器，暖通。静态投资（工程直接费）估算为7359万元，建筑工程604万元，设备费用6554万元，安装工程202万元（含外员工187万元）。设计院报告设计方案，一钢轧、长材事业部、特钢报告了需求满足情况，检测中心评说了方案。

马钢的规模已经到头了，产品结构调整的工作会不停地进行下去。理化检验能力至少是要不断满足需求甚至有所提高。马钢检测中心现有理化一站、二站、三站，板带检验南北两站及检测中心本部的配置。今天是新建理化三站，完善板带检验南站，新增及改造中心本部的配置。请设计院将今天定的项目补充进去，三站引进国外设备，板带新增剪切机和磁测机，中心本部改造酸洗同时在拉拨实验室上新的加工设备及热处理炉。总投资初算7359.4万元通过，新增一台MTS（高频震动伺服疲劳试验机），关键设备均按公司规定公开招标。作为总工，又是公司的首席质量官，工作上又分管着检测中心，所以情况我是掌握的，我在审核会上一口气说了议定的事项，最后严总表态同意我的意见。

2017.5.22　全力做好2#高炉技术改造工程

钢材价格经过11天的下跌后，现在又有所反弹，这是在长材螺纹钢坚挺下得以撑住的。今天螺纹钢价格上涨了每吨110元，价格已升至3810元/吨，而热轧卷只有小的上涨，毕竟价位还在3380元/吨，原燃料及废钢价格相对稳定，中旬已过，根据两头市场及钢材价位的波动，测算股份公司本部难以实现利润6000万元。今天丁毅点了近期生产经营中的一些问题，其中对2#高炉放残铁失败；高炉风机连续跳了两次的危险；镀锌产品质量的用户抱怨提出了要求。海建强调：6月、7月、8月马钢的日子不好过，缺铁，145天2#高炉检修，产值损失32个亿，利润3个亿。领导要敢于批评别人同时批评自己，领导就是要承担责任和关键时候起担当作用。今年市场的变化到年末，现在全公司集中力量，尽全力，干部在一线，白天晚上一样，夺回2#高炉放残铁失败的时间，按既定计划完成技术改造工程，我们班子成员要全体上阵。

2017.5.24 迟来的民主测评结果

今天一封职工代表大会民主评议情况的信封放在了我桌上，封口上盖着工会的印章。2016年12月22~23日召开的集团公司十八届一次（股份公司八届一次）职工代表大会，对公司领导人员进行了民主评议。结果如下：本次评价有效票326张，股份公司领导得票平均情况是：优秀票192，称职票108票，优秀和称职票合计为300票。你的得票情况是：优秀251票，称职62票，基本称职10票，不称职1票，弃权2票。落尾时间是2017年5月24日，时间正好过去了五个月。职代会是在2016年12月28日结束的，测评是在同时结束的，每年测评的结果仅通知本人又不公开，哪需要花这么长的时间才告诉我们呢。

2017.5.25 让人才发光发热

今天的技术质量例会安排在了上午。冷轧总厂报告了高强钢焊后高频退火设备攻关进展，我要求力争7月上旬结题，解决生产中的难题。请科技管理部组织评审专家，到设备安装现场去感受实际。技术中心通报了舒驰DX530冲压开裂异议调查结果，第一原因是冷轧总厂更换了防锈油且润滑性差，其次是我们的酸洗板与首钢比同板差及凸度和屈服强度有差别。合肥板材厂汇报了5#镀锌线调试进展，纯锌产品的合格率已达93%以上；首次试制AlSi产品取得成功，我要求迅速送样并派人去亿丰工厂，完成整个产品的试用过程，听取用户评价，公司内部各关口全绿灯放行。科技管理部总结了ISO9001和IATF16949换版工作进展及存在的问题。我要求全力落实6月份布置的各项工作，还有一个额外的要求，参加技术质量例会的同志散会后即全部参加“两个标准换版”专业知识的闭卷考试。

按惯例我为6月份技术质量例会作了准备并点题：四钢轧报告2017年1-5月产品夹杂率指标变化原因分析及采取措施；合肥板材厂和技术中心报告AlSi产品试制及客户实际使用情况；轮轴事业部和技术中心报告大规格车轮缺陷调查报告及增加5%投料量后的检测结果；一钢轧报告电工钢降级改判的原因及改进的举措；科技管理部汇报换版工作。我很少召集开会，但现在的技术质量例会很务实，工程技术人员通过这个会提高了工作水平，我用这个会连续不断地点出技术质量当前面临的主要工作及难题，我们相得益彰。

下午马钢首届职工经济技术创新成果发布会在南山矿业公司举行。集团、股份公司领导全部参加，300人分两批，一批人先去参观卜维平大师工作室，另一批去参观高村采场，最后在南山职工会堂开会。会议的形式好，内容好，效果好。海建董事长最后激情讲话：创新的核心是人才，马钢做好顶层设计，营造环境，创造条件，提供支撑，让马钢人才发展有路径，身边有帮助，后方有支撑。你有多大才干，提供多大舞台；你有多大担当，委以多大任务；你有多大贡献，给予多大回报；让人才发光发热，名利双收。

2017.5.26　向合肥5#镀锌线贺彩

公司要嘉奖在合肥镀锌线奋战的工程技术人员。明天周六，高海建、钱海帆、严华、任天宝、王炜去合肥5#镀锌线剪彩，我在本部主持周六生产经营视频会。海帆出国回来上班第一天，我即请他批准了12.5万元的奖励，嘉奖在合肥5#镀锌线上为热试纯锌产品、铝硅产品作出贡献的技术中心、冷轧总厂、自动化部、制造部的51名本部职工。按照工程技术人员奋战在现场的要求，他们最长的驻守在合肥5#镀锌线65天，最短的也有5天，我根据合肥板材厂的考勤表及建议，提名一等奖5000元、二等奖3000元、三等奖1000元，今天上午经理办公会后，我把海帆总经理的批件交给汪洋，请他在明天向奋战在现场的获奖人员宣布，他们的确很辛苦，他们确实干出了成绩，他们应该得到公司嘉奖与表彰。

马钢新一轮人力资源优化工作推进之际，马新平写了一篇大文章，登在了今日《马钢日报》的头版。

我读完选择了其中的关键的词语：马钢的人力资源优化工作到了攻坚克难的“深水区”，马钢人力资源和矛盾越发尖锐。“一线紧、二线松、三线臃”，员工平均年龄45岁，30岁以下员工仅占6.64%；马钢十分紧缺职业经理人、技术领军人、多元产业专业人才；一方面机构臃肿，人浮于事，另一方面懂业务会管理的能人严重缺乏；对标的结果是主线人员配置与对标企业相当，但除了主线其他地方用人均大大高于对标企业。问题已经清楚了，不解决这一问题，没有办法解决这一问题，最终还是马钢始终解决不了的生存问题。马钢有自己的优势，但马钢的劣势也十分清楚。我们有过醒得早、起得迟，失去机遇的事，今天我们是看得准、动得准，千万不能再做失去机遇的事了。

2017.5.27 奋斗的激情，满满的正能量

今天周六，公司在合肥板材厂举行5#镀锌线剪彩仪式，海建、海帆、天宝、严华、王炜昨天下午赶了过去，此时他们都坐在了合肥板材公司的视频调度室里了。今天的早调会事前通知了各单位，精简一下，不安排非主线单位发言。在8:40时我作了一个周点评。5月份的生产经营结果已出来了，本部可实现盈利5300万元，比预算状况好。主要原因是买卖与生产过程均掌控好。市场上由于长材需求量大，价位坚挺，板带材也止跌趋稳了。上半年仅剩一个6月了，尽管市场变数较大，公司2#高炉为期145天的检修，但综合各方面分析预算，6月股份公司本部可向1个亿的利润目标争取。强调当前几项关键工作，现有的高炉生产必须稳定，而铁前整个系统的稳定不能动，焦化、港原、采购中心要服务好高炉。铁水有限，废钢生铁价低，公司铁钢比设定在0.927，必须做到，特钢公司要积极主动再降铁钢比，在2#高炉检修145天期间，炼钢、轧钢、公辅检修项目同时安排跟进，四季度后应无计划检修项目。长材事业部棒材加热炉列为公司级“特护”，必须有非常规手段来保证。从严管理，有错必纠，对每一起事故公司抓住不放。今天公布混均矿与烧结矿含铁品位之差，调查的原因是港原职工取样违规造成的；今天公布舒驰压力容器开裂是冷轧总厂更换防锈油造成的；今天公布江苏立霸客户抱怨直至削减订单，是因为客户需求识别、工艺设计、产品检验都存在问题造成的。公司通报批评制造部陈斌、销售公司张峰、冷轧总厂沈新玉、技术中心赵云龙。

调度会结束后，正在想今天周六回去看母亲，突然接到总调电话“二铁总厂1#高炉，因风机断风，造成30个风口全灌死了，高炉停了下来”。我心里真的是一阵难过，直接奔1#高炉去了。在中控室隔壁的会议室，成立了抢修指挥部，宣布田俊、发元、我三人坐镇在此。二铁总厂调集各高炉人员来，查清直吹管和弯头备件，检修公司经理程建国、书记黄加坤全部上高炉上来，把别的工程人员抽调过来，今天分工要细，责任到人，安全保证。从上午9:15到下午4:15，我们各级领导始终站在炉台上，整整7个小时的高效组织，高炉复风了。领导必须在关键时刻挺身而出，担当责任，今天各级都这样。在今天的形势中，我要求检修公司在炉台上挂出党员突击队的旗帜，满满的正能量，真的挺有感召力和号召力的，奋斗的激情让我们快速处置了事故。

2017.5.30 对南区棒材加热炉进行特护

我和田俊去检查长材事业部南区加热炉的特护工作。螺纹钢的价格涨到了每吨4000元以上，每吨比板材的效益高出1000元，马钢真是东方不亮西方亮，此时资源配置长材事业部优先。令人担心的是南区棒材的加热炉已过了检修时间，立柱、水梁、耐材均有不同程度的损坏。但此时市场如此之高的价位我们不干哪来的效益，为此公司将棒材加热炉特护工作提高至公司级档次。上面高度重视，下面落实如何？今天下午1点，我和田俊来棒材加热炉检查，问炉长怎样特护，让炉长带着我们从上至下，一层一层的去查看炉内、炉外、煤气管道。今年五月天就热了，等我们从炉下爬出来时，上身的工作服已经汗湿了。此时王光亚总经理带着吴坚、潘时升已经过来了。在棒材现场调度室我谈了检查的情况："工作尚未完全落实到位，特护就是特护，不同过去，巡检线路要标出，每天炉内损坏的变化情况要注明，此时加热炉严禁高温加热，应修改原标准，明文规定下降5~15℃，我们可以做青皮螺丝钢试制"，我再一次告诫岗位操作工，公司级的特护必须落实在行动上，细节决定成败。王光亚总经理当场表态，我们会全力以赴。

5月份铁水欠计划约在3.5万吨，9#高炉失常已经有不少天的时间了。近期丁晖向我报告，A、B高炉都不稳，在退负荷坚守；伏明告诉我，很担心4#高炉守不住，现在也已在退负荷守望。什么原因造成的？我也在思考，引发的根本原因是焦炭的质量，外购焦质量指标波动大，自产焦是由于焦炉煤气置换，消化部分外港贮存时间长已经氧化的焦煤。我们的高炉操作者还在认真落实攻退守的操作方针吗？各级管理者对体检预警还是严肃认真做吗？5月9日总经理宣布处级干部值班，今天总经理又宣布值班继续下去，直至高炉稳定。离开棒材加热炉我又去9#高炉，给陈静波高级技术主管和陈义清副总工施加了工作压力；接着又去三铁总厂找丁晖，告诫他们外部条件不具备时，一定要适时退下来，保高炉稳定。昨天晚上我在经理微信群里发出高炉不稳的系统影响信息，今天在早调会上点采购中心领导的名、焦化厂长的名，要求亲自上阵，对马钢来讲，高炉的稳定是第一位的，而系统稳定是必保的优先条件。

2017.6.1 高炉系统牢牢地牵动着我

今天我和发元在技术中心召开稳定炼铁生产专题会。近期公司炼铁生产出现了不稳定的状况，令人担心。现在二铁总厂2#高炉正在检修，日产铁水能否稳定在3.6万吨，直接关系到公司的生产经营目标的实现。铁前系统稳定上出了问题，我们已经梳理出二铁北区受焦炭质量、受烧结矿质量和固废资源使用量增大的影响，设备欠修；南区受焦炭干湿转换影响，烧结单风机生产时全力在补落地烧结矿的影响；1#高炉炉缸水温差超上限，堵风口减量生产；焦化老区自产焦炭焦末上升，M40、M10呈下滑状态；二炼焦高炉、焦炉煤气置换，对焦炭质量产生影响；三铁烧结矿品位下降，SiO_2上升；港务原料总厂设备故障多次停机；块矿烘干设备停运的影响；煤焦化公司用焦煤V质量有问题，受煤气置换后对结焦时间把控的影响；港务原料厂旁通块矿后水分难控制，正在改造控制系统对正常生产的影响，采购中心铁矿石资源，铁前辅料、煤炭V都产生了保供的影响。

系统波动对高炉已经产生了影响，各单位都应眼睛向内查找不足。今天的会不是在高炉倒下开的，实际就是公司向铁前各单位发出了警报，对内三分原料七分操作，对外七分原料三分操作；高炉不具备条件时应主动退守下来，原定的各项工艺制度不能被打破。9#高炉已经失常，处理过程中反复几次；A、B高炉退负荷降产量后现在情况有所缓和；1#炉缸水温差，新的控制标准要修订；3#、4#高炉总体保持稳定状态；铁前整个系统要快速稳定下来，工序间一定要排除干扰。铁前各单位中层干部值班从今天起再轮至6月底，直至系统重新稳定，公司坚定不移地“以高炉为中心”，高炉稳定是股份公司生产经营的基石。我是不知为什么又知为什么，整个人的心都贴在高炉生产的稳定上，真的是高炉好我开心，高炉不好我挺难过的。

2017.6.5 *打造首席技师队伍*

高炉稳不住，全公司稳不住。我们认定是系统对高炉产生了干扰。今天报表，铁计划日产35599吨，A、B高炉比过去各欠500吨，1#高炉欠200吨，9#炉欠300吨，这样就欠1000吨。早调会上二铁、三铁还在报告自产焦炭质量指标未有向好的表现，粒级、焦粉都超标，因为配煤比的变动，焦炉还在调整之中。我放话了：外界条件不具备，尤其是焦炭质量不达标，高炉以稳为主，我们要退负荷、减产量。请炼铁技术处张晓宁专门对焦煤V重新取样，现在新区仍有7100吨，老区还有2650吨，取出能代表实物质量水平的样送检，出数据后作一个明确的评价意见，是继续使用，还是停止使用。此批焦煤V是有质量问题的，现在是我们能否承受下去。

今天我们要把首席技师评审的有关材料再议一次，首席技师的增补在公司基层引起了很大的反响。2017年首席技师增补评审指南中有了评审流程、日程安排、专业分组、评审原则、评审方法、评审条件、评审纪律；2017年首席技师增补评委组成有了选聘委员会，专家组成人员的建议；2017年首席技师职业工种设置增补目录，计划增补36人，其中有矿业、机械、电气仪表、铁前、钢轧、能源动力、综合专业；现有首席技师14人，分布在电焊、磨矿、炼钢、焦炉、电工、装载、锅炉、气体深冷、煤气、高炉、热工、仪表专业中；2017年首席技师增补分组是矿业组、机械组、电气仪表、铁前、钢轧、动力、综合组；2017年首席技师各单位申报情况是矿业组报名14人，机械报名36人，电气仪表20人，能源动力4人，铁前11人，钢轧组24人，综合组13人。我把铁前和钢轧组申报人的情况及材料认真审核了一遍，马钢要首席技师的目的是什么？我们要他们今后干什么？我是清楚的。我提了三点意见：首席技师待遇应和副处一样，我们的管理人员、高级技术主管、首席技师三支队伍齐头并进；首席技师专业评审组应增加高管和原有的首席技师参加；首席技师应流动起来，带题上岗，此次也应明确，今后考评业绩不行的下来。

2017.6.7 *如何选拔任用高层次人才*

今天上午，海建董事长主持召开有关人力资源的专题会，讨论近期“人”的几件主要工作。公司人力资源优化工作。股份公司今年要从岗位上减员2000人，现在股份公司劳务已经实现了集中管理使用，大工种实现一专多能也已展开，股份公司各单位与先进企业对标工作也已结束。现在的主要问题是关键岗位不仅缺员，而且面临青黄不接，公司机关和二级单位机关人员不少，优化人力资源，该走的不走，不该走的留住困难。所以股份公司先下达新的岗位编制，对编制外的人员可以用不同的方式优化。高级技术主管选聘。人才委员会主要是出台高级技术主管的相应管理办法及薪酬原则。此次高管薪酬，公司同意参照中层管理人员标准执行，今后因事找人，带题上岗，考核评薪，高管使用、选聘、调动及考核权应在各分子公司。高管必须有进有退、有上有下。下来的高管今后可以继续竞聘，下来的理由可以是岗位暂时不需设置了或目前尚无高管担当的难题。高层次人才聘用管理办法。结合公司当前生产经营情况及未来发展战略，马钢高层次人才可以是公司内部优秀的中层管理人员、高级技术主管、首席技师等，也可以是从市场上招聘的特殊人才。首先是各单位提出真实的需求意见，报公司专业组评审难题及选人条件，最终确定基本薪酬及效益提成。公司开始调查清楚，集团内各单位聘用人员及薪酬支付情况，制定统一的管理办法。

今天《马钢日报》头版刊登了二铁总厂炼铁分厂厂长蒋裕的事迹和照片。我和蒋裕工作交道多次了，公司新开4#炉，在炉台上他单腿跪地接过从9#炉传来的火种，个人风格快人快语，是一个有激情的炼铁汉子。巧的是，昨天我因担心二铁3#炉、4#炉的稳定状况，专门给他发了一条短信：“3#、4#高炉去年投产以来，一直稳定顺行，为此你们付出了很多！现在2#炉技改145天，公司铁缺，望你们做出好的业绩，守护好马钢家园！”他回信“请高总放心！”我很高兴认识了一批年轻的炼铁人，他们代表着马钢炼铁的未来，我很高兴他们认同我的工作方法，每次和他们交流都是愉快的。

2017.6. 9　首席技师增补宁缺毋滥

2017年首席技师增补工作今天正式开始评审，我担任钢轧评审组组长。从本次首席技师增补申报人数及分组中发现了存在的问题：应该设的专业未设上，报名条件及评比规则宣传力度不够。全公司共计122人申报首席技师，36人为此次设定增补人数，矿业组14人取3人，机械组36人取8人，电气仪表计量组20人取5人，铁前组11人取5人，钢轧组24人取9人，能源动力组4人取2人，综合组13人取4人。此次过去三年业绩成果占40分，三年工作评委评价占60分，业绩成果和评委评价综合低于60分的，专家组不得向选聘委员会推荐。我们钢轧组有过去业绩成果分的13人，得分在2~36分之间，无业绩成果分的11人。这个问题在原则讨论时过了，但在今天的评审时就难以过去了。无过去业绩分的申报人，达不到向上推荐的水平，又的的确确在今天专业组评审中被公认优秀，而有过去业绩成果分的个别人，又的的确确不是我们需要的首席技师型人才。宁缺毋滥，确保公平公正。本组转炉炼钢工4人申报，只取了一钢轧总厂的解文忠，因300吨转炉、60吨转炉均有首席技师在位了。本组电炉炼钢工1人申报，不符合条件，从我们掌握的实际情况看，无能力担当首席技师，空缺。本组炉外精炼工6人申报，取了四钢轧总厂的单永刚，高级技师，有业绩分，现在从事汽车板、电工钢高档次产品的操作。本组连铸工申报3人，取2人，取了长材事业部的宋传文，拟安排去重型H型钢铸机，四钢轧总厂的王吉现在连铸分厂，作为板材铸机首席技师称职。本组加热工申报1人，取1人，陈鸿然，高线加热工，一直从事此工作，现在弹簧、齿轮、曲轴钢等加热操作的主要参加者。本组轧钢申报7人，取3人，王庆（冷轧），得分最高（板材）；史红林（CSP）热轧，拟将空缺的电炉炼钢技师，改设首席长材轧钢师。本组镀锌工申报2人，取陈德春（53岁），个人业绩得分36分，最高。今天一天评审后，我的体会：一项工作的设计要精心，一定选择出正确的办法，评审中充分民主，让评委独立发表意见，不明确的问题要澄清，现在通讯如此方便，向其他人询问，向申报人身边最熟悉的人咨询，这样会获得事半功倍的效果。

2017.6.10 当前生产的重难点工作

时间很快，2017年上半年的6月上旬已过。公司总体经营状况取得了较好的业绩，现在长材价格坚挺，盈利水平已经比板材还高了，公司内部今年降本的计划已达101.88%，6月会超计划多出396万元，6月公司经营计划利润1个亿。因2#高炉实施技术改造工程，内部铁钢比控制达标，现在铁、钢进度与计划持平，轧材因设备检修暂时欠量3.8万吨。

最令人担心的事情是长材南区大棒加热炉能否撑住，我们列为公司特护设备，直至螺纹钢市场价格下去，现在不能按原定计划检修，这条生产线的效益现在最高，真是东方不亮西方不良，特护工作必须到位。二铁2#炉技改已经进入22天，各项工作进展正常，检修公司在踩住时间节点，千方百计地想方设法力争提前。

东风神农（法系汽车）汽车二方审核将于6月22日展开，本周将有三位专家先来马钢实地看看。此前我们请汉德咨询公司对马钢作了模拟外审，评分84分，各单位要举一反三地做好问题的整改。东风神农前期已准许马钢12个汽车零部件送样去做检验工作，我们必须自己对自己负责，抓住细节，各位主管人一盯到底。

6月又将进入江南的梅雨和汛期。马钢的重点任务是内部的防积水、内涝，对生产造成影响，我们要认真检查过去的事故发生地，焦化、料场、资源、仓配要行动在先，只有不抱侥幸心态，早做准备，才不会被动去救急。

公司现在的难点、重点还是在铁前，一是系统要稳定，二是要铁水产量，三是抓紧2#高炉技改。铁前各单位领导值班已经一月有余，系统恢复了稳定。为此高书记要求领导班子特别关注铁前，走进分厂，走进班组，不要蜻蜓点水下现场，既然去了，蹲点不少于半天。我们各级都要有扎实的作风，一级带着一级干，一级做给一级看，各给领导都不能当甩手派。

2017.6.13 一天在现场，心里很充实

今天上午无会，我去二铁总厂2#高炉技术改造工程现场。高炉从上至下已经拆完了，西出铁场的平整拆除工作量不小，东出铁场尚未大动，指挥部决定先干西出铁场，因为有两条大沟，因为高炉干湿除尘器工程项目也在西边展开了，这次作业的顺序是先抓住高炉的西边，因为重筑2#高炉的材料都将从西出铁场上炉台去。我一层层从上至下，从前到后，最后走进了炉底绳锯现场，残铁层厚度约在2.8米，从炉底到7

层碳砖上，每块最大重量约50吨。我向伏明了解更多的情况，我们同去了2#高炉工程技改指挥部，我向朱兆山副经理、张锐高级技术主管、陈克胜作业长了解情况。

中午我想了早会上说的三件事。长材南区棒材轧机今天计划检修9小时，安排的检修项目必须保质保量完成。6月计划大棒10.4万吨，截至今天欠计划1720吨。棒材效益现在全公司最好，我们必须紧抓不放。车轮公司通报昨天一炉车轮钢轧制后超探报警率>50%，必须整炉报废。特钢事业部龚志翔、技术中心沈昶认真调查做所写出了什么问题，必须清楚交代出来。二铁9#高炉刚刚恢复，13#高炉出管道昨天炉顶均压设备两次故障，总厂要追责到科干、作业长、点检人的头上，不允许设备故障对高炉造成影响。想着这些事，我又坐不住了，下午我去长材南区棒材轧机检修现场，去车轮公司了解超探报警情况，最后还是来到了9#高炉中控室，我忙得不歇，但心里很充实。

2017.6.16 *如何做好高管的顶层设计*

今天海帆主持股份公司高级技术主管设置讨论会，我和田俊、张文洋、乌力平、发元等人参加。高级技术主管一定是顶层设计，顶层设计做到位以后，公开竞争，高级技术主管可以设首席及其他高级技术主管。摆顺层级之间的关系，公司总工、副总工、总厂总工、副总工、技术科长、高级技术主管。在尊重现有高级技术主管存在的条件下，理顺、不变，马钢本身就是滚雪球发展起来的。高档次的高级技术主管应设在公司职能部门，应是权威的代表，技术中心、制造部、现场高级技术主管怎么配置，应站在公司的层面上。经过讨论，最后海帆定了黄总设计炼铁高管，乌总设计炼钢高管，文洋设计轧钢高管。其他依附在这个层面上。写所需（总工、副总工、高管），做所写（生产厂长、制造部长、作业长），关键是培养人才、使用人才、流动人才，人才首先是有意识地培养，在多个岗位上都展示了自己的才能，而不是仅留在一个岗位上。

今天有人建议此次高管评审叫停，我不赞成。照现在方案往下搞是可以的，重新梳理一下调整后也可以，高管的顶层设计一定设计好，但我们也不是能一次设计成功的，今后持续往下走。我们公司2005年开始设高管，2010年高管挂课题上岗，高管提拔进了中层管理岗以后一直空缺，我们评了高管以后的管理工作也存在问题。这几年有些进步，但总感到还是有缺陷，人力资源中的对高级技术人才的管理我们要向别人学习去。

海帆说：坚定不移地推进三支队伍的建设，高管经历了因人设岗，因事选人，再到了带题竞岗，现在应该考虑为企业经营未来赋予我们的高级技术主管怎样的岗位与职责了。我们的管理水平与现实状况差距较大，可以提出从小到大的问题，但拿不出好的解决办法来也是事实。

今天下午，按公司党员活动月活动安排，我在四钢轧炼钢分厂。15:00~16:00，在炼钢分厂党员活动室，听取炼钢分厂党支部的党建工作汇报，并对工作点评；16:00~16:50，我本人结合实际，上一次党课和基层党员互动起来；16:50~17:00，参加党员活动日活动。炼钢分厂党支部和能控中心分厂党支部举行“矩阵式党建炼钢节能减排横向协作项目签字”；17:00~17:20，与会人员座谈，针对领导发言谈感想、谈体会，对改进党建工作提出意见建议；17:20~17:50，到炼钢食堂和职工同吃工作餐；18:00~19:00，到转炉视频会议室与四钢轧总厂领导班子开展谈心活动，与普通党员面对面交流，了解一线工作生活，听取意见建议。

晚上我和四钢轧领导班子交流：抓好矩阵式党建工作，怎么深入下去？尝试创新，你们走出公司去了。支部书记和分厂厂长一肩挑的多，较大的分厂单独设支部书记应该是需要的；四钢轧渣跨整体外包出去，交给资源公司，我厂人力资源优化工作进入了困难期，我们领导要精力集中在品种质量上；设备点检人员及素质都跟不上来，机旁备件又大幅减少，检修服务与生产要求还存在差距；后备职工、关键人物、正式职工怎样进行优化，有一种用人机制，应有一个好的层级制。马钢现存的主要问题是清楚的，但解决这些问题受制于体制机制。

2017.6.17　让我感动的父亲节礼物

今天是父亲节，早上女儿给我发了一封令我感动的微信，我还是用笔抄录进了我的工作日记。

“都说风，能让石头吹裂；都说雨，能让钢铁锈蚀；唯有您的意志，百折不挠，千磨不变，挑起全家老小一生的重量。从小到大只要遇到过不去的坎，我都喜欢向您倾诉，听您给我做做思想工作。这辈子您解决了数不清的工作上的难题，帮助了身边的很多人，我很自豪这辈子您不用愁着给我解决工作和生计的问题。每每听到您回忆知青下放的日子，参加第一届高考那时的苦日子，我都会热泪盈眶。您说现在的苦都不是苦，苦惯很多了，生活方式也很难改变了。作为独生子女，我认为我能吃苦耐劳和抗压能力强于很多人，是因为有了您这个榜样的力量。遇到再大的挫折和困难，我也会及时调整心态并告诉自己，这些经历终将使自己成为一个有故事的人！初中之后我们便再没有一起出行旅游的记录，小时候记忆最多的也是寒暑假里去您的办公室和期待您从各地出差给我带回的巧克力以及文具。虽然陪伴次数不多，我却知道您爱我的那颗心从未变过，您永远都在背后默默支持着我。创业的时候，您说有爸爸在，不成也没关系，至少人生不会后悔；生嘟嘟的时候，我走进手术室时，您牵着我的手，我感觉到您的紧张和手心里的汗，我安慰您说我不怕，您笑笑说，爸爸什么大风大浪没见过，一切都会没事的。推出手术室几个小时后您就飞去美国出差了，我心里难过得躺在床上哭了。现在有了外孙嘟嘟了，希望您能时常抽时间来深圳，享受一下天伦之乐，您却每次告诉虽然临近退休了，还要站好最后一班岗，公司工作还需要你。好吧！我亲爱的老爸，工作上的超人，只要您健康快乐就好！我期待您明年退休后，能够和我们一起补上那些您奉献给工作的岁月，因为我们这个小家也更需要您！Happy Father’s Day！您的女儿高昙，写于今天的父亲节。”

2017.6.22 技术质量例会很成熟

今天早调会上我说：本月铁至今欠产7362吨，还有9天时间，我们力争每天补产818吨。现在7座高炉都运行稳定，我们精心组织起来，完成本月铁产量，铁前各单位立即行动起来，把任务分解至每座高炉。合肥板材厂今日计划生产Al-Si涂层产品，本次Al-Si 工艺与第一次相比有哪些变动，为什么要调，能达到质量改进的要求吗？PDCA循环一次要有一次的进步。长材事业部南区大棒材特护工作还是要抓落实，因为现在是公司的效益线。今天大夜班4#转炉氧枪大漏水的原因一定要查清楚，防患于今后。

特钢公司连续一周生产不好，内部出事不少。我替他们担心，一个新的班子，又把Asco 合资公司并在一起，提拔干部更重要的是培养。我编了一条短信，分别发给曹天明、胡新华、龚志翔、石玮、沈昶等人，“特钢这一轮、这一周的生产不好，这么多不大不小的事故，特钢怎么办？抓基础、抓人头、抓培养、抓奖罚”。多年的工作习惯使我对生产线上的一举一动保持着敏感，有宏观的，有微观的，有点到即止的，也有要求必须做的。

下午6月份技术质量例会，在四钢轧总厂举行。一钢轧总厂赵海山汇报2017年冷轧工序质量抱怨的分析及改进；四钢轧总厂李应江汇报2017年4月5日夹杂物水平波动较大的原因分析及改进举措；特钢公司沈昶汇报大规格车轮探伤报警率高的原因分析及判定；合肥板材厂徐海仁汇报5#镀锌线调试进展；周晓兰高管汇报ISO9001和IATF16949换版工作进展。我为七月技术质量例会点题点人，因为我心中有数。高牌号硅钢同板差的改进（武占军）；四钢轧热轧翘皮问题（闻学才）；镀锌汽车外板改进（刘吉）；AlSi产品第二轮试制及试制品的处置（刘永刚、赵云龙）；车轮与特钢大规格车轮探伤问题确认（沈昶、陈德立）；长材事业部（杨应东、张卫兵）今年马钢造车材各类技术质量经济指标与过去的对比；科管部换版工作存在的问题及9月工作。一个过去很难开，但又必须开的技术质量例会，我和制造部共同努力，今天终于成了一个很好开，又有特别效果的例会。

2017.6.23 “套路”一定要清楚

每月下旬会在这个时候召开下个月的股份公司经营目标评审会。预计6月份公司本部可实现利润1.345亿元，完成预定的经营目标。6月份两头市场正贡献3569万元，钢材均价上涨10元/吨，增加效益1060万元，发出原燃料成本下降了2509万元，铁钢材可以全部完成生产任务，尤其是铁把欠量补了上来。股份分子公司的情况是：6月长钢盈利1.1亿，合钢亏损195万元，废钢公司盈利300万元，加工中心盈利891万元，海外公司亏373万元，各分、子公司归属股份集团的利润为8297万元，这样合并报表后股份集团盈利1.78亿元。

7月份计划铁112万吨，钢121万吨，成品钢材114.4万吨，其中7月份安排汽车板销售23万吨，预测股份本部利润1.53亿。今天的汇报中新增了钢材均价、煤焦均价、废钢均价、矿石均价变化趋势图，这样可以看出我们过去研判是否正确。已经到来的7月份市场稳中见涨，内部生产也稳定了，高炉在系统波动后正常了，2#高炉在技改检修中，合肥AlSi 产品试制成功，我们内部7月的重点是什么？公司内大的检修项目必须随2#高炉完成而完成，今年四季度不再安排大的检修项目，确保抓住市场好的时期多赚钱。新能源汽车将对电工钢产生新的需求，马钢电工钢已定为公司战略产品，我们要抓紧硅钢Ⅰ期工程改造；1580热轧线新建3#高温加热炉；硅钢冷轧及后序处理的相联项目。日子难过时我们怎么过，日子好过时我们该怎么过，现在公司的“套路”一定要清楚。

2017.6.24 抓住市场好的时期

又是周六点评会，海帆在跑市场。今天特钢总工就整炉车轮钢报废作了认真检查，特钢成也质量、败也质量。公司明确“写所需”总工负责，“做所写”生产厂长负责。谁的责任谁承担，低档次重复性的事故应加重考核，同样的问题现在其他单位是否也存在，我们要举一反三。二铁总厂2#高炉正在检修，而钢材市场价格在涨，我们要抓三个应对工作，保工期、保质量、顾全大局，降铁钢比，安排好配套检修项目。高炉稳定是我们生产的一切，5月因系统干扰，高炉欠稳，6月在对症下药，高炉走向稳定。昨天预报6月股份公司本部可完成1.345亿利润，7月份根据两头市场预测我们可实现利润1.53亿，马钢生产经营处在好时期，1~6月集团利润已达16亿元。当前我们重点工作是梅雨天快到了，防雷电、防内涝，避免系统性故障影响，抓紧2#高炉检修工期；近一旬时间电工钢价格高涨，客户催要订单兑现，资源保证上应该优先，制造部必须对每条生产线的订单梳理；ISO9001、IATF16949换版工作在推进之中，各单位要落实新版标准转换任务。这一周按照公司党委的要求，深入开展“讲政治、重规矩、作表率”实践活动，公司领导都将到基层参加党支部活动，去和职工一道吃工作餐并上一个小夜班，到一线岗位上去了解情况，我们各级管理者都应带头，给马钢家园增光添彩。

我真的在想市场好、生产好、效益好，现在公司上下的精神状况都好，今年股份公司肯定好。整个集团现在已取得了16个亿利润，7月份预测市场比原来预计的要好，现在板带价格小幅上升，长材价格坚挺起来，内部检修正常及生产状态稳定。按今年工作计划，唯一是人力资源优化滞后，股份公司新的定员编制还未下发。现在2#高炉炉缸残铁已切割完并拉了出来，工地具备大干的条件了，公司设立目标，每提前一天工期奖励10万元；二铁北区9#、13#高炉波动的根本原因是人心收不住，二铁总厂班子现在任务很重，思想政治工作一定要做好；长材事业部南区4#炉氧枪大漏水是一起险兆事故，绝不能大事化小、掉以轻心；本月铁的计划完成实属不易，前欠后补，我们要总结反思；2017年上半年过去了，下半年怎样干得更好，我对技术中心和科技管理部又提出新的要求；铁水资源有限，多吃废钢，降低铁钢比，还有其他方法，我们可以出台单项激励政策，把公司铁钢比从0.946降至0.930。

2017.6.27 *创建马钢品牌是正确之路*

今天我带安全管理部王世发，企管部王辉，在长材事业部南区4#转炉操作室，针对炼钢4#转炉氧枪漏水事故开现场会，吴坚、张绍全、陈岩松、邓南阳、吴国胜、炉长王海能，丙班作业长陈志强等人参加。从事故经过，事故原因，防范措施，到处理意见。事故的原因已经查清：在氧枪漏水后，人手动操作时误操作了备用枪水阀，该关的未关，造成氧枪冷却水大量进入炉内，十分危险。防范措施已落实：修改氧枪漏水后自动化控制系统设定的程序，一旦漏水，氧枪即自动提升并关闭水阀。内部责任人处理：炉长王海能扣3000元，作业长扣2000元，分厂厂长邓南阳扣1000元，分厂副厂长张旭扣1000元。我同意长材事业部对内部处理的意见，但此次事故如果有后果就不堪设想，公司决定追究长材事业部中层管理人员责任。

中午我接到长材事业部总经理光亚来电话，下周六公司视频会上，他本人就4#转炉氧枪大漏水事故向公司作检查。制造部高长松来电话，氧枪漏水，停炉5个半小时，未有大的损伤，同意厂里对下面责任人的考核。我请张文洋、王世发商定一下，作为重大安全未遂事故，要单独对长材事业部进行考核。

下午我参加马钢品牌核心价值、定位及架构方案的讨论会。在多层次的交流与讨论后，中质协为马钢设计了品牌核心价值、定位及架构的内涵，参考世界知名企业的经验后，对马钢品牌核心价值、定位及架构方案进行了提炼。方案一：创新不止，止于至善。我们总会有更高的目标，我们在持续追求卓越的征途上。方案二：创品牌，新品牌，竞全球，争一流。马钢的制造和质量战略，永无止境的可持续性发展。方案三：品质创造，品牌创新。从“制造向创造，速度向质量，产品向品牌”转变。方案四：求索、创新、卓越。全方位追求卓越的经营理念，不断提升经营管理水平。四个方案是花了力气、费了脑筋的，单看一个有不足，合在一起做不成。各行各业竞争都激烈，差异化竞争是一种方法，走品牌之路是正确的。马钢股份获全国质量奖后，我们没有止步，不忘初心，拿奖不是目的，最终还是要体现在企业竞争力的提升上。今年马钢集团创建品牌不是一个产品，马钢现在也不止于钢铁，现在提炼出一个马钢集团品牌口号实在是难。今天的提法我们没有达成共识。专家拿出了用六顶帽子的方法集思广益，白帽子是理性的，紫帽子是创意的，黄帽子是乐观的，黑帽子是批判的，红帽子是感性的，蓝帽子是系统的。实事求是地讲，我们对品牌的理解才开始，但我们认定创建马钢品牌是正确之路，只有边学习、边实践，下番功夫，坚定不移向着目标前进。

2017.6.30 与处干谈工作方法

今天上午我与技术中心和科技管理部处级干部谈工作方法。我们的主题是：本单位2017年上半年的工作亮点、成绩、存在的不足，个人上半年的突出工作，下半年要主抓的重点工作。因为我事前一周通知了各位处干，所以他们都有了准备，这不算是我工作的创新，但我感觉自己应该这样去做了。马钢今年1~6月已实现利润16个亿，在其中和我们直接相关有哪些，我们的贡献在哪里？一个好的习惯可以成为一个人的工作技能，不仅是处干个人应该是所在的团队，过去说火车跑得快，全靠车头带，现在是高铁、动车，个个有动力，我们反思一下自己的工作方法，对领导、对自己、对下属，是否产生过什么样的反应。我们办事的效率怎么样？有人说过多的请示就是不想干事，也有人说一勤天下无难事，我们是否掌握了解决难题的方法，工作中应该坚持实事求是，不给领导出填空题，提问题的同时给出解决问题的办法。半天的交流，我们的处干感悟很深，最后我要求各位周五下班前，每人交一份今天谈话后的工作思考给我，我们一同分享工作经验。

下午，2017年马钢公司高炉炉缸烧穿、爆炸、煤气中毒及火灾事故应急演练，在三铁厂A号高炉下举行。丁毅、杨阳、海帆、我、田俊、文洋等人冒着中雨参加。

2017.7.4 *钢铁产业发展向着良性迈进*

今年2017年冶金工业质量经营联盟理事长会议在马钢召开。上午，承办单位马钢股份有限公司总经理钱海帆致辞并介绍马钢；理事长单位河北钢铁集团副总经理王新东致辞并介绍河钢；冶金工业质量经营联盟秘书处管炳春作《减量生存背景下的质量经营》；我代表马钢作了《高炉长周期稳定顺行分析》报告；冶金发展研究中心王蒙博士作《钢铁企业应对贸易摩擦的专题报告》；鞍钢产品开发部长王华介绍《技术创新体系的建设和运行情况》报告。下午，河钢集团科技部刘农强《河钢全球技术研发平台建设》，全球拥有资源、市场、客户；华菱涟钢李光辉副总经理《结构调整，提质增效的做法和成效》；邢钢田新中副总《实现线材品种，规格全覆盖的经验》。管炳春秘书长强调：质量经营联盟理事长联席会在摸着石头过河，我们制造业要特别关注客户的体验，每年找出一个相对集中的主题，给大家一些启发，引导我们的行动，企业一定要有经营方法。今年上半年随着国家强有力推动供给侧结构性改革，大力化解钢铁过剩产能，彻底取消地条钢，中国钢铁产业发展向着良性迈进。上半年钢铁协会单位销售利润率达3.04%，这是多年未见的好成绩，但全国规模以上工业企业利润率在6.05%。今年全国共化解产能4239万吨，完成任务的84.8%，把地条钢按“四个彻底”要求清除，改变了“劣币驱除良币”。我们钢铁风险依然存在，一是产量高，二是融资难，三是利润率在行业中仍低，四是盲目发展，五是出口受阻。

我喜欢参加冶金工业质量经营联盟理事会，因为可以和同行进行交流，收获到关注的信息，我乐意听管炳春秘书长的报告，因为他站的层次高，善于学习和总结，能给我的工作有启发和帮助。

2017.7.11 A高炉失火后的24小时

又是一周开始，我思考了一下工作，文洋去西昌学习一周，我去各单位现场看看，天热了起来，各级领导应多在现场少在办公室。7月上旬已过，铁欠2671吨，钢轧同时略欠，现在关键是二铁1#高炉炉缸在2~3号出铁处，冷却壁温度升高且超标。技术中心王思维现在绘制一张图表，每日监控推演炉缸砖的侵蚀，公司明确要求确保炉缸安全是第一位的，把铁水产量控下来，停氧、减风、降负荷、堵风口，此时的市场价格上扬，我们都为缺铁着急。长周期抓好公司生产稳定，各位分管领导都不能护短，各类事故逐级追究责任。长材事业部王光亚主动担当的检查，对下面产生影响。我与技术中心、科技管理部处干就工作方法进行的交流起到了效果，上级对下级不仅是布置工作，传帮带很重要，好的工作方法很重要。本月有韩国KS认证和通用外部审核，还有内部综合管理体系评审。ISO9001和IATF换版文件已经发布，踩着工作计划的节点是必须的。首次产品技术推介会开的效果不错，现在就应着手策划好第二届产品技术年会，我们今年的重头戏在哪里展示？铁前原料、焦炉、高炉操作指导书考试及体检预警应对成果发布会下半年应该照常进行。

凌晨2:50，我被丁晖厂长的电话惊醒。丁晖报告：“A号高炉主控楼下的电气控制室着火了，情况危险。焦化的消防车到了，火灭不掉，消防员不听他的指挥。”我随即告诉他你组织好你厂的职工，安全第一，控制事故，我马上赶到现场。我驾私家车往三铁去，路上给总调打电话，请田俊立马到现场，请程建国立马到现场，请梁越永立即到现场。凌晨3:30，我赶到了现场，一阵阵黑色的浓烟从主控楼内和楼外电缆桥架冒出，炉台上的人已全部撤离到地面的马路上来，一位作业长拦着我说，从下面绕到中控楼去，在现场我碰上了丁晖。他心急如火，我和焦化消防人员沟通，告知他我是公司经理高海潮，听我指挥。我下令立即联系市消防大队“119”，请他们带干粉泡沫灭火器过来协助灭火。凌晨5:00，通知的人都到齐了。这时我才知道前面助燃风机放了两炮，有约45米的冷风长管道炸坏了。1#助燃风机炸飞了，我决定立即成立抢修指挥部，在水泵房一间工人休息室，我们开了临时会议，迅速查清火灾实际情况，设计抢修方案，放下一切工作，以全力抢修A号高炉，争取复风为首要目标。各单位立马召集精兵强将驻扎在现场，建立联络方式，我们行动吧！我要求抢修指挥部必须设立在中控室四楼会议室。看着烧毁的一团团电缆，有动力电缆，有通讯电缆，我心急如焚，我在一个点、一个点地查看情况。上午10:00，公司党政主要领导决定并下了文件，发到手机微信上，任命我为抢修指挥部总指挥，田俊、黄发元、丁晖为副总指挥，我立即感到责任重于泰山，压力再大我也能扛得住。今天的气温升高得很快，一天我都在现场，浑身汗得湿了又干、干了又湿，好难过。晚上，我和田俊、发元分了个班，但心定不下来，我又来到了A炉中控四楼会议室，我们定了助燃风机系统恢复时间，热风炉系统恢复时间，高炉本体恢复时间。最难干的通讯控制，低压控制电缆要一路一路地恢复，我说同志们拼了，干通一路公司奖励500元。我命令四楼会议室的各参战单位领导，每隔半小时去现场各个点巡视，让干活抢修的职工看到，他们的大小头头都在现场。我要求让刘晓超立即安排恢复中控楼的玻璃、空调，给检修职工创造好的工作环境。我告诫户外疲倦的职工不能在汽车内开着空调睡着了，我往有人干活的每一个点走去，打招呼、鼓气，道一声辛苦，我叮嘱做好明天的早餐……直至凌晨3:00，我开始腿无力，人也疲惫到位了，就回到了公司办公室。

2017.7.12　白天黑夜，人困马乏

难过的第二天，白天黑夜，人困马乏！早上严华副总经理来我办公室碰了个面，他昨天晚从日本回来，就听说了此事。他说：今天你老高歇歇，我到现场去组织。我说你老弟回来了，我心里真的宽松多了。早上调度会散后，我又赶到了A炉主控室，接过了工作员给我的牛奶、面包、鸡蛋，一边吃一边看，一个一个点地过，临时电缆放至各个接线点，干了一夜的工人有的靠着、有的躺在地上睡觉了。昨夜田俊、李怀迁通宵在现场，梁越永、裴副经理、程建国、丁晖等人也都是通宵熬了过来。我们提出的助燃系统、热风系统、本体系统远离我们粗估的时间要求，今天上午12:00，不具备条件，差距还不小。中午11:30，现场吃饭，严华告诉我他又重新排了抢修新的时间节点，从自动化公司再抽调一些人过来，看今晚6点、9点或12点是否能具备简单复风条件，给A高炉装入休风料。上午丁毅来到了现场，查看了整个情况，他说工作量很大，急也急不出来，各级管理人员盯在现场，一级带着一级干。

下午我和周晓兰高管等人讨论上海通用汽车来审核的准备过程中存在的问题。下午4:00，在1027会议室，我主持召开迎审准备及发现问题处置会。周晓岚、唐叶来、陈斌、余周松、刘永刚、徐宝春、刘茂林、司小民、徐兆春、田如生、章茂晗等人参会。上海通用审核采用的潜在供应商评审表，大体类似TS16949，在此基础上加了美系汽车的技术要求。此次审核分为三大板块，制造板块8大项27条，质量板块13项45条，服务板块4项14条，共计25项86条。每一项中的第一条力争0分，不得最高分，争取少得分，确保风险评分35%以下。此次上汽通用派出产品开发工程师、供应质量工程师、制造过程工程师三位，7月19~20日二天审核。根据昨天汉德老师的咨询意见及内审评分作考核依据，第一条只能比现在的分争取更低的分。要求各单位领导，明天

晚上6:30-10:00主持评审问题减分会，一条一条过，全体迎检人员A、B角必须参加，条款中已获0分的责任单位确保不出事，条款中得低分的争取0分，充分沟通、理解、补材料保证。争取少得分的要按照别人的要求，告知我们是这样做的，行业特点有些不同。切忌各个单位的个人行为，必须组织讨论，让迎检各位清楚知道这一过程（各单位相关处干、科干参加）。

晚上6:30，我又上了A高炉。现在的全部工作在理通炉顶、炉体全部通讯系统、控制系统电缆。严华早上过来一直在坐镇指挥，又调集了利民的人马、能控中心的人马，拉一根根电缆，校一根根电缆的两头，为了紧缺的电缆，我把仓配中心管孝群、孔剑召了过来，时间又到了凌晨0:30，“困、累、急”三个字是我此时的状态。

2017.7.13　困难时候靠着一种精神

人是要有一种精神的，越是困难的时候越能体现。谢天谢地，关键时刻严华回来了，他对处理这样的问题非常在行。我也从心里谢谢田俊、发元、建国、梁越永等同志的拼劲，周青、温业云、黄加坤等处干已经两个晚上熬过来了。原定今天上午召开月度炼铁技术例会的，因A高炉的灾难在处理，昨天夜里我和黄总商量先取消，因为开这个会，三铁人不能参加开什么呢，此时开会什么也还都不好说。

早调会前我打吴宏亮电话关机，打刘晓超电话占线，打通了高鹏的电话。今天白天仍无复风的希望，乐观估计到今天夜里，A高炉临时休风预计将达24小时+24小时+20小时，还是炉顶各种设备的通讯及控制系统，动力电缆一根一根去校对，A高炉炉内上部料线已下至9米了，我们复风条件具备后的第一任务是加料，给A高炉补足热量，炉况能恢复至什么水平现在难定，今天我取消了二铁1#高炉4个风口小套漏水检修计划，等到A高炉恢复后干吧。

2017年度高级技术主管增补竞聘专家组评审会，下午在当涂甑山丽景温泉度假酒店举行。公司综合组申报20人，给出岗位4位；经营与管理组申报21人，给出岗位5位；铁前组申报12人，给出岗位2位；钢轧组申报5人，给出岗位3位，总计申报58人，给出岗位14位。此次经过初评我们取消了化学检验技术、合金辅料采购、3200m³高炉操作技术、烧结球团技术四个岗位的高级技术主管。我带王光亚、严开龙、陈斌、陈友根、宋超组成了钢轧组评委会。申报情况：长材事业部胡文华，轮轴事业部程德利，冷轧设备汪红兵、吴清泉、侯莉庆。此次评分个人申报材料及过去工作业绩占50分，评委面试50分，其中个人汇报15分、回答问题35分。按公司规定评审人员封闭起来，但我作为这次A炉抢修的总指挥，只能暂时离开。

晚上7:20，我再上A高炉，A高炉的通讯、控制、低压控制电缆一组组、一个个碰头、确认，工作量真的很大，连续奋战的检修职工人累得受不了，特别是困。严华也已经嗓子沙哑了，黄发元、程建国、裴秋平、田俊、洪伟及三铁班子成员也都已经支撑到了极点。7月11日，我在凌晨3:30离开，7月12日我在凌晨2:00离开，今天我陪守在这里。听说今天白天集团公司领导都过来看了，晚上蒋育翔也来了，罗武龙又来了，现在的活我插不上手，我把夜晚抢修的场景用微信发至经理群。今晚8:00-10:30，我下令技术中心、采购中心、四钢轧总厂、冷轧总厂、科技管理部、设备部、制造部、仓配中心集中相关人员，组织讨论迎接上海通用二方审核失分项的整改措施，周晓岚建了一个二方审核群，把他们也在挑灯夜战的图片发给了我。又是凌晨了，因明天新聘高管我主持面试，我看了看躺在椅子上的严华、靠在桌旁的田俊，悄悄离开了。

2017.7.14　担任新能源汽车用电工钢组长

上午8:00整，在安徽冶金科技职业学院，我主持钢轧组高级技术主管竞聘面试。五位面试者，我给足每位同志半小时，让他们去讲，我们倾听，我用信任的目光和表情，给他们鼓劲。我认真做事的作风和方法相信今天会给王光亚、程斌、肖峰、宋超、陈友根留下记忆的。我面试人不知多少次了，面试不是为了难住参加面试的人，是要给他们充分展示自己的机会，提问不是考官式的口气，用温和诱导的方式，让面试者放松心情，自然回答。面试者碰上了我，我不知道他们是否知道，我是在全力支持着他们每一个人的竞聘。最终结果：设备部小侯80分，冷轧吴清泉87.2分，冷轧汪红兵93.3分，长材事业部胡文华93.0分，车轮公司程德立91.3分。公平公正，胸怀朝阳，感恩在心，充满阳光，在我有限的还有半年工作时间里我还是认认真真做好每件事。今天我批评了会务组织人员，面试场所应事先看一下，天气这么热无空调，这样面试不行，我们自己换了教室，收拾了卫生，搭好了面试的台子。

下午钱总主持马钢新能源汽车用电工钢专题会。沈新玉、朱涛、王炜、章茂晗、张峰、许继康及硅钢APQP小组成员全部参加。未来5~10年，中国新能源汽车将快速增长，有纯电动、燃油加电动、混合动力的，新能源汽车用电工钢的要求是低铁损、高磁感的，低损高效强度高的，以薄规格为优先方向，电工钢厚度从0.35降至0.30、降至0.27、降至0.20mm级。宝钢、首钢、太钢已强化市场研发推广，电动大巴士用电工钢400kg/台，中巴车用电工钢200kg/台，乘用车用电工钢30~40kg/台，年需量将从50万吨上升至120万吨量，我国新能源汽车很快会达100万辆/年以上水平。公司已经批复了新能源电工钢的科研项目，我们完成硅钢一期改造，1580增设3#加热炉后，薄规格高强电工钢生产存在轧机问题，是采用进口20辊机、单机架轧机，还是国产20辊轧机要做出决策，自黏结涂料开发及使用问题立马加快进度。公司决定成立新能源汽车用电工钢产品工作组，组长由我担任。由沈新玉、王立涛牵头，确定产品定位、市场用户、现状调查、问题提出、解决方法，用一个月的时间，形成一个相对完整、可供公司投资决策的方案，然后上报拍板行动。

2017.7.17　A高炉复风，我也喘口气

昨天下午三铁A号高炉于15:46分复风。此次共计休风83小时35分。此次在高温酷暑中我们拼到位了，我的心一直处在紧张的状态中。上帝保佑我们，保佑马钢，复风后铁水能流出来，复风后能用最短的时间炉况顺起来。昨天开了两个会，晚上我还是坚持再上A高炉去，稳字当头，不能急了，力争一步步让炉子走稳，面对未加休风料突发的火灾事故，千万不要有反复，我们要有操控水平，夜晚11点，我看着开了铁口流出的铁水，好像自己也喘过气来了。

今天《马钢日报》头版头条，以《众志成城克难关，情系高炉显精神》为题，报道了三铁总厂A号高炉复风出铁。7月14日《马钢日报》头版头条，以《奋力搏击为高炉》为题，报道了三铁总厂A号高炉紧急休风抢修侧记。记得出事的7月11日晚上，我们已经在高炉干了一天，但没有看到一位记者。我们的记者愿意去跟风，看鲜亮的光景，今天为什么不来记者，拍摄下这抢修时的艰难镜头，我找了新闻中心的于进，我告诉他立马派人来，先记录下来作为影像资料留存也要拍。夜10:00左右，新闻中心来了两位记者，我和他们熟悉，我告诉他们今天拍什么、去哪里，把镜头对准一位位满脸满身汗水的职工，我们出事不是好事，但抢修单位的职工是在拼命抢修，他们很快被现场的氛围感染了。

今天股份公司经理层碰头会。钢材价格上周在涨，钢材综合价格指数达到144.9点，长材价格指数达到159.8点，板材价格指数131.9点。我报告：本月铁欠5.0万吨，钢和材随铁欠量而减产；通用汽车来马钢的二方审核工作已紧锣密布开展，依据汉德咨询公司的三方审核，各单位在针对丢分项进行整改，周四晚上加夜班补充文件；本周A号高炉恢复后以稳为重，不可操之过急，炉子毕竟受了大伤；本周我安排了科研项目技术攻关，EVI项目评审，冷轧连退自创自制的高频退火设备结题评审；此次A炉火灾事故抢修中，一批处干应通报表彰，给自动化公司、检修公司、保卫部、利民公司嘉奖，理顺焦化消防中队接警后在外行动的指挥权，对这起事故在原因查清、责

任到人的处理，对全公司影响很大；这一周高温天，我们各级领导应多到现场去，尽可能不安排会议。

2017.7.18 嘉奖有功之臣，理顺管理制度

我办事的效率是多年在工作中养成的，当然也与我的性格一样，力争给每天的工作画上句号。今天公司领导一同乘车去长材事业部参加中型材工程开工仪式，几位领导议论到此次A高炉出事，全公司抢修的事。海建说，把那些拼命的处干和职工找齐，到宾馆去，我和他们座谈，请他们吃个饭。海帆说，奖励的报告海潮办。丁毅说，关键时刻还是自己的队伍靠得住，要重奖。回来后我即写了关于嘉奖的请示，请严华、田俊、发元看一下有没有漏人，上午10:30，我让刘秘书催一下，中午11:50，我收回了三人的签字同意，中午吃饭我带着请示去了饭堂，海帆立即批示同意，我当即递给了丁总，高总告诉丁总，每个单位再增加一点，丁总改后签了，高总也当场签了。饭后我立即找到企管部，告诉他们立即通知被嘉奖单位，做出现场参战人员名单，在7月下旬发工资奖金时全部兑现。

7月11日凌晨A炉失火，焦化消防车出动了两台，人员也已到位，到现场只是根据自己的经验灭火，没有听从三铁人的指挥，以至丁晖急的没办法。我到现场告诉焦化消防人员，我是公司常务副总经理，现在由我来指挥，拉开电缆桥架的壳子，往里打干粉、泡沫，破碎电气室的玻璃，进去看还有没有明火。周一我在经理办公会上说了此事，散会后我给焦化公司邱泉山经理发了短信，首先感谢煤焦化公司消防队在11日凌晨时的紧急出动，灭了A炉中控室的火灾；其次代表公司提出要求，今后在煤焦化公司以外执行消防任务时，公司内的消防行动中，应听从事故单位现场负责人、总调及公司领导指挥，可以拒绝违章指挥，公司外的听从市消防领导的指挥，把此条重新写入焦化消防专业管理文件中。

2017.7.20 安委会决定约谈两单位

今天上午台湾丰兴钢铁有限公司来马钢技术交流，海建批示由我负责接待。台湾丰兴钢铁1969年成立，总资本58亿新台币，年设计能力180万吨钢，两座80吨的电弧炉及方坯连铸机，主要产品棒材、型钢，棒材中以工具钢为主。目前重点结构调整向产品高质化、汽车用钢方向转，产品直接出口10%、间接出口50%左右。此行来

6位，林大钧，公司董事，行政副总经理；林志刚，炼钢分厂副总经理；陈世忠，炼钢二厂厂长；黄文癸，轧钢二厂厂长；陈文政，技术处处长；郭志毅，冶金研发处处长。丰兴钢铁有特钢产品，线材、型钢有其特色，双方交流生产工艺技术及各项经济技术指标。此次安排特钢公司、长材事业部、检测中心与其对口交流，相互取经。丰兴钢铁钢渣处理遇到困难，中国一项专利由小马院采纳，此次为丰兴钢铁设计工程并组织施工，高董事长按对台工作的要求，靠我建立好双方关系。

下午二季度安全委员会会议，413会议室，安装了新的大LED屏幕。丁毅主持，公司安委会全体委员及二级单位负责人。观看安全生产月活动专题片；观看三铁总厂A炉炉缸烧穿、爆炸、煤气中毒及火灾事故应急演练专题片；安全部王世发报告二季度安全生产情况；安委会成员单位和相关单位发言，工程管理部汇报重点工程专项检查情况，设备部汇报煤气、氧气专项检查情况以及三铁总厂A炉电缆火灾事故分析及采取的防范措施与建议，保卫部汇报公司消防安全管理情况，利民公司汇报劳务集中后的安全管理措施落实情况；冷轧总厂因3.11事故，钢结构公司因5.22事故的发生，安委会定出整改要求并由公司对两单位负责人约谈。

2017.7.22　重视铁前技改项目

公司经营状况好了，铁前稳定也有较长时间了，但这几年我们对铁前的欠账也不少。今天，海建、丁毅、海帆专门召集了我和克从、严华、杨阳、田俊、发元、黄龙、丁晖、伏明、胡夏雨、殷光华、张晓宁、王文潇，开一个铁前系统配套问题专题会。我们共梳理出：一、高炉部分：1、1#炉炉役后期生产与扩容技改；2、A炉中修20天；3、新增高炉鼓风脱湿系统（A、B高炉增一台，3#高炉增一台）。二、炼铁原燃料匹配：4、新老区焦炭调运环保改造；5、自产焦炭不能满足高炉生产需求；6、老区新建一座干熄焦炉；7、5#、6#焦炉煤调湿；8、新区4#、5#干熄焦炉提升及公用系统改造；9、水运煤炭专用码头建设；10、解决新料场和二铁煤库功能置换问题；11、张庄精直进一次料场；12、进口块矿筛下粉直供一次料场；13、料场绿色环保改造；14、提升球团矿产能；15、提升烧结矿产能；16、二铁总厂烧结机石灰石系统，氧化铁接收改造。三、原燃料采购保供：17、启动辅料供应基地建设；18、增加辅料存储场地；19、船舶大型化运输。四、检化验信息化：20、提高检化验自动化水平；21、增加检化验分析项目；22、提升信息化水平。共计22个项目。

我个人意见是1、2、6、17、22项目优先。我认为这是马钢历史上关于炼铁的一次重要会议，我们已经充分认识到我们必须高度重视整个铁前系统的技术改造项目。

2017.7.24 主持科研和攻关项目评审

一周期货价在涨、现货价也在涨，热轧产品均价在3940元/吨、冷轧产品均价在4350元/吨，镀锌产品均价在4950元/吨、硅钢产品均价在5900元/吨、H型钢产品均价在3700元/吨。今年上半年钢铁煤炭企业利润都不错，政策影响很大，马钢上半年获利16.5亿，7月本部受A高炉火灾影响仍有1.1亿利润。股份公司经理层碰头会上，海建说，我欣赏股份公司干事的氛围，希望大家保持工作的热情与激情。我们各位的工作要学会抓住人，管理要持续改善并上台阶，集团领导的酬薪由国资委管，股份领导的薪酬我们可以根据重点工作的贡献加一点。8月份股份公司经济运行分析会，要让重点部门说清楚；文洋、力平要把铁前的工作方法也引入到钢轧中；信息化不是要档次多高，而是要非常适用马钢；田俊要特别关注电缆、冷却、供水的检修。

下午我主持科研及技术攻关项目立项评审及结题验收会。项目申报单位汇报立项项目，有：长材事业部的动态自由喷枪铁水脱硫技术；制造部的降低热轧酸洗板横拆印缺陷发生率；四钢轧总厂的高钛高硅高氮搪瓷钢炼钢工艺研究；制造部的提高镀锌A260LAD屈服强度合格率；一钢轧总厂的钛及钛合金宽厚板生产工艺开发。五个项目经评委投票全部通过准予立项。项目完成单位汇报结题项目，有：技术中心的北美第二代高性能车轮、高耐蚀型耐候钢S350EW和S450EW开发与应用、CSP流程热成型用钢研制、冷轧低合金高强钢CR340LA通用汽车全球一级工程认证、马钢汽车用差厚板技术研究、耐氢弧裂高韧性热成型钢的开发；制造部的优化H420LA及H420LAD设计流程、提高汽车外板生产一次合格率；四钢轧总厂的马钢热轧系统改进及品质提升、热轧带钢氧化铁皮缺陷控制与优化技术研究。经过近四年时间对工程技术人员的严格要求，在每次项目申报和结题时点评，他们成长得很快，尤其几位年轻的工程技术人员，肯吃苦了，眼光放开了，会借用资源了，善于思考了，懂得交流了，崔磊就是其中之一。

2017.7.26 开展为上锅的EVI服务

收到董梅写的参加EVI项目结题验收会后的体会，我认真看了一下，给董梅回了：你参会体会很深，OK！我们的三个汽车板项目，今后首先应展示出客户的需求不同点在哪里，用汽车板强度与韧性图表显示出什么档次级的，试制的各种类型汽车零件用白车身图显示用在什么部位，这样我们都一目了然，不用费劲去讲。我们的工程技术人员应该学会用“讲故事”的方式，内行看出水平，外行听得明白。我让董梅再修改此篇体会，我发给技术中心全体工程技术人员，我不时地采用新方法去推动他们。

昨天乘G7138次高铁，从马鞍山东站（14:05开车）到上海虹桥站（16:55到），车内温度26℃，车外温度42℃，今天天气酷热。为马钢重型H型钢打开市场，今年四月份我们请了全国大型锅炉厂来马钢召开座谈会，上海锅炉厂今天请我们去交流，程鼎请我出马。想了一下，我本周的工作排满了，周三在上锅与各位专家技术交流；周四上午在车轮公司与澳洲洲府专家及莫纳什大学举行合作项目签字仪式，下午铁前科研技术攻关项目专题会；周五对冷轧总厂自主研发的连退焊接后高频退火装置结题。

上午我们走进了上海闵行区的上海电气集团上海锅炉厂股份有限公司，展开了热轧H型钢的应用合作项目研讨。上海锅炉厂：孙宇副总经理；余忠海采购部长；叶建平采购部书记；苏刚钢结构专业总工；徐伟俊烟风道专业总工；林彬设计处处长助理；张鑫设计处钢结构室主任；鲍亮亮，设计处钢架室副主任；杨珲刚设计处烟风道室副主任；沙涛采购部策略采购副主任。我和程鼎、张平远、吴保桥、刘学华、文浩、相朝晖代表马钢公司。双方达成的意见是：成立上锅马钢合作团队，上锅以林彬、沙涛、李忠建为团组成员，马钢以吴保桥、文浩、丁朝晖为团组成员，马钢开展为上锅的EVI服务。上锅拿出一台500吨锅炉钢型梁全套结构设计图，拿出一台35吨超临界锅炉全套设计图，马钢人来识别什么部位可以改变材质，以高代低，哪些部位可以以轧代焊，最终计算出其改变的经济性，我和孙宇副总经理达成一致，这两个案例解剖分析定在8月30日完成，双方再一次高层碰头，决定有关事项。今天上海锅炉厂内静悄悄的，原来是因为连续高温，厂里给工人放了五天的高温避暑假。

中午没吃饭我就往回赶，我自己定了今天下午举行第六届高炉体检经验交流会，时间不能拖了，也是因为高温，放在下午4:00开始。此次我们定的评分标准是：高炉指标完成15分（半年高炉顺行指数及总体分析，与本高炉2016年指标对比分析，与对标高炉对标分析）；全年顺行指数和失分项分析（10分），全年顺行指数分析是否清晰明了，全年失分项分析是否清晰明了；典型案例分析（55分），炉况波动，顺行指数的变化情况，失分项原因查找，操作应对思路，处理成功不成功；高炉体检中相关工具的使用（5分），统计分析工具运用，体检参数进行统计分析；操作指导书优化情况与建设（5分），指导书优化，参数改进；发表效果10分。抽签顺序：A炉（3），B炉（2），2#炉（3），3#炉（1），13#炉（3），9#炉（3），1#炉（3），4#炉（2）。今天成果发布结束后我讲了三点：我们一定要开放自己，让外来人进来，我们也才能走出去，可以把六届优秀成果汇总起来介绍给别人，说真实案例，反思自己，启发他人；每届成果发布后，应由下至上，甲、乙、丙、丁四个作业班，分厂级、总厂级的再次发布，PDCA循环；我们应分500m³高炉技术团队，1000、2500、3200 m³高炉技术团队，4050 m³高炉技术团队，让优秀的炉长、核心作业长流动起来，这样才更有利于人才的培养与成长。

2017.7.27　与莫纳什大学技术合作

今天高温天，澳大利亚维州交通部及莫纳什大学来访，公司接待由我主持。以杰森塔·爱伦女士（维州政府公共交通部长及大型项目部长）为首，率9名州政府官员，其中女性5人；以莫纳什大学Ben（莫纳什大学校长助理）率铁路技术研究所3名成员来访马钢车轮厂。在上午9:30参观马钢车轮公司2号生产线，此时气温在40~42℃之间，他们一行全部被汗水湿透，会谈前原计划让他们在隔壁先擦一下，无奈事先布置的工作未得到落实，为此我背后批评了肖峰。双方介绍代表团成员后，我们在维州政府官员的见证下，与莫纳什大学铁路研究所签了技术合作协议。我在欢迎词里说：“非常非常抱歉，我们真的毫无办法，今天的天气热到如此程度”，老外大笑了起来，爱伦女士说这不是我们的工作。因为今年四月我去了澳洲，又拿到了订单，他们从未来到马钢，所以此行也是实地考察。中午在雨山湖饭店宴请了他们，刚吃完饭，州府官员去南京机场飞往长春去长客考察，中国的高铁在世界已经出名了。

按照既定的工作计划，下午我去特钢处理产品质量损失。

5月份特钢新产品处理的清单以及损失总计30项，库存积压数量837.50吨，判废损失232.92万元，其中连铸圆坯、热轧方坯、热轧圆钢，因发货剩余、客户不再采购、探伤不合格报废、无订单无法销售、圆钢外形尺寸不符要求等。线材新产品处理清单总计42项，库存数量2008.5吨，判废损失金额513.7万元，其中电炉方坯、三钢轧方坯、碳素钢热轧盘条、冷镦钢热轧盘条、弹簧钢热轧盘条等，因功能考核剩余品、新品开发调试品、汽车认证生锈品、专有用户指定品等。此次特钢申报判废处理总重量：837.50 + 2008.5 + 176.9 = 3022.9吨；总金额：232.9 + 513.7 + 39.1 = 785.7万元。2017年上半年特钢公司盈利水平（万元）：1042（1月），1473（2月），1908（3月），1623（4月），1100（5月），1274（6月）。特钢公司高线盈利水平（万元）：−1059（1月），−540（2月），473（3月），−254（4月），−560（5月），−1046（6月）。

特钢龚志翔、财务科长陈其军、科管部张步海、技术中心刘雪华、特钢专家胡孝山等人参加。复杂的事情简单化，特钢今年盈利较好，本着实事求是的原则，有试制计划的新产品，全部损失免于考核，不属于此类的产品损失，再按“写所需”“做所写”的责任区分开来，“写所需”改进前的质量损失公司与特钢各担一半，“做所写”违规的全由特钢公司承担。全部判废损失同意进入特钢公司成本中。特钢公司并不担心总损失进入他们的成本，担心的是质量损失超标对他们扣奖。

2017.7.28 高温酷暑，领导要带头流汗

酷暑高温还在持续。7月27日公司生产日报表显示，铁、钢、材全面完成任务，早调会结束前，我代表公司说了三件事。昨天公司的铁艰难的站在日产3.6万吨的水平（在2#高炉实施技术改造中），铁前稳定是全公司生产稳定的基础，二铁总厂3#高炉已连续一周日产超过3000吨，累计煤比达147kg，各项指标都不错，前天在公司高炉体检预警发布会上获得一等奖。四钢轧总厂昨天单日产钢2.7万吨，受制于铁水资源的紧张，板材与长材的效益之差，有一段时间四钢轧处在低产期，当公司订单发生变化时，四钢轧总厂立马把产量拉升起来，日产计划82炉，实际完成88炉。高温酷暑各级干部的作风会产生极大的影响，煤焦化公司、港务原料总厂、铁运公司、汽运公司尤为突出，职工身上流着汗，各级干部也同样淌着汗。预报下周一可能有雨，温度会降至33℃左右，现在公司要求高温不退，各级领导只能前进不许后退。

TS16949转换成IATF16949，过程审核由汉德公司提供支撑，今天下午召开了末次会议。审核发现，49个问题点，其中严重不合格项5个，一般不合格项26个，建议整改项18个，共计49个。我对马钢参加换版的人员提出要求：从现在起，每次外审后的末次会议，都要整理一个文档（含录音文件）发至有问题的单位；一定要特别关注此次TS16949与IATF16949的不同点，要写入新编的质量手册等文件中去；49个问题全部纳入考核，全部同时整改，集体讨论、参加、完成，在8月8日立秋前，像上次一样晚上集中；此次审核发现我们部门：人力资源部、采购中心、市场部要加大工作力度，在两个新版标准换版中要亲力亲为，这样才能干好工作，按要求及办法立即动手整改。

2017.7.29 做好“讲重作”工作的表率

周六全公司视频会。三铁总厂丁晖代表班子就7.11高炉中控室着火事故作了深刻的检查。田俊作为副总经理作了严肃的批评和点评。海帆出差在外，我按照他留下的书面材料，念了他的四点意见。陈斌代表制造部宣读了一钢轧CSP和四钢轧2250轧辊

断辊事故的分析报告，根本原因是轧辊本身存在制造过程的质量问题。丁毅强调把好轧辊采购入厂质量关和监控好使用过程，强调今后不能在轧机运行中发生此类的事故。今天我代表公司做了点评：今天丁晖代表三铁总厂就A炉中控室着火作了深刻的检查，通报了厂内部对相关责任人的处理意见，公司将依据管理规定，对三铁中层管理人员做出处理决定。陈斌对两起轧辊断辊事故作了分析通报，公司将责成责任单位向厂家索赔，同时要求做好在线使用轧辊的管理工作。近期酷暑高温，我们艰难渡过，关键时刻，公司提出要求，各级干部每天坚持四小时在现场，以实际行动做好“讲重作”工作的表率，高温不退，工作不退，对近期室外露天作业的港务原料厂、焦化公司、铁运公司、汽运公司工作通报表扬。尽管7月因A炉着火，1#高炉减产，公司铁损失6万吨，但由于两头市场好，全体职工拼劲足，7月股份本部盈利1.57亿元，股份集团盈利2.71亿元，在即将到来的8月，依两头市场和内部状况，定下了盈利2.7亿的经营目标，我们绝不能因自己的工作，错失市场的机遇。公司将在8月中旬，对钢轧总厂关键岗位员工举行炼钢、轧钢作业指导书的考试，像炼铁一样，干什么、考什么，闭卷进行，目的是提升员工技能，打牢基础，实现标准化操作。一钢轧总厂生产的电工钢改判量之大到了公司难以忍受的地步，不仅占用资源，也影响公司品牌创建，2017年上半年，W800改判量累计达26.43%，其中6月份改判量高达50.62%，公司责成一钢轧总厂领导班子下周六向公司做检讨，要下大力气整改。

2017.8.1 *钢企有了好的业绩*

有报道：宝武集团上半年实现利润86.6亿元；沙钢上半年实现利润58.6亿元；太钢上半年实现利润7.01亿元；柳钢上半年实现利润5.11亿元。2017年上半年，钢协会员企业平均钢材结算价格为3325元/吨，同比每吨上升1095元，升幅为49.10%。今年上半年钢协会员企业销售利润率为3.04%，与同期全国规模以上工业企业主营业务利润率6.11%相比，低了一半以上；会员企业平均吨钢利润为160元，最好的宝钢，吨钢利润率也不超过800元。我们认为吨钢利润超千元的正确表述是吨钢毛利润超过千元，吨钢毛利润=销售收入—主营业务直接成本；而吨钢利润=销售收入—主营业务直接成本—三项费用（财务、管理、销售）—设备折旧—股息—税金等。钢企三项费用均在400元，部分企业吨钢折旧在150~200元。今年上半年，钢企出现了自2008年金融危机以来最好的业绩，去产能去年完成6500万吨，今年上半年完成4239万吨，大力地取缔了地条钢。

今天我看到了中共安徽省委员会皖[2017]129号文件。根据省委《关于完善省委管理的领导班子和领导干部综合考核工作的意见》的通知和2016年度综合考核工作，省委决定对综合考核评价“好”的领导班子和“优秀”的领导干部予以通报表扬。好的领导班子：省属企业（28个），其中马钢集团控股有限公司排第一名；优秀的领导干部：省属企业（25个），其中马钢高海建董事长、党委书记排第一名，马钢丁毅总经理、党委副书记、董事，排第二名。

2017.8.7 一个科研项目的完美收关

股份公司经理层碰头会，高海建、丁毅参加。钢材市场价位好，期货看涨，现货在涨。上周螺纹4080，线材4200，中型3900，H型3870，热轧4100，冷轧4450，镀锌4950，硅钢6050，酸洗板4320（马钢H型钢选材锁定价5400元/吨）。今天海帆说：股份公司设备部工作应放在基础管理上，新的定编增加了，选优秀人才进入这个岗位；硅钢战略产品发展定位在100万吨，规划已出台；各级领导都要关注ISO9001、IATF16949换版工作，认真学习，特别注意新的管理流程与工作流程不一致的问题。丁毅说：8月份本部3个亿的利润，关键是生产稳定；长材事业部南区棒材检修工程在市场好时应继续推移；高价位时特别去处理过去的死库存；钢轧系统要学习铁前体检预警机制，也能保持稳定；特钢公司新增项目总投入很大，要严审每一个项目。海建说：马钢集团与股份是一个党委，选好人、用好人，是我们的大事；今天只提一事，市场价位如此之高，长材南区棒材检修尽可能推迟下去，应提升至公司级的特护，安全与生产都要保证。

今天我主持审查2130连退线焊缝感应退火科研项目，在冷轧总厂，崔银会、徐兆春、陈斌、杨兴亮、沈新玉、严开龙、汪红兵、吴清泉等人参加。这个项目的起因：2130连退线使用的是电阻式焊机，现在产品强度提高了，板厚增加了，所以焊后达不到拉伸和凹杯试验的要求，易发生在炉内断带的事故。新建的项目中都采用了激光焊机（进口焊机1000万以上，国产焊机800~600万），我们如果改造，用时要一个月且设备所占位置也较大。电阻焊后不达标的主要原因是焊时由外向内热量渗进，冷却时由外向内而留下的残余应力大。前期尝试的用丙烷燃气退火方式可行，但在线控制难、时间长、定位与参数确定难。冷轧总厂从锌铁合金烘烤装置上得到启发，可以用高频感应快速加热钢带，解决上述问题。为此公司同意立项，设备部拨付78万元给予制作设备，冷轧团队从设计到试验、到试用、到完善。从今年4月14日立项到今天通过公司审核，完美的完成这个科研加攻关项目，全部达到了项目目标的要求。冷轧总厂今天参会人员不是基本认可或比较认可，而是全部充分认可。此项目立马可推移至

3#镀锌线，可复制到合肥板材连退生产线，从而不需对原设计的电阻焊机改造，我建议拿到专利后，即申报省、市科技成果奖。冷轧总厂这两年在公司设备部的支持下，干了不少事，才有了我们今天产品质量的保证。

2017.8.9　　抓住重点，深入现场

夜里电闪雷鸣，下了一夜雨，今晨又开始下雨了，没有电话响，说明生产未受到什么影响。

昨天生产报表中铁产量36354吨、钢产量41313吨、材产量40531吨，水平挺高的。早调会中我点了三件事：2#高炉工期进入第84天了，现在正在砌筑炉底，没有高炉炉缸长寿就没有高炉长寿，质量第一，雨天会对施工质量产生影响，一定要做好应对举措。合肥板材厂热成型镀铝硅产品库存中的待判待处置品，周一给出了行动计划，现在钢材处在高价位，必须毫不犹豫地处理，不得耽搁。

今天早上安全管理部原计划有个专题发言，因通讯关闭进行不了，出了事各方都不能把自己撇得一干二净。

早调会后我去四钢轧2250热轧分厂，调查R2轧机上支撑辊折断的原因，此次故障的处理较为困难，司小明在现场通宵协调指挥。2250投产以后共折断支撑辊三次，其中连铸机F3、F4上下支撑辊各一次，但初轧机断辊是第一次。此辊为2008年从英国轧辊公司买入，重量54.9吨，价格昂贵。使用了三个周期后还有16mm工作层可用，此辊这次修磨前发现有表面缺陷，请华阳超声诊断得到证实，修磨后缺陷消除了，但上去轧钢不久断辊了。上世纪八十年代我从事过轧辊制造工作，有一定的经验。

今年上半年2250轧机堆钢16次，去年同期31次，下降幅度近一半。2250热轧生产线通过抓节奏、增大卷重、精检设备后，产能进一步释放。兰宇是我把他从一钢轧技术员岗位上推荐给王炜厂长的，他干的挺好，进步也快，现在已是分厂厂长了。

在现场和兰宇聊完，我又去A高炉，今天计划检修30小时，长线是更换4座热风炉的煤气切断阀，受制于阀台上一台小吊车，阀门为石家庄阀门厂制造。我看了高层上上次火灾抢修后铺设的临时电缆保护情况，现在用临时槽盒盖住。此次高炉休风、复风方案都详尽，力争三天内日产再达8800吨水平。我和丁晖、黎兵、刘晓超在高炉会议室吃起了中午的工作餐。

2017.8.11 看准的问题说干就干

吴芳敏上海交大毕业后分配到了重机公司，马钢初轧改冷轧时作为设备人才调至冷轧总厂当厂长助理，2008年我当一钢轧总厂厂长时，他是分管冷轧的设备副厂长，我和他在一起工作，特别是在干电工钢产品时得到他的鼎力支持。前天他向我递交了处理重机公司车轮加工线的两份专题报告，我去现场又作了详细调研，我现场定了。

重机公司关于车轮预加工价格调整的请示。含税每件81元提升至每片98.5元，从今年元月一日起执行。我拿着报告，向钱总当面汇报，钱总问明了情况后当场批示，请计财部想办法解决。

重机公司关于车轮加工分厂厂房粉刷亮化费用的请示。我在报告上的批示是“钱总，车轮是公司品牌产品，每年均有国外国内代表按照AAR标准和CRCC标准前来审核，我们把原外委加工的车轮交给了重机加工，审核都要去车轮加工分厂检查，现在的环境不符合要求必须整改，约需费用150万元。”海帆当即批示“同意”。

随即我把重机公司吴芳敏、龚副经理和财务科长约到我办公室，我请计财部许继康副经理参加，我要求按总经理批示，财务立即把费用落实，重机公司尽快把事情干完。看准的问题说干就干，帮基层解决困难，领导就是服务。

2017.8.17 首次启动结题项目后追溯评价

党委工作部发通知，在马钢集团范围内民主推荐产生股份公司副总经理和总经理助理各1名，出生年月在1962年8月1日以后，55周岁以下；任公司中层正职管理岗两年以上，2015年7月前任公司中层正职。民主推荐人员范围：集团和股份公司副总师以上领导填A表，机关部门和二级单位党政主要负责人填B表。股份公司副总经理人选：根据公司铁前面临缺少铁水和高炉炉况不稳的状况，结合股份公司班子结构，须增加一名副总经理，要求具有较丰富的实际工作经验，并具有较强的组织协调能力。股份公司总经理助理人选择：熟悉股份公司主要产品，对钢铁行业市场形势及销售工作比较了解，具有较强的经营管理能力。

昨天晚上我给崔银会发了封短信，今天我又向科技管理部张建交代工作。请科技管理部精心准备并策划好一套计划，抽取2013~2015年期间股份公司已经结题的科研项目或技术攻关项目10~15个，外委费用在30万元以上的，我们专题做一次，看看我们的科研项目及技术攻关项目现在真实的效果。定三档评价标准，分为值得、不值得、介于二者之间。我们组成一个评审组，通知原项目的课题长及负责人做准备，回答我们提出的问题。时间定在8月末，分三次把这项工作做认真、做扎实、做出水平，对我们今后科研项目和技术攻关具有特别的借鉴意义。不忘初心，我有这个想法已经很长时间了，我们干吧！

2017.8.18 *公司问责已经常态化*

今天总经理办公会，评定2017年9月份生产经营计划。

8月份股份公司可实现利润2.87亿元，股份集团可实现利润4.32亿元。8月公司钢材平均售价比2017年度预算高出760元/吨，比7月份又上涨174元/吨。9月份预测公司吨材利润在320元/吨，两头市场对冲后增利3.28亿元，预计9月份股份本部利润3.2亿元，股份集团利润4.45亿元，其中硅钢价5500~6000元，镀锌在4500~4600元，线材在3500~3600元，棒材在3500~3600元。海帆要求：股份公司今年能抓住机遇，实现利润40个亿，超历史最好水平。我在经理办公会说：两头市场9月对冲后现在是增利3.28亿，我们过去困难时期的目标是两头市场对冲为零时，马钢依然保持盈利水平；今年继去年一样股份公司保持了生产稳定，无内忧就不怕外患，常态化的工作要扎实做好，各项基础管理工作不能松动；公司问责已经常态化，功是功、过是过，我们几大总厂的一把手，王光亚、丁晖、许健都为工作中出的问题作过了检查，公司采用的这种形式及要求，我们总厂可以对本单位的科级干部采用，管理切忌时紧时松，管理就是一级抓一级；8月24日-25日两天，上汽通用派出7名专家来马钢审核，各项迎审的准备工作自查不错，工作环境必须再整治一下，四钢轧总厂、冷轧总厂、技术中心、检测中心理化试验室，我们也要去查，确保通过。

此次上汽通用汽车外审，审核重点是在新区现场。

冷轧总厂条件好，又加上持续推进5S管理，现场是经得起检查的，现场环境也很好。我担心的是四钢轧钢区的现场环境治理，炼钢不如热轧、冷轧环境条件，但我们要创造条件，贵客上门怎么也要花力气整理一下。昨天上午我和刘国平一道，从炼钢—精炼（KR、RH、LF）—连铸—1580热轧全线先检查了一遍，又有很大改进，我要求周三下午再整理一次，干干净净迎接检查。

2017.8.22　马钢人，努力者天助也！

昨天按公司党委要求，我们去省廉政教育基地接受再教育。中午12:00出发，下午6:00返回公司。跟随讲解员参观“反腐历程，时代楷模，警钟长鸣，清风扬帆”四大版块内容。最令人受教育和震撼的事是违法违纪的人关在牢笼里一天的情况，什么时间起床，什么时间吃饭，什么时间外出，什么时间反思，怎么坐，怎么站，怎么走，都必须按规定去做。最后在海建书记的带领下，在教育基地重新宣读入党誓词。

今天股份公司上半年经济活动分析会。计财部经理邢群力发言；制造部副经理陈斌发言；炼铁技术处处长黄龙发言；二铁总厂厂长伏明发言；四钢轧总厂厂长刘国平发言；设备部副经理徐兆春发言。海帆讲话：冲击全年40年亿以上利润，干好四季度；已开工的设备检修项目一定按时或提前保质保量完成；技术与管理同努力，发现并补齐现存的短板；策划好2017年四季度降本与增效的举措，四季度全线拉开；各单位比照公司的办法学会对标挖潜的工作方法。丁毅讲话：今年股份公司抓住了机遇，取得了骄人的业绩，股份公司班子及各单位工作努力，今天的经济活动会，分析透彻，内容丰富，各单位的发言值得借鉴，马钢家园文化力量的引领下，股份公司有了一种精神，战胜各种困难，抓住四季度内外部的各项机遇与工作，再提升竞争力，做好人力资源优化工作，为股份公司再减负。海建讲话：中国梦下有马钢梦，在今年以来生产经营取得优异成绩时，我们要增强忧患意识，马钢比任何时候都更加接近再铸辉煌的好时期。马钢人，努力者天助也，天道酬勤！

2017.8.24　马钢提出为中车一站式服务

今天我们邀请到了我们尊贵的客人，中国铁路车辆总公司各路代表，以携手共创美好明天展开深层次的技术交流会，梳理出2018年马钢中车的合作项目。

轮轴及轮对产品中：动车组车轮推广应用，大功率机车轮推广应用，马钢瓦顿（MGV）车轮推广应用，城际动车组车轮产品开发，时速160公里客运机车车轮开发，弹性车轮开发，SSW-Q3R动车组车轮开发，新一代车轮产品开发，车轴和轮对产品CRCC认证。特钢产品中：连铸工艺车轴钢坯推广应用，动车组及机车齿轮钢产品开发，重载钩舌用钢产品开发，动车组制动盘用钢产品开发，悬挂弹簧钢产品开发，新一代高速重载轨道交通零部件用钢产品开发。造车材中：铁道货车用耐候钢板推广应用，高耐蚀型耐候钢板推广使用，高强耐候钢板开发应用，转向架用高韧耐候钢开发，车辆用热轧H型钢，高耐候铁道车辆用热轧H型钢开发，铁道车辆用热轧帽型钢开发，客、机、货转向架钢板开发。

一天的参观与交流，给中车集团的各位代表留下了深刻的印象。马钢在转型，从钢材销售商到材料服务商，马钢有如此之大的生产规模，有如此之多的品种规格，特别是马钢提出了为中车一站式服务的行动计划及操作流程，让我们紧紧地联系在一起。

2017.8.26　上汽通用对马钢二方审核通过

2017年上半年国内主要钢企盈利情况出来了。宝钢股份利润61.70亿，湛江钢铁利润13.5亿，武钢有限亏损7.8亿，梅钢利润8.4亿，鞍钢股份18.2亿，首钢股份9.488亿，马钢股份16.43亿，本钢板材5.24亿，包钢股份5.88亿，安阳钢铁0.277亿，南钢股份12.08亿，新钢股份5.0亿，酒钢实业3.5亿，山东钢铁5.96亿，方大特钢7.0亿，大冶特钢1.89亿。马钢能否根本摆脱生存困难的境地，虽然上半年利润排在前三位，但今年的盈利水平各家都不错，因而不足以说明。沧海横流方显英雄本色，在市场下行时保持不亏损的企业必有独特的本事。

今天上汽通用对马钢审核末次会，由上海通用汽车有限公司审核组长沈志良主持。采购部、供应商质量与开发科、供应商质量工程师等人，都通报了各自分管的审核过程中的审核发现，提出了意见。会议结束后我在股份公司经理群和通用二方迎审准备组群中发了短信："上汽通用对马钢二方审核通过了。没有严重不合格项，审核发现有6个整改项，给出5个建议项，我们组织整改并接受建议。"整改项是：冷轧轧硬卷用粉笔写卷号；镀锌线露点自动检测要自动报警；产品生产计划中要挂发给的用户单位名；连退镀锌表面质量对不同用户标准要有不同；作业指导书不是检验标准，作业指导书就是一步一步怎么干；精炼应该在成分出来后自动计算补加的合金料量。建议项是：镀锌锅用机器人加锌块及捞渣；制造过程的报警应从计算机上移至光电声让产线注意；对已发生的质量问题分析深度不行，一大堆原因，最关键的是什么；要培养从上至下的主动质量意识，学会持续改进；防错系统应定期验证并演习，强化设备系统信息化完整功能。一次次的内审、外审，马钢汽车板从一般通用零部件用材到特殊部件用材，从奇瑞、江淮汽车走进上海通用、东风神龙、长安福特，让我们明白汽车行业的不同需求，让我们学会控制质量的点点滴滴。

2017.8.28 从严治党对我们的各项要求

今天高海建支持马钢集团公司党员领导干部“讲重作”专题警示教育专题民主生活会。省纪委监察室杨新华、王黎明，省委组织部企事业干部处刘松林参加会议。

此次民主生活会，通报会前征求意见情况；通报上次民主生活会整改措施落实情况，海建代表集团公司领导进行对照检查；海建书记对照自己的个人发言，开展自我批评，领导班子成员开展批评；集团公司副总经理对照自己的个人发言，开展自我批评，并展开相互批评；上级部门领导同志讲话；海建作会议报告。

马钢集团公司领导班子对照检查材料。在严肃党内政治生活方面：有不严肃不健康现象；有不守纪律不讲规矩问题；有民主集中制不到位问题；有组织生活制度不严格问题。在建设党内政治文化方面：有信仰迷茫的问题；在肃清官场术、潜规则方面不够问题；坚决刹住奢靡享乐之风。在净化优化政治生态方面：选人用人不正之风问题；党内同级监督不够，查处违反中央八项规定和各种违法行为不够坚决问题。产生问题的原因分析：党性锻炼不够严格，理想信念不够坚定，从严治党责任落实不够。今后努力方向和整改措施：强化党性修养，严肃党内政治生活，牢固树立理想信念“总开关”，全面从严治党，责任担当，净化政治生态。

省纪委杨新华同志说：“讲重作，就是要讲政治与党中央保持高度一致，就是要讲组织纪律，严格要求每位党员干部，组织生活会是每位党员必须参加的，民生生活会是干部之间开展批评与自我批评。怎样看党建工作在国企的地位，怎样实现党建工作与业务工作融合，怎样做好党管干部工作，廉洁自律，筑起不敢腐、不想腐、不能腐的堤坝。

作为一名党员干部，认真学习并按党的要求去做，保持言行一致，现在真正体会到了从严治党对我们的各项要求。

2017.8.31 要加强对供应商的管理

今天早调会上，炼铁技术处报告了近一周A、B高炉用焦炭质量波动的原因，主要是煤品种不全，变动了配煤比。外购焦质量波动主要是济源金马合资企业炼焦配煤及工艺变化所致，已告知生产厂家质量问题。早调会上我点评了采购中心，我们买原料是有标准的，我们现在在对供应商做出让步。我们发出的产品，用户对我们质量问题的处理是订单减量、产品停供、赔偿补偿，我们还要去面对面听取别人的批评。几次外方审核都发现采购中心对供应商的管理存在问题，采购也必须把质量标准挺在前面。

今天日报铁产量36659吨，很高了，其中二铁9#高炉1320吨，13#高炉1331吨，3#高炉3015吨，4#高炉7680吨，A、B高炉都大于8800吨，本月铁超产2万多吨。钢和材均同比超产，市场价位好，取得了好的效益。我强调现在高炉冶炼负荷很重，我们必须全力支持与配合高炉生产，铁厂务必关注外部条件变化，不许硬撑，不具备条件时应及时退守。炼铁好、公司好，公司好、效益好，真的不容易，现在全公司对铁前系统生产稳定的要求已经形成了共识。

高海建主持公司人才工作委员会。人力资源部杨本华汇报：2017年首席技师评审情况汇报；2017年高级技术主管竞聘汇报；高级技术主管“C”档情况汇报；首席技师管理办法、高级技术主管管理办法、高层次人才聘用管理办法。首席技师计划增补36位，调整到39位，高级技术主管增补计划定在18位。此次会议对高级技术主管“C”档后5位又做了一次专门评价，关爱人才，保护人才也要严格考核。如连续两年在尾数，必须免去，如仅是2016年一次评在尾数，结合实际情况，从享受年薪降为公司一等津贴人。最终海建书记定了：高管、首席技师是公司重要的力量，三支队伍基本待遇一样，绩效收入凭业绩；高管、首席技师都要加上一条硬性的培养人、带徒弟指标；高管、首席技师人人身上都要有难题或课题，厂级充分认可、公司对照考评，人才委员会确认；有上有下，年年动态考评；严格控制退休返聘人员，各单位无权返聘退休人员，公司从严把握返聘技术人才，所聘人员都报公司人委会批准。

2017.9.1 能源管控向精细化迈进

8月股份本部实现利润2.87亿元（超计划8573万元），合并报表后股份集团利润4.32亿元。9月预计股份本部利润3.2亿元，合并报表后股份集团利润4.45亿元。今天股份公司召开2017年上半年能源工作会议。能控中心汇报2017年上半年能源经济运行评价及下一步工作打算；能环部、制造部、炼铁技术处做书面发言。

我谈了自己的感受：马钢股份2014年吨钢综合能耗611kg，2015年601kg，2016年破“6”见“5”，吨钢综合能耗597kg。2015年比2014年降10kg/吨钢，2016年比2015年降4kg/吨钢，2017年比2016年又降13kg/吨钢，能源经济运行是马钢今年的一大亮点。公司成立能控中心以后，管理向标准化迈进，过程向精准化着手，突出在能源经济运行，月月有计划、有实施、有检查、有考核，月月在公司总经理办公室，天天在公司早调会上点评、报告。现在公司的能源管理和过去不同，不再是职能部门式的管理，而是由能控中心管到了各条产线的能源收入与消耗上，这是扎实的管控。吨钢综合能耗持续下降，尤其是今年上半年与去年水平比降了13kg/吨钢，是个了不起的进步，去年末（2016年底）今年初（2017年元月），公司还在为2017年的指标定在595kg/吨钢还是592kg/吨钢争论，最终丁总拍板今年指标定在590kg/吨钢，这是一个很难完成的指标，一次分解有困难，二次分解有希望，三次分解可完成，现在看不是完不成，而是完成得很好。2017年公司计划产钢1525万吨（本部），按降13kg/吨钢计算，今年节能近20万吨标准煤。马钢能源经济运行归结为十大模式，吨钢综合能耗分为钢比系数、工序能耗、动力转换。三大支撑条件，它们牵扯到公司方方面面：生产稳定、设备保障、节能投入、工序优化、指标提升。（设备、制造、能源、三调）能源调度、计划执行、技术改造、综合管理，当前都还有改进的空间，我们抓管理不能松，这个管理现在应该是公司级向总厂级细化，总厂级向各条产线（能耗的收支）细化，其实能耗在公司制造成本中占比不小，在各单位的成本中占比不小，也是降本的关注重点。

2017.9.3 特钢应特在质量上

马钢特钢投产已经五周年了，从亏损企业到今年实现利润1个亿，我们共同走过了不一样的经历。在特钢这个平台上，年轻人的机会很多，包括升职，现在曹天明担任特钢公司经理。特钢这个“特”字就要与其他钢不一样，我们有什么特别的东西吗？我思索了几次，电炉EBT挡渣、精炼LF炉、RH、连铸和大中包及五流各三段电磁搅拌，现在生产大量的车轴钢，全氧的稳定控制还有波动，连铸保持浇铸偶尔带来的内生夹杂还未根除，电磁搅拌工艺参数的优化一直要努力做下去。现在订单多了，产量压得透不过气来。有句话叫万水千山不忘来时路，我们特钢，特就应该特在质量上，应表现在车轮钢、车轴钢、弹簧、轴承、核电用钢P91等。

我明年退休能留点什么给特钢，兴澄特钢的优势是什么，宝钢特钢干的是什么，我们的核心技术是什么？炼钢就是炼渣，“渣”建立特钢不同品种钢的渣系标准，还应有怎样造成达标的渣子。渣（LF炉）与钢中夹杂物的关系，我们生产了这么长时间，开发了这些新产品，做了诸多次试验，分析如此大量的渣样，用渣的追溯，看我们下一步怎么走得更好，我想由特钢公司与安工大冶金学院合作，把课题设计做好，过程做好，实验做好，在今年末有个研究结果，明年一季度完成此科研课题，并力争获2018年安徽省科学技术奖。

我要求公司炼铁总厂的科级干部写技术工作小结，目的就是在工作中学习，在学习中工作，长周期保高炉稳定。从我阅读过的材料中，三铁陈光伟写的《精心体检，健康运行》，二铁蒋裕写的《稳定是高炉之魂》已经是超水平的了。我觉得各位真的是用心写出好文章，每位都有才，他们把高炉当作人在认真对待。我给报社洪红发了短信：10篇文章，拟在《马钢日报》上分2~3个专版登出来；告诉宣传部杨子江可在马钢家园微信公众号发出来。今天马钢微信率先编辑后登了出来，图文并茂，不一会点击量超过660人，不少人发表了点评。我和马钢炼铁已经结缘了，关注炼铁的方方面面，一周不去高炉、两周不去焦化、三周不去港原转转，心里就不踏实。不用电话联系，现在也不用任何人陪我去，直奔我关注的问题。

2017.9.6　注重细节，培养人才

昨天资源公司王蕾告诉我，新建渣处理工程计划9月20日试验，请我指导。今天上午我来到了现场，带着他们的兵头将尾，从输入到输出把全部工程从头到尾梳理了一遍，深厚的工作基础，多年的实践经验，我给他们明确了要立即改进的事情。厂房内有车辆压过的地面全部用报废钢板铺上，现在的混凝土路面经不住碾压；关键部位水泵房两路电源要保证，否则会淹水；渣罐处理区必须上一个渣罐倾翻支架，否则今后板钩挂不住渣锅；热泼渣区地面要处理，今后才能防水渗入下去；行车在8个热闷区吊罐作业安全警示出来，只能在起吊罐时东西小车、大车不动。从今日起，具备条件时开始从头到尾冷态演练，班与班、人与人、调度与下属，全部演练、一次次演练，不许停下来，你们认为合格后，我来检查、确认。铁运公司渣线班不停止作业，两边都要干，保渣锅及时返四钢厂，视情况而定。这条新的渣处理线，一旦启用，每天都要有一点进步，就是不许停下来。

今天一个下午，主持沈昶中标的车轮钢夹杂物攻关课题评价会。我请杜松林、乌力平也来参加。

会前我定了个调，今天既是一个正式的结题会，又是一次学习会，要求技术中心、特钢公司分别去写会议纪要，炼钢所的每位今天都要写参会体会。我选了9个人当评委，我的目的是培养人，因为事先我已经和沈昶进行了交流，要求今后课题长汇报时，能用心把自己对该课题的理解、课题过程的感悟，像讲故事一样说清楚、说明白。今天评价会总体达到了目的，评委们同意在完成指标中，去除美标或大规格机车轮。因为发现问题，就是解决问题的开始，按完成Ⅱ档指标计算50万奖金，铁总客货车轮探伤指标达到要求；未完成的任务继续下去，还由沈昶挑头，乌力平指导负责，可继续转化为科研攻关项目。车轮钢夹杂是一个技术与管理紧密交织在一起的问题，每一个制造过程都没有最好，只有更好。面对偶尔发生的小概率夹杂问题，杜松林的

意见是：加严探伤标准，开展科研攻关，主动到铁路工厂服务。乌力平的意见是：同意今天的结题，下个客观结论，大规格美标车轮问题继续攻关，尝试走另一条工艺路线，用新的方法去干。

2017.9.8 好办法要成为好习惯

今年真是过得不错，市场好、生产好、效益好，各项工作都在正常进行之中，我总是在思考现在的工作，越来越感到高炉稳定对公司生产的重要意义，不知怎么的，脑子里总会想起炼铁生产，高炉稳定这么长时间了，我并不是无事可做了。今天我又给二铁殷欢、三铁吴宏亮两位副厂长、总工程师安排了任务，已经收上来的科级干部们动笔写出的技术工作小结，不是我们看看就完了。三铁陈光伟《精心体检，健康运行》，黄世高《高炉体检在三铁》，朱伟君《强化分厂管理，提升高炉体检效果》，聂毅《马钢高炉体检制度在4000m³高炉的实践》；二铁蒋裕《稳定是高炉之魂》，程朝晖《高炉体检制度在实践中的运用》，吴磊《实施设备特护，助力高炉稳产》，彭鹏《高炉体检持续优化，稳定顺行创新篇》，赵军《高炉体检制已成高炉运行新常态》，陶玲《践行严、细、拼，生产建设创佳绩》，双世忠《当好设备主人，为高炉稳定奠定基础》；炼铁三分厂《设备工作总结》。厂里要搭建一个平台，让他们在作业区讲、在分厂讲、在总厂的技术质量例会上去讲，我还准备让他们到公司炼铁例会上讲，煤焦化公司、港务原料总厂也可以比照这个做法去做。

《马钢日报》综合报道组专门去二铁总厂采访，写出了《二铁总厂转型发展探秘》系列报道，连续在《马钢日报》头版登出。

第一篇《顺势而为，蹄疾步稳，在“新”与“老”的考验中找准方向》；第二篇《变革突破，创新开拓，在“破”与“立”的探索中砥砺前行》还专门配了编者按和记者述评；第三篇《奋力前行，义无反顾，在“进”与“退”的抉择中彰显担当》。我看了，很好！等二铁报道结束，我要要求这个综合报道组去三铁，也要写出这样的好文章。想想过去，为什么高炉稳定了一段时间，我们的精力就不在高炉上了，一段时间后，高炉自身及对高炉的不利影响就又不被重视起来了，一个好的办法最重要的是长期坚持使用并在不停地完善着，我是有盯劲的人。

2017.9.11 向钢轧推进“体检预警”管理模式

今天上午党委常委会，我与其他集团领导列席会议，今天是研究干部问题。伏明，1967年12月出生，任股份公司副总经理兼二铁总厂厂长；章茂晗，1969年7月出生，任股份公司总经理助理兼销售公司总经理；许健，1963年6月出生，免去一钢轧总厂厂长、书记职务，去长钢任董事长；吴耀光，1963年11月出生，主持一钢轧总厂厂长、书记工作；王蕾，1973年5月出生，任资源公司总经理，顾明星去纪委任巡视员；刘国平，1965年6月出生，任制造部经理；熊佑发，1964年2月出生，任设备部经理；戴辉棣，1964年2月出生，任供气厂厂长；黎兵，1962年4月出生，任宣传部长；李建设，1957年8月出生，退休；王炜，1957年10月出生，退休；于进，1958年12日出生，改非。我也即将到退休年龄了，这次人事的变动格局很大，都是公司的重要单位，王蕾的工作得到了公认，进步很快，已经进入中层干部正职的行列中。

海帆出差一周去跑客户，一周时间过的很快，我想了想本周的工作。9月上旬，公司生产平稳，铁超计划4100吨，钢超计划6200吨，订单饱满，钢价很好，降本达标。我们处在公司历史上的最好时期，因此要特别珍惜当前市场的机会，公司不许内部工作不到位，造成生产、质量、设备、安全事故的发生，发生的各类问题都要查明责任并追究责任。从今年7月上旬起，我们备战迎接上海通用汽车公司来马钢的现场审核，按新版IATF16949的标准自审，聘请外部帮助审核，对发现问题，相关单位加班加点，积极努力集体整改，举一反三。8月23日起，我们接受了通用专家审核，末次会议给出了制造过程、质量控制、售后服务的评分，全部风险是可控的，上汽通用评审正式通过了，马钢连退板CR1~CR4、镀锌板CR1~CR4可供上汽通用使用。我们深知通过上汽通用审核很难，但是今后保质、保量、保交货期更难，但干好我们赚钱就不太难了。按公司要求，把铁前高炉“体检预警”的成功管理模式向钢轧系统推进，由制造部牵头组织，一钢轧、四钢轧、冷轧、合肥板材、特钢、长材已考试43场，2485人参加了考试，有33人不及格，公司还将在设备部牵头组织下，对“使用、维护、操作”三大规程学习考试，对“点检、技术、维修、润滑”四大标准学习考试，这是开展品牌建设的基本功，只有把基础打牢，才能盖万丈高楼。

9月1日上午10:15，本钢新1#高炉发生炉缸烧穿事故；9月2日上午8:52，河北胜宝钢铁公司1080m³高炉冲渣也爆炸；9月3日上午10:30，新兴铸管武安脱硫设备火灾；9月5日华菱集团衡阳钢厂1080m³高炉炉缸烧穿，事故向我们敲响了警钟。我们的1#高炉、9#高炉的特护工作一定要到位。安管部信息：3月11日，冷轧总厂一名职工机械伤害工亡；5月22日钢结构公司协力工起重伤亡；8月4日和菱实业行车工被车辆挤压工亡；8月23日、9月8日，设备检修公司外协工被物体打击，高空坠落两人工亡。特别强调违规违纪屡教不改，安全带背在身上但不系挂，是致命的。各单位的安全员必须带头穿戴劳保用品，巡视在现场，发现问题立即整改。中层管理人员必须加大安全监管教育的力度，因工作不负责任的中层干部必须问责，并接受处罚。

2017.9.12 研发镀铝硅产品的热压成型钢

马钢一直想生产镀铝硅产品，但苦于不掌握技术。

我们咨询过韩国专家，但在我们原有的镀锌线上改造是困难的，新建合肥5#镀锌线时，我们要求此条线应能够生产铝硅镀层的产品，因此专门留有了铝硅浸渍锅，合肥板材厂5#镀锌线在CMI外方的支撑下，我们自己的技术中心、冷轧总厂、自动化的专家全上了，很快干顺了纯锌镀层产品，为此我专门写报告给钱总经理，重奖了驻扎在合肥镀锌线的工程技术人员。海帆多次说过屹丰汽车科技集团，在国内有5~6家热成型零件工厂，依靠进口国外铝硅镀层产品，生产汽车上A、B柱，前后保险杠等零部件。希望马钢能尽快生产镀铝硅产品的热压成型钢。我们组成了研发团队，决定自己干，我们知道欧洲阿赛洛米塔尔就铝硅镀层热压成型钢申报获得了国际专利保护，20年的时间，这一产品从基板成分、镀层成分、热成型工艺技术全部被专利保护了起来（USIBOR1500），现在国内有帝森鞍钢工厂在生产，宝钢本部也开发了（B1500His）热压成型钢，华菱阿赛洛工厂在生产，河北唐钢、首钢都在研发试制。我们从第一次试制，到第二次、第三次试制，一轮比一轮干的好，我们的名字叫MHS-1，为此我几次专门去合肥镀层线，了解情况，解决问题，在第四轮试制前我提出了今后每轮试制的合格率≥95%的要求，另在第四轮试制前将前三轮带出品必须全部处理完毕。我不仅要管新产品开发后，也要管好新产品开发的带出品，减少研发费用。

我决定去浙江宁波杭州湾开发区的屹丰工厂看看，他们所有的原料，他们的生产工艺及设备，他们的产品，三次小批量试用马钢产品的情况，我、朱伦才、闫明、崔磊、吴学军专程去了解准确的信息。

屹丰现在用马钢MHS-1材料，制作了汽车用的热压成型零件，经检验性能全部合格，进口料每吨上万元，马钢料与进口料价差3000元以上；屹丰制作长尺零件时马钢料宽度不够，横过来使用，性能同样达标，只是成材率有点损失；屹丰下料后经过加热600~900℃，热冲压停顿，模具通水冷却，材料成型后强度提高了3倍以上，因热冲压不存在冲压开裂，全部安全件都是在车子内部使用。今后每台车的热压成型零件还会增多，商务车的重量约在100kg以上。客户工厂总经理给我做了详细介绍，我与他们进行了深度交流。我告诉闫明把握好判卷标准，关键是热卷的每炉成分都要核准，今后内控窗口还可以压缩一些，我们要有自己的专利及知识产权，最终汽车安全零部件质量，我们是完全有能力保障的。

2017.9.14　三铁A、B高炉是公司重点的重点

今天上班的路上，接到总调的电话，三铁总厂烧结余热发电处设备着火，已经灭了，不影响高炉生产。不一会接到了丁晖的电话，报告了同样的事故。丁晖告诉我没有人员和大的设备问题，不影响烧结生产，我说原因要查清楚。早调会结束后我就到了现场。现场查看，从西至东是余热蒸汽调节阀、汽轮机、发电机，是因为调节气阀的某处泄漏了，油压有1.1MPa，雾状喷出来了，在汽轮机局部被高热激燃着火，视频监控录像一清二楚，从喷射出油雾至着火时间大约在15秒钟。我指示刘晓超不要急于去抢修这台设备，安全第一，不要再产生次生事故，我请热电王仲民专家最终查清原因，核准事实报我。此台发电机组2016年2月是由热电总厂进行大修的，设计日发电量在20万度。原本全是露天摆放的设备，后为保护设备加了个屋子，昨天在商谈准备外委给欣创环保管理运营的。只要肯去现场，贴近设备，不耻下问，我们能学懂设备，今天我认定是油管法兰垫片磨损后的突然泄漏。

我和丁晖、黎兵、刘小超、陈根生从现场回到厂部会议室谈工作。

三铁的A、B高炉是公司重点的重点，继去年稳定顺行1000天后，中途A炉7.11发生了火灾事故，我们干得很苦，但恢复的很好，马上就要进入国庆了，今年公司生产经营取得了丰硕的成果，与三铁人贡献紧密相连。黎兵马上要去宣传部任部长，丁晖是厂长兼书记，陈生根同志已经公示出来要担任生产厂长了，吴宏亮今后是副厂长、总工程师，主管技术。

三铁现在文化的氛围很好，表现在管理上，三铁现在高炉操作技术好，表现在高炉体检预警机制的应用上。丁晖告我："B高炉采用韩国人的方案尚未干出来，韩国专家认定马钢外部条件不如浦项，马钢现有条件干到现在这个水平，操作上是做到了极致了。"我告诉黎兵，二铁总厂连续发的四篇报告很给力，铁前宣传工作要跟上，建议在三铁总厂投产10周年时也请综合报道组深度采访，分上、下两篇，把三铁10年的精华、亮点提炼出来；今年圣诞节，A、B高炉的灯光要和去年一样灿烂。长周期的高炉稳定顺行就是要靠扎实的各项基础管理工作来支撑，三铁也可以去冷轧学习责任追溯报的方式。

2017.9.15　我要求的事我带头做好

距离2#2500m³预定烘炉时间仅5天了。二铁总厂连续四篇专题报道在《马钢日报》头版登出，二铁现在人气很高。今天上午我去二铁总厂又好好细细地再看一看，2#高炉中控室改造的很好，设计的也很好，和4#高炉一样了，东西两个出铁场已经在清扫垃圾收尾了，热风总管下已经开始安装支管了，碰上了马桢亚书记，老马告诉我现在最担心的就是安全了，每天上午、下午都在施工现场抓安全，盯着劳务人员的安全，公司生产缺铁，我们还要保证其余五座高炉的稳定顺行。今天总厂检查白、小、大三个班的劳动纪律，这是带好一个队伍的根本基础。我和老马转完2#炉，我一人又来到了正在生产的1#高炉，炉长张兴峰今天拔牙去了，我和核心作业长雷兆丰聊了起来，他2003年从昆明理工大学毕业后一直在高炉上干，在马钢14年过去了，孩子已上小学了，我和他聊了1#高炉护炉的任务，整个炉缸最薄处厚度在602（400是警戒停炉线），最厚处已卡至820，13#、23#两个风口在堵，铁水Ti含量在0.13%~0.15%，日产水平定在5500吨，体检评分办法已经修订了，上上周得分85.5分，上周得分85.0分，今天早上体检85.0分，炉况可控，炉缸趋势好。我问了他本月1#高炉喷煤比，他说130kg/吨以上，我问他高炉评分85分，失分15分在哪里，他说煤气流和高炉指标上失分。随后我去了1#炉缸特别护理处检查，查完确认后我在检查记录本上签字，我要求的事我带头做好。

2017.9.18　科研项目是公司核心技术

今天马钢特钢精炼渣系优化及夹杂物控制科研立项评审会。评审专家由我、乌力平、杜松林、程鼎、刘国平、龚志翔、孙维、崔银会组成。特钢公司高正波代表申请立项单位汇报：立项必要性、研究内容、项目目标、计划进度等。安徽工业大学冶金工程院孔院长汇报：完成此项目的工作方法、科研的任务、课题完成的总体思路。

各位评委作了点评，我作了总结：此课题的重要意义大家一致赞同，为了马钢特钢今后竞争力及核心技术所在，由特钢公司向公司提报申请；经评议同意安徽工业大学为研产学合作单位。围绕特钢现在使用的五大渣系，细化到可测量的四个目标上，总体设计后，分步实施。特钢精炼渣系的评价、优化、改正，写出2~3个典型代表钢种渣系的“写所需”，然后经试验室试验并以工业性试验验证，精炼渣系与钢中夹杂物的关系设计出模型，同意将申请的科研费分在每个指标上，力争2018年的省科学技术奖、中国钢铁协会中国金属学会的科学技术奖。我们这次是有目的通过一个科研项目去争取获省部级科学技术奖，目标定的是高了点，但通过努力我们是能够实现的。

今天我们又讨论“高铁轮轴关键冶金工艺创新”和“马钢轮轴关键工艺技术集成”申报省科学技术奖和中钢协冶金行业科学技术进步奖的相关问题。我定了以杜松林为项目申报组组长，工作组成员：孙维、龚成翔、汪开忠、沈昶、许庆、王强等人组成，合作单位有北京科技大学、北方交大、中国铜陵车辆厂三个单位。马钢从车轴钢的开发，到现在的优秀突出业绩，我们在国内市场占有率已达70%，创效10个亿以上，以连铸替代模铸制定了铁总标准和国家标准，是个了不起的成就，建议请院士及专家来评价，我们认真准备材料，尤其是创新点及形成的发明、应用专利，力争今年12月完成各项工作，明年正式申报出去。

2017.9.19　争创管理创新一等奖

中钢协2017年度管理创新成果专家评审会，今天代表们报到。我们申报的《高炉运行评价与预警保障体系的构建与实施》项目，目标是获管理创新一等奖。海建、丁毅、海帆对此高度重视，该项目的理论与实践效果是得到充分肯定的。为了宣传好这个项目，我安排《马钢日报》今天、明天连续以《抓管理筑牢生产基石，促稳定塑造高炉之魂》为题出专版，发表炼铁分厂厂长、作业长们撰写的工作体会，我又从报社要到PDF电子版发在马钢微信群里。中午我收到了蒋裕的微信：“高总，马钢高炉实现长周期稳定顺行，最根本的原因是公司切实有效的重视。高总您站在大系统的高度，在管理、制度、技术及导向思路上，为铁前开创了新局面，并产生了积极成果！高总，我们经常在赞扬您的工作方法！”

今天对股份公司科研项目按合同约定开后评价专题会。我们共评价了10个项目：四钢轧低耗（降本）炼钢工艺关键技术创新与研发和钢包信息化管理平台；技术中心800MPa纳米粒子析出强化型高扩孔钢开发；家电用搪瓷钢机理研究及关键性能评价；400、500MPa级高强耐蚀钢筋的研发；特钢公司H/13、60Si2MnA、55SiCrA、P91特殊钢的冶炼连铸技术开发；冷轧总厂马钢宽规格带钢板形控制及连退机组跑偏预防及控制；二铁总厂基于机尾断面形态及过程参数分析的烧结矿质量在线判定系统；三铁总厂4000m³高炉炉况稳定顺行的支撑技术；煤焦化公司1#、2#焦炉自动化加热系统的开发应用。我们根据合同约定的目标，以结题时完成情况为平台，看现在的实际运行。分为A±、B±、C±，由各位评委独立评分。评审结束后我要求科管部的李玉兰、邹海历、汪飞松、孙曼丽，每人都写出今天的工作体会，最终3~4场评审会下来，科管部要写一篇专题总结，我审阅后放在内部科研技术专报上，这是我们今年工作的一个创新点，我希望以后每年都能坚持这样做下去，必定会提高我们的水平。

2017.9.20　今天是马钢人的日子

9月20日是马钢的纪念日，马钢历史上一些大事都与9月20日紧密相关。今天马钢又一次处在历史上最辉煌的时期，为重温历史，继承传统，共筑美好家园，弘扬马钢精神，加快转型升级，着力打造品牌，凝聚人心，振奋士气，公司决定举办9·20马钢纪念日升旗仪式暨马钢新区投产10周年庆典及马钢“十三五”转型升级重点工程全面开工暨重型H型钢项目开工仪式。今天的开工仪式邀请了马鞍山市市委书记魏尧、市长左俊参加，天空下着小雨，将对共计38.5亿元投资的8个项目举行授旗仪式，一条“胸有朝阳，感恩在心，公平正义，风清气正”的大标语挂在墙上，马钢人都身着新设计的工作服参加活动。

上午首先是海帆带着我们股份公司班子去二铁总厂，为技术改造工程完工的2#高炉举行烘炉仪式；接着，公司领导在四钢轧总厂办公楼前，由丁毅主持，举行升旗仪式、宣誓仪式，三铁总厂厂长、书记丁晖和四钢轧总厂厂长、书记毛学庆就本厂十年回顾作了发言，海建发表了激动人心的讲话；随后，在一钢轧主厂房北头，公司领导与市领导一道，由海帆主持，举行马钢“十三五”转型升级重点工程开工暨重型H型钢项目开工仪式，严华介绍“十三五”重点工程，海建、丁毅为重点项目部授旗，长材总经理王光亚发言，丁毅讲话，市长讲话，市与马钢主要领导点亮了开工的水晶球；临近中午了，在马钢南区钢渣处理综合利用现场，海帆带股份公司相关领导举行马钢综合利用工程热负荷试车仪式。

一个上午，一站一站地跑，看着一个个竣工项目，看着一个个开工的新项目，我们马钢这60年的发展史，就是依靠我们自己的滚动积累，发展至今天2000万吨级的规模，能把握住未来马钢发展是生存下去的大事。

2017.9.21　启动“十三五”转型升级重点项目建设

我看今天的《马钢日报》上，刊登了昨天马鞍山市市长左俊的致辞《加速打造千亿马钢，助力建设三个强市》。今年1~8月，马钢股份实现销售收入508亿元，利润31亿元，同比去年增长53.3%和537.7%，马钢启动的“十三五”转型升级重点项目建设，总投资达到了115.6亿元。海建讲：“感念过往，汲取前行力量，放眼未来，共建美好家园”。1958年9月20日，毛泽东主席冒雨观看了五座中型高炉及炼钢车间，作出了“马鞍山条件很好，可以发展成为中型钢铁联合企业”的指示；1986年9月20日，马钢第一座2500m³高炉系统工程开工建设；1993年9月20日，马钢成功实施规范化股份制改制试点；1998年9月20日，中国第一条H型钢生产线在马钢建成投产；2007年9月20日，马钢500万吨钢精品新区全面建成投产。是啊，江河万里总有源，树高千尺也有根，重温马钢发展史，“感恩在心，胸有朝阳，公平正义，风清气正”的家园文化，家以和贵、业以干兴。海建的话太实在了，马钢干部好好干，马钢职工干干好。现在马钢实施“十三五”转型升级重点工程，我们的使命重大、责任重大。

今天丁毅主持马钢集团三季度品牌建设推进专题会。科技管理部李勇报告品牌培育管理体系的导入及工作计划、执行情况；车轮公司安涛作“轮轴品牌，永远在路上”发言；欣创环保史德明“打造欣创环保品牌”；科技管理部张建“马钢品牌战略内容及实施举措”；新闻中心于进“马钢品牌的宣传策划及马钢产品多媒体推介”。丁毅对公司品牌建设工作抓得很紧，给出了他的总体思路，硬的各项任务是20件，他对件件任务有明确的要求及评价，关键是我们要认真去做，把每件事都做扎实，只有做才能有效果，且效果会逐步显现，马钢品牌或品牌马钢一定是靠一件件事积累起来的，一定是积小胜才有大胜。马钢集团在创品牌的过程中已经有了亮点，今年做了不少事，明年在现有的平台上继续加快推进品牌建设。我们把马钢产品品牌做起来，把马钢企业品牌做出来，要专注下去。今天是情况通报会，对我来讲又是一个品牌创建的过程学习会，品牌工作一定是计划、执行、检查、再推动PDCA循环，马钢品牌标准也是要不断提高的。

2017.9.22　我布置的工作我检查

今天的技术质量例会，按照事先约定，我检查了参会人员是否把今年1~8月《马钢日报》质量专版的报纸都收集齐了。我的目的就是让他们关注本单位和公司的质量信息。我检查了今年1~7月质量奖的落实及出口质量异议调查处理情况，H型钢出口质量议异的处罚已经落实到了责任者个人头上。

今天的会上，我点评了高级技术主管刘喆，他对公司镀锌产品双相钢表面镀层不良的攻关，思路尚不清楚。在公司级的技术质量例会上，高级技术主管要努力学习，勤奋工作，无愧于这个称号。今天的会上，我向制造部质量管理室副主任王少提了要求，写今天会议纪要时，先把前七次的会议纪要细细地梳理一下，技术质量工作有连贯的主线，议定的问题未解决，有进步也要讲清楚；今天的会上，我对技术中心汇报的马钢汽车板高强钢发展规划及存在的问题的报告是满意的；今天的会上，我请制造部经理刘国平带炼钢高管徐小伟、李应江去一钢轧，协助解决电工钢炼钢中出现的问题；今天的会上，我表扬了合肥板材厂5#镀锌线铝硅层热成型钢的开发，马钢的技术团队在这个新产品上体现了水平。

2017.9.23 要为干得棒的事喝彩

我策划的《勇攀高端塑品牌——马钢汽车板通过上汽通用汽车PSA审核纪实》的通讯出来了，因为我深知此事的来之不易和今后的压力。9月4日，马钢收到了来自上汽通用汽车的合格证书，在PSA潜在供应商审核中，马钢在制造、质量、服务方面，最后对风险的控制能力都达到通用的标准。马钢冷轧、镀锌共计8个牌号汽车产品，均可纳入上汽通用的采购名单之中。上海通用汽车有限公司是国内高端合资品牌汽车主机厂，是中国汽车工业的领军企业，此次审核通过标志着马钢汽车板再次迈上新台阶。这次审核我从头至尾参加了全过程。我要求参审单位四钢轧总厂、冷轧总厂、采购中心、技术中心、制造部等，每个单位写出审核全过程的工作，受审后的体会，我请科技管理周晓岗高级技术主管对审核发现及我们待改进的工作做出小结，有了这些材料后我约了记者，向他们讲述了我在此次审核中的体会。这么好的题材，这么多的故事，这样棒的工作，我们一定要宣传好，为我们自己喝彩。

今天海建书记专门过来参加股份公司经理层碰头会。新任副总经理伏明，新任总经理助理章茂晗第一次参加。在各位经理层人员报告了自己的工作后，我报告了自己关注的工作。整个铁前系统在2#高炉检修的145天是稳定的，平均每天超产800吨，这是超水平的贡献，使我们的生产与经营相得益彰，取得了好的效益；继炼铁分厂厂级领导写出工作体会后，又有102位高炉核心作业长也写出了工作体会，今年高炉过冬，我拟策划的与往年不同，高炉顺行时间越长，我越是找点事干干。上周中国钢铁工业协会在马钢组织的管理创新成果评选上，《马钢高炉运行评价与预警保障体系的构建与实施》报告，获得全票推荐为一等奖。上周我安排了近三年马钢科研项目，产学研外委费用30万元以上项目的后评价，完成了10个项目，已写出科研项目的后评价报告，检查过去，干好现在，并在今后的工作中借鉴。把铁前抓基础工作方法向钢轧系统转移，我们也组织作业指导书的考试，考完试以后干什么，近期要求钢轧系统关键核心工程技术人员写体会，干了哪些自己满意的工作，还有哪些没有干好的工作，工程技术人员进驻现场已有两年时间了，我们要安排优秀的站出来讲故事。新聘高级技术主管难题已审核通过，我们向他们发出任务，让他们接受挑战。在市场好时更应抓好产品质量的稳定，我的体会质量就是强烈的责任意识及教育，“百日忙，千日忙，没有质量是瞎忙；千日苦，万日苦，没有质量会更苦”的逐级宣传工作已经展开。

2017.9.25　人的成长有机遇但更要有能力

公司生产经营处在历史最好时期，外部市场好，内部生产、经营、技改各项工作都好。

9月份预计铁超1.2万吨、钢超1.5万吨、材超1.1万吨，股份本部利润4.72亿元，股份集团利润6.12亿元。本周四马钢举办了9·20系列庆典活动，2#高炉举行了烘炉仪式，新区建成投产10周年庆典仪式，重型H型钢项目开工仪式及八个重点项目的授旗仪式，综合利用渣处理工程热负荷仪式。本周五公司公示了2017年度新聘高级技术主管、新聘首席技师人选名单。马钢家园文化正深入人心，正在变成软实力。本周马钢集团三季度品牌建设推进会，对布置的工作进行了检查，马钢集团品牌定位为“创新竞争力，奔马精神”，品牌核心价值为“奔腾不止，共享无限”，品牌愿景是“成为具有创新竞争力的钢铁为主，多元并举的国际化集团品牌”，我们的战略目标是：三年时间进入中国实体经济100强。国庆中秋有8天长假，各单位做好假期各项工作准备。公司对10月份生产经营进行了预估，会创造超9月的业绩，当前稳定的势头需格外珍惜。百忙千忙，忽视质量是瞎忙；千苦万苦，不抓质量会更苦。马钢产品质量稳定是今天效益的来源，既定的生产方案不变，炼铁提升喷煤比，炼钢降低铁钢比，确保订单兑现率。“职工干干好，干部好好干”，从严管理不松手，今年已有16名处干因工作责任作了检查，后序还将对他们进行问责和经济处罚。

今天股份公司经理层碰头会前，我想了一下上周的工作。各级领导干部都有工作方法的问题，好的工作方法是不断学习、摸索、改进、完善出来的。人的成长有机遇但更重要的是要有能力。

我通报了本周工作。炼铁士气高昂，关键还要抓学习。本月煤比希望突破，核心作业长的102篇文章，拟在立冬时马钢高炉开始过冬的专刊登出。中钢协评审管理创新奖，高炉体验应对通过评审，准备答辩，我有信心完成任务。ISO9001、IATF16949换版正常进行，外审评价马钢现在的水平相当好了。抓质量不松手，四季度重点在特钢公司、轮轴事业部的过程管理上。本月我组织回溯已完成的科研项目和技术攻关项目，培养了工程技术人员的工作能力。准备第四次如何当好高级技术主管讲座，并吸纳新聘高管参加，为他们示范工作。

2017.9.28 有能力服务好广州地铁公司

车轮公司请我去广州地铁交流工作，从9月初直到现在才定了下来。

广州地铁运营事业部总经理朱士发今天带基地维修中心副总经理任军纯、采购物流中心副总经理陈朗、副总工程师吕劲松等6人与我们交流。

我带了车轮公司总工肖峰、技术中心车轮高管江波、车轮研发部鲁松、技术中心工程师宫彦华赶了过去。马鞍山天气20℃，广州天气35℃，我们一下飞机立马感到又过夏天了。此行与我们同行的还有西南交通大学李伟、马鞍山市双兰机械制造有限公司副总经理贺万泉。原来广州地铁用车轮不是马钢直销的，新造车辆由造车单位决定向谁订购车轮，基地维修中心用维修车轮由双兰机械制造公司订购马钢车轮加工后供广州地铁。广州地铁现有10条线路在运行，每天平均运送乘客650万人，今年国庆预测会突破日900万人，现在线运行309km，2020年运行里程会突破500km，未来设计大外环、中环、内环线运行里程会达到1000km。

朱士友总经理说：国内地铁轨道交通发展很快，全国将有100个中等城市会建设地铁，从广州地铁引进第一条线使用法国地铁车辆，与马钢合作维修车轮至今20年了，我们对马钢车轮质量是放心的，因为安全运行到现在。现在10条线路了，国产车辆、国有设计、不同线路条件，我一辈子和铁路打交道，曾在铜陵车辆厂工作过，轮轨关系的研究十分复杂。我们在同一个平台上比较分析事情，才能较快解决问题。

对比国外原进口车轮，马钢车轮磨耗大了些，现有CL60、ER8、ER9，设计理论是轨道与车轮硬度比。马钢新轮上线有失圆的问题，修旋一次以后圆度恢复且耐磨性也增高了。马钢应为广州地铁设立定制标准，找出合适的热处理工艺，通过试验最终形成高品质的产品。

我表了态：马钢已经把地铁车轮、车轴、轮对列为我们的战略产品，花大力气在人、财、物上投入，要在地铁用轮轴上有核心技术及强势竞争力，最近广州地铁提出的车轮失圆问题，已派调查组就维修基地所做的工作做了小结。马钢立“失圆问题”课题，请广州地铁、西南交大合作，我们需要广州地铁车轮实际使用、维修的相关数据，拟购买进口地铁新、旧车轮带回去做分析，马钢有能力服务好广州地铁公司。

中午朱总请我们在职工食堂吃了饭，一直把我们送到总部楼下的地铁口，我们乘地铁直达广州白云机场，来去航班时间加工作时间还不足20小时，我是挺拼的。

2017.10.1 我无愧于我的岗位

今天国庆节，在网上看到有篇文章说，世界上最勤奋的人已经老了。世界上有群最勤奋的人，他们是中国的下乡知青，当年的高考学子，那时期出国的留学生，下海闯荡的和进城务工的人，短短三十年创造了世界奇迹，把一个落后的中国变成经济总量世界第二的大国。文章问：“中国还会有这么勤奋的一代人吗？”当年的中国是碎石公路，拥堵的火车站和汽车站，烟雾弥漫轰轰作响的工厂，城市是成片破旧的房子，肮脏的农贸市场。这一代人忘我奋斗，没有休息。当欧洲人每天工作五小时，他们每天工作在十小时以上；当印度人躺在恒河边等待下辈子时，他们在只争朝夕；当美国人在疯狂地不断在世界上生乱时，他们默念着发展是硬道理。现在连通全中国的高速公路，铺满全中国的高速铁路，越来越多的飞机场，联通全国及全球的通讯系统，成千上万的现代化大中小城市，全球最多的工厂……中国人不知不觉让世界惊奇不已，太不可思议了，现在都注意到了这群历经磨难而伟大的人，人们向这一代这一群人致敬。只是这一代勤奋的人已经白发，大都有了皱纹的眼角，他们的腿脚不再灵活，他们已经累弯了腰。但他们努力了，奋斗过了，看到今天，他们值了，对得起自己和祖国。今后中国还会有这么勤奋的人吗？我把这篇短文抄在我的工作日记里了，想想自己已有42年的工龄了，在马钢也干满36年了，上上下下有四轮，经历了多个岗位的交流，因为我是属于这些人中的人。

2017.10.3 今天我值班

今天是我值班，其实这么多年了，值不值班我早上都会来，习惯了工作，感到工作就是快乐。今天早调会上有发元、天宝，生产正常，四钢轧这两天产量高，日均产钢在2.44万吨，早调会结束前我强调了一句，值班的各位领导一定要坚守岗位，保持信息畅通。

汪开宝向我报告，家中存煤总量在15.2万吨，其中焦煤I（淮北供）8900吨，每日要使用2800吨，仅够两天的量，准备变动配煤比了，总量上不来，品种跟不上，瘦煤也趋紧张了，“我们实施低库存不错，但采购的人压力大了”。今年这个国庆长假8天，再加上10月10日开2#高炉，我们焦煤会紧张得喘不过气来，而焦炭质量的稳定又和高炉稳定连在一起。上午我一个人去了老区煤库，爬上配煤车间的屋顶观察，库存有限了，煤堆已经小了，新区情况也一样了，真的十分紧急了。回程时我特别注意一钢轧炼钢的三个转炉烟囱，无热气散发，什么原因，全停了。我又走进了一钢轧，海建告诉我，吴耀光出国期间，你当个超级厂长，关注一钢轧。我履行自己的使命，在调度室与刘鹏了解情况，原来是制造部铁水不平衡，炉前1#炉在砌炉，2#、3#转炉停吹前挂了盖板保护炉况，还有一炉钢水在LF炉加热，CSP A线已开浇第10炉了，爬上连铸平台，A线在干，和主操胡裴林了解情况。去了CSP主控室，和作业长刘德俊了解情况，CSP双线检修了十天时间，现在2#卷取机因更换了芯轴，西门子人正在调试，最后一炉钢试2#卷取。今天早上出了办公大楼，中午在一钢轧食堂吃工作餐，然后去冷轧北区转转，下午3:00，回到公司办公楼，我值班，我工作到位。

2017.10.10　2#高炉开炉点火

今天早调会结束前我讲了两件事：一是昨天各单位按公司要求，进行了节后第一天工作的劳动纪律检查，总体正常，极个别单位个别人的情况还要核实，没有纪律的约束，也谈不上马钢的家园文化；二是今天中午二铁总厂2#高炉经过145天的技术改造后点火投产，中午在9#高炉取火种，下午4点左右，公司领导赴2#高炉开炉点火，公司要求有保产任务的单位处干带头值班，我们预祝2#高炉开炉顺利，早日达产。

今天中午我再次代表公司领导，去毛主席视察过的9#高炉，为新开的2#高炉取火。此前3#炉、4#炉开炉都很顺，今天伏明又请我去，但愿2#高炉开炉更顺。12:58，我在9#炉说，今天是马钢炼铁人又一个收获的日子，经过146天的技术改造工程，一座崭新的2#高炉要开炉了，今天马钢炼铁人扬眉吐气，斗志昂扬，信心百倍，马钢从此起步，马鞍山从此开始，现在我宣布取火开始。这次二铁总厂仔细策划了取火仪式，取火前向党旗宣誓，中途徒步传送，在炉台上宣读马钢职工誓词，有党员方阵、先进典型代表方阵、80后团员青年方阵，最终形成百人主阵。我一路跟着火种走过来，挺感动的。火种灯在60后、70后、80后手中传递，直至到了90后，马钢后继有人，二铁人在培育自己的文化。

2017.10.11　炼铁文化的传承

我匆匆赶往2#高炉，今天8:18开口出的铁水正在流。1#铁口摆动流嘴向东，流出铁水偏出了鱼雷罐口，靠近了铁道，我立即下令把流嘴摆转至西出铁口，正常了。现在出铁口有卡焦现象，用开口机钎子捅了几次铁口，放干渣进了干渣池，堵5个风口，总体评价第一炉铁出的不错。我们要等1#铁口二次出铁，伏明、德川、殷欢、发元、邦平、黄龙全部在炉台上等候。

今年炼铁两件大事都基本落地办成了。高炉体检预警预评为钢协一等奖已经公示了，团组成员都请我亲自去答辩，我已经开始准备了；《马钢炼铁技术与管理》一书已经进入了审定阶段，我计划安排三批，昨天第二批焦化等专业人员已去黄山疗养院，微信传回了他们夜晚还在工作的图片，此次要把终稿的90万字压缩至80万字，由冶金工业出版社出版。炼铁技术处这几年跟着我的思路在干，进步不小，成绩突出，我乐意看到马钢炼铁文化的传承及高炉长周期稳定，未来我们的各项工作依然像现在这样去做。伏明给我看了二铁高炉亮化工程的设计效果图片，我告诉伏明，我曾和丁晖说过，哪一天A、B大高炉夜晚的灯光坏了无人管也无人问了，高炉稳定顺行的日子也就差不多了，伏明今后工作的压力更大了。

第二次出铁的钻杆声把我们都吸引到了铁口边，出铁了，比第一炉要好，我们都很高兴，直至铁出完堵口，我们围坐在一起吃着工作餐。

2017.10.12 质量损失要斤斤计较

制造部关于9月份公司内外部质量损失考核的请示：冷轧总厂申请134.66万元不计入质量损失，经审核同意71.19万元不计入，其余63.47万元计入冷轧总厂承担。四钢轧总厂申请291.01万元不计入质量损失，经审核同意270.39万元不计入，其余20.62万元计入四钢轧总厂承担。一钢轧总厂申请56.40万元，经审核同意46.78万元不计入，其余9.62万元计入一钢轧总厂承担。长材事业部申请607.22万元，处理积压及无法形成销售的产品，同意不计入。特钢申请385.89万元，带出品、中间品，长账龄库存品，同意不计入。合肥板材向制造部申请工艺过渡、性能让改品损失5.40万元，一起新品冲压开裂质量赔付1.49万元，同意不计入。

9月份各单位共申请1482.07万元不计入质量损失，审核同意不计入质量损失1388.36万元。这项工作是我任总工程师以来，在狠抓产品质量、新品开发的同时，本着实事求是、公平公正原则的一种做法，月清月结，斤斤计较，不属于质量损失的不计入质量损失，不考核质量奖金。今年到目前为止，长材、板带、特钢、车轮不仅是用户质量异议进一步下降，质量总损失进一步减少，客户满意度一点点的提高，重要产品质量的稳定有力地把握住了订单。

今天是2#高炉开炉第二天，处理完手中的工作，我又去2#高炉，正巧严华刚从炉台上下来。3#铁口正在出铁，硅素在1.5，铁水温度已达1410℃，渣子已进入底滤法，炉台上的抽风口将铁口处烟尘全部抽去，一切在平静中进行，炉况正向计划的目标逼近。我和殷欢、长果、邦平在一起交流。7天达到设计产量是目标，只要朝着这个方向努力了即可；3#高炉7层冷却壁坏了，我判定是河南漯河的制造质量问题，立马组织人去做二方审核；现在开炉使用操作参数在调，力争11月上旬发布第一版新2#炉操作指导书，中旬举行第一次核心作业长、区域工程师的闭卷考试；开炉达标后全部转为外购焦的应对方案要认真准备，TRT要抓紧时间投上，一天30万度电。天黑了下来，我是能在现场Hold住的人，我不走别人也不走，我喊了一声“同志们，下班了！”

2017.10.13　每天都要有进步

盯住一项工作有各种方法，应选择出最有效的。二铁总厂2#高炉投产了，公司铁产量在一周内会从日产3.6万吨上升至4.2万吨以上，铁上来了，炼钢、轧钢要同步跟上。今天一钢轧报告“昨天生产正常”，我反问了一句“昨天你们的生产计划是62炉钢，仅完成了58炉，怎么称为正常”？长材事业部报告“南区棒材加热炉检修按计划节点在推进”，我要求“从明天早上采用倒计时的方法报告，原计划75天，后压至69天，明天起应是10、9、8、7往下数了，铁水有了，棒材轧机在等加热炉，现在螺纹钢很吃香”。资源分公司报告“昨天热闷渣处理16罐”，我在视频里摇了摇头，你们每天要检查计划的执行，散会后我找了铁运公司陆智刚，“从明天说明推进渣罐的运作情况。此项工程投产了，目标一天120罐，不怕慢、就怕停，当天出了什么问题就要解决，每天都要有进步”。这么多年工作经验的积累，让我真的相信办法总比困难多。

今天高炉长周期稳定顺行例会。近期焦化用煤、港原进口矿预警了，我要求采购中心一定要可控，后续的保供计划一定要可行。每次炼铁例会都是由发元主持，我在他说话前说：本月10日，公司2#高炉开炉，集团股份全体领导都参加了，海建说，马钢集团靠股份，股份靠炼铁；丁毅说，长周期稳定现在基本可控，整个铁前要通过提升经济技术指标来降低炼铁成本。在2#高炉146天技术改造工程中，生产的7座高炉十分给力，日产3.61万吨，公司每月的经营目标全部超额兑现。我在数今年炼铁系统10件大事，3#炉开炉，2#炉开炉，还有焦化、港原、港口的大事，出一本书，获一个奖，炼铁文化的内涵还要再提炼。高炉在整个系统支撑下稳定，历史上马钢炼铁高炉被授予全国红旗高炉，被评为全国特级炼铁厂，全国五一劳动奖章。今后的马钢应争取以长周期稳定出名。连续三年来，铁前技术攻关和科研项目也活跃起来，外委合作项目多，效果好，港原、焦化、烧结、球团、高炉本体，含技术中心，一批好项目在申请立项，一批完成的项目已经结题。很高兴看到了炼铁系统一批工程技术人员成长起来。现在铁前工程技术人员能动手、能动嘴，这是大学生在现场最佳实践结果。我们体检评分现在是越来越准，丢分后举措越来越对，每半年一次的体检预警应对发布会，年年出一本论文集，各单位科干、核心作业长、区域工程师的精神状况非常好。公司已将每年300万铁前单独奖励固化下来，重奖有功之臣，我们要为我们自己喝彩。

2017.10.16 有感于《警醒Ⅲ》

马钢纪委编印的《警醒Ⅲ》，马钢反腐倡廉典型案例剖析专辑，我看了几次，看到身边熟悉的人和事，印象很深，已发的三本我都收藏了。这本书中有36位被查处干部的具体情况。可惜，他们本不该断送自己的前程。贪欲，是毁人的祸根。这些涉案人员，原来的日子过得都风光，享有年薪待遇，生活中不差钱，可为什么沦落为阶下囚呢？从他们经不起一些居心叵测者的腐蚀，到他们无视党纪国法失去人生信仰，最终不该怨天怨地，只怪自己。我的老领导孙继鹏已经82岁了，他动笔写下《有感而发》：“名为招祸之本，欲乃丧志之媒”，四百年前明朝洪英明著的《菜根谭》中有这句格言，对今天的我们仍有借鉴警示作用。共产党人胸怀大度，淡泊处事，心存清白，才能廉洁自守，我们应戒浮躁之心，去贪欲执念，弃非分之思，保持清醒，干净做人，勤恳做事，才是做人的品德。要切记做人还是清心寡欲好。

十月中旬了，钢材价格小跌后涨。受十九大影响，中国经济向好，九月份中国GDP增速达7%。我们预计十月公司经营结果会有利润5个亿。公司2#高炉快达产了，新的钢轧组产模式也起来了。马钢产品质量处在稳定期，质量总损失与质量异议均在下降，围绕着“百忙千忙忽视质量是瞎忙，千苦万苦不抓质量会更苦”，《马钢日报》发表了评论后，我组织了各单位总工程师、副总工程师写感受文章。我担心的是当前公司生产经营中炼焦煤的总量及品种已经告急，这次不是价格问题，不是运输问题，而是资源点问题；我心烦的是今年刚大修的3#高炉，在6~8层已经发生了球墨铸铁冷却壁水管漏水。

2017.10.17 凌霜傲寒跃层峰

“骏马奔腾、精彩无限”，《马钢日报》刊登《党的十八大以来马钢经营转型工作综述》：五年，在历史的长河中，不过是短短一瞬，但马钢这五年里的变化之巨、成就之大，足以在历史进程中留下深刻的印记。凌霜傲寒跃层峰，科学谋划，精心布局，构建转型发展大格局。145天的2#高炉技术改造工程，1580轧机建设，收购法国瓦顿公司，4#高炉建成，关闭合肥落后的钢铁产能，1+7板块，创新驱动，构建生产经营新模式。10个APQP小组，20个EVI服务项目，精益运营，技术创新成果，节能减排成效斐然。敢破敢立辟新天，义无反顾，去行政化，创建新机制，激发内生动力。模拟经理人试点，授权组阁，竞聘上岗，承包经营，三年一届，组建轮轴、长材、板带新单元。追求卓越，系统优化，持续改进推动管理升级。全国质量奖，质量管理体系GB/T9001、ISO/TS16949，企业标准体系GB/T15496，整合质量、环境、职业健康，安全，测量、能源、内控。绩效管理动真格，真抓实干超规范，日清日结控成本，追求卓越无止境。想想这五年真的不容易，从出现巨额亏损，担心我们活不下去，到现在大幅盈利，我们的竞争力排名向前挺进，我问心无愧。

我很关注现场的变化及进展。今天第一站去了棒材南区加热炉收尾工程，煤气烘烤炉温在380℃，装钢出钢操作台合在了一起，又省了人工，今天开始倒计时了；今天第二站去了长材钢区铁水处，新建鱼雷罐受铁坑上重轨已开通了，全部工程可在今年底完成，施工过程的安全警报解除了；今天去了1580热轧线新建平整区，入口处六辊破磷机，然后是四辊平整机，正在调试，看了平整后几个热轧卷表面质量很好；今天去了计划检修20小时的3#高炉，元月13日开炉，6层一处、7层三处漏水处，先钻通炉皮，再钻内部冷却壁，我们一定要查明原因。

2017.10.19 举行产品技术服务年会

昨天二铁总厂2号高炉快速达产了，为传递正能量，我觉得我在公司早调会上宣布一下会影响更大。我说“二铁总厂2#高炉10月10日开炉，日产从1332吨、2785吨、4030吨、4639吨、5036吨、5576吨，昨天5810吨，日产、系数、负荷、富氧、煤比均达到了开炉阶段设定的目标，公司向二铁总厂表示热烈祝贺”！早调会后我又将信息在公司微信群中发出。伏明给我回了短信：“早会高总的表扬和祝贺，激励了我们二铁人，我们确定了下一步工作计划和目标，改善出铁，调整气流，增加负荷，提升富氧，力争下一个周期日产站在6000吨水平上。”

今天马钢2017年产品技术服务年会举行。临上台前我又看了一下主持词，改动了几处：“我是马钢股份总工程师，首席质量官”，开这个会这个自我介绍是需要的；“2017年的马钢取得了优秀的经营业绩”，是应该告诉我们客户的；今天参会报到代表120人，来自53家企业，“央企、省企、上市公司必须点名介绍”，这其实很重要；海帆总经理的头衔是“公司党委常委、集团公司董事、股份公司总经理”，必须是完整的；今天主旨报告由技术中心常务副主任程鼎，一定要加上“博士”称号，这样更有技术服务年会的味道。

今天的会议，程鼎用了50分钟作大会主旨报告，感觉出彩。他告诉我：“昨天晚上又练了两遍，今天早上又练了一遍”，选用挂在身上可移动的微型麦克风，声音听起来很好。我们的工作一定要注重细节，公司是花钱请客户来参加这样的年会的，会前我一直盯着每个要在会上登台的报告人参加彩排，只有达到了我的要求才算通过。

2017.10.20 *根深才能叶茂*

股份公司本部本月利润5亿元以上，预测11月份会达到6个亿。

党的十九大胜利召开了，习近平总书记的报告不仅总结了前五年的工作，而且对后五年的总体工作也部署得十分清楚。

马钢股份公司从生产型转向生产经营型，从钢材经销商转向材料服务商，我们要毫不动摇地这样干下去。未来五年至十年，在新时代中国特色社会主义思想指引下，我们国家的发展一定会更好。树越想向上生长，越需要向下扎根，人要脚踏实地不懈努力，才会有更深刻的工作成就感。我们找寻到了一套有效的高炉管控办法，高炉长周期稳定了，内部生产系统均衡给力，现在公司各项基础管理工作正常并逐步在强化，在对两头市场的研判及行动上也有了很大的进步。马钢未来要实现竞争力的持续提升，并具有较强抗风险的能力，关键还在我们内部，在我们“人”的能力！

跑现场成了我的习惯，有空闲就愿意去现场。今天去2#高炉转了一圈，2#高炉的日产水平明天会提升至6000吨，职工精神状况好。但1#高炉从国庆长假以来日产水平退在5100吨左右，因护炉用钛矿，冶强下降，炉缸收缩，全部低于报警值。昨天开始提升产量，日产又达到5650吨，2#高炉已经稳定运行1411天，我向炉长张兴峰、副炉长小雷了解情况，要求他们调整因限产而造成高炉体检得分的偏差，随后又去炉缸周围查看一遍，最后在安全检查表上签了名。

2017.10.22 调控好各条产线的节奏

今天周日，参加公司早调会。昨天周六，公司铁产量4.28万吨、钢4.70万吨、材4.31万吨，是马钢生产史的一个新纪录。铁前8座高炉都完成当日计划并略超一点；炼钢13座转炉、一座电炉也均衡完成；轧机生产计划完成，尤其是2250热轧放量生产，高炉煤气，焦炉煤气偏紧张，而天然气掺烧又受限。这种高水平的铁钢轧联动对公司是既降本又增效，有两头的贡献。我提示制造部与能控中心做好煤气、天然气的平衡，管控马钢的生产，我是老司机了。此时我真有一种大合唱指挥的感觉，要调控好各条产线的节奏。

马钢内部的稳定要格外珍惜，现在尤其是焦煤资源的保供；年底要像高炉系统稳定一样，认真总结全年的产品质量稳定。四钢轧的短炉役让炼钢计划难平衡，我们还是要把转炉底吹技术再突破。马钢的竞争力要体现在我们可以走出生存危机。

最近海帆对我说：11月股份集团利润会创历史水平，我们高炉稳定但喷煤比水平低，现在煤焦价差在1000元；公司可以成立一个新能源汽车研究所，我们APQP小组先动作起来。

丁毅说：国家给马钢的去产能奖补资金，我们只用了一点，特审组批评造成中央资金沉淀，但股份公司还有300人未离岗。省国资委告知今年马钢人均工资总额达7.6万元，比去年大幅上升，要控制了。财政部审计署抽中了马钢，重点检查马钢集团与马钢股份的利润。

海建说：此行出国去了韩国浦项，商谈合资项目；去了布鲁塞尔参加了世界钢铁协会成立50纪念大会；去了法国瓦顿，最终商谈了ASCO特钢公司再次破产重组之事。马钢能否干出世界一流的轴承钢，我们现在有机会和条件，我和丁毅、海帆商定，请你从现在起要关注此项目并做好准备了。

2017.10.24 为工程技术人员搭建舞台

过了一遍去中钢协的答辩材料，感觉不行。我和发元、黄龙、程旺生、张晓萍再讨论一次。我把冶金企业管理现代化创新成果答辩要求拿了出来，逐条对照。背景中，应突出行业需要解决高炉长周期稳定顺行的问题。马钢炉型跨度大，迫于需要解决的办法，高炉难以长周期稳定，造成的危害代价沉重。理论依据中，应将高炉个体分析走向系统分析并设立了目标。实施过程，则是以系统联动服务保障体系，首创高炉运行评价机制。经历初、中级阶段，这一方法目前已实现在线使用的高级阶段，效果很好。高炉失常消除了，连续三年多指标进步，产量提升，创出巨额直接经济效益及社会效益。

连夜重新改写，要把马钢高炉运行评价与风险预警保障体系的构建与实施成果与冶金同行分享。管理现代化创新成果，不能是理论上一套，实践上另一套的“两张皮”，我们这么说的，现场也是这么干的。

10月份技术质量例会上，冷轧总厂汇报镀锌双相钢表面镀层不良攻关进展。沈新玉说已经有办法了，建议热卷用1580后的重卷平整一次；技术中心汇报合肥板材厂5#镀锌线铝硅热成型第五轮试制小结，我要求设备部经理去和利小民接头一次，解决设备上存在的问题，铝硅涂层产品要月月放量生产，力争月产2.5万吨；制造部陈斌汇报非计划材的攻关项目进展，我评价是刚调查清现状，一档最低目标不是目标，可转换成几个技术攻关的课题，算出非计划材的损失及减少损失产生的效益账，技术与管理并进；销售公司范国利汇报了2017年产品售后服务工作，异议起数下降，外赔损失减少，用户满意度提升。我要求各单位总工、副总工，围绕“百忙千忙忽视质量是瞎忙，千苦万苦不抓质量会更苦”，写出今年工作总结和明年计划。

2017.10.25 准备战略执行情况评审汇报

依据《卓越绩效评价准则》的要求，为建立战略评估及滚动调整常态机制，审视公司现行战略实施的有效性和科学性，不断完善公司战略体系，保证战略的匹配，集团公司决定开展战略评审系列工作，适时对战略规划进行调整。

此次安排钢铁主业规划评审汇报，产业规划评审汇报，有股份公司、矿业公司，工程技术板块，节能环保板块报告，职能规划评审汇报有人力资源规划，科技创新规划的报告。丁毅发布2017年度公司战略规划评审报告。此报告原由股份总经理钱海帆作的，他因有外出任务，委托给我。后天就开会了，我又紧张起来了。

这次评审我是依据丁毅去年底的职代会报告；公司2017年度生产经营计划和公司“十三五”规划来做的。市场部准备了“十三五”规划评审，2017年钢铁主业规划推进情况，分为经营总体情况、产品规划情况、供应链规划情况、规划调整建议。我昨天晚上看了一遍，思考了一下，今天上午在市场部和张峰的团队沟通，把要肯定的成绩肯定，把要说明的问题说明，把要调整的意见理出。我很累，因为认真，因为怕我不分管的工作报告中有差错，所以只好多下点功夫。

评审的结果是：今年的经营结果100分，今年的产品规划实现90分，今年的营销规划执行85分，今年的供应链规划执行79分。我强调未来马钢在规划中应更多关注两头市场的采购与销售，市场是难以预测的，只有这样马钢才会有更好的竞争力。结束语是：“对照规划，检查落实，不忘初心，继续前进。”我有自己的做法，不愿照着已写的材料去讲。至此我对代表股份公司，参加集团公司今年战略执行情况评审汇报终于有了充分的准备。

2017.10.30 今年是马钢再创辉煌的一年

面对最近不断传来的好消息，海建兴奋地说：“股份公司下半年如此好的效益，使我们该怎样花钱反而计划不足，在今年六月市场波动时，我们在推测市场是公鸡还是母鸡尾巴，钢材市场真是难以预测，现在11月份的经营计划已经出台了，看今年公鸡尾巴不会有多大的变数了。股份公司经理层人人有担当，还必须有特殊的本领。我本人难忘的是马钢H型钢、马钢的信息化；希望马钢板带产品在市场定位要高，能挺在前面；杜助理把手中轮轴板块干大干优，瓦顿公司能完全融进来。文洋现在抓QMS&IPS信息化很重要，但CSP定位及前景要担负起来，海潮从管理生产到管质量技术，这几年干了不少大事，退休后做个高级顾问，把马钢特钢的轴承钢干至世界一流，和国内兴澄并肩。此事我和丁总、海帆沟通过，我们的想法和意见一致，把ASCO公司FOS厂的技术及模具带回来，把法国专家引进来，用2~3年时间马钢干出一流的轴承钢。

海建向我要一组马钢近年来生产经营数据，我把海建想要的东西理了一下，请计财部穆科长翻翻过去的统计资料。马钢股份公司（集团）效益方面销售收入历史最好水平为2011年865亿，净利润历史最好水平为2004年35.76亿元。马钢股份公司（集团）产量方面年度历史最好水平为生铁2013年1812万吨，粗钢2014年1887万吨，钢材2014年1837万吨，预计2017年生铁1826万吨，粗钢1937万吨，材为1860万吨（均为历史最好水平）。马钢股份公司本部年度历史最好水平，生铁（2016年）1381万吨，粗钢（2016年）1464万吨，材（2016年）1374万吨，股份公司本部预计2017年生铁1420万吨，粗钢1535万吨，材为1429万吨。2017年是马钢再创辉煌的一年，历史上我们的产量在爬坡，现在到了顶点。我们从以长材为主到现在板带已占了绝对的比重，我们的吨钢盈利水平也已超过行业平均水平，正在缩小与优胜企业的差距，我们向前的脚步一定要迈得比别人大、比别人快才行。

2017.11.1 永久性关停1#小转炉

一份令人大喜的股份公司10月份生产经营业绩报告——本月本部生产铁123.7万吨，钢135.6万吨，成品钢材125.4万吨，本部实现销售收入56.12亿元。产品销售价格比预算上升937元/吨，增加利润10.9亿元，当期国内原燃料发出成本上升，减少利润4.37亿元；二级单位内部降本超计划2078万元。在上述销售收入、销售成本、期间费用水平下，本月股份公司本部生产经营利润6.02亿元，本月股份公司子公司归属股份集团利润1.57亿元，合并报表股份集团利润高达7.59亿元。

昨天晚上9:00，马钢长材事业部北区永久性关停1#小转炉。我在微信群中写道："光辉的历史，马钢转炉炼钢的摇篮，培养了一批炼钢人。"昨天晚上收到了制造部陈斌收齐的各单位总工、副总工写的"百忙千忙忽视质量是瞎忙，千苦万苦不抓质量会更苦"的体会文章。合板厂童庆年"时刻绷紧质量弦，牢牢守住生命线"；闫明"我质量工作的体会"；沈新玉"突出技术引领，强化质量导向"；刘茂林"抓质量的用心良苦"；程德利"强调执行力，关键还是人"；肖峰"直面问题，寻求突破"；司小明"质量之路，只有进行时"；陈斌"质量永远在路上"，还有周寿好、周振农、王勇、赵海山、张卫斌、于景辉、陈玉宝，他们每人都在用心对待质量工作。

市场好了，效益好了，生产放量了，但产品质量一定不能放量，我这位首席质量官，一天在岗，就有一天的压力。

2017.11.4 引进一流轴承钢技术

为中钢协管理创新一等奖答辩，我去了河北石家庄河钢集团总部。快立冬了，北方的城市干燥、缺水，绿色已经不多了，还是我们江南好。

今天一早收到总调的信息，我要求他们特别关注南区棒材线检修完的生产情况，制造部四班总调是一支可以很好利用的力量，可惜我的工作方法没有延续下去。总调报告，昨天生产18螺，白班510吨，小夜班600吨，大夜班710吨，全天仅有1820吨，未改造前干此规格螺纹日产是3600吨左右。现在是设备调试问题，冷床定位不准，6#剪卡钢不顺，轧线过钢跳电，打捆机故障等。家里铁水资源充足，螺纹钢市场价位这么好，18螺现货价格4150元/吨，期货已跌至3650元/吨。现货市场出货很快，一手交钱一手交货，检修完我们还不出量来，现货与期货差价在每吨500元，因出差在外，我打电话向钱总报告了我掌握的长材事业部南区棒材生产线的情况。海帆告我，他今天在长材事业部南区棒材开专题会，要快速解决问题。

因为MGASCO合资公司中有技术转让合同，我带队去学习考察过法国ASCO FOS厂的整套轴承钢模铸生产技术。昨天接待德国SB公司CEO，也承认Asco的轴承钢是世界一流的。现在ASCO亏损，新的主人都将关闭ASCO的炼钢部分，我们有电炉、LF炉、RH炉，相应的轴承钢技术我们也掌握，钢水直接从钢包注入模具，而不是连铸先注入中间包，这可能是模注洁净轴承钢的关键。公司定了让我牵头准备把法国FOS厂的模具及专家带回马钢来，我立即与法方联系。我们走捷径之路，能生产出顶级的轴承钢，到那时一年能干5~8万吨，那我们的特钢就是国内名副其实的特钢了。

法方专家米歇尔表示，非常高兴能够在福斯厂接待马钢代表团，高兴有机会一起开展轴承钢质量方面的工作。该参观可以是12月15日之前的任何时间或圣诞节之后，请告知我们选择的日期。

2017.11.6 *我的笔记本是我的宝*

昨天我在北京参加2017年钢铁行业科技创新大会。马钢集团控股有限公司被评为中国钢铁工业科技工作先进单位，曹天明、吴坚、朱青山被评为优秀科技工作者，我被评为优秀科技管理工作者。

这份荣誉现在是由中国钢铁工业协会、中国金属学会授给的。今天有6位院士，殷瑞钰、干勇、王国栋、王海舟、毛新平、李卫参加，会议档次及授奖规格是自2012年以来最高的。

五年来，钢铁工业科技创新取得了举世瞩目的成就，一大批高端钢铁产品研发生产保障了国民经济各主要用钢行业的升级发展，中国汽车板用钢、中国无取向、取向硅钢已跻身在国际第一方阵；中国磁轭磁极钢板、电站蜗壳用钢板世界领先水平；中国研发的核电用钢已成功用在第三代重大核电项目中，中国成为世界上唯一能够同时批量生产第一代、第二代、第三代先进高强钢的钢铁企业。五年来，中国钢铁工业创新体系日趋完善，科技创新成果推广加快，科技创新成了钢铁工业应对困难和解决发展中问题的重要方法。中国钢铁工业要实现既大又强的“钢铁梦”，努力实现创新驱动发展，努力实现创新突破，着力加快质量升级，着力发展智能制造，着力低碳绿色发展，着力提升创新价值。昨天的会一结束，我们直接赶到北京南站乘高铁返回。

今天周六公司视频会，又有环保巡查组活动。环保的压力变大，执法的力度加大。能环部经理王为民通报公司一周环保情况，无组织排放上周4次，本周7次，增加了3次，环保效果不好，我们要高度重视环保工作，一定要从严控制。我问了他，绕了一圈，是谁家在无组织排放，为什么不点名道姓，职能部门要担当。

海帆今天很高兴，10月股份本部利润6.2亿元，股份集团利润7.5亿元，外部市场好，内部生产经营更好。他代表公司向股份、向集团职工表示感谢。尤为突出表扬三铁总厂、四钢轧总厂，实现全面达产达标，并超过新区的设计目标。快进入今年最后一个月了，他要求各单位谋划2018年生产经营工作，抓住重点，他要求各单位启动冬季的防冻、消防、安全工作。海建更是高兴，马钢集团10月利润达到9亿元，这是历史上未曾有过的。马钢人珍惜家园文化，向党的十九大献了厚礼，中国进入新时代，我们马钢怎么干，干什么，我们有自己的优势，也有自己的不足。我们要注重战略评审，技术后劲，质量提升，公司准备召开2017年马钢科技创新大会，表彰马钢工匠、马钢工程技术人员。今年效益好，理应让职工收入多一些，我会积极主动去争取相关政策，取得理解支持，各位要认真学习十九大会议精神，撸起袖子加油干。

一周一周快节奏、大量的工作，有时都想不起自己上周干了啥。我的笔记本是我的宝，习惯翻翻工作日记，思考一下手头上还没有完成的工作。

2017.11.7　从“谈冬色变”到脉络把控

今日立冬。马钢人笑傲这个季节，因为将夺取2017年生产经营的全胜。

经过一旬时间的精心策划，《马钢日报》在头版登出《系统联运，确保高炉稳定顺行，稳中求进，力争指标再攀新高》一文。马钢铁前系统厉兵秣马迎寒冬，四版整版登出《你好，2017年高炉过冬季！》铁前港务原料总厂、煤焦化公司、二铁总厂、三铁总厂、原燃料采购中心、物流中心、炼铁技术处，都对今年迎冬生产作了思想上、行动上的准备。曾几何时，每年冬季是马钢人心中说不出的痛，高炉失常，一度成为制约整个公司的关键因素，马钢炼铁人甚至有些“谈冬色变”。今天，马钢炼铁人已有了高炉体检这个利器，理论与实践的紧密结合，我们控制了整个铁前系统，把握了高炉脉络，有了独创的好办法。

一路走过来，我在思考，我们的高炉过去为什么会失常？我们的高炉又为什么能长期的稳定？持之以恒地抓好一项工作，不是件容易的事。松懈一项工作是在不知不觉中，像温水中的青蛙，感觉不适时已经来不及了。为稳定顺行的高炉适时增补一些能量，并不要花多大的力气。今年马钢炼铁过冬不会出问题，我特别感谢杨子江、洪红两位，和他们在一起交流时，经常能形成共鸣。

今天集团公司11月8日以马钢集问责决字第4号文件，下发了《关于对三铁总厂相关中层管理人员进行问责》的决定。2017年7月11日2时30分，三铁总厂A炉中控楼二层电缆夹层发生电缆火灾事故，造成A炉停产86小时。根据马钢集团公司JT/M004—003文件，股份公司设备部启动问责程序，认定本次事故属于特大事故。经公司领导同意后，对有关中层管理人员作出如下问责决定：分管设备副厂长刘晓超承担直接管理责任，给予行政警告处分，扣发绩效年薪3万元；厂长丁晖承担主管责任，责令作出检查，扣发年薪1万元。此事到此是处理完了，但是从7月11日发生事故至今，已经过去118天，拖得时间太长。公司中层干部今天是可以从办公系统中看到了，但不是马钢员工都能知道的，可马钢员工都知道了“7•11”的事故。正面的要宣传，负面的要告之。我专门在全公司早调会上讲了处理意见，相信丁晖、刘晓超不会记恨我。

马钢的管理要公平公正，持之以恒坚持下去，这对马钢是有益的。

2017.11.11 学习贯彻党的十九大精神

11月11日是阳历一年中的第315天，离全年结束还有50天。有人称作“光棍节”，现在又有了一个“抢购节”。昨天一天的工作排得满满的，上午是2018年新产品开发，科研及技术攻关项目，研发费用预算会；下午是炼铁技术例会，下午4:00还有汉德咨询公司对马钢铁前、公辅系统ISO9001换版审核的末次会议。晚上我们77届钢班同学聚在一起，准备庆祝我们同学40周年。

我也临近退休的日子了，总是告诉自己，放慢节奏，但面对工作还是投入满腔的热情。真乃江山易改，本性难移。

今天早调会结束后，公司党委利用视频会场，向全公司召开深入学习贯彻党的十九大精神专题会。高海建书记作了一个小时的学习十九大精神的宣讲，他要求从现在起至年底，各级领导都必须带头认真学习十九大会议精神，牢记党的十九大的主题、主要成果；习近平新时代中国特色社会主义思想，结合马钢工作实际，勇于担当，奋勇向前。他强调马钢的关键，还是在我们干部的学习能力和工作能力上。的确如此，公司党委安排我去检测中心、废钢公司、四钢轧总厂，对党的十九大精神宣讲，我不会照本宣科，就文件传达文件，正在认真学习准备之中。

在第75次炼铁技术及高炉长周期稳定顺行会上，我已经作了告别并交代了工作。但昨天黄总还是请我参加76次例会，今天陆克从、伏明两位都因工作冲突不能参加此会，我去补台。在此次例会上我问了“现在港务原料厂混匀矿与三铁总厂烧结矿含铁品位之差的情况”，我问了“今年冬季煤焦化公司就上冻路局车皮用蒸汽化冻的方法”。

11月8日立冬，我策划的宣传专版，有不少在今年第一场雪中整个炼铁系统中感人的故事。公司炼铁的格局已定，2017年12月启动A号大高炉中修工程，2018年8月启动1#大高炉技术改造工程，2018年底关闭9#、13#小高炉。一批年轻人在铁前各单位的工作中成长得很快很好，我们要对他们百般呵护；各级领导要有好的工作方法，从严要求自己，带好队伍，不忘初心，继续努力；马钢炼铁好公司无内忧，高炉长周期稳定下去是我最大的心愿。

2017.11.13 质量工作可圈可点

爱人去深圳带外孙了，周六下午我无其他事，又来到了办公室。10月19日马钢举办了2017年产品技术服务年会，与会代表的确对马钢的专题报告、管理水平、产品质量和技术能力表示了赞赏，对马钢以用户关注为导向的EVI服务模式给予了充分肯定。会后在热轧结构钢、型钢专项产品及需求上又有了合作的意见和建议，此次年会取得了成功。在总结之后技术中心提出嘉奖的申请，我在报告上批了，技术服务年会今年是第二届，效果的确很好，长期坚持下去需要激励，请钱总经理给予嘉奖。

领导有要求，我们就要有行动。2017年马钢的质量工作可圈可点，取得了实实在在的成绩，这或许是我们过去从未有过的。今天早调会钱总要求我负责，从现在起准备2018年开展“不接受、不制造、不放出不合格品的工序质量控制活动”。我们现在的举措，如“质量责任制追溯、KPI指标考核、不合格品专项规定、热轧卷的切头切尾”等控制就是在这么做。我要求制造部在明年的生产过程中，改变思维定位，也改变我们明年的质量考核办法，调研清楚现状，提出较完善的方法，拿出可行的举措，我来组织讨论行动计划。晚上6点我离开办公室，思前想后，这几年公司的质量管理工作力度很大，产品质量的不稳定性得到了极大的消除，除个别岗位的员工素质造成的质量波动外，全部是受控的。我个人的精力和首席质量官的担当，主要是在质量体系的有效运行上，产品质量的保证上。

2017.11.14 结合实际宣讲党的十九大

昨天下午3：00，去四钢轧总厂传达贯彻党的十九大会议精神，用时近两个小时，给48位科级以上干部宣讲，取得了较好的效果，完成了我的规定任务。今天下午3:00去废钢公司继续传达贯彻党的十九大会议精神，在昨天基础上我又认真地思考了怎样改进，并结合我们的实际工作，着重在学懂、弄通、做实上讲。在围绕党的十九大精神宣讲提纲上，我把建立中国人民的信仰，与习近平主席的要求人民有信仰，民族有希望，国家有力量结合起来讲；我把习主席是党的领导核心，人民的领袖，军队的统帅与新时代中国特色社会主义思想结合起来；我把国家的富强、民主、文明、和谐再加上美丽，社会的自由、平等、公正、法制，人民的爱国、敬业、诚信、友善与我们现在的现实结合起来去讲。废钢公司今天有62位党员职工参加，我以最喜爱学习总书记的一句话结束了。宣讲结束，共同的反应是所听到的精彩一课。天黑了都还不愿散去，还在品味宣贯的内容，还在与我在一起交流。

2017.11.15 质量问题必须查清楚

今天早上收到安涛发了一条短信；“1700474炉机车车轮在探伤报警时超标，必须整炉判废。不知什么原因，它的前一炉、后一炉质量都很好”。我即责成特钢龚志翔和车轴肖峰启动调查，是什么原因造成的，可能产生的因素要一项一项去排除。下午收到特钢龚志翔给我的短信，对此炉钢生产过程的调查，未发现异常情况和违规操作。我立即告知：我怕的就是这份调查报告，使我们面对事实的问题无从下手。我判定一是记录状况与实际状况不一致，二是还有的过程未纳入监控中。我决定开会，说出我的工作方法，要求照着我的要求去，像检察院查案件一样，一个一个环节、从头至尾，发现的问题要有人证、物证，我相信破了这个案子，特钢对车轮的“写所需”“做所写”“记所作”工作又会上一个台阶。此炉钢的夹杂从哪里来的，内生的、外来的？它在哪道工序上会产生，精炼、连铸上？它是什么类型的夹杂，属于什么东西？我们必须从检验的结果中发现问题，我们必须从职工的操作中发现问题，只有找出产生的根本原因，才能在今后生产中不再发生。

2017.11.17 与华菱星马合作进入佳境

今天主持股份公司科研及技术攻关项目立项、结题评审会。评委有王炜、乌力平、张建、刘国平、殷欢、崔银会。

第一个项目是：改善新区焦炭质量，支撑高炉喷煤比，马钢的高炉稳定顺行已经持续进1400天了，但高炉喷煤比与先进水平相差不小，近两个月在抓，取得了一定成效，A、B大高炉已经达到了160kg/吨铁，此次抓住A号高炉中修30天的时间，通过延长新区焦炉结焦时间至28小时，我们把B高炉喷煤比拉上180kg/吨铁的水平；第二个项目是：特钢公司线材加热炉，炉内钢坯全视场温度监测系统与信息共享平台，我要求新聘的首席技师担当起来，实现温度监测与温度调控联动起来，确保今后工业材料生产的温度精准控制；第三个项目是，四钢轧钢区钢包与生产计划匹配运行的理论分析模型建立，我要求在现有的生产能力上，在钢包管理信息化实现的基础上，在韩方高效炼钢的前提上，完成钢包与生产计划的最经济匹配。

今天合肥板材厂申报“降低IF钢平整延伸率波动”的立项课题，同时申请“消除MCJD5产品连退斜纹缺陷攻关”课题结题，各项条件全部满足，同意一个立项，一个结题。今天的评审顺利，评委们对课题的把握水平高，课题汇报人经过几年的训练水平也提高了。全部通过后，我心里感到很高兴。担任总工后，在科研及技术攻关项目上工作方法，已经在实际应用中呈现了出来。

马钢和华菱星马公司的合作已入佳境，按照工作计划，每年上半年我们交流一次，下半年交流一次。王炜退休了，茂晗接班了，华菱星马公司认真准备了下半年的交流。今天我带茂晗、赵勇、司小明、沈新玉、胡学文一行12人，与羊明银带的薛永昌、雍其斌、裴志军、邢军、钱鑫等12人交流。三年多来双方真诚合作，目前马钢汽车用材年销往华菱星马已达5万吨，特钢产品、和菱产品也一道进入了汽车行业。华菱汽车也正在切换各类马钢钢材像星马汽车一样，最终全部使用马钢钢材。我们的真诚服务，EVI的合作模式，具有竞争力的价格，稳定的产品质量，特殊位置的保供方式，使华菱星马公司感到满意。今天的会议定了四条，华菱星马需要的950JJ今年春节前完成试制；马钢与华菱星马合作项目，向市、省申报科技成果奖两个，成果专利共享；继星马直供后开通华菱直供。把马钢与华菱星马的合作成果总结出来，在《马钢日报》和《华菱星马报》上都发表。

2017.11.20　不知闲下来是什么滋味

已经进入11月下旬了，外部市场情况稳定，螺纹钢畅销，价位已经升至每吨4350元，且库存还在下降，原燃料的采购价位也趋稳定。我们炼焦用煤的库存经过努力也已升至了22万吨过冬的水平。财务预测本月股份集团的利润水平会超出8个亿，且12月销售接单情况也很好。今年马钢公司真是风调雨顺的大丰收之年了。公司现在高度关注安全生产，尤其是劳务用工人员的安全，高度重视环境保护工作，尤其是A号高炉检修30天，新区焦炉的焦炭倒运回老区来使用的粉尘问题。公司要求田俊副总经理快速对热电总厂造成的10千伏高压线跳电事故的处理，对低价中标的设备备件造成的事故进行索赔。我是在岗一天就盯住整个系统的正常生产和产品质量。

本周我要参加冷轧总厂工匠专题座谈会、中国特钢企业协会优特钢市场预警会，完成我组建顶级轴承钢项目部及可行性研究报告。真不知闲下来会是什么滋味。

马钢股份公司产能置换方案今天过了堂。按国家产业行动指南和马钢股份集团公司“十三五”规划，我们将淘汰或改造本部3#高炉，长钢3#高炉，新1#高炉，新2#高炉，四座高炉炼铁产能363万吨/年。将淘汰或改造本部长材事业部南区的四座转炉，长钢两座转炉，六座转炉炼铁能力490万吨/年。有三种置换方案，按时间要求，确定方案后，尽快完成产能置换方案的政府公示、公告。六十年马钢的发展史是自我积累、滚动发展起来的，未来马钢如何发展，我们有优势也有劣势。祝福马钢。

2017.11.24 *倾听工匠们的心声*

今天把自己的工作排满了。

上午去三铁总厂工匠基地，参加三铁总厂2017年技术创新大会。我已经是连续三年应邀去参加了。丁晖对开这个会很有想法，每年表彰完成上一年与总厂签订合同任务的项目，同时小结全厂一年来的技术质量工作，再提出一批生产经营中需要解决的问题，再与攻关者签订新的合同，明码标价，充分调动员工的积极性。三铁总厂A、B两座大高炉已经稳定顺行1340天，今年B号高炉在全国同类型高炉竞赛中取得了第一名的好成绩，内部烧结在原料层上有创新，在球团的指标上有提升，在转底炉的使用上又有进步，我们马钢大高炉在全国已经有了较高的名气。扎实的基础工作十分重要，公司连续举办六次“体检、预警、应对”成果发布会，培养出了一批能文能武的高炉炉长、工长。在这样的会上，我的心情特别好，因为最大的心愿就是马钢高炉继续长周期地稳定下去。

临近中午，我和焦化公司汪开保副经理、钱虎林高管等人在新区焦炉放焦口碰头，A号大高炉下月开始30天的检修，每天约1400吨的焦炭要从此处放出，调回至老区使用。现在环保的压力很大，当然我们也有责任把此事做好，这是临时措施，我要求把漏风处全部封闭好，保持住放焦室的风机抽力，这样此难题就解决了，更重要的是加强对临时作业的管理。

下午去了冷轧总厂新设立的工匠基地，硬件有了，软件怎么样？两周前我和他们约定，请8位总厂工匠在这里汇报他们今年的工作和明年的计划。让他们讲，我们认真听，也是一种工作的好方法。冷轧总厂是公司板材类产品的出口，这两年来因为他们的努力，使公司汽车板、家电板、电工钢在全国市场赢得了荣誉。保持产品质量稳定，继续提升顾客满意度，我们更需要一批优秀的马钢工匠，在自己的岗位上把工作做到极致。三个小时过去了，下班时间到了，但我们依然谈得气氛热烈，我们不要总是指手画脚，静下心来听听优秀员工的所作所为其实很好。

2017.11.27 为人才搭建更大的舞台

公司召开了2017年技术创新大会，经过一段时间的准备，今天下午把原本要开的2-3个会合在了一起。其中有《关于表彰2016年度优秀科研及技术攻关项目的通报》；有《关于表彰“奋战两大战场”优秀技术业务人员的通报》；有《续聘、新聘高级技术主管及首席技师的通知》；有《关于表彰2016年度马钢荣获安徽省科学技术奖、冶金科学技术奖及全国创新大赛奖项的通报》；有《关于马钢技术创新成果奖项目的通报》；有《关于表彰马钢一线职工岗位创新创效成果奖的通报》。公司党政决定拿出一大笔奖金给予奖励，并在会上为各个项目的代表发放证书和聘书。

此次会上，各类代表作典型发言很好。

销售公司方志勇讲述了马钢开发沃特玛电池壳钢的故事；技术中心程鼎讲述了省优秀发明专利奖热轧H型钢轧后拉冷装置的实现；二铁总厂聂长果讲述了马钢新建3200m^{3}高炉快速达产的过程；自动化公司张弘讲述了马钢自主开发的机器人；南山矿林震源讲述了在卜维平的引导下，自己如何走上了首席技师岗位；长材事业部叶光平高管讲述了自己的60项发明专利应用在马钢生产线上的作为。

海建董事长、党委书记作了有激情、有分量的讲话，指出马钢就是要为人才搭建更大的舞台，让他们在马钢家园中名利双收。从这次聘用的首席技师和高级技术主管起，处干、高级技术主管、首席技师的年薪处在同一平台上，还要再增加突出贡献的额外奖励。丁毅总经理主持了今天的会议。

会议开得高效精干，参加人员受到了教育。

我想有些会议可以取消，但像今天这样的会议，能固化下来，每年都举行一次，必将提升马钢人的斗志。

会后，我立即把制造部、四钢轧总厂、冷轧总厂、技术中心的一把手和总工们召集到一起，就这一周冷轧酸洗板表面发黑的问题作了分工，要求排查原因，查清砷对冷轧产品质量的影响，查清砷的来源并立即采取控制方法。问题出来了，找不到产生原因、不解决问题是不行的。

2017.12.1 给自己加码

进入2017年的最后一个月了。今年马钢内部生产经营好，外部市场稳定利好，股份公司本部11月份至少获利润7亿元以上。在中国船级社地区会议上，我就造船企业提出的钢材价格超出预期的上涨谈了自己的意见。今年钢价上涨，一是国家坚决取缔了地条钢，供需发生短时不平衡；二是钢铁企业固定资产折旧率还是在维持基本生产的计提上；三是今年进口矿、煤炭在理性的调价中。各行业都应有合理的利润水平，这样才能符合习近平新时代中国特色社会主义思想，我说的是经过学习以后，认真思考后的实话。

今天公司组织2018年省重点研究与开发计划项目申报后的评审。此次省科技厅给出了省计划层面上的攻关重点领域和优先发展的主题，放在智能制造与装备、电子信息、新材料、节能环保与新能源技术、资源环境、人口健康、现代生物医药、城市发展、公共安全、防灾减灾、农林畜禽水产、农产品加工和安全、农业信息化和新农村建设十二个方面。我们集团公司申报了17个项目，考虑到2017年马钢一个项目也没有在省里立上，今天要细细筛选一下，分清科研项目、技术攻关和新产品开发三者间的关系。整整一个上午，我们最终定了物流公司一个项目、特钢公司一个项目、马钢埃斯科特钢一个项目、炼铁综合利用一个项目，每个项目申报前还要认真准备。

今天马钢集团公司、马钢股份公司11月生产经营快报出来了，11月份股份公司本部生产生铁127.9万吨，与上月相比增加4.15万吨；钢138.8万吨，增加3.39万吨；材完成129万吨，增加3.09万吨；股份本部实现销售收入57.3亿元，利润7.45亿元。

下班前我在想，特钢公司机车轮因超探报警率高而判废的一炉，我们应该做出结论了。冷轧总厂酸轧线板面发黑的事，对砷含量高的影响应该查明了。我接到了张文洋、陈斌、司小明等人去德国参加QMS设计审查半个月的出国通知，钢轧生产口走了一批关键人物，这样我的工作又要兼顾这一块了，看来要给自己加码了。

2017.12.5 管理是坚持、是治本、是改进

现在市场需求依然很旺，钢材价格稳中见涨，由于冬季环境治理要求高，部分钢企明令限产，螺纹钢的价格在向4900元/吨逼近。12月份公司生产经营计划已下达，因为A号高炉检修30天，减少铁水产量约20万吨，测算本月利润在6亿元，公司内部以降铁钢比、在线高炉努力增产为重点工作，不错过市场的机遇。

今年开展的20项品牌马钢、马钢品牌的创建工作，卓有成效。随着马钢在中钢协获三个管理创新一等奖，来马钢学习交流高炉长周期稳定单位有好几家。作为上市公司，马钢前三季度业绩的公告使名气和地位都空前提高。高度重视产品制造过程的精益，严格质量管理体系的运行，关注用户的各项反馈意见是我们必须坚持好的工作，我要求本周特钢公司完成一炉机车轮报废的分析，制造部完成砷对冷轧产品表面颜色影响的分析。冬季了，马鞍山市环境保护的要求，安全生产的要求，其实是我们自己应担负的职责。这项工作我们也从治标向治本纵深，我们认真做好2017年生产经营的收官，谋划好2018年的各项工作，迎接公司职代会召开。

今天股份公司举行2017年管理评审会，我们从战略方针管理、市场营销管理、财务管理、人力资源管理、组织治理、基础设施管理、测量管理、能源管理、安全管理、环境管理、信息管理、体系管理、科研与创新管理、采购管理、生产管理进行全面梳理。我们以“基于事实，问题导向，追求卓越”为原则，强调持续改进的管理理念。我作了点评：综合管理体系今天的评审，各家都上路子了，有PK的劲头了，这和公司各项工作上水平是相吻合的。我想应该注意管理评审与工作总结之间的区别，他们最大的不同点是什么，体系评审是刚性的，一是一、二是二；你单位现在按什么标准执行工作，是国际标准、国家标准、企业标准，你的“写所需”与“做所写”与对应的标准还存在什么差距或还有改进的空间吗，经过几轮PDCA循环了，各项工作的输入与输出和我们对各项工作的要求与结果是否一致了。管理贵在坚持进行下去，不怕发现问题，就怕没有问题了。以今天各单位发布的评审报告为例，首先应该是在本单位发布，听取意见，才能到公司来发布。当然如果没有这样做，那就回去补上，管理是管理者与被管理者之间的互动。海帆总经理对管理评审中提出的主要问题，作了回答与要求。

2017.12.7 *我的传帮带效果很好*

不同的企业有不同的求生之道，不同的经营方式。我不曾想到中国的电动汽车发展如此之快，现在又冠名为智能电动车。我们的销售团队及EVI工作小组，今天请来了爱驰亿维公司供应商质量管理经理潘雪宁一行五人。爱驰亿维公司是由中外合资在中国江西上饶刚组建的智能电动车公司，第一款SUV新车将于2019年上半年上市，他们采购的宗旨是保证质量下的材料性价比，马钢汽车板能够满足要求，他们强调的是供应商直供与服务。今年马钢汽车板产量再增，用户档次再提升，一批批二方、三方审核人员来马钢，我作为总工程师和首席质量官，从不敢掉以轻心，销售在前方拓展市场，我们就必须在后方守住阵地。像往常一样，不管对方派出什么样职位的人来马钢，我每次都参加审核的首次会议和末次会议，我认真做事，做好事，带动公司生产单元和职能部门的相关责任人，也取得了很好的效果。

今天末次会议结束后，我给朱伦才、刘永刚发了短信："汽车板新客户多，新来公司审核次数多，现在新老客户每家都有不同型号车型零件及部件的设计及冠名，请汽车板推进处快速安排整理出一张马钢汽车板牌号与各钢厂牌号对照表，各家用料名称对应马钢材料名称，对应国际及国际标准材料名称，让他人一目了然，让我们心中有数。"为此我提供了一张雄峰牌高级模具钢的样本，要求本周完成并印制出来。

2017.12.9 马钢评为A级竞争力特强公司

今天马钢2018年钢材客户大会，在杭州G20峰会的B20峰会会场洲际酒店召开。海建、丁毅、海帆等，共有七位领导出席。今天的《马钢日报》的《人间天堂迎盛会，西子湖畔话友情》一文，表达了马钢人不忘初心，筑梦钢铁强国的雄心壮志。2017年的马钢在国内钢铁企业竞争力评级中，评为A级竞争力特强公司；在世界钢铁动态公布的世界级竞争力排名中，马钢在国内钢企中排名第四位；在今年上市钢企已经公布的业绩中，马钢股份盈利排名第三。这次来杭州参加客户大会的有600家企业1100名代表，也是马钢历史上第一次举办如此之规模的客户大会。

我们把此次客户大会上的主题设为新时代、新思路、新品牌，马钢将推出新服务。市场部精心准备了明年市场形势分析报告，张峰今天讲得有水平；章茂晗作为新任销售公司总经理，他把市场、产品、技术、品牌、服务融在一起作了主旨报告，让客户们很有兴趣。海建书记今天从马钢家园文化说起，马钢人感恩在心，马钢从钢材销售商已经向材料服务商转变，未来马钢一定在做优产品的同时向做响品牌努力。他诚挚的鞠躬，感染了会场的气氛。是的，马钢2017年创出了新的业绩，此次客户大会无论是形式还是内容都做了精心策划。一个企业能持续经营出自己满意的业绩，真的不容易，需要有一个优秀的经营团队，把握好内外的各种因素。2017年收官了，2018年我们马钢要给自己加力。

今天我在黄龙大酒店分会场参加镀锌、硅钢客户交流会，直接听取他们对马钢这两大类产品的服务评价。没想到今天分会场也坐得满满的，格力电器、美的电器、富士康、信质电机、LG电子、天津扎努西、日本JFE、梦思特、乐克……我们的镀锌、硅钢产品已经与国内一流企业、世界知名厂家紧密联系在一起。今天座谈会客户们主要谈的是产品定价、资源保证，2017年马钢APQP、EVI工作服务模式走出新路子，我们干了过去没干的事，和这些国内一流的名优企业打交道，产品质量是首要的条件。

2017.12.15 一周的学习受益匪浅

接到党委工作部的通知，有一周的全封闭时间，我带队和乾春、伏明、茂晗去合肥参加省属企业中层正职以上管理人员学习贯彻党的十九大精神轮训班。说实话我很久没有参加此类政治轮训了，我听了习总书记三个小时的报告，按要求看了十九大报告中与我工作相关的要求，根据自己的学习体会与理解去基层单位宣讲了十九大精神，虽然明年我要退休了，但至今工作从未松劲。说真话我不喜欢为学习而学习的形式，有这样的必要吗？效果会好吗？能让我对十九大报告精神在学懂、弄通、做实上再进一步吗？

一周学习计划出来了，因为完整播放了省委书记李锦斌对全省领导干部的讲话，原汁原味的，让我清楚这次学习是动真格的，以上率下的行动是有标准的，安徽怎么干是有明确要求的。中央党校专家对新党章的解读，让我对新党章与习近平新时代中国特色社会主义思想的相融，新党章的新理论、新时代、新要求、新核心更加理解。国务院国资委改革办关于深化国有企业改革的讲述，让我了解了重点难点问题、顶层设计和主要措施。省委党校两位教授对习近平新时代中国特色社会主义思想的精神实质和内涵的讲解、对坚定不移从严治党的讲解，让我学到了东西，受益匪浅。一周的学习让我对党的十九大精神的理解有了新的深度、广度和高度。我相信今后五年全面建成小康及往后的蓝图目标一定能够实现。不管世界风云如何变幻，中华民族将变得强盛。

此次我们百人学习的学风、认真的劲头、自觉的意识、反思的问题也是过去很长时间没有过的了，这种方式的学习对各级领导干部的确很重要。

2017.12.18 马钢主要负责同志职务调整

今天上午9:00，马钢集团公司党委召开干部大会，宣布省委关于集团公司主要负责同志职务调整的决定。省委组织部副部长肖超英宣布省委决定：魏尧同志任马钢（集团）控股有限公司党委委员、常委、书记，提名担任董事长；免去高海建党委书记、董事长职务，按《公司法》和有关规定办理。

魏尧说：马钢是一个具有光荣传统的企业，在60年的发展历史中，创造出了辉煌的业绩。近几年在海建为班长的集团公司党委领导下，马钢全力打好家园保卫战，成功扭亏脱困，对海建同志为马钢发展付出的大量心血及重要贡献表示衷心感谢。

高海建在发言中表示，坚决拥护省委的决定，将按照党员领导干部“忠诚、干净、担当”的要求，做好领导岗位交接工作。他饱含深情地说：我1982年来到马钢，从基层技术人员一步步成长为企业主要负责人，人生最宝贵的年华都留在了这里，感谢组织培养，感谢领导班子的努力和支持，感谢马钢职工在最困难时期携手同心，感谢我们赖以生存的家园给予我的一切。

今天省委常委、组织部长严植婵，国资委主任李明，市委书记张岳峰都出席了会议，公司中层以上管理人员都参加了会议。

2013年6月，高海建出任集团公司党委书记、董事长，至今四年半的时间，海建已满60周岁了。海建的前任是顾建国、杭永益、王秀智、傅锡寿，他们都曾是我进马钢后我们公司的一把手。

2012年马钢集团利润总额是-34.88亿元，2013年是1.90亿元，2014年是5.59亿元，2015年是-54.96亿元，2016年是10.7亿元，2017年是58亿元。五年的业绩反差极大。2017年马钢干出了历史最好的经营业绩。

2017.12.24 最后一周工作日程满满

妻子说我：你退休后没班上了怎么办，还不好好想一想？实话实说我真的没有想过退休的事，顺其自然。

今天是平安夜，明天是圣诞节，公司不少厂长去参加区人代会，今天公司早调会上我和几个单位打了招呼：长材事业部南棒材昨天日产4160吨，北棒材昨天日产1872吨，均超计划，一天产值3000万，一天利润是500万；铁运公司九区道口封闭，公司白班夜班职工上班路线变更，江边道口服务要更好；B号大高炉煤比已经站上了181kg，达到了公司要求，认真分析这个爬坡过程并持续关注炉况变化，做好这个技术攻关项目；合肥板材第6轮生产AlSi 产品，我们还存在什么问题，写出小结报我；特钢电炉此次炉底寿命未达到要求的问题，写个分析给我；欣创环保公司每周日通报的二氧化硫和氮氧化物、粉尘收集量，是检测数据换算出来的重量，还是有收集物过磅得出的重量，这个数据的准确性我们要评价。

今年还有一周的工作时间了。我要去参加股份公司重大危险源的专项检查；要陪同魏尧书记去技术中心调研；要接待东风商用车的二方审核；要主持股份公司十二月技术质量例会；要参加股份公司316次总经理办公会；要主持评审法国车轮用料的技术攻关课题；要主持我们马钢轴承钢的可行性分析报告评审……

2017.12.28~29 圆满收官，再创辉煌

今天马钢集团公司十八届二次（股份公司八届二次）职工代表大会召开。马钢集团公司597名职工代表，特邀代表18人，怀着喜悦的心情参加今明两天的会议。

今天的预备会议，听取和审议本届一次职代会以来民主管理工作情况的报告，通过增补、确认代表有关事项，审议通过本届一次职代会以来联席会议通过的有关事项，通过本届二次大会议题、主席团成员调整名单。今天的正式会议有十一项议程：丁毅同志的报告；其他书面报告有2017年社会保险、企业年金、住房公积金的缴纳和管理情况；2018年绩效考核方案；2017年职工福利费使用情况和2018年使用方案；2017年业务招待费使用情况；职工董事、监事的工作报告；2018年生产经营绩效考核方案；审议职工监事的工作报告；集团公司和股份公司领导人员向大会述职。

丁毅总经理作“以党的十九大精神为指引，加速提升创新竞争力，奋力实现新时代马钢全面精益运营的新跨越”为题的工作报告，分为回顾与总结、形势与任务、目标与措施三大部分。2017年我们创造了盈利水平新纪录，集团利润总额创出历史新高，我们创造了高效生产新水准，主要产品产量质量全面迈上新台阶。大高炉长周期稳定顺行，重点产线效率明显提升，我们创造了改革管理新突破，我们创造了美好家园新气象，以文化引领，绿色马钢，职工收入大幅增长，企业凝聚力、行业影响力显著增强。2017年马钢生产成品矿760万吨，铁1815万吨，钢1965万吨，钢材1852万吨。马钢集团营业收入802亿元，利润总额58亿元。2018年马钢总的目标是：在同等外部条件下，与上年比，指标有进步，排位不下滑，保持有较强竞争力的经营绩效。

魏尧书记在职代会上作了“深入贯彻习近平新时代中国特色社会主义经济思想，为推动马钢实现高质量发展而不懈奋斗”为题的讲话。魏书记强调，新时代经济发展的基本特征，就是由高速增长转向高质量发展。高质量发展，就是能够更好满足人民日益增长的美好需要的发展，是体现新发展理念的发展，是创新成为第一动力，协调成为内生特点，绿色成为普遍形态，开放成为必由之路，共享成为根本目的的发展。即将到来的2018年，是十九大后的开局年，是国家改革开放40周年，是马钢成立60周年。魏尧书记对推动马钢实现高质量发展提出要求：大力实施创新驱动战略，加速提升创新竞争力；扭住关键深化改革，持续激发企业内在活力；坚持人才兴企，夯实企业可持续发展的根基；坚持共建美好家园，共享改革发展成果；坚定不移从严治党，

展示新形象新作为。

一年的工作随着职代会的结束收官了，我们都要告别2017年了，告别过去才会有新的未来。从集团公司回到股份公司已近五年，我把在高管岗位上的工作认真总结出来了。巧的是，马钢在这五年里也是极不平凡的，真所谓“雄关漫道真如铁，而今迈步从头越”。我们从生死挣扎到扭亏为盈，再到全面创新，我记录下这个过程中的点点滴滴，真人真事，融入我对马钢的真性真情，至此圆满地完成了自己定的所有工作计划。企业发展永远在路上，祝愿马钢从高速增长转向高质量发展的道路上再创辉煌！

后 记

1958 年冬天，我出生在一个参与抗日并南北征战的军人家庭。

1978 年春天，年轻的我从下放的农村返回城里，再次背上书包和行囊，走进飘满书香的校园，成为浩劫结束后的第一批天之骄子。

转眼，已是 2018 年的春天。我的人生，又进入新篇章。

就好像一艘几十年来一直行进在大河中的船，无论风和日丽还是涛声巨响，这艘船始终用尽全力沉稳把舵、乘风破浪。现在，大河拐了个弯。河水不再湍急，两岸风光别样秀丽，只是环顾四周，似乎同行者渐少。但大船却能更清晰地听到自己的声音——2018 年新年钟声敲响的一瞬间，我曾问自己这个即将退休的“老马钢”，回首往事，是否真的坦坦荡荡、无怨无悔？

1982 年的那个冬天的早晨，仿佛就在眼前。那一天，我怀着兴奋与期待，踏进马钢机修厂铸造车间。半车间的黄沙，半车间火红的钢花，工人师傅们埋头劳作，精雕细琢。马钢历史最悠久的五吨小电炉，端坐车间一角，绽放着耀眼的白光，发出阵阵怒吼。我那颗年轻的心，瞬间被它的某种雄性力量鼓荡起来——我们这批恢复高考后的第一批大学生，个个胸怀抱负，都想为国家的繁荣昌盛贡献毕生力量。我也不例外。渗入骨血的军人家庭干练硬朗的作风，让我迅速适应了正处改革开放大潮中的热火朝天的钢铁世界。

就这样，一埋首，就是数十年。再抬头，人生已是一甲子。但是，真的无悔！

这四十二年，我从下放知青到大学学习，从机修厂到公司办公室，从一钢厂到生产部，从生产部再到一钢轧总厂，从出任公司副总工程师、总经理助理到股份公司副总经理和总工程师，最后再到出任股份公司常务副总经理，可以说，我将所有的青春热血都奉献给了深爱的马钢，并因这份深爱，不断鞭策自己，用激情与冲劲努力延长着青春！

是的，虽然我已有四十二年的工龄，但仍然觉得自己有一颗年轻的心！

工作于我，是全身心的付出。身，是我热爱现场，无论身处何种岗位，我都爱跑现场、蹲现场、守现场；心，是我爱在每一项工作行进过程中不断反思、总结、思考，只有这样，才能在实践中加快自我成长的步伐。所以，随行的包中总少不了一本笔记本。随时记录，随时计划，随时写下脑中与工作有关的点滴感受和想法，这已经成为我的习惯，这个习惯更成为我的工作技能。笔记本，不仅是我工作的见证，更是对我的鞭策和监督。它提醒着我，每时每刻都要用一丝不苟的态度面对一项项具体的工作，不能懈怠疲沓，更不能妄自尊大。每一天静默地如实记录和整理，也让我的内心始终保持一种理性、稳定、积极的秩序感，在收获成功时不至于狂喜，在遭遇挫折时不至于颓丧无力。

工作计划、讲话稿、考察见闻、高管会议等等，都一一记录其中。笔记本，就是我最忠实的工作伙伴。

现在，我将在公司高管岗位工作的这五年来的工作实录，拿出著书，和曾经在大河上共同劈波斩浪的各位同仁们分享。相信翻阅之后，定能感受到我的赤诚之心。如有工作方式或方法可以借鉴，我更感欣慰！不过，书中收录的工作日记的简要文字和日常点滴细节，文字表述确有不够细致严谨之处，还恳请一一见谅。

在这里，我要衷心地感谢所有在工作中对我支持、指导的各位亲爱的领导、同仁们，感谢一路走来的各位尊敬的合作伙伴，感谢支持我全力拼搏的我的爱人张玉美，也感谢为了本书校对、整理的任劲松、洪玲、刘冬冬、俞玉碧及马钢工程技术集团文化传媒科技分公司的各位同志们！更要感谢冶金工业出版社给予我的大力支持！

大河转了个弯，但依旧气势磅礴、碧波荡漾。

回首往事，作为几十载与企业风雨同舟、荣辱与共的一名“老马钢”，我无怨无悔，更无比幸福！衷心祝愿我们的马钢一路向前、荣光永远！

高海潮

图书在版编目（CIP）数据

在公司高管的岗位上. 手记 / 高海潮著. — 北京：冶金工业出版社，2018.4
ISBN 978-7-5024-7782-0

Ⅰ. ①在… Ⅱ. ①高… Ⅲ. ①马鞍山钢铁公司 — 工业企业管理 — 经验 Ⅳ. ① F426.31

中国版本图书馆 CIP 数据核字（2018）第 058662 号

在公司高管的岗位上 · 手记
高海潮 著

出 版 人　谭学余
地　　址　北京市东城区嵩祝院北巷 39 号　邮编　100009　电话　(010)64027926
网　　址　www.cnmip.com.cn　电子信箱　yjcbs@cnmip.com.cn
责任编辑　刘小峰　曾　媛　执行编辑　任劲松　刘冬冬
美术编辑　彭子赫　版式设计　孙跃红
责任校对　李　娜　责任印制　牛晓波
ISBN 978-7-5024-7782-0
冶金工业出版社出版发行；虎彩印艺股份有限公司印刷
2018年4月第1版，2018年4月第1次印刷
169mm×235mm；32印张；643千字；502页
定　　价　150.00元